于漪全集

于漪全集

（修订版）

第四卷

课堂教学

上海教育出版社

20 世纪 80 年代初，上课教具（左上角花图）是请学生画的

1982 年元旦，四面八方的学生前来探望，幸福感充盈胸际

20 世纪 80 年代中期，在上海市第二师范学校
（今上海市杨浦高级中学）校训前

2009 年，在“上海市杰出女教师表彰会”上
与学生李莉同台受表彰

悉心指导，师生间就会有心灵感应

20 世纪 80 年代初，圆明园留影，
国耻永不忘

校园就是我的家

2017 年，在上海市教育博览会上给中学生讲经典阅读的价值

出版说明

《于漪全集》是基础教育领域首部特级教师的全集，也是上海教育出版社为特级教师出版的第一部全集。自 2018 年 8 月第一版出版以来，在传承、弘扬和建设新时代社会主义文化、以教育自信创建自信的教育等方面发挥了重要作用，深受广大读者特别是第一线教育工作者的好评。

《于漪全集》收录了于漪在不同时期出版的专著以及发表于全国各类报刊的论文、讲话、序跋等作品。编辑过程中，虽尽力搜集，仍难免挂一漏万。部分文章的写作时间和出处未予注明，留待日后修订逐步完善。在此，也对原发报刊编辑部、图书出版单位一并致谢。

《于漪全集》第一版由上海市教师学研究会组织有关教师、专家编辑。于漪的教育思想植根于教学实践，是理论与实践有机融合的生动阐述。有时一材多用，是为了从不同角度阐释相关问题，为读者呈现丰富的不同历史阶段的思考成果。

《于漪全集》第一版以“一辈子学做教师”为线索，根据文章内容，分为二十一卷，从基础教育、语文教育、课堂教学、阅读教学、写作教学、教师成长、序言书信、教育人生八个方面多维度展现于漪来自教育第一线的理论研究成果，基本体现了当代教育家的典型形象。

于漪自 2019 年 9 月被中共中央授予“人民教

育家”国家荣誉称号以来，担当新的历史使命，坚持思想创新，特别是在中国特色教育学、教师学等重大理论建设上奋力探索，笔耕不辍，不断形成新的思想成果。鉴于此，上海市教师学研究会及时组织学术力量，对《于漪全集》第一版作了全面修订：一是补充了于漪教育新论述；二是增加了于漪教育活动年表；三是在版式、装帧上作了调整，从第一版的较小开本八类二十一卷改为较大开本的八类十二卷；四是对文字和内容错漏加以改正。

我们希望，《于漪全集》修订版能够继续为广大教育工作者学习于漪教育教学思想，探索中国特色教育学、教师学，为国育才，为党育才，发挥应有的作用。

目录

于漪文体教学教案选

教学论述文章
56篇

于漪文体教学教案选

陕西人民出版社 1984 年 2 月出版。

写在前面的话

几个月以前，《语文教学通讯》杂志社嘱我挑选一部分教案按文体归类编印成册，供年轻的中学语文教师参考。起初，我觉得力不从心。“文化大革命”后，除了记忆中的东西未被挖走以外，记录着我教学实践脚印的一本本教案荡然无存，片言只字也未留下。手头有的仅是近两年多来改教初中以后写的，数量不多，不成样子，这里奉献给同志们的都是“毛坯”。

要提高课堂教学质量，课前必须下功夫进行认真的准备。从教材和学生实际出发编写教案，是课前准备必不可少的重要环节。论工作年限，我是教育战线的“老兵”；然而，由于所教年级的经常更换与教材的变动，我对不少教材仍然十分生疏，对 80 年代学生的特点更是缺乏足够的认识与研究，就这些方面说，我又是一个“新兵”。我像当年初教课时一样，工作再忙，活动再多，也要加班加点写好教案才上课堂。不做好准备，匆忙上阵，心里不踏实，觉得对不起学生。写教案，不完全是技术问题，它检验自己工作的责任感，检验自己对党的教育事业的忠诚。每次写时，我总想思考得周到一点，写得规范一些，在扎扎实实传授语文知识的同时，能有效地发展学生的智力，提高他们听、读、说、写的能力，并且在思想情操方面给他们以良好的熏陶与感染。由于学识功底不厚，理论水平有限，有些教案写得不够理想。青年同志目光敏锐，勇于革新，往往一眼就能看出究竟。我奉献出这些没有经过任何润色的“毛坯”，正是为了听取同志们的宝贵意见和批评，集思广益，以匡我之不逮。

这块砖抛到语文教学的长河中如能激起细微的浪花，我就感到莫大的欣慰。细微的浪花会瞬息消逝，继之而来的将是年轻教师奔涌向前的波涛，他们会叩击语文教学的大门，热忱地探索其中的奥秘。

在编选过程中，上海教育学院冯起德、陈刚两位老师花费了不少时间与精力，在此表示深切的感谢。

于 漪

1982 年 4 月

记叙文

《截肢和输血》

【教学目的】

1. 引导学生学习白求恩同志对工作极端负责、对同志满腔热忱的共产主义精神。

2. 学习本文选取人物的生活片段，运用语言、行动反映人物精神面貌的写作手法。

【教学时数】

两课时。

【教学步骤】

第一课时

一、出示挂图，引入课文

出示“白求恩同志做手术”的挂图。

提问启发：这幅画请同学们仔细看一看。画面的主人公是谁？画中描绘了怎样一件事？谁能讲一讲有关这方面的故事？

学生回答后教师归纳：主人公是白求恩同志，加拿大共产党员，著名医生。1937 年抗日战争全面爆发，他率领一个由加拿大人和美国人组织的医疗队，不远万里，来到中国。他把中国人民的革命事业当作自己的事业，在前线救死扶伤，为革命忘我工作，表现了崇高的国际主义精神。这幅画描绘的就是他在一个简陋的帐篷里为伤员做手术的动人情景。今天我们学习的《截肢和输血》这篇课文，也是描述这方面的动人事迹的。作家周而复同志运用文学的表现手法，选取白求恩同志革命生活的两个片段，具体地表现他对中国人民的真挚情谊和崇高的精神境界。我们学习以后会深受教育与感染。

二、
阅读全文

1. 认识生字难词。提出疑难问题。

拂晓（fú xiǎo） 长（cháng）骨 深酣（hān）

烙（lào）铁 翘（qiào） 肘（zhǒu）窝

质疑略。

2. “截肢和输血”这个标题在文中起什么作用？

学生回答：文章标题醒目，清楚地表明了文章记叙的内容。

3. 课文分两个部分，请各用一句话概括其内容。

学生回答后教师点明：课文第一部分叙述白求恩大夫检查和治疗伤病员，着重写他为伤病员截肢；第二部分叙述他为伤病员输血。

三、
引导学生读读议议，理解文章第一部分的内容与写法

1. 学生朗读课文第一部分。

2. 启发思考：白求恩大夫到了河浙村，第一句话说的是什么？反映他怎样的思想？他顾不上休息，一连做了几件事，请大家理一

理，他做了哪几件事？

学生思考后回答，教师归纳补充。

白求恩同志一到河浙村，就“急忙忙地问：‘病房在哪儿？’”话虽平常，但反映了他一心扑在工作上的可贵精神，因为他马不停蹄地“一天走了八十里山路”，够劳累的了。卫生部政治委员潘同志要他先休息，他怎么说的呢？（学生回答）“我是来工作的，不是来休息的。”话语多么简短有力！表现了他一心为工作，一心抢救伤病员的负责精神。

白求恩大夫来到村里一连做了四件事。

第一件事，查病房。白求恩大夫争分夺秒抢救伤病员，他“一口气”检查了三十多个伤病员，发现“其中有五个要立刻做手术”。

第二件事，参加手术前的准备工作。他急切地问王大夫：“二十分钟以后能做手术吗？”在得到满意答复，而顾部长又请他“先吃饭”后“动手”时，他恳挚地请求：“我也要去参加准备工作，没有时间吃饭。”在他雷厉风行的工作作风的鼓舞下，准备工作很快完成，手术室气氛紧张严肃。当白大夫看到一位伤员因为没扎夹板，伤情恶化时，心情十分激动。一个“扔”和两句责问的话，有力地表现了他对不负责任现象的不能容忍。

第三件事，传授技术。白求恩大夫抓紧分分秒秒工作，对于伤员上麻药“深酣”时的“片刻”，也毫不放松。他简明扼要地给医务人员讲解“离断术”的历史。

第四件事，看望伤员。做完手术，已是半夜。顾部长第三次请白求恩同志“去吃饭”，而他却是“脱下衣服”，“又跑到病房里”，“一一去看刚才做过手术的伤员”。

3. 提问：这几件事情表现了白求恩同志怎样的精神？请学生抓住课文中的关键词语试加说明。

学生回答，教师或肯定或补充。

要点：作者在具体记叙白求恩同志这一桩桩事情的同时，深刻地发掘了他思想深处的精神瑰宝：“一口气”检查了三十多个伤病员，是他在不顾自己旅途劳累、一点都没有休息的情况下做的。这毫不喘

二、
学习课文第二部分

从第一部分所反映的几件事我们可以看到，白求恩同志对工作极端负责，对伤员充满真挚的情谊；第二部分记叙他对同志极端热忱的态度，更令人感动。这种热忱的态度是通过输血这件事形象地加以表现的。怎么表现的呢？

1. 请学生齐声朗读第二部分。

2. 思考回答：

（1）白求恩大夫为什么要给伤病员输血？

学生回答后教师点明：因为输血已经成为关系到伤员生与死的大问题。经白求恩大夫检查，一位伤员因流血过多，必须立刻“做离断手术”。作者用“要是不……要是……而不”提出两种假设情况：“要是不立即做手术，这伤员很快就会死亡；要是做手术而不输血，那也还是难免死亡。”严峻的现实已经把输血摆到刻不容缓的位置，在这样的紧急情况下，具有崇高献身精神的白求恩同志坚决要求给伤病员输血。

（2）白求恩大夫为什么一定要把自己的血输给中国的伤员呢？

学生回答后教师归纳：在艰苦的战争环境中，普通的药物尚且搞不到，鲜血更是难得。鲜血奇缺，要立刻找到合适的健康的人抽取，那更是难上加难。在这种情况下，白求恩同志挺身而出，“快活”地说：“我是O型，万能输血者。”这“快活”的神态，十分干脆的话，把白求恩大夫因能为伤员多做点事情而感到无比自豪的心情刻画得淋漓尽致。

白求恩大夫一定要把自己的血输给中国的伤员，还因为他时刻想着：“前方将士为国家民族打仗，可以流血牺牲；我们在后方的工作人员取出一点血液补充他们，难道有什么不应该吗？”他把自己当作整个伟大的解放事业中一名“后方的工作人员”。正因为白求恩大夫把革命战士的生命紧紧地系在自己身上，把中国人民的解放事业当作自己的事业，他才抢先要求输血。文中用“我输不是一样吗？”“难道有什么不应该吗？”两个语气十分肯定的反问句，表达了他急伤员之所急的心情；又用“别耽搁时间，救伤员要紧！”“来，快点！”两个命令句，有力地突出了他一事当前，勇挑重担，毫不利己、专门利人的精神。

(3) 白求恩大夫把自己的血输给中国战士的时候，他的身体情况、工作情况是怎样的呢？

学生回答后教师归纳：作者特别交代了白求恩大夫是“五十多岁的年龄”，身体“疲弱”，工作十分繁忙——“每天除了监督筹备特种外科医院，还要给十个以上的伤员做手术”。这里，作者有意把他输血时轻松自如、心甘情愿的神情和他的年龄、身体、工作强度等的情况加以对比，有力地烘托了他与伤员血肉相连、心心相印的革命情谊，烘托了他对同志极端热忱的革命精神。

(4)“加拿大共产党员三百毫升的血液静静地流到中国人民的八路军战士的身上。”一个外国人的血流到中国战士的身上，这件事具有怎样的意义呢？

学生讨论后回答，教师补充。

要点：中国战士的身上“静静地”流淌着伟大的国际无产阶级代表的鲜血。从这“静静地”流着的殷红血液中，我们看到了白求恩同志毫不利己、专门利人的共产主义精神和他全心全意为中国人民的革命事业英勇献身的崇高国际主义精神。这种国际主义和共产主义的精神，对中国人民是极大的教育。白求恩同志虽然离开了我们，但他的高大形象、崇高精神永远活在我们心中。他是我们学习的光辉榜样。

三、总结全文

朗读课文，回答问题。

1. 这篇文章的中心思想是什么？

本文通过对白求恩同志给伤病员截肢和输血两个工作片段的生动描述，反映了白求恩同志对工作的极端负责、对同志的极端热忱，颂扬了他为革命忘我工作，毫不利己、专门利人的共产主义精神。

2. 这篇文章主要运用了哪些描写方法来表现白求恩同志崇高的共产主义精神？

学生讨论后，教师择其要加以概括。

（1）通过人物的语言加以表现。

要求学生把白求恩同志前前后后的话连贯起来读，读的时候注意语调。

教师点明：白求恩同志这些话掷地有声，非常感人。他是外国人，讲中国话时语句虽很简单，但内容丰富、所蕴含的思想高尚。作者在写他的语言时，既注意反映他的思想面貌，又注意符合他的身份。这点很值得我们学习。

（2）通过人物行动来表现。

教师提问：有哪些行动呢？

学生回答：第一部分追叙四件事，第二部分写了输血。

提问：为什么通过语言、行动能够反映一个人的精神面貌呢？

学生回答后教师点明：言为心声，语言反映一个人的思想，而行动是受思想支配的。

四、布置作业

1.《截肢和输血》是选取白求恩的工作片段加以记叙的。课外可读一读周而复同志的《诺尔曼·白求恩断片》和《白求恩大夫》，加深对他崇高的国际主义精神的理解。

2. 把“输血”部分缩写成200字短文。要求文字通顺。

3. 预习《纪念白求恩》，看毛主席是怎样评价这位国际共产主义战士的。

【板书】

截肢和输血

输血
- 我是O型，万能输血者
- 救伤员要紧
- 来，快点

对同志极端热忱

【教后】

1. 课文比较浅显。为了引起学生学习的兴趣，培养学生想象的能力，采用了图文对照的方法教。由图引出文，再要学生看文作图，学生在兴趣甚浓之中加深了对课文的理解。尽管有些学生画得不怎么好，但同样收到了效果。这种方法是可行的。

2. 学生已有一定的概括能力：第一部分拎出四件事以后，能简要地对其加以概括。

3. 两个部分相比较，第二部分更难教：内容太简，即使磨得很细，味道仍然不浓。

4. 缩写第一部分，学生已有所锻炼，第二部分不必重复。布置作业，课前应慎重思考。

《黄桥烧饼》

【教学目的】

1. 体会黄桥人民对陈毅同志的深切怀念，加深对陈毅等老一辈无产阶级革命家的景仰和热爱。

2. 理解本文“寄情于物，树碑于心”的写法，懂得细节在表达主题中的作用。

【教学时数】

两课时。

【教学步骤】

一、背诵陈毅同志的诗，激发崇敬的感情

冬夜杂咏（之一）

青松

大雪压青松，
青松挺且直。
要知松高洁，
待到雪化时。

1960 年 12 月

赣南游击词（一章）

靠人民，支援永不忘。
他是重生亲父母，
我是斗争好儿郎。
革命强中强。

1936年夏

二、
了解课文概貌，拎出文章特点

陈毅同志是我们崇敬的无产阶级革命家，中国人民的忠诚战士。他光明磊落，英勇善战，才华出众。人民爱戴他，深深地怀念他。

《黄桥烧饼》是一篇饱含革命激情的记事散文，作者顾寄南。黄桥决战是有名的战役。陈老总执行了毛主席“诱敌深入，聚而歼之”的方针，率领新四军指战员在黄桥镇经一天一夜的激战，全歼韩德勤主力一万余人。蒋军八十九军军长李守维仓促逃跑，淹死在河里。这一战役打开了苏北抗日的新局面。作者选择了战役中的一个侧面，记叙了陈老总指挥黄桥保卫战的动人情景和人民对陈老总的深切怀念。

1. 本文的特点是什么呢?

同学们已预习过，大家评评看，这样提合不合适：特点是“寄情于物，树碑于心”。

2. 要具体理解上述特点，先要弄清楚以下两个问题。

（1）全文是以什么为线索展开记叙的?

讨论后明确：“《黄桥烧饼歌》”与“黄桥烧饼”是贯串全文的线索。始则以“黄桥烧饼和《黄桥烧饼歌》”点明题目，说明黄桥出名的原因；继则以黄桥人民做烧饼、送烧饼以及诞生与传唱《黄桥烧饼歌》紧紧承接；再则以《黄桥烧饼歌》在1949年后、在陈毅同志逝世后继续被传唱而波澜起伏；终则以《黄桥烧饼歌》被填写新词而收束全文。整篇文章脉络明晰，前后三十多年的材料贯为一体。

（2）围绕这条线索，文章可分为几个部分？每个部分各记叙了什么内容？用文中现成的语句回答，或抓住关键词语自己组织句子。

作者在文中处处围绕这条线索引起联想。

第一部分（第1~7段）：写黄桥烧饼的出名与《黄桥烧饼歌》的诞生与流传。

第二部分（第8~14段）：写黄桥人民建设家园时唱着它，在怀念陈毅同志时唱着它，它成为黄桥人民继承革命传统的战歌，怀念革命先烈的思亲曲。

第三部分（第15~16段）：写人们为《黄桥烧饼歌》填上新词，表达粉碎“四人帮”后的欢乐，进一步写大家对陈老总的无限怀念。

三、逐段细读，理解体会

1. 第一部分。

（1）黄桥原是小镇，黄桥烧饼原是极普通的食品，为何出了名？

概括介绍黄桥的地理位置，点明题旨。简要叙述陈毅同志与粟裕同志率部挺进苏中，为了开辟抗日根据地，在黄桥指挥痛歼国民党顽固派的战斗这一历史事件，说明小镇成为革命斗争历史名镇的缘由，笔墨简要，紧扣篇题，使黄桥和陈老总的丰功紧密联系在一起。陈毅同志立下了黄桥保卫战的一座丰碑。

（2）黄桥保卫战为何能取得胜利？作者是怎样记叙的？其中什么场景最感人？为何要这样写？

交代历史背景，写明这场自卫反击战的政治依据。陈老总代表人民意愿，教训国民党顽固派，得到人民的热烈拥护与支援。这反映了人民战争威力无比。

在火热的支前场面中，张奶奶送饼的场景最感人，把陈老总关心群众疾苦、人民一心支前表现得有血有肉（人物语言、关键词语）。

（3）将初稿与现在文章的开头进行比较，引导学生体会话不在多，要精，要斩去纷繁的头绪。

作者是黄桥电器厂工人，初稿开头未紧扣主题：

> 我的家乡黄桥是苏北平原上将近两万人口的大镇。素有七十二条巷、六十六家烧饼店之称，比很多县城还大。但在抗日战争前并不出色，遍查典籍，确难找到关于它的记载。只是传说，古代叫“黑松林”，以后叫“永丰镇”。宋朝抗金名将岳飞的部属牛皋曾在这里扎过营盘，在南坝桥上大战过金兀术，至今还留下了地下兵器库和系马桩、旗杆石，为黄桥人所乐道，亦为外地人所罕闻。
>
> 可是，自从陈毅和粟裕同志遵照毛主席“坚决地建立根据地”的指示，在这里指挥了黄桥保卫战以后，黄桥一跃而登史册，成为历久不衰的话题，不知名的小镇出了名，连同出名的还有黄桥烧饼和《黄桥烧饼歌》。

针对这一情况，《人民日报》编者指出要“减头绪，立主脑，把开头压缩一下”（《教学与研究》1978 年第 2 期）。作者也认识到：“如该删不删，主题就被淹没了。”

2. 第二部分。

（1）这一部分以情动人，集中表达了怎样的感情？

（2）为了表达这样的感情，作者选用了哪些材料？这些材料又是怎样穿插安排的？

学生思考回答后教师小结。

① 这一部分集中表现了黄桥人民对陈老总深切怀念、由衷爱戴，在心中树立起了陈毅同志的光辉丰碑。

② 选用了送饼、唱歌、题字、剪相片的材料；选用了陈老总逝世后黄桥人民痛彻肺腑地哀悼他的材料——做饼、献饼、吊唁；选用了黄桥保卫战时陈老总和一开明绅士下棋的细节。这些材料围绕“歌”穿插安排，寄情于物，在物中倾注了无限深情。“下棋”这一段细节不安排在前一段叙述，而是用追叙的方法插叙，是什么原因呢？因为这样安排不仅能表现陈老总成竹在胸、指挥若定、稳操胜券的从容风度，而且通过忆陈老总的声音笑貌，更能激起人们感情的浪花，使人们热爱陈老总，痛恨污蔑陈老总的“四人帮”，悲愤交集。

(3) 反复朗读第二部分，体会“寄情于物，树碑于心”的特点。

要求：口齿清楚，语调恰当，饱含悼念与无限热爱之情。（重点读第 10~14 段。）

读前、读时具体指导：插叙部分语调应稍昂扬，与前两段的低沉须加以区别；读第 14 段时须把爱与恨表达出来。

3. 第三部分。

(1) 人们谱写新词，表达粉碎“四人帮”后的欢乐。

(2) 结尾运用丰富的想象，创造了陈老总与黄桥人民心连心的优美意境。

黄桥保卫战胜利后不久，陈老总率新四军苏北指挥部的部队，与南下的八路军三个纵队在盐城胜利会师。为欢庆胜利，陈老总于 1940 年 11 月 7 日写了《与八路军南下部队会师，同志中有十年不见者》一诗：

十年征战几人回，
又见同侪并马归。
江淮河汉今谁属，
红旗十月满天飞。

课文引用陈老总诗中的最后一句作结，增添新意，更倍增怀念陈老总之情。

四、总结全文，加深印象

本文语言朴素，以情感人。作者努力写出陈老总爱人民、人民敬陈老总的血肉相连的感情。

为表此情，作者反复咏物，以物寄情；寄情的最高峰，是“树碑于心”，把陈老总的丰功伟绩、高大形象永远铭刻在人们的心头。这样写，有独特的艺术风格，给人以深刻的感染。

五、布置作业

1. 朗读“一九七二年一月六日”至“陈毅同志的光辉形象永远屹立在我们心中”，要求读时满怀怀念的深情，并表达出对“四人帮”的蔑视和憎恨。

2. 解释下列词语，并用它们组成一两段话，表达自己对陈老总的景仰与怀念。

络绎不绝　　睹物伤情　　叱咤风云　　铿锵有力　　成竹在胸

指挥若定　　情不自禁　　巍然屹立

3. 课外阅读《陈毅诗词选集》（人民文学出版社 1977 年版）。

【板书】

黄桥烧饼

寄情于物			树碑于心
黄桥烧饼与《黄桥烧饼歌》			陈老总
1.	出名	诞生 ↓	成竹在胸　指挥若定
2.		传唱 ↓	叱咤风云　铿锵有力
3.		填新词 ↓	永在人间

【教后】

1. 文章以什么来结构情节，学生吃不准。多数认为是以黄桥烧饼来结构情节，少数认为是以《黄桥烧饼歌》贯串始终，把二者结合起来考虑的仅是个别学生。再次指导阅读，学生始领悟。今后对这方面要加强指导。

2. 以“寄情于物，树碑于心”拎起全文，展开教学活动，效果较好。把文章初稿的开头与修改后的作比较，学生欢迎这种教法。

3. “麦秸（jiē）”“哽咽（yè）”“扑簌簌（sù）”“叱咤（chì zhà）”等词有些学生读不准，应加强正音与辨形。

4. 学生很喜欢文章的第二部分，读后受感染。一下课，好些学生抢着要看《陈毅诗词选集》。

《谁是最可爱的人》

【教学目的】

1. 学习中国人民志愿军热爱祖国、热爱人民，仇视帝国主义、反动派，勇于为正义事业献身的高尚品格。

2. 学习课文运用典型事例表达中心思想的写作方法；学习记叙、议论、抒情相结合的写法。

【教学时数】

两课时。

【教学步骤】

一、填空，引入课文

（　）人心（　）　（　）人肺（　）　（　）（　）人口

《谁是最可爱的人》发表于 1951 年 4 月 11 日的《人民日报》，是 20 世纪 50 年代“扣人心弦”“感人肺腑”“脍炙人口”的好文章，是对中国人民志愿军的一首赞歌。

作者魏巍，河南郑州人，长期在部队中从事文艺工作。抗日战争时期，随军工作在晋察冀边区；抗美援朝时，1950 年、1952 年两次到朝鲜前线，与志愿军生活在一起，战斗在一起，对他们有深厚的感情。1951 年 3 月回国后写了许多优秀的通讯，这篇课文是其中的一篇。它发表之后，在全国人民中产生了深广的影响。从此，人们就以

“最可爱的人”来称呼志愿军战士。

为什么说志愿军战士是“最可爱的人”呢？作者是从哪些角度，用哪些方法来表现他们“最可爱”的？

二、检查预习情况，请学生回答问题

1. 文章记叙了什么内容？

2. 歌颂了志愿军什么品质？

3. 是通过对哪些事迹的记叙表现志愿军“最可爱”的？每个事迹用一个短语或一个句子来概括。

4. 为什么说志愿军是“最可爱的人”？

5. 谈谈初读文章的感受。

三、讨论表现“最可爱的人”高尚品质的事迹

明确：

1. “一场壮烈的搏斗”，殊死的战斗，表现震撼天地的爱国主义精神。

直接描写——任务繁重，时间紧迫，敌众我寡，勇猛战斗。作者用“摔”“扑”“抱”“烧”等一系列动词逼真地再现英勇无畏的志愿军战士与敌人徒手搏斗的可歌可泣的场面。战斗的起因、经过、结果交代得一清二楚。

间接描写——营长的话，是对战场实况的记录，是对英雄战士反侵略壮烈行为的颂歌，倾注了强烈的感情，震撼读者的心灵。

文中一一记下名字，是对反侵略的英雄表示深切的悼念，是为烈士们千载万世树丰碑。（英雄群像）

2. 烈火中抢救朝鲜小孩，表现高度的国际主义精神。

着力描写志愿军战士对朝鲜人民的深厚的爱。

（1）先勾勒生动的形象。作肖像画：介绍战士的年龄、姓名、籍贯，增强文章的真实感，使青年战士的形象如在眼前。

（2）再点出思想基础。“离敌人越近，越觉着打得过瘾，越觉着打得解恨”，为下文写志愿军战士对朝鲜人民的爱做了必要的铺垫，把恨与爱联系起来——对敌人的恨来自对人民的爱。

（3）然后描写志愿军战士在烈火中冒着生命危险抢救朝鲜小孩的场面。先作者叙述，随着情节向高潮发展，转用战士的话来写。直接引述志愿军战士的话，说情况，绘心理，对“踹（chuài）开门，扑了进去”“在地上乱摸”“一把抓着抱起来，跳出门去”等一连串抢险行动的描写，几次写大人的情况，都是为了深入刻画志愿军战士马玉祥高度的国际主义精神。

3. 防空洞内一席对话，表现志愿军战士的爱国主义思想和国际主义精神。

对三次问答的描写，突出了战士们为祖国、为人民的高尚宽广的胸怀。

（1）自己吃雪，是为了祖国人民不吃雪。自己蹲防空洞，是为了祖国人民可以不蹲防空洞。

（2）想祖国又不愿回去。（因为被托付的任务还未完成。）

（3）对祖国、对人民无所求，只要“一块‘朝鲜解放纪念章’”。

综上所述，可知战士们的三次答话是如此的普通、朴实，然而，透过这些朴素的语言，我们可以清晰地看到他们晶莹透亮的心灵，受到教育与感染。

4. 作者在选材上有何特色？请学生发表意见。

作者精选了具有典型意义的材料来表达文章的中心。

朝鲜战场上可歌可泣的事何止万千，如果一一写来，文章必然芜杂。本篇围绕志愿军战士对祖国的爱和对敌人的恨，愿为祖国、为人民献身的精神，精选典型材料来写，从集体到个人，从战斗到生活，从英雄的行为到英雄的思想，全面而深刻地反映出战士们高尚的精神境界，勾画出战士们可爱的形象。这种严谨认真的选择材料的态度与方法值得我们学习、借鉴。

5. 朗读第 14 段，说明这部分在文章中的作用。

这部分以强烈的抒情笔触作小结，表达了作者对战士们的深深的崇敬。“第一流的战士”“第一流的人”“世界上一切伟大人民的优秀之花”“值得骄傲的祖国之花”等赞美语言如乐曲的旋律在我们心中经久地回荡。

四、理解抒情、议论在文中的作用

1. 放全文的朗读录音，要求学生对照课文，仔细地听，体会作者表达的思想感情。

2. 画出抒情与议论的语句，说明它们在文中的作用。

学生发表意见后，明确：

（1）文章前三段以发表感想、抒写感受为主。点出写作动机，层层深入。

“感动”—“放纵奔流”—“急于告诉你们”。

极力烘托，突出主题。

然后用“可是”的转折句，点明题意，揭示主题思想，批评错误看法。最后用“他们的品质……”“他们的意志……”“他们的气质……”“他们的胸怀……”的排比句赞美志愿军战士，抒发强烈的颂扬之情。

（自由朗读、齐读、表情朗读第 1 段。）

（2）第 4~13 段以记叙为主，夹以抒情与议论，对典型事例起阐发和补充的作用。

（3）最后两段以抒情和议论作结，把祖国人民的幸福和志愿军战士奋不顾身的战斗紧密地联系起来，把读者因典型事件的记叙而被激发起来的感情推到理性认识的高度，起到了进一步突出中心的作用。

文章从“最可爱”开始，至“最可爱”结束，用了5个“最可爱”。由于倾注了真情实感，饱含具体充实的内容，这些“最可爱”不仅不让人嫌多，而且给人以极其深刻的印象。文章也成为脍炙人口的表现与歌颂爱国主义精神、国际主义精神的名篇。

五、齐读前三段与最后两段，要求感情饱满，书声琅琅

六、布置作业

1. 朗读全文，背诵前三段与最后两段。

2. 做“思考和练习”三，找出课文中有关的同义词和反义词。

3. 仔细阅读“思考和练习”五，弄清楚什么叫完全句、简略句、无主句，下节课讨论学习。

【板书】

谁是最可爱的人

	精神面貌	典型材料
最可爱的人	纯洁和高尚	一场壮烈的搏斗
	坚韧和刚强	烈火中抢救朝鲜小孩
志愿军战士	淳朴和谦逊	防空洞内一席话
	美丽和宽广	

爱国主义精神与国际主义精神

【教后】

1. 学生思想敏锐，与五六十年代的学生比较，有很多不同之处。在教学过程中，我问了这么一个问题：为什么志愿军思念祖国而又不愿意回来呢？有学生回答说：因为想有“一块‘朝鲜解放纪念

章’”。有学生补充说：因为朝鲜还“半边红，半边黑”。话未说完，大部分学生叫嚷起来，不以为然。一个学生站起来问：“朝鲜现在还‘半边红，半边黑’，志愿军怎么就撤回来了呢?”过去教这篇文章，从没有学生提出这样的问题。我表扬了他们反应快，肯动脑筋，并就当时与后来朝鲜的形势作了具体分析。学生思维活，对教师的要求就高，教师须有足够的知识储备和驾驭课堂的能力，切不可掉以轻心。

2. 在教的过程中补充说明“最可爱”是从不同角度写的，虽多也不见累赘，反给人以深刻印象。

(1) 从感受、“思想感情的潮水”角度写；

(2) 从说明角度写；

(3) 从品质、意志、气质、胸怀角度写；

(4) 在事迹的基础上写；

(5) 上升到理性认识高度来写。

3. 朗读的录音好，学生听了很受感动。借助录音，指导学生朗读，使学生在朗读过程中受到熏陶与感染。

说明文

《宇宙里有些什么》

【教学目的】

1. 了解宇宙是物质的、运动的、无穷无尽的，培养唯物主义的观点和对天文学的爱好。

2. 初步理解说明文方面的知识，懂得列数字、作比较、打比方等方法在说明事物中的作用。

【教学时数】

两课时。

【教学步骤】

一、从表达方法引入课文学习

说明文是一种说明事物的文章。

记叙、议论和说明都是写作中最基本的表达方式。写事情的发展过程、人物的活动、景物的变化，用记叙的方式；对事物发表意见，提出主张，用议论的方式；对事物的形状、性质、成因、关系、功用等加以介绍，就用说明的方式。

请同学们分别举例说明记叙、议论和说明三种不同的表达方式，对三者进行区别。

今天学习一篇非常有趣的说明文——《宇宙里有些什么》。

二、启发思考，讲读第一部分

白天我们仰视天空，或丽日蓝天，白云朵朵，或彤云密布，灰幔笼罩；夜晚仰视天空，或皓月素辉，群星灿烂，或黑色浓重，深邃无底。彼时彼刻，你们想到些什么呢？是否想到天空究竟有多少奥秘？宇宙究竟有多大？宇宙里究竟有些什么？如果能洞悉宇宙的奥秘，该有多幸福啊！

文章第一句话就领着我们打开认识的窗户，“让我们把目光投向”浩瀚无比的宇宙。

什么叫宇宙呢？宇宙究竟有多大？请用课文、注释以及自己的理解回答。

宇宙：所有的空间和时间的总称。“宇”，“上下四方”，指所有的空间；“宙”，“古往来今”，指所有的时间。

宇宙大到“无穷无尽”、“茫无涯际”、广阔无垠。（要求学生说出“茫无涯际”的同义词、近义词。）

宇宙里究竟有些什么呢？

三、放幻灯片，引导学生看群星灿烂的夜空，学习课文第二、三部分

1. 思考：从一张幻灯片上我们可以看到天空中众多的星星，而实际上宇宙里究竟有多少星星呢？怎样才能把这个复杂的问题有条有理地说得清楚明白呢？

2. 阅读第 2~18 段，在练习本上列简表说明宇宙里有些什么。

3. 讲读分析。

(1) 第二部分。

① 恒星具有怎样的特征？表面上给人的感觉是什么？实际上怎样？说明时运用了怎样的方法？请抓住关键词理解。

表面：冷；寒光；小星星，萤火虫。
实际：热；热浪；大火球。

通过对应的方法由表及里地说明恒星的特征。

② 文中对恒星是怎样分类说明的？是从哪些角度说的？各类恒星之间有何异同？说明时运用了哪些方法？

先分述，后总述。先说“异”，后说“同”。

从恒星的体量角度加以说明。恒星可分为大、中、小三类，第 3、5、4 段第一句话分别点明。还从体积、密度、重量、引力、温度等角度加以说明。说明时运用了列数字、作比较的方法。比如，有的大恒星“可以装得下八十万万个太阳”，而有的小恒星“比地球还小”；又比如讲密度时，说小恒星的密度特别大，“火柴头那么大的一点点就抵得上十多个成年人的重量。用白金造成同样大的一个球，重量才抵得上它的二百万分之一”。这样列数字，作比较，把各类恒星的特征介绍得既具体又形象。

大、中、小三类恒星尽管在体积、密度、重量、引力、温度等方面有差异，但同是“灼热的庞大的气体球”，全部“发光发热”。第 6 段用一句话总述，与第 2 段所写的恒星的特征紧紧呼应。

眩（xuàn）目：耀眼。

③ 文中是用怎样的方法来对行星作科学说明的？

太阳系的行星是人们已知的，其他行星是未知的，用已知推未知，用两个反问句对行星的特征——不发光，绕恒星转，作了科学的回答。

④ 星际之间有多远的距离？星星和星星之间还存在些什么？是怎样来说明的？

因为宇宙空间无比辽阔，星际之间的距离极远，作者用“每秒钟能飞十六点七公里的火箭船得走几万年”的具体数字说明“这颗星星到那颗星星的距离”。（一光年约等于 94 605 亿千米，天文数字很大很大。）

星际之间还存在着星云。先总说星云由什么物质组成，状态如何，再分说亮星云与暗星云。

⑤ 阅读第 2~11 段，在自己所列简表的基础上补充恒星、行星、星云的特征。

⑥ 宇宙中有众多的星星，我们怎样去认识它们呢？按照一定的组织结构去认识。读第 12~14 段，请学生把银河与银河系的组织结构说清楚。

银河系如“铁饼形状”，银河像“套在地球周围”的“一个环”。

作者用打比方、列数字的方法具体说明人们视力受地平线限制，误把光环看成“天河”，以及银河系星星非常多的情况。列数字时，巧妙地用了一个“数”——“你一口气数下去，得数一千多年”，给人以具体真切的感觉。

⑦ 作者是怎样把读者的目光引向银河系外的无数恒星系的？那里究竟有些什么？作者采用了什么方法来介绍？

用设问把读者的目光引向银河系外的无数恒星系，进一步开拓读者视野，用“微不足道的小点点”与上述的“一千万万颗以上的星星”暗比，使读者对宇宙的“茫无涯际”有具体的感受。

说明“宇宙里有千千万万个像银河系一样的恒星系”，并举仙女座里一恒星系为例；再从已知的“数以亿计的恒星系”出发，说明这仅是“茫茫宇宙”的“极小部分”，从而指出随着科技水平的发展与提高，人们“将会看到更远的世界”。

说明时列数字、举例子、打比方，运用人们已有的知识作具体的介绍。

⑧ 阅读第 12~18 段，在自己所列简表的基础上补充文章在介绍银河、银河系、恒星系时运用的主要说明方法，并概括这一部分的要点。

——宇宙是物质的、“无穷无尽的”。

（2）第三部分。

① 齐读第 19~21 段，寻找这一部分的关键词。

② 要求学生概括这一部分的要点。

——“宇宙是无穷无尽的，它的运动也是无穷无尽的。”

4. 朗读结尾部分，小结全文。请学生思考回答：

（1）结尾部分说明什么问题？

（2）这样结尾有何作用？

（3）作者在文中运用了哪些方法来说明事物？举例说明。

结尾一段说明人与自然的关系。宇宙是可认识的，可“征服”的。

说明人们对宇宙的认识有“已知”和“未知”，而“未知”的奥秘必然会“可知”。文章以辩证唯物主义观点说明对宇宙认识的“已知”“未知”与“可知”的关系，激发学生认识自然与探索自然的兴趣与热情。

文章从“把目光投向无穷无尽的宇宙”开始，运用列数字、作比较、打比方等方法说明宇宙里存在的和运动着的各种星体、星云，最后以“征服宇宙”的预言结束，把复杂的事物说得有条有理、形象、具体。这篇有趣的科学小品激励我们学科学、爱科学、用科学，立志探索宇宙的奥秘，为科学的发展做出贡献。

四、课堂练习

1. 口练。再放幻灯片，要求学生有条有理地说明“宇宙里有些什么”。

2. 补充与修改课上列的简表，把文章的内容（宇宙中的天体及其特征）、说明方法和对第二、三部分的要点概括综合在一张表里，要正确、简明。

3. 做“思考和练习”三。

附简表供参考：

第二、三部分要点概括	天体名称	特征	主要说明方法
第二部分（第 2～18 段）：宇宙是物质的，无穷无尽的。	恒星	灼热，庞大 发光发热	列数字 作比较 举例子 打比方
	行星	不发光，绕恒星转	
	星云	浮游，本身不发光	
	银河	像一个环	
	银河系	铁饼形状	
	恒星系（河外星系）	纺锤形的小光斑	
	……	……	
第三部分（第 19～21 段）：宇宙是无穷无尽的，它的运动也是无穷无尽的。	星星 恒星系	飞快地运动着	列数字 举例子

【教后】

1. 有些学生问：既然“宇宙”是时间与空间的总称，为何还说“宇宙空间”？（课文重点说“宇”，指“空间”。）

2. 有一位学生问：“‘一千万万’是多少？”另一位学生答：“一千亿。”前者又问：“为何不用亿？”其他学生认为：“万万是叠词，读起来响亮，有气势，给人以‘多’的感觉。”

3. 有学生认为：“铁饼形状”与“环”状似乎矛盾。（实际不矛盾：银河系呈“铁饼”状，因地球在当中，故作为银河系主体投影的银河就像“套在地球周围”的“一个环”。）

4. 口头训练时学生借助简表能有条理地说明白；而把文章的内容、说明方法和对两部分的要点概括综合在一张表里，有难度，有些学生课上来不及做。要逐步训练，不能操之过急。

《活板》

【教学目的】

1. 认识活版印刷术对人类文化的伟大贡献，体会我国古代劳动人民的高度智慧和创造精神。

2. 学习运用平实浅显的文字层次清晰地说明事物的方法。

3. 理解文中词语的变性与活用。

【教学时数】

两课时。

【教学步骤】

一、激发民族自豪感，引入课文

我们伟大的祖国是世界历史上文化发达最早的几个国家之一。几千年来，我国人民进行艰苦、勤奋和富有智慧的劳动，逐步建立起伟大的具有独特光彩的物质文明和精神文明，使我国长时期居于世界的前列，对东方以至全世界的文化产生了深刻的影响。

我国古代的四大发明驰名中外，对人类文化有巨大贡献。是哪四大发明呢？请同学们说说看。

造纸术、印刷术、指南针和火药。

印刷术中的活字印刷术是谁发明的呢？起何作用？谁最早记录了这个重大发明？

宋代平民毕昇发明活字印刷，开创了世界活字印刷的新纪元。雕版印刷比手工抄写方便得多，一次可印几百部、几千部，但是依然很费工，印一页就得刻一块版。雕印一部大书，往往需几年工夫，人力、物力和时间都很不经济。毕昇创造的活字印刷，节省了雕版费用，缩短了出书时间，既经济又方便，在丰富文化宝藏、增进文化交流方面起了重大作用，比德国人谷登堡用铅活字印刷《四十二行圣经》要早四百多年。我国活字印刷术从 13 世纪起先后传入朝鲜、日本及东南亚地区，后来又传到了波斯，传入了欧洲。现在盛行的铅字排印的基本原理，和最初毕昇发明的活字的排印方法是完全相同的。

最早记录毕昇这一重大发明的是沈括的《梦溪笔谈》(出示《梦溪笔谈》一书)。沈括是我国北宋时期著名的学者、科学家。《梦溪笔谈》是一部内容丰富、包罗万象的著作，可贵的是，其中一大部分详细记载了劳动人民在科学技术方面的卓越贡献，内容涉及天文、数学、物理、化学、生物、地质、地理、气象、医药和工程技术等十分广阔的领域。

书中对活字印刷术是怎样记载的呢?

二、阅读全文，在文字上疏通

1. 学生质疑。

2. 词句理解。

第 1 段:

板：即“版”，指雕版。

盛：盛大，大规模。

五经：指《诗》《书》《礼》《易》《春秋》五种古书。五代时即印五经。后唐时，冯道倡议校定《九经》文字，雕版印刷，自此官府才开始大规模刻书。

已后：以后。“已”通“以”。

板本：雕版印刷的本子。

第 2 段：

布衣：指平民，点明毕昇的身份。（《梦溪笔谈》中还记有一“老锻工毕升”。）

胶泥：黏土。

令：使。

和（huò）：动词，混合。

冒：覆盖。

铁范：铁框子。“范”，框子。

密布：密密排列。

就火：靠近火。就，靠近。

炀（yáng）：烤。

按其面：压它的（活字）字面。

砥（dǐ）：磨刀石。如砥，像磨刀石一样平。

若：如果。

止：只。

未为：不算，不是。

极为：很是。

自：别自，另外。

更互：交替，轮流。

可就：可以完成。就，完成。

帖：用标签标出。

每韵为一帖：（按韵目分类排列）每一个韵帖一个标签。

贮（zhù）之：储存它。

奇字：生僻的字。

素：平常。

旋：随即。

文理：木头的纹理。文，同“纹”。

沾水：被水浸湿。

兼：并且。

不可取：不能取下来，不能拿下来。

不若燔（fán）土：不像上文说的“用胶泥刻字”，用火烧坚。若，像。燔，烧。

讫：完毕。

殊不：一点儿不。

第 3 段：

为：被。“为……所……”，文言里表被动的一种格式。

群从（zòng）：此处指弟侄辈。从，次于最亲的亲属。

保藏：保存。

以上词句在学生试讲时教师帮助学生推敲和落实。

3. 词语的变性与活用。

有些文言词语不止表示一种意义，词性也可变化。比如“印”作名词用，是印模，也可用作动词，当“印刷”讲。掌握词语的变性与活用，有助于提高阅读文言文的能力。

画出文中含有“印”与“火”的语句，按照词性与词义迅速归类。学生归纳后讨论，判断正误，促进理解。

三、
分析文章的层次

文章说明毕昇创制活字印刷的情况，不仅语言洁净平实、明白生动，而且层次清楚、条理明晰。

1. 三段文字各说明什么内容？请分别用一句话概括。

第 1 段：简述我国古代雕版印刷发展的情况。（点明活版印刷前所未有。）

第 2 段：详细介绍活版印刷的制作、使用、功效等情况。

第 3 段：简述活字的下落。

2. 第 2 段详述活版印刷情况时说明了哪几个方面的问题？请你把说明的层次正确地划分出来。

（1）“庆历中……又为活板。”说明活版印刷创制的年代，创制人的姓名与身份。

（2）“其法……则字平如砥。”说明活版制作的方法。“刻”“烧”“布”“炀”“按”，准确地说明了制作的步骤。

（3）“若止印三二本……则极为神速。”说明活版印刷功效神速。

（4）“常作二铁板……殊不沾污。”说明活版的使用、备用、保存情况，以及不用木头而用胶泥刻字的原因。（实践的经验之谈。）

说明事物必须有条理，切不可想到什么说什么。怎样才能有条理呢？要注意认识和研究事物本身的条理。这篇文章先交代活版印刷的创制年代和创制人的姓名、身份，然后按照活版制作的程序安排说明的层次，介绍活版印刷的特性、功能、作用，最后说明几点有关事项。这样安排，清楚明白。

3. 第 1 段和第 3 段在文中起何作用？

第 1 段略述印刷的源流，引入本文所要介绍的对象——活版。这样的略述十分必要，既说明毕昇以前无活版印刷，又说明活版印刷的发明建筑在雕版技术发明、发展的基础之上。雕版印刷始于隋，唐大盛，五代后典籍皆为版本。毕昇生活在雕版印刷的全盛时代，通过长期的亲身实践，在世界上首先创造了活字印刷。由此可知，发明创造离不开一定的历史条件，离不开人民群众的智慧。

第 3 段简述毕昇创制的活字的下落，一是表明对这一重大发明的珍视，二可使读者明确文中所介绍的全是有据之言。如此结尾，增强真实感和说服力。

文章详略得当，详而不蔓不枝，略而简明扼要，使读者读来如同亲身参与了活版的实际操作一样。

四、分层次朗读第 2 段

要求：按说明层次，一个学生读，一个学生口译，一个学生概括有关内容，加深对文章的理解。

五、
布置作业

1. 找出课文中含有“为”的句子，将它们按照“为”作动词、介词两类用法分类，并解释它们不同的含义。

2. 写一篇短文，说明豆浆或汽水的制作过程，要求层次清楚，语言平实。

3. 译以下《梦溪笔谈》卷十九《器用》选段，并简述该文段说明的层次。

> 古人铸鉴，鉴大则平，鉴小则凸。凡鉴洼则照人面大，凸则照人面小。小鉴不能全观人面，故令微凸，收人面令小，则鉴虽小而能全纳人面，仍复量鉴之小大，增损高下，常令人面与鉴大小相若。此工之巧智，后人不能造，比得古鉴，皆刮磨令平，此师旷所以伤知音也。
>
> 〔注〕师旷：春秋时晋国的著名音乐家。师是乐师，旷是人名。

【板书】

活板

创始人	布衣毕昇
制　法	刻、烧、布、炀、按
功　效	神速
使用等	更互，备，贮，自落
层次清晰	语言平实

【教后】

1. 讲到四大发明，学生七嘴八舌，颇有自豪感。

2. 学生分层次有困难，少数分不清，较多的失之琐碎。第四层次中有的学生一事一分，有的学生说“不以木为之”的原因也可放在第二层次中说。就势作了比较。为了使制作过程说得清楚明白，将活字的原料问题放在后面说比较好，有利于说明利弊，突出胶泥刻字的优点。

3. “为”作动词用，有“做”“是”“成为”等几种含义，除课堂上指导外，增加课后作业，以巩固所学知识。

4. 学生问《梦溪笔谈》一书除了科技知识介绍外，还有些什么。简略地回答：还有人事、官政、艺文、书画、杂志等。全书共 17 目，凡 609 条。

5. 为“钱唇”试作一解。

课文注以及一些教学参考书将“钱唇”解释为“铜钱的边缘”是正确的，但多未具体说明“铜钱的边缘”何所指。《〈梦溪笔谈〉选读》将“薄如钱唇”译为“像钱边那样薄”，则与一般释义似有出入。一枚胶泥刻字薄如钱边是不可思议的。或有解为指刻字迹之深度，亦令人费解。“钱唇”应是指钱边的一圈“周郭”。汉时钱本无周郭，为防止有人磨钱盗取鋊（铜屑），钱变为有周郭。以后历朝鼓铸的钱，边缘上一般都有周郭。“钱唇”即周郭，周郭有一定的厚度，因此文中说“薄如钱唇”是可通的。

《中国石拱桥》

【教学目的】

1. 了解我国石拱桥在设计和施工上的独特创造和高超的技术水平，为我国劳动人民的勤劳与智慧而感到自豪。

2. 学习抓住事物的特点，选择有代表性的事例，列数字、打比方，清楚而生动地说明事物的方法。

【教学时数】

两课时。

【教学步骤】

一、从学生掌握的有关桥的常识引入课文

毛主席《水调歌头·游泳》的词中有一名句："一桥飞架南北，天堑变通途。"这说的虽是在长江上架起大桥，沟通祖国南北，使长江天堑变为通途，但由此可想到桥在交通方面的作用是多么重要。

请学生讲讲看：你们亲眼看到过哪些桥？在图画上、电影里、杂志上又见过怎样的桥？它们各是用什么材料建筑的？具有哪些形状？请有条理地简明扼要地说清楚。

（请四五个学生口头叙述。）

今天我们要学习的文章不是介绍木桥、砖桥、石板桥、混凝土桥，而是石拱桥，中国石拱桥。

“拱”呈何形状？请大家做个手势。作者说明中国石拱桥是从哪儿下笔的呢？

二、
阅读第 1、2 段，请学生说明

1. 这种桥为什么叫石拱桥？石拱桥具有怎样的特点？作者主要是运用什么方法来说明的？运用这种方法说明可以收到什么效果？请紧扣文中关键词句回答，还可运用自己掌握的知识加以发挥。

石拱桥因“桥洞”是“拱形”而得名；“拱形”，就是文中说的“成弧形”。

（辨字析形：“弧”从“弓”，“孤”从“子”。）

石拱桥的特点是“形式优美”“结构坚固”。“几十年”“几百年”“甚至上千年”，这些数字有力地具体地说明了石拱桥坚固的程度。“雄跨”一词绘出了石拱桥的气势。

作者说明石拱桥特点时运用了比喻的方法。抓住形似的特点用了一连串的“虹”进行比喻，有明喻，有暗喻，桥像虹，虹像桥，虹与桥混为一体。状色彩（“彩虹”），状姿态（“卧虹”），状气势（“飞虹”），状跨度（“长虹”），既有神话色彩，又有诗情画意，把拱桥写活了，给人以美感，吸引读者往下看。

写特点又各有侧重。第 1 段着重写“形式优美”，第 2 段着重写“结构坚固”，用表递进的关联词“不仅”“而且”连接，结构严谨。

2. 介绍中国石拱桥，为何要从石拱桥写起呢？

概括说明石拱桥的特点，使读者对石拱桥有初步认识，为介绍中国石拱桥打下良好的基础。

中国石拱桥又具有怎样的特点呢？

三、阅读第3~9段，请学生思考回答

1. 中国石拱桥具有哪些特点？

“有悠久的历史”（以“旅人桥”为例说明）；“几乎到处都有”；“大小不一，形式多样，有许多是惊人的杰作”。

杰作：杰出的作品。

在许多惊人的杰作中哪些是最著名的呢？作者精选了有代表性的石拱桥加以说明。

2. 放三张赵州桥的幻灯片：一张是赵州桥的外观，一张是赵州桥示意图，还有一张是表明赵州桥的宽度与“大拱由二十八道拱圈拼成”的图像。要求学生：

（1）看图说话，说明赵州桥是怎样的桥。

（2）看文说话，理清说明的层次。

地理位置——“横跨在洨河上”。

地位——世界上“最古”的。

修建时间——公元605年左右。

解放后维修——古桥“恢复了青春”。

规模——长、宽（具体数字）。

设计与施工（总述）——“合乎科学原理”，“巧妙绝伦”（巧妙得没有超过它的，非常巧妙。伦，辈，类）。引用唐人张嘉贞的赞语吸引读者。

四个特点（分述）——“只有一个大拱”[列数字，作比喻。陡（dǒu）]；大拱两肩上“各有两个小拱”；“大拱由二十八道拱圈拼成”；“结构匀称”，与景色配合和谐，雕刻古朴。再引赞语——“初月出云，长虹饮涧”。饮（yìn），给牲畜水喝，这儿用来描绘桥如“长虹”饮山涧溪水一般。一个“饮”字，写出了桥与溪水的关系，把桥写活。

设计者——“杰出的工匠”李春。

（3）从对看图说话与看文说话的比较中你受到哪些启发？

看图说赵州桥的形态与特点，笼统、概括；看文说赵州桥的情况，具体、详细。这就清楚地告诉我们，要说明有关事物，必须具备对那个事物的有关知识。单懂得说明事物的方法，对事物本身却缺乏足够的认识，是写不好说明文的。因此，广泛阅读各方面的读物，丰富自己的知识，提高认识事物的能力，颇为重要。

文章介绍赵州桥，层次清晰，重点突出，着重介绍了这座著名石拱桥的高超技术水平与建筑特点，条分缕析，详略得当。这也是写好说明文必须具备的条件。

3. 芦沟桥与河北赵县的赵州桥一样，颇负盛名。赵州桥有赵州桥的特点，芦沟桥有芦沟桥的特点，请朗读第6~8段，比较文章说明两座桥的方法的异同。

（1）比较异同。

同：介绍地理位置，修建时间；用数字说明桥的规模；用赞语说明桥的价值。

异：说明结构时，前者着重讲大拱小拱的组成情况，后者讲“各拱相联”的特征，并以“从没出过事”为证说明桥的坚固。说明桥的美观时，前者着重讲与四周景色配合和谐，后者讲石柱上刻的狮子的“千态万状”，“有的……有的……有的……”排比句生动而形象地描绘出桥上雕饰的精美。［“惟妙惟肖”：惟，语助词，无实在意义；肖（xiào），相似。］说明桥的价值时，前者着重歌颂“我国劳动人民的智慧和力量”，赞扬能工巧匠李春，后者着重指出芦沟桥值得纪念的反侵略的历史意义。

作者对两座桥分别作了详尽的说明与生动的记述，使石拱桥的建筑特点鲜明突出，给读者以具体、深刻的印象。

（2）放三张芦沟桥幻灯片：桥的外观；“芦沟晓月”的胜景；桥旁石柱柱头上的石刻狮子。要求学生看图说特点，可用课文中现成的语句，也可另外组织语句。

4. 作者分析我国在石拱桥建造上有光辉成就的原因时，是从哪几个方面来说明的？为什么这段说明会给人以条理清晰之感？

从“制作石料的工艺”的“精巧”，石桥“建筑技术”和“起重吊装”石料方面的“创造”，“设计施工”的“优良传统”和石料来源丰富等方面加以说明。用了“首先”“其次”“再其次”逐条加以分析，给读者有条不紊之感。在讲述这些原因时主次分明，着力歌颂了我国劳动人民的勤劳和智慧。

5. 再读第3~9段。

（1）说明介绍中国石拱桥的大层次。

先概述中国石拱桥的特点；再以中国最著名的两座石拱桥为例子，作详细说明；最后具体分析中国石拱桥建造取得光辉成就的原因。层次清楚，条理分明。

（2）以浏览的速度迅速画出文中赞美石拱桥的词语，增强对桥的美感的感知。

如：杰作　雄姿　雄伟　巧妙绝伦　制作奇特　美观
匀称　和谐　古朴　不朽　千态万状　惟妙惟肖
独一无二　美丽　奇观　优美　精巧

6. 齐读最后一段，要求学生概括这部分内容。

（1）由古及今，简介石拱桥建筑技术的飞跃发展和广泛应用。

（2）说明这部分内容时，先后举云南“长虹大桥”、“大量的钢筋混凝土拱桥”与新创造的“双曲拱桥”为例，赞扬我国劳动人民的智慧与创造力，歌颂社会主义制度的优越。

（3）“双曲拱桥”是怎样的结构呢？放幻灯片，略作说明，丰富学生这方面的知识。

“‘双曲拱桥’是我国劳动人民的新创造”。它是一种桥身的主拱圈在纵、横两个方向都呈拱形弯曲的桥梁，即沿车行方向呈拱曲面、在桥宽方向也是由几个小的连续拱曲面组成的拱桥，其形状犹如自行车的泥板。“双曲”是从这种拱桥的构造特点、受力关系的角度命名的。我国第一座双曲拱人行桥于1964年在江苏省无锡县建成。这种桥的优点是钢材用得少，用较小形的块件就能建成跨度大、外形美的桥梁。

四、小结全文，当堂练习

这篇说明文紧扣被说明事物的特点，层次清晰地进行介绍，知识具体丰富，语言准确、生动，要认真学习体会。

这篇说明文在说明事物时用了多种方法，请按以下分类各举一个例子说明：

1. 举例法；
2. 比喻法；
3. 引用法；
4. 举数法。

五、布置作业

1. 做“思考和练习”三。
2. 写一段说明文字，简介自己熟悉的一两种桥。

【板书】

中国石拱桥

石拱桥	虹　卧虹　飞虹　长虹卧波
中国石拱桥	惊人的杰作
例{赵州桥	合乎科学原理　巧妙绝伦
例{芦沟桥	坚固　奇观　纪念意义
双曲拱桥	新创造　世界上仅有

智慧和创造力

【教后】

1. 学生对幻灯片很感兴趣。用幻灯片与文字对照，可使学生清楚地看到自己知识上的差距，颇能提高他们学习的积极性。

2. 学生最喜欢两段文字：开头的比喻与对芦沟桥石柱上的石刻狮子的描绘。

3. 学生比较赵州桥与芦沟桥建造的异同时，容易找出“异”，但对“同”考虑得不够。培养学生思维能力时，要注意引导他们学会较全面地思考问题，不能只考虑一方面或某几个方面。

《大自然的语言》

【教学目的】

1. 了解物候知识和物候学的研究在农业上的重要意义，激发观察大自然的兴趣。

2. 了解科学小品的特点，学习抓住事物特征、运用实例、有条不紊地说明事物的方法。

【教学时数】

两课时。

【教学步骤】

一、剖析题意，激发兴趣

同学们课前已作了预习，你们说说看，这篇文章究竟介绍了些什么知识？为什么要用“大自然的语言”作题目？“语言”是指什么？大自然又怎么会有“语言”呢？看课文的注释①，现在的题目与改写前原文的题目——“一门丰产的科学——物候学”相比，哪个更吸引人，为什么？

学生发表意见，教师明确：文章介绍了物候知识，说明了研究物候的重要性。“大自然的语言”指的是物候现象。语言是人类最重要的交际工具，大自然怎么会有“语言”呢？作者用了拟人化的手法把大自然中的种种物候现象比作“大自然的语言”，借以说明认识它、研究它的重要性。以“大自然的语言”为标题，新颖别致，形象生动，比直述“物候学”更吸引读者。

这篇普及科学知识的科学小品，一和我们见面，就以新颖别致的标题把我们吸引住了。那么，哪些算是“大自然的语言”呢？哪些因素对它有影响呢？文章当中作了具体生动的说明。

二、划分段落，概括段落大意，掌握文章结构

请学生根据文章对物候现象的介绍，划分段落，简述各部分的大意。

第一部分（第1~3段）：通过春、夏、秋、冬四季中自然现象的变化说明什么是物候，以及物候和农事活动的关系——说明物候学研究的对象。

第二部分（第4~5段）：说明物候观测对于农业的重要性。

第三部分（第6~10段）：逐项说明影响物候现象来临迟早的因素。

第四部分（第11~12段）：说明研究物候学的意义与价值。

文章中心明确，对物候学的研究对象、重要性、影响物候现象的因素等作了具体的说明，从描绘大自然的现象入笔，到提出要“懂得大自然的语言”结束，结构完整，首尾呼应。

三、理解各部分写法上的主要特点

1. 第一部分。

(1) 朗读第1~3段。注意正音、解词。

次第：按顺序一个接一个。

孕（yùn）：分析字形，上下结构，上“乃”下“子”。

销声匿迹：辨别“销”与“消”。

载途：满路，遍地。载，充满。

谚（yàn）：谚语，在群众中间流传的固定语句，用简单通俗的话反映出深刻的道理。农谚，是有关农业生产的谚语。

（2）第1段内容用一句话可以概括，用怎样的话来概括呢？把这句概括的语言与文中的第1段文字进行比较，说明哪种写法好，为什么？

第1段内容写春夏秋冬变化的规律。

两相比较，文章的写法形象生动。作者运用充满诗情画意的散文语言，先后描绘了大地春回、夏孕果实、“衰草连天”、“风雪载途”四种迥然不同的自然特色。词语丰富，句式多变，详略得当，使四季景色如在眼前。

朗读、背诵第1段。

（3）总括第一部分的写法，同学们认为它有哪些主要的特点？

学生议论后，明确：

抓住自然景物的特征，用优美的语言描绘，使四季变化的规律表现得鲜明生动，增添了文章的色彩。——反映了科学小品的形象性。

“在地球上温带和亚热带区域里，年年如是，周而复始”这一句不可忽视，点明这种四季变化的规律不是在地球上别的地带，而是在“温带和亚热带区域”。——反映了科学小品的科学性。

介绍物候学的常识，由描绘大自然的现象进入说明大自然变化的规律，由展现花香鸟语、草长莺飞的“大自然的语言”进入到对物候学理论的说明，由浅入深，由现象到本质。

2. 第二部分。

（1）思考回答：作者是怎样说明物候对于农业的重要性的？这样说明有什么效果？

（2）学生阅读后回答。明确：

先从理论上概括说明，再举实际例子说明。

从理论上说明时运用了比喻，把大自然语言的发出者比作“活的仪器”，写出物候观测的特点，形象、生动。举北京1960、1961、1962年物候记录的数据与花生作物生长情况的关系为例，印证上述道理的正确性，加强文章的说服力。

3. 第三部分。

（1）朗读第6~10段。思考回答：决定物候现象来临迟早的因素有哪些？每一因素说明时有什么显著的特点？综合起来看又有什么特点？

（2）学生议论。明确：

决定因素有纬度和经度的差异、地势高下的差异和古今的差异。

第6段的设问句引起下文。文章说明决定物候现象来临迟早的因素时，每说一个因素，先在段落开头用一句话概括，如“首先是纬度”“经度的差异是影响物候的第二个因素”“影响物候的第三个因素是高下的差异”“物候现象来临的迟早还有古今的差异”，然后紧扣第一句话分析说明。这样写来眉目清楚。

分析说明时，又有两个明显特点。一是举实例加以说明。事实最有说服力。既阐述道理，又摆出事实，令人信服。二是介绍时详细周密，不仅分析了物候现象“来临迟早”的一般规律，而且揭示了它的特殊规律，使读者获得比较全面的、可靠的知识。

这一部分在全文中是写得最详的一部分，叙述具体，条理清楚，实例充分。虽分条逐项说明，但同中有异，毫不呆板（比如，同是用第一句话概括全段内容，但语句组织得不一样），有详有略，主次分明。

4. 第四部分。

（1）阅读第四部分，分析作者是怎样说明物候学研究的意义的。

（2）在学生发表意见的基础上，指导学生体会“首先”“此外”“有”“还可以”“也可以”在说明物候学研究意义时的作用。

“首先”，指明主要意义，回应上文说明的内容；“此外”，表明还有其他意义，反映说明问题的周密；“有”“还可以”“也可以”是分别述说“多方面的意义”，清楚明白。

四、检查学习效果

1. 什么叫“大自然的语言”？举一个例子说明“大自然的语言”

与农业生产的关系。

2. 学了这篇说明文你有哪些收获？学到了哪些科学知识？学到了哪些写说明文的方法？

3. 用课文中形象化的语言回答下列问题：

（1）立春过后，大地怎样？冰雪、草木、各种花又怎样？

（2）夏天是植物进行什么活动的时期？

（3）秋天植物的叶子怎样？北雁、田间草际的昆虫又怎样？到处是怎样的景象？

（4）寒冬季节又是怎样一番风光？

4. 用图解法示意本文的内容与结构，要包括说明的对象、内容、层次、方法等项目。

五、布置作业

1. 做“思考和练习”一。

2. 收集五条农谚，加深对物候的理解。

3. 写一篇短文，说明某一种文具的性质、特点与用途。要求抓住特征，举例说明，注意语言的生动形象。

【板书】

大自然的语言

物候　大自然的语言（生动、形象）

重要性　灵敏、简便（举例）

因素　纬度、经度、高下、古今（举例）

（一般、特殊）

意义　预报农时，其他（主次分明）

【教后】

1. 学生对“大自然的语言”有所理解，对第1段的写法十分喜欢，很快就能背诵第 1 段。

2. 在划分段落时，学生对第 3 段的划归有不同意见，有的认为把它放在第二部分好。经过讨论，大家紧扣物候的研究，统一了认识，认为还是放在第一部分合适。

3. 概括各部分的大意时，第二、三两部分容易，第一、四两部分较难，需多花一点时间指导。要重视概括能力的培养。

4. 学生对农谚感兴趣，当堂就讲了好些条。要他们课后收集，他们乐意接受。

议论文

《事事关心》
《谈读书》
《关于写文章》
《散文重要》

【教学目的】

1. 懂得读书、作文的基本态度与方法，提高读与写的能力。

2. 学习围绕中心逐层深入地叙述道理、运用比喻与举例论述事理，以及用事实作论据说明道理等写作方法。

【教学时数】

五课时。

【教学安排】

1. 总—分—总。

2. 课文讲读与知识短文《读书笔记》阅读结合进行。

【教学步骤】

一、综合介绍，引起学生学习兴趣

《事事关心》《谈读书》《关于写文章》《散文重要》一组短文议论的是读书、作文的基本态度与方法，对我们读写能力的提高、对指导我们怎样做学问、做人都有重要意义。这些短文多出于名家之手，写的是经验之谈。邓拓是长期从事党的宣传工作的，写了大量杂文，《燕山夜话》是其杂文集，深受读者欢迎。吴晗是著名的明史专家，学问渊博。老舍是著名作家、语言大师。他们读书、撰文功底极深，有极丰富极宝贵的经验。在“四人帮”横行时期，这些文章被打入冷宫，有的还在被“狠批”之列。今天，我们能读到这些文章，从中吸取养料，应加倍认真，细细咀嚼。

二、学习《事事关心》与《谈读书》

两篇都谈读书的问题，但角度不一样。

1. 阅读两篇文章，找出各自的中心论点。

（1）“既要努力读书，又要关心政治”。

（2）重要的在“善于读书”。

2.《事事关心》一文是怎样逐层深入地论述“既要努力读书，又要关心政治”这个中心论点的？

（1）先划分段落层次，概括段落大意。

第1~6段：说明所引对联的由来与意义，提出“致力读书”与“关心政治”的关系的问题。

第7~8段：分析东林党人读书和讲学所抱政治目的之进步意义与

历史局限。

第 9~10 段：反复论述努力读书与关心政治紧密结合的必要性。

第 11 段：给出结论——“既要努力读书，又要关心政治”。（中心论点进一步深化。）

（2）再理清论述层次：先解释对联的含义，引出讨论的中心议题；再紧扣中心议题，分析评论东林之风；然后反复论述当今努力读书与关心政治紧密结合的必要性；最后下结论。论述时，中心论点如一根红线贯串其中，每个层次的说理都紧紧围绕着它。引入问题时，由古而今；提出问题后，以今论古，再以古激今，最后谈今要胜古。

3.《事事关心》的思想意义与论说特点是什么？

（1）每个学生都应懂得“事事关心”的重要。读书是为了什么？读书与做人的关系怎样？我们都可以从文中受到启发和教益。

（2）由诗入文，形象生动，既吸引读者，又揭示论题，是写杂文常用的手法。评说东林讲学之风，有肯定有否定，有借鉴有扬弃，内容具体，观点鲜明。就文章说，有说服力；就学问说，根底深。要写出有说服力的文章，必须在马克思主义基本原理和历史学等方面打好坚实的基础。

结尾段深化论题，反问句、感叹句的运用，都是熟练驾驭文字的表现。逐层深入地论说事理，前已分析，从略。

4.《谈读书》一文是怎样紧扣“善于读书”来展开论述的？找出文中论述如何能“善于读书”的五个关键语句。

文章先从方法，再从先后，然后从工具问题等三个方面分别论述，紧紧围绕“善于”，介绍读书方法，进行分析说理。（1）正确的方法是把“寻章摘句式”与“观其大意、不求甚解式”统一起来。（2）“在学习理论的时候，还必须联系实际”。（3）“要读好书，必须先打好基础，读好了基础书，才能在这基础上作个别问题的钻研”。（4）“多读多抄，这个‘二多’是必须保证的”。（5）要“善于利用工具书”。以上道理，请学生举自己读书中的实例，分别说明，深入体会。

5.《事事关心》在提出问题、分析问题、作出结论等方面与《谈读书》相比较，有何异同?

同：有针对性；中心突出；说理具体。

异：(1) 提出问题的方法不同。一引对联，一从释题入手，用设问引起读者兴趣，以“能”与“善”一字之差突出所要论述的中心题旨，再联系当时读书实际，指出谈该问题的重要性。(2) 分析问题时——前者多讲道理，逐层深入地论述；后者多用比喻与举例进行论述，把抽象的道理说得比较具体，三个方面，五个小点，清楚、严密。(3) 作出结论时——前者稍详，后者稍略；前者深化，后者强调。

6. 布置作业：

(1) 阅读知识短文《读书笔记》，为《事事关心》写提要，对《谈读书》做摘录。

(2) 做“思考和练习”三。

三、学习《关于写文章》与《散文重要》

读是理解，吸收；写是表达。读与写皆重要，读与写的能力都要努力提高。

1. 先学《关于写文章》一文。读全文后，思考回答。

(1) 文章一开始就提出问题，摆出主要论点。主要论点是什么?为什么说它是主要论点?

开宗明义，提出写文章的作用。两个“方法”，前一个未具体论述，后者作了详尽的阐发。故“写文章是整理我们的思想和经验，使之明确化、条理化的一种方法”是主要论点。为突出这一主要论点，作者从写文章的基本要求、构思过程等方面来阐明其含义。

(2) 文章是从哪些方面来阐明写文章使思想“明确化、条理化”的?有哪几个层次?抓住关键词句理解。

第一层：“讲究章法”和斟酌字句，使思想“明确化、条理化”。

“头脑里”——→“说出来”——→“写成文章”。第二层：从“写不下去”到“写好改好”，使思想“明确化、条理化”。第三层：反复“推敲、修改”，甚至“重写”，使思想“明确化、条理化”。经过三方面的论证，有力地说明：写文章是整理思想、锻炼思维的方法。

(3) 由谈锻炼思想的方法进而深入到对什么问题的论述？

要有严肃的写作态度。反对马虎随便，提倡“学习写”“努力写”，“用写文章的方法来训练自己的思想”。

混沌（hùn dùn），指思想模糊，不清楚。

(4) 最后三段阐述了什么问题？

讲清写文章的重要作用，激励大家树立写好文章的信心。

(5) 这篇文章在论述上的最大特点是什么？我们从这篇文章中可吸取哪些养料？

全面提出问题，重点论述。就全文说，提出两个“方法”，侧重论述后者。就部分说，分析文章“写不下去”的原因有两条，但对还未很好地掌握书面语言工具一条不作论述，侧重讲“思想还不够成熟”这一条。这样处理，不但能使读者了解问题的全貌，而且突出了重点，鲜明地表现了作者的写作意图。

可从中得到许多有益的启示：懂得写文章的作用；写文章要多“锤炼”；要学写、多写、“努力写”，“酝酿”“思索”“研究”，使思想精确，语言文字运用熟练。

(6) 练习：写《关于写文章》的提要，要求重点突出，层次清楚；做“思考和练习”三。

2. 再学《散文重要》一文。

写文章能“整理”自己的思想，使思想“明确化、条理化”。要写怎样的文章呢？对初学者来说，学写怎样的文章最为重要？著名作家老舍同志以明白晓畅的语言、生动的事实论述了这个问题。

(1) 自由朗读课文，思考回答：本文论述了哪几个问题？文中“散文”的含义是什么？为什么说“散文实在重要”？为什么说散文“比较容易写”？写散文时要注意避免哪几种倾向？在论述这些问题时，文章在说理上、语言上有何特点？

（2）讨论后明确：

本文先后论述了“散文实在重要”“散文比较容易写”“不要怕散文，也别轻视散文”等问题。本文所说的散文，是从广义的角度说的，凡不押韵、不重排偶的散体文章都称散文。狭义的散文则与诗歌、小说、戏剧并称。

从散文用处之多之大，说明散文的重要性。

“散文是加过工的口语”，与口语“接近”。“容易写”，不等于能写好。要写好，得注意两点：锻炼说话，“出口成章”；在“话”上“加工”。

“既会……再会……就会……”表达准确。（请学生用这个结构口头造句。）

写散文要端正态度，“不要怕”，“也别轻视”。论述前者时，强调写散文的“条件”，指出“话说得清清楚楚，明明白白”，就有“写散文的基础”；论述后者时，强调打底子，只有散文写得“通顺”，底子打得扎实，才可能写出“情文并茂”的诗歌、小说、剧本等。

论述上述问题时，层次井然，举了人们所熟知的而又易忽略的事实和道理来论述，做到了通俗易懂。而语言生动、口语化，正体现了老舍同志的文风特点。

（3）强调两点：一是练口与练笔的关系。锻炼说的能力，说得“铿锵悦耳”，为写打基础；提高写的能力，写好散文，又可使思想“条理化”，促进说的能力的提高。故平时要注意“双练”，打下坚实的基础。二是用事实作论据，注意挑选有典型意义的事实，增强说服力。

（4）练习：用“出口成章”“铿锵悦耳”“字斟句酌”“情文并茂”说一段话，表明说话与写文章的关系；做一张读本文后的卡片，写出全文提要或做重点、要点摘录。

四、总结

这组议论短文就读书的要求、读书的基本经验、写文章与思维训练的关系、写文章与说话的关系等进行了论述。我们读了以后，有些什么收获呢？请回答下列问题：

1. 在读书方面你增添了哪些经验？在写作方面懂得了哪些道理？把学过的内容梳理一下，整理出实实在在的几条，储入自己的“仓库”。

2. 四篇短文在提出问题、分析问题、解决问题、作出结论等方面各具特色，列表进行比较，加深理解。

五、布置作业

以“读写经验谈”为主题写一篇短文。

1. 可谈“读”，可谈“写”，可“读写”兼谈。

2. 谈自己体会最深的一二点。

3. 学习四篇文章论述问题的方法，可侧重学某一点，也可糅合起来运用。

【板书】

事事关心

既要努力读书，又要关心政治

由古而今　以今论古　以古激今　今要胜古

引 ——→评 ——→论 ——→结论

逐层深入（形象）（实事求是）（反复论述）（强调、深入）

历史地辩证地分析

谈读书

要善于读书

释题　论说（分别）　结论

（引出论点）（方法、先后、工具）（强调）

比喻、举例

关于写文章

写文章使思想明确化、条理化

- 全面提出问题
  - ……方法
  - ……方法
    - 讲究章法，斟酌字句（头脑里—说出来—写成文章）
    - “写不下去”（酝酿、思索、研究）—重点论述“写好改好”（暧昧、混乱、粗疏—充分、明确、完备、清楚）
    - 反复推敲、修改、重写

散文重要

散文（广义，与韵文相对而言）

重要	比较容易写	不要怕，别轻视
（多、广）	（与口语接近）（加工）	（条件、底子）

（练口与练笔的关系）

【教后】

1. 在划分《事事关心》段落时，少数学生把第一部分分在第3段末尾。思路虽不乱，但欠准确。加以指导。

2. 第二部分以今论古，评论东林之风如此之具体，对这一问题，有的学生理解得好，说评论实事求是，既熟悉史料，又能用马克思主义理论作指导。

3. 讲读《关于写文章》第8段时，学生只知它是承上启下的过渡段，向他们指出：不仅如此，而且照应了第1段提出的问题，重点论述“交流思想、传播经验”的“方法”；既然全面提出问题，文章就应呼应作答，显示思维和说理的严密。

4.《谈读书》中的三个方面、五个小点，学生虽能迅速找出有关语句，但在立即举例阐述上还有困难，说不周全。以后要注意此项训练。

《"友邦惊诧"论》

【教学目的】

1. 学习本文抓住论敌要害层层驳斥、置敌于死命的批驳方法，培养学生从错综复杂的现象中看清事物实质与深入分析问题的能力。

2. 进行朗读训练，用把"笔伐"变成"口诛"的方法，使学生深入体会反语、模拟、排比、反复等艺术手法在文中发挥的"战斗"作用。

【教学重点与难点】

重点：针对谬论，层层驳斥；论战性与艺术性的和谐统一。

难点：时代背景——错综复杂的政治形势和社会现象。

【教学时数】

两课时。

【教学步骤】

一、检查预习情况，导入课文学习

板书：惊诧。要求学生读音释义：jīng chà；惊讶，诧异。

板书：莫名。要求学生释义。名，此处指用语言表达出来的意思；莫名，说不出的，难以用语言表达的。莫名惊诧，说不出的惊讶诧异，可见“惊诧”到何种程度。谁“莫名惊诧”呢？在学生回答的基础上，板书：友邦人士。邦，是国家，“友邦”指哪些国家？指英、法、美等帝国主义国家。

射箭要看准靶子，讲究一箭中鹄——箭发出去，命中箭靶的中心。批驳敌人谬论的文章，要一语破的，击中要害，当然，也要看准靶子。《“友邦惊诧”论》是一篇十分精彩的驳论文章，这篇文章在第1段中就把敌人的反动论点揪出来示众。“友邦人士，莫名惊诧，长此以往，国将不国”这16个字是国民党政府12月18日反动电文中的要害。鲁迅先生是怎样把这黑靶子揪出来的呢？这个反动论点的实质又是什么呢？先看当时的事实吧。

二、指导学生学习第一部分（第1段）

运用提问与板书帮助学生了解当时错综复杂的形势，理解该部分内容，使学生明确作者引出反动谬论的方法。

（1）指名朗读第1段。

要求字音读准，句读分明。注意对“攒”“逮”“悉”的辨形、正音、释义。“攒”（cuán），“逮”（dài），“悉”（xī）。

（2）提问回答。

学生为何请愿？请愿是什么行动？

九一八事变后，不到三个月，日本占据辽、吉，南京政府束手无策，哀求国联判决，而国联和日本是一伙。面对日本帝国主义的侵略、屠杀，眼看着“大人老爷们”“葬送土地”，爱国学生义愤填膺，怒火中烧，“放下书包”请愿示威。这个行动是反侵略反卖国的正义行动，是无可非议的爱国行动。

为什么说“只要略有知觉的人就都知道”？“略有知觉”起何作用？

稍微有点知觉的人就全都知道，说明无须慧眼，无须深入思考，以此强调学生请愿的爱国行动是不容歪曲的事实，清清楚楚，明明白白。

然而，国民党反动政府是采取什么态度来对待的呢？看注释①与文末引录的电文，将其与这部分的有关内容结合起来思考回答。——十二月十七日的血腥镇压，三十多名学生惨遭杀害，一百多名学生受伤，百余名学生被逮捕，爱国学生血洒南京珍珠桥畔。这，是血写的事实。反动政府为了掩盖罪行，极其卑劣地制造墨写的谎言，于十八日通电各地军政当局，诬陷学生“捣毁机关，阻断交通……”，给学生加上种种莫须有的罪名，命令严加镇压。

作者摆出以上事实是为了揭露反动政府刽子手的面目和卖国的丑恶本质。为什么在摆事实的同时要夹入对“读书”的议论呢？是不是有点扯开？不。貌似扯开，实质是更深刻的揭露，战斗锋芒直指欺骗学生“安心读书”的蒋介石卖国政府。学生在国土沦丧、生命无保障的情况下，“放下书包来请愿”是不得已，这样赤手空拳地来请求抗日已是“可怜之至”，而反动政府竟对学生疯狂镇压，横加罪名，其险恶用心可想而知。这里插入一段议论，戳穿了“安心读书”的骗术，伸张了学生请愿的正义性，反衬出国民党政府的反动性，使反动政府降敌卖国的本质更为昭然若揭。

小结：文章第一部分在列举事实和深刻分析的基础上，用“不道”二字引出诬陷学生的反动电文，以“指出结果”顺势揪出“友邦人士，莫名惊诧，长此以往，国将不国”的反动论点。这个反动论点是从以事实和说理为基础的反驳中引出的，用这样的方法悬靶子，使论敌从一开始就处在被动挨打的境地。

（3）在学生回答与教师讲述的过程中，写如下的板书：

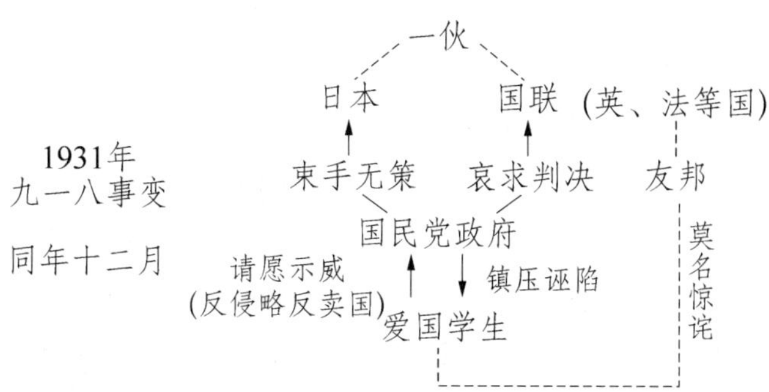

三、指导学生学习第二部分（第2~7段）

运用分层朗读、反复朗读与点拨的方法，引导学生具体理解文中针对谬论层层驳斥的写法，体会文章论战性、艺术性和谐统一的特点。

（1）检查学生预习中划分批驳层次的情况。

要求学生用简明的语言有条理地回答。

敌人的反动论点一经悬出，鲁迅先生就对准目标，分三个层次痛加鞭笞。先批“友邦人士，莫名惊诧”，再驳“长此以往，国将不同”，进而鞭辟入里地揭穿“友邦”与“党国”的主奴关系。

（2）分层朗读，点拨。

① 文中是怎样驳斥“友邦人士，莫名惊诧”谬论的？撕掉了“友邦”的什么面具？揭露出其怎样的本质？

指名朗读。

学生思考回答后，教师补充：先连用三个“不惊诧”和一个“惊诧”进行强烈对比，剥开“友邦人士”的画皮，使之现出与日本侵略者一伙、与国民党反动政府一丘之貉的原形。接着用以退为进的方法揭穿“友邦”镇压劳动人民的老底，撕破其“莫名惊诧”的虚伪面纱。

学生在理解的基础上自由朗读，朗读前教师点拨：三个“不惊诧”和11个四字短句形成排比，读时要有声讨的气势，发挥其“战斗”作用。“好个‘友邦人士’！”是用反语对帝国主义分子进行愤怒的斥责，读时要把握好声调的抑扬和感情的表达。“好个国民党政府的‘友邦人士’！是些什么东西！”是向所谓“友邦”提出强烈的抗议和严正的审判，读时要锋利明快，怒不可遏，挑明“友邦”的实质，直刺其心脏。“摆什么‘惊诧’的臭脸孔呢？”这一反诘句明确指出“友邦”虚伪可憎的面目，读时要有鄙视、奚落的感情，收到使“友邦人士”无地自容的效果。

指名学生对准“友邦人士，莫名惊诧”的谬论，奋力口诛，要求义愤填膺，气势磅礴，语言流畅。

②“友邦人士，莫名惊诧”已被驳得体无完肤，那文中对“长此以往，国将不国”的谬论又是怎样驳斥的呢？

学生自由朗读第 5 段，思考回答：驳斥这个谬论用了几句话？其具有哪些特点？犀利地解剖了党国的什么实质？

只用了一句话，但是如匕首、投枪，击中了敌人的要害。党国压得人民噤若寒蝉，好肆无忌惮地卖国。明明治下的国家不像一个“国”，倒装出一副道貌岸然的样子来慨叹“国将不国”。为了揭露其卖国罪行和反动本质，作者运用“党国倒愈像一个国”的反语，进行辛辣的讽刺。用反复、排比的手法句进逼，如三发连珠炮，形成所向披靡的气势。句首的“友邦”“一惊诧”“国府就怕”，句末的“永远‘国’下去”“可以博得‘友邦人士’的夸奖”，用得绝妙，使奴才的嘴脸跃然纸上。原来国府是“友邦”的奴才，难怪电文中用“友邦人士，莫名惊诧”来进行恫吓。驳斥的话虽只有一句，但一语破的，力重千钧。作者没有直接就学生请愿是否会导致“国将不国”进行辩论，而是高屋建瓴解剖党国的实质，深刻地揭示“国将不国”的罪责完全应由国民党反动政府承担，恫吓的谬论不攻自破。

指名学生朗读，教师点拨：句首用奚落、挖苦的语调，“怕”的读音要延长。句末的“永远‘国’下去”，意思是永远像一个国家一样存在下去，“国”是名词当动词用，读时不能短促，要运用音调和节奏将讽刺意味恰当地表现出来。“好像……一样”不能读破，要一气呵成，势如破竹。

齐读，对准“长此以往，国将不国”开炮。

③ 批驳至此，“友邦”的面目，党国的本质，已经十分清楚，但为了给敌人以致命的重伤，还须穷追猛打，于是文章就势用一句话小结后，又进入了更深一层的揭露。

指名学生读第 6、7 段。

提问朗读："友邦"要什么？党国要什么？"友邦人士"知道什么？"友邦人士"是怎样训斥"军政当局"的？

读后点拨：这一层驳斥，把主奴相互勾结、狼狈为奸镇压人民的罪恶本质，揭露得入木三分。读时既要充满义愤，又要给人以透彻之感。第7段作者模拟"友邦人士"的心理与口气训斥奴才，把主奴的丑态描绘得淋漓尽致。读时要有层次，读出厉声；前稍轻，后稍重。

指名学生朗读第7段，要求摹声摹色，活画出主奴的丑态。

小结：这部分驳斥是全文的重点。反动电文中谬论很多，为何单抓住"友邦惊诧"猛批狠揭呢？经过层层驳斥，其中奥妙就一清二楚了。原来抓住这个谬论反驳，可收一箭双雕之效，既揭穿"友邦"的虚伪面目、帮凶实质，又剥露国民党政府对外投降、投靠，对内残酷镇压的罪恶本质。射这个黑靶子，反动政府借帝国主义主子以自重、投降卖国的嘴脸就大白于光天化日之下。故"友邦惊诧"是敌人的要害之处。鲁迅先生不仅善用辩证法的思想分析各种矛盾，从错综复杂的现象中抓住问题的实质有力地揭露，而且善用反语、排比、反复、模拟等种种手段，嬉笑怒骂，讽刺挖苦，把脸谱不一、唱腔各异的"友邦""蒋府"嘲弄得丑态毕露。文章内容厚实，战斗锋芒犀利，爱憎感情浓烈，这种论战性与艺术性的和谐统一，这种高超的论战艺术，令人惊叹。

学生再朗读，把三层驳斥连缀起来，咀嚼体会。

四、
指导学习
第三部分（最后一段）

运用提问指导学生阅读，加深学生对增写的这段文字的作用的理解。

1. 启发学生思考：文章已经结束，这一段文字算什么呢？是不是赘笔？起何作用？为什么？

2. 要求学生阅读，理解这部分内容，弄清“盛传”“兹”“旋”的含义。（盛传，广泛流传；兹，现今；旋，不久。）

3. 学生回答，教师补充：这不是赘笔，而是再加上一颗重磅炮弹。摘引了《申报》“南京专电”与“‘教育消息’栏内”的事实进行鲜明的对比。官员无恙，学生死伤，是铁的事实。以事实与反动电文对照，事实胜于雄辩，更为有力地驳斥了诬陷学生的无耻谰言。结尾再紧扣论题，用反语讽刺，使这段文字既在内容上与全文紧密联系，又在结构上成为文章的有机部分。“惊诧莫名”词序的更动，“只请放心”的运用，饱含无比愤怒之情。面对敌人，鲁迅先生这种冲锋陷阵、锐不可当的大无畏精神，值得我们认真学习。

4. 指名学生朗读全文，要求言辞锋利，读出层层驳斥的特点。

五、布置作业

1. 朗读全文，深入思考，在练习本上解答自己课前提出的疑难问题。

2. 搜集报章杂志上及常见与常听到的影响建设社会主义精神文明的错误言论，为写驳论文章做好准备。

【板书】

“友邦惊诧”论

1. 撕“友邦”面具 ↓　针对谬论，层层驳斥——论战性 }
2. 剖党国本质　　　　　　　　　　　　　　　　　　　和谐统一
3. 揭主奴勾结 ↓　反语、摹拟、反复、排比——艺术性 }

【教后】

1. 学生要理解该篇课文的精髓及“战斗”作用，就必须对时代背景有所了解。为了节约教学时间，可充分运用课文的第 1 段和注释①②，再佐之以醒目的板书，使学生对时代背景一目了然，收到预期的效果。另外讲时代背景就不必要了。

2. 反复指导朗读——齐读，小组读，个别读，能激发学生对国民党反动派和“友邦人士”的义愤，加深对课文深刻含义的理解。鲁迅先生笔伐得精辟、深邃，学生口诛起来也就十分有劲。实践证明，变笔伐为口诛是有效果的。

3. 在教学进程中对原设计的作业作了一些修改。原要求学生在课后书面解答预习时提出的疑难问题，后改为当堂请学生解答，检查教学效果。李、章、许三位同学对文章中为何要插入对“读书”的议论，对文章是如何批驳“长此以往，国将不国”的谬论的，对“写此文后刚一天”一段首行为何要缩进去四格等问题回答得都比较好；周、徐稍差，但基本上也能理解。

4. 推敲“越轨”的含义时，小徐大声说“超出铁轨”，引得哄堂大笑。肯定他对词本义的理解，再指导他懂得引申意义。

《批评和自我批评》

【教学目的】

1. 理解开展批评和自我批评的重要性，培养为革命勇于批评和自我批评的好作风。

2. 理解比喻、格言和成语在说理中的作用。

【教学时数】

两课时。

【教学步骤】

一、复习旧知，导入新课

上学期我们学一篇古文时，曾谈到“讳疾忌医”这个成语（板书：讳疾忌医），请同学们讲讲这个成语的含义。（有病不肯说，又怕见医生。比喻有了错误、缺点，生怕别人批评指出。）蔡桓公讳疾忌医的结果是送了命，病从“腠理”入“肌肤”，入“肠胃”，入“骨髓”，终无救。这个故事生动地告诉我们拒绝批评有何等危害。

今天我们学习毛主席 1945 年《论联合政府》报告中的一段话，它从党风原则高度、从革命原则高度来论述“批评和自我批评”的重要性。文章是怎么论述的呢？

二、
讲读分析，细细咀嚼

1. 指定一名学生读第一句。

要求学生分别讲述“我们”“显著”“标志之一”的含义，思考句中为何用“也”字。明确：

文章开门见山地指出“有无认真的自我批评”是作风问题，也是党风问题，是个重要的原则问题。这就从党风的原则高度突出了“批评和自我批评”的重要性。

“也”清楚地告诉我们，除了“有无认真的自我批评”，我们还有其他标志区别于其他政党。《论联合政府》第五节《全党团结起来，为实现党的任务而斗争》，深刻论述了党的三大作风（“理论和实践相结合的作风，和人民群众紧密地联系在一起的作风”，“批评和自我批评”的作风）。“也”说明用词的周密。

2. 提出问题后要具体论述。文章是怎么具体论述的呢？

（1）先打比方。以什么比什么？

“沾染灰尘”形象地说明“在阶级社会中”“各种思想无不打上阶级的烙印”。以打扫房子、洗脸的日常生活现象，形象具体而深入浅出地论述开展批评的重要性。论述时从正反两方面说——“是……，不……”。

（2）再引成语、格言说明经常开展批评和自我批评是抵制资产阶级思想腐蚀的“唯一有效的方法”。“不腐”“不蠹”具体形象。“蠹”（dù），此处作动词用，蛀蚀的意思。经常开展批评和自我批评，可防微杜渐，保证党的生命力。“闻者足戒”，听话的人足以引为鉴戒。“无则加勉”，没有缺点错误，就用以勉励自己。格言，指含有教育意义的话。

（3）最后以“整风运动”的事实说明开展批评和自我批评的重要性，“正确”“歪曲”“认真”“敷衍”等词表意鲜明、精确。

（4）看板书，读、背。

具体论述：
- 比喻
  - 房子　打扫
  - 脸　洗涤
  - 思想、党的工作　打扫　洗涤
- 成语与格言
  - 成语：流水不腐，户枢不蠹 → 抵抗侵蚀
  - 格言：知无不言，言无不尽；言者无罪，闻者足戒；有则改之，无则加勉（开展批评的原则）→ 唯一有效的方法
- 事实：展开批评和自我批评（整风运动）→ 发生很大的效力

→ 批评和自我批评的重要性

文章运用通俗浅显的比喻，形象深刻的成语、格言，从多方面层层深入地论述经常开展批评和自我批评的重要性，把抽象的道理剖析得具体明白，使听的人易懂易接受。

3. 论述其重要性以后，文章用一连串的反问句发出庄严的号召，要求我们拿起"批评和自我批评"这个马克思主义的武器，为革命抛弃一切"不适合人民需要"的东西。是从哪些角度说的？

请学生朗读、思考、回答。明确：

（1）从党的性质、共产党人的使命的角度来说；

（2）从"政治微生物"的危害角度来说；

（3）从不辜负革命先烈无私牺牲的角度来说。

在发出号召时运用排比、反问的手法，语重心长，感人至深。（引导学生将句式变换为陈述句，比较与原句不同的表达效果。）

三、朗读全文，要求读时层次分明，口齿清晰

四、口述开展批评和自我批评的重要意义，紧扣课文内容，并注意联系当前实际

学生充分发表意见，要求做到：

1. 从党性高度、革命利益高度、为人民利益高度认识开展批评和自我批评的重要性；

2. 从林彪、“四人帮”破坏党的优良作风实行封建法西斯专政的角度，认识其对人民造成的灾难和危害；

3. 从粉碎“四人帮”后，恢复党的优良作风、纠正不正之风、增强革命团结等方面来认识开展批评和自我批评的重要性；

4. 从我们年轻人要成为革命事业接班人，将来为建设社会主义祖国做贡献的角度，认识到一定要继承这个优良作风，决不能讳疾忌医，平时要自觉地锄草、捉虫，洗涤思想上的灰尘，从而健康成长。

五、布置作业

1. 整理课堂笔记，列简明的内容提纲。

2. 做“思考和练习”二。

3. 做“思考和练习”四。补充：写出“抛弃”的同义词；写出“正确”“认真”“健全”“有益”的反义词。

4. 背诵全文。

【教后】

1. 教学过程中提醒学生注意：在前一个词的反义词前加上表示“否定”的词，又与前一个词同时运用，一正一反，这样表达，可以

起强调的作用，如“正确的而不是歪曲的”“认真的而不是敷衍的”。

2.“讳疾忌医”的“讳”，一部分学生没掌握，重新正音析形。

3. 讲析后应小结，强调开展批评和自我批评的重要性，并把号召与强调重要性密切联系起来。我注意得不够，仅以读代替，以致有的学生对文章各层次之间的联系缺乏理解。今后要仔细。

4. 把反问句与陈述句作比较，学生能体会到二者表达效果的不同。小陈说前者言已尽，意无穷，引人深思。有位学生把陈述句改为否定的否定，如“我们有错误不能不抛弃”。

5. 学生认为同学间不可能开展批评。针对这种思想，剖析“四人帮”破坏党的优良作风的罪行，教育学生要培养开展批评和自我批评的好作风。

文学作品

《周总理，你在哪里?》

【教学目的】

1. 加深对周总理的崇敬和爱戴，学习周总理对革命赤胆忠心、为人民鞠躬尽瘁的崇高品质。

2. 理解本文巧妙的构思，体会拟人、反复手法的运用在表现中心思想中的作用。

【教学时数】

两课时。

【教学步骤】

一、激发感情，导入新课

今天，我们学习《周总理，你在哪里?》。这首诗发表于 1977 年 1 月 8 日，作者柯岩。

请同学们回忆一下，1976 年 1 月 8 日是怎样的一个日子啊！那一天，哀乐低回，江河垂泪，大地哭泣。伟大的马克思主义者，杰出的共产主义战士，我们敬爱的周总理与世长辞了。一颗伟大的心脏停止了跳动。人们失去了自己的总理，心如刀绞，泪如雨下。千家万户，万户千家，涌向周总理生前战斗过的地方，涌向天安门广场，涌向十里长街，呼唤人民的好总理，渴望最后见一见与人民心连心的好总理。当时的悲壮情景正如《金缕曲·周总理逝世周年感赋》中所描绘的："念年前、伤心情景，谁能忘记?缓缓灵车经过路，万众号呼总理，泪尽也、赎公无计。"十里长街送总理，冒着凛冽的寒风——爷爷抱着孙子，老泪纵横；母亲搀着孩子，失声痛哭。男女老幼，无不沉浸在巨大的悲痛之中。这是人民的悼念，是古今中外从未有过的人民的悼念。

人民失去了总理，但人民需要总理，想念总理，想把自己的总理找回来。诗人就是在这样广阔的历史背景下，代表人民的强烈意愿，写下了这首感人肺腑的优美的诗篇。

二、讲读第 1 段

先看诗的第 1 段，起笔就不寻常。

1. 朗读思考。

请一个学生朗读，思考回答：诗是怎样起笔的?用了什么句式?为何这样起笔?

2. 教师小结。

用深情的呼唤起笔，一下子就反映出人民的心声，表达无限怀念的深情。为何要这样写呢?联系当时的时代背景思考就清楚了。总理生前，万恶的"四人帮"丧心病狂地对他进行诬陷和攻击；总理逝世以后，这伙凶恶的敌人不准人民佩白花、戴黑纱，不准人民悼念。强烈的悲愤压抑在人们的心头。在总理逝世周年之际，"四人帮"被粉碎，人们对总理的爱、对"四人帮"的恨，犹如火山爆发，喷射而出。由衷的爱戴，无限的思念，胜利的喜悦，都要向总理倾诉。千言万语并作一句，并作深情的激荡人心的呼唤——"周总理，我们的好总理，你在哪里呵，你在哪里?"这样用询问的句式起笔，就能把迸发出来的压抑胸头已久的真情强有力地表现出来，如大海波涛，汹涌澎湃，冲击读者心灵，引起读者的强烈共鸣。

“好”，要重读，带着强烈的感情。

“你的人民”与“我们”比较，前者强调总理与人民血肉相连，心心相印。

破折号不仅起说明作用，而且表示意思递进，加强表达效果。

这一段是诗的总起。“你的人民想念你”，这抽象的看不见的“想念”深情，诗歌是怎样把它具体、形象地表现出来的呢？诗人在热情奔放地呼唤总理之后，立即用传神的笔触描绘了一幅幅感人的画面。（请一个学生朗读全诗。）

三、
朗读全诗，
对画面有总的印象

1. 学生朗读全诗。

2. 思考回答：

（1）诗人先后描绘了几幅画面？

（2）哪几幅？

3. 在学生回答的基础上教师小结。

诗人用传神之笔一气呵成地描绘了失去总理的“我们”急切地到高山、到大地、到森林、到大海以及到天安门寻找总理的感人图景。山再高，路再远，林再深，海再广，千呼万唤也要把总理找回来。其景、其情、其意真挚感人，均须理解琢磨。

四、
学习理解前四幅画面，
先看画中的那个“画”

1. 提问思考。

每幅画面绘的什么景？表的什么情？寓的什么意？

2. 教师小结。

第一幅是万里征途雄伟的长卷画。它概括了总理为革命日夜操劳、对革命赤胆忠心的光辉一生。从青年时代投身革命愿“中华腾飞”到八一南昌起义，从江西到陕北，从延安到北京，从推翻三座大山到建设社会主义新中国，真是“革命征途千万里”。征途上有数不尽的艰难险阻，总理始终高举马列主义、毛泽东思想的旗帜，无私地贡献自己毕生的精力。诗人借山谷回音颂扬总理的丰功伟绩，颂扬总理为祖国、为共产主义事业战斗一生的崇高品质。

第二、三、四幅是一个个特写的镜头。“闪着”的是“汗滴”，是总理为人民的不朽精神，“闪”显示了阳光的灿烂。从沉甸甸的谷穗上“闪着”的“汗滴”，我们仿佛看到了这位伟大人物在与农民一起耕耘，播种幸福。篝火熊熊，火光映照着伐木工人挂着幸福微笑的脸。工人们兴奋地谈论着，回忆着。从这幅画面中，我们犹如听到总理爽朗的笑声，亲切的话语。战士面对碧波荡漾的大海，守卫祖国的海疆，总理亲手给战士“披”上大衣。从这个画面上，我们还依稀看到总理爱抚战士的动作，感受到总理对群众体贴入微的感情。总理和工人、和农民、和战士在一起，亲如骨肉，同甘共苦。他是总理，也是普通一兵。诗人选取了生活中几个典型的细节，创作了有声有色、有情有景、情景交融的画面，情寓其中，意蓄其内，展现了总理的音容笑貌、高大形象，赞颂了总理与人民血肉相连，令人深思，引人遐想。读这些诗句，使人怀念总理之情如滔滔黄河水奔腾不息。

3. 每幅画面都有相同之处，请学生思考，说说哪些地方相同。

(1) 每幅画面均由一呼一应、一喊一答构成。喊，发自肺腑，“——”表示延长，把声音送得很远很远，震天撼地，强烈地，急切地，一定要把总理找回来。答，形象鲜明，感情真挚，不仅展现一幅幅生活气息浓郁的图画，而且重复着一句共同的语言，那就是“他刚离去，他刚离去”。

(2)“刚”指时间短暂，离去的前提是“在”，这就极其深刻地表明总理和人民“在一起”，和人民心连心。巍峨的高山，辽阔的大地，茂密的森林，浩瀚的大海，都留下了总理的光辉业绩，都是总理爱人民、为人民的见证。总理的品格与业绩和祖国雄伟壮丽的山河一样永世长存。

(3) 诗人选用的"山谷""大地"等的应答的词是用过一番心思的。"山谷"怎样答？"回音"，深沉。"大地"呢？"轰鸣"，雄浑。"松涛阵阵"，"海浪声声"，各具特色，与发自肺腑的呼唤交织成强烈的音响，回旋于山河之中，荡漾于天地之间，绵绵不断，经久不息。

(4) 这四幅画面不是各自孤立的，而是有一条线索贯串其中，使画面十分自然地变换更替。请学生思考回答：是条什么线索？或讲出其关键性的动词。

线索是"我们寻找总理"。诗人紧紧扣住"找"，把画面有机地连缀起来。我们似乎看到诗人在奔跑，农民、工人、战士、学生在奔跑，我们自己也在奔跑，找寻总理；我们也仿佛听到山山水水都在颂扬总理。这样就把抽象的"想念"感情，具体、形象地表现出来，使人"摸"得着，感受得到。

4. 请四位学生分别朗读四幅画面，要求声音响亮，尽量读出诗中（包括通过关键词语、破折号）表达的情意。

四幅画面每一幅都不是"找"的终结。"他刚离去，他刚离去"，总理究竟在哪儿呢？要找，找，要快快找到。从这种急切的心情、强烈的愿望出发，诗人猛然把意境向广处推开，把人们的思绪引向更辽阔的远方。

五、
朗读第6段，思考回答问题

1. 在我们眼前展现的是怎样一个壮阔的境界？

"整个世界"。七大洲，四大洋，壮阔无边。从祖国山河扩展到"整个世界"，把所有的地方都"找遍"。

2. 找到的是什么呢？

"足迹"，"深深的足迹"。为什么说"深深"？表明不可磨灭，

总理的功德长留天地间。

“在革命需要的每一个地方”，从亚洲的万隆到欧洲的日内瓦，从非洲到美洲，总理一直在为革命辛勤奔波，风尘仆仆。这就从更深更广的角度来颂扬总理为人民的幸福、为全人类的解放而不辞辛劳、奋斗终生的革命精神。这“足迹”，是总理的脚印，总理的光辉业绩，总理的崇高的革命精神。

总理究竟在哪呢?还要找，还要找，诗人转换意境，向纵深推进。

六、学习理解第7、8段的内容和表达特点

1. 朗读，思考：

(1) 第7段描绘的是天安门前的画面，它与前四幅画面有何不同之处?

(2) 为什么要连说几个“在这里”“在一起”?

2. 教师小结。

(1) 前四幅是借“山谷”“大地”等的回答反复歌颂总理，这儿是在前面的基础上向纵深发展推进，关键在于“深”。“呼唤”是“深情地”，竭尽全力，倾诉心声。破折号在这儿有相当的表现力，字字满腔情。从应答来看，两个“轻些”，两个“正在”，既饱含深情，又唤起了人们太多难忘的回忆。他在这儿，还跟往常一样“接见外宾”“出席会议”，还跟往常一样昼夜操劳，日理万机，为了人民，为了革命，耗尽了毕生精力。回忆起那些难忘的日日夜夜，诗人情不自禁地放声呼唤：“总理呵，我们的好总理!”

这“好”包含着无限丰富的内容，凝聚着无限赞颂的感情。从这普通的字眼里，我们看到了总理光彩夺目的伟大形象。我们向总理奉献的是世界上最纯真、最深厚的感情。

(2) 连用几个“在这里”“在一起”，反复咏叹。天涯海角都找

遍，原来总理就在我们身边，思念、崇敬、爱戴的感情如开了闸的水流奔腾向前，一泻千里，不运用这种反复的手法就难以表达此种强烈的感情。而且这种表达有起伏、有波澜，由激昂而舒缓、远扬，正舒缓之时又激昂起来，不断叩击人们的心扉。这是诗的高潮所在。总理的伟大革命精神不仅“在革命需要的每一个地方”激励着人民，而且会继续在“祖国的心脏”鼓舞我们前进。所以诗人在诗的末尾万分激动地说——（齐读第 9 段）

七、体会结尾

最后一段既与篇首呼应，又余音回荡，缭绕不绝，感人肺腑。

八、感知巧妙的构思

这首诗篇幅不长，但容量极大。诗人未用一个悲伤的字眼，但我们读来哀思如潮；诗人未用浓笔渲染刻画，但总理的音容与形象历历如在眼前；诗中没有一个歌颂的词，但字字句句颂总理，字字句句洋溢着对总理由衷的敬意和爱戴。作品为何能如此感人呢？除了作者火一般燃烧的激情外，还因为它在构思上十分巧妙。

作者抓住了“寻找”这条线索进行艺术构思，把到“高山”找，到“大地”找，到“森林”找，到“大海”找，到“整个世界”、到“祖国的心脏”找等丰富的材料有机地连缀起来，形成浑然一体的诗歌。从时间讲，涉及过去、现在、将来；从空间讲，自“整个世界”到“祖国的心脏”。思想长上翅膀，遨游七大洲、四大洋，放开去了。然后又紧扣“找”的线索收回来，回到“天安门”“中南海”，放收自如，容量极其丰满。构思不是诗人的凭空想象，而是以生活的现实为基础的，因为周总理生活在人民之中，与人民呼吸与共，甘苦共尝。然而，总理毕竟离开了我们，与世长辞了。总理爱人民，人民需要周总理，人民怀着巨大的悲痛要把亲人、把伟人找回来，因此，于五洲四海，天上人间，上下求索。总理离开了我们，这已是无可挽回的事实。找啊，找啊，找到的是他留在整个世界的足迹，找到的是他留在我们心中的丰碑。他永远活在人民心里，和我们世世代代在一起。这样以生活的真实为基础，展开丰富的想象，进行巧妙的构思，言简意深，主题鲜明，给人联想回味的余地很大。诗人用笔，用激情，用生命歌唱好总理，集中表达了亿万人民的意愿，因此，诗歌的艺术效果、艺术感染力极强。

九、朗读全诗，加深对诗歌的主题与艺术构思的理解

十、布置作业

1. 表情朗读，熟读成诵。

2. 做口头练习。读了这首优美的诗以后，你对“总理呵，我们的好总理”这一句是怎样理解的？请将你的理解用精彩的两三句话或两三个词来说明，要饱含对总理的无限热爱与崇敬的情意。

【板书】

周总理，你在哪里？

对革命赤胆忠心　　为人民鞠躬尽瘁

找——→高山——→大地——→森林——→大海——→整个世界（广）

——→祖国心脏——→天安门前——→人民心里（深）

【教后】

1. 诗人用心灵歌唱总理，我要花心血教好。总理对人民恩重如山，我刻骨铭心，终生不忘。这不是在教一首普通的诗歌，我是怀着

上下求索的心情为总理唱颂歌，“情动于中”而言溢于外，要在感染学生心灵上下功夫。

2. 学生被周总理的高尚品质和革命精神所感动，注意力十分集中，当堂能背诵。课后小张同学对我说：这首诗是诗人真正从心里写出来的。

3. 课的末尾学生讲述对“总理呵，我们的好总理”一句的理解时，小陈引用了杜诗中的“万古云霄一羽毛”歌颂总理，小冯引用了鲁迅的“横眉冷对千夫指，俯首甘为孺子牛”进行歌颂。许多学生列举了总理在政治、军事、外交、关心人民疾苦、关心边疆建设等各方面的丰功伟绩。最后发言的是小许同学，她激动地说：“周总理是伟人，文能治国，武能安邦，功盖天地，万古流芳。”这一发言受到了同学们的称赞。事实证明，安排这样的口头练习，不仅能让学生练习运用学过的精彩语句，而且能培养学生热爱总理的深情，有教育意义。

《白杨礼赞》

【教学目的】

1. 理解白杨树的象征意义，学习中华民族质朴、坚强、紧密团结、力求上进和不屈不挠的斗争精神。

2. 理解象征、反诘、间隔反复的手法在文中的巧妙运用。

【教学时数】

两课时（练习一课时）。

【教学步骤】

一、布置预习

《白杨礼赞》是一篇清新隽永的著名抒情散文，预习时请思考：

1. 为什么作者要赞美白杨树？又为什么要“礼赞”？请运用文中关键性的词句有条理地说明。

2. 文中是怎么描绘高原景色的？为何要描绘高原景色？妙处何在？

3. 从对“不平凡”的反复运用角度说明作者的思想进程、文章的感情脉络与段落结构。

二、回忆作者原名、籍贯与代表作

学生回答时须掌握以下要点：

作者茅盾，现代著名作家，杰出的语言大师。原名沈德鸿，字雁冰，浙江桐乡人。“茅盾”是他在1928年发表第一部小说《幻灭》时用的笔名。

茅盾同志的代表作是长篇小说《子夜》，它是现代文学史上用马列主义观点观察、分析社会各种阶级矛盾，以革命现实主义方法进行创作的文学巨著，作品成功地塑造了众多的各阶级的典型人物形象。它的出现，震动了20世纪30年代的文坛。茅盾著名的短篇小说有《春蚕》《秋收》《残冬》《林家铺子》等。

三、请同学试解题意

礼，敬礼，致敬。赞，赞美。礼赞，崇敬与赞美。“白杨礼赞”，对白杨树的崇敬与赞美，也可理解为以崇敬的心情赞美白杨树。

四、思考分析

1. 为什么作者要赞美白杨树？

因为白杨树是“不平凡”的树。

“不平凡”的形象：力争上游、紧密团结、不折不挠。作者把它放在“在北方风雪的压迫下”的环境里写，而且剖开来写（干、枝、叶、皮；高、宽、色；姿态、气质；等）。树木本无思想、无意识，用拟人化的手法给予其思想，给予其意志，给予其品格，为的是表露

赞美之情。（正面描绘）

“不平凡”的形象：“没有婆娑的姿态，没有屈曲盘旋的虬枝”（请学生将其与杨柳、松柏、金达莱花相比较），但“伟岸”（形态），“正直”（品质），“朴质”（作风），“严肃”（态度），“不缺乏温和”，“坚强不屈与挺拔”。非“好女子”，是“伟丈夫”。作者精选准确的词语，运用变化的句式，竭尽赞美之情。

2. 又为什么要“礼赞”它呢？

不是就树写树，而是由树及人，由此及彼，写其象征意义。

当读者沉浸在文章对白杨树的赞美深情之中的时候，作者用了一组排比反诘句叩击读者的心灵。四个“难道”的句子，层层深入，步步进逼，由树及人，由人及精神，感情倾泻，激起读者强烈的共鸣。（说得比较婉转）

两个“相似”，两个“象征”，直接明写白杨树的象征意义，抒发热烈歌颂之情。（直抒胸臆）

文章由树的“不平凡”写到人的“不平凡”，进而突出中华民族精神意志的“不平凡”。这种高尚的品质、优美的情操、进取的精神怎不叫人由衷地赞美？怎不叫人无比地崇敬呢？

对白杨树的特征描绘得越具体、越鲜明，作者所寄托的感情才越有基础，越能表达得淋漓尽致。

这篇文章写于 1941 年，是作者在西北高原走了一趟后在重庆写的，所写的白杨树非取材于一地或一时。

3. 朗读第 5~8 段，仔细体会选词的精当，句式的变化，感情的深化。

4. 文中如何描写高原景色？为何要描写高原景色？妙处何在？

抓特征描写。

板书：黄绿错综（彩）　　无边无垠（广）　　坦荡如砥（平）

（1）写动态。“扑”，形象地刻画出汽车的速度，表明了作者的观察点。

（2）写色彩。“黄绿错综”，以“远山”衬托，突出作者为眼前的壮丽景色所陶醉。

“黄与绿主宰着，无边无垠，坦荡如砥”三个短句写自然界，写客观。假设复句写主观感觉。静变动，动变静，极妙。

作者为何宕开一笔写高原？

（1）展现“雄壮”“伟大”的壮阔背景，引出要赞美的白杨树。以背景托主体。

（2）不仅以物托物，而且以情托情：以“涌起来的感想”托心头的“潜滋暗长”；不说观壮丽景色的遐想，而点出“单调”；以“恹恹欲睡的情绪”托“惊奇”。

（3）物、情糅合，唤起共鸣。

“刹那（梵语，印度古语）间”，“猛抬眼”，眼前景物迅速转换。转换之中，犹如在闪光的东西，使人眼前豁亮，倦意全无，情不自禁地发出叫声。这声“叫”，经过铺垫渲染，“千呼万唤始出来”。

描绘的对象白杨树数量递减，从群像到个别，形象逐步清晰高大，给人以奇峰突起之感。

5. 朗读第1~4段，体会描绘高原景色的作用。

6. 朗读第9段，回答：这一段是运用什么方法写的？表达了怎样的感情？

抓住“赞美”与“鄙视”对比着写。

用激昂的情调、幽默的口吻抨击走分裂、消极抗战道路的国民党反动派，表达坚持团结、抗战、进步的路线的主张。

7. 剖析文章的思想进程、段落结构、艺术特色。

（1）立意高远，感情炽热。

作者在文中用了三个“不平凡”赞美白杨树，既有反复，又有变化，语意层层递进，印象步步加深。“实在”语气肯定，毫不含糊；用“极普遍”反衬“不平凡”，转折强调；“决不是平凡的”，语气加强，揭示象征意义。作者运用反复、层层递进的笔调表达对党领导下坚持抗战的北方农民及其所代表的我们民族的“朴质、坚强”、团结向上的精神的热情歌颂。以赞美白杨树开篇，以高声赞美白杨树卒章，“礼赞”贯串全文，感情炽热。

下笔直抒感情。（第一部分：第1段）

描写壮阔背景，引出白杨树。（第二部分：第 2~4 段）

描绘白杨树形象，赞美白杨树精神。（第三部分：第 5~6 段）

揭示白杨树的象征意义。（第四部分：第 7~8 段）

斥责“贵族化的楠木”，高声赞美白杨树。（第五部分：第 9 段）

由于国民党反动派统治下言论、出版不自由，白色恐怖浓重，作者不得不讲究斗争艺术，采用比较含蓄的借物抒情的象征手法。第一部分点出象征物；第二部分宕开，感情含蓄；第三部分露出锋芒；第四、五部分如地下的熔岩腾起万丈烈焰，气势磅礴，慷慨激昂，歌颂党、歌颂人民的思想感情喷涌而出，产生了特殊的感染力。

（2）圆熟精湛，炉火纯青。

作者谈创作经验时说到“未尝敢‘粗制滥造’”。他这样说，也是这样做的。他在文中塑造的形象、刻画的品格，所写文章的结构布局、语言运用均经过深思熟虑，精雕细刻，有独特的艺术风格。

作者纯熟地运用相反相成的辩证结构艺术，使形象鲜明，意境深远，感情深沉。如：

远（那）	近（这）
表（外）	里（内）
侧（背景）	正（树）
急	缓
抑	扬
贬	褒
炽热	平静

不仅如此，而且词语丰富有变化，句式错落有致，长句短句协调使用，排比、拟人、比喻等多种修辞手法结合运用，达到了极高的艺术水平。

文章清新隽永，经得起岁月的磨炼，始终具有很强的艺术魅力，要细细品味咀嚼。

8. 请两三位学生表情朗读全文。

9. 背诵、听写 1943 年茅盾同志在白杨图上的题诗。

题白杨图

北方有佳树，挺立如长矛。
叶叶皆团结，枝枝争上游。
羞与楠枋伍，甘居榆枣俦。
丹青标风骨，愿与子同仇。

五、布置作业

1. 积累词语。
2. 熟读全文，背诵第三、四两部分。
3. 做“思考和练习”五、六。
4. 造排比反诘句。

难道……只……；难道……就……
难道……竟……；难道……又……

【板书】

白杨礼赞

礼赞
- 不平凡（树）
  - 力争上游　紧紧靠拢
  - 参天耸立　不折不挠
  - 伟岸、正直、朴质、严肃、温和
- ↓
- （借物抒情）
- ↓
- 不平凡（人）
  - 北方的农民　守卫家乡的哨兵
  - 写出新中国历史的精神和人民的意志

【教后】

1．学生兴趣甚浓，在分析文章的思想过程、艺术特色时，能说出道理。

2．有位学生认为：作者把白杨写得这么美，但它实际上并不美。她把屠格涅夫的《猎人日记》翻给大家看，说书中写得很清楚，白杨树叶像金属一般，枝条也不美观，只有夕阳西下时才给人以光感。肯定了该学生敢于发表不同的意见，同时指出应认真读课文，加强对象征手法的理解，并说明在文学家笔下"物"常随"情"移的道理。

3．另有位学生认为，文章是好的，但有些词连用在一个句子中难以理解。"但是它伟岸，正直，朴质，严肃，也不缺乏温和"——既然"严肃"，怎么又"温和"？有矛盾。进行探讨后，告诉他二者有时也可用在一起。古人说的"孔子温而厉，威而不猛，恭而安"，就是一例。

《雪》

【教学目的】

1. 认识到作者借助雪的形象表现对黑暗、丑恶的憎恨和对美好生活的求索与向往。

2. 理解象征寓意的手法在表情达意中的作用。

【教学时数】

两课时。

【教学步骤】

一、复习旧课，引入新课

背诵《沁园春·雪》。

作者用写景、抒情、议论相结合的方法直抒对祖国山河的热爱和对新时代、对劳动人民的赞颂。然而，诗歌不都是直抒胸臆的。鲁迅的散文诗《雪》就是采用比较隐晦的、象征寓意的手法表达“难于直说”的感情的。

《雪》，1925 年 1 月由鲁迅写于北京，发表于《语丝》周刊第 11 期，后收入散文诗集《野草》。

当时北京处于北洋军阀统治之下，鲁迅先生“总还想对于根深蒂固的所谓旧文明，施行袭击，令其动摇”（《两地书》），然而“因为那时难于直说，所以有时措辞就很含糊了”（《野草》英文译本序）。

“难于直说”的是怎样的思想感情呢？我们读后就可得到解答。

二、朗读全文，正音正字，质疑

磬（qìng）　塑（sù）　旋（xuàn）风　旋（xuán）转

凛冽（lǐn liè）

三、提问思考

1. 作者在诗中写了几种雪？几种冬天？

各两种。江南的雪，江南的冬天；朔方的雪，朔方的冬天。

2. 寻找这首散文诗行文的脉络。从哪儿下笔？写到什么收笔？中间是怎么转换的？请扣紧描写的主体来找寻。

一条线索：“暖国的雨”—引出—“江南的雪”—“朔方的雪”—“死掉的雨”，“雨的精魂”。（雨—雪—雨）

两个部分：

远　第一部分（第 1~3 段）：“江南的雪”和“雪野”。
↓
近　第二部分（第 4~6 段）：“朔方的雪”。

四、讲读第一部分

1. “江南的雪”的特征是什么？

“滋润美艳”：润泽、明艳、有生机
反义词是：干枯、丑陋、衰老
}正反比较，加深理解

这样写精确传神。引导学生推敲“江南的雪……皮肤”这个句子，理解“江南的雪”这个形象的特点，体会比喻的运用、含义的丰富，懂得该句是诗的主轴。

2. 既是写“江南的雪”，为何一开头又写“暖国的雨”？

以“暖国的雨”引出“江南的雪”，并衬托出江南雪花的灿烂。

“可是”的作用，非转折，而是表示赞美的语气。

3. 由“江南的雪”引出“雪野”美景。这幅美景用一句话来表示该怎么说呢？这是怎样的一幅美景？透露了作者怎样的情意？

“冬花开在雪野中”。

这幅美景色彩斑斓，不单调。画中景物错落有致。描写时调动了视觉与听觉——“看见”“听得”。画中蕴藏着茁壮的生命力。（放展现“冬花开在雪野中”画面的幻灯片，加深学生对“血红”“白中隐青”“深黄”“冷绿”等色彩的理解。）（让学生自由朗读，体会描写的精湛。）

这幅江南雪野的美景饱含着甜美的怀念，透露了作者向往春天的情意。

4. “雪野”中的景色够动人的了，然而更动人的当然不是“物”，而是“人”。这是怎样一个活泼、热闹、有趣的场景呢？文章是从哪些角度来描绘“塑雪罗汉”这件事的？

“塑”：小孩—大人，不成功—成功，不像—像。

“雪罗汉”：不成形—成形—变形。

突出雪的滋润明艳，表现人们对美好事物的向往、憧憬，表达作者对美好事物迅即消逝的惋惜。

5. 小结。

这一部分诗人未用华丽的辞藻、夸张的描写，几乎只用淡淡几笔就把形态、动作、声音表现得栩栩如生，构成了生意盎然的雪中“塑罗汉”的美景。

五、讲读第二部分

“江南的雪”“滋润美艳”，“雪野”美景令人憧憬。“朔方的雪”呢?

1.“朔方的雪”有何特征?

与“江南的雪”不同——“如粉，如沙”，“决不粘连”，“冰冷”“坚硬”，给人的气氛阴冷沉闷。

2. 它有怎样的壮美雄姿? 哪些词用得恰当、形象? 表达了作者怎样的思想感情?

“在晴天之下，旋风忽来，便蓬勃地奋飞，在日光中灿灿地生光，如包藏火焰的大雾，旋转而且升腾，弥漫太空，使太空旋转而且升腾地闪烁”，十分壮观。

“晴天”“旋风”“奋飞”“日光”“旋转”“升腾”“弥漫”“闪烁”，这些词恰当、形象，绘出了朔方雪的美与力。

写朔方雪花姿态时，融雪略写，飞雪详写，情景交融，气势磅礴。

这幅画表现了现实虽冷酷，然而冷中有热，意气昂扬，歌颂了雪顽强的生命力。这里描绘的雪的形象也是战士面对冷酷现实奋起战斗的形象。开阔的景象是雪景造成的，也是诗人思想驰骋的展现。

3.“雪”与“雨”的关系是什么? 推敲难句，加深理解。

“在无边的旷野上……是雨的精魂”，回应了开头关于“雨”的设问，又深化了对“雨”的称颂。

为什么说是“孤独的雪”?

面对现实，作者感到“凛冽”“孤独”——只有他自己在“奋飞”“生光”，流露了淡淡的惆怅与忧伤。对朔方的冬天持否定态度，这是作者当时思想的局限性。但文章的基调就是对黑暗现实不满，与黑暗的现实斗争，进行反抗。

为什么说“雪”是“死掉的雨”? 因为“雨”变成了“雪”，“雨”也就“死掉”了;“雪”由“雨”变成，所以是“死掉的雨”。为什么说“雪”是“雨的精魂”? 因为“雪”的“蓬勃地奋飞”中保存着雨的活泼流动的自由精神，不甘被凝结、压抑。

这样写，回应第1段的“雨”的“有幸”与“不幸”。

六、朗读全诗，理解其思想意义

生活在严寒的“冬天”，心中升起了和煦的“春天”，以此唤起人们对美好的事物的向往与追求。自己尽管有“孤独”之感，但要“奋飞”，要积极战斗。虽感到“难于直说”，但毕竟用诗的语言说了出来，塑造出了战士的形象。

七、明确主要的艺术特色

1. 紧扣自然环境的特征极力渲染，用准确、形象、生动的语言鲜明地写出了两个“雪”的世界。“江南”与“朔方”的雪各具特色，截然不同。

2. 运用象征的艺术手法表达“难于直说”的思想感情。

象征是托义于物，是作者按照某种意图赋予某一具体的事物（象征物）特定的意义。当本体较难叙述与描写，或不便于直接叙述和描写时，往往就可采用“象征”的手法。

当然，使用“象征”时，要从其本质特征上来考虑。《白杨礼赞》《雷雨前》《松树的风格》等之所以写得成功，与托义于物之精当颇有关系。

象征的作用在于使文章形象、鲜明，在于能以简驭繁，以较简单的“象征物”表示比较复杂的本体。

对“象征物”的描绘是文章的主要内容。要将象征与修辞手法中的比喻加以区别，象征是艺术手法，不是修辞手法。象征的艺术手法多用于抒情散文或散文诗。

这首散文诗中，象征手法用得十分精妙，成功地表达了复杂的、丰富的“难于直说”的思想感情。

八、朗读全诗，掌握诗的起伏节奏，读出怀念、向往、欢乐、“奋飞”、“升腾”的思想感情

【板书】

雪

象征寓意（难于直说）
- 江南的雪　滋润美艳　向往，憧憬
- 朔方的雪　如粉如沙　奋飞，升腾

【教后】

1. 一位学生说：作者对“暖国的雨”是褒还是贬？最后一句不理解。又有学生问：雪人有何象征意义？大家开展了讨论。

2. 对咏“江南的雪”的重点语句进行了分析，帮助学生理解象征与比喻的运用。课结束时检查，这部分学生理解得较好。

3. 景物描写深入一步，非单色，而是色彩斑驳，雪上雪下，错落有致。忆中展开想象。

4. 自然界中，雪不是由雨变成的。请一位学生讲述雪是怎样形成的。

5.“有幸”与“不幸”的问题放在最后解答。有位学生认为，“有幸”指的是“暖国的雨”未变成过“坚硬”“冰冷”的“雪”，“不幸”指的是它未变成过“灿烂的雪花”。肯动脑筋。

6. 前半部分教时很顺利，后半部分难度大——句子难，寓意深，反复朗读、剖析，学生才理解。要求学生对这部分熟读、能背诵，加深理解。

《驿路梨花》

【教学目的】

1. 理解“梨花”的深刻含义，学习助人为乐的雷锋精神。

2. 理解本文围绕具体事物层层深入地展开故事情节，最后点明文章中心的写法。

3. 培养概括段意和缩写全文的能力。

【教学时数】

两课时。

【教学步骤】

一、复习旧课，引入新课

学习《一件珍贵的衬衫》时，我们曾被文中表现的周总理热爱人民的崇高革命品质和人民热爱周总理的真挚感情所感动，特别是文章开头、结尾充满感情的语言更是给人以深刻的印象。现在我们一起背诵这两段文字。(师生背诵。)

这篇文章围绕一个物——“衬衫”，记叙了一件事——衬衫的由来，歌颂总理平易近人的高贵品质，记叙的是一物一事一人，中心突出。今天我们学习的《驿路梨花》也是记物，叙事，写人，是一物多事多人，同样中心突出。记的是什么物，写了哪些事、哪些人呢？

二、听课文录音，思考下列问题

1. 画出生字难词，圈出准备积累的词语。

2. 本文是围绕何物开展故事情节的？

3. 贯串全文的线索是一句话，试着找出来。

4. 文中描绘的主人公是谁？作者写他们的目的何在？

5. 这篇故事的最大特点是什么？请用四个字概括。

正音正字：

驿（yì） 陡（dǒu） 峭（qiào） 寨（zhài）

同行（xíng）（多音字） 篾（miè） 陋（lòu）

撵（niǎn） 猎（liè）（与上海方言区别） 麂（jǐ）

葺（qì）

本文围绕小屋开展故事情节；贯串全文的一句话是“这是什么人的房子呢”；作品中的主人公是小屋的建造者和照管者，尤其是梨花和梨花的妹妹；赞扬了助人为乐的雷锋精神；故事的最大特点是引人入胜——学生解答不周全。不急于统一答案，在讲读过程中逐步引导学生寻求答案。

三、解释题意，初步体会“引人入胜”的特点

1. 请学生试解“引人入胜”，着重领会一个“胜”字。胜，优美的；胜境，美妙的境地。

2. 看题思画。看到“驿路梨花”这个标题，你们脑中会展现怎样的画面？

“驿路”到处有“梨花”，表明了地点、景色。

标题截取了爱国诗人陆游的诗句——“驿路梨花处处开”的前

半截，既有诗情，又有画意。

“驿路”在哪儿？“梨花”开时是怎样的景象？在这样的环境里发生了怎样的事？题目引人入胜，使人遐想。

四、讲读课文，扣住“引人入胜”，理清故事情节

1. 文章开头引人入胜。

（1）朗读第 1、2 段，思考回答：文章是怎样开头的？这样下笔有何作用？

“山，好大的山呵！”以惊叹语气开头，犹如异峰突起，气氛浓厚。群山起伏延伸，暮色迷茫。作者一起笔就展现了故事发生的广阔背景，渲染了环境气氛，同时交代了故事发生的时间、地点、缘由，把读者带入了哀牢山南段的群山密林之中。

（2）就在“我们”找不到住处，心里“着急”，一筹莫展的时候，希望来到了眼前。这里哪个词用得好？

“突然”用得好，点出了希望就在眼前。

（3）阅读第 3~7 段，思考回答：这个“希望”是怎样有层次地表现的？描绘了边疆怎样的景色？

两个“看”，一看“梨花”，二看“人家”，由花而人，故事逐渐展开。“一弯新月升起了……飘落在我们身上”描绘了边疆美丽的夜色：月光，夜风，梨树林，花瓣，人在花中走，花伴人夜行，好一派边疆优美的风光！

（4）犹如经过一组镜头的摇动，记叙的物——“小屋”，终于被推到了读者的面前。文章为什么不下笔就写“小屋”，而到此时才写呢？第 3~7 段去掉行不行呢？不写，缺少优美的意境；不写，缺少诗意的点题；不写，“小屋”的展现显得生硬。总之，这样写味道浓，引人入胜。

（5）表情朗读第 1~7 段，读出诗情画意来。

2.“小屋”情况非比寻常。

（1）有屋就有人，可是这座“小屋”非同一般，它有些什么特点呢？作者是怎样描绘的？为什么要描绘得如此清楚明白？

- 有物无人
  - 外
    - 草顶，竹篾泥墙
    - 门从外扣着
    - 白木门板上黑炭写的字：“请进！”
  - 里
    - 漆黑，没有灯也没有人声
    - 火塘里的灰是冷的
    - 大竹床铺着厚厚的稻草
    - 大竹筒里装满了水
    - 墙上几行字：“……有干柴……有米，有盐巴，有辣子。”

山间小屋里里外外被描绘得清楚明白。为何要如此描绘呢？其一，文章是围绕这座小屋展开故事情节的，应叙述清楚；其二，可以表现出小屋的主人热情、周到，使读者和借宿者一样，想见见这位主人。

（2）行路人撵走了疲劳与饥饿，心里有说不尽的感激。“这是什么人的房子呢？”“我”叫老余“猜”，老余说：“可能是一位守山护林的老人。”“可能”表明了猜测的意思。“主人”究竟是谁呢？情节向前推进。

（3）划分段落，归纳大意或加小标题。

第 1 ~ 12 段是第一部分。“我”和老余夜宿山间小屋。或“夜宿”。

3. 寻觅“主人”，初次解谜。

（1）正在投宿者怀着感激的心情猜测之际，“守山护林的老人”突然出现在眼前。

作者是怎样勾勒这个人物形象的？先“推”后“站”，手“提”肩“扛”，加上“须眉花白”一笔，老人形象活灵活现，俨然是“守山护林”的样子。

（2）“主人”是这位“老人”吗？不是。作者是怎样描写这场误会的呢？

既写了“我”和老余，又写了瑶族老人，从两方面写，十分逼真。一方面是“我们”感激万分，“抓住”“抢着”，迫不及待地对老人倾诉感谢的话；一方面是老人来不及解释说明，只得“眼睛瞪得大大的”。为什么会发生这场误会呢？因为猜测中的形象与出现的形象如此吻合。情节安排得巧妙而自然。

(3) 于是，出现了一场风趣而感人的对话。风趣在哪里？感人在何处？

请学生分角色朗读，抓住表现风趣的关键词。一个“挂”字用得绝妙。

感人之处在：梨花用为人民服务的精神帮助过路人，瑶族老人以及其他过路人也尽力让后来人方便，老老小小都把助人为乐作为自己的责任、自己应尽的义务。

初次解谜，情节不平板，由瑶族老人的“说”，引出赶马人，再从赶马人那儿引出梨花。侧面描写梨花。

(4) 瑶族老人哪些话说的是当天发生的事？哪些话不是说当天的事？二者是怎样结合的？(前两个问题学生回答，然后教师补充。)

作者用“白羽毛”和“红布”把二者连缀起来，连缀得天衣无缝。而且，这样的细节描写有浓厚的地方色彩。

(5) 听了这番话，“我”有怎样的感想呢？齐读第27段，思考回答：作者是怎样描绘的？有何效果？

不写“想”，而写“梦”，用梦境表达自己深受感动，用梦境展现梨花姑娘的形象，意境美妙，引人入胜。“恍惚”一词准确地点出梦境，模模糊糊，不清楚，就如蒙上一层轻纱。“香气四溢”用得好，一语双关，是“梨花”香，是小姑娘助人为乐的思想香，芳香扑鼻，芳香四溢。用梦幻的场景歌颂心灵美的姑娘，有强烈的感染作用。

(6) 划分段落，归纳大意或加小标题。

第13~27段是第二部分。遇到瑶族老人，初步知道小屋主人是“梨花”。或“寻觅”。

4. 遇见“主人”，再次解谜。

(1) 行路人受“香气四溢”的感染，第二天未“立即”登程，而是做了什么呢？

修葺小屋，把排水沟“挖深”，向小姑娘学习。时间推移，情节继续发展。

（2）“正在劳动”的时候，小姑娘们出现了。她们是怎样出现的？“闪”起什么作用？她们的模样怎样？对她们与对老人出现的描写有何异同？

朗读后回答：她们是从“梨树丛中闪出”来的。“闪”写出了一群小姑娘走出来的速度，出现时的亮度，使人眼前豁然一亮。既写了树，又写了人，树密人稠，风光美丽。人从花中出，花白脸儿红。小姑娘们生气勃勃，活泼可爱。老人在“猜测”中出现，小姑娘们是“我们”在“劳动”时巧遇的，相同点是都注意展现人物的形象。

（3）“主人”是这群小姑娘吗？也不是，又误会了。作者怎样二写误会的呢？

先用“一定”，表示确信不疑；再写老人动作，“深深弯下腰去”行大礼；然后用“吓”“蹦开”“哈哈大笑”“赶紧摇手”等写小姑娘们的毫无思想准备和天真稚气，场景动人，人物栩栩如生。

（4）谜底终于揭开。

经过一连串的波澜起伏，终于通过小姑娘的讲述，解了“房子的主人”是谁的谜。房子是解放军盖的，动力是学习雷锋同志为人民服务的精神；照料者是梨花，她学习的是雷锋、解放军好榜样。

（5）谜底揭开后再生波澜。

“为头的那个小姑娘”不是梨花——梨花前几年已出嫁到山那边，而是梨花的妹妹，她接过了照管小茅屋的任务。

文章对梨花自始至终是侧面描写，使人似见而又未见。但读者从“我”的“梦中”、从她妹妹身上，都可以找到她的影子，这样处理，引人入胜。

（6）结尾同样引人入胜。

“我”知道了小屋的来历后，由“望”眼前的人与景，想到陆游的诗句。人花辉映，以物喻人，点明中心。

梨花洁白美丽，“处处开”，作者以此来赞美小屋的建造者、照料者以及为小屋做好事的种种过路行人。真是“忽如一夜春风来，千树万树梨花开”。

（7）划分段落，归纳大意或加小标题。

第 28~37 段是第三部分。弄清楚了小屋的建造者和照料者。或“解谜”。

五、快速把全文浏览一遍，思考回答

1. 文章围绕山间小屋写了好些人物，以哪个人物为主？为什么要以这个人物为主呢？

写了小屋的建造者和照料者，以及过路人。在这些人物中，以写梨花为主，这个未出场的人是主人公。文章以“驿路梨花”为题，一语双关，既赞美自然界的梨花，又赞美未来的小主人梨花，赞美人们助人为乐的美丽的心灵。这样写，收到景美、人美、心灵美的效果。

2. 文章表现了怎样的主题？意义何在？

文章以一座深山茅屋为背景，展示了不同民族、不同地区、不同行业的人们之间互相关心、互相帮助、互相爱护的动人情景，歌颂了高尚的雷锋精神，赞美了为人民服务的优美心灵。

主题有鲜明的社会意义，是社会的缩影，时代的画图。

3. 故事情节有何特点？

围绕“小屋”层层深入地展开故事情节，曲折起伏，引人入胜。

明写：“我”、老余——→“感激”——→猜测——→寻觅——→相遇

暗颂：过路人——→瑶族老人——→梨花——→解放军

（梨花妹妹）

以明带暗，以实映虚。

六、布置作业

1. 以时间先后为顺序，把文章缩写成一个小故事。

要求：先在脑中把一件件事理清楚——哪些是先发生的，哪些是后发生的，然后排列出来，再动笔写。

2. 练笔参考题：

（1）瑶族一老人；

（2）哈尼小姑娘。

要求：进行外貌描写。可根据自己看过的电影、书画开展想象，进行补充。

【板书】

驿路梨花

一物一事一人　激动人心

一物多事多人　引人入胜

- 题目　诗情画意
- 开端
  - 异峰突起，渲染气氛
  - （时间、地点、缘由）
  - 一看梨花，二看人家
  - （小屋有物无人）
- 发展
  - 一写误会（风趣、感人）
  - 初步解谜（梦中恍惚看见）
  - 二写误会（场景动人）
  - 谜底揭开（建造者与照料者）
- 结尾　点明中心

【教后】

1. 学生十分喜欢这篇课文，增加了朗读，延长一课时。

2. 通过与《一件珍贵的衬衫》就物、事、人进行比较来引入课文，很顺妥。

3. 对于全文围绕什么具体事物开展故事情节，有学生抓不住，认为是“梨花”。

4. 初步解谜时的“感人事迹”不讲，放到对“香气四溢”的解词时推敲，既使解词内容具体，又节约教学时间。

5. 一位学生注释看得较仔细，提出“菌”“蕈”是两个字。及时表扬。

6. 学生问作者的情况，稍加介绍。彭荆风，祖籍江西萍乡，1949年参加中国人民解放军。出于工作与战斗的需要，长期生活在云贵高原，对边疆生活比较熟悉，写过《当芦笙吹响的时候》等优秀小说。

7. 个别学生问文章标题的出处——陆游的诗《闻武均州报已复西京》。将诗抄录给他。

白发将军亦壮哉，西京昨夜捷书来。
胡儿敢作千年计，天意宁知一日回。
列圣仁恩深雨露，中兴赦令疾风雷。
悬知寒食朝陵使，驿路梨花处处开。

《变色龙》

【教学目的】

1. 了解沙皇统治下人不如狗的黑暗现实，教育学生鄙视趋炎附势、媚上欺下的丑恶行为。

2. 理解从日常平凡事件中发掘主题，揭示社会本质的写作特点，学习运用细节和人物对话表现人物思想性格的写作方法。

【教学时数】

两课时。

【教学步骤】

一、由对作者生平的介绍引入课文

安东·巴甫洛维奇·契诃夫，俄国作家（1860—1904），是享有世界声誉的短篇小说大师。他二十岁开始创作，一生写了七百多篇短篇小说。《万卡》《小公务员之死》《套中人》《变色龙》均脍炙人口。这些作品多取材于俄国中等阶层的“小人物”。

他创作的小说，主题挖掘得很深，而这些深刻的主题思想是通过对人物形象的塑造来表现的。他将主人公的典型性格特征作为整篇作品的焦点，以此为核心安排场景、情节、细节，配置必不可少的其他人物，形成了生动的形象体系。用他自己的话来说，“人在写小说的时候总是不由自主地先忙着搭好它的架子：从一群人物和半人物里只取出一个人物——妻子或者丈夫，把这人物放在背景上，专门描写他，使他突出，把其余人物随便撒在那背景上，像小铜币一样，结果就成了一种像是天空的东西：中间是一个大月亮，四周是一群很小的星星”。这就概括了他短篇小说创作的一大特色。

他的创作技巧十分高超，高尔基赞扬他：只需一个词就创造一个形象，只需一句话就可以创作一个短篇故事，而且是绝妙的短篇故事，它像螺钻钻入地下一样地深入到生活的深处和实质中去。

《变色龙》是他的早期作品，发表于 1884 年。1881 年，亚历山大二世被谋杀，亚历山大三世继位。为了保证统治者的安全，沙皇大大加强了警察的权力，建立了恐怖的警察统治。这就是故事创作的背景。现在看“大月亮”在这个故事中，是何等样的人？

二、提问、阅读、思考、回答

1. 小说讲述了怎样一个故事？

2. 奥楚蔑洛夫在处理这个案件时变了几次？请你设计简明的图把他的多变标出来，并说明他的“变”是以什么为转移的？揭示了他怎样的思想性格？

3. 主人公的思想性格主要是通过什么描写方法来刻画的？

4. 注意下列字词的读音与含义：

盛（chéng）满　　坎（kǎn）肩　　戳（chuō）

三、讲读分析

1. 故事情节并不复杂，但回旋跌宕，曲折有致，波浪式前进。学生讨论后教师明确：

这篇短篇小说记叙了警官奥楚蔑洛夫处理狗咬人的不了了之的

案件。

写的是人玩狗，狗咬人，被咬的要求赔钱，但警官在处理这件案子时，调查出狗是将军家的，也就不了了之了。

作者进行艺术加工时，丢开了前一半，专写后一半，构成了完整的情节。

第 1~5 段：警官发现了狗咬人的事件。故事开端。

第 6~27 段：警官处理狗咬人事件的经过。故事发展与高潮。

第 28~29 段：矛盾解决，以狗的胜利而结束。故事收场。

2. 人物塑造。

（1）主人公处理此案件时反复无常，变了五次。

表现在对狗的称呼上，一会儿“疯狗”，一会儿“名贵的狗”，一会儿“下贱胚子”，一会儿“娇贵的动物”……真是翻手为云，覆手为雨。对狗的称呼与态度是以狗的主人为转移的。狗主人的身份主宰着他的一系列表演。听说狗是将军或将军哥哥的，主人公的表演就呈现波峰，反之，就成波谷。（看清“变”的现象，认识“变”的背后。）

在学生交流自己所列图表的基础上，统一认识。

【板书】

变色龙

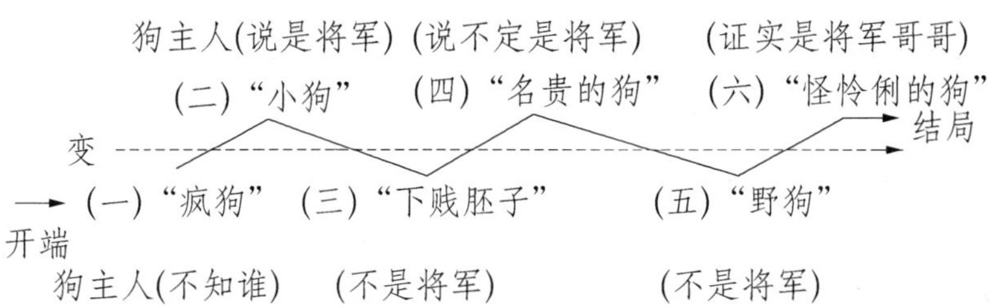

（2）从主人公警官奥楚蔑洛夫的善变中揭示了他怎样的思想性格？

学生回答后教师强调：奥楚蔑洛夫两副面孔，两种腔调，瞬息之间，变化自如。描绘他的善变，深刻地刻画出这个反动统治阶级走狗趋炎附势、媚上欺下、看风使舵的卑鄙灵魂。请朗读第一部分，看作者为他安排的精彩出场。

（3）他的出场：耀武扬威，巧取豪夺。一上场就用含蓄的笔墨暗示此人不是好东西。“沉静”“无精打采”“连……也……”等寥寥数笔的白描，就暴露出俄国社会腐朽黑暗的真实面貌——恐怖萧索，空气沉闷得令人窒息，老百姓无精打采、小心翼翼生活着。唯有沙皇的鹰犬威风凛凛地招摇过市。这样安排，不仅显示了警察在政治上压制群众，而且表现了他们在经济上对百姓的榨取。警官手里“提”的和巡警手里“端”的，就是他们掠夺百姓财物的明证。作者主要运用了哪些方法来精心塑造奥楚蔑洛夫这个令人厌恶、憎恨的鹰犬呢？

（4）塑造方法。

① 对话描写。这个卑鄙无耻的奴才的性格通过个性化的语言表露得淋漓尽致。对狗，对狗的主人，对赫留金的态度一变再变，变化无常，奉上的奴性，压下的官气，统一在这个当时社会产物的身上。他公开撒谎，不以为耻，习惯成自然，品质恶劣。他就是一条名贵的良种的看家狗——“变色龙”。

② 细节描写。警官的一件新的大衣一会儿脱下，一会儿穿上，生动地反映了他对权势显赫的将军的恐惧，也为语言的变化无常提供了解嘲的阶梯。小说一开始就把这件“新的军大衣”推到读者面前，在第二次、第四次、第六次判案时均提到，并作了出色的描写，流露出作者对这个趋炎附势、媚上压下的狗类人物极端憎恶的感情，细节描写十分精彩，令人折服。

作者曾对人说过：“如果第一幕里您在墙上挂了一管枪，那么在最后一幕里就得开枪。要不然就不必把它挂在那儿。”作者在艺术实践中正是贯彻了这个理念，运用细节描写大大增添了文章的色彩。

③ 配角“小星星”的烘托。

请学生讲述作品中勾画了哪些配角“小星星”，各具何态？讨论后明确：

大文学家的笔下功夫不仅表现在对作品中主要人物的刻画，而且能使作品中的配角“小星星”各具其态，各得其所，起众星捧月之妙用。

作品中，赫留金的张扬声势、见风转舵、忍气受辱的鄙俗表演，叶尔德林（把情节推向高潮的“半人物”）的“拿得准”“沉着稳重”的奴性，将军家厨师粗鄙庸俗的典型特征，不仅使“变色龙”的性格更为鲜明，而且使读者看到俄国外省城镇市民社会的种种迹象。

3. 文章的思想意义。

请学生谈谈文章的思想意义，懂得：“变色龙”俄语也可译为“反复无常的小人”或“见风转舵的小人”。以此为题，醒目，深刻，揭示了文章要鞭挞的对象。

作者在司空见惯的日常生活中选取素材，经过提炼概括，创作了这篇反映时代面貌的名作。他用极其幽默的笔调描绘了沙皇鹰犬谄媚权贵、欺压百姓的劣迹，深刻揭露了沙皇俄国统治下的人不如狗的黑暗现实和沙皇政权的腐朽反动。作品寓隽永深刻的思想内容于平淡无奇的题材之中，是“小题大做”的典范。

一篇有价值的文学作品，它的作用常超越时间与国度的界限。“变色龙”这个典型的形象虽然“诞生”在19世纪的俄国，然而在中国我们同样“似曾相识”，尤其是在“文化大革命”期间。对这类鄙俗的小人要慧眼识破，嗤之以鼻。

四、表情朗读全文

五、课外自学契诃夫的《万卡》

要求做读书摘记，进一步体会契诃夫的创作风格。

【教后】

1. 教学中抓住一个“变”字，脉络清楚，课堂里笑声不绝。教师没有多讲解，只略作引导，学生就能理解了。作者契诃夫的笔下功夫能极大地调动读者阅读的兴趣，让人在笑声中认识丑恶，真了不起。

2. 注意运用朗读手段可促使学生领会人物个性化语言的奥妙。有些学生读的语气、语调符合作品中人物的身份，效果甚好。一个学生读第 25 段时，拉长了语调读“整个脸上洋溢着含笑的温情”，引得哄堂大笑。

3. 讲人物出场时的情景，有的学生情不自禁地做出“端”的姿势，可见注意力集中到何种程度。学生可爱。

文言文

《木兰诗》

【教学目的】

1. 了解诗中塑造的木兰的艺术形象，理解这一形象在当时的积极意义。

2. 学习本诗在叙事时有头有尾、详略得当、鲜明生动的描写方法。

3. 了解诗中对偶、排比、互文、复叠等句式的运用，体会音节和谐、节奏优美的语言特色。

【教学重点与难点】

重点：叙事诗的特点。

难点：有歧义的几个句子。

【教学时数】

两课时。

【教学步骤】

第一课时

一、
由祖国古文明引出名篇《木兰诗》

我们伟大的祖国曾以古文明著称于世。古代文化灿烂，文学艺术上的财富数不胜数，妙诗佳词多如天上璀璨的明星。美丽的神话，动人的传说，优美的民间故事给人以丰富的想象，有益的启发。木兰替父从军的故事就在人民中广为流传，深受大家的欢迎。

这个故事形成了《木兰诗》，又名《木兰辞》，写作年代大约为北朝后魏时期。《木兰诗》作为南北朝时北方的一首民歌，是古代劳动人民集体创作的民间文学作品，后虽经封建文人改动，但仍保留民歌特色。

二、
由对《木兰诗》的评价，引入课文学习

著名历史学家范文澜在《中国通史》一书中说："北朝有《木兰诗》一篇，足够压倒南北两朝的全部士族诗人。""《木兰诗》和东汉末古诗《为焦仲卿妻作》，是古代人民群众自己创造的两篇伟大诗篇。"

《木兰诗》如此佳妙，让我们诵读欣赏，享受享受这首叙事诗的艺术美吧。

三、逐段讲读，掌握故事情节，积累文言词语

《木兰诗》是一首完整的叙事诗。凡叙事诗都有比较完整的故事和比较完整的人物形象。这首诗，故事性很强，情节是按照事件发展的顺序展开的，随着情节的起伏跌宕，表现了主人公木兰的喜怒哀乐，塑造了木兰这个我国古代女子英勇矫健的形象。

1. 讲读第 1、2 段。

(1) 朗读，正音。

机杼（zhù）　可汗（kè hán）

(2) 讲解疏通。

唧唧复唧唧："唧唧"，历来有三种解释：一是叹息声，二是机杼声，三是虫鸣声。从上下文连贯看，作机杼声。先写木兰"当户织"(对着门织布。当，对，在；户，门或屋)，机杼声声；接着写听不到织布的声音，只听到木兰女叹息哭泣，与往常不一样了，这就很自然地引出下文。"唧唧"亦可作叹息声讲。《全唐诗》张祜《捉搦歌》中有："门上关，墙上棘，窗中女子声唧唧。"白居易《琵琶引》中有："我闻琵琶已叹息，又闻此语重唧唧。"第三种作蟋蟀叫声解释，欧阳修的《秋声赋》中有："但闻四壁虫声唧唧，如助予之叹息。"但仍用来形容其声音如人之叹息。总的来看，第二种解释较确切，落笔先让人听到不停的机杼声响，再出现"当户织"的人物形象，这就交代了故事发生的时间、地点和主人公的身份，揭示了木兰勤劳的品质，自然地引出下面四句问答。主人公正在机上织布，何以无心织绩而停织叹息呢？

"问女何所思，问女何所忆。女亦无所思，女亦无所忆"：运用设问手法表白木兰停织叹息的原因，并造成悬念，吸引读者往下看。"无所思"实为"有所思"，停织叹息，主要是因为产生了代父从军的愿望。

军帖：征兵的文告。“帖”作文告讲。

愿为市鞍马：为（wèi），介词，为了（为此）。市，买（名词作动词用）。

（3）积累词语。

惟：只。何：什么。市：买。

可汗：古代我国某些少数民族的君主称号。

（4）请学生诵读，并概括故事情节。

停织叹息，代父从军。（或“代父应征”。）

2. 讲读第3、4段。

（1）朗读，正音。

鞯（jiān） 辔（pèi） 溅溅（jiān） 啾（jiū）

胡骑（qí）：骑，此处是名词。

戎（róng）机 柝（tuò）

（2）讲解疏通。

“东市买骏马，西市买鞍鞯，南市买辔头，北市买长鞭”：用排比句渲染从军准备工作的忙碌气氛。“东”“西”“南”“北”，是位置的虚指，在多方铺排的同时造成错综变化，读起来有气势。这四句与开头的“叹息”相对照，刻画出木兰出征前的雄健形象。这种句式是复叠错综的句式，几个句子在形式和词语上基本相同，但同中又有变化。

“旦辞爷娘去，暮宿黄河边，不闻爷娘唤女声，但闻黄河流水鸣溅溅。旦辞黄河去，暮至黑山头，不闻爷娘唤女声，但闻燕山胡骑鸣啾啾”：“燕（yān）山”，指蓟北的燕山；“黑山”，燕山附近的山。用重叠排比的手法刻画远征异地的木兰眷恋家中亲人的儿女之情，充满缠绵悲凉的情调。短句中夹以长句，波澜起伏，富有音乐美。

“万里赴戎机，关山度若飞。朔气传金柝，寒光照铁衣。将军百战死，壮士十年归”：对疆场生活作了高度的概括，运用了对偶短句，豪爽悲壮。先写长途急行军，再写守备森严，然后写浴血奋战，表现战争的艰苦激烈。“百”“十”表多数，非确指。“关”，城关。

“度”，跨越。“壮士”，指木兰。从对疆场生活的描绘可想象木兰驰骋疆场、意气风发的英姿。

（3）积累词语。

旦：早晨。暮：晚上。但：只。

戎机：战事。骑：战马或马。

金柝：古时军中白天用来烧饭、夜里用来打更的器具。

（4）学生诵读，概括故事情节。

征途跋涉，战斗十载。（或“出征参战”。）

3. 布置作业。

（1）朗读、背诵第1~4段。

（2）哪些是对偶、排比、复叠的句式？分别抄录在笔记本上。

（3）仔细看注释，口译前四段文字为现代汉语。

第二课时

一、复习检查

1. 齐背第1~4段。

2. 听写、解释：

（1）机杼　（2）惟　（3）可汗　（4）市鞍马　（5）鞍鞯

（6）辔头　（7）流水鸣溅溅　（8）胡骑　（9）戎机

（10）金柝

二、继续逐段讲读，掌握故事情节，积累文言词语

1. 讲读第5、6段。

（1）朗读，正音。

策勋（cè xūn） 著（zhuó） 鬓（bìn）

（2）讲解疏通。

“爷娘闻女来，出郭相扶将；阿姊闻妹来，当户理红妆；小弟闻姊来，磨刀霍霍向猪羊”：用排比句生动地描写了全家老少高兴地迎接木兰的情景，各人身份不一样，表现也不同，但欢乐之情相同，团聚的热烈气氛跃然纸上。语句仍采用了复叠错综的形式，又有变化。读起来，音节和谐，又有活泼跳荡之感。

“开我东阁门，坐我西阁床，脱我战时袍，著我旧时裳，当窗理云鬓，对镜帖花黄”：“阁”，闺阁，古代称女子的卧室为阁。“帖”，同“贴”。“花黄”，当时妇女脸上的一种装饰。用排比重叠的方法描写木兰回家后一系列平凡的生活细节，渲染了欢乐的气氛。

（3）积累词语。

策勋：登记功劳。策，原是记事的册子，此处作动词用。

转：当时制度把勋位分成若干等，每升一等叫一转。

强：有余。（与“弱”对照。）

不用：用不到。

郭：外城。

扶将：扶持，搀扶。

鬓：耳边的发，此处泛指头发。

火伴：伙伴，同伍者。

（4）学生诵读，概括故事情节。

辞官还乡，合家欢聚。

2. 讲读第7段。

（1）讲析。

“雄兔脚扑朔，雌兔眼迷离”：“扑朔”，动弹；“迷离”，眯着眼。前指行动，后指神态，是互文的句式，比喻木兰的行动、打扮与男子一样，分不出是男是女。沙场上打仗与男子一样冲锋陷阵，刚毅英勇；胜利还乡后重换女装，天真烂漫。这一比喻奇妙新颖，充满赞扬的感情。

傍地走：贴近地面跑。走，跑。

安能：怎能。

（2）这一段是作者的颂扬语，也是木兰的自豪语。

3. 小结。

这首诗以木兰从军为中心。布局严谨，情节环环相扣，从代父从军到胜利归来，叙述得完整自然，详略得当。请学生把每部分情节的概括语连贯起来思考，理解故事的开端、发展、结局。

三、开展对人物形象的讨论

请学生就“思考和练习”一提出的问题发表意见，明确：

木兰是我国古典诗歌中出现的第一个健康、明朗的女性形象。全诗围绕木兰从军展开故事，刻画她勤劳、纯朴、坚强、勇敢、轻视功名利禄和热爱家乡劳动生活的品格，反映了古代劳动人民向往过安定欢乐生活的愿望。在男尊女卑的封建社会中，这一艺术形象具有积极的意义。以木兰为题，就有歌颂此形象的意义。

全诗集中笔力塑造这个形象，写得生动逼真。

1. 从声音的变化引出主人公。

2. 着重心理描写。“无所思”，什么都不想，只想父亲被征之事。经深思，决心代父从军，“从此替爷征”。

3. 忙碌准备后，跋山涉水，表现了她不畏艰险、勇往直前的精神；思念亲人，但仍勇敢前进，表现了她坚强的意志。

4. 写战场生活的艰苦，边塞风光的苍凉，烘托木兰的坚强与英勇。

5. “木兰不用尚书郎”——辞官的描写，反映她不贪富贵。返家后的团聚，着重刻画了她的纯朴可爱。

作者把木兰放在特定的历史条件下，放在尖锐的矛盾中来刻画，写其所思，所为，以不同的场景表现其内心世界，使这个女英雄的形象栩栩如生。结尾赞美之辞，更是在形象塑造上增添一笔，说明战争来临，女子可与男子一样做出成绩。

四、表情朗读

注意：各种句式的穿插运用；出征前的沉吟；买鞍马等时的忙碌；思亲的缠绵；疆场上的苍凉；辞官时的从容；还家时的欢乐；赞扬的诙谐。读时要把握诗的抑扬起伏，体会其摇曳多姿的特色。

五、布置作业

1. 整理要积累的文言虚词和实词。
2. 做“思考和练习”三。
3. 背诵这首诗。

【板书】

木兰诗

故事情节	
1. 停织叹息	叹息
2. 代父从军（详叙）	愿
3. 征途跋涉	闻
4. 战斗十载	赴、度、传、照
5. 辞官还乡	还
6. 合家欢聚（详叙）	开、坐、脱、著、理、帖
7. 比喻，赞美	辨

【附记】

《颜氏家训》“治家”一篇有云：“邺下风俗，专以妇持门户，争讼曲直，造请逢迎，车乘填街衢，绮罗盈府寺，代子求官，为夫诉屈。此乃恒、代之遗风乎?”“恒代遗风”，指北魏的遗风，这样表述是因为北魏初年以恒州代郡为首都。从这个风尚看来，北魏社会不一定是男尊女卑，以此略论《木兰诗》的背景，乃一个方面。后世《木兰诗》之流传，能给予社会上男尊女卑以冲击，有它的积极意义，则又是一个方面。

【教后】

学生学《木兰诗》的兴趣颇高，两节课过后，既能讲解，又能背诵。女学生小张学习之前特意找了一张花木兰女扮男装代父从军的彩色“商标”给同学看，并天真而又认真地问我:“木兰是不是这个样子?”学生很是可爱。

抓住叙事诗的特点，边解决诗句上的难点，边梳理故事情节。在梳理时要求学生逐节用四个字概括，学生思维活跃，抢着发言。课堂上出现学生抢着发言的局面，是教师的幸福、教师的享受、教师的乐事，可惜我还不能做到堂堂课如此，看来有些鼓点敲得不准，没有把学生的感情激发起来。这个课题有极大的难度，但定要下决心、有毅力细细琢磨。

对“唧唧复唧唧”的句子展开了争论。小赵坚持自己的意见，认为“唧唧”是织机声，木机织布的声音即如此，故而“唧唧”是象声词。小张不同意，认为“唧唧”是叹息声，因为诗中明明写着“不闻机杼声”。其他学生又不同意，认为木兰先织后停，停了才“叹息”。在争议的基础上指导学生仔细看注释，要求他们既注意了解别人的研究所得，又可不受此限制，要有自己的见解，但是不管怎样解释，都要注意上下文的连贯，都要言之成理。

课将结束时，突然出现了一个意想不到的情况。我说这首诗是千古传诵的名篇，两节课能初步背诵靠的是强记，课后要熟读牢记。小唐“扑哧”笑了一下，问其原因，她说这首诗是“吹牛”，“同行十二年，不知木兰是女郎”是不可能的。许多学生附和她的意见，说:“跋山涉水总要洗脚，虽不是实数十二年，总是时间很长，鞋子一脱，小脚就出来了，怎会不知是女的?”我指出北朝时女子还不缠脚，谁知学生异口同声地问：那中国女子是从什么时候开始包小脚的呢？我被问住了，答不上来。

“知之为知之，不知为不知”，绝不可强不知以为知。我如实地告诉学生自己答不上来，课后想办法去查。

备《木兰诗》竟然要备中国古代女子什么时候开始裹小脚，这是我怎么也想不到的。“教然后知困。”做一个中学语文教师该具备多少相关的知识啊！问题还不在于教某一篇具体课文前的准备，而在于平时的广泛涉猎，细心采摘，日积月累。只有源头有活水，课堂上才会不出现或少出现捉襟见肘的尴尬状况。教学相长。学生促使我学得多一点，学得广一点，学得深一点。感谢学生对我的促进。

又记：查阅赵翼的《陔余丛考》，其中《弓足》一篇记载——据《道山新闻》，是南唐李后主“令宫嫔窅娘，以帛绕脚，令纤小作新月状，由是人皆效之”。课余将查阅所得告知学生。

《出师表》

【教学目的】

1. 理解文中所阐述的亲贤远佞、公正执法在治国中的重要作用。

2. 理解本文说理精辟透彻、感情真挚深厚、语言质朴恳切的特点。

3. 掌握“以”“于”等虚词的常见用法。

【教学时数】

两课时。

【教学步骤】

一、讲授杜诗《蜀相》，引入课文学习

约在 760 年的春天，诗人杜甫曾瞻仰成都城西北的诸葛亮祠堂——武侯祠，写下了著名的《蜀相》一诗。

丞相祠堂何处寻？锦官城外柏森森。
映阶碧草自春色，隔叶黄鹂空好音。
三顾频烦天下计，两朝开济老臣心。
出师未捷身先死，长使英雄泪满襟。

“三顾频烦天下计，两朝开济老臣心”，前一句我们可从学过的《隆中对》一文中了解。后一句表明诸葛亮经历先主刘备，后主刘禅两朝，开创大业，匡济危时。诸葛亮兢兢业业，忠贞不渝。234 年，诸葛亮伐魏，病死在五丈原（今陕西岐山县南）军中。

诸葛亮是三国时杰出的政治家和军事家。刘备死后，他辅佐后主刘禅治理国家，承担了蜀汉政权的全部实际责任。227 年，他率军北驻汉中，以图中原，鉴于刘禅暗弱无能，不无内顾之忧，故临行前上此奏章，请求刘禅亲贤远佞，励精图治，以巩固和扩大蜀汉的事业。

“表”属于奏章一类的文体。古时臣子对君主有所陈请，就使用这种上行的公文。最古时这一类文体被称为“上书”，约到汉朝，才有“章”“奏”“表”“议”等名目。讲到诸葛亮的《出师表》，人们常讲“前后《出师表》”，《前出师表》即此文，在《三国志》中没有篇名，篇名是梁朝萧统（昭明太子）主持编撰《文选》时加的。“出师”，指出兵攻魏。《后出师表》有人怀疑是伪作，但诸葛亮兄诸葛瑾之子诸葛恪曾说看见过他叔父的这篇表章。“鞠躬尽瘁，死而后已”的名句就是出自《后出师表》，也是对诸葛亮一生兢兢业业为国效劳的高度概括。

《前出师表》是千古传颂的名篇。由于诸葛亮是“两朝开济”的老臣，上的“表”不同于一般。臣下给皇上上表，往往诚惶诚恐，言多自卑；而该文却是谆谆规劝，诚挚恳切，无虚饰之词，无自卑之言，亦无傲慢之气。这样写十分切合他的身份：他既是先帝托孤的老臣，又是后主的丞相。一句句话从肺腑中流出，感人至深。《文心雕龙·章表》称赞说：“孔明之辞后主，志尽文畅：虽华实异旨，并表之英也。”苏轼也说《出师表》写得“简而尽”。

学这篇文章有两个要点：一是理解体会“两朝开济老臣心”，二是体会学习“志尽文畅”“简而尽”的写作特点。

二、讲读第一部分（第 1~2 段）

这一部分讲的是什么呢？对照注释自己阅读，理解后自己概括。明确：

这一部分内容是：要后主听取忠言，赏善罚恶，执法公正。

1. 识字，解词，释义。（课本注释中有的，从略）

创业：创立统一天下的大业。

崩殂（cú）：古时天子死叫“崩”；“殂”，死亡。“崩”是“山坏”，“殂”是“往”，即所谓魂归于天。用这类字是为了尊敬死者，避免说“死”字。

疲弊：困乏。蜀虽土地肥沃，但地狭人少，生产落后，与吴、魏比，相形困乏。

秋：紧要关头。因“秋”是一年中的收获季节，至为重要。通常作“时”解。

盖：连接上句，作“原因”讲。

追：追念。

陛（bì）下：古时臣下对君主的称呼。

诚：实在，的确。

开张圣听：把耳朵敞开，广泛地听取大家的意见。圣，古时臣下对帝王的尊称。

宫中府中：宫指皇宫，府指朝廷。宫中指宫禁内廷皇帝身边的侍从，府中指丞相府所属官员。汉时通常有内朝（也称中朝）、外朝之分。宫中指内朝，府中则指外朝。

异同：偏义复词，意思相反的两个词组成合成词，而只取一个“异”的意思。

科：法律条文。

以昭陛下平明之理：昭，显示；平明，公平，严明；理，治理。

2. 提问朗读：

（1）诸葛亮在文章开头是怎样分析形势的？

（2）“侍卫之臣”“忠志之士”如何表现？原因何在？

（3）为什么要规劝后主“开张圣听”？什么叫“开张圣听”？

（4）宫中府中哪些方面“不宜异同”？怎样才能不“使内外异法”？

3. 熟读第一部分，理解“宜”与“不宜”的内容，体会作者诚挚、恳切的口气。

三、讲读第二部分（第3~5段）

学生阅读后概括内容，明确：

这一部分内容是：规劝后主亲贤远佞，并举出了几个贤臣，请后主亲近和信任他们。

1. 识字，解词，释义。（课本注释中有的，从略）

费祎（yī）：祎，偏旁“衤”；偏旁为“礻”的字读 huì。

良实：善良诚实。

遗（wèi）：给予。

愚：自称谦辞。

裨（bì）补阙漏：补救缺点和疏漏之处。裨，补益；阙，同“缺”。

有所广益：获得更多的好处。

晓畅：通晓熟悉。

行（háng）阵和睦：军队内部齐心和谐。

先汉：前汉，即西汉，都长安。

后汉：东汉，都洛阳。

倾颓（tuí）：倾覆衰败。

2. 提问朗读：

（1）先帝刘备为何简拔郭攸之等人？什么叫“简拔”？诸葛亮认为后主应怎样对待这些人？这样会取得怎样的效果？

（2）先帝刘备为何称将军向宠“能”？诸葛亮认为后主应怎样对待向宠？这样会取得怎样的效果？

（3）先汉兴隆、后汉倾颓各是何原因？诸葛亮在这方面是怎样规劝后主的？先说什么？再说什么？最后又说什么？

3. 熟读第二部分，体会说理的清晰、感情的诚挚。

四、讲读第三部分（第6~9段）

这一段是诸葛亮叙述自己的生平与抱负，请后主“咨诹善道，察纳雅言”。

1. 提问朗读，并译成白话。

（1）诸葛亮本是怎样的人？为何“遂许先帝以驱驰？”“后值倾覆”之时又是如何做的？

苟（gǒu）全：苟且保全，得过且过地度日。

枉屈：委屈。

尔来：到现在。

（2）诸葛亮“受命以来”是如何“报先帝而忠陛下之职分”的？

“临崩寄臣以大事”：刘备在永安宫（重庆奉节县）病危时，把诸葛亮从成都召来，对他说：“君才十倍曹丕，必能安国，终定大事。若嗣子可辅，辅之；如其不才，君可自取。”诸葛亮说：“臣敢竭股肱之力，效忠贞之节，继之以死。”刘备又对刘禅说：“汝与丞相从事，事之如父。”

奖率三军：奖，劝勉，勉励；率，率领。

庶：庶几，差不多，勉强。

钝（dùn）：不锋利。

攘（rǎng）除：排除，铲除。

（3）第8段从哪三个方面来阐述各自的职责的？体会作者说话的语气和心情。

兴德之言：发扬皇帝圣德的言论。

诹：商议，询问，此文中作询问讲。

察纳雅言：明察与采纳忠言。雅，正。

2. 熟读第三部分，理解诸葛亮是怎样追述往事与阐明抱负，怎样表露对蜀汉的忠诚的。

五、朗读全文，思考回答

1. 诸葛亮出师前上此表目的何在？

规劝刘禅“亲贤臣，远小人”，“咨诹善道，察纳雅言”，毋“妄自菲薄”，以巩固和扩大蜀汉的事业。

2. 表中为何反反复复提到刘备的“遗德”“遗诏”？

以先帝创业之艰，先帝用人之明，先帝为君之道激励后主亲贤纳谏，继承父志，振兴汉业。如此反复提及，是为了更好地达到说服后主的目的，体现了“两朝开济”老臣的忠诚。

3. 说明本文“志尽文畅”“简而尽”的特点，并举例说明哪些语句循循善诱，苦口婆心，表达感情尤为畅达。

既遵守君臣之礼，又直言不讳。

举例略。

4. 文章的最后一段起何作用？

总收全文，表达自己出师前激动不已的心情，增强文章的感染力。

《三国志》作者陈寿称颂诸葛亮为“公诚之心，形于文墨”。

六、布置作业

1. 背诵全文。

2. 复习“常见的文言虚词”。

3. 整理本文中“以”“于”的几种用法，并各举一例句说明。

【板书】

出师表

两朝开济老臣心（志尽）（文畅）

一、开张圣听；不宜偏私。“宜……不宜……”
二、亲贤臣，远小人。“愚以为……愚以为……”
三、咨诹善道，察纳雅言。“……奖率……北定……”

目的 ——→兴复汉室，北定中原。“庶竭……”
“攘除……兴复……还于……”

【教后】

1．提问朗读能帮助学生理解课文，学生注意力集中。

2．讲“陟罚臧否”时引申到用反义词合成的词，学生能举出“荣辱”“得失”“奖惩”“善恶”等词，有兴趣。

3．第二部分提问改为两组问题更明确。先问第二部分论述的层次，再问第五段论述的层次。学生先总后分、先粗后细，可理解得具体些。有同学回答得很清楚。文章的第二部分先向后主推荐贤能的文臣武将，然后以历史为借鉴，论述“亲贤臣，远小人”对国家兴隆的重要意义。

4．“志尽”，学生一下子就能说出其内容，尤其突出了两朝老臣的忠诚。由此引申到对诸葛亮的评价与爱国主义精神的发扬。

5．讲本课前曾注意到要使学生掌握几个虚词的常见用法，但教完本课后则发现，在某个意义上讲实词更重要。此文中提到的人物、地名、典章制度等较多，学生若不对此有所了解，则无从学懂课文。因此，如何在讲解中处理这方面的知识就成为一个重要问题。讲解这方面的知识不宜过于翔实，以免喧宾夺主，但亦不能含糊了之，否则学生不得要领。要言简意赅，一语中的，讲得恰如其分。言简意赅，深入浅出很不容易，唯其平时学习得“深入”，讲课时才能“浅出”，其中大有学问。古人平素学的是文言文，所处生活环境与古文中的相差不远，名物典章容易了解；而虚词未经研究得出规律，往往以为难。自乾嘉以来，虚词研究很有成就，故有限之虚词不能难住古人。而今天的学生与古隔世，不具备往日视作常识之知识。故今日文言文教学中，虚词虽应注意，而实词或恐更应重视。

《公输》

【教学目的】

1. 了解墨子止楚攻宋的故事及其“非攻”的思想。

2. 理解本文运用类比推理进行论辩的方法，学习记事的详略得当，重点突出。

3. 积累通假字，掌握动宾倒置的句式，注意确切地补出句子的省略成分。

【教学时数】

两课时。

【教学步骤】

一、简介墨子学说，引入课文学习

春秋战国时期，社会动荡，战乱不息。为了适应政治需要，学术思想的流派日益增多。当时，除了孔、墨显学，还有道、法、阴阳、名辩等家。

墨家学说是当时的重要学说之一。墨家学说创始人墨子，名翟（dí）（作为姓时读 zhái），生卒年代不详，约生在孔子死后，死于韩、赵、魏三家分晋以前。鲁国人，一说宋国人，曾做过宋国大夫。

墨子主张“兼相爱，交相利”，反对大国攻打小国，强国攻打弱国，认为兼并战争不义，且会给弱小国家、给交战国双方的人民带来不利和损失。他主张“非攻”，反对不义战争。他的学说代表“庶民”即小生产者的利益。

《墨子》一书是墨家弟子和后辈学生根据墨子遗教所编纂，据《汉书·艺文志》，著录有71篇，现存53篇。墨子的散文比较质朴，而且长于推理。

“非攻”是墨子学说中的重要内容，《墨子》一书中有《非攻》上、中、下三篇，具体表现了墨子的“非攻”主张。而《公输》这一篇是墨子“非攻”主张的亲身实践。

标题“公输”是何意？（指名学生回答）是姓，复姓。

二、朗读全文，粗知大意

1. 朗读时正音正字。

械（xiè） 郢（yǐng） 轩（xuān） 舆（yú）

褐（hè） 犀兕（xī sì） 麋（mí） 雉（zhì）

梓（zǐ） 牒（dié） 禽滑（gǔ）厘

2. 把通假字画出来。

说—悦 距—拒 圉—御 诎—屈

3. 本文记叙了怎样一个故事？

墨子止楚攻宋的故事。怎么“止”的呢？

4. 先论辩，后亮实力。论辩的技巧十分高明，这是我们学习本文的重点。

三、讲读第1段

“公输盘为楚造云梯之械……‘诺。’”

这一段写墨子从道义上说服公输盘。

1. 学生对照注释译第 1 段为白话文。要求注意：

为（wèi）：介词，替。

夫子何命焉为：谓语省略，可在“何命焉为”前补上“有”。何，什么；命，教导；“焉”和“为”合用，表疑问语气。“何……焉为”，表达疑问语气的一种格式。

子墨子：后一个“子”表尊称；前一个“子”是夫子、老师的意思，这是墨子弟子的口气。

闻子为（wéi）梯：为，动词，制造。

何罪之有：有何罪。（辨句式。宾语提前，表示强调。）

见（xiàn）：引见。动词的使动用法。“胡不见我于王”，为什么不引见我去见楚王呢？

2. 分析。

（1）文章第 1 段怎样交代侵略与被侵略的双方情势？又怎样引出两个主要人物？

鲁班是能工巧匠，以善于造机械出名。文章不写鲁班如何造“云梯”，而是写墨子止楚攻宋的急切——“行十日十夜”“足重茧而不休息，列衣裳裹足，至于郢”，可见为制止侵略战争，墨子怎样不辞辛劳。

（2）怎样“止”的呢？

一方（公输）故意发问，一方（墨子）用迂回战术。

① 首先，墨子只字不提攻宋，只郑重其事地请求：“愿借子杀之。”公输被吸引，“不说”。

接着，墨子进逼一步，激怒公输：“请献十金。”

果真，公输不堪受辱进行辩白——“吾义固不杀人”。墨子用请君入瓮之法引出了对方这句十分漂亮的话，于是进一步与对方针锋相对地辩论。

② 怎么“辩”的呢？

首先，转到正题——攻宋之事。

接着，进行反诘，义正词严地提出：“宋何罪之有？”

然后，从四方面剖析攻宋是不智、不仁、不忠、不强的行为。

最后，用“义不杀少而杀众，不可谓知类”的结语，揭公输的自相矛盾——说的是“吾义固不杀人”的漂亮话，要行的是“杀众”的不义行为。墨子抓住论敌的自相矛盾，驳得论敌无话可说，公输不得不服。

③ 然而，公输攻宋之心不死，把责任推给楚王。墨子继续“进攻”，文章进入第 2 段。

四、小结

这一段墨子止公输盘攻宋，用的是激怒对方、请君入瓮的办法，使公输陷入矛盾之中，在道理上完全输掉。这一段论辩语气急切，层层进逼，好像发射连珠箭，使公输无法招架。

五、讲读第 2 段

“子墨子见王……‘必取宋。’”

这一段写墨子折服楚王。

1. 学生试译。注意字的读音，确切地补上句子的省略部分。

例：补主语。

公输盘为我为云梯，（我）必取宋。

2. 怎么折服楚王的呢？先说什么？后论什么？

先用三个鲜明的对比活画出“此人”的可笑与贪婪，引出楚王“必为窃疾矣”的论断。墨子发问经过深思熟虑，楚王回答毫不迟疑。

楚王的话正中墨子的心意，是墨子预期到的。于是墨子将其顺手抓来，转到正题，把富人偷窃邻居财物的三项行为，与楚之攻宋联系起来，逐一加以类比。宋、楚情况有目共睹，这样类比推理，巧妙而尖锐地把楚王企图攻宋类比为楚王自己所说的“必为窃疾矣”，其企图的可耻可笑，不言而喻。

楚王无从反驳，只得承认墨子所说的话合理。

3. 朗读第1段与第2段中墨子的话，在语气上比较辨别。

前者直接讲道理，着重指责，语气急切而严峻；后者运用类比来阐明事理，着重婉讽，语气舒缓而肯定。同样为了止楚攻宋，对象不同，则语气不同，充分显示了墨子挫败敌手的论辩才能。

4. 过渡。

楚王虽道理上输了，但攻宋野心不变，仍然要恃强以凌弱。这就很自然地推进到下文。

六、讲读第3段

“于是见公输盘……‘吾请无攻宋矣。’”

这一段不停留在论辩上，而是进入到攻宋模拟战和实力较量的深度。学生对照注释将原文译为白话，注意：“所以”在古今汉语中的区别；“吾请无攻宋矣”句中的“请”，与“请献十金”“请说之”的“请”同义，皆表示谦逊语气，作“愿意”讲。

1. 双方是怎样进行攻宋模拟战的？哪两个词准确地表现了双方的胜负？

一方“九设攻城之机变”，一方“九距之”。

一方“尽”，一方“有余”。

2. 公输在攻守模拟战失败后欲要花招，墨子是怎样在楚王面前加以揭露的？揭露时又是怎样阐述宋国的实力的？

“吾不言”的实质是“欲杀臣”，“杀臣”的目的是攻取宋。——揭露与剖析公输的阴谋。

宋严阵以待，“虽杀臣，不能绝也”。

至此，楚王取宋的幻想破灭。墨子止楚攻宋，完全胜利。

七、朗读全文，思考回答

1. 文章自什么开始，至什么结束？中间是怎样一波三折的？反映了墨子怎样的才能？

文章自“将以攻宋”始，至“吾请无攻宋矣”结束，首尾呼应，结构严密。

指板书回答：先论辩后演习。论辩时，墨子先折服公输，再折服楚王。在折服公输时，公输虽口服，但心不死，把责任推在楚王身上；在折服楚王时，楚王虽口服，但心不死，把责任推在公输身上。攻守演习时，公输虽败，但又起一波折，引出“吾不言”的阴谋，再由墨子戳穿阴谋。文章叙止楚攻宋的故事，一波三折，毫无平板之感。

反映了墨子论辩的才能，以及他反对侵略战争的坚强决心和从容取胜的谋略。

2. 墨子与公输、与楚王论辩时的内容、方法、语言有何异同？

内容皆是止楚攻宋。同是迫使论敌陷入自相矛盾中，从而揭露侵略战争的不义。对公输采取直接讲道理的方法，着重指责，语气急切而严峻；对楚王采取以类比阐述道理的方法，着重婉讽，语气舒缓而肯定。论辩对象不同，说话的方法与语气也不同，显示了墨子说话的才能。用类比推理的方法进行论辩，具体、生动、有说服力。

3. 论辩时、模拟战时、揭露阴谋时，文章皆写了双方的言行，作者是怎样运用笔墨的？

写墨子的言行详，写公输与楚王的略，详略得当，重点突出，鲜明地表达了文章的中心思想。

八、布置作业

1. 归纳文中“为”“然”“于”的含义与用法，举例说明。

2. 口头回答“思考和练习”四中的 7 个问题。

3. 把全文译成白话。

【板书】

公输

止 楚 攻 宋

一、墨子折服公输盘。“吾义固不杀人”；“义不杀少而杀众，不可谓知类”（省略主语“你”）。

二、墨子折服楚王。“必为窃疾矣”（省略主语“此人”）；“……为与此同类”。

三、墨子败公输。“尽”；“有余”；“虽杀臣，不能绝也”（省略“杀臣”的主语“你”，以及“绝”的宾语“宋的守御者”）。

【教后】

1. 第 2 段生字多，加强朗读。

2. 解题时，由“公输”这个复姓引出其他的复姓，学生一口气讲了诸葛、司马、欧阳、上官、慕容、尉迟等，颇有兴趣。

3. “宋何罪之有”一句，有位学生未译好，再强调了一下动宾倒装的问题。

4. 为了让学生多练习，增加了一课时。

5. 原设计请一个学生朗读全文。为使学生体会论辩双方的语调、思想、心情，改请三个学生分别朗读，要求表达清晰，对话紧凑。实施效果较好。

《岳阳楼记》

【教学目的】

1. 理解“先天下之忧而忧，后天下之乐而乐”思想的积极意义，培养为人民利益吃苦在前、享乐在后的思想情操。

2. 学习本文记叙、议论、抒情相结合以及运用对比突出主题思想的写作方法。

【教学时数】

两课时。

【教学步骤】

一、拎出名句，导入作者介绍

《岳阳楼记》是千古传诵的名篇，不仅文辞优美，结构严谨，而且立意积极，抒写了作者伟大的抱负。其中有一句话已成为不朽的名言，人们谈生活理想、谈伟大志向时常常加以引用。哪位同学能准确地说出这句话？

一生答：“先天下之忧而忧，后天下之乐而乐。”

请学生解释这个句子的含义。

天下的人还没忧，自己先忧；天下的人已经乐了，自己才乐。一个封建士大夫怎么会具有这样的抱负？又为什么要在这篇散文中表明这样的抱负呢？让我们先了解一下作者是怎样一个人。

范仲淹，字希文，苏州吴县（今江苏苏州）人，北宋政治家、军事家和文学家。幼年时家境贫寒，刻苦求学。生活的穷困使他有可能了解和同情人民的疾苦。27 岁中进士。入朝做官以后，一再上书朝廷，议论国事，主张革除积弊，改良政治。宋仁宗庆历三年（1043 年）他做了参知政事（副宰相）后，提出了“明黜陟”“择官长”“均公田”“修武备”“减徭役”等十条改革当时政治弊病的意见，受到守旧派的排挤，被罢去参知政事之职以后出任地方官。

范仲淹很重视边防事务，他坚守西部边疆抵御西夏的业绩当时广为流传。他能诗、能词、能文。死后谥号文正，有《范文正公集》。

《岳阳楼记》是他被贬到邓州后应好友滕子京的邀请而写的。滕与范仲淹是同年进士，曾在防御西夏方面做过贡献，后被人诬陷，一贬再贬，于庆历四年春谪守巴陵。文章就是从“谪”字下笔的。

二、领读全文，熟悉生字难词

谪（zhé）：封建社会官吏降职或远调。

巴陵郡：宋岳州，治所在巴陵（今湖南岳阳）。宋派朝臣为州一级地方长官曰“知州”。滕子京当时官知岳州，沿用古称为“守巴陵郡”。

衔：用嘴含着，指包含。

浩浩汤汤（shāng）：水势浩大的样子。

淫（yín）雨霏霏（fēi）：阴雨连绵。

怒号（háo）：吼叫。

冥冥（míng）：昏暗。

谗（chán）：诽谤。

岸芷（zhǐ）汀（tīng）兰：岸上与小洲上的花草。

璧（bì）：平而圆的玉。

嗟（jiē）夫：叹词。

噫（yī）：叹词。

领读以后，检查上述字词的读音。

三、提问朗读，讲解分析

1. 学习第一部分（第 1 段）。

（1）岳阳楼在什么地方？

现在湖南省岳阳市西门城楼，高三层，面临洞庭湖。这里正当湖水入江的口子，朝晖暮霭，万顷烟波，气象非常雄壮。

（2）滕子京怎么会重修岳阳楼呢？哪一年修的？重修有何特点？先用文中语句回答，再译成白话。

因“政通人和，百废具兴”。（百废：一切荒废的事业。越：到。）

“谪守巴陵郡”的后一年。

重修的特点是：“增其旧制，刻唐贤今人诗赋于其上”。即扩充它原来的规模，在它上面刻了唐代名人和当代人的诗与赋。

（3）“属”什么意思？这一段讲述了什么内容？哪个词对全文起重要作用？

属：同“嘱”，嘱托。

这一段简叙写作本文的缘由。“谪”起引发全文的作用。

（4）读、背第 1 段。

2. 学习第二部分（第 2 段）。

（1）“夫”在此作什么解释？巴陵是怎样的“胜状”？文中用了哪些语言描绘出洞庭湖的气势与景象？

夫：语气助词，用在此处含有代词“那”的意思。

洞庭湖“衔远山，吞长江，浩浩汤汤，横无际涯，朝晖夕阴，气象万千”。22 个字，洋洋洒洒，一气呵成，使洞庭湖的雄伟气势与万千景象活生生地展现在读者的眼前。“衔”“吞”写出了湖与山（君山，位于洞庭湖中）与江的关系——湖衔着远处的山，吞纳长江的水，湖面广阔，无边无际，水势盛大，浩浩荡荡。“晖”“阴”写朝夕的变化，景色毕具。而这洞庭胜景是在岳阳楼上看到的——居高临下，极目远眺，景色尽收眼底，真是美不胜收。

（2）“胜状”“大观”两词怎样解释？

状，景象；观，指看到的东西，此处指看到的景象。“胜状”着重言“胜”，美好，优美；“大观”着重言“大”，雄伟。

（3）“前人之述备矣”一句作何解释，起何作用？

前人的记述已经很详尽了。李白、杜甫、刘禹锡、张碧、黄庭坚等都有登楼赋诗的佳作。（杜甫的《登岳阳楼》、刘禹锡的《望洞庭》均为名作。）该句与“刻唐贤今人诗赋于其上”呼应。

这里是虚写一笔，暗示本文不多作这方面的描绘，接着轻转妙笔，点出岳阳楼的地理位置，由景引出人。

（4）用哪个连词转的？洞庭湖是怎样的交通要道？是怎样由景而人，由人而情的？

用“然则”（既然这样）转折的。

洞庭湖北面通向巫峡，南面一直到潇湘二水。正因为是交通要道，故“迁客骚人，多会于此”。“会”，是会集。由此联想到他们观赏这里景物而产生的感情。

（5）作者写这一段的意图何在？

概写洞庭佳景，意在引出“迁客骚人”“览物之情”的“异”。用反诘句提出，既扣动读者的心弦，又为下文写景抒情开拓广阔的天地。“异”通贯全文。

怎么“异”呢？

3. 学习第三部分（第3~4段）。

（1）请同学读、译第3段。译后落实下列词语。

若夫：用在一段话开头，以引起下文。

排空：冲向天空。

商旅：商人旅客。（分析“旅”的字形。）

樯（qiáng）倾楫（jí）摧：樯，桅杆；楫，桨。

去国：离开国都。

（2）请同学读、译第4段。落实下列词语。

景明：阳光明媚。

郁郁：形容草木茂盛，香气很浓。

长烟一空：大片烟雾散尽。一，全。

皓月：皎洁的月亮。

宠辱偕（xié）忘：荣耀、屈辱一起忘记。

（3）作者描绘了两幅怎样的画卷？是怎样描绘的？情与景的关系如何？这一部分究竟写“同”还是写“异”？还是同异皆写？为什么？

先描绘了一幅阴雨天气的凄凉画图，抓住“淫雨”“阴风”“浊浪”绘恐怖，抓住天地暗淡绘阴森，抓住交通阻绝绘悲凉，抓住“虎啸猿啼”绘凄厉。作者描绘时使听觉、视觉、声响、色彩交互为用，把“满目萧然”的景象写得淋漓尽致。

再描绘了一幅风和日暖的欢乐画卷，与前一幅构成了鲜明的对照。阳光明媚，水天一色，飞的、潜的，动物、植物，生机勃发，香色兼备，皓月渔歌，情趣盎然。

由于“物”异，故“览物之情”迥然不同，一悲一喜，情随景移。

作者绘景时灵活地运用了四字句、对偶句，韵律和谐，平仄相间，读起来铿锵有力，朗朗上口。

（4）反复朗读第3段，注意字音、气势与感情。

这一段看似写“异”，实则写“同”。阴与晴是“景”异，悲与喜是“情”异，然而悲也好，喜也好，都未摆脱个人宠辱得失的羁绊，这一点是相同的。

作者对此持什么态度呢？文章进入到揭示主题的部分。

4. 学习第四部分（第5段）。

（1）齐读。要求句读分明。

（2）作者对上述情随景移的人持什么态度呢？是怎么加以否定的呢？“嗟乎”起何作用？

作者明确地否定上述的“悲喜观”。“嗟乎”一叹表明了惋惜否定的态度，以及要发表议论的心情，然后用委婉的笔法、借“古仁人之心”申述自己的抱负。

尝求：曾经探求。

或：或许、也许。

为：此处指心理活动，心情。

不以物喜，不以己悲：互释。不因外物（好坏）和自己（得失）而或喜或悲。

微斯人：微，无，没有。

吾谁与归：介宾倒置，即“吾与谁归”。归，归依。

作者议论时从感叹下笔，然后运用两个设问句发人思考。古仁人之心“异”在哪里呢？“不以物喜，不以己悲”。先总提，然后分述“仁人”之忧、“仁人”之乐，最后明确表达自己的志向与抱负。

“进亦忧，退亦忧”，是忧国忧民的“忧”，是一种“以天下为己任”的高度责任感，因而第二句引出“仁人”之乐时，作者斩钉截铁，豪情横溢地说“其必曰‘先天下之忧而忧，后天下之乐而乐’乎”。最后，仅结一句，突出个人精神境界的高尚。行文至此，主题毕现，压住全文。文章既自抒抱负，又规劝好友、晓喻世人。

最后写明作记时间。

这一段，二叹三问，摇曳跌宕，感慨至深。

四、
开展讨论，总结全文

1. 对文章的主题该有怎样的认识？

一个封建文人能提出“先天下之忧而忧，后天下之乐而乐”的抱负是难能可贵的，在当时具有积极的意义，在今天仍有借鉴的作用。

今天时代不同了，时代要求我们具有吃苦在前、享乐在后的高尚情操。我们应自觉地担负起振兴中华、繁荣祖国的重任，反对和鄙弃那种一事当前先为自己打算的卑琐思想。

2. 你觉得这一名篇好在哪里？请从某一角度具体说明，或立意，或写法，或结构，或语言。

立意方面（略）。

该文具有记叙和议论兼有、散文和韵文特色俱备的特点，叙述、描写、抒情、议论浑然一体。

文章从作记写起，进而写景，由景及人，由写人到写志，逐步深化，环环紧扣。写景勾画渲染，形象鲜明，境界逼真；写情汹涌酣畅，语出肺腑；而写情写景都是为了写志，谈理想、言抱负。

语言铿锵，句法匀称整齐，给人以艺术美的享受。（对偶）

王国维在《人间词话》中说：“大家之作，其言情也必沁人心脾，其写景也必豁人耳目。其辞脱口而出，无矫揉装束之态。”这一名篇就是如此，要反复吟诵体会。

五、布置作业

1. 背诵全文。
2. 学习我校自编《语文阅读教材》第三册中范仲淹的《渔家傲》。

> 塞下秋来风景异，衡阳雁去无留意。四面边声连角起，千嶂里，长烟落日孤城闭。
>
> 浊酒一杯家万里，燕然未勒归无计。羌管悠悠霜满地，人不寐，将军白发征夫泪。

3. 作文参考题目：

（1）从“先天下之忧而忧，后天下之乐而乐”谈起；

（2）谈“忧乐观”；

（3）“天下兴亡，匹夫有责”；

（4）肩担振兴中华的重任。

【板书】

岳阳楼记

记——胜状＜衔／吞＞——览物之情＜悲(满目萧然)／喜(春和景明)＞——抱负

(叙述)(描写)　(抒情)　(议论)

【教后】

1. 学生十分喜欢，课起始时我准备领读，学生一口气齐读到底，只有几个字读后我正了一下音，几个词解释了一下。课前对学生学这篇文章的积极性估计不足。

2. 第一部分概括大意不理想，比较啰唆，此能力要继续培养。学生主要对“谪”“修”“记”之间的关系不能抓准。

3. 讲解“郁郁青青”时请学生回忆“郁”的“茂盛”“忧愁”的含义，着重讲此处“郁郁”指香气甚浓，顺带讲其所具有的“文采”的含义。

4. 可以先教杜甫的《登岳阳楼》一诗：

昔闻洞庭水，今上岳阳楼。
吴楚东南坼，乾坤日夜浮。
亲朋无一字，老病有孤舟。
戎马关山北，凭轩涕泗流。

此诗气象开阔，忧国忧民，意境已是不凡。但范文的思想境界与之相比，竟是更上一层楼。先教此诗，再教本文，效果一定更好些。

5. 孟子的两句话“穷则独善其身，达则兼济天下”(《孟子·尽心上》)，以往一向是人们行为的准则。但显然，这两句话的出发点是消极的，而范仲淹提出的“先忧后乐”则是积极的。躐“亚圣”孟子而过之，在当时是难能可贵的。

6. 范仲淹的《岳阳楼记》是千古传诵的名篇。作者登高望远，览物生情，进而发出“先天下之忧而忧，后天下之乐而乐”的伟大抱负。文章立意高远，文笔华赡精拔，读来感人至深。备课时翻阅过一些资料，评论者几无不众口一词崇扬。然而当我读到作者友人尹师鲁对此文的评语，竟久久迷惑不解。

《后山诗话》载：“范文正公为《岳阳楼记》，用对语说时景，世以为奇。尹师鲁读之曰：‘传奇体尔。’《传奇》，唐裴铏所著小说也。”把《岳阳楼记》与《传奇》拉在一起，似乎是怪论，少不得有人辩解一番。南宋时，陈振孙在其《直斋书录解题》中说道：“尹师鲁初见范文正《岳阳楼记》，曰：‘《传奇》体尔。’然文体随时，要之理胜为贵，文正岂可与传奇同日语哉！盖一时戏笑之谈耳。”陈振孙的话虽是为范仲淹“抱不平”，但无意间流露出那时对于《传奇》之类的小说的鄙薄。但也有人认为尹师鲁的话并非“一时戏笑之谈”，而是他一本正经说的。清人刘熙载在《艺概》中说：“范文正贬饶州，师鲁上书言：‘仲淹，臣之师友，愿得俱贬。’其为国重贤如此。而于文正所为《岳阳楼记》，则曰‘《传奇》体耳。’其不阿所好又如此。固宜能以古学振起当时也。”今天我们更无法弄清楚尹师鲁的话是“戏笑”还是“真谈”——也不必去猜测，倒是“《传奇》体尔”一句话值得推敲一番。

鲁迅先生在《中国小说史略》中以“三篇”的篇幅写了唐代的传奇小说，一开头就说：“小说亦如诗，至唐代而一变，虽尚不离于搜奇记逸，然叙述宛转，文辞华艳，与六朝之粗陈梗概者较，演进之迹甚明，而尤显者乃在是时则始有意为小说……故论者每訾其卑下，贬之曰‘传奇’，以别于韩柳辈之高文。顾世间则甚风行，文人往往有作，投谒时或用之为行卷……”鲁迅先生此处所指“行卷”的风气，在唐时颇为盛行，这与当时的考试制度有关。唐代科举考试试卷还不糊名，谁的卷子一看名字就知道。应礼部试的举子为了使自己的名声早为社会所知，增加录取的可能性，常常把自己的文学创作编写成为卷轴，在考试前投送给有社会地位的人，以便他们向礼部主试官推荐自己，这就叫“行卷”。举子往往用传奇小说行卷，其原因何在呢？宋人赵彦卫在其《云麓漫钞》中有这样一段话：“唐之举人，先借当世显人，以姓名达之主司。然后以所业投献……如《幽怪录》《传奇》等皆是也。盖此等文备众体，可以见史才、诗笔、议论。”风气一开，创作者多，唐代传奇小说风行起来。作者既有意为之，就广搜奇闻逸事，叙事逞史才，刻意经纬文心，文笔具诗情画意，感慨系之，议论风生，鞭辟入里——这种富于创造性的新文体怎能不吸引人、打动人，在当时起到敲门砖的作用？

尹师鲁所云“《传奇》体尔”是否即从此等文体着眼，我们不得而知，也不必妄加考证。但就“此等文备众体，可见史才、诗笔、议论”而言，则《岳阳楼记》叙事简而且赅，写景寄绵渺于藻绘，特别是议论之高标，确乎臻于最上乘的。为此，我在本文教学目的中加入了“学习本文记叙、议论、抒情相结合以及运用对比突出主题思想的写作方法”这一条。

于漪教案选

——特级教师教案选

上海教育出版社 1984 年 8 月出版。

写在前面

上海教育出版社要把我的教案汇集成册，作为中学语文教学研究资料。当时我感到很为难，因为多年积累的语文教案，已经在“文化大革命”中被洗劫一空了。对于已失去的东西，我常常怀着惋惜之情。这些教案虽十分幼稚、粗糙，但记载着自己教学实践的步履，倾注了要教好学生的良好愿望和点点心血。人们往往用“粒粒皆辛苦”来描写农民耐大劳流大汗而收得的劳动果实，其实，教师的一字一纸又何尝不是血汗浇灌的呢？近几年，每当我在报纸上读到一些退休老教师用颤抖的手把自己的教案交付青年教师的事迹，总是激动不已。“文化大革命”过去，心情无比振奋，在教学中我又拿起笔重新写起教案来，细水长流，积少成多，这里跟大家见面的就是其中的一部分。

有人问起，有点经验的语文教师还要不要写教案？我想还是要写的。建设要蓝图，演奏要乐谱，教课怎能没有个教学设计呢？一个教师，即使经验很丰富，总得熟悉教材，在准确、深刻方面不断下功夫；总要研究教法，在扎实、灵活方面仔细去探求。教案就是熟悉教材、探求教法的简要记录，写一遍，印象加深，思想更有条理，这样，走进教室胸有成竹，教起来就能得心应手。反之，课前不做充分准备，课内随心所欲，胡乱发挥，教学效果肯定是不会好的。

重视教案，不等于死守教案。在实际教学中要根据学生的情况和课堂上的变化对教案作必要的修改。教案是教师课前认真绘制的课堂教学“蓝图”，必须受到教学实践的检验，并在实践中不断修改、充实。学生积极性调动起来以后，课堂气氛生动活泼，教学活动丰富多彩，就这一点来说，教案又是远远不能反映的。

一篇课文的教案总是综合的、立体的，不是单一的、平面的，它往往要涉及好些方面的问题。这本教案选按五个方面分编，仅仅是为了探讨的方便，本不能截然分开。必须指出的是，自己的水平不高，又经常羁于冗务，这些教案多半是夜灯陪伴下的急就章，繁简不同，粗细不一，都是些“毛坯”。俗话说：“家有敝帚，享之千金。”一叶障目，有不自见之患，把它们提供出来，只是想求教于广大同行，取得批评、指正。

在这本书的编选过程中，冯起德、陈刚两位同志校阅了每篇教案，在此，谨致以深切的谢意。

于 漪

熏陶感染　教文育人

《七根火柴》

【教学目的】

1. 了解红军过草地的艰难困苦，学习红军战士对党的事业无限忠诚的崇高品质，立志继承先烈遗志，投身伟大的无产阶级革命事业。

2. 理解本文结构情节的特点，学习截取人物性格历史的一段来刻画人物的写作方法。

3. 通过加强朗读，感受文章巨大的感染力。

【教学重点与难点】

重点：截取人物性格历史的一段来刻画人物的方法。

难点：结构情节的特点。

【教学时数】

两课时。

第一课时

一、提出问题，造成悬念

今天学习王愿坚同志的短篇小说《七根火柴》。火柴，我们生活中天天用到，看起来是那么微不足道。可是，你们可曾想过：在艰苦的革命年代里，在红军行经荒无人烟的草地时，就是这小小的火柴，放射出多少光？发出过多少热？它具有怎样的价值和意义？我们今天学习的这篇课文，作者就是紧紧扣住火柴，描述了一个动人心弦的故事，谱写了一曲感人肺腑的悲壮赞歌。

同学们已预习过，请说说看：

这篇文章的主人公是谁？（学生发表意见。）

为什么主人公是无名战士？既然是无名战士，作者又为什么花费许多笔墨写卢进勇？认真学习课文之后就可明白其中道理。

二、讲读分析第一部分（第1~7段）

1. 提问思考：主人公无名战士是在怎样的环境里出现的？他怎样被引到读者面前？他的出现给人以怎样异乎寻常的感觉？

2. 指定一位学生朗读第一部分，并对下列字注意正音：

冰雹（báo） 撮（zuǒ） 寒颤（zhàn） 蓦（mò）地

3. 先看集中写环境的第2、3两段。请学生阅读，找出描绘草地的气候、草地的天、草地的地的特点的关键词语。

学生回答，教师点明：作者先用“怪”点出草地气候的特征；又用“明明”“忽然”“霎时”“接着”，准确而具体地描绘草地气候的变化莫测。草地气候真是瞬息万变，忽而“月朗星稀”，忽而雨雪交加。

接着又抓住天、地的特点，渲染环境。天，“阴沉沉的”，草地“沉浸在一片迷蒙的雨雾里”。地上，是“烂泥”、浊水、“荒草”，路“看不清”。

这样抓住草地气候、天、地的鲜明特征来写，告诉读者这儿的环境怎样？艰苦、阴森、荒凉。红军在这样艰苦的环境里行军，正如毛主席说的，有“说不尽的艰难险阻”，更何况是因伤口发炎而掉队的同志？

4. 略讲第 4~6 段，过渡到无名战士的出现。

卢进勇经过一夜暴风雨的浇淋，清晨凉风一吹，他强烈地感到身上怎样？（冷，“连打了几个寒颤”。）肚里怎样？（“饿得难以忍受”。）他渴望着什么？（“‘要是有堆火烤烤该多好啊！’”）然而，早就“没有引火的东西”了。就在他渴望有火烤，正要把从裤袋里找出来的、已经捏成长条的青稞面送到嘴边时，主人公出现了。

5. 朗读第 6、7 段。请学生回答：主人公是怎样被引出来的？他给人以怎样异乎寻常的感觉？

主人公的出现，别具特色。未见其人，先闻其声。一声低低的叫声“同志”，使得在阴森荒凉环境里的卢进勇“蓦地听见”，从而让主人公被引到读者面前。卢进勇起了“引出”主人公的作用。主人公的声音异乎寻常，那样“微弱，低沉，就像从地底下发出来的”。

这“像从地底下发出来的”声音使卢进勇“愣了”，也把我们读者的心给紧紧抓住了。这声音是从哪儿发出来的？为什么那么“微弱，低沉”？他究竟是怎样一个人呢？让我们随着蹒跚而行的卢进勇的足迹去寻找吧。

三、讲读分析第二部分（第 8~21 段）

1. 指名朗读第 8、9 段。

启发思考：无名战士的形貌是怎样展现在读者眼前的？无名战士的形貌告诉我们，他已是怎样的一个人了？

学生思考后回答，教师补充：无名战士的形貌是通过卢进勇的“看”展现在读者眼前的。他的形貌明白地告诉我们，他已是一个生命垂危的红军战士。就眼睛与身子来说：眼睛“无力地闭着”“吃力地睁开”，说明他的眼皮已不听指挥，身体衰弱到了极点；身子“很长时间没有挪动了”，“没有动得了”，表明他已完全丧失活动能力。

只有“抖动”的喉结、低沉的呼唤“同志”的声音，说明他还活着。

从无名战士的形貌我们可以想象，在革命征途中他经受了多少艰难困苦。冷风、暴雨、冰雹的袭击，长期的饥饿疲劳，耗尽了他的精力。他已奄奄一息，但却以惊人的顽强的毅力支撑着、等待着。他干裂的嘴唇一张一翕，呼唤着“同志！——同志！——”。他为什么这样期待着同志的到来？此时此刻，他想的是什么呢？

2. 指名朗读第10~13段。

学生回答，教师点明：卢进勇怀着对同志深厚的阶级感情，把自己仅剩的一点青稞面“递”到无名战士的嘴边，无名战士怎么样呢？他吃力地“推开”，拒绝了，从“齿缝里挤出了几个字：‘不，没……没用了。’”是啊，粮食极端紧缺，他要留给同志。卢进勇要扶他走，他怎样？他“摇了摇头”，又拒绝了。

两次拒绝，清楚地表明他盼望同志到来不是为了自己的生命，不是为了自己活下去。那又是为了什么呢？是另有希望，另有嘱托。

提问启发：嘱托什么呢？请抓住描绘无名战士动作、语言的关键词语，揭示他的精神世界。

学生回答，教师补充：无名战士积攒（zǎn）着自己浑身的力量，“指着自己的左腋窝，急急地说：‘这……这里！’”他顽强地支撑着，原来有十分重要的任务。无名战士的一“推”、一“摇”、一“指”，使我们深深感受到忘我的崇高思想在闪光，坚强的革命意志在闪光。

3. 指名朗读第14、15段。

提问启发：这位战士要奉献给党的珍宝是什么呢？火柴。哪个句子具体形象地描述了无名战士把七根火柴当宝贝一样珍藏着？

学生回答，教师补充归纳：因为是珍藏，故而火柴“焦干”。这“焦干”的火柴与“湿漉漉”的衣服、“冰冷”的胸口、脸上的“雨滴”、“身子底下一汪浑浊的污水”形成鲜明的对照。它们告诉我们：为了珍藏火柴，他经受了多少痛苦，具有多么顽强的革命意志。

这火柴与比自己生命还宝贵的党证放在一起，并“压”在“朱红的印章的中心”。一个“压”字，一字千钧，意味深长。这哪里是几根火柴？分明是一个红军战士对党的事业无限忠诚的红心啊！“红红的火柴头”，“朱红的印章”，在一只“抖抖索索”的手里，犹如一簇跳动的火焰，升起在无边的草地上，划破阴沉沉的天空，横扫荒凉肃杀之气，给人以光明、温暖和力量。

4. 指名朗读第16~21段。

提问思考：无名战士是怎样极其郑重地嘱托战友的？作者怎样描绘他初次嘱托时的语言和动作？

学生回答后，教师补充：作者用细致感人的笔触绘声绘色地描写了无名战士对战友的嘱托，“招招手”“伸开”“拨弄”“数”“望”，这一连串的动词显现了他的庄重严肃，无限深情。

就在卢进勇高兴地点点头之时，一瞬间，神奇的情况出现了。无名战士的脸色“舒展”了，他的眼睛“爆发着一种喜悦的光”，他手指僵直的双手竟然能“捧”起火柴，把它们“放”到卢进勇手里，并且紧紧地把它连手“握”在一起。“捧”“放”“握”这一连串的动作，倾注了无名战士的整个生命，光彩照人。

再启发思考：无名战士再次嘱托时留给人间的最后的话是什么？最后的动作是什么？刻画了他怎样的内心世界？

教师归纳：他留给人间的最后的话是“记住，这，这是，大家的！”“好，好同志……你……你把它带给……”。他离开人世前的最后动作是“用尽所有的力气举起手来，直指着正北方向”。怀着对党的无限忠诚，他没有用一根火柴为自己取暖；怀着对共产主义事业坚定不移的信念，他忍受着难以形容的痛苦，在死亡线上挣扎而硬不咽下最后一口气。他一心想着大家，一心想着党，想着长征途中的毛主席，无私忘我，生命爆发出耀眼的火花。

这不由得使我们联想到尼古拉·奥斯特洛夫斯基的名言（请学生背诵）：“人，最宝贵的是生命。生命对每个人只有一次。这仅有的一次生命应当怎样度过呢？每当回忆往事的时候，能够不因虚度年华而悔恨，不因碌碌无为而羞耻；在临死的时候，他能够说：‘我的整个生命和全部精力，都已经献给了世界上最壮丽的事业——为人类解放而进行的斗争。’”

5. 小结。

（1）这一部分是文章的主体，是“七根火柴”故事的核心内容。无名战士的形象，我们看到的虽然只是他临死前一刻的，但高大巍峨，不仅矗立在茫茫的草地，而且活在我们的心中。这是由于作者紧紧“抓着人物性格历史的一段，抓着人物性格闪出耀眼光辉的一刹那”来刻画表现的。从语言看，他一共没说几句话，前后就出现了五个“同志”。言为心声，他心里念念不忘的是革命的同志，是党的事业。他的动作和一系列的细节描写，与语言一样，反映了他舍身忘己，一切为了战友、为了革命的内心世界的优美。作者选材精当，文字精练。

（2）既然主人公是无名战士，为何用许多笔墨写卢进勇呢？这是因为要在 2 000 字的短小篇幅里突出主人公而在结构上作的巧妙安排。文章以卢进勇作为故事的线索，展开情节。主人公的出现是通过他的“听”引出来的；主人公的外貌是通过他的“看”展现在读者面前的；他的“想”、他的“说”，托出主人公崇高的思想品质，托出了主人公牺牲的全部意义。

特别是第 22 段饱含感情的描写，更是感人之甚。指导学生朗读第 22 段，由缓慢而低沉而高昂。这是一个极其悲壮的场面。“模糊”与“清晰”同时运用，收到了独特的艺术效果，既表现卢进勇失去战友的无限悲痛，又给无名战士高擎的手再加上一个特写镜头。两者交织在一起，伴随着整个草地的“哭泣”，为顶天立地的英雄唱哀歌，唱赞歌。（要求学生运用学过的知识说明：英雄的品质像牡丹一样高贵，像荷花一样洁白，像菊花一样坚忍。）为了表示对献身革命的千百万烈士的永久的纪念，人们在天安门广场建立起巍峨、雄伟、庄严的人民英雄纪念碑。碑的正面刻着：人民英雄永垂不朽。

四、讲读分析第三部分（第 22~24 段）

提问思考：卢进勇从战友身上吸取了力量，带着战友的嘱托飞快赶路。他把火种送到部队，给战士带去了什么？他是怀着怎样的心情把珍贵的火柴交给指导员的？

1. 指名学生朗读，理解：

卢进勇按照无名英雄的遗愿把火种送到了部队，火给含辛茹苦的战士们带来了光，带来了热。围着熊熊燃烧的火，战士们“谈笑着”，“洋瓷碗里的野菜‘嗞——嗞’地响着”。卢进勇像天亮时无名英雄把七根火柴嘱托给他时一样，极其庄重地把火柴一根一根数交给连指导员。

“悄悄走”，“颤抖的手指”，“异样的声调”，寓含着卢进勇复杂的情意。这情意最后落在一个“数”字上。

2. 启发思考：他“数”什么呢？请同学们找出文中描写火的语句，并联系起来考虑，体会这几根火柴的意义与价值。重温无名战士的言行，想象卢进勇澎湃的心潮，说说“数”寓含的发人深省的丰富内容。

学生回答，教师补充：这“数”，使我们认识了火柴的意义与价值。在无边的草地上，在冷风暴雨、冰雹无常的恶劣环境中，火柴是最被需要的东西，可解除饥饿，驱除寒冷，救活同志。无名战士用自己的生命保存了这极其珍贵的东西。

这“数”，使我们认识到这几根火柴“包含”着无名战士的宝贵生命，反映了共产主义战士无限忠诚于党的事业的伟大的心灵。无名战士的高大形象在我们眼前升腾、闪现。

这“数”，还饱含着卢进勇对牺牲战友的无限哀思，对战友伟大人格、高尚情操的无比敬仰，饱含着他学习先烈、革命到底的坚强决心。

这“数”，也在我们面前提出了一个严峻的问题：在新的征途中，我们该怎样牢记先烈为革命付出的代价，立志以先烈为光辉榜样，继承他们的遗志，忠诚于党的事业，把革命进行到底？

3. 总结全文，突出主题。

作者以饱蘸革命深情的笔墨歌颂了无名英雄的高贵品质。这无私忘我，忠于党、忠于人民的高贵品质是无名战士具备的，也是卢进勇以及全体红军战士所共同具备的。这就是文章的主题，是作者奉献给读者的一曲红军战士对党的事业忠心耿耿的悲壮赞歌。

文章以“数着：‘一，二，三，四……’”来结尾，言未尽，意无穷。

五、指导学生表情朗读全文，加深理解与感受

六、布置作业

1. 熟读全文。

2. 复述第二部分。要求：

（1）主次分明，突出无名英雄的形象；

（2）扣紧外貌、语言、动作及细节描写。

3. 课外阅读王愿坚同志的《草》，比较其与本文的异同。

【板书设计】

七根火柴

听

生命垂危

拒绝　推开　摇

看

（指）

草地

选材精当

结构巧妙

珍藏　焦干　压

想

嘱托　数　带

说

【教后】

1. 采用挑起矛盾的方法来引入有效果。课一开始，学生就围绕“作品的主人公究竟是谁”展开了争论。再采用制造悬念的方法引入课文的学习，学生兴趣甚浓。

2. 在学习过程中，学生提出不少问题，如：火柴怎么会“像一簇火焰在跳”？无名战士浑身都是“湿”的，火柴怎么还会“干”？既然无名战士动不得，为什么他又有气力去“推开”卢进勇的手？第22段写到眼睛“模糊”，既然“模糊”，又怎么会看得“清晰”？学生在阅读中能发现问题，提出问题，说明学习的深度有了拓展。学生在这方面的能力，要继续注意培养。

3. 加强了朗读训练。在表情朗读的时候，不少学生被感动了。有的学生在练笔中写道：“学了这篇课文，我难以抑制激动的心情，回到家里，我拿起小小的火柴端详着，端详着……”

4. 一位学生问：“既然有党证，为何不写上名字?”就这个问题开展了讨论。有的学生幼稚地说“忘了写”，有的说“不写比写好”，有的认为“这是小说，进行了艺术概括，看起来是描写一个无名战士，其实写了许多为革命牺牲的同志。名字不写比写好得多。”肯定了第三种认识。

《茶花赋》

【教学目的】

1. 理解本文巧妙的构思，学习托物言志、借物抒情的写作方法。

2. 激发学生热爱祖国的感情，教育学生学习劳动人民建设祖国、美化生活的革命精神，立志为创建新生活而艰苦奋斗。

【教学重点与难点】

重点：托物言志，借物抒情。

难点：巧妙的构思。

【教学用具】

学生绘制的“童子面茶花”一幅。

【教学时数】

两课时。

第一课时

【教学要点】

激发学习兴趣；表达思国之情的委婉曲折的写法；对茶花的描绘与铺叙。

【教学内容和步骤】

一、激发感情，引入课文

这篇散文是一首歌颂伟大祖国的赞歌。祖国，一提起这神圣的字眼，崇敬、热爱、自豪的感情就会充盈胸际，奔腾欲出。我们伟大祖国有几千年的古老文明，有960万平方公里的辽阔土地，有无数令人神往的名山大川，还有以勤劳勇敢著称的各族人民。每当提起这些，我们心中就会激荡起热爱祖国的感情，可是，要我们对这种感情加以表达时，我们往往又会感到难以下笔。在国庆之时，我们请大家写祖国颂，祝愿伟大祖国展翅腾飞，有的同学就问：祖国这么大，怎么写，怎么表达啊？对于这样一个重大的主题，怎样才能表达得具体形象，生动感人？杨朔同志的《茶花赋》在这方面可以给我们很大的启发。

同学们已经预习，请思考回答：在这篇散文里，作者是借托什么来表达歌颂祖国之意、抒发热爱祖国之情的？

学生回答后，教师板书：茶花。

作者借茶花表意抒情，这就叫托物言志（“志”是想法或者思想感情的意思），借物抒情。（板书：托物言志、借物抒情）

提问：这篇文章由美丽的茶花联想到祖国美好的未来，是用什么作为过渡和主干的？

学生议论、回答后，明确：作者巧妙地突出了“童子面茶花”最美，接着写“一群小孩”的“鲜红的小脸”，并把两者联系起来——“象征着祖国的面貌”。这是这篇文章的主干。

二、鼓励学生提出预习时不能解决的疑难问题，并且有计划地放到讲读中解决

三、学习第一部分（第 1 段）

作者是怎样托物言志、借物抒情的呢？文章起笔只字不谈茶花，不谈这个“物”，而是先从“情”入手。

1. 指名朗读第 1 段。

2. 请学生思考回答：在这一节里作者抒发了什么感情？怎样来表达这种感情的？把表现它的关键词语找出来。

3. 学生回答后，教师归纳、补充、小结。

文章一开始就抒发了强烈的思国之情。1958 年以来，作者先后在印度、日本、埃及等许多亚非国家从事外事工作，旅居外国期间，对祖国的思念情深意切。所以文章一起笔就饱含着这种真挚深厚的感情。

是怎样表达的呢？顿挫起伏，细腻深沉。先用“有时难免”写时隐时现的思国之情（与“我时时刻刻都在怀念”作比较，比意味与表达效果）。“难免”是指抑制不住，感情的潮水犹如被一堵闸门拦住，起伏隐现，含蓄深沉。可是作者远在异国他乡，非常思念亲爱的祖国，因此把感情从时隐时现逐步引向高峰，一个“极”字写程度非常深。然而，思念至极，却不能抽身回来，怎么办？只能退一步以画寄托自己的情思。可这也是个无法解决的难题。作者感情的激流又受到阻拦，只好“搁”下这桩心思。这样，感情又由高到低。为什么说是由高到低呢？请听画家的一番话吧：“画点零山碎水，一人一物，都不行。”如果画了雄伟奇丽的黄山，那庐山呢？（要学生齐背苏轼的《题西林壁》），如果画了庐山瀑布（学生齐背李白的《望庐山瀑布》），那杭州的西子湖呢？（齐背苏轼的《饮湖上初晴后雨》），还有那孕育古文明的滔滔黄河，一泻千里的滚滚长江……祖国风光绮丽多姿，无限美好，真是调尽五颜六色，也难以绘出祖国面貌的一二。画家这番话更使人对祖国心驰神往，思念非凡。所以，“搁”不是真的放在一边，而是暂时把奔腾的感情收藏起来，为下一个感情的高峰埋下伏笔。

低谷蕴含着另一个浪峰的掀起。另一个情感波涛的高峰在哪儿呢？

四、学习第二部分（第 2~5 段）

1. 指名朗读第 2~5 段。

2. 请学生思考回答：找出点明感情高峰的关键词语，说说它的含义、分量和作用。

3. 教师小结。

肯定学生答案的正确之处，指出：作者用一个“醉”字，真是传神之笔。二月的南疆，花红水绿，春意盎然。作者离开异国他乡踏上春光明媚的社会主义国土，怎不像喝了葡萄美酒一样，甜美、喜悦、兴奋、陶醉？“醉”是个平常的字眼，但用在这里却很不平常，倾注了作者对祖国的满腔热情满腔爱。在异国他乡时对祖国的思念，回到祖国时的喜悦和激动，这些崇高的感情得到了充分的表现。所以，“醉”用得绝妙，含义丰富，表现力强，在气势上牵动全篇。是怎样牵动全篇的呢？

4. 边读边议边讲。

（1）由“心都醉了”引出怎样一个优美的意境？用文中现成的词句回答。（板书：春深似海）

（2）“春深似海”着力描绘什么花？为什么前面要写北方的风光？要求学生用同义词或近义词解释“搅天风雪”，如漫天风雪、风雪弥漫、风雪交加、风狂雪猛等。要求学生用朱自清《春》中的语句说“水瘦山寒”的反义：“山朗润起来了，水涨起来了。”水枯曰瘦。作者写北方景象，既点出祖国疆域的辽阔，又反衬南国风光的美不胜收。

（3）“春深似海”既着力写茶花，又为什么先写梅花、白玉兰、迎春花？这些都非闲笔。写其他花是为写茶花做铺垫。作者用“一树诗”这样的词语，把自己对祖国美好景色的歌颂，以及自己热爱祖国的炽热感情倾泻无遗。

（4）先反衬，再铺垫，然后再正面描写茶花。茶花终于展现在读者眼前，浓墨重彩，特写镜头。请学生分析：作者是从哪些角度来描绘茶花的？先写树高，再描绘它的叶子的苍翠欲滴，最后托出分量厚实的红艳大花。比喻的妙处在：突出主体，绘出花的神态，眼前仿佛窜动着千百条火苗儿，耳边犹如听到“烧得正旺”的啪啪响声。作者在这儿岂止描绘茶花之美？岂止赞誉茶花旺盛的生命力？更在于热情歌颂光明，歌颂祖国火红的革命与建设。

（5）如果说华庭寺那一树茶花是“点”，那么作者游黑龙潭、大理就是从“面”上勾勒茶花之盛，并且进而歌颂育花人了。要求学生联系叶绍翁的《游园不值》、韩愈的《晚春》和韩翃的《寒食》诗句，理解“闪出一枝猩红的花来”和“争奇斗艳”的意境：“满园春色关不住，一枝‘红杏’出墙来”；花期一到，“百般红紫斗芳菲”“春城无处不飞花”。作者置身于花的海洋之中，沐浴在祖国的大好春光里，饱享着祖国现实生活的美，怎会不“心都醉了”？（板书：饱享现实生活的美）

5. 自由朗读第2~5段，体会文章对茶花的描摹及其寓含的深意。

第二课时

【教学要点】

托物言志、借物抒情的特点；巧妙的构思；进一步激发热爱祖国的感情。

【教学内容和步骤】

一、过渡

上节课我们学习了文章的第一、二部分，欣赏了茶花的美，领略了“春深似海”的意境。茶花美，这个“美”是从何而来的呢？也就是说由现实生活的美引出了什么？

学生回答后，教师指出：由现实生活的美，引出了美化生活的人。（板书：美化生活）“美”来自美化生活的人的辛勤劳动。“白天黑夜，积年累月……”，不把心扑在上面，不废寝忘食，精心浇灌，哪来这“绝色”的好花？“绝色”，非常美丽。作者由眼前的茶花联想到栽培茶花、创造生活美的人，由景引出人，文章意境深了一层，过渡巧妙自然。（穿插学生的朗读，让学生理解第6段文字在文中的作用。）

二、学习第三部分（第6~14段）

1. 自由朗读第三部分。

2. 思考回答：

（1）能工巧匠普之仁是怎样出场的？为什么要安排这样的出场？

（2）普之仁告诉作者栽培茶花时必须做到什么？把关键的词语画出来。

（3）作者着力告诉读者普之仁是怎样的一个人？是怎样刻画他的形象的？

3. 在学生发表意见的基础上，补充，小结。

（1）普之仁是在茶花簇拥中出场的。背景红彤彤一片，湖水碧绿，彩云落到湖边，红绿交相辉映，景中有人，情在景中，既富有诗情画意，又点出普之仁是这百花园的真正主人。他领着作者“穿着茶花走”，在繁花似锦中，指点诉说，如数家珍。我们似乎看到了他们在百花丛中穿行的美丽画面，又似乎可以随他们一起观赏这醉人的景色。且听他们的对话吧！

（2）指名朗读对话部分。这一对话：问者无意实有意，集中在一个“难”字上；答者朴实无华，告诉作者栽花一定要细心，要摸索花的脾气，掌握茶花的特性，防止发生虫害。茶花树要根深叶茂，千朵万朵满树开，五百年、上千年开不败，靠的就是这种积年累月兢兢业业的精神，顶风冒雨勤恳踏实的劳动态度，对事业、对工作无限的热爱与深情。一个“操”字，倾注了多少心血与汗水。而这些正显示了劳动人民的本色。

（3）面对这样美化生活的劳动者、雕塑师，作者情不自禁地讴歌赞美起来。指名朗读第 14 段，明确：他是一个“极其普通的劳动者”，作者以白描手法粗粗勾勒形象。“满是茧子”的手是千百万劳动人民普通的手；“刻着很深的皱纹”的眼角是千百万劳动人民饱经风霜忧患留下的印记；走到人群里便立刻消逝，“不容易寻到”。真是笔笔写“普通”，句句言“平凡”。然而正是这样淳朴的劳动者，这样的能工巧匠，为了别人，为了美化生活，为了祖国百花盛开春满园，贡献了全部的智慧和精力。“美”就是这样创造出来的。这样的革命精神难道不比大玛瑙、雪狮子更美吗？不比千百朵重瓣的大茶花更美吗？作者穿行在彩云般的茶花丛中，在欣赏茶花美的同时，还领略着装点祖国春天的普通劳动者的精神的美。（板书：领略革命精神的美）

三、学习第四部分（第 15～17 段）（第三、四两部分可合并，为了使意境清晰，分开讲）

1. 指名朗读第 15～17 段。

2. 思考回答：正当作者带领我们由衷赞美美化生活的能工巧匠时，突然笔锋一转，让画面上出现新的图景，让我们的眼前豁然一亮。什么图景？用文中的一句话回答。

“‘童子面茶花开了。’”

3. 加深理解：为什么说是“童子面茶花”呢？注意“看、仰、笑、叫”四个动词的表现力——令人如闻其声，如见其人。“笑”，洋溢着无比的幸福；“仰”，描绘出蓬勃向上之态。背景中浓艳红火的茶花，与少年儿童红润的面庞交相辉映，情趣横生。前面伏一笔，这里写来十分自然。这哪里是写花？哪里只是写儿童？老一辈革命家为祖国赢来了社会主义的春天，朝气蓬勃的新一代将迎接更加美好的明天，这是童子面“更好看”的深刻含义。自然界的花刚打骨朵，人间的花朵乍开，这幅生动鲜艳的画面表露了作者满怀信心展望祖国锦绣前程无限美的情感。（板书：展望锦绣前程无限美）

四、理解结尾

1. 出示“童子面茶花”图。祖国前程怎样美呢？作者别出心裁地设计了一幅色彩鲜艳的写意画，把情意深藏其中。请学生认真观看，开展想象。

2. 齐读第 18 段，要求学生重点领会“含露乍开”的含义。茶花不仅“乍开”，而且“含露”，生机勃勃的情态跃然纸上。这不正象征着蓬勃健美、欣欣向荣的祖国面貌吗？文章开头说求一幅画而不可得，经过精心的托物言志，借物抒情，结尾水到渠成地得到了一幅画的构思，首尾呼应，文意贯通。

五、小结

刚上课时讲过：歌颂祖国是一个重大的主题，作者借托茶花表达歌颂祖国之意，借托茶花抒发热爱祖国之情，笔笔写茶花，处处赞祖国，这种写作方法就是托物言志，借物抒情。这种写法在“赋”这种文体中经常运用，因此本文的题目叫“茶花赋”。（板书：赋）

赋，是一种文体的名称。它讲究文采、韵节，读来顺口，兼有散文和诗歌的性质。例如，课文中写道：“这是梅花，有红梅、白梅、绿梅，还有骈砂梅，一树一树的，每一树梅花都是一树诗。”这一句集中反映了上述特点。不妨说，赋是文学描写手法的高度集中和凝练。反复阅读全文才能具体领会“赋”的特点。

祖国如此伟大，人民精神如此优美，一朵茶花能容得下吗？能给人以启发、深思吗？能！为什么能？由于作者运用丰富的想象和联想，进行巧妙的艺术构思，不断开阔读者的视野，由情入手，而景而人而理，水乳交融，意境不断深入：从茶花的美姿和饱蕴春色，看到祖国的青春健美，欣欣向荣；从茶花栽培者的身上，感悟到任重道远，创业艰难；从茶花的“含露乍开”，形似新生一代鲜红的脸，表达对未来充满希望，意境步步深化。而三幅构图各具一个“眼”——“醉”“操”“开”，十分传神：像拨亮一盏灯，使满堂生辉；又似金线串起散落的珠子，完成一件艺术珍品，使人深思，引人遐想。

六、指名朗读全文，加深理解文章的主题思想和艺术构思

七、口头练习

要求学生选择恰当的“物”寄托歌颂祖国之意、热爱祖国之情，以“××赋”为题目进行交流。在学生交流后指出：所托之“物”是否恰当，请再斟酌。

八、布置作业

1. 朗读全文，读正确，读流畅。
2. 积累以下字词：

桩　擅长　丹青　五颜六色　渗进　廊檐　瓣
焰　竹篱茅屋　猩红　沉吟　玛瑙　攀　皱纹
忧患　愣　艳　乍　斟酌

3. 运用托物言志、借物抒情的方法写一篇歌颂祖国的短文。

【板书设计】

茶花赋

歌 颂 祖 国

醉	春深似海	饱享现实生活的美↓	托物言志
操	美化生活	领略革命精神的美↓	借物抒情
开	含露乍开	展望锦绣前程无限美	

极——醉

难免…… 高 高

峰 低 峰

谷

搁

【教后】

1. 学生诗背得很流畅，沉浸在歌颂祖国山水、热爱祖国的热烈气氛之中。

2. 在讲解文章结尾时挂出“‘含露乍开’的童子面茶花”图，学生一下子被吸引住了。出示教具定要考虑时机，时机恰当，可收到良好的效果。这幅图不仅挂在黑板上，而且挂到了学生的心上。学生一想到这幅图的形象与色彩，就会燃起热爱祖国的感情。

3. 进行口头练习时，学生能开展联想，命了很多题，如：“长江赋”“黄河赋”“青松赋”“旭日赋”“骏马赋”“雄狮赋”……

又记：

1. 1980 年 10 月应邀赴云南昆明讲学，经了解，“普之仁”实有其人，本想前去拜访，因故未能如愿。教该文时，原以为“普之仁”是作者虚拟。当时自己缺乏调查研究，须引以为戒。

2. 在云南看到的“雪狮”茶花，重瓣，大朵，类狮子，每个花瓣镶白边，故有此称。

3.《中学语文教学》1981 年第 3 期的《“童子面”不是“关公面”》一文中说：“童子面”花的颜色在云南山茶花中颜色最浅，“白中带红晕”。

《刑场上的婚礼》

【教学目的】

1. 学习陈铁军、周文雍两位烈士党的利益高于一切的崇高品质和大义凛然、英勇顽强的革命精神，努力塑造自己的心灵，培养高尚纯洁的情操。

2. 学习本文运用特写手法描绘刑场场面以突出主题的写作特点。

【教学时数】

两课时。

【教学步骤】

一、联系实际，引入课文

我们每个青年都有责任积极参加祖国的精神文明建设，在当前，特别要认真地、主动地参加“五讲”“四美”活动。你们认为“四美”的核心是什么？（学生议论。）

对，是“心灵美”。每个人都有心灵，都在自觉地或不自觉地塑造自己的心灵。是使自己的心灵优美高尚，闪发出青春的灿烂光辉？还是使它暗淡，发出利己主义的恶臭？每个人必须作出回答。而我们每个青年学生必须作出无愧于党和人民期望的回答。

什么才是心灵美呢？今天我们学习《刑场上的婚礼》，怀着对为革命事业而献出生命的烈士的崇敬，认识他们高尚优美的心灵，从中汲取宝贵的精神养料。

学生质疑。

二、学习第一部分（第1~2段）

1. 文章起笔不寻常。不寻常在哪儿？这样起笔有何作用？

学生思考回答后，指出：

用“亲爱的同志们”的称呼开头，犹如面对面的谈话，一下子吸引读者，使读者集中注意力。

以称呼开头后，不是直接叙事，而是发问生疑；不是作者直接生疑，而是推断读者有疑。这样提出出人意料的问题，在读者思想上激起波澜。而问题的指出又很特别，一个意思分两句话说，把矛盾摆在读者面前，叩击读者心灵。“刑场”是死亡的场所，意味着生命的结束，是悲的气氛；“婚礼”是快乐的事情，意味着幸福，是喜的气氛。

然而，如此矛盾的事确实发生了。这究竟是怎么一回事呢？读者急于要知晓，就会欲罢不能地看下去。所以，一个意思两句话，地点与事件反复出现，加强了表达效果。

2. 朗读第2段，要求学生回答：这件事发生在什么样的岁月里？什么时间，什么地点？具有怎样的意义？四个句子为何这样排列？赞颂烈士的感情倾注在哪些词里？

（1）“长夜漫漫，风雨如晦”的岁月里。

“风雨如晦”出自《诗经·郑风》的《风雨》篇中的“风雨如晦，鸡鸣不已。”晦（huì），夜晚。与“晦涩”比较；要学生联系“风雨如磐暗故园”加深理解。

（2）1928年3月，广州红花岗畔刑场。

（3）意义：“这亘古未有的壮举，像一柄锋利的匕首，直刺不共戴天的死敌。”为什么说是“壮举”（伟大的举动）？又为什么说是“亘古未有”的壮举？

亘（gèn），时间上或空间上延续不断。形容山脉常用“横亘”

“绵亘”。亘古未有，是从古到今都没有。

面对死亡，两位革命者充满着对生活的热爱、对幸福的追求和革命乐观主义的精神，充分表现出革命者的高尚情操。他们的“壮举”又为什么“像一柄锋利的匕首，直刺不共戴天的死敌”呢？学完全文，就可具体得到解答。

四个句子浸透赞颂烈士的感情，这种感情倾注在“壮怀激烈”“视死如归”“殉”“壮举”“气吞山河”等词语中。“壮怀激烈”在岳飞的《满江红》中接触过，请学生解释——情怀壮阔，心潮澎湃，忧国忧民的思想激荡。

四个句子层层推进，由背景而时间而地点而意义而人物，把该叙述的时间、地点说明白后，才展现气吞山河的英雄人物。把对该事件意义的阐述放在人物前面，更使“气吞山河”有了具体实在的内容。

这一段紧扣文章题目，造成悬念，简述陈、周两位革命战士在刑场上举行婚礼的壮举。

三、学习第二部分（第3~5段）

1. 自由朗读第3~5段。

2. 思考回答：陈、周两人为什么要在刑场上举行婚礼？找出关键语句。

“在当时尖锐、激烈的阶级大搏斗中，他们都以革命事业为重，顾不上去谈个人的爱情。”

两人被捕后，敌人对他们“酷刑迫害”，“用金钱地位、物质享受等来诱惑他们”，皆遭破产。他们“富贵不能淫，威武不能屈”，最后敌人狠下毒手要杀害他们。在生命的最后时刻，他们在刑场上举行婚礼，既向敌人示威，又表露两人之间坚贞不渝的爱情。

3. 这部分用倒叙手法叙述两位革命战士的斗争生活与纯洁爱情，展现了他们优美的心灵。从哪些角度展现呢？

以革命利益为重
对敌斗争坚贞不屈
题诗明志 } 党的利益高于一切，优美的心灵！

四、学习第三部分（第6~12段）

这部分是全文重笔描绘之所在，作者用特写的手法记下了刑场上的婚礼的悲壮场景。

1. 两位战士出现在刑场上时是怎样感人的形象？（请学生抓住关键词语剖析。）他们为什么要把彼此之间的爱情公之于众？

“昂首阔步”，“高呼口号”，向群众告别，充分表现了共产党人大义凛然、视死如归的英雄气概。

“凝视”，而且是“深情地凝视”。写他们在刑场上如此从容不迫，绝非只是写“燃烧着”的爱情，更是深刻有力地刻画了这种深情饱含着“对党的忠诚，对人民的热爱”，来源于“工作上的互相帮助和生死与共的斗争”。一句话，高尚的坚贞不渝的爱情植根于对伟大革命事业的无比忠贞之中。

把爱情公之于众，就是以事实启发群众认识共产主义战士的高尚灵魂，激起人民对反动派的刻骨仇恨。反动派安排的刑场，成了革命者对敌斗争的战场。

作者在描述的过程中夹以议论，使所表现的思想更显豁，感情更浓郁。

2. 言为心声。听听他们婚礼上气贯长虹的讲话吧。这些语言句句真，字字美，闪发着耀眼的光芒。请学生朗读后思考回答：最能揭示他们心灵美的语言是什么？

“我们一点也不觉得遗憾”，这“一点”极其深刻地表露了革命者为事业殉身、视死如归的革命精神。

“为了革命利益，我们还顾不上来谈个人的爱情”，这“顾不上”看来轻描淡写，但包孕着一切为革命、一切为人民的炽热的心。

“让反动派的枪声，来作为我们结婚的礼炮吧！”枪声作礼炮，表现了革命者乐观主义的情怀和英勇无畏的气概。

“共产主义一定会胜利，未来是属于我们的！”这气吞山河的语言揭示了社会发展的必然规律，表达了坚定不移的共产主义信念。

美在心灵，美在精神，才会有如此优美的语言，也才会有惊天动地的壮举。

3. 齐读第12段，满怀对烈士的崇敬的感情。

作者为牺牲者加了最后一个特写，使这两位“大写的人”的形象永留人间。

回顾第2段，思考回答：为什么说“这亘古未有的壮举，像一柄锋利的匕首，直刺不共戴天的死敌”？

戴：顶着。不共戴天，不跟敌人同在一个天底下生活。这壮举，显示共产党人的浩然正气、壮烈胸怀；这壮举，变刑场为战场，宣传真理，宣传人生真谛，宣传社会发展的灿烂前景；这壮举，揭露敌人的罪恶，唤起人民的觉醒，留给后来的人们扑不灭的火种，这火种燃亮人们的心，燃亮前进的征途，照亮美好幸福的新世界。这壮举当然是“锋利的匕首”，直刺敌人的心脏。

这种甘洒青春血、笑迎未来春的壮举展现了多么美好的心灵！我们可从中汲取多么丰富的精神养料啊！

五、学习第四部分（最后两段）

1. 指名朗读最后两段。

2. 思考回答：最后两段在文中起何作用？

用两个反诘句总结全文，与开头的两个疑问句呼应，突出刑场上举行婚礼的亘古未有的意义，再次叩击读者的心弦。

揭示刑场婚礼壮举的源泉所在——“对旧世界的彻底否定，对共产主义新世界的热烈向往”，使文章意义提到新的高度。“彻底否定”与“热烈向往”标志着牢固树立革命理想的人在任何困难的情况下都朝气蓬勃，英勇顽强，情操高尚，积极乐观。

总结全文。每个人都有自己的青春，都要度过自己的一生。该怎样度过呢？请听革命老前辈陈毅同志说的话："我们如果没有理想，我们的头脑将陷于昏沉；我们如果不从事劳动，我们的理想又怎样实行？我们是世界上最大的理想主义者！我们是世界上最大的行动主义者！我们是世界上最大的理想与行动的综合者！"俄国的学者涅克拉索夫也说得十分好："谁为时代的伟大目标服务，并把自己的一生献给了为人类兄弟而进行的斗争，谁才是不朽的。"

让我们以两位烈士的高贵品质为镜子，以奥斯特洛夫斯基的名言为座右铭，努力塑造自己的心灵，做一个心灵优美高尚的青年。

六、布置作业

1. 朗诵全文。
2. 以"谈心灵美"为题，写一篇读后感。

【板书设计】

刑场上的婚礼

刑场 战场
　　＞ 亘古未有的壮举 ＜
婚礼 礼堂
（用红粉笔写） （用红粉笔写）

【教后】

1. 一位学生问：记刑场上的婚礼，可以从第 2 段开始写，为何还要写第 1 段文字？问得好。就势请四位学生回答。一位学生说：这种写法犹如奇峰突起，一下子就把读者吸引住了。一位学生说，这是形成悬念。一位学生认为，将"刑场"与"婚礼"两个气氛矛盾的地点与事件放在一起，可以形成悬念，深深吸引读者。学生未领悟到

“称呼”运用的妙处。

2. 一位学生问：为什么用“若为革命故”？应是“若为自由故”。就势问学生“生命诚可贵”四句诗从哪首诗化来，大部分学生知道诗句来自匈牙利诗人裴多菲的《自由与爱情》。顺势进行比较，突出共产主义战士怎样处理爱情和革命事业的关系。

3. 一位学生提出：“蔑视敌人的死刑”似乎不妥当。肯定其读书仔细，但指出这样的表达是可以的。

4. 学生将课文前前后后联系起来理解的能力有提高。

《在马克思墓前的讲话》

【教学目的】

1. 了解马克思伟大的历史功绩，学习马克思为解放全人类而奋斗终生的崇高革命精神。

2. 体会本文内容高度概括、语言精确凝练、论述层层推进的特点。

【教学时数】

三课时（包括预习）。

【教学步骤】

一、课题简介

《在马克思墓前的讲话》这篇著名的文章是马克思生前最亲密的战友恩格斯写的。

马克思，无产阶级伟大的革命导师。一提到他，崇敬爱戴的感情就会油然而生。我们会想到他宣判旧世界死刑的《共产党宣言》，会想到他对世界上第一个进行无产阶级夺取政权尝试的巴黎公社的指导和热情赞扬，会想到他首创的国际工人协会——第一国际……他的光辉名字是和科学共产主义、和无产阶级的解放紧密联系在一起的。

马克思于 1818 年 5 月 5 日诞生在德国特里尔市（时属普鲁士王国）的一个律师家里，之后在学习与战斗中度过了 65 个春秋。1844

年，他在法国认识了恩格斯。1883 年，这位国际无产阶级的伟大导师心脏停止了跳动。一盏多么明亮的智慧之灯熄灭了。人们的悲痛是难以用语言表达的。在伦敦海格特公墓，亲人们为马克思举行了葬礼。葬礼简朴、庄严，参加人数不多，但他们身后却站着全世界无产阶级和劳动人民。在安葬这位伟人的时刻，与他一生并肩战斗的最亲密的战友恩格斯，用英语发表了这一篇极其重要的讲话。恩格斯满怀无产阶级革命深情，论述了马克思对全人类、对全世界无产者所作的丰功伟绩，赞颂了马克思为解放全人类而奋斗终生的崇高精神，表达了对马克思逝世的沉痛悼念。

学生已预习，请思考回答：

1. 本文主要写了哪些内容？

2. 概括论述了马克思哪些杰出的贡献？

二、分段学习

1. 指名朗读第一部分（第 1~2 段），要求朗读正确，有感情。

阅读思考：“3 月 14 日下午两点三刻”，马克思逝世了。然而，文中没有直接明写“逝世”，而是用了三个以“了”结尾的句子来表达。请同学们指出是哪三个句子，并说明为什么用“停止思想”，而不用“停止呼吸”或“心脏停止了跳动”。一般人逝世时能这样用吗？

这样表达，突出了马克思是当代最伟大的思想家。他虽“停止思想了”，但他批判继承了人类全部的精神财富，他的伟大思想是人类智慧的结晶。他没有死，他创造的马克思主义永世长存！“两分钟”“他在安乐椅上安静地睡着了”，深刻地表明了马克思战斗到生命的最后一息。生命不息，战斗不止。“但已经是永远地睡着了”，这一句既是补充，又是重复。“永远”“睡着”，表达了作者内心的无限悲痛，破折号加强了对这种悲痛感情的表现。（教师以缓慢、低沉的声调朗读，引导学生深入体会。）

马克思的逝世造成了怎样的损失？为什么说“不可估量”？（不可估量——难以估计和衡量）学习下文，了解马克思对人类所作的丰功伟绩，就可得到回答。

2. 指导学生学习第二部分（第3~6段）。第3、4两段是难点，启发学生认真领会。

（1）请学生阅读第3段，说一说“马克思发现了什么”，“人类历史的发展规律”是什么？请学生思考“一个简单的事实”，回答“首先必须吃、喝、住、穿，然后才能从事政治、科学、艺术、宗教等等”句子中什么是第一性的，什么是第二性的。“首先”“然后”准确地表达了物质第一性，精神、意识第二性。这是常识问题。如果工人不造房子，农民不种田，青少年怎么可能到学校来学习？然而，这个看来众所周知的简单事实，人们过去在理论上并非都能理解。怎样上升到理论上来认识呢？再读第3段，剖析长句子。

“吃、喝、住、穿”怎么解决？靠生产。所以说是“直接的物质的生活资料的生产”。要生产，人们就得使用工具，结成一定的关系，有意识地与天斗，与地斗；而一定的生产关系标志着一定的经济发展阶段，这就构成了基础，即经济基础，故“从而一个民族或一个时代的一定的经济发展阶段，便构成基础”。比如中华民族在封建时代，地主占有土地，农民在土地上进行农业生产，交地租给地主，地主剥削农民。这就是封建的经济发展阶段，标志着这个经济发展阶段的生产关系就是封建的经济基础。

经济基础是第几性的？第一性。在经济基础上发展起来的统称为什么？上层建筑。国家制度、法的观念、艺术以至宗教等均包括在内。国家是一个阶级压迫另一个阶级的工具，主要有军队、监狱、法院等。如奴隶制经济基础上有奴隶主的国家，封建制经济基础上有封建国家等。法的观念、艺术、宗教都应该这样去看，“因而也必须由这个基础来解释”。经济基础决定上层建筑，这是历史唯物论的观点。

马克思发现了人类历史的规律。社会存在决定社会意识，经济基础决定上层建筑，这样用辩证唯物主义观察社会，观察历史，创建了历史唯物主义。它和过去的唯心史观截然相反，还了历史的本来面目，阐明了人民群众才是历史的创造者。这个规律非同小可，它揭穿了一切剥削阶级所编造的五花八门的历史唯心主义的谬论，什么“英雄们创造历史”“天才决定世界命运”等等。这一发现是“史观”上的根本改革。它揭开了历史发展的秘密，鼓舞无产者认清奋斗目标，懂得从来就没有救世主，不能靠神仙皇帝，要联合起来，自己砸碎锁链，为全人类的解放而斗争。

第 3 段开头部分的类比，目的在使人易于理解，弄明白马克思的这一发现远非达尔文的发现所能比拟。

（2）马克思的另一重大发现是什么？请学生读第 4 段。思考：“不仅如此”“还”在这儿起什么作用？使意思推进了一层，由人类历史发展的一般规律进而论述到资产阶级社会的特殊规律。

什么是资产阶级社会呢？资本家占有机器、厂房，手里有资本，这是一个方面；另一方面是工人一无所有，只能靠出卖劳动力维持一家大小的生活。资本家付出工资买工人的劳动力，叫工人去生产，剥削工人。资本家越来越富，工人越来越穷。社会生产往前发展，到了一定时期就会发生生产过剩的危机，工人失业，工厂关闭，工人生活更加困苦，于是起来开展推翻资产阶级的革命运动。这种资本家占有生产资料、工人出卖劳动力从事大机器生产、资本家剥削工人的生产方式就是资本主义的生产方式。在资产阶级社会，生产的社会化和生产资料的私人占有之间的矛盾尖锐，经济危机不断爆发。工人不断进行革命斗争推翻资产阶级的统治，成了资本主义的掘墓人。这就是它的特殊的运动规律。资产阶级社会是人剥削人的最后一个社会。

请进一步思考：资本主义产生、发展，走向灭亡的这个规律是怎么揭开的呢？资本家究竟是怎样剥削工人的呢？要懂得：工人出卖劳动力，资本家购买劳动力让工人去生产，表面看起来一卖一买，是“公平合理”的，问题又在哪里呢？关键在于剩余价值。工人为了维持一家大小生活出卖劳力，要劳动多长时间才能维持呢？比方说一天做 4 小时就够了，这就是维持生活的必要劳动。可是，资本家要他劳动 8 小时、10 小时、12 小时，4 小时以外的就是剩余劳动，其所创造的价值就被资本家占有了，剥削去了，资本家吮吸了工人的血汗。资本家剥削工人的秘密就在这里。这就是马克思创造的伟大的剩余价值学说。

因此，恩格斯极其精确地说，由于它的发现，人们对现代资本主义生产方式和它所产生的资产阶级社会的认识就“豁然开朗”了。恩格斯用生动的对比来突出说明这一发现的划时代的伟大意义。资产阶级经济学家由于阶级局限和时代局限认识不到资产阶级社会的剥削实质，空想社会主义只咒骂、指斥资本主义，不能阐明资本奴隶制的本质，不能发现其规律，也找不到创造新社会的力量。因此，他们只是，也只能“在黑暗中摸索”。“豁然开朗”“在黑暗中摸索”构成鲜明的对比，突出马克思的“发现”的极其伟大的意义——认识的窗户打开了，资产阶级社会的秘密找到了。它像一盏明灯，照亮了无产阶级的心灵，武装了无产阶级的思想，鼓舞无产阶级团结起来，消灭资本剥削，埋葬资本主义，“英特纳雄耐尔就一定要实现”。

请学生再读第 4 段，体会高度概括的语句中的极其丰富的内容。

(3) 请学生阅读思考：一个人能在一生中有这样两个伟大发现，已经是够了不起的了，为人类社会已建立了不朽的功勋，然而，马克思除了上述两个发现外，还在其他方面有许多发现。有哪些发现呢？

“每一个领域”“任何一个领域”“都”“独到的发现”“不是肤浅地”“很多”——这里颂扬马克思的功绩不是一一列举事实，而是用一系列表范围、表程度、表数量的形容词、副词和名词短语，来说明马克思研究范围之广、领域之多，成绩之显著，思想之深刻。他确实是当代最伟大的思想家和科学巨匠。

(4) 这位科学巨匠对人类做出如此伟大的贡献，可作者还说“这在他身上远不是主要的”，为什么呢？马克思从事理论科学研究的目的何在呢？请学生找一找关键性的语句。

为的是指导革命实践，推动历史前进。

凡是看到对工业（生产斗争）、对历史发展（阶级斗争）起推动作用的发现，他就不仅“衷心喜悦”，而且“喜悦就完全不同了”，认为那些发现是可以付之于实践的向旧世界宣战的武器。他的心情，他的激动，他旺盛的革命斗志，在对待每一个具体问题时都闪烁着动人的光辉。

（5）请学生把第二部分完整地读一遍，边读边思考，加深领会。

3. 指导学生学习第三部分（第7段）。

（1）第三部分一开头就强调说明“马克思首先是一个革命家”，请学生说明这个句子的重要作用。

这个句子深刻地说明马克思之所以能创立伟大的无产阶级革命理论，是由于他亲身参加了亿万奴隶摧毁旧世界和创立新世界的伟大革命实践。它明确地告诉我们，认识、理论来源于实践，伟大的革命理论来源于伟大的革命实践。因此，“首先”起着告诉人们“实践第一”的唯物论观点的作用。

（2）这一段用了两个“参加”，说明马克思参加了解放无产阶级、解放全人类的事业。与第4段对照学习，加深理解马克思主义的诞生与使工人阶级从自发斗争到自觉斗争、从自在的阶级变为自为的阶级之间的关系。作者高度赞扬了马克思的理论和实践相结合的丰功伟绩。

请学生注意，两个“参加”后面用了破折号，破折号及其后面的语句起什么作用呢？总结，概述：毕生使命——为解放全人类而奋斗终生。

（3）要实现无产阶级壮丽的奋斗目标，就得进行斗争。马克思是如何对待斗争的呢？请学生回答。斗争是他“得心应手”的事情。（他有高度的驾驭客观规律的能力，认识规律，获得自由）

斗争的“热烈”：精力充沛，不停歇地冲锋陷阵。“顽强”：多次被逐出比利时、法国；受到逮捕、审讯；与形形色色的敌人作殊死斗争。“卓有成效”：有突出的、显著的效果。恩格斯运用了一连串的词语，热情赞扬马克思在斗争中的非凡才能和辉煌功绩。

（4）马克思是如何具体地为无产阶级解放事业开展斗争的？

办报
　　　宣传群众
出书

领导多国革命组织
　　　组织群众
创立第一国际

（5）小结。

马克思为革命废寝忘食，专心致志工作。阶级敌人的迫害，机会主义者的攻击，生活上的困难和病魔的折磨，都没有使他后退一步。他坚韧不拔，花费40年写了《资本论》第一、二、三卷，向全世界宣告资本主义私有制必然灭亡，剥夺者终将被剥夺。马克思就是这样数十年如一日，始终保持着旺盛的革命斗志和大无畏的斗争精神。

（6）指名朗读第三部分，朗读时突出“首先”“参加”“斗争”。

4. 指导学生学习第四部分（第8~9段）。

（1）马克思是无产阶级的英勇战士，贡献极大，因此，敌人对马克思必然会采取怎样的态度？请学生找出关键性的词语。

敌人嫉恨、诬蔑、诽谤、诅咒他。“最遭嫉恨”“最受诬蔑”从反面鲜明地衬托出马克思的功绩和马克思主义真理的光辉。敌人卑鄙无耻，不择手段地攻击马克思及其学说，是他们内心恐惧、感到末日即将来临的表现。

（2）马克思是如何对待敌人的攻击的呢？

“毫不在意”“轻轻抹去”。这准确地表明了马克思高度的革命坚定性、对敌人的极端蔑视（“横眉冷对千夫指”）和大无畏的革命精神。“万分必要”时才答复：排除干扰，主动出击。

（3）马克思，这个大智大勇的无产阶级革命家离开了人间，千百万沐浴着马克思主义的光辉、跟随马克思向旧世界冲锋进军的劳动者怎能压抑住心中的悲痛？从东半球到西半球，从太平洋东岸到太平洋西岸，整个人类世界都沉浸在无限悲痛之中。人们对导师献上由衷的敬意，表述真挚的爱戴。马克思是属于无产阶级的，是全人类的骄傲。

为了进一步颂扬马克思的崇高品质，恩格斯是怎么说的呢？文中最后说："他可能有过许多敌人，但未必有一个私敌。"请学生思考回答："敌人"和"私敌"有何区别？为何这里说"可能"？"私敌"是以自己为中心，以"我"为标准来划定是非界限的，而伟大导师马克思坚定地站在无产阶级立场，一生与形形色色的阶级敌人斗争，光明磊落，大公无私，品质崇高，对人民赤胆忠心。加"可能"这个词，是用不肯定的语言深刻表达肯定的含义。

我们学了全文，了解到马克思的一生是伟大革命家的一生，他为人类做出了卓越贡献，因此，他的逝世对人类造成的损失是"不可估量"的。欧美战斗着的无产阶级正需要导师、领袖来领导革命，带领他们奋勇向前时，正需要革命导师思想上、理论上的指导时，马克思离开了我们。这个损失怎么不是"不可估量"的呢？"不可估量"的分量是多么沉啊！

然而，他的思想永放光芒，他的光辉名字永远活在人们心中，他开创的无产阶级革命事业后继有人，他第一个举起的无产阶级革命红旗，人们将永远高高举起。因此，文章最后一句饱含无限深情和崇高敬意——"他的英名和事业将永垂不朽"。

三、请学生用板书总结全文

在马克思墓前的讲话

发现了……
还发现了…… } 卓越的理论贡献　↓ 不可估量 / 豁然开朗
……都有独到的发现

参加……参加……——毕生使命
斗争：宣传群众，组织群众 } 光辉的革命实践　↓ 得心应手 / 卓有成效

敌人嫉恨、诬蔑、诽谤、诅咒
人民尊敬、爱戴、悼念 } 崇高的革命品质

英名和事业永垂不朽

在学生总结的基础上，明确：

恩格斯写的这篇马克思主义文献概述了马克思伟大的一生和他对国际无产阶级所做出的无法估量的贡献，在我们面前树立了马克思崇高而伟大的形象，闪烁着马克思主义真理的光辉。它鼓舞我们，给我们以教育和感染，不仅因为它具有高度的党性、真理性，反映亿万劳动人民对革命导师的衷心爱戴和无比崇敬，而且因为恩格斯在这篇文献中运用语言的能力惊人。

马克思用一生为人类历史树立的里程碑——马克思主义，恩格斯只用几句话就将其高度地概括介绍出来；他用层层推进的方法逐步塑造出马克思完整的形象，展现了一个光芒四射的无产阶级的光辉典范（从实践到理论，从理论到实践；从事业到品质，堪称完美）；为了赞颂马克思的丰功伟绩、斗争的特殊风格，恩格斯用了许多精当响亮、情深意长的词语。而文章之所以有如此感染力，语言运用如此得心应手，还由于恩格斯对马克思有无比真挚、深厚的无产阶级感情，情深如海。

四、指定一位学生有表情地朗读全文

要求学生进一步体会马克思为共产主义奋斗终生的革命精神。

五、布置作业

1. 阅读全文，画出感情色彩鲜明的词句，咀嚼推敲，并举例说明它们的作用。

2. 课外阅读列宁著的《卡尔·马克思》。

【教后】

1. 第 1、2 段处理得较好，学生一下子就进入了特定的学习轨道，通过朗读，深受感染。

2. 第3段是文章的难点，其中“直接的物质的生活资料的生产，从而一个民族或一个时代的一定的经济发展阶段，便构成基础”这句话的意思讲解得不浅显，学生学起来感到困难。主要原因是自己的理论功底不厚。唯其深入，才能浅出，平时必须多多学习才行。

3. 学生朗读全文时感情充沛，能表达出战友之间的无限深情。听者被牢牢吸引。这使我领悟到，教论说文不仅要培养学生正确的思想观念，而且也应注意发挥文章内在的感染力，在感情上陶冶学生。

4. 教这一课，理论上容易讲错的地方是误解恩格斯所讲的“首先必须吃、喝、住、穿，然后才能从事政治、科学、艺术、宗教等等”这句话，简单地以为人之“求生存”直接决定着人们的政治、艺术等一切活动。若如此，则易于落入“唯生论”“社会沙文主义”等所谓理论。就有一些人正是把自己要“活”作为理由来说明自己一切行为的正当性。社会沙文主义者正是把由于自己要“生存”而向外侵略说成是天经地义的。如德国法西斯主义者，即以德国“生存空间小”作为向外扩张侵略的“理论根据”。对于生物界的生存竞争，达尔文道出了“物竞天择，适者生存”的原理。但以之用于人类社会即成谬误。“人之异于禽兽者”即人类能使用工具，结成一定的生产关系，有意识、有目的地去进行生产活动。因此，我们讲人类社会历史发展的决定因素时要讲生产，讲“直接的物质的生活资料的生产”。这个基本原理教师自己必须先弄清楚，才能在语文课上深入浅出地把道理讲明白，而又能避免把语文课上成政治理论课。

《春》

【教学目的】

1. 领会文中描写景物的委婉细致，用词的准确、生动，比喻的形象鲜明。学习抓住特征描写景物的方法。

2. 能够在朗读的基础上背诵全文。

【教学时数】

两课时。

【教学步骤】

一、复习旧知识，展现春的意境

今天学习朱自清先生的《春》。一提到春，我们眼前就仿佛展现出阳光明媚、轻风荡漾、绿满天下的美丽景色，就会觉得有无限的生机、无穷的力量。古往今来，许多文人用彩笔描绘春天，歌颂春天。

想一想，诗人杜甫在《绝句》中是怎样描绘春色的？（学生背诵：“两个黄鹂鸣翠柳，一行白鹭上青天。窗含西岭千秋雪，门泊东吴万里船。”）王安石在《泊船瓜洲》中又是怎样描绘春天的？（学生背诵：“京口瓜洲一水间，钟山只隔数重山。春风又绿江南岸，明月何时照我还？”）苏舜钦在《淮中晚泊犊头》的诗中又是怎样写春的呢？（学生背诵：“春阴垂野草青青，时有幽花一树明。晚泊孤舟古祠下，满川风雨看潮生。”）

二、进行比较，激发兴趣

以上背诵的诗都是绝句，容量有限，是取一个景物或两三个景物来写春的。今天要学的散文《春》写的景物可多了，有山、水、草、树、花、鸟、风、雨等。作者是怎样描绘的呢？再说，春就在我们身边，现在我们就欢乐地生活在阳春三月的日子里，文中写的这些景物的姿态、色彩等，你注意到没有呢？让我们细读课文，领略大好春光，寻找自己与作者观察的差距。

三、学生朗读全文

要求：

1. 提出预习中不能解决的问题。

2. 文章从迎接春天写到描绘春天的美丽景色，再写到歌颂春天。读后分分看，哪几段写什么。

注意正音：

巢（cháo）　　应和（hè）　　迷藏（cáng）

酝酿（yùn niàng）　　黄晕（yùn）

第一部分（第 1 段）：迎接春天。

第二部分（第 2~7 段）：描绘春天。

第三部分（第 8~10 段）：歌颂春天。

四、讲读体会

1. 第一部分——迎春。

（1）作者以怎样的心情迎接春天的来到？哪个词明确地告诉我们

春天还没有来到?

“盼望着，盼望着”。为什么要连用两个呢?这样叠用更能表达作者向往春天的急切心情。“近”用得十分准确，告诉我们春天还未来到。

(2) 轻声读第 1 段，体会四个句末助词的作用。两个“着”，两个“了”，给我们以非常柔和、亲切的感觉。

2. 第二部分——绘春。

春终于盼来了，大地回春，万象更新。作者满怀喜悦的心情先用一句话对春回大地作了概括形象的描绘，然后再分别作细致的描绘。

(1) 齐读总写的一句话：“一切都像刚睡醒的样子，欣欣然张开了眼。”

“一切”说明什么?没有一个例外。

“然”，是词缀，表示状态、样子的意思。

(2) 朗读第 2 段。文章总写春回大地后，先分别描述了哪些景物?是怎么描述的?

山、水、太阳的脸。

朗润：明朗，润泽。“朗润”是怎样一种景象呢?出示日历上的山景彩色照片；再叫学生看外语课发的 *Look and say* 里第 140 幅、注有“hill”的那幅画，那个山，就是朗润的样子。

水涨（zhǎng)。

“朗润”“涨”“红”，非常准确地描绘了春天的山、水、太阳。

背诵第 2 段。

(3) 第 3 段写小草，写得很细。是从哪些方面写的?哪些词用得特别好?

“钻”，写生命力。“嫩”，写质地。“绿”，写颜色。“……满是的”，写范围。“软绵绵”，写姿态。

“钻”，用得非常好，写出了小草旺盛的生命力。人盼望着春天，草也从泥土里钻出来，盼望春天。

草好，人欢乐。

朗读、背诵。

（4）第 4 段写了什么呢？先写什么？后写什么？再写什么？是一派怎样的景象？

树，花，蜜蜂，蝴蝶，野花。

眨（zhǎ）。

赶趟儿：争先奔赴目的地。

先写花的争春、花的色彩，后写花的甜味、花的吸引力，再写野花的模样和繁多。

“花下”是怎样的情景呢？有一个词用得特别好，哪个词？“闹”，“红杏枝头春意闹”的“闹”。

为什么野花会“像眼睛，像星星，还眨呀眨的”？没有明写风，但风寓于其中；没有明写太阳，但太阳寓于其中。比喻用得形象生动。

细笔描绘了一幅繁花似锦、昆虫喧闹、春意盎然的美景，色彩鲜艳，层次分明。

朗读背诵。

（5）第 5 段写风，写鸟，写牧童的短笛。怎么写的呢？

背诵僧人志南的诗：“古木阴中系短篷，杖藜扶我过桥东。沾衣欲湿杏花雨，吹面不寒杨柳风。”

写风的“抚摸”，风的芬芳馥郁，鸟的“呼朋引伴”——叫朋友、引伙伴，短笛的“嘹亮”。

鸟的清脆的声音、轻风流水的声音、牧童短笛嘹亮的声音应和着，此起彼落，构成了一首非常动听的春天交响乐，和谐优美。

朗读。

（6）雨中的景色描绘得同样十分动人，先写雨的形态，再写雨中景色。找两个词把雨的形态讲出来。

“细”和“密”。三个比喻形象生动。

接着写雨中屋，雨中树，雨中草，雨中人，是怎么写的呢？

朗读第 6 段，开展想象。

“绿得发亮”“青得逼你的眼”，把树木、小草经春雨沐浴后的鲜艳色彩描绘得十分逼真。“逼”是什么意思呢？可以在王安石的《书湖阴先生壁》诗中找一句话来形容："两山排闼送青来"——两座山好像把门推开，把"青"送到眼前。灯光给人以温暖的感觉。

雨中景是静的，但静中又有动，笔笔紧扣春天。

（7）第2~6段着重写景，第7段着重写人。寥寥几笔，天上地下、城里乡下、家家户户、老老小小都写到了。

一年之计在于春：一年中要做的事，一年的计划，在春天要好好地打算打算。计，计划。

工夫：时间。

朗读第7段，体会：寥寥几笔，有景有人，勾勒出春光无限好的美景。

（8）小结。

这一部分绘春是全文的重点。细笔细描，绘声绘色绘态，绘动绘静。语言非常生动。比如，写草的生命力，用"钻"；写热烈的气氛，用"闹"；写小草的青，用"逼"。细致的描绘来源于什么？细致的观察。观察以后还要怎样呢？表达出来。要仔细读书，积累词语，描绘起人物、事物、场景来就会形象生动了。

3. 第三部分——颂春。

（1）朗读第8~10段。

（2）在绘春以后，作者满怀喜悦的心情来颂春，用了什么手法呢？

用了比喻手法。三个比喻有联系、有区别，使春意越来越浓。先将春天喻为娃娃，再将其喻为小姑娘，最后将其喻为健壮的青年，从不同角度写，写春的"成长"，把春天的生意盎然、千姿百态、青春活力描绘得十分动人。

五、布置作业

1. 诵读全文，仔细体会本文用词造句的妙处。体会那些像小河里的水在流淌一样的词句是怎样从作者的笔端流淌出来的。

2. 下周去长风公园春游，仔细观察春景，领略大好春光，写一篇《春天的歌》。也可自己命题。

【板书设计】

春

迎春　　盼望着

绘春
- 总写　　一切
- 分写
  - 山、水、太阳的脸（远）
  - 草：钻、嫩、绿、满、软绵绵
  - 花：开满，红、粉、白，甜味儿（树上、花间、地上）
  - 风：抚摸、酝酿
  - 雨：细、密
  - 人：赶趟儿

颂春　　生意盎然　千姿百态　青春活力

【教后】

1. 接初一下学期班级后，自选了这篇教材作为补充读物。第一次教学生写景的散文，着力于细，让学生体会文章用词的准确、生动，培养学生的想象能力。

2. 学生十分喜爱这篇文章，两节课教下来，已能背诵。

3. 兼带教“百花争艳”“繁花似锦”“芬芳馥郁”“大地回春”“万象更新”“红杏枝头春意闹”等词句。

4. 比较“买、卖”“胀、涨”。

5. 有些地方过于细碎，要改进。

又记：

第二次教《春》时，吸取了前次教得细碎的教训，重点放在朗读训练上，对内容只作了粗线条的分析。学生读得比较流畅，但在写作上反映出来的效果反不及前次。第一次教《春》时，抓住细笔细绘的特点引导学生仔细品味，学生在习作上明显地进了一步：写景不是大而化之、笼笼统统，而是平时就注意细致地观察，下笔写时具体得多、生动得多。要注意：纠正教学中的缺点时，

不能把长处也甩掉。(教案略)

又记:

第三次教《春》时，又做了较大的更动。一是加强了单元教学，把《春》《海滨仲夏夜》《香山红叶》和《济南的冬天》联系起来考虑，除了抓住特点、比较异同外，对单元引入也重新作了设计。设计是这样的:法国雕刻家罗丹曾说过，美是到处都有的，对于我们的眼睛来说，缺少的不是美，而是发现。我们生活在大自然之中，大自然的美可以说无处不在。它不同于巧夺天工的工艺美，也不同于绕梁三日的音乐美。然而，它似乎是各种美的综合。尤其是我们祖国壮丽的山河，真是美得令人陶醉。它们在春、夏、秋、冬不同的季节，不同的地方，展现出不同的丰姿。现在我们要学习的就是一组描写四季景物特征的情文并茂的散文，通过反复诵读、咀嚼推敲，来领会它们精彩的写法和表现出来的情境美。二是加强了对思维与语言的训练。先给学生做样子，就春草的描绘进行分析，明确写了些什么，是从哪些角度描绘的，哪个词或哪些词用得特别精当，描绘时主要运用了哪些方法。然后引导学生自读课文，有条理地进行分析。学生把理解、口述、朗读结合起来，学习的效果比较好。(教案略)

《母亲的回忆》

【教学目的】

1. 学习本文选材的简洁、精湛，语言的质朴无华，记叙、抒情、议论的巧妙运用。培养概括的能力。

2. 认识母亲平凡而伟大的形象，虚心向劳动人民学习，从他们的优秀品质中吸取营养，增强革命意志，培养勤劳俭朴的美德和与困难作斗争的精神。

【教学设想】

1. 联系学过的《草地晚餐》一文，进一步阐明朱德同志的崇高品质和革命精神，进而了解“母亲”对他思想上的影响。

2. 本文的选材精当，是写作的最大特色，要重点讲清楚。

【教学时数】

两课时。

第一课时

【教学要点】

复习旧课《草地晚餐》，进一步体会朱德同志的高贵品质；理清段落，弄清层次；讲读课文的前半部分。

【教学内容和步骤】

一、复习旧课，激发感情，引入课文

我们曾学过刘坚同志的革命回忆录《草地晚餐》。同学们回忆一下，这篇文章歌颂了朱德同志哪些崇高品质和革命精神？（学生回答：坚韧不拔、艰苦奋斗的革命精神；与战士同甘苦、共患难的崇高品质；以身作则、平易近人的作风；对革命事业怀着鞠躬尽瘁、百折不挠的忠诚；爱兵如子的恢宏风度；等等。）朱德同志这些可贵品质和精神的养成，固然由于他接受了马列主义思想、长期参加革命实践，但也同他母亲钟太夫人对他的教育和影响分不开。钟太夫人是怎样一位母亲呢？她是一位典型的中国式的劳动妇女，生命的 86 个春秋都是在操劳中度过的。她勤俭朴实，有着宽大的胸怀和深厚的同情心，刚毅、倔强，惯于克服困难，爱憎分明，始终如一地支持儿子投身于革命，是一位令人尊敬的平凡而伟大的母亲。

1944 年，钟太夫人逝世，朱德同志怀着悲痛的心情写下了这篇既朴素又感人的叙事散文——《母亲的回忆》。

二、理清情节，划分段落，了解文章概貌

要求学生以较快的速度阅读全文，思考回答：

1. 文章饱含了作者怎样丰富的感情？

学生议论，提出自己各种看法。饱含的感情有“爱”“敬”“哀”“思念”“歌颂”“感谢”等等。

教师肯定学生的看法，补充归纳：这是一首质朴动人的对革命母亲的赞歌。作者怀着对母亲深深的爱，对千千万万平凡而伟大的劳动妇女的爱，唱出这一支深情的颂歌。“爱”的感情贯串全文。

2. 文章从哪一段开始回忆往事，至哪一段结束？请理清线索，划分段落，并分别用一句话概括各部分的大意。

第一部分（第1段）：抒发悲痛感情，点明文章的中心。

第二部分（第2~15段）：作者采用情随事现的记叙方法，详略得当地回忆母亲勤劳的一生。（部分学生对这样的划分有异议。暂且搁置，待讲读分析时再解决。）

第三部分（第16~17段）：点明回忆母亲的意义。

3. 正音正字。

溺（nì）　　妯娌（zhóu li）　　周济（jì）　　衙（yá）

横蛮（hèng mán）　　辍（chuò）

三、讲读分析第一部分

请学生朗读第1段。提问思考：作者下笔从哪儿写起？表达了怎样的感情？这样写有什么特色？

学生回答，教师明确：作者由情入手，“我爱我母亲”，语言十分质朴，抒发了真挚而强烈的感情。由母亲逝世而忆及许多往事，交代写作的缘起；又由母亲“勤劳一生”“值得我永远回忆”，点明所要歌颂的主题，拎起全文。“悲痛”“爱”，情真意切。文章开头，简洁明朗。

四、讲读分析第二部分

要求学生阅读第二部分。

1. 启发思考：作者回忆了母亲哪几方面的事？

学生回答，教师明确：回忆了母亲两方面的事——第2~7段，回忆母亲勤劳俭朴的习惯、宽厚仁慈的态度；第8~12段，回忆母亲对作者参加革命活动的支持和慰勉。第13~15段，在记叙基础上进行议论。

2. 第一方面记叙了母亲哪些具体的事情？歌颂了母亲怎样的美德？用概括的语句简要说明。

学生回答，教师明确：主要记叙了母亲在家境贫穷的情况下，辛苦地挑起母亲和农妇的双重担子，把八个孩子养大成人，“时间大半被家务和耕种占去了”；“好劳动”，“整日劳碌”，样样会干；勤俭持家，“聪明能干”，能把饭食做得“使一家人吃起来有滋味”，亲手纺线请人织成的“家织布”做的衣服，几个孩子“接着穿还穿不烂”；和蔼宽厚，“任劳任怨”，不打骂孩子，不同任何人吵架，在家里与“长幼、伯叔、妯娌相处都很和睦”；“同情贫苦的人”，“周济和照顾”比自己更穷的亲友。

这一件件、一桩桩普通平凡的事，颂扬了母亲勤劳俭朴、宽厚仁慈的美德，表达了敬爱母亲、思念母亲的真挚感情。

任劳任怨：做事不辞劳苦，不怕别人埋怨。任，担当。

和睦（mù）：相处融洽友爱，不争吵。

3. 作者在记叙以上事情时，不仅颂扬了母亲的美德，而且还表明了这些美德对自己的教育与熏陶。请学生在书上画出有关语句，朗读两遍，仔细体会。

如：第5段。

又如：“她自己是很节省的。父亲有时吸点旱烟，喝点酒；母亲管束着我们，不允许我们染上一点。母亲那种勤劳俭朴的习惯，母亲那种宽厚仁慈的态度，至今还在我心中留有深刻的印象。”

4. 启发思考：在中国旧民主主义革命时期，作者通过哪几件事说明母亲具有朴素的阶级意识、反抗精神和对革命的同情与支持？（学生思考后回答，教师补充。）

作者主要写了四件事。

第一件事，庚子年前后，四川连年旱灾，农民饥饿、破产，“不得不成群结队地去‘吃大户’”。农民自发的抗争遭到黑暗社会官兵的“凶杀毒打”。在那个年月，“我家也遭受更多的困难”。

第二件事，乙未年地主夺佃，“逼着我们搬家”。天灾加上人祸，这是家里“最悲惨的一次遭遇”。在灾难面前，母亲表现出了坚强的意志和朴素的阶级意识：她“没有灰心”，“对为富不仁者的反感”更加强烈。她那“沉痛的三言两语的诉说”像种子一样，在作者的心里萌发、扎根。正是母亲，最早启发了作者“反抗压迫追求光明的思想”。

第三件事，母亲和父亲在生活困苦的情况下，节衣缩食，东挪西借，支持作者外出读书。这反映了劳动人民渴望摆脱剥削的合理愿望，又表现了母亲对豪绅欺压的反抗。

第四件事，作者在家乡办高等小学，宣传科学民主，遭到守旧的豪绅们反对，便“远走云南，参加新军和同盟会”。母亲了解到儿子献身于改造中国的进步事业,“不但不反对”，还给作者“许多慰勉”。这“慰勉”，反映出历尽艰辛的贫苦农民对军阀豪绅的切齿痛恨，以及他们寻求翻身解放的迫切愿望。

作者不是孤立地写母亲的品质与精神，而是和前一个方面一样，始终把母亲的品质、精神与这些品质和精神给予自己的影响结合起来写，所以分外感人。

5. 提问思考：作者走上革命道路，加入中国共产党后，母亲又是怎样支持的？作者在回忆这一点时寄寓了怎样的感情？

学生回答，教师明确：在革命征途的各个阶段，作者都从母亲那里得到支持和鼓励。特别是在作者接受马列主义，加入共产党，担负起了领导中国人民的解放事业的重任之后，母亲知道了儿子“所做的事业”，更加积极地支持他，日夜“期望着中国民族解放的成功”。当母亲了解到党的困难，就用在偏僻乡间“过着勤苦的农妇生活”的实际行动支持儿子的事业，以此增强儿子的革命意志，鼓励他永远献身民族解放事业。对于母亲以革命利益为重的崇高品质，作者怀着深深的敬意，即使在戎马倥偬的战场，也想念着慈爱的母亲。两个“永远想念”感人肺腑。听到母亲逝世的消息，作者再也忍不住巨大的悲痛，深情地说：“但我献身于民族抗战事业，竟未能报答母亲的希望。”一个“竟”字，含义深刻，让人既可看到作者把党的利益摆在第一位的崇高品质，又可感觉到作者无限怀念母亲的深情。

五、布置作业

1. 朗读第二部分。

2. 预习思考：从母亲身上，你看到劳动人民哪些优秀品质？为什么说母亲是平凡而伟大的？

第二课时

【教学要点】

检查复习；讲读课文的后半部分；归纳文章的主题和写作特点；布置作业。

【教学内容和步骤】

一、复习检查

指名学生简述文中记叙的母亲的往事，要求条理分明，运用文中有关词语。

二、继续讲读分析第二部分

1. 启发思考：在重点记叙了母亲几件具体事情后，作者为什么要加上第 13 段？起什么作用？

学生朗读第 13 段，思考回答：这一段起突出文章主题、照应前文的作用。作者强调，“母亲最大的特点是一生不曾脱离过劳动”。作者母亲一生以劳动为生命，“离开土地就不舒服”，直至晚年，“仍不辍劳作，尤喜纺棉”。从她身上，可看到中华民族刻苦耐劳的美德。作者对母亲的歌颂，也是对千百万劳动妇女的歌颂。

2. 指名朗读第 14、15 段。启发思考：在文章中，作者不仅歌颂母亲，而且由衷地表达了感谢母亲的感情。母亲对作者的教育和影响主要表现在哪些方面？

学生回答。明确：作者运用了排比段的形式，从两个方面深深感谢养育自己的母亲。

一是感谢母亲“教给我与困难做斗争的经验”，感谢母亲“给我一个强健的身体”。革命，意味着同困难做斗争。在艰难困苦的环境中，能保持坚强的毅力，克服困难，知难而进，这是革命者必须具备的品质。作者从自己在长期的军事生活和革命生活中“再没感到过困难，没被困难吓倒”，不由得想到母亲。正是母亲，培养了他“勤劳的习惯”，给了他“一个强健的身体”，教会他如何对待困难，从而经受住艰苦环境的考验。想到这些，作者怀着敬意深情地说：“我应该感谢母亲。”

作者还感谢母亲“教给我生产的知识和革命的意志”，并“鼓励我以后走上革命的道路”。在长期的艰苦岁月中，母亲始终如一地支持儿子投身革命。从革命的实践中，作者越来越感到生产知识和革命意志是“最可宝贵的财产”：生产知识是劳动人民长期与自然界斗争的经验结晶，没有这种知识，人类无法生存——它是宝贵的；革命意志，是革命者与反动派之间你死我活斗争的精神力量，没有这种意志，就不能战胜敌人，不可能将革命进行到底——它也是最可宝贵的。作者深刻地认识到这些，故而更加热爱哺育他成长的母亲，热爱养育他成长的千百万劳动人民。

3. 提问思考：划分段落时，大家有不同意见，请说一说，现在这样划分为什么比较妥当？

学生讨论回答，教师补充：这样划分更妥当，理由有二。从内容看，第 14 段指出的感谢母亲“教给我与困难做斗争的经验”，正是对第 2~7 段叙述母亲勤劳俭朴的习惯和宽厚仁慈的态度等内容的概括；而第 15 段的感谢母亲“教给我生产的知识和革命的意志，鼓励我以后走上革命的道路”，则是对第 8～12 段忆述母亲对作者参加革命活动的支持和慰勉的内容的概括。从结构看：第 1 段和最后两段前后呼应，气脉相承；而第 14、15 段则起到了收束第二部分的作用。倘把这两段放在第三部分，就显得文章骨架松散、气脉不顺。

此外，从写作方法上也可推敲一下。第二部分着重记叙，当作者被自己记叙的一件件往事深深打动的时候，就情不自禁地要倾诉自己的衷肠；用两个“应该感谢母亲”进行议论，把事件中蕴含的意义揭示得更透彻；进而抒发感情，表达对母亲由衷的感谢、热烈的赞美。在记叙的基础上议论、抒情，既实实在在，又浑然一体。如果把第 14、15 两段划分出去，内容就被割裂了，记叙的事件应闪发的光华就会受到影响。

三、讲读分析第三部分

1. 请学生有表情地朗读第 16、17 段。

2. 提问思考：作者是怎样把对母亲的热爱与对劳动人民的热爱、对革命事业的忠诚结合起来的？给我们以怎样深刻的启示？

学生回答，教师补充：作者对母亲的去世感到万分悲痛，并说这哀痛是“无法补救的”，从而再次表达了对母亲无限热爱的真挚感情。然而这种感情绝不只停留在母子之爱的层面，而是被作者升华到了对党、对人民忠诚的高度。作者用转折关系的复句强调了正是像母亲这样“平凡”的“中国千百万劳动人民”，“创造了和创造着中国的历史”。母亲是“平凡”的，然而母亲身上所具备的劳动人民的高尚品质是伟大的。一个“创造了”，一个“创造着”，有力地指出过去和将来的历史都是由人民创造的。这样，作者就把热爱母亲、歌颂母亲的感情同热爱劳动人民、歌颂劳动人民的感情完全融合在一起了。

不仅如此，作者还坚定地表示：“我将继续尽忠于我们的民族和人民，尽忠于我们的民族和人民的希望——中国共产党，使和母亲同样生活着的人能够过快乐的生活。”这里，作者用两个“尽忠于”表达了要彻底解放劳动人民、让劳苦大众都过上好日子的远大志向。结尾用“能做到的”“一定能做到的”表达了自己的决心和信念。这段话，金石铮铮，精神崇高，胸怀宽广，把爱母亲的感情与爱党、爱人民、爱民族的感情紧紧结合在一起，表现了作者欲以对革命无限忠诚的决心和行动来报答母亲的深恩。

老一辈无产阶级革命家以解放天下劳动人民为己任的理想、情操、意志和行动，是我们取之不尽、用之不竭的精神源泉。我们这些革命的后来人一定要认真学习，继承发扬。

四、总结全文

请学生朗读全文后回答：

1. 就文章的第二部分，谈谈情随事现的记叙方法。

文章情真意挚。这种情是高尚的母子之爱，也是伟大的人民之爱。这种情不是架空地抒发，而是寄寓在一件件、一桩桩往事的记叙中。感情的波涛随着一件件具体往事的出现，奔涌起伏，激荡不已，读来亲切感人。要能做到情随事现，必须审慎地选择材料。母亲一生中可记叙的材料很多，作者精选了最能表现母亲人格特色的，而且又是自己印象最深、对自己影响最大的事例。这样不仅母亲平凡而伟大的形象跃然纸上，而且作者思想感情的容量和深度皆得到充分的表现。

2. 这篇文章的语言质朴无华，可从哪些方面来体会？

可以从三方面来看：（1）母亲是一位老老实实、勤劳朴素的农村劳动妇女，说话办事都实实在在。作者用明白如话的语言，就更能把母亲的特点和品德写出来。（2）作者写文章时心情悲痛，感情真挚，情深意浓，用朴素简洁的语言最能表达出自己的感情。（3）作者为人朴素，不喜欢矫揉造作。文如其人，实实在在，真切感人。

3. 抓住文中关键词语列出全文的内容提纲（可参考板书）。列后交流，择优推荐。

五、布置作业

1. 背诵最后五段。
2. 写学习这篇课文的心得体会，下节课交流。

【板书设计】

母亲的回忆

忆母亲
- 勤劳俭朴 宽厚仁慈
  - 整日劳碌
  - 简衣缩食
  - 任劳任怨
  - 周济穷人
- 反抗压迫 支持革命
  - 遭受更多的困难
  - 被迫分两处住下
  - 支持我外出读书
  - 给我许多慰勉

（任劳任怨……被迫分两处住下）→ 教给我与困难做斗争的经验 / 教给我生产的知识和革命的意志 → 尽忠于民族和人民 / 尽忠于中国共产党

爱母亲 ——————→ 爱党，爱人民

交融、升华

【教后】

1. 果然不出所料，学生在分段上有争议，各持己见，但又不能拿出充分的理由说服对方。指导学生通过反复阅读、分析比较，解决了这个问题。

2. 学习末尾几段时，学生感动了。有的学生说："我原以为这只是一篇普通的悼念亲人的文章，读得懂就行，没有想到那么深，没有想到感情的升华。"教此类文章必须深入进去，把精神教出来，才能真正教育感染学生。

《听潮》

【教学目的】

1. 咀嚼品味文中描绘大海神奇变幻和海潮涨落情景的词句段落，感受大海的雄壮美、大海的伟大力量，从而开阔自己的襟怀。

2. 学习描绘景物抓住特征，摹声绘态生动逼真的写作特点，培养精细地观察周围事物的能力。

3. 识生字，积累文中绘景状物的词语。

【教学时数】

两课时。

【教学步骤】

一、开展回忆，引入课文

同学们，你们看到过海吗？听到过有关海的故事吗？回忆一下你们在电影、电视、书报中看到的海的形象，列举一些词句来形容它的情状。（放手让学生说。）海，无边无际，辽阔壮美；神秘莫测，变化无常。有时它平静温柔，海鸥掠过水面，在海空之间盘旋翱翔；有时它汹涌澎湃，浊浪排空，怒吼咆哮。生活在海边的人，目睹海的情态，耳闻海的呼啸，熟悉海的脾气，热爱大海；远离海边的人，读描绘海景的佳作，也会有身临其境之感，能感受到海的壮观。作家鲁彦的《听潮》一文，着力描写了海潮涨落的情景，让我们认真阅读，仔细体味。

二、作者简介

作者鲁彦，现代小说家，浙江镇海人。1901 年生，1944 年去世。著有短篇集《柚子》《黄金》《童年的悲哀》，长篇小说《野火》（后改名为《愤怒的乡村》）。译作有《显克微支小说集》《波兰小说集》等。他的大多数作品对于旧社会现实生活作了细致的刻画。本文原题是“听潮的故事”，课文相比于原作有较大的删改，只着眼于景物的描写，删去了原作中和尚趋炎附势等情节。

三、阅读全文，理解词句含义，对下列字词要会读、会写、会解释（学生查字典自读，教师检查）

观光：参观欣赏外国或外地的景物、建设等。

领略：了解事物的情况，进而认识它的意义，或辨别它的滋味。

赏鉴：欣赏鉴别（多指艺术品）。

深黯（àn）：黑暗。

一款（kuǎn）：此处“款”作量词，“一款”即“一道”。（不可把“欠”写成“攵”。）

偎（wēi）依：紧挨着，紧靠着。

慵（yōng）懒：懒散不振作。

眼睑（jiǎn）：眼皮。

汩汩（gǔ gǔ）：水流动的声音。不可与“汨罗江”的“汨”（mì）混淆。

铙钹（náo bó）：一种大型的铜制打击乐器。

罅隙（xià xì）：缝隙。

拨剌（là）：象声词。文中指浪潮冲击岩石的声音。

危楼：高楼。“危”字的下半部分是“厄”（è），不可误写成“厄”。

四、在自读的基础上就下列问题开展讨论

1. 文中怎样交代听潮的时间和地点？这样交代对描写潮音和听潮感受起什么作用？

讨论后明确：文章一下笔就交代了听潮的时间和地点。时间是“一年夏天”，地点是岛上“比较幽静的寺院里”。交代地点时十分仔细，用破折号引出了具体的说明：楼房，靠海湾，位置相当好，还有一个露台突出在海上。把优越的观潮与听潮的位置交代清楚，不仅给读者以真切之感，而且为叙写大海的壮观、潮涨潮落的情态和声响、观潮者心情的变化准备了特定的环境。露台观海，脚下是海，闭窗听海，分外入神，使读者有身临其境之感。

2. 作者怎样描绘海潮来时的情景？从哪些角度调动了哪些艺术手法进行渲染？创造了怎样的艺术效果？歌颂了大海怎样的特点？寄寓了怎样的思想感情？

讨论后明确：作者抓住海潮汹涌澎湃的特征细笔细描，先写潮初涨时的声音、情态和性格。一个“惊醒”报告了潮来时的消息，然后从声、光、色、形等多方面描绘渲染：“汩汩的声音”“银光跟着晃动起来”“银龙样的”“像铃子、铙钹、钟鼓在奏鸣着”，使人如闻潮音，如见潮水奔涌而来。接着，从海与岩石撞击的角度描绘潮的势头。一笔用排比句，用准确的动词刻画大海掀起波澜的力量，“它狠狠地用脚踢着，用手推着，用牙咬着。它一刻比一刻兴奋，一刻比一刻用劲”；一笔写岩石受到海浪冲击后的反响：“战栗”，“嗥叫”。而写岩石，也正是为了写海潮。“海的鳞甲，片片飞散”，用形象的比

喻描绘出海潮冲刷岩石溅起无数水花的景象。最后，重笔描绘涨潮达到高峰时的雄伟气势和惊心动魄的奇观。文中用了多种多样的声音状海潮的巨大声势。“战鼓声，金锣声，呐喊声，叫号声，啼哭声，马蹄声，车轮声，机翼声，掺杂在一起”，真是天上地下，人马杂沓，犹千军万马混战，动魄惊心。文中又用“愤怒”“咆哮”“猛烈地冲向”“冲进”“拨刺”“疯狂地汹涌着”“吞没了”等分量很重的词语描绘海潮的汹涌澎湃，震天撼地。

作者用拟人、比喻等方法制造音响效果，描摹大海滔滔滚滚的雄姿，生动、逼真，给人以如临其境之感。作者精心描写海潮的雷霆万钧之势、摧坚吞垒之姿，目的在于歌颂大海的伟大力量，歌颂它的雄壮美。作者在描绘这伟大的乐章时寄寓了对大海的无限热爱与赞美的感情。

3. 既然文章着力写大海的汹涌澎湃，为何又要描绘其平静的图景？又为什么要先绘其平静？是怎样描绘的？

在讨论中明确：作者从不同侧面写大海的情态，能使人较为全面地认识大海，了解大海。况且，作者在海岛上观赏到的海景，本身就既有平静的图景，又有翻腾的场面。先写平静，写大海的温柔静谧，为写大海的雄壮有力做了很好的铺垫。有“静”有“动”，唯其“静”，“动”才更为突出，更为吸引人。既写大海的温柔，又写大海的雄壮，才能具体形象地刻画出大海的性格，大海的神奇变幻。正由于写了海景的变幻，人的心情由“欢心”“喜悦”到“战栗”“恐惧”的变化才有依据；而对心情变化的刻画又更逼真地表现出海景的神奇。心潮随着海潮起伏，真切感人。

作者描写大海平静的图景时，先用“静寂”这个词总拎，然后从“波浪”轻吻、“海面”平静、“银光”颤动、“红玉”琼台等方面写其静态，波平浪静，色彩柔和，使人欣赏到大海的宁静美。而五个比喻的连用——像诗人“沉吟”，像“朦胧的月光和玫瑰的晨雾那样温柔”，像“情人的蜜语那样芳醇”，像“微风拂过琴弦”，像“落花飘零在水上”，给大海的宁静美增添了神秘与欢愉的色彩，给人以无比温柔、优美的感觉。海在眼前，海在脚下，分外有情趣。

4. 文章既然描绘了大海的不同画面，又特别集中笔力描写海潮涨落的情景，为何还要写“每天潮来的时候……”这一段？这是不是赘笔？为什么？

在讨论中明确：这一段不是赘笔。作者来小岛上游览观光，领略海景，必然要早观潮，晚观汐，因此，交代了观潮、听潮的时间与地点后，立即从潮入笔初写海景。作者先以音响诉诸读者听觉，再以“细雨似的，朝雾似的，暮烟似的飞沫升落”的情态诉之于读者的视觉，又以“带着腥气，带着咸味”的气味诉之于读者的嗅觉。这样写，初显海潮特征，是描绘海景的序曲，是描写海潮咆哮、奔腾，大海奏响宏伟乐章的前奏。

5. 作者写海的静寂与怒吼分别注意到它们变化的过程，用了哪些词句表现这些过程？为什么要表现这些过程？

在讨论中明确：作者写海的静寂从“波浪轻轻吻着岩石，像蒙眬欲睡似的”开始，而后写它的“沉吟”，再写它的“睡熟”。为了渲染宁静的气氛，写大小岛屿“也静静地恍惚入了梦乡”，写星星“也像要睡了”，写“我俩也像入睡了似的”，真是万籁俱寂，皆入梦乡。

作者写大海的怒吼先从“突然惊醒”入笔，从“恼怒似的激起波浪的兴奋”写到“它一刻比一刻兴奋，一刻比一刻用劲”，再进而写到它“终于愤怒了”，“咆哮”，“怒吼”，泼溅着满含血腥的浪花。这样就把涨潮的过程，万马奔腾、所向披靡的气势，绘声绘色地展现在读者眼前。

作者细致地描绘了海静、海闹的变化过程，犹如一幅幅画面连续转动，增强了立体感，增添了身历其境的实感。

五、朗读与口述训练

1. 分组朗读描绘大海的三幅不同画面的有关段落，对大海的神秘变幻有较为完整的认识。

2. 听写下列词语，然后请一位学生看词语描述海潮奔涌而来的情景，要求说得有声有色，有奔腾之势。要求听的学生展开想象，并对描述人所描述的内容与运用的语言进行评论。听写的词语是：酣梦、汩汩、晃动、奏鸣、醒、挡住、嗥叫、愤怒、掺杂、汹涌、怒吼、泼溅。

六、布置作业

1. 选择周围某一景物，连续观察多日，抓住其特点，写一篇绘景或状物的文章。尤其要在“听”上下功夫，运用比喻和拟人的手法。参考题目：“听雨”“听风”“听泉”“听鸟鸣”“听流水”“听琅琅书声”“听机声隆隆”等。

2. 课外阅读关于海洋的秘密、海底宝藏、海上石油、海上通道等内容的科普读物。

【教后】

1. 从三幅画面入手进行教学，舍弃一般性的分段，着重要学生找出海睡、海醒、海怒三幅图景的起讫段落。重点指导学生学第一、三两幅画面，明确第二幅画面强调变化的推进。学生容易接受。

2. 增添了博喻的内容。

3. 教学中注意唤起学生对海的回忆，让学生边读文章边想象海色、海声、海态。学生有兴趣。

4. 学生提了不少问题，其中有的颇有道理。如：既然说“远寺的钟声突然惊醒了海的酣梦”，怎么又说“海自己醒了”？前后矛盾。有些学生读书比过去仔细了。

5. 作者为什么说海水“满含着血腥的浪花”？我没有解答，请学生问生物老师，激发他们的学习兴趣。

6. 打算录一盘主题为“海之诗”的磁带，或组织学生去观一次海。

《多收了三五斗》

【教学目的】

1. 理解和学习本文场面描写、语言描写的特点；学习借代的修辞手法。

2. 引导学生了解旧中国农民在帝国主义经济侵略的冲击下，在国民党反动派、农村封建势力和投机商人的重重剥削压榨下日益贫困的痛苦生活，以及他们自发的反抗意识。

【教学设想】

1. 场面描写和语言描写，是本文的特色，以此入手进行教学。

2. 本文第一、三部分为教学重点。

3. 教学用具：戴旧毡帽的农民画片（像）。

【教学时数】

三课时。

第一课时

【教学要点】

解题：正音释义；理清情节，划分段落；指导学习课文的第一个场面描写（第1段）。

【教学内容和步骤】

一、试解文章标题，引入课文

《多收了三五斗》是我国现代著名作家叶圣陶先生（在学习教材第二、三册时已介绍过，可提问复习）有名的短篇小说，反映的是我国20世纪30年代初期农村的情况。（教师板书：多收了三五斗）

启发思考：根据文章标题同学们判断判断，文章大概写什么内容？说明什么问题？会有怎样的结局？

学生讨论后回答，教师归纳：从题目看，文章是写农村，写丰收，似乎应当写农民丰收以后改善生活的情况。然而恰恰相反，事实是丰收以后米价暴跌，谷贱伤农。丰收成灾，给农民带来了更大的灾难。小说就是以当时的社会现实为背景，通过江南农村丰收粜米的故事，巧妙而深刻地反映了当时中国贫苦农民在帝国主义、反动政府、地主阶级、投机商人的重重压榨下濒临绝境的生活。丰收成灾就是本文的主题。

为什么丰收反而成灾呢？作者以深刻的笔触对旧中国作了多方面的深入剖析，把农民的满腔悲愤、万种辛酸、不断增长的反抗意识真实地表达出来了。细细阅读课文，会理解这一深刻的主题。

二、理清情节，划分段落

1. 提问启发：小说的情节是通过怎样的几个场面推进发展的？请学生阅读全文，在理解情节的基础上划分段落，给每一部分加上恰当的小标题。

2. 教师巡回时，对学生提出的字、词进行正音、解析。

埠（bù）头　　腻（nì）　　粜（tiào）　　迸（bèng）裂

斛（hú）　　廒（áo）　　拗（niù）不过

横七竖八：纵横杂乱，没有秩序。

踌躇：犹豫不决。

3. 划分段落，概括大意，列小标题。

学生阅读全文后明确：通过三个场面展开故事情节。具体说，可以分为四部分。

第一部分，从“万盛米行的河埠头”到“换了并非白白的现洋钱的钞票”。米行柜台前旧毡帽朋友粜丰收谷米的情景。“希望破灭”。

第二部分，从“街道上见得热闹起来了”到“就是大人看了也觉得怪好玩的”。旧毡帽朋友粜米以后到街上购买日用品的场景。“又输一笔”。

第三部分，从“‘乡亲’还沽了一点酒”到“船埠头就冷清清地荡漾着暗绿色的脏水”。旧毡帽朋友在船上喝酒、交谈的场景。“路路断绝”。

第四部分，最后一段。第二天重复着第一天的故事。“故事常演”。

三个场面各有内容，又互相连贯，步步深入，深刻地揭示小说的主题。

三、明确作品的主人公，理解借代手法的运用

1. 提问启发：故事的主人公是谁？请将本篇小说与《故乡》《梁生宝买稻种》《在烈日和暴雨下》作比较。

学生回答后教师点明：这篇小说与那几篇不同，它不是刻画一个或两个人物，而是描写一群人，是群像描写。这些主人公没有姓名，而是用“旧毡帽朋友”来借代。

2. 提问：什么叫借代？作者为什么要这样处理？

学生回答后教师补充：不直接说出要表达的人与事物，而是借用与之密切相关的人或事物来代替的修辞手法叫借代。有以局部代整体

的，如以“春秋”代一年；有以特征代本体的，如以“白胡子”代人。借代要形象、明确，褒贬分明。

“旧毡帽”是江南农民的特征（出示戴旧毡帽的农民的画片），就如“乌篷船”是江南水乡标志性的运载工具一样，人们非常熟悉。用“旧毡帽”来借代江南农民，不仅形象生动、风土味浓烈，而且留给人们回味、思考的余地。“朋友”一词倾注了作者对“旧毡帽”们的无限同情。

3. 提问：作者为什么不着力写一两个人，为什么不写出农民的姓名呢？

学生回答，教师补充：小说的主题是“丰收成灾”，因此必须反映旧社会农民的共同命运。不写一两个人，而写一群人，就可以更广泛而深入地刻画旧社会农民遭受剥削的悲惨境遇，对黑暗社会的揭露也更深刻，更有说服力。

四、讲读理解第一个场面（第1段）

1. 启发思考：作者一下笔就描绘了万盛米行船埠头的景物，那是怎样一幅景象？旧毡帽朋友是怀着怎样的心情上岸的？

表情朗读课文——从“万盛米行的河埠头”到“却得了比往年更坏的兆头”。

学生回答后教师归纳：作者一下笔就极力渲染丰收景象——“横七竖八”停泊着粜米的船，形容船多；船里装载的新米把船身压得“很低”，描绘船载分量重。

旧毡帽朋友是“气也不透一口”地来到米行柜台前，十分忐忑不安。“占卜”一词既反映他们满怀希望的急切心情，又反映他们掌握不了自己命运的忧心忡忡，传神地表达了他们既欣喜又担惊的矛盾心理。

2. 提问启发：丰收了，旧毡帽朋友等到的却是什么结果呢？作者怎样描绘他们希望破灭的神情？

学生回答后教师或补充或归纳。要点：

米价狂跌，希望破灭，这就是旧毡帽朋友拼死拼活累了一年所得到的结果。作者细致入微地描绘了他们希望破灭的神情：刚听得消息，他们十分惊愕，几乎不相信自己的耳朵——“美满的希望突地一沉，大家都呆了”。一“沉”一“呆”，形象地描绘了他们希望落空时的心情和呆板滞钝的神态。接着，又写他们刚才摇船如“赛龙船”的劲儿一下子“松懈”下来，这是精神上受到意想不到的打击以后的反应。最后写他们想不通的心理：多收了三五斗，怎么会“得了比往年更坏的兆头”？感慨万分。作者反复描写他们希望的破灭，从心理到生理上的反应，由惊愕而感到无可挽回，给人以凄苦、辛酸的感觉。

3. 作者详细写了旧毡帽朋友和米行先生的对话，请学生表情朗读，体会他们迥然不同的社会地位和思想感情，说明这部分对话描写在课文中的作用。

学生回答，教师点明：一方面是受剥削受压迫的出卖劳动果实的粜米者农民，一方面是榨油吸血、颐指气使的收购者米商。小说通过对话描写深刻地刻画了榨取者和被榨取者截然对立的社会地位，以及米商不顾农民死活、唯利是图，而贫困的农民处在水深火热之中的社会现实，点明了文章所要揭露的“丰收成灾”这个主题。

五、布置作业

1. 熟读旧毡帽朋友和米行先生的对话，进一步体会他们不同的社会地位和思想感情。

2. 复习第一部分，预习第二部分，认识旧中国农民身受的三重压迫。

第二课时

【教学要点】

完成第一部分，学习第二部分。

【教学内容和步骤】

一、继续讲读理解第一个场面

1. 启发思考：米价的狂跌使旧毡帽朋友又吃惊又激愤。既然米价太低，不粜行不行？作者揭示了套在农民头上的四条绳索，哪四条？这样写的意图是什么？

2. 请学生自由朗读课文——从“还是不要粜的好”到“换到手的是或多或少的一叠钞票”。

3. 学生回答后教师归纳。要点：

作者以清楚的事实证明：在那个黑暗社会，尽管旧毡帽朋友不愿意把自己用血汗换来的米贱价卖出，但不能不粜。因为四条绳索紧紧地勒住了他们的脖子。

第一条绳索，“各地方多的是洋米洋面”，外洋大轮船还要源源不断地运来。帝国主义向中国倾销洋米、洋面，破坏中国市场，使农民粜与不粜都奈何米商不得。

第二条绳索，“地主那方面的租是要缴的”，“借下的债是要还的”。地主对农民残酷的地租剥削和高利贷者对农民的盘剥，使农民不得不贱价粜米；农民只有忍痛贱卖，才能还上为了“雇短工，买肥料，吃饱肚皮”而借下的债。

第三条绳索，“不要说范墓，就是摇到城里去也一样”。投机米商“同行公议”，互相勾结，压低粮价，趁火打劫，盘剥欺压，使农民无路可走。

第四条绳索，“这里到范墓要过两个局子，知道他们捐我们多少钱”。过路要捐“洋钱”，国民党多如牛毛的苛捐杂税，农民更是吃不消。

作者把旧毡帽朋友粜米的事情放到广阔复杂的社会矛盾之中来写，深刻地揭露了帝国主义、国民党当局、封建势力和投机商人狼狈为奸的罪行，他们张下的罗网，逼得农民走投无路。

4. 提问思考：四条绳索把农民紧紧勒住，在这种情况下，旧毡帽朋友怎么办？作者是怎样描绘的？为什么说这是旧中国农民的悲剧？

学生回答，教师归纳：作者反反复复描写了他们由心怀希望到失望的痛苦挣扎的过程。开始，听到米价狂跌，他们十分“激愤”，“想把米‘摇到范墓去粜’”，碰碰运气，卖个好一点的价钱。此路不通，只能又转而“哀求”米商，希望他们看在“种田人可怜”的份上，“抬高一点”米价，但得到的却是嘲笑、挖苦和冷酷的拒绝。“希望的肥皂泡”一个一个迸裂了，在无可奈何的情况下，他们只能贱价把米“卖给这一家万盛米行”。可悲的是，前面的几个旧毡帽朋友还没有走开，后面的“三四顶旧毡帽从石级下升上来”，又走上了这个悲剧的舞台。

作者以令人信服的事实揭露了这个罪恶的世界，揭示了农民的不幸遭遇不是个别的，也不是一时一事的，它是旧社会的普遍现象，是旧社会农民的悲剧。

5. 旧毡帽朋友希望破灭之时，正是米商大发横财之日。作者怎样无情地刻画他们的丑恶嘴脸？请抓住关键词句说明。

学生回答，教师补充：作者使用锋利的笔触把米商的丑恶形象揭露得深刻有力——先写他们的“嗤、嗤”冷笑，这冷笑包藏着幸灾乐祸，是强盗的窥视；继而写他们的欺压，用洋米、洋面，同行公议进行要挟；当农民要求抬高一点米价时，他们声色俱厉地声称“这样的傻事情谁肯干?”；最后写他们气势汹汹，威胁利诱，“不买你们的，有别人的好买”。作者细致地勾画了他们穷凶极恶、狡诈阴险的形象，使他们唯利是图、冷酷无情的罪恶本质暴露无遗。

启发思考：作者揭露米行的丑恶嘴脸不惜笔墨，接下来又戳一刀，在什么地方？添上这一笔有什么意义？

学生朗读课文——从“先生，给现钱”到“换了并非白白的现洋钱的钞票”。

学生思考后回答，教师补充归纳。要点：

作者从旧毡帽朋友要现洋钱、不要钞票这一点上，又戳奸商一刀。他们从生活的经验中得出对钞票的不信任，意识到拿了钞票就是“被他们打了个折扣”，因此“怪不舒服”。正是在这一点上，作者进一步揭露米商盛气凌人、颐指气使的丑态——“这是中央银行的，你们不要，可是要想吃官司?”米商之所以这样嚣张，是因为他们有国民党反动派做靠山，主奴狼狈为奸，共同剥削农民。

添上这一笔，就在更广阔的背景下暴露了当时政局不稳、物价飞涨、货币贬值的社会现实，尖锐地指出农民遭受官僚资本剥削的事实。

二、指导学习第二个场面

1. 启发过渡：在物价飞涨、货币贬值的情况下，农民的生活怎么样？作者通过他们粜米以后到街上买日用品的场景，再次描写他们“希望破灭”“又输一笔”的痛苦心情和穷困生活，进一步深化主题。

2. 学生朗读课文——从“街道上见得热闹起来了”到“于是街道上见得热闹起来了”。

3. 提问启发：作者不写旧毡帽朋友上街购货，而是先宕开一笔，插叙他们粜米前的“计划”。他们有哪些“计划”呢？这些计划反映了他们什么愿望？

学生回答，教师补充：他们的计划其实很简单，很合理，无非是买点肥皂、洋火、洋油，剪几尺布，买面镜子，买条毛巾，最大的奢望是有些人“想买一个热水瓶”。这些都表现了他们对改善生活的热切期盼。

4. 提问启发：他们离开万盛米行时，心里又是怎样想的呢？

学生回答后教师补充：他们心灰意冷，感到“这回又输了”。在认定自己“输定了”之后，他们产生了“横竖横”的心理：“买点东西回去，也不过在输账上添上一笔”。旧毡帽朋友心里的矛盾与痛苦加重了他们的悲剧色彩：先写他们对改善生活的热切期盼，再写期盼成了泡影，这样更显出他们希望落空后的可悲。

5. 提问启发：旧毡帽朋友上街，看到市镇上怎样的景象？作者是怎样描绘他们买东西的？这一段描绘起什么作用？

学生自由朗读课文——从“他们三个一群”到“就是大人看了也觉得怪好玩的”。

学生思考后回答，教师补充归纳。要点：

从旧毡帽朋友的眼里看到市镇一片“繁荣”景象。作者用一连串象声词、动词渲染它的“热闹”：店伙们“叭，叭，叭”地吹着“洋喇叭”，“当，当，当”地敲着“洋磁面盆”，殷勤地“不惜工本叫着‘乡亲’”，“拉拉扯扯地牵住‘乡亲’的布袄”。作者巧妙地点了一下，这些商品都是“洋”货。店伙所以拼命叫喊，是因为“惟有今天，‘乡亲’的口袋是充实的”。这就深刻地揭示了“繁荣”景象掩盖下的萧条冷落，民生凋敝。

旧毡帽朋友是怎样买东西的呢？他们把原来准备“稍微放松”的手又“捏得紧紧的”：洋火、肥皂“不得不买，只好少买一点”；“早已眼红了许久”的衣料，“预备剪两件的就剪了一件”；蛋圆的镜子拿到手里又放进橱窗；小孩的帽子试戴合适又摘下……文章通过一系列细致入微的描写，十分逼真地表现出旧毡帽朋友非常贫困的处境——生活已经到了难以维持的程度。

这一段描写，表露了作者对生计日蹙的旧毡帽朋友的无限同情，对帝国主义经济侵略的愤怒控诉。

6. 提问启发：旧毡帽朋友上街时，作者写了他们心里的“复算”和“谩骂”，这一笔有什么作用？

学生回答，教师点明：这一笔绝非闲笔。它表明旧毡帽朋友对自己的生活遭遇非常不满，对奸商、地主的剥削流露出日益增长的反抗情绪。

他们的反抗意识是怎样表现出来的呢？我们下节课再学习。

三、布置作业

1. 朗读描写第二个场面的有关段落，加强对内容与写法的理解。

2. 仔细看课文注释，读准字音，理解词义。

3. 预习第三个场面。

第三课时

【教学要点】

学习第三、四部分，归纳写作特点。

【教学内容和步骤】

一、讲读理解第三个场面

1. 学生朗读课文——从"'乡亲'还沽了一点酒"到"船埠头就冷清清地荡漾着暗绿色的脏水"。

2. 提问启发：是什么原因使那些"相识的，不相识的"戴旧毡帽的朋友"会饮在同一的河上"？哪些词最能反映他们此时此刻的心情？

学生回答后教师补充：债务丛集，如牛负重的"同一命运"使这些"相识的，不相识的"朋友从四面八方走到一起来了。"发泄"一词集中表达了他们的满腹不平。酒后吐真言，他们内心的愤懑和不平像开了闸的河水从胸中奔涌而出，爆发出对黑暗社会的强烈不满。

3. 提问启发：旧毡帽朋友在一起发泄对残酷现实的强烈不满，收成好与不好都亏本，"种田人吃不到自己种出来的米"。在这种情况下，他们想了哪些办法？结果怎么样？

学生回答，教师点明：残酷的现实迫使他们不得不权衡面前摆着的几条出路：倘若"不缴租"，就要"吃官司"；如果借债缴租，则"明年背着更重的债"，结论是"田真个种不得了"；如果"退了租逃荒去吧"，却没人"当头脑"，此路不通；如果"到上海去做工"，但东洋人在上海打仗，帝国主义的侵略使工厂倒闭，工人失业，“小王在那里做叫花子了”。在他们面前,“路路断绝”。他们被逼上了绝境。

4. 提问启发：在“路路断绝”的情况下，旧毡帽朋友是怎样开始思考人生与社会问题的？他们此时与在万盛米行粜米时的认识有什么不同？这样写说明了什么？

学生回答后教师点明：他们从自身的遭遇中意识到了“我们年年种田，到底替谁种的?”这是发自心底的呐喊，表达了不甘忍受剥削的反抗情绪。旧毡帽朋友这逐渐清醒起来的认识，与粜米时向米商求情、盼望他们“行一点好心”时的认识已经完全不同。他们憎恶地看着万盛米行那“半新不旧的金字招牌”，愤怒地责问：“我们的田也是将本钱来种的，为什么要替他们白当差！为什么要替地主白当差!”强烈的反抗意识使他们终于喊出了“往后没得吃，就来吃你们的”“拿点来吃是不犯王法的”。他们不怕反动派的镇压，不怕吃枪，“今天在这里的说不定也会吃枪”。残酷的现实把贫苦农民逼上了反抗黑暗社会的道路。它雄辩地说明：哪里有压迫有剥削，哪里就有反抗。这部分是小说思想火花最集中的地方。

5. 提问启发：“散乱的谈话当然没有什么决议案”，这句话加在课文中有什么作用？说明了什么？

学生回答，教师补充：这句话起了画龙点睛的作用。它告诉我们，在三座大山压迫剥削下的农民必然会逐步觉醒，走上反抗的道路。但这个反抗是自发的，“没有什么决议案”，没有先进政党的领导，这种自发反抗是不会取得胜利的，只有在共产党的领导下，埋藏在他们心里的革命火种才会熊熊地燃烧起来。“星星之火，可以燎原”，革命是必然要胜利的。

二、
表情朗读第四部分，
深入体会小说的思想意义

启发思考：小说三个场面无论就故事情节、群像描写来说，还是

就表现主题来说，已经写得十分清楚，为什么还要加上最后一段？有什么作用？

学生回答，教师点明：作者强调他上面所讲的故事不只是在一个小镇上的一天发生的，而是在旧中国各地天天发生的。这就起到了深化主题的作用。文中的“又有一批”“同样的故事”“也正在各处市镇上表演着”“平常而又平常的”等极其普通的语言，十分深刻地揭示出故事的普遍意义，扩展了主题的广度，挖掘了主题的深度。

三、体会本文的艺术特色

这篇揭示旧中国农民悲惨命运的小说之所以深刻感人，与它独特的艺术特色是紧密相连的，请学生试说一二。

学生回答后择要加以肯定。可归纳出以下几点。

1. 全文描写的三个场面，四个部分，都是由“多收了三五斗”贯串的，第二、三个场面是第一个场面（粜米）的连锁反应，第四部分则是由万盛米行这个点推而广之。这便是课文四部分的内在联系。全文围绕着“多收了三五斗”步步深入，这就充分深刻地揭示了小说的主题。

2. 笔墨经济，描写细致、真切。

作者善于从生活中截取富于特征的事物，深入发掘。如用阳光表示时间，用“朝晨的太阳光从破了的明瓦天棚斜射下来”衬托旧毡帽朋友充满希望去粜米的心情；到了中午，则用“拖着短短的身影”来形容他们，既反映他们有气无力的神态，又点明他们极度失望的情绪。情节的发展和人物的描写和谐地结合起来，用墨经济。又如小说开头的环境描写，简略几笔，就绘出了米行船埠头的乱与脏，渲染暗淡的色彩，预示着主人公命运的不佳，创造了悲剧的气氛。肖像描写笔墨也十分省俭，采用了我国小说中传统的描绘人物的手法，不是集中描绘，而是随着情节的发展逐步展开，逐步完整。通过“戴旧毡帽的”“酱赤的面孔”“懊丧到无可奈何的嘴脸”“像就会有殷红的血从皮肤里迸出来似的”“网着红丝的眼睛向岸上斜溜”等的描绘，着力表现了农民终年拼死拼活劳动，经济上处于绝境、精神上受到沉重打击的情况，刻画了他们内心的愤恨不满。

3. 善于运用人物对话，语言朴素、精练、传神。

本文与已学过的小说的不同之处是大量运用人物对话来刻画人物，表现主题。这些语言富有表现力。如旧毡帽朋友与米行先生的大段对话精练传神，采用了鲜明对照的方法，栩栩如生地勾画了投机商的冷酷、奸诈，把旧毡帽朋友这些苦人儿的形象突现在读者眼前，使人如见其态，如闻其声。市镇店伙的叫卖声，也由于绘声绘色，如在耳边作响。写旧毡帽朋友在船头喝酒、发泄愤懑、商量后路时，那么亲切自然而又入木三分。写得如此有功力，是作者深入观察生活，长期锤炼语言的缘故。

四、布置作业

1. 积累词语：

横七竖八　白腻　调匀　松懈　鄙夷　不屑　迸裂
无可奈何　争持　谩骂　踌躇　安逸　殷红　荡漾
理直气壮　将信将疑

2. 把下面的字词抄两遍：

腻　舷　棚　毡帽　柜台　埠　糙　啧　粜
髭　傻　赚　掷　嚷　辩　凯　廒　叠　瓢
橱窗　捏　茶壶　簇　喇叭　磁　滚　拗　筷
囚犯　敞　斛

3. 在细读全文的基础上，写出本文的故事梗概，要求不超过 500 字。下次上课时讲说这个故事，要求口齿清楚，表达流畅。

【板书设计】

多收了三五斗

丰收成灾

希望破灭	又输一笔	路路断绝	故事常演
（突地一沉）	（复算、谩骂）	（不犯王法）	（揭露深广）

【教后】

1. 分段顺利。学生为每个部分加小标题，一、三容易，二、四较难。因一、三两个部分中有现成的词组，二、四要自己找有关的词组概括。此类练习以后仍要多做，训练概括的准确性。

2. 在学习过程中，学生对旧社会农民的命运深表同情。有几个学生提出这样的问题：既然米价暴跌，农民就不要卖米好了，为什么一定要卖米呢？孩子在新社会生，在新社会长，在甜水里泡大，对旧社会劳苦大众受三座大山压迫之苦无具体的感受。这一课要认真地补。对旧社会吃人的罪恶不了解不认识，怎可能无比热爱阳光普照的社会主义社会呢？教授知识、培养能力重要，育人更不可忘。切记。

3. 教的过程中对第二部分作了简略的处理，抓了几个词语，用学生的读一带而过。这样，不平均使用力量，重点更为突出。

兴趣是学习的推动力

《李愬雪夜入蔡州》

【教学目的】

1. 了解此次战争在打破藩镇割据局面、巩固唐中央集权上的积极意义。

2. 学习本文抓住富有特征性的情节层层推进、步步紧扣地叙述事件的方法。

【教学重点】

1. 雪夜行军。

2. 奇袭蔡州。

3. 文中“之”“然”“下”“将”的词性与词义。

【教学时数】

两课时。

第一课时

一、课间背诵，突现雪景

刘长卿《逢雪宿芙蓉山主人》：

日暮苍山远，天寒白屋贫。
柴门闻犬吠，风雪夜归人。

卢纶《塞下曲二首》：

林暗草惊风，将军夜引弓。
平明寻白羽，没在石棱中。

月黑雁飞高，单于夜遁逃。
欲将轻骑逐，大雪满弓刀。

岑参《白雪歌送武判官归京》：

北风卷地白草折，胡天八月即飞雪。
忽如一夜春风来，千树万树梨花开。
散入珠帘湿罗幕，狐裘不暖锦衾薄。
将军角弓不得控，都护铁衣冷难着。
瀚海阑干百尺冰，愁云惨淡万里凝。
中军置酒饮归客，胡琴琵琶与羌笛。
纷纷暮雪下辕门，风掣红旗冻不翻。
轮台东门送君去，去时雪满天山路。
山回路转不见君，雪上空留马行处。

二、展现意境，引入新课

过去，我们曾学过唐代王建的一首七绝，题目是《赠李愬仆射》，大家一起背背看："和雪翻营一夜行，神旗冻定马无声。遥看火号连营赤，知是先锋已上城。"这首诗就是描绘李愬顶风冒雪奇袭蔡州的图景的。愬（sù），同"诉"。李愬是唐代将领，他为什么冒着迷漫的大雪奇袭蔡州呢？是怎样奇袭的？战局如何？今天我们学习的《李愬雪夜入蔡州》对这些作了十分具体生动的记叙。

李愬雪夜奇袭蔡州，是我国战争史上“出奇制胜”的著名战例之一。《资治通鉴》用了较多的篇幅记载这一战役的过程。本文是节选，题目是编者加的。关于《资治通鉴》是怎样的一本书，请看注释①。明确：编年史，就是按时代顺序编写的史书，不同于按人物来写的纪传体的史书（如《史记》）。《资治通鉴》是一部通史，上起战国，下至五代，从公元前 403 年到公元 959 年，通贯好几个朝代。其中《唐记》记载的是唐代的历史。这部史书之所以名为《资治通鉴》，是因为其编写目的是做帮助宋王朝治理国家之用的。“鉴”，镜子。用历史作镜子吸取经验教训。这部史书是集体编写的，主编是司马光，前后花了 19 年时间，共 300 多万字。

三、简略介绍碑文的争议，启发学习兴趣

学文章之前，先讲个关于韩碑与段碑的小故事。韩碑，《旧唐书·韩愈传》中这样记载：元和十二年八月，宰相裴度为淮西宣慰处置使，兼彰义军节度使，请韩愈为行军司马，仍赐金紫。淮、蔡平，十二月随裴度还朝，以功授刑部侍郎，仍诏愈撰写《平淮西碑》，碑辞多叙裴度事。时先入蔡州擒吴元济，李愬功第一，愬不平之。愬妻出入禁中，因诉碑辞不实，诏令磨愈文。宪宗命翰林学士段文昌重撰文勒石。

段文昌改作的文章亦自明顺，然而与韩愈碑文比较，不啻虫吟草间。到了宋代，陈珦磨去段文，仍立韩碑。

四、领读全文

要求：

1. 识字。在不认识的字下面画线，随后查字典。

2. 注意句中的小停顿。

3. 找拎起全文的关键句子与关键词语。

4. 人人开口，声音响亮，齐、响、准。

五、教师提问，学生自己讲读，理解情节

1. 明确拎起全文的关键词句。

“李愬谋袭蔡州”是总拎全文的关键语句。人物，攻取目标，攻取手段点得一清二楚。“谋袭”是全文的枢纽。“谋”，指攻打蔡州前的谋划及准备；“袭”，指攻打蔡州的过程或战况。全文围绕这两个词展开记叙。

2. 思考理解：哪些句子写“谋”，写战前准备？

要求学生“四会”：（1）会读顺；（2）会连贯起来译成现代汉语（认真看注释，理解词义）；（3）会说清“谋”的内容，即战前准备的几件事；（4）会用课文中的文言句子回答。

注意：

降，多音字。降（xiáng）卒：投降的士兵。降（jiàng）：下落。

羸（léi）：瘦弱。将其与“嬴”“赢”的字形作比较。

突将（jiàng），突击队；将，将士。“自将三千人”的“将”，动词，率领。

然：多义词。此处作“认为……是对的”讲。常见的有：作指示代词用——这样，那样；作形容词词尾——表示“……的样子”。

谋
- 引问（亲自召来询问，了解面广。“每”说明不放过任何一次机会。）
- 然之（由于对“贼中险易远近虚实尽知”，故对降将李祐的建议能采纳不疑。）
- 帅、将、行、杀、据（“前驱”“中军”“殿后”，兵分三路，部署得当。）
- 休、食、整、镇、引（用兵细致周密。）

尽杀：避免泄露军机。

休、食、整：为后面艰难的行军和攻城做准备。

复夜：连夜。连夜挺进，用兵神速。

“入”，说明进军方向；“取”，说明斗志坚强，一定要攻取、攻克。说出了进军的主旨。

诸将皆失色：用以反衬李愬决断果敢、谋略过人，渲染得恰到好处。

小结：第 1 段着重写李愬的“谋”。他了解敌情，采纳良计，领军出发，夜袭张柴村，连夜挺进，为攻取蔡州做了充分的准备。了解，采纳，进军，夜袭，挺进，一件件事叙述得要言不烦，事与事之间衔接自然，情节步步推进。

六、作业

1. 熟读第 1 段。
2. 整理“之”“然”“将”的词性和词义。

第二课时

一、复习检查

1. 指名朗读第 1 段。

2. 把第 1 段译成现代汉语。

二、思考理解

文章怎样记叙攻打蔡州的经过与结果？写“攻”之前先描叙了什么情节？“攻”之中有哪些情况？战斗结局如何？

仍然要求学生做到“四会”。(1)(2)(4)同前；(3)会紧扣“袭”字，说明攻城之前、攻城之中和攻城结束后的情况。

第 2 段正面描写攻克蔡州的战斗，是全文的主要部分。叙述比前一段详细，描写比前一段生动。

1. 攻城之前。

(1) 行军：雪夜行军，天黑难行，真是“神旗冻定马无声”；然而这也正是出奇制胜的好时机，可以出其不意，攻其不备。

“莫敢违”：“人人自以为必死”，但仍然“莫敢违”，可见军纪严明。这是取胜的必要条件。

“行七十里”说明进军神速。

这一段开头自然环境的描写起侧面烘托的作用。“天阴黑”，路“未尝行”，“夜半，雪愈甚”，自然条件极其不利；再伴以旌旗被风吹裂，“人马冻死者”随处可见，十分形象地烘托出这次军事行动的异常艰险。

(2) 击鹅鸭池——以禽声“混军声”，借地形与鹅鸭隐蔽自己，麻痹敌人，在“无一人知者”的情况下，兵临蔡州。突出李愬用兵甚有谋略。

2. 攻城战斗。

(1) 采用的攻城方法：钁坎登城。钁（jué），大锄，此处作动词用，挖。

(2) 登城后的第一个行动：尽杀守门卒。然后“开门纳众”。寐（mèi），睡着（zháo）。将“柝”的字形与“拆”“析”“折”比较。

(3) 攻里城。“亦然”，办法一样。笔墨精练。

（4）“居元济外宅”。“居”，占据，占领。

（5）笔锋一转，换写敌方情状：元济拒战。先描写其梦呓般的话语，再写其拒战的狼狈相。始“笑”后“惧”，十分传神。“就吾”，到我这里来。“就”，靠近。

（6）牙城取器。使自己的武器更为充足。“毁其外门”与上述军事行动不是同一天的事。原文交代了具体的时间。

“牙城”：唐藩镇主帅所居之城，后泛指主将所居之城。

（7）南门激战。“民争负薪刍（chú）助之”，说明吴元济作恶多端，民心丧尽。“矢如猬毛”，一个比喻，形象地刻画出战斗的激烈。

这部分记叙十分精彩。随着情节的发展，地点步步转换，作战程序步步推进，一环紧扣一环，一浪高似一浪，有条而不紊，文约而事丰。

3. 战斗结局。

（1）“晡时”，点明敌降时间。

（2）活捉吴元济。以“以槛车送元济诣京师”，结束了这场战斗。“诣”（yì），到。

小结：第 2 段着重写“袭”，写雪夜行军、攻城经过与攻城结果。有谋略、有奇袭，袭中有谋。

三、写作特点

1. 叙事详略得当，环环紧扣。

文章抓住李愬谋袭蔡州的富有特征性的情节，如雪夜行军、击鹅鸭池、镬坎登城等，按时间顺序有条理地叙述。从准备到决策到吴元济投降，其中事情很多，但记叙得既扼要又具体。略处，一笔带过，如“及里城，亦然”；详处，描写细节，绘声绘色，如写吴元济的懵懂刚愎。详略得当，重点突出。

文章先写“谋”，后写“袭”，两个部分扣得很紧。“谋”得深，才能“袭”得成；而“袭”得成功又印证了“谋”得周到、深远。

每个部分皆是文约事丰，情节一环扣一环，步步推进。

2. 在叙事中表现人物。

文中对李愬未用许多笔墨描绘，而是通过对他指挥这次战役中的言论和行动的叙述，表现这位良将多谋善断、英勇善战的形象。如，通过对“贼中险易远近虚实尽知”的叙述写他了解敌情的深入，通过对雪夜行军情节的叙述写其掌握时机、用兵神速。叙述时，把对环境气氛和事件过程的描写糅合在一起，把对人物的心理活动和外部动态的描写结合在一起，形象鲜明，情节紧凑。

四、练习：请学生在读懂的基础上分析文中“之”“然”“下”“将”的词性和词义

之
- 守州城者皆羸老之卒。（助词，的）
- 留义成军五百人镇之。（代词，那里）
- 诸将请所之。（动词，往）
- 城中皆不之觉。［“不之觉”即“不觉之”。之，代词，这个（情况）］

然
- 然畏愬，莫敢违。（连词，然而）
- 及里城，亦然。（代词，这样）
- 愬然之。（动词，认为……是对的）

下
- 愬至城下。（名词，下边）
- 进诚梯而下之。（动词，引下来）

将
- 诸将请所之。（名词，将领）
- 自与监军将三千人为中军。（动词，率领）

五、朗读全文，读正确，读连贯

六、布置作业

1. 背诵第 2 段。
2. 积累文言词语。

【教后】

1. 学生喜欢这篇文章，说写得好。有学生找了一张夜袭蔡州的画片给大家看。

2. 一学生认为拎起全文的语句是“入蔡州取吴元济”。肯定其积极思维，拎出了文中记叙的中心事件；指出答题必须紧扣要求。要求在阅读的基础上找出文中拎起全局的语句，不是用自己的语言加以概括。

3. 学生问：夜袭蔡州的将士总共才九千，行军途中“人马冻死者相望”，怎么又说“应者近万人”，前后岂不矛盾？肯定他们能将前后联系起来思考问题，同时引导他们细读课文，注意两点：一是“近万人”不是“万人”；二是吴元济“闻”——他从听到的声响大小来判断人数的多少，文章这样写是渲染愬军的声势，不是实写万人。

4. 一学生说：过去“食”读 sì，怎么这儿读 shí。看来学生在学《马说》时，对“食”的读音、含义未完全掌握。请学生回忆旧课，进行辨别。“食马者不知其能千里而食也”——“食”，同“饲”，读 sì，意思是喂养。“食不饱，力不足”——“食”，读 shí，意思是吃。

本文中的“食干糒”是吃干粮的意思，故而“食”读 shí。

5. 教第 1 段时，当讲到李愬采用了李祐好的计策，一学生立刻站起来说：用“采纳良计”更好。表扬了他敢于发表自己的意见，也表扬了他“良计”用得恰当。

《论雷峰塔的倒掉》

【教学目的】

1. 认识封建势力扼杀人民自由、摧残人民幸福的罪恶，懂得人民必胜、封建势力必亡的历史规律。

2. 领会文章夹叙夹议和剪裁得当的特点，理解文章语言的讽刺与幽默。

【教学时数】

两课时。

【教学步骤】

一、布置预习

1. 仔细阅读课文，看注释，了解全文大意，理解文章脉络。

2. 思考：鲁迅先生对雷峰塔的看法与态度如何？为什么鲁迅先生会对雷峰塔持这样的看法与态度？从民间传说角度怎样理解？从当时社会现实的角度又该怎样理解？

3. 质疑。

二、检查预习，导入课文

请学生思考回答：

1. 鲁迅先生原名叫什么？哪里人？你读过他哪些文章？他有名的短篇小说集是什么？你记得他哪些有名的诗句？毛主席是怎样称赞他的？

2. 前几个学期我们学过他的散文《从百草园到三味书屋》《风筝》，学过他的小说《一件小事》《社戏》和《故乡》，这些都是以叙事记人为主的文章。今天我们再学习他一篇有名的文章《论雷峰塔的倒掉》，这是篇杂文，以发表议论为主。

这篇杂文的主要特点是借题发挥。借什么“题”，发挥什么呢？

请学生试答后，让他们初步理解：借 1924 年 9 月 25 日“西湖十景”之一的雷峰塔倒掉之题，抨击封建复古派，阐发邪恶的封建制度必亡、人民必胜的真理。文章扣紧雷峰塔倒掉的始末原委而写。

3. 雷峰塔是不是保俶塔？为何叫雷峰塔？

学生看注释①回答后，向他们指出：鲁迅先生对文稿如此认真严肃的态度值得我们好好学习。

4. 理出鲁迅先生对雷峰塔的态度与看法的线索：

并不见佳—希望倒掉（仍不舒服）—倒掉后的欣喜快慰。

三、讲读课文

1. 讨论段落的划分。

听取学生意见后，明确文章分为两大部分。

第一部分（第 1~5 段）：论述雷峰塔倒掉是“我”也是普天之下人民共同的愿望。

第二部分（第 6~10 段）：论述搬弄是非的法海终于受到应有的惩罚。

2. 朗读讨论第一部分的内容、语言与写法。

（1）请学生朗读第 1 段，思考回答：既然雷峰塔已经倒了，为何说“听说”？既然写雷峰塔倒了，又为何写未倒之前的雷峰塔？

学生答后，明确：明明消息确凿，却用“听说”“听说而已”，不是表示自己不相信，而是对复古派的嘲弄、挖苦。写未倒之前的雷峰塔，不是描绘它的美，而是与众不同，写它的“破破烂烂”，表达厌恶的感情，这就为下文写希望它倒掉做了铺垫。这样写婉而多讽——看来是漫不经心的话，但为全文定下“幽默而含讥”的基调。第 1 段的最后一句“并不见佳，我以为”，不是一般的倒装或追求奇特，而是对“并不见佳”的强调。

（2）作者为什么这样厌恶雷峰塔呢？仔细阅读课文第 2、3 段，有条理地说明其中原因。

学生展开议论，明确：问题的实质不在于“胜迹”不“胜迹”，而在于雷峰塔是一座“镇压的塔”，是封建势力的象征，作者对它的厌恶不是空谷来风，而是有原因的。

首先，民间传说的情节深深印在童年鲁迅的心里，激起了他的不平与正义感。从关心白蛇娘娘命运、同情白蛇娘娘出发，故“惟一的希望”是塔“倒掉”。后来，长大了，读了书，明知塔的建造和法海并无关系，下边也无白蛇娘娘，可仍然“希望他倒掉”。原因又何在呢？是出于对冷酷诡诈的镇压者法海的极端憎恨。争取自由幸福、善良勇敢的白蛇娘娘遭到了封建卫道士的镇压与摧残——他把白蛇装在钵盂里，并在上面造起一座镇压的塔。因此，塔是封建势力的象征，作者当然希望它倒掉。

两个“不舒服”，两个“希望倒掉”，表明鲁迅一贯的态度，表现他坚决反封建的精神。

“禅（chán）师”“得道”“非凡”等语言皆是对封建卫道者的讽刺。“此后似乎事情还很多，如……之类，但我现在都忘记了”等语句交代得极其简洁。作者在记叙故事时围绕主题对材料作了恰当的剪裁，因为这部分叙述是为议论服务的。

（3）朗读第 4、5 段，说明这两段在文中的作用。

学生议论后，明确：第 4 段“现在，他居然倒掉了……”不仅倾吐了作者久积在心头的愿望实现后的欢快与喜悦，而且表明普天之下人民共同的欣喜心情。这一论断说明雷峰塔倒掉合乎民心。“居然”用不用，表达效果大不一样。“其欣喜为何如”：“何如”，怎么样；

“为”，副词，将。

为了证明塔倒、人民欣喜的论断，作者在第 5 段摆事实加以证明。用吴越的“民意”说明是非自有公论。“抱不平”，充满同情；“太多事”，谴责法海无事生非。两个“不”，爱憎分明。“除了几个脑髓里有点贵恙的之外”，是对有封建思想意识的人的讽刺。

第 5 段又是两个部分之间的过渡段。第一部分着重在议塔，第二部分重点在评僧。

3. 朗读讨论第二部分的内容、语言与写法。

（1）朗读第 6~8 段，思考回答：文章是怎样由议塔转入评僧的？揭露了法海怎样的心灵？法海的下场如何？写吃蟹的过程目的何在？是怎么写的？学生议论后，明确：

由上一段的法海“太多事”转入对法海的评论，揭露其镇压善良的罪恶心灵，描绘了他可耻的下场。

“偏要”“横来招是搬非”，揭其不守本分。“大约是怀着嫉妒罢——那简直是一定的”，容量极大：“大约”“一定”，先推论，后肯定，对法海作合乎情理的判断；不仅在其庄严的脸谱上描上一笔白粉，而且剥去他的僧袍，撕下他道貌岸然的假面具，把他自私虚伪的品质、变态的心理、空虚丑恶的灵魂暴露在光天化日之下。原来他干的“降妖”“救灾”等事，不过是骗人的幌子罢了。

人民要惩办法海，连玉皇大帝也顺着人民的意愿拿办他了。法海是罪有应得。“腹诽”“独于”等词语，表明作者对剥削阶级常利用玉皇大帝这个偶像愚弄人民有充分的认识。

文中细致地描写了吃螃蟹和取“蟹和尚”的过程，情趣横生，使人哑然失笑。特别是“切下，取出，翻转”，笔调轻快。“有头脸，身子，是坐着的”绘其形象，揭其可耻的下场，充满幽默感。法海想苟安在蟹壳里，就非把他揪出来示众不可。这一段与第 7 段遥相呼应。

这种讥笑讽刺的光芒，使文章随处跳动着战斗的火花。

（2）齐读第 9、10 两段。思考：作者在文中结尾处是怎样进行议论的？第 9 段中的三句话哪一句是点睛之笔？

结尾处议论了白蛇娘娘和法海的两种不同的结局，揭示人民必胜、封建制度必亡的历史规律。

过去“压”，现在“躲”，前后对照，予以嘲讽。塔倒白蛇娘娘获自由，而法海“独自静坐”，“非到……出不来”，等于被判了无期徒刑，诙谐到了极点。最后一个反问句是点睛之笔，揭示了骑在人民头上的反动统治者绝无好下场的真理，点明了文章的中心。

“活该”，独成一段，笔力千钧，倾注了作者的爱和憎、欢乐和嘲笑，给读者留下无穷的回味。

四、总结

1. 鲁迅先生嬉笑怒骂皆成文章。此文是以欣喜为基调的，笑中表同情，笑中表憎恨，笑中揭示真理，表达反封建的革命精神，表达对革命高潮的期待和信心。

2. 借雷峰塔之题，阐述深刻的政治思想内容。1924 年国共两党结成统一战线，以封建军阀为代表的反动势力，预感自己的灭顶之灾，除了在军事上准备负隅顽抗外，还在思想文化战线上掀起一股反动逆流，拼命鼓吹旧道德旧文化。1924 年 9 月，雷峰塔因年久失修倒掉，一伙“正人君子”资产阶级文人纷纷作文，以惋惜为借口，重弹“保存国粹”“整理国故”的老调，妄图维护垂危的封建势力。为此，鲁迅奋起反击，也借题发挥，给他们以“小不舒服”。

3. 夹叙夹议。叙，详略分明；议，精辟深刻。叙白蛇、法海的故事作为议论的根据；边叙边议，表达作者的思想感情。开头叙，表对雷峰塔的憎恶；叙述故事后评论，以民意表达自己的观点；叙法海结局后，又作一番痛痛快快的议论。

4. 语言富有感情。嘲笑讽刺，同情欢快，均通过富有感情的语言鲜明地表现出来。

5. 剪裁得当。对白蛇娘娘的故事只叙述了白蛇、许仙结为夫妇，法海怎样干涉、破坏等有关情节，对“祭塔”等消极内容就摒弃不用了。

五、
朗读全文，谈谈读后感想

六、
布置作业

1. 用“大约”“简直”“终于”“终究”写一段话，曲折地表达自己的思想感情。

2. 搜集一则民间故事或民间传说，用夹叙夹议的方法写一篇短文，说明一个观点，或歌颂或贬斥。

【资料】

雷峰塔

杭州西湖南面的夕照山上，有座庙宇叫净慈寺。它的大门正对面，就是有名的雷峰塔遗迹。据史书记载：五代十国时期，吴越王妃黄氏（钱俶妃）在雷峰这座小山上建造了一座砖塔，因而得名雷峰塔，又名黄妃塔，钱俶妃塔。

这座八面高塔角檐飞翘，栩栩如生。登上塔楼，临窗远眺，四周景色尽收眼底，真是气象万千。每当夕阳西下，塔沐浴在太阳余晖之中，周身通亮。美丽的西湖上倒映着它的影子，十分雅致、幽静，于是“雷峰夕照”就成为当时杭州著名的风景之一。由于塔身年代长久，雷峰塔终于在 1924 年 9 月倒塌，现仅存一片遗迹。

【教后】

1. 氓，文中应读 méng，不可读 máng。

2. 有个女学生带来印有西湖保俶塔图景的手帕给同学看，大家兴味极浓。

3. 学生问西湖十景的具体内容，课后为他们作了介绍。

4. 一学生问："得道的禅师"与"得道多助"，同是"得道"，有何区别？回答她：前者的"道"指佛教中的"道"，后者的"道"指正义。

《孔乙己》

【教学目的】

1. 认识封建教育、科举制度的罪恶，学习鲁迅反封建的战斗精神。

2. 理解运用外貌、语言、动作的描写塑造人物形象的方法；体会环境描写在刻画人物、表现主题中的作用。学习本文遣词造句的简练、精确。

【教学重点与难点】

重点：运用外貌、语言、动作的描写塑造人物形象的方法。

难点：对孔乙己人物性格的理解。

【教学时数】

三课时。

第一课时

一、激发兴趣，引入课文

这篇小说写于1918年冬，发表于1919年4月的《新青年》，后被收入短篇小说集《呐喊》。

凡读过鲁迅小说的人，几乎没有不知道《孔乙己》的。凡读过《孔乙己》的人，无不在心中留下孔乙己这个遭受社会凉薄的苦人儿的形象。鲁迅先生自己也说过，在他创作的短篇小说中，他最喜欢《孔乙己》。他为什么最喜欢《孔乙己》呢？孔乙己究竟是一个怎样的艺术形象？鲁迅先生是怎样运用鬼斧神工之笔来精心塑造这个形象的？学习这篇文章之后就可得到明确的答案。

过去有人说，古希腊索福克勒斯的悲剧是命运的悲剧，莎士比亚悲剧是主人公性格的悲剧，而易卜生的悲剧是社会问题的悲剧。这些观点从某种意义上讲，是有道理的。那么，孔乙己的悲剧是什么样的悲剧呢？悲剧，往往令人泪下，然而，读了孔乙己的悲剧，眼泪往往向肚里流，心里有隐隐作痛之感。这又是为什么呢？学习之后我们可得到答案。

这篇文章是举世闻名的著作，情深、意深，含蓄、深沉，必须认真阅读，积极思索，好好领会。

二、检查预习，点出传神之笔

谁能准确地回答：作品中的主人公姓甚名谁？文中哪一句话形象而概括地刻画了作品主角的特殊身份？这是一种怎样的特殊身份？

学生回答后，点明："孔乙己"是"绰号"，不是姓"孔"名"乙己"。"孔乙己"三字出自旧描红簿——"因为他姓孔，别人便从描红纸上的'上大人孔乙己'（大意是'上古大人孔氏一人而已'）这半懂不懂的话里，替他取下一个绰号，叫作孔乙己"。一个人活在世上，连姓名都不知道，以"绰号"代名字，可想而知这个人物的命运不佳，是一个悲剧性的人物。

文中"孔乙己是站着喝酒而穿长衫的唯一的人"这句话形象而概括地刻画了作品主角的特殊身份。"站着喝酒"，说明生活贫困，经济拮据，与"短衣帮"同处于社会底层的经济地位；"穿长衫"，为的是要摆读书人的架子，显示比"短衣帮"高贵。他的身上显现出与常人不同的十分明显的特征，使人一看，印象深刻。作者运用了"画眼睛"的方法写出人物的基本特征，做到了"借一斑略知全豹，以一目尽传精神”。这是贯通全文的点睛之笔。这个形象一出现，就显示出孔乙己悲剧的兆头。

三、讲读分析第一部分（第1~3段）

1. 指名朗读第一部分。

提问思考：孔乙己是在怎样的环境里活动的？

学生回答后，点明：活动的环境是清朝末年（小说点明“——这是二十多年前的事……”，由小说创作的1918年上溯20多年，是19世纪末，也就是清朝末年）的咸亨酒店。酒店有特殊的格局，多种的喝酒方式。

这个场所是清末社会的缩影，它等级森严、冷酷势利。[咸（xián），全；亨（hēng），通达顺利。咸亨：出自《易·坤》的“品物咸亨”。旧时店铺老板用这类吉利的字眼做招牌，取财源茂盛的好兆头。] 请学生一一找出反映阶级差别的相对照的词语，说明等级森严。

一“坐”一“站”，一“里”一“外”，一“长”一“短”，一“荤”一“素”——鲜明地揭示了贫富悬殊，世态炎凉。

2. 从哪些语句可以看出这个场所的势利与冷酷？

读文中有关语句，体会：掌柜的对长衫主顾的巴结，对小伙计的“凶脸孔”，对短衣帮“羼水”的冷酷。“羼水”这一细节深刻揭露了老板榨取穷人手段的卑劣和冷酷势利、唯利是图的本质。“单调”“无聊”“活泼不得”——死气沉沉的气氛揭示了人与人之间炎凉的关系。（对“幸亏”进行换词练习，如“幸好”“多亏”等。）

3. 作者为什么要用那么多笔墨来描绘环境？又为什么要写柜台、温酒、喝酒？

这样写，目的在于揭示主角所处的社会环境，创造不平等的冷酷的气氛，预示孔乙己悲剧的必然性。

写柜台与附近的人们，是为描写孔乙己做铺垫，因为从他们的眼里、话里可以看出孔乙己是怎样一个人。勾画特定的环境、特定的社会背景，为的是“演好”社会中这个下层人物的悲剧。

4. 就在这冷酷势利、等级森严的环境里，一个“笑”字引出了主人公的出场。为什么小伙计居然也可以“笑”呢？是欢笑？是玩笑？是取笑？是讥笑？还是嘲笑？

就在读者不解之时，作者用极省俭（白描）的语言亮出了孔乙己的形象。三个附加语（“站着喝酒”“穿长衫”“唯一”）一下子刻画出这个人身上的可笑的矛盾。他是这环境里独一无二的笑料，给人以世态凉薄之感。

【板书设计】

孔乙己

咸亨酒店（缩影）				孔乙己	苦人儿
等级森严	壁垒分明	势利冷酷			
“长”	“里”	“坐”	“荤”	站着喝	
			（笑）→	而	凉薄
“短”	“外”	“站”	“素”	穿长衫	

孔乙己身上的这种矛盾决定了他的生活内容；他的语言、行动，又必然使他在鲁镇人们的心目中成为可笑的人。他为什么穿长衫，又为什么只能站着喝酒呢？那就得认真剖析了。

四、布置作业

1. 熟读第一部分。
2. 根据鲁迅第一部分的描绘，用漫画的笔法给孔乙己画像。

第二课时

一、讲读分析第二部分（第4~9段）

1. 交流漫画作业，加深对孔乙己的印象。

2. 指名朗读第4~9段，思考。

（1）孔乙己一出场就成为人们嘲笑的对象，他为什么会成为被嘲笑的对象？别人嘲笑他时，他怎样答对？表现出他怎样的思想性格？

学生回答，点明：从外貌特征看，他既穷困潦倒，又要摆读书人的架子，显示出自己比“短衣帮”高贵。受“万般皆下品，唯有读书高”的封建思想毒害，总脱不下那件破长衫。既穷又懒，衣服又脏又破，那件长衫十多年不补，不洗。付酒钱时还要“排”。一个“排”字，传神地刻画出他摆阔的情态。“夹些伤痕”，又说明在他身上发生过一些事情。

从他的语言特点看，“满口之乎者也”，难懂，表现他的迂腐不堪。当别人揭他的疮疤时，他的表现是“不回答”，逆来顺受；当别人再明确以“偷东西”来挑衅时，他“睁大眼睛”辩解；别人揭穿事实后，他窘得“涨红了脸……”，自我解嘲以维护自己的尊严。这样抓住特征进行描绘，使一个心灵受到侮辱的形象跃然纸上。

性格刻画入木三分。比如，他在被侮辱之时，仍要表现出高人一等，知书识礼，满口“窃书不能算偷……”以表现自己的斯文，可见他迂腐可笑到何等程度。

（2）孔乙己为何只好向小伙计说话？向孩子们说话？孩子对他采取什么态度呢？教写字和给孩子茴香豆吃的事情反映出他怎样的思想性格？

孔乙己感到孤苦寂寞，只好和孩子们说话，以求得安慰。他社会地位低下，和劳动人民一样处于社会底层，而又由于迂腐和品行不端，地位更为低下，连小孩都看不起他。“也配”二字，极其深刻地揭示了他十分低下的社会地位。

教写字和给孩子茴香豆吃二事，反映了孔乙己的善良，也进一步刻画其麻木不仁、迂腐可笑。“回”的其他三种写法，其实很少用，但孔乙己是受科举制度愚弄毒害的知识分子，会把这看作学问与本领，可见其所受毒害之深。他热衷于功名利禄，对小伙计不仅夸耀，而且向他灌输做掌柜往上爬的思想。（“多乎哉？不多也”的来历——别人说孔子多才多艺，孔子说：“多吗？不多啊。”）

这部分中的三个细节——“站”“穿”；“排”；给孩子吃茴香豆——活画出孔乙己性格的基本特征：善良，卑微，迂腐，想向上爬又不善于钻营，生计日窘却又好吃懒做，特别看不起体力劳动。作者塑造了这个下层知识分子的典型，形象、传神。

（3）在写哄笑的场面中，作者插叙了什么内容？起何作用？

插叙孔乙己的身世和品行，对他的社会地位、经济状况、受腐蚀的思想性格作了比较详细的介绍（好喝懒做、偷窃、不拖欠等）。

插叙节省笔墨，用最少的话说明应该说明白的事，控诉科举制度对知识分子的毒害。

（4）读第9段。从“可是没有他，别人也便这么过”的语句中，体会孔乙己是个无足轻重的人，多余的人。话虽只有一句，却无限辛酸。

二、布置作业

1. 做“思考和练习”四。
2. 熟读第4~9段。

第三课时

一、讲读分析第三部分

1. 启发思考：孔乙己好些天没来，他的遭遇如何呢？

（1）指名朗读第 10 段。正音。

打折（shé）　　服辩（fú biàn）

（2）学生回答：他被打折了腿。

2. 思考：这件事深刻地揭露了什么问题？作者运用了怎样的描写手法来叙事写人？

孔乙己不仅精神上受侮辱、受损害，而且肉体上遭摧残。

文章揭露了封建科举制度的罪恶。有功名，爬上去，骑在人民头上作威作福，横行霸道，欺压人民；没有进学，跌下来，受折磨。丁举人有地位，有权势，本性凶残，手段毒辣，私设公堂，草菅人命，先“正名”，后动刑，接着再慢慢地折磨，明明吃人，却不担吃人罪名，冷酷而暴虐。

作者运用了侧面描写的手法，通过喝酒的人与掌柜的对话来叙事写人。

3. 孔乙己最后一次出场是怎样的情景？与第一次出场时比较，他的肖像、声音、神态、动作有何变化？

（1）指名朗读第 11 段。

（2）抓关键词语说明。

第一次出场	最后一次出场	
身材高大	盘着两腿，下垫蒲包	
青白脸色	脸上黑而且瘦	处境更为悲惨
穿一件长衫	穿一件破夹袄	
排出九文大钱	摸出四文大钱	
争辩，睁大眼睛说	不十分分辩，眼色很像恳求	

别人对孔乙己的嘲笑、哄笑、说笑仍然是一样，无丝毫同情与怜悯，有的只是冷漠、寡情与势利。

（3）教师点明：从欠钱未还，从提到而不谈到、不看到，写出孔乙己的悲惨结局；通过“我”的估猜，写孔乙己的默默无闻死去，分外辛酸。无人过问，又无确实消息，“大约”“的确”，写出其悲剧结局的必然性。孔乙己在取笑声中登上生活的舞台，又在嘲笑声中离开了生活的舞台。社会如此冷酷，令人毛骨悚然。

二、总结

1. 请学生就主人公的人物性格与文章的主题思想进行归纳。

孔乙己是封建社会科举制度摧残下的一个可怜的牺牲品。他迂腐，好喝懒做，偷盗，中了封建思想意识的毒而不自觉，毫无社会地位，但精神上又接近不了“短衣主顾”，脱不了那件长衫，成为鲁镇的多余的人，废物。他身上的这种矛盾决定了他特有的语言行动，使他成为可笑的人。他是清末受封建教育、科举制度毒害的下层知识分子的典型。

孔乙己这个被压迫被损害者，作者对其迂腐、坏习气进行了批判，对其善良予以肯定，对其悲惨遭遇寄予同情，哀其不幸。

作者通过对孔乙己命运的描述，控诉封建社会的罪恶，揭露科举制度吃人的本质，鞭挞丁举人之类的冷酷暴虐。作者平平淡淡写来，将人物刻画得惟妙惟肖。文章将乡村潦倒文人的性格悲剧放在社会悲剧里写，笔触平淡，寓意深刻。整个悲剧是在人们的笑声中进行的，既是主人公性格的悲剧，又是社会的悲剧。文中没有排山倒海的冲击，可人们读后却感到心里有阵阵的隐痛。作者运笔确实收到鬼斧神工之效。

2. 体会细节描写的作用。文中的细节描写，使人物性格突出、形象鲜明。外貌、语言、动作描写均做到了个性化。用词精确，使人物形象跃然纸上。

三、布置作业

1. 看幻灯片，讲述故事情节。讲述时注意运用传神的词句。
2. 抓住孔乙己的肖像特征和语言动作，分析他的思想性格。
3. 谈一点读后的感想。

【教后】

1. 讲“咸亨”的含义很有必要——它表示酒店老板期盼生意兴隆、财源茂盛的愿望，能给学生以当时社会的实感。

2. 学生读书比过去仔细，能较快地体会到一个人活在世上，别人不知其姓名，只用绰号来代替，必然命运悲惨。没有一个学生把“孔乙己”误认为是真实的姓名。有学生联系到《阿Q正传》中的阿Q。

3. 有学生提出：“短衣帮”的“唠唠叨叨……”不好。引导他们读课文，弄清作者的意图：不是写短衣帮的不好，而是为了揭露老板的贪婪、冷酷。

4. 要学生辨“踱”的含义，体会清闲自在、踌躇满志的神态。

5.“幸而”换词，学生换了“幸好”“亏得”“还好”。

6. 有学生说孔乙己这个人应该用“穷酸”二字来概括，理解得较好。

7. 把“不屑置辩”与“排”放在一块儿讲：一神情，一动作，均形象地刻画了孔乙己的自命清高，有异曲同工之妙。

8.“不屑置辩”与“颓唐不安”是绝妙的对照。

9.“笑”是文中艺术化的一种手段。写孔乙己的可笑，是为了抨击使人麻木的封建文化和吃人的封建制度。

10. 反复写“笑”，表现了作者高超的艺术才能。孔乙己生活的环境冷酷，遭遇悲惨。作者以“笑”贯串全文，使悲剧的内容在“喜剧”的气氛中上演，悲喜互为映衬，增添了悲剧的色彩。

《西里西亚的纺织工人》

【教学目的】

1. 体会诗中饱含的诅咒德意志反动统治者的强烈感情，了解诗的战斗作用。

2. 理解诗中直叙、白描和反复手法的运用。

【教学重点与难点】

重点：反复手法的运用。

难点：工人怒不可遏的强烈感情。

【教学时数】

一课时。

【教学步骤】

一、朗读习作《用诗歌作武器的人》，介绍海涅生平

开学初，要求学生写一篇作文，介绍某一个人物的巨大成就或卓越贡献。卢旭华同学写了德国大诗人海涅，题目是《用诗歌作武器的人》。亨利希·海涅是怎样一个人呢？他的诗歌有何特色？请卢旭华同学朗读她的作文，作一简单介绍。

二、简述海涅思想的发展与变化，引入课文学习

对海涅深有研究的冯至同志在海涅的诗中看到了一个从“玫瑰”和“夜莺”走向“剑”和“火焰”，“和新的同志们登上一只新船”，最后“我倒下了，并没有失败”的战士的身影。从这句话中，我们可了解海涅思想的发展与变化。

前期的且不说，1843 年 12 月，46 岁的海涅结识了 25 岁的马克思后，在政治思想上、创作上进入了一个新时期。《西里西亚的纺织工人》就是他在这个时期的诗作。这位从老德意志泥沼中奋力挣脱出来的诗人，在新旧时代之交吹响了革命的序曲。这首诗可以说是 1848 年欧洲革命的预告，它饱含着无产者的血泪，真切地反映了德国无产者的深重苦难和满腔仇恨。

三、朗读全诗

1. 正音、解义。

诅咒（zǔ zhòu）：原指祈祷鬼神加祸于所恨的人，今指咒骂。

重（chóng）：一重，即一层。

求祈（qí）：祈祷，请求，恳切地希望得到。

蛆（qū）虫：苍蝇的幼虫，比喻卑鄙可耻的人。

梭（suō）子：织布时牵引纬线的工具。

2. 思考回答：

（1）诗中描绘了工人怎样的形象？

（2）诗中描绘了怎样特定的场面？

（3）诗中哪个词牵动全文，使“诅咒”的感情一贯到底？

（4）诗中运用反复手法在表达上起到了什么作用？

四、讲读分析，反复体会

1. 先用白描手法描绘纺织工人的形象。

“忧郁”，描写工人受苦之深，没有欢乐。

“没有眼泪”，表现纺织工人意志的坚强。“工厂把工人联合起来了，城市生活启发开导了他们，共同的罢工斗争和革命行动锻炼了他们”，工人们开始明确斗争的方向，意识到自己肩负的使命。

“咬牙切齿”，刻画工人对资本家残酷剥削的仇恨。在资本主义制度下，劳动就是受奴役、受压榨。纺织工人的感情随着织机有节奏地运转，愤恨之情奔涌而出。

2. 抓住纺织工人织布这个特定的劳动场面，采用直接叙述的手法，发泄对反动统治的诅咒。它不是悲歌，不是哀歌，而是觉醒者的战歌。

3. 诗中“织”字反反复复出现。紧扣这个“织”字，诅咒的感情一贯到底。为什么要写“三重诅咒”呢？

恩格斯在《共产主义在德国的迅速进展》中说：“我只指出一点，那就是这首歌暗中针对着1813年普鲁士人的战斗叫嚣：‘国王和祖国与上帝同在！’这种叫嚣从那时起就是保皇党人心爱的口号。”这个口号是反动的，但又能迷惑人。这首诗是与这个口号针锋相对的，具有高度的思想性、战斗性，它所表达的不是普通的愤怒感情，而是阶级觉醒的战斗呼喊，充满了彻底埋葬整个旧社会的热望和决心。

4. 三重诅咒。

（1）诅咒“上帝”。“上帝”原被说成是“永存”，有无上权威，是反动统治者树立的偶像。工人通过自己痛苦的生活体验具体有力地揭穿“上帝”的虚伪和欺骗。“那个上帝”，属于另一个阵营，是自己的敌人。工人们认识到：要想摆脱“饥寒交迫”的处境，只有依靠自己的斗争；对于“那个上帝”，只有打翻他，埋葬他。

（2）诅咒“国王”。“国王”是“神圣不可侵犯的”，他的权力是上帝给的，他与上帝同在。欺骗，对觉醒了的工人是无效的。工人一针见血地指出：“国王”是“阔人们的国王”。“阔人们”这个修饰语很重要，它揭示了“国王”是剥削阶级利益的代表者。对穷人而言，他是贪婪的榨取者和野蛮的屠杀者。西里西亚山区曾有 6 000 名纺织工人被活活饿死。工人奋起反抗，国王又派兵去镇压，打死打伤许多人。工人们认清他的罪恶本质，要打翻他，埋葬他。

（3）诅咒“虚假的祖国”。祖国，人人都应该热爱。然而，反动统治阶级打着“为了祖国”的旗号，诱使劳动者去牺牲，去受苦。这一骗局被觉醒的无产者戳穿。为何说“虚假”呢？因为政权操纵在反动统治者手中，“祖国”的社会制度是腐朽的封建制度。马克思、恩格斯曾把德国比喻成“奥吉亚斯的牛圈”。（典故出自希腊神话：奥吉亚斯王有大牛圈，养牛 3 000 头，30 年未打扫。）恩格斯把德国封建专制制度比喻成“腐烂尸骸”，说身处德国如同处在“粪堆”。诗中的“花朵”，指美好的事物；“蛆虫”，丑类，指各种剥削者寄生虫。工人们诅咒反动统治者操纵的“虚假的祖国”，渴盼埋葬那些丑类，去创造一个真正属于工人阶级自己的美好的祖国。

五、请学生就诗歌主题与反复手法的运用展开议论，然后适当归纳

1. 诗歌揭发和批判德国反动统治者和旧的社会制度，歌颂无产阶级的革命觉醒和斗争热情，写得很深刻。

诗人不是把工人描写成可怜的申诉者和求祈者，而是自觉的战士，是旧社会的掘墓人。

2. 反复手法的运用。

反复：重复使用某些词语或句子的修辞手法。人们为了把内心压抑不住的思想感情倾吐给别人，往往会不自觉地反复说着同样的词

句，同样的话。人们要告诉别人一件重要的事情，一个重要的道理，恐怕别人注意不够或记不牢，也会翻来覆去地说。这种用同一的词语反复地表达自己思想感情的方法，就叫反复。主要有两种形式。

（1）连续反复。相同的词语或句子接连使用。

（2）间隔反复。同一词语或句子间隔一些词句才反复出现。此种修辞手法适于表达强烈的情感，坚决的意志，热烈的愿望。用得恰当，可把感情表达得透彻，特别痛快淋漓。

“我们织，我们织！”既是连续反复，又是间隔反复，表现了工人们强烈的憎恨感情和坚决的斗争意志。

诗的结尾一段先绘工人形象，“梭子在飞，织机在响，我们纺织着，日夜匆忙——”，再反复说“我们织，我们织”，使我们感到一种持续的、紧张的劳动节奏。反复诵读，如闻工人的切齿之声，如见工人的激昂之状。

六、
表情朗读全诗

1. 指导。

（1）区别描述工人形象的诗句与工人的语言。前者是平静的语气中寓含坚定；后者是在“咬牙切齿”中表露愤恨。

（2）注意节奏，力求与梭子飞动的节奏合拍。如：德意志——我们——在——织——你的——尸布，我们——织进去——三重——诅咒——我们——织，我们——织（稍快）！

2. 个别读，齐读。

七、
练习

1. 用反复的修辞手法口头造句。

2. 听写词语：忧郁、诅咒、榨取、虚假、耻辱、摧折。

【板书设计】

西里西亚的纺织工人

织
- 一重诅咒给“上帝”
- 二重诅咒给“国王”
- 三重诅咒给“虚假的祖国”

战歌

觉醒、反抗

切齿之声　　　　激昂之状

【教后】

1. 运用学生的习作来介绍作者生平、导入课文，效果是好的。学生听得十分仔细，注意力高度集中。有几个调皮的学生感到很惊诧：怎么某某同学居然知道海涅的那么多情况。自己从中更加体会到：教师平时须做有心人，注意积累学生学习的成果。授新课时把这些成果拿来为教学所用，不仅能使听者有兴趣，而且能够调动学生写作的积极性，因为他们的“习作”派上了用场，能给人以知识，以启发。

2. 课前学生认为政治诗没啥可学的，不喜欢。而通过介绍作者，放录音，带领他们听、读、析，他们的学习兴趣大大提高，齐读时劲头十足。

3. 学生对海涅作品有兴趣，向他们推荐一首诗课外阅读。

罗累莱

不知道什么缘故，
我是这样的悲哀；
一个古代的童话，
我总是不能忘怀。

天色晚，空气清冷，
莱茵河静静地流；
落日的光辉

照耀着山头。

那最美丽的少女
坐在上边，神采焕发，
金黄的首饰闪烁，
她梳理金黄的头发。

她用金黄的梳子梳，
还唱着一支歌曲；
这歌曲的声调，
有迷人的魔力。

小船里的船夫
感到狂想的痛苦；
他不看水里的暗礁，
却只是仰望高处。

我知道，最后波浪
吞没了船夫和小船；
罗累莱用她的歌唱
造下了这场灾难。

（冯至　译）

罗累莱原是欧洲莱茵河畔一座巉岩上一块能发出回声的悬岩的名称，后在民间传说中被喻作一个美丽的女妖。德国诗人喜以此传说为主题写诗，几首以“罗累莱”为题的诗中，海涅的这首写得最好。这首诗后来被作成歌曲，成为广为流传的一首民歌。

练笔指导

【教学目的】

1. 帮助学生提高练笔的兴趣，开阔练笔的视野，增强写作的信心。

2. 推荐五篇练笔短文，强调平时注意观察周围事物的重要性，培养学生勤于观察、善于思考的良好习惯。

【教学时数】

一课时。

【教学步骤】

一、提出课题，激发兴趣

同学们课外练笔，常感到有许多困难，比如：练笔究竟是练什么？有什么内容可练呢？“我可是巧妇难为无米之炊啊！”“我真是搜尽枯肠而不可得。”真的有如此困难吗？并不。今天我们来讲个奇妙的“一”，让这奇妙的“一”打开我们认知的窗户，看一看练笔的广阔天地。（板书：奇妙的“一”）

二、指导与推荐

1. “一”奇妙在哪里呢？

生活中我们碰到的“一”很多，如果这些“一”奔涌到我们的笔下，就会出现很多好文章。

大家说说看，我们可以把哪些“一”写入文章？比如：一点认识、一件往事、一点感想、一点看法、一点改革、一点新意、一点经验、一点教训、一次对话、一件物品、一个场景、一道习题、一曲赞歌、一首好诗、一部电影、一篇小说、一张票证、一篮蔬菜、一个学生、一盆花、一壶水、一台机器……

“一”无穷无尽，有“一”就有多，正如老子所说：“道生一，一生二，二生三，三生万物。”

有一个著名学者的名字也显示了这个道理：闻一多。闻一多本名“闻多”，是他的朋友潘光旦先生劝他改名为闻一多的。加了一个“一”，名字增添了不少哲理诗意。

由此可见，生活中的“一”不可小视。注意生活中的“一”，下笔就不会有“无米”之苦和搜索枯肠之苦。

2. 抓住“一”来写会有怎样的效果呢？结合习作评析，指出以下几点。

（1）视野广阔。

可谈古，可论今；可写景，可状物；可记人，可抒情……可牢牢抓住身边的事，克服视而不见、听而不闻的毛病。以《妄加评论是可笑的》《劳动的乐趣》两篇习作为例进行说明。

（2）观察精细。

可从不同时间、不同角度、不同场合等方面仔细观察，不管是人、物，还是景，都要观其巨细，掌握特征。

以《秋云变幻》为例：习作能紧紧扣住“变”字，绘色彩，绘形状。若不作精细观察，不可能写得如此生动、形象。

（3）思考深入。

要想抓住“一”，不仅要注意使用自己的双眼仔细观察，而且要运用自己的脑子勤于思考。比如：由此及彼地展开联想；由表及里地探求事物的内在因素，注意对事物的种种情况加以分析与综合。总之，要用脑子这个“加工厂”深入思考，才会对某一事物、某一问题有认识，有体会，有见解。

以《夏天的夜空》为例谈联想；以《由日落而想到的》为例谈联想、谈思索。

3. 结论。

用眼睛捕捉、观察这奇妙的“一”；用脑子思考、分析这奇妙的“一”。抓住“一”，生“二”，生“三”，生“万物”。视野广阔，下笔才有素材可写。

三、布置作业

抓住“一”，写一篇短文，或叙或议，或写人或写事，写自己看得细的，想得深的。

【板书设计】

奇妙的“一”

视野广阔（谈古论今，写景状物，记人叙事……）

观察精细（不同时间、角度、场合……）

思考深入（联想、想象、分析、综合……）

【教后】

1. 学生颇有兴趣。有的说：今天是“奇妙的‘一’”，以后还有“奇妙的‘二’”，“奇妙的‘三’”。

2. 有学生认为《秋云变幻》中的“变”，不可能有那么快；有学生认为“天有不测风云”，写风势，就助写了云的变化。李向群认为，这是作者基于平日观察的适当艺术加工，没有什么不妥当的。熊伟铭说他的确看到过云如此的变化，而且云确实是有湖绿色的。

3. 整堂课在笑声中进行。分析讲评习作时，学生们七嘴八舌，十分热闹。

《雨中登泰山》

【教学目的】

1. 培养学生热爱祖国锦绣河山的感情，引导他们树立不畏艰险、百折不回、奋勇登攀的凌云壮志。

2. 学习本文描绘景物抓住特征、剪裁疏密有致、叙述旁征博引的写作方法。

3. 进行口头训练，发展想象能力。

【教学重点与难点】

重点：1. 对瀑布水势、泰山翠松的描写。

2. 登攀“十八盘”的精神。

难点：文章中的引文、典故。

【教学用具】

“泰山示意图”挂图。

【教学时数】

两课时。

第一课时

一、激发感情，导入课文

你们游览过祖国的名山大川吗？那奔腾咆哮、一泻千里的长江、黄河，那千姿万态、气势雄伟的三山五岳，孕育了我们中华民族的古老文明，一想到它们，民族自豪感就会充盈心头。请说说看，谁游览过名山？游览过哪些名山？（学生答。）在所有的名山中，五岳为最。五岳具体是哪五座山呢？（学生试答：东岳泰山，南岳衡山，西岳华山，北岳恒山，中岳嵩山。）“五岳之长”是谁呢？巍巍泰山。泰山有拔地通天之势、擎天捧日之姿，历代多少文人墨客写诗撰文对其讴歌、赞美，杜甫的五言古诗《望岳》就是其中之一。学生背诵：“岱宗夫如何？齐鲁青未了。造化钟神秀，阴阳割昏晓。荡胸生曾云，决眦入归鸟。会当凌绝顶，一览众山小。”

“一览众山小”的境界是令人神往的，只有登攀到“绝顶”，才能领略那无限风光。今天我们学一篇李健吾同志的《雨中登泰山》，请作者做向导，跟随他“攀登游览”高耸雄奇的泰山。

二、介绍作者

李健吾，生于 1906 年 8 月 17 日，山西省运城县人，父亲是辛亥革命烈士。李健吾是著名剧作家，也擅长小说、新诗、散文，作品有《青春》《美帝暴行图》《大妈不姓江》等。曾在北京大学外国文学研究所工作，从事巴尔扎克、福楼拜研究。他的散文清新质朴、深隽真挚，文中多妙语取譬。

三、检查预习，学生质疑

1. 学生质疑。在质疑过程中解决一部分生字难词。

豁然（huò rán）开朗：一下子现出开阔明朗的境界。豁然，形容开阔或通达。

悬崖崚嶒（léng céng）：山崖高而陡。崚嶒，形容山高。

訇訇（hōng hōng）：形容大声。

匍匐（pú fú）：爬行。

巉（chán）岩：高而险的山岩。巉，山势高险的样子。

掐（qiā）：用拇指和另一个指头使劲捏或截断。[将“臽”（xiàn）与“舀”（yǎo）作比较。]

蔫（niān）：花木、水果因失去所含的水分而萎缩。

潇洒（xiāo sǎ）：（神情、举止、风貌等）自然大方，有韵致，不拘束。

2. 本文自始至终是紧扣什么景色来写的？作者在移步换景中，重点描绘了哪些景物？

全文紧扣“雨”细描细绘。重点描绘了雨中的山岚烟云，“水墨山水”似的“层峦叠嶂”，声喧势急的飞泉瀑布，水淋淋、湿漉漉，让游览者饱享了“独得之乐”。

作者笔下的泰山，既奇美又壮观，完全是一幅雄伟奇丽的立体画。自岱宗坊至南天门长约十千米的中轴线上，作者巧妙地牵线串珠——飞瀑、祠庙、古柏、洞天、翠松、云海，活绘出美妙的泰山画卷。

四、讲读，分析

1. 起程。

（1）提问思考：作者要起程登泰山了，他心情如何？此行只是为了游山玩水吗？

（2）指名朗读第1、2段，体会作者要登泰山时的心情。

作者登泰山，不是一般的游山玩水。他感到自己没登过泰山，就“像是欠下悠久的文化传统一笔债似的”。泰山是一座活的历史博物馆，是丰富的文物宝库，是古建筑的荟萃，又是神话故事的摇篮。作者如此一往情深，然而“偏偏天公不作美，下起雨来”。这雨“不像落在地上，倒像落在心里”，两个“落”刻画出作者心情的百般焦急。“心是沉的”，一个“沉”字直描心情，分量甚重。然而，即使如此，作者仍然决定冒雨登山。“兴致勃勃”这个词一扫阴云，气氛转换，从另一角度表现出作者对泰山的神往。文章起笔波澜曲折，感情十分真挚。

作者对泰山如此深情，怎能不激起我们的向往？让我们跟随着作者的足迹，“冒雨”前行吧！

（“孔子登东山而小鲁，登泰山而小天下”——见《孟子·尽心上》。小鲁，认为鲁是小的。小天下，认为天下是小的。）

2. 攀登。

（1）你们看到的雨中泰山是怎样一番景色？“过岱宗坊”后，首先映入眼帘的是怎样一幅奇景？请根据第3段进行介绍，要求语言生动，绘声绘色。

古人游山曾有这样的体会：“山之精神写不出，以烟霞写之”。泰山本就奇峻，险陡诡峭；雨中泰山，更是“灰蒙蒙”、雾茫茫，烟云裹绕，不仅“越发显得崔嵬”（cuī wéi，高大），而且蒙上了神秘的色彩。

“过岱宗坊”后，首先映入眼帘的是七幅黄锦，闪亮发光，吼声震天，从虎山水库的桥孔奔涌而出。一“碰”一“激”一“撒”，把水流的湍急、浪花四溅的奇妙、水花拍石的声响绘声绘色地描摹了出来。怎会有如此奇景的呢？作者把我们由眼前“闪光的黄锦”带入神话故事，又带领我们从神话故事回到现实：吕洞宾把虬龙从人间渡上天去，而共产党又把虬龙从天上带回人间，让它回到“故居”，撒播幸福给人民。天上人间，想象奇异。

站在坝桥上眺望虎山水库，两边的景色更是形成了鲜明的对比：一边是“喑噁叱咤，似有千军万马”，它是大自然赐给人间的礼物；一边是“平静的湖水”，“欲步不前”，它是人定胜天的明证。在古老的泰山上建造现代化的水库，为自然盛景增添了一份“瑰奇”。作者再次把天上人间交织起来写，既用一个个比喻描绘其美妙，又动用传说增添了神话色彩。

吕洞宾：古代神话中的八仙之一。相传为唐代吕嵒，字洞宾，号纯阳子，曾在终南山修道。

喑噁叱咤（yìn wù chì zhà）：《史记·淮阴侯列传》有“项王喑噁叱咤，千人皆废”。司马贞索隐：“喑噁，怀怒气；叱咤，发怒声。”此处指水势水声。

（2）尽管黄锦、白纱的美景引人入胜，但“雨大起来了”，作者一行不得不“拐进王母庙后的七真祠”。它为什么叫七真祠呢？祠中最传神之作是什么？怎样传神？请简要地介绍。

七真祠内的塑像，人物神态迥异，栩栩如生。作者用比较的方法突出两个小童和柳树精对面的老人造型的“逼真”和“亲切”，记叙自己对其倍加赞赏，以致流连忘返。只有对中国的古老文化有深刻的认识，才会真正懂得：历史是人民创造的，艺术也是人民创造的。

（3）雕塑的“传神之作”虽然使我们享受到了艺术美，然而，登绝顶领略无限风光毕竟才是主题。于是，作者带领我们“来到雨地，走上登山的正路”。作者一行一路行来，从一天门到二天门，沿途见到了哪些奇景？请阅读第 5 段，介绍分析。介绍时紧扣关键词语展现意境，分析时简明扼要。

南天门千姿万态。“风过云开”之时，南天门“影影绰绰，耸立山头”，仿佛“不很远”；“乌云四合”之际，“层峦叠嶂都成了水墨山水”，雾茫茫一片，又好像离得很远。描写既绘出南天门不断变幻的景色，又以“灰白大蟒”的比喻突出紧十八盘的形态。

经石峪，泰山天然书法的神奇杰作。峪，山谷。在“一亩大小”的“大石坪”上，古代书法家刻下了隶书《金刚经》，字大如斗，遒劲刚健。

柏树林则是另一番景象。浓荫深处，气氛阴森，天色由亮变黑。大汗淋漓的人们一到此处，便觉得浑身发冷。

景景有特点，处处可饱览。作者未平均使用笔墨，对一天门、孔子登临处和天阶等皆一笔带过，剪裁疏密有致，推前接后，所绘景色呼应顾盼、相映成趣。

五、布置作业

熟读第1~5段，合上书，紧扣关键词语回忆作者描写黄锦、七真祠、南天门、经石峪、柏树洞的一幅幅图景。

第二课时

一、继续介绍，分析

上节课我们跟随作者过岱宗坊，观黄锦美景，欣赏七真祠塑像，遥望南天门，看经石峪，进柏树林，已是上山的一半路程。下一半路程呢？“山势陡峭”，山路奇险，今天我们要奋力“登攀”，把十八盘踩在脚下，走上天街。

1. 盘道。

由二天门到攀登泰山主峰的盘道途中，什么景色最吸引你们？朗读有关语句，并用描述性的语言介绍你们所了解的不同的飞瀑。

隔山沟仰望，“半空挂着一条两尺来宽的白带子，随风摆动”。随后又撞到“水面有两三丈宽，离地不高”，发出“龙虎声威”的“飞瀑”。一个“飞”字点出瀑布之势。作者转换观察点，从不同角度对两条瀑布绘声绘形，使人如临其境，如见其景。这样写自有特色，不同于虎山水库的“闪光的黄锦”，不同于香炉峰的“飞流直下三千尺，疑是银河落九天”，也不同于朱自清《绿》中的梅雨瀑。

爬盘道了，景更奇，路更险，我们边观赏，边体会。齐读第8段，读后有顺序地介绍奇景，并谈谈自己“攀登”的感受。

野花野草千姿百态，五彩缤纷，“挨挨挤挤，芊（qiān）芊莽（mǎng）莽（形容草木茂盛）”，把山石装扮得煞是好看。美景有强大的吸引力，使50岁开外的作者也成了小孩，一“掐”一“丢”，惟妙惟肖地刻画出作者的童心。

野花野草使人陶醉，而松树能给人以启示，给人以陶冶和力量，使人的心灵优美高尚起来。“吸翠霞而夭矫”引自郭璞的《江赋》：“抚凌波而凫跃，吸翠霞而夭矫。”夭矫，屈伸的样子。“望穿秋水”，形容盼望的殷切。秋水，比喻清澈明亮的眼波。松树像“盘龙柱子”，松树“望穿秋水”，松树“像一顶墨绿大伞”，松树“显出一副潇洒的模样”，比喻、拟人交错使用，使松树形态栩栩如生，松树精神跃然纸上。作者既称颂其顽强的生命力、无与伦比的斗争精神（“和狂风乌云争夺天日”），又赞扬其开朗乐观的性格（“和清风白云游戏”）；既写其扎根悬崖绝壁的总的特点，又描绘它们各自的个性。目睹这些“泰山的天然的主人”，怎不叫人感情激荡，想唱一曲颂扬崇高心灵的赞歌？

2. 十八盘。

从松树身上吸取力量，勇攀十八盘。

（出示“泰山示意图”挂图，请学生看图谈“攀登”，谈感受。）

历来人们把登十八盘比作登天，3 个十八盘像挂在天上的梯子，不吃一些苦，不流一身汗，是到不了南天门的。怎么攀登？“一级又一级”，“迈前脚，拖后脚”。怎么攀登？“抓住铁扶手，揪牢年轻人，走十几步，歇一口气”，终于“上到南天门”。

是“苦趣”，也是“乐趣”。苦在攀登无比艰辛，“后人见前人履底，前人见后人顶，如画重累人矣”；乐在克服险峻，登上极顶，饱赏蔚为壮观的胜景，饱尝勇攀高峰的乐趣。

登十八盘的精神，是征服困难、奋不顾身的精神，是坚韧不拔、愚公移山的精神，今天必须大大发扬。胡耀邦同志在谈到我国实现四个现代化建设的宏伟目标时，曾作了一个形象而又寓意深刻的比喻：“我们还要走一段相当长的艰难的路程。好比登泰山，已经到了‘中天门’，前面还有一段要费很大气力的路——3 个‘十八盘’。要爬过这一段路，才能到达‘南天门’。由‘南天门’再往前，就可以比较顺利地向着最高峰‘玉皇顶’挺进了，到了那里就好比我们实现了社会主义现代化建设的宏伟任务。”这段气壮山河的铿锵话语，表达了中华民族不畏艰险、为实现灿烂美景而永远进击的奋斗精神。今天“攀登”泰山十八盘，联系这一段意味深长的话语，岂不能让我们想得更深、想得更远吗?

作者重点描绘攀登情状，从大处落墨，工细点染。既写登山，又写生活道路上的攀登；既写自己的感受，又旁征博引，启人深思，激起人的共鸣。

应劭（shào）：东汉汝南南顿（今河南项城西南）人，曾任泰山太守。著有《汉官仪》《风俗通义》等书。《汉官仪》所载马第伯《封禅仪记》，记述了东汉光武帝封禅泰山一事。此文亦收入清代严可均《全上古三代秦汉三国六朝文》一书中。

窔（yǎo）辽：形容深远的样子。

絙（gēng）索：粗索。

重累人：人一个叠着一个，上下重叠。

3. 绝顶。

“会当凌绝顶，一览众山小”，绝顶又是怎样的风光呢？让我们带着胜利的喜悦，欣赏仙境般的美景。请学生抓住特征介绍二三美景。

（1）天街小店。“门口”“窗口”不同的标记——“笊（zhào）篱”“鹦鹉”“棒槌”“金牛”等。——“趣”。

（2）“别成一格”的“石头”。千态万状，令人目不暇接。——“奇”。

（3）“云海四茫茫”。形态变，忽而在山峰间“游来游去”，忽而似“积雪”，忽而如“棉絮堆”；色彩变，忽而如“银涛”，忽而若“镀金”，忽而如“烧成灰烬”。——“幻”。

作者描此三景用了大量的比喻，生动形象；用了众多的“有的”，铺写渲染。既写真像，又写虚像，二者编织成绝顶风光，不仅娱读者目，而且启人遐想。

泰山岩岩：见《诗经·鲁颂·閟宫》，“泰山岩岩，鲁邦所詹”。

宋之问：唐代诗人。原有集，已散佚，明人辑有《宋之问集》。《桂阳三日述怀》一诗，除见本集以外，还见《全唐诗》，并可见唐人所辑《搜玉小集》。

二、提问总结

1. 作者一行起程过岱宗坊，攀十八盘，登天街，动力是什么？必须具备怎样的精神？

是为了实现“会当凌绝顶，一览众山小”的愿望。要实现凌云壮志，必须具备不畏艰险、百折不回、奋勇登攀的精神。作者写登泰山的主旨即在于此。

2. 这次游览作者为何“格外感到意兴盎然”？朗读结尾两段。

雨中登山，别是一种格调。冒“斜风细雨”，躲“倾盆大雨”，观“飞瀑”，赏松石，“有雨趣而无淋漓之苦”，自然“意兴盎然”。晴天登山观日出是壮观，雨中观飞泉同样是壮观。锦绣山河美不胜收。

3. 文中引用了不少诗文，起何作用？

文中多处引用杜甫、宋之问等的诗文，可更为深刻地表现泰山是活的历史博物馆、丰富的文物宝库的特点。旁征博引不仅使泰山特点毕现，而且可使读者由此摸到中华民族悠久文化传统的脉搏，自豪感油然而生。

三、布置作业

1. 熟读第8、9段，开展对松、石、云姿态的想象，体会攀十八盘的感受。

2. 课外阅读姚鼐的《登泰山记》，比较晴雨两种天气中登山的异同。《文学报》1981年10月8日登载的《泰山赋》也可阅读。

3. 练笔参考题：“登山小议”“无限风光在险峰”“云海变幻”“奇山异石”“飞泉流瀑”“石级赞”。

【板书设计】

雨中登泰山

第一课时

雨　　　　　　落　　沉　　兴致勃勃　　（波澜曲折）

水库（黄锦）　　碰　　激　　撒
七真祠（塑像）　逼真　　亲切
南天门（遥望）　影影绰绰　　水墨山水　　牵线串珠　疏密有致
经石峪　　　　　刻　　磨平
柏树林　　　　　阴森森　　亮　　黑

第二课时

雨　　飞瀑　　　挂　　　摆　　　龙虎声威

独得之乐

盘道：
野花野草　　芊芊莽莽
松　　树　　扎　　争夺　　游戏
石　　级　　搭　窄　抓　揪　走　歇
（紧十八盘）　　（百折不回的精神）

天街：
小店标记——趣
石头别成一格——奇（“凌绝顶”的壮志）
云海茫茫——幻

悠久的文化传统　　　旁征博引

【教后】

1. 做了多年语文教师，越来越感到识字最难。“喑噁叱咤”出自《史记·淮阴侯列传》：“项王喑噁叱咤，千人皆废。”其音读释义盖根据《汉书·韩彭英卢吴传》：“项王意乌猝嗟，千人皆废。”“叱咤”今人常用，“喑噁”则已不见。“喑噁”，司马贞索隐曰：“喑於鸩反，噁乌路反。”则“喑”读去声。《汉书》作“意乌”。晋灼注曰：“意乌，恚怒声也。”汇而正读，“喑”乃於禁切，音“荫”。“喑噁”则读作 yìn wù。其义则晋灼的“恚怒声”、司马贞的“怀怒气”皆是。

又下文《史记》:“项王……言语呕呕。”《汉书》则为:“项王……言语姁姁。”后人都以“姁姁”释“呕呕”,认为以《汉书》读《史记》最为可靠。“嘿”原写作“嘿”,“嘿”现已不用。

2. 这篇课文是阅读课文。在前三篇(《荷塘月色》《绿》《长江三峡》)写景散文的学习中,学生已初步掌握记叙复杂的景物须抓住景物特点,正确处理写景的立足点以及边写景边抒情、情景交融等有关知识,因此,教这篇课文时放手让学生朗读、口述、剖析,效果较好。学生先读懂文中的画面,再用明确生动的语言讲出画面,进行再创造,口头表达能力和想象能力均得到了锻炼。

3. 学生口述时,提醒他们始终注意抓住两个“趣”:“雨趣”和“苦趣”。点拨学生使其理解:全文用了12个“雨”字,作者处处着笔一个“雨”字,创造了“人朝上走,水朝下流”的诗一般的意境。下笔点雨,“淅淅沥沥”;收笔点雨,“有雨趣而无淋漓之苦”。前注后顾,创造了“雨中登泰山”的特定环境。明写三幅水景,暗写花草松石,无不显示“雨趣”。而对登十八盘的描写,更是把“雨趣”升华到“苦趣”,抒发了作者顽强进取、以苦为乐的情怀。

4. 有的学生在口述时只是客观地介绍景物,对文章寓情于景、景中抒情的特点缺乏具体的感受。对此,进行评论,及时指导,使学生懂得“一切景语皆情语”,文章记雨中景,抒雨中情。结合对景物的介绍,有的学生倾吐对祖国壮丽山河的赞美,有的表露对悠久历史文化的神往,有的抒发自己积极奋发、百折不回的精神,情真意笃。

《说疑》

【教学目的】

1. 理解学习中敢疑、善疑的重要性，培养独立思考、敢于质疑的好学风。

2. 懂得阅读议论文找准论点、论据、结论的方法。

【教学时数】

一课时。

【教学步骤】

一、激发兴趣，导入课文

板书“疑”，请学生释其义，再请学生以“疑”为词素组成若干常见常用的词。

在学生组成“疑问”“怀疑”“疑惑”“疑虑”等词的基础上，确定文章标题中“疑”的含义，明确《说疑》就是谈谈疑问。

大家学习中经常碰到“疑”，是好呢，还是不好？是喜欢呢，还是讨厌？课文《说疑》把这些问题剖析得清楚明白，认真学习，就可得到有益的启发。

二、
三读课文，咀嚼品味

1. 一读，找文章的中心论点。

（1）学生朗读课文。正音：讳（huì）；褐（hè）。

（2）弄清中心论点的概念。中心论点是作者在该文中对所议论的问题持有的见解和主张，是全文的灵魂，全文都紧紧扣住它开展论述。要求学生阅读课本上的知识短文《论点和论据》，口述议论文中心论点的概念。

（3）怎么找？怎么找准？以《论点和论据》为指导找出本文的论点。

论点："科学研究就是破'疑'，破'疑'才有所发明"。

（4）辨别论点与论题、论点与文章标题的区别。

论点是作者在文中所要表明的主张，而论题只是文中所要讨论的问题。文章标题可以是文章的论点，也可不是。论点可在文章的开头提出，也可在中间提出，在结尾以总结的方式提出也可。

2. 二读，找证明论点的主要论据。

（1）学生再读课文，思考回答：全文是从哪几个角度围绕论点进行论述的？要求学生择用几个动词与"疑"组成动宾短语，对文章从各个角度论述的内容进行概括。

"见疑""解疑""敢疑"。

（2）引导学生以知识短文《论点与论据》为指导，从理论上明确论据的概念与选用要求。

论据：用来证明论点的事实和道理。事实必须确凿，有代表性；道理必须是经过实践检验的、是正确的，否则就无说服力。论据要充足、有力，不能随便抓几个。

（3）每个角度用了多少论据？各具什么特色？

第一个角度——"见疑"。用三个事实一个引述进行论证。摆牛顿生疑、瓦特生疑与伽利略生疑三个事实，将其与"寻常人熟视无睹”作比较，以张载的“于不疑处有疑”作结，突出了科学研究中见“疑”生“疑”的重要。

第二个角度——“解疑”。以两位科学家“从海藻中提取碘时”对所发现的深褐色液体采取了不同的态度，以至于获得了完全不同的结果为论据，论证“见‘疑’，决不可‘讳疑’，而应当‘解疑’”。将利比息对“深褐色的液体”的“想当然”与波拉德的“细加研究”进行正反对举，论证了“讳疑”会与真理“失之交臂”，而“解疑”才能有所发现。文章摆事实论证时，不停留在作一般性的评论，而是巧妙地引用了利比息自传里就这件事吸取教训的话语，增强了论据的说服力。

第三个角度——“敢疑”。摆了六个事实进行论证，一详二简三略：一详述，二、三两个事实用排比句作简单的说明，四、五、六三个事实仅用列举的方法进行反诘。这样就有效地论证了：“对前人留下的‘已知’成果”，“要敢于疑”。

3. 三读，明确这篇文章是怎样开展论证的，语言上有何特点。

(1) 文章开头与结尾各说明什么问题？段与段之间是怎样衔接的？语言上可以咀嚼出什么味道？

(2) 学生思考后回答，教师小结。

开篇释论题“疑”的含义：“未解之惑，未识之物，未辨之味，未通之理，皆可谓之‘疑’。”一连用了四个并列的短语，明确清晰，生动概括，为下文的论述做了必不可少的准备，避免概念上发生歧义。释义后，点出“任何人都不能回避这个‘疑’字”，顺势引出文章的论点。

论点提出后，作者把有代表性的事实有机地组合成几组，使其详略分明地为论点服务。材料虽多，但运用时错综有变化，活而不乱。

在严密论证的基础上，作者水到渠成地顺手点出写作目的：“在实现‘四化’的进军途中，身为科学技术大军中的战士，都要敢于‘疑’，善于‘疑’。”

文章从对“疑”的含义诠释开始，至对“疑”的精辟解读结束，首尾呼应，构成了完整的篇章。

文章所表明的主张要令人信服，不仅要依靠事实与道理，还要依靠语言的精确与逻辑性。这篇文章的语言就具有这样的特点。

语言上，本文的“熟视无睹”（对应该关心的事物漠不关心）、“失之交臂”（错过好机会），以及“发现”“提出”“创立”等词语，用得十分精确。“见‘疑’，决不可‘讳疑’，而应当‘解疑’”等句子承上启下，十分严密。结尾部分进一步要言不烦地对“疑”进行深入透辟的剖析，既用两个“就是”、三个“不”、三个“敢”的句子正反论述，重申搞科学研究见“疑”、破“疑”的重要，又用否定加肯定的句式清楚地阐明“敢疑”与“虚无主义者的怀疑一切”迥然不同，应对二者加以严格的区别。这样进行论证，不片面，不顾此失彼，合乎事理，严密周到。

三、鼓励学生见“疑”生“疑”

针对学生学习物理的实际，补充一例说明：19 世纪末叶，在许多物理学家眼中，物理学的发展好像已经很完善了，物质世界的运动已经构成了很清晰的画面，后辈物理学家只要在已经基本建成的科学大厦的基础上再做一些零碎的修补工作就行了。在这样的情况下，人们对已经得出的科学结论还需不需要敢“疑”呢？有眼力的物理学家指出：在物理学晴朗天空的远处，还有两朵小小的“乌云”，一是热辐射实验，一是迈克尔逊-莫雷实验。而正是由于从事科研的物理学家敢“疑”，不“讳疑”，这两朵“乌云”，不久就发展成为物理学学科中一场革命的风暴，揭开了近代物理学发展的序幕。

要想学得知识，就得从“疑”开始。脑子中无“疑”、少“疑”的人不善于学习，也学不好。脑子里要不断有问题，有问题是会思考的表现。希望“疑”能做你们学习中的好朋友。

四、布置作业

1. 运用学课文时找论点、论据、结论的方法独立分析吴晗同志的《谈骨气》一文。

2. 练笔，题目是“谈……”，自己确定论题。要有明确的论点、较为充分的论据（以事实为主）和清楚明白的结论。

【板书设计】

说疑

诠释“疑”，提出论点

见		（三个事实，一个引述）	
解	疑	（正反对举）	论据
敢		（一详二简三略）	

论证后，下结论

【教后】

1. 启发学生见“疑”敢“疑”后，有连锁反应。有的学生认为，正是因为有人敢“疑”牛顿的经典力学，不受它的束缚，20世纪初才出现了爱因斯坦的相对论。有的学生认为课文中“不怀疑‘电磁波穿过空气层就会一去不复返’的结论，马可尼就不可能用导线把信号送过大西洋，开创无线电事业”这个论据的用词有问题：“导线”是有线，与“无线电事业”矛盾。经过讨论，明确两点：

（1）“导线”应改为“电台”或“装置”。

（2）电磁波穿过空气层后能复返，雷达就是明证。雷达的英文radar这个缩略词也很妙，从左到右，从右到左，字母的顺序都是一样的。

2. 学生独立分析《谈骨气》，在肯定该文是好文章的同时，指出作者对“骨气”的诠释有可商榷之处。“什么叫骨气，指的是抱有正确、坚定的主张、始终如一地勇敢地为当时的进步事业服务，遭遇任何困难，都压不扁、折不弯，碰上狂风巨浪，能够顶得住，吓不倒，坚持斗争的人。”“骨气”怎么能是“人”呢？应作修改。

《最后一次讲演》

【教学目的】

1. 认识历史发展的规律，学习闻一多先生爱憎分明的强烈感情和不畏强暴、不怕牺牲的革命精神。

2. 理解感叹句、设问句、反问句在表达强烈感情中的作用，体会语言简短有力、尖锐泼辣、富有鼓动性的特色。

3. 培养朗读与讲演的能力。

【教学重点与难点】

重点：闻一多先生不畏强暴、不怕牺牲的革命精神。

难点：一泻千里的气势。

【教学用具】

书籍《闻一多传》一本；录音磁带一盘。

【教学时数】

两课时。

第一课时

【教学过程】

一、出示诗歌，激发学生思考

红烛·序诗

请将你的脂膏，
不息地流向人间。
培出慰藉底花儿，
结成快乐底果子。

问：这首诗是谁写的呢？表达了怎样的思想感情？又是谁的写照？

二、出示《闻一多传》，讲述作者生平

出示《闻一多传》，对照该书的封面图案——黑色大理石的花纹，正中上方一支醒目的红烛，讲解《红烛·序诗》，指出该诗乃闻一多先生所作，也是先生的自我写照。

指导学生读注释①。1979 年是闻一多先生诞生 80 周年。他一生的道路是曲折的："青年时期是新月派新诗人，中年时代是旧经典的研究学者，晚年成为青年所爱戴（的）、昂头作狮子吼的民主战士"。为了争取和平民主，他反对发动内战，遭国民党反动派杀害，将"脂膏"流向人间。他学识渊博，才华出众，被杀害时年仅 47 岁，真是"千古文章未尽才"。

毛泽东同志在《别了，司徒雷登》一文中说："我们中国人是有骨气的。许多曾经是自由主义者或民主个人主义者的人们，在美帝国主义者及其走狗国民党反动派面前站起来了。闻一多拍案而起，横眉怒对国民党的手枪，宁可倒下去，不愿屈服。""我们应当写闻一多颂"，因为他"表现了我们民族的英雄气概"。

三、介绍讲演前后的事实，导入课文学习

为什么说闻一多“拍案而起”“横眉怒对”？又为什么说他“表现了我们民族的气概”呢？先看他最后一次讲演的前前后后的事实吧。1946年7月11日，国民党特务暗杀著名民主人士李公朴。（2月10日，国民党派特务捣毁重庆各界庆祝政治协商会议成功大会的会场，制造了震动中外的较场口血案，打伤了郭沫若、李公朴等60多人。）

7月15日上午10时，闻一多先生在云南大学亲自主持李公朴先生的追悼大会，由李公朴的夫人张曼筠同志报告李公朴的殉难经过。张曼筠同志在讲述时悲痛得泣不成声，而场内特务竟然谈笑抽烟，无理取闹，极为嚣张。闻一多先生见此情景，怒不可遏，拍案而起，怒对凶顽，作了这篇即席讲演。到会者一千多人深为感动。

这是一篇记录的讲演稿。题目是当时整理记录的人加的。当日傍晚，闻先生在参加《民主周刊》记者招待会后，在回家的路上，遭到特务暗杀。

这篇讲演距今虽已30多年，然而那鲜明的立场，爱憎分明的感情，一泻千里的气势，慷慨献身的红烛精神，仍然能深深地叩击我们的心弦。

四、放录音，要求学生：听录音，看课文，并画出表达强烈感情的语句

如：

“我们的光明，就是反动派的末日！”

“正义是杀不完的，因为真理永远存在！”

“我们随时像李先生一样，前脚跨出大门，后脚就不准备再跨进大门！”

五、请学生谈听后的感想

这篇讲演是庄严的宣言，是动员的号角，是讨伐国民党反动统治的檄文。它像一团炽热的火焰，从肺腑中喷射出来。它没有作词句上的修饰，但句句话像投枪，像匕首，直刺敌人的要害，使敌人招架不住，躲闪不及。

六、学生试读，要求字句清楚，感情充沛

查阅字典，明确下列字音、词义。

卑（bēi）劣：卑鄙恶劣。

诬蔑（wū miè）：捏造事实败坏别人的名誉。

捶（chuí）击：此处作用拳头敲打义。

挑拨离间（jiàn）：搬弄是非，破坏团结。

赋（fù）予：给予，交给（重大任务、使命等）。

七、布置作业

朗读全文，理解讲演的层次，画出文中有褒贬色彩的词语。

第二课时

一、引言

鲁迅先生说过："倘在诗人，则因为情不可遏而愤怒，而笑骂，自然也无不可。但必须止于嘲笑，止于热骂，而且要'嬉笑怒骂，皆成文章'，使敌人因此受伤或致死，而自己并无卑劣的行为，观者也不以为污秽，这才是战斗的作者的本领。"闻一多先生这篇怒斥敌人的讲演，就是"嬉笑怒骂，皆成文章"的佳作。

二、理解讲演内容与写法

1. 整篇讲演可分为几个部分？每个部分的内容请用一两句话加以概括。

全文可分为三个部分。

第一部分（第1~3段）：痛斥国民党反动派不仅暗杀李先生，而且诬陷他的卑劣行径，歌颂李先生为争取民主而献身的无上光荣。

第二部分（第4~5段）：揭露国民党反动派的虚弱本质，指明敌人必然灭亡、人民必然胜利的历史规律，鼓舞群众的斗志。

第三部分（第6~12段）：鼓舞群众发扬光荣传统，为争取民主和平而斗争，表达自己勇往直前、不怕牺牲的坚强意志和决心。

2. 每个部分运用了哪些褒贬分明的词语？运用了哪些句式和修辞手法来表达强烈的爱憎感情？讲演者感情的浪涛又是怎样向前推进的？

这篇讲演单刀直入，一开篇就点出要说的中心事件——李公朴先生惨遭暗害。词的分量用得极重："最卑劣最无耻"。"李先生究竟犯了什么罪，竟遭此毒手？"一个反问，激起听众共鸣。接着大声呵斥，挥戈直指蒋介石集团。“光明正大”与“偷偷摸摸”一褒一贬形成鲜明的对照，揭露反动派是道道地地的黑暗动物。

闻先生情绪激动，不可抑制，因此讲演的第2段突然改换人称，厉声怒喝：“这里有没有特务？你站出来！是好汉的站出来！你出来讲！”运用感叹句和反复的修辞手法，欲把特务揪出来示众。“……又……还……”的句子，揭露了贼喊捉贼、嫁祸于人的无耻行径。“无耻”“光荣”，贬得痛快，褒得正确，长人民志气，灭敌人威风。

两个“献出了最宝贵的生命”，讴歌反对内战、争取民主的两代爱国者，讴歌昆明的光荣传统。

第二部分，讲演者从揭露敌人的卑劣行径进入到剖析他们色厉内荏的状态。“怎么想法”“什么状态”“怎么长的”，不仅揭露深刻，而且启发听众展开想象，认识这群丑类的蛇蝎心肠。“慌”“害怕”“恐怖”，一步一步揭穿敌人的阴暗心理。“完了，快完了”，把他们必然灭亡的本质暴露在光天化日之下。这部分阐述了李公朴殉难的意义，用斩钉截铁的语句说明人民必胜，真理永存，充满激越的感情，充满胜利的信念。

请学生齐声朗读：“人民的力量是要胜利的，真理是永远存在的。历史上没有一个反人民的势力不被人民毁灭的。”“我们有力量打破这个黑暗，争到光明！我们的光明，就是反动派的末日！”

第三部分着重阐述“正义是杀不完的”，因为“真理是永远存在的”，集中表现了闻一多先生视死如归、义无反顾的大无畏精神。

三个部分贯串了强烈的爱憎：讨伐敌人，似钢刀利剑直指敌人心窝；伸张正义，如催征的战鼓、进军的号角，激励革命者踏着烈士的血迹前进。感情的浪涛在褒贬扬抑中向前推进，由悲痛而愤怒而充满必胜的信心。表达时运用了短促有力的句式，时而感叹，时而责问，时而反诘，形成了一泻千里的气势，极其畅达地表达了极其愤慨的感情；对比、排比、反复等修辞手法的运用增强了表达的气势。

三、指导朗读

1. 合上书本，再听录音，体味讲演的气势与感情，体味长短句的交错运用。

2. 读好反问句、排比句，突出感情色彩强烈的词。

3. 阐述真理与正义的句子要读得字字清晰，铿锵有力。

4. 注意括号里的现场情况记录，感情奔放地朗读有关语句。

5. 掌握节奏与气势。叙述的语言要读得较为缓慢，热烈歌颂与愤怒斥责的语句要读得泾渭分明。要注意把握讲演的始而悲愤，继而愤怒，最后充满必胜信念的感情。

6. 根据以上要求反复朗读，奋力口诛蒋介石反动统治。

四、讲演训练

1. 明确写讲演稿的要求。

讲演，也叫演说或演讲，是在大庭广众中就某个或某一些问题发表自己的见解与主张。写这类稿子：心中要有听众，要根据实际需要，有的放矢；观点要鲜明，不含糊其词，不可这可那；内容要具体，不泛泛而谈，不说空话；语言要明白流畅，口语化，不说佶屈聱牙、别人听不懂的话。

2. 课后写一篇声讨“四人帮”祸国殃民罪行的演说稿，要求：(1) 旗帜鲜明；(2) 感情强烈；(3) 运用感叹句、设问句、反问句和褒贬色彩分明的词语表达愤慨的感情。

3. 读熟稿子，下一节课脱稿讲演，并开展评论。

【板书设计】

最后一次讲演

<table>
<tr><td>斥敌人卑劣行径</td><td>（暗杀）</td><td>贬</td><td rowspan="5">一泻千里的气势↓</td></tr>
<tr><td>赞民主战士献身光荣</td><td>（献出）</td><td>褒</td></tr>
<tr><td>揭敌人色厉内荏</td><td>（慌、害怕、恐怖）</td><td>贬</td></tr>
<tr><td>颂人民力量必胜</td><td>（大、强）</td><td>褒</td></tr>
<tr><td>表自己不怕牺牲的决心</td><td>（不怕死）</td><td></td></tr>
</table>

视死如归，义无反顾——大无畏的革命精神

【教后】

1. 课起始学生就被《红烛·序诗》与《闻一多传》深深吸引，迅速进入学习轨道。学生很快背出了诗，一下课就围着我借《闻一多传》看。

2. 充分运用朗读手段激发学生感情。先放录音，学生再自己读，反复读，沉浸在激昂慷慨的气氛之中。效果是好的。

3. 将词的感情色彩与不同句式的运用放在朗读训练中点拨，效果比较好。原想拎出来讲，但如果拎出来讲，可能就会破坏气氛，反不见佳。

《冯婉贞》

【教学目的】

1. 理解并学习中国人民反抗外来侵略的斗争精神，继承和发扬反对侵略的光荣革命传统。

2. 学习本文剪裁得当，运用对照方法突出人物形象的写法。掌握“以”的一般用法。

【教学时数】

三课时。

【教学步骤】

一、引入课文

学《拿来主义》时，说到自英国枪炮打开中国大门后，中国碰了一连串钉子。帝国主义列强如狼似虎地要吞噬中国，灭亡中国，而中国始终未能被灭掉，原因何在呢?

正如毛泽东同志所说的：“中国人民，百年以来，不屈不挠、再接再厉的英勇斗争，使得帝国主义至今不能灭亡中国，也永远不能灭亡中国。”这就是说，我们有反对外来侵略的光荣革命传统。

《冯婉贞》这篇文章从一个侧面，有力地表现了伟大的中国人民不甘屈服于帝国主义侵略的反抗精神。

二、指导自学文言文的方法

1. 弄懂词句含义。

（1）通读一遍，粗知文章大意。

（2）运用工具书，逐字逐句理解推敲。

识字，了解通假字、异读字；弄清楚实词含义、活用情况，以及虚词用法；弄懂句式、词序、句子成分的省略等。

2. 在理解文字的基础上分析文章在内容与表达上的特点。

3. 朗读成诵，句读分明。

三、逐段讲读、理解

第一部分（第 1~2 段）：写在英法联军入侵的危急形势下，谢庄办起了团练，准备抗击敌人。

骚然：骚乱起来。

以：因为。

推为长：推做头领。

要隘（ài）：险要的地方。

交代时间、地点、人物、事件：1856—1860 年，第二次鸦片战争，英法联军火烧圆明园。

第二部分（第 3~4 段）：写谢庄人民首战告捷，在取得初步胜利的情况下，冯婉贞冷静地分析形势，提出对策，组织群众，准备迎击再次进犯的敌人。

旋：不久。

督：指挥。

英将：即前句的“白酋”。

不少动：一动不动。

何以为计：介宾倒装，即“以何为计”。

村亡：村子毁掉。

与其……孰若……：与其……哪如……。

这部分将敌我双方的情况交代得一清二楚，记叙了第一次反击战取胜的情形和取胜后父女之间的争议，刻画了冯婉贞的智慧与胆略。

第三部分（第 5 段）：写冯婉贞率领青少年们，运用伏击近战的战术，击退了第二次进攻的敌人，保卫了谢庄的安全。

结束：与现代汉语中的“结束”不同，指整好装束。

焉：于此。

舁（yú）：抬。

盖：大概。

便捷猛鸷：灵活迅速，勇猛。

斫（zhuó）：用刀砍。

远我：远离我们。“远”，形容词作动词用。

有组织，有领导，准备充分，动作敏捷；取胜后头脑清醒，识破敌人阴谋，利用敌人短处，克敌制胜。

四、学生朗读全文，同桌对译，然后分析文章的中心和写作特点

《冯婉贞》原题为“冯婉贞胜英人于谢庄”。作者选取了最能表现冯婉贞有胆有识的事件来写，扣住一个“胜”字，展开情节。

中心：颂扬冯三保父女及谢庄民众反抗侵略者的英勇斗争的精神。

写作特点有二。

一是剪裁得当：写谢庄人民抗击，以写冯氏父女为主；写冯氏父女，以写女儿为主；写敌我双方，以我方为主，详写。详略有别，重点突出。

二是处处对照：谢庄人民与清统治集团的对照、两次战斗中的敌我对照和冯氏父女的对照，使谢庄人民、冯氏父女形象鲜明突出。

五、阅读全文

要求学生对以下 4 个文言虚词的用法、“长”的一词多义情况，及 4 种文言句式作归纳。

1.“以”。

(1) 连词，相当于“因为”。(“以三保勇而多艺”)

(2) 介词，相当于“用”，表凭借。(“莫如以吾所长”)

(3) 连词，表明后一行为是前一行为的目的。(“吾必尽吾力以拯吾村”)

2.“之”。

(1) 人称代词，相当于“他们”。(“而与之竞火器”)

(2) 音节助词。与动词结合，构成双音节，作调整音节用。(“慎之”)

3.“然”。

作形容词词尾，与形容词一起或作谓语，或作状语，相当于“……的样子”。(“骚然”“隆然”“戚然”“瞿然”)

4.“盖”。

(1) 发语词。承接上文说明原因时，常用在句子开头，无具体意义，属于音节助词。(“盖借寨墙为蔽也”)

(2) 副词，相当于“大概”。(“盖五六百人也”)

一词多义：

长
- (1) 头领。[“以三保勇而多艺，推为长（zhǎng）”]
- (2) 长处。(“莫如以吾所长，攻敌所短”)
- (3) 擅长。(“西人长火器而短技击”)

文言句式：

(1) 疑问代词作宾语，前置。如“何以为计?”“何异以孤羊投群狼?”

(2) 介词结构后置，作补语。如“筑石寨土堡于要隘”。

(3) 介词结构后置，作补语，但省略介词。如“无益（于）吾事”“火器利（于）袭远”。

（4）“如……”后置，作补语。如“剽疾如猿猴”。

六、布置作业

1. 给每段加小标题。

第 1 段：形势危急，谢庄办团。

第 2 段：首战告捷，婉贞献计。

第 3 段：埋伏袭击，近战胜敌。

2. 给弟弟、妹妹或其他小朋友讲述冯婉贞抗英的故事。可根据课文中的材料适当加工，要讲得生动、具体。

3. 课外阅读《从林则徐到孙中山》。

【板书设计】

冯婉贞

京洛骚然　　谢庄办团

冯三保　　冯婉贞

勇而多艺　　习无不精

敌势可乘　　拯｛诏众、伏击、急逐｝

自喜

克敌制胜，智慧与胆略

【教后】

1. 生字较多，加强领读。要求学生辨明形、音、义。

如：庚（gēng）　糜（mí）　踡（quán）　迩（ěr）

堕（duò）　鹜（wù）　畜（jī）　瞿（jù）然

猱（náo）　鸷（zhì）　拯（zhěng）　剽（piāo）

2. 要求学生熟读课文注释，积累文言词语。

3. 男生对打仗有兴趣，同学试译时插嘴很多，我未加阻止。七嘴八舌也可互相补充，达到帮助理解的目的。

《范进中举》

【教学目的】

1. 认识科举制度的罪恶、封建社会的腐败，体会反对封建制度、肃清封建思想流毒的必要。

2. 学习文中鲜明的对照手法和高超的讽刺艺术。

【教学时数】

两课时。

【教学步骤】

一、布置预习

1. 按范进中举前后的内容划分段落，编写每个段落的材料提纲。

2. 列表或列提纲表明范进中举前后的“今非昔比”，抓住关键词语对范进本人、胡屠户、张乡绅三人的前后变化进行对照。

3. 查字典，质疑。

二、指导阅读

1. 本文与《孔乙己》的写作意图类似，均是控诉封建社会和科举制度的罪恶。孔乙己是科举考试的败北者，范进是中了举，发了迹。皆是热衷功名，一个被吞噬，一个爬上去。皆是中毒极深，一个是被吞噬却仍然麻木不仁，一个是中了举欢喜得发了疯。

2. 了解范进中举后发疯的丑态，治疯的妙药。

语言：“‘噫！好了！我中了！’”

外形：“散着头发，满脸污泥”，一身水，鞋“跑掉了一只”。

动作：“拍”“笑”“叫”，疯疯傻傻。

作者运用妙笔把这个人物丧魂落魄的丑态、狂态刻画得淋漓尽致，入木三分。范进长期遭人白眼，一朝考中，如同发生天旋地转的变化，感情上承受不了。彼时绝大多数知识分子听任封建统治者摆布，背后隐藏的是悲剧，既可怜又可悲。

3. 段落与材料。

第一部分（第 1~2 段）：

（1）范进进学，胡屠户带大肠与酒前来祝贺，“教导”了范进一顿；

（2）范进向胡屠户借盘费参加乡试，被胡骂得“狗血喷头”；后“向几个同案商议”，赴城考试。

第二部分（第 3~12 段）：

（1）范进发疯（疯前卖鸡与得人报喜）；

（2）胡屠户为范进治病；

（3）张乡绅拜谒，送钱送房；胡屠户受赠范进银两。

4. 列表要点：

范进（醉心功名）
- 前
  - “唯唯连声”“‘岳父见教的是’”（地位卑下）
  - 插草标卖鸡（生活困顿）
- 后
  - 发疯（乐极）
  - 新贵

胡屠户（庸俗势力）
- 前——骂（从长相上讥讽范进“尖嘴猴腮”，到人格上侮辱他“现世宝”，再到经济上骂他贫穷）
- 后
  - “打”（治病）（壮胆、手颤）
  - 奉承（“‘才学又高，品貌又好’”“低着头替他扯了几十回”）（肉麻）

张乡绅（逢迎拉拢）
- 前——"'一向有失亲近'"
- 后
  - "平磕了头"
  - "'世先生'""'亲切的世弟兄'"（攀亲叙旧）
  - 赠五十两银子，一座房子

前后对照，三个人物的内心世界毕现，极其深刻地表现出世态炎凉。世情奸似鬼，人面逐高低，讽刺矛头直刺封建科举制度与封建社会的脏腑。

5. 简介小说中与范进中举有关的情节。

周进与范进遭遇相似，科场考了几十次，秀才也未捞到，受尽困顿与屈辱，后来在一群商人的资助下，侥幸中了举人，之后又成了进士，做上了"广东学道"。（曾两眼发直，号啕大哭。）

主持考试那天，周进见考场上有一个"面黄肌瘦，花白胡须，头上戴一顶破毡帽"的老童生，十二月天气，"还穿着麻布直裰，冻得乞乞缩缩"，动了怜悯之情，未阅完卷，就把范取为第一名，并面嘱他参加选拔举人的考试。

6. 鲁迅对《儒林外史》的推崇。

"迨吴敬梓《儒林外史》出，乃秉持公心，指擿时弊，机锋所向，尤在士林；其文又戚而能谐，婉而多讽：于是说部中乃始有足称讽刺之书。"（《中国小说史略》）

"'讽刺'的生命是真实。""它所写的事情是公然的，也是常见的，平时是谁都不以为奇的，而且自然是谁都毫不注意的。不过这事情在那时却已经是不合理，可笑，可鄙，甚而至于可恶。但这么行下来了，习惯了，虽在大庭广众之间，谁也不觉得奇怪；现在给它特别一提，就动人。"（《什么是"讽刺"？——答文学社问》）

"戚而能谐，婉而多讽"，作者出之沉痛愤激，而能诙谐风趣，文笔曲折而饶有讽刺意味。这两方面构成了《儒林外史》的思想艺术风格。

写范进可笑可怜，写胡屠户庸俗势利，既诙谐又辛辣，实质上则充满了饱含血和泪的控诉。

三、放录音唱片

要求学生：

1. 掌握生字难词。

作揖（yī）　带挈（qiè）　腆（tiǎn）　啐（cuì）

拙（zhuō）　斋（zhāi）　兀（wù）自　绾（wǎn）

桑梓（zǐ）　锭（dìng）子　攥（zuàn）

2. 体会文中对人物语言、动作、神情的描绘。

3. 体会文章通过巧妙的对比表现出来的高超的讽刺艺术。

除了从人物本身的前后对照角度外，还可以从以下角度加以体会：

(1)“言”与“行”的对比。

(2)“言”与“言”的对比。

(3)“言”与“意”的对比。

要求学生各举一二例说明。

四、学习成果交流

1. 交流所列的表或提纲。（两学生板书，其他学生互相交换着看。内容略。）

2. 口述“言与行”“言与言”“言与意”对照一二例。

如：范进口述“噫！好了！我中了！”一语三叹，欢乐之情从口中涌出。接着是“往后一交跌倒，牙关咬紧，不省人事”，这是乐而发狂的“行”。两相对比，产生了强烈的讽刺效果。

又如：胡屠户的两次贺喜，在同一地点，对同一对象，评价截然不同。前面是说“我自倒运，把个女儿嫁与你这现世宝，历年以来，不知累了我多少”；后来“现世宝”成了举人，成了老爷，语言立刻变化，说“……我自己觉得女儿像有些福气的，毕竟要嫁与个老爷，今日果然不错”。言与言形成强烈对比，鞭挞得入木三分。

再如：张乡绅开口亲热，“世先生”“亲切的世弟兄”“至亲骨肉一般”，这是“言”。而言中之“意”是“适才看见题名录，贵房师高要县汤公，就是先祖的门生”，意思是你的中举，还有我家的一份功劳。抬一抬，拉一拉，“言”与“意”相对照，揭示该人物丑恶的灵魂。

五、布置作业

1. 根据对提纲和列表讲评的情况修改自己的课前作业。
2. 做“思考和练习”三。
3. 练笔参考题：“势利小议”“两副面孔”。

【教后】

1. 听录音效果好。音频使无声的文字变成有声的语言，加强了讽刺效果。

2. 学生自己阅读时，感到生字多，有的话读起来不顺口。加强了这方面的指导。

3. 人物前后对照的表列得较好。有的学生列得烦琐了一点。

开发学生智力的宝库

《记一辆纺车》

【教学目的】

1. 继承和发扬艰苦奋斗的光荣传统，培养敢于同困难做斗争的革命精神。

2. 理解本文巧妙的构思，体会比喻的大量运用在表情达意上的重要作用。

【教学时数】

两课时。

【教学步骤】

一、出示纺车图画，引入课文

今天学习《记一辆纺车》，作者吴伯箫。箫，是“洞箫”的“箫”。请学生一起分析字形。字头“竹”，下半部分“肃”。“姓萧”的“萧”、“秋风萧瑟”的“萧”是草字头。

这是一篇回忆性的叙事散文。纺车，对今天生活在大城市的学生来说，十分陌生。它是什么样子呢？请学生看图（出示纺车图画）。

纺车，结构简单，只有车架、轮子、锭子。可是，就是这普通的、简单的纺车，在抗日战争最艰苦的年月，发挥了巨大的作用，创造了物质和精神上的财富。

现在齐读第 1 段，思考回答：

作者对他使用的一辆纺车充满了怎样的感情？而这种感情又是怎样表达的呢？

学生回答后，教师小结：充满了“深切的怀念”。有多深切？像怀念朝夕相处的旅伴，像怀念并肩战斗的战友。4 个“想”，充分表现了车留心系，一往情深。作者运用了一唱三叹的方法，叩击读者的心扉。

二、讲读课文的第二部分（第 2~10 段）

1. 学习第一层次（第 2~4 段）。

（1）为什么作者对纺车会有如此的深情呢？请学生朗读第 3、4 两段，找出关键性的语句来回答。

作者把纺车放在延安大生产运动的历史背景上，叙述它在当时的重要作用。

① 在经济上保证了边区军民的“丰衣”，在政治上军事上粉碎了敌人妄图“困死我们”的阴谋，就像在前线杀敌的枪炮一样（比喻贴切，恰如其分）。（介绍三五九旅南泥湾大生产运动。）

② 改变了人们的精神面貌，培养了延安军民艰苦朴素的思想作风。（作者也借此从人们的精神面貌着笔，深刻阐明了劳动的思想教育意义。）

（2）为了突出其思想教育意义，作者是怎样具体描绘的？采用了怎样的写法？

先铺写，再对比，最后上升到世界观的高度。先写人们对自力更生的劳动成果的感情，用 4 个“一”铺开写；然后着眼于破旧，用一个成语“敝帚自珍”表现大家对这些劳动成果的爱惜、珍重之情；再写“洗”“补”，借助4个“了”2个“又”，运用叠词，在有节奏感的语言之中，表爱惜之情；最后以一个条件关系的复句收束，突出“称心”带来的喜悦之情。这样铺写，突出一个“情”字。这种“情”是人们在大生产运动中形成的高尚的思想感情，是一种以艰苦朴素为荣的思想感情。这样铺写，让人们看得见、“摸”得着。

为了突出用纺车劳动的思想教育意义，突出艰苦朴素好思想已扎根在人们心中，作者在铺写之后，又添上重重的一笔来对比，最后上升到审美观的层面，以哲理性的语言结束，令人深思，引人回味。

（3）既然第3、4两段已从纺车的重要作用说明“深切的怀念”的原因，为何还要写第2段？第2段文字着重述说这辆纺车什么样的特点？找出一个关键词语。

着重写其“普通”，从外形构造、数量、使用范围来说明。故意宕开一笔，写其“普通”，是为了接下来表述革命圣地的纺车有其特殊的重要作用，很“不普通”。这样先轻点，后重描，先抑后扬，文章有波澜，感情表达得十分真切。

（4）读、背。

朗读第1~4段。

背诵第1段全段和第4段的最后一句。

2. 学习第二层次（第5~7段）。

写纺车，不能离开摇纺车的人。

第二层次抓住纺线，把纺车和摇纺车的人结合起来写。

（1）朗读第5段，思考：作者对纺线劳动是怎样认识的？是苦还是乐？作者是用怎样的语言来形容这个“乐”的？又是从哪两个角度来具体描绘的？

苦中有乐，“腰酸胳膊疼”，但“很有兴趣”。用“不过”突出精神上的愉快，喜悦。乐到“简直有艺术创作的快感”。把简单的劳动视为艺术创作，渗透了热爱劳动、热爱生活的深情。而这深情又来源于对其重要作用的深刻理解。

从视觉上写，描绘出一幅优美的纺线图；从听觉上写，谱写出一支动人的纺线曲。从这两个角度来写，不仅声色相生，互相促进，而且刻画出“物”解人意——车轮、锭子仿佛在“争着”发声，给纺线人增添无穷的乐趣。这些描写将纺线的“乐”表达得淋漓尽致。

（2）然而，要把纺线劳动当作一种高尚的艺术享受并不是轻而易举的；想要有这样高尚的革命情怀，须经过一段艰苦的磨炼。要想熟练地掌握技术，需解决一对什么矛盾？

“摇车抽线”要“配合恰当”。简单的劳动不简单。

（3）初学纺线的人纺线时，人怎样？车怎样？熟练的纺手纺线时，人怎样？车怎样？

请两个学生对照起来读。说明：

初学的人什么特点？不得要领，焦急。熟练的纺手怎样？从容自如，从心所欲，得心应手，指挥若定，驾轻就熟，不慌不忙。

车怎样呢？找出与人的“急”相对照的描写。

“安安稳稳地呆在那里”，“等待，等待”。纺车真是体解人意，能体谅初学人的心情。“直等到”什么时候呢？

找出纺线人心情的前后变化和动作变化（情态）。

心情 { “急”“躁”
“心平气和”

动作 { “不知道劲往哪儿使”
“动作协调，用力适当，快慢均匀”

由生手转变为熟手，突出劳动实践对人的意志的磨炼，使人才干增长，对纺车的思想感情也发生了深刻的变化。

（4）有了这些变化后，纺线人获得了丰硕的成果。原来“断头”，拧绳，打结，现在怎样？

能将线“像魔术家帽子里的彩绸一样无穷无尽地抽出来”，比得极妙。不断积累的线穗子“像成熟了的肥桃”，很形象。

有了这些变化，纺线人就会产生怎样的感受？

“愉快”，“任何物质享受都不能比拟”。对纺车的感情也如同骑士爱战马，射手爱良弓。人与物发生了感情交流。

由于精雕细刻，文章将纺车、棉纱、毛线等静物描绘得惟妙惟肖，活灵活现；由于精雕细刻，人们对纺车的珍爱、劳动后的喜悦、奋斗的高尚情操跃然纸上。

（5）第 7 段写纺线姿势，是就姿势介绍姿势，还是通过写姿势另寓其意？

透过姿势写纺手的精神境界。描绘富有诗意，字里行间洋溢着劳动的无限乐趣。这段描写与“艺术创作的快感”“任何物质享受都不能比拟”呼应，热情歌颂延安军民艰苦奋斗的高尚情操与创造精神。

（6）朗读，体会。

3. 学习第三层次（第 8~9 段）。

上一层次是从个别纺手的角度着笔，这一层次给我们展开了波澜壮阔的纺线运动的场面。

在描绘热火朝天的竞赛场面之前，先简述为“提高生产率”而“进行技术改革”，点明劳动长智慧，实践出真知，为下一段的场面描绘做准备。

读第 8、9 两段，思考回答：作者是怎样描绘纺线竞赛场面的？怎样用妙笔尽情渲染？为什么要这样描绘、渲染？

先用简洁的文字把竞赛的目的、内容、地点一一交代清楚，然后以抒情的笔触，运用各种修辞手法，着力歌颂坪坝上的竞赛场面。先以古代“沙场秋点兵”一比，刻画“壮阔”气势；然后立即否定，将竞赛喻为“盛大的节日赛会”，突出其“热闹”的特点，弥补沙场点兵严肃有余、热闹不足的缺憾。这是第二笔渲染。第三笔以夸张的手法，极力渲染竞赛规模宏大，想象丰富，比喻形象。接着以比喻绘“气势”——“机群起飞”，“万马奔腾”，把竞赛推向扣人心弦的高潮。最后以竞赛结束为结，照应竞赛目的，突出劳动的欢乐。

这样尽情渲染，满怀昂扬的激情展开亲切的回忆，如同把读者带到了如火如荼的劳动现场。

有没有这样的渲染与描绘，效果不一样。有了气势更盛，情意更真切，韵味更浓烈，使上文表现的人们高尚的劳动情操更饱满，更高昂。

4. 学习第四层次（第 10 段）。

经过精雕细刻的描摹，挥洒自如的渲染，第 10 段顺势小结。

这一段以精辟的议论总结纺线劳动的意义，引用马克思、列宁的话，言简意赅，富有说服力。再次把思想提到幸福观、世界观的高度（为个人与为集体形成鲜明对照），歌颂延安的光荣传统和艰苦奋斗精神。

三、讲读课文的第三部分（第 11~13 段）

最后三段总结全文。

结尾与开头一段有何异同？异在不是简单的重复，而是使内容更广阔，主题更鲜明。作者为何对纺车充满深切的怀念？为何对纺线的场景久久难忘？因为那是延安精神的反映，是延安面貌的缩影。延安生活是艰苦的，但精神生活无限丰富——人们有“崇高的理想、豪迈的气概、乐观的志趣”和跟困难作斗争的精神。

结尾格调高昂，思想含蓄，余味无穷，是革命感情的高峰，也是哲理的涌现。

最后一句单独成段，起强调作用，以示念念不忘。

四、总结全文

1. 这是一篇回忆性的叙事散文，线索清楚，构思精巧。写的是纺车，而又远远不止写纺车。由自己使用过的那辆纺车，引出大生产运动中的成千上万辆纺车，再扩展开去引出与纺车有关的纺线劳动，透过对纺线劳动的描绘渲染，展现与歌颂延安精神。内容虽广泛，但紧扣题旨，既不局限于纺车，又不离开纺车，放得开，收得拢，挥洒自如。（于朴实中见精神。）

从“物”的实处落笔，怀念精神，歌颂精神，永葆精神；从“小”入手，以小见大，见远，见深。（托物叙事见精神。）

1961 年，正处于三年自然灾害时期，作者以饱满的无产阶级革命激情写下了这篇洋溢着革命乐观主义精神的优秀散文，以激励人们继承和发扬延安光荣传统与革命精神，发挥了战斗作用。在经受了“文化大革命”的今天，问题成山，困难成山，这种延安精神，这种共产主义情操，对我们而言不正是十分需要吗？

2. 语言富有特色。

大量运用比喻：增强了文章的生动性，使文章真切动人。

有单用，有连用；有的着眼于形，有的着眼于声，有的着眼于性能，有的着眼于感情。这些比喻各尽其妙。

五、布置作业

1. 朗读全文，就以上内容和语言两个方面认真体会。

2. 背诵第 1 段、结尾三段和第 9 段中的“在坪坝上……在共同完成一项战斗任务”。

3. 做“思考和练习”三。

【板书设计】

记一辆纺车

深切的怀念	一唱三叹
纺车——普通又不普通	先抑后扬
纺线{从个别纺手角度	精雕细刻
纺线{集体劳动场面	尽情渲染、浓笔渲染
延安光荣传统	言简意赅

【教后】

1. 课前估计错误。学生比较喜欢散文，一上课我说了这样一句话：昨天课后请同学们预习，这篇课文大家喜不喜欢？谁知这一说，课堂上像开了锅，好多学生说“不喜欢”。我只好就势询问“不喜欢”的原因，有的说既不像回忆录，又不像说明文，也不是叙事文；有的说既是散文，就应有文采，而这篇读起来“干”。结论是不喜欢。我就势引导，说明抒情散文与叙事散文的异同，并说后者我们这是第一次接触，对其中美妙处尚不能体会，学后，就会喜欢了。这样一讲，学生的兴趣就被激发出来了。

2. 一学生问：作者既然珍惜那一辆纺车，为何不像《一件珍贵的衬衫》的主人公珍藏衬衫那样将纺车珍藏起来？师生开展议论，我抓住这一问题对学生进行教育。

3. 教学实践证明，出示纺车图画是必要的：生长在大城市的孩子没见过纺车，教具一出示，学生注意力立刻集中。有一个在郊区住过的学生看得十分仔细，说纺车上少画了一个螺丝。学生真是可爱！

《藤野先生》

【教学目的】

1. 体会鲁迅先生强烈的爱国主义感情，学习鲁迅先生“我以我血荐轩辕”的爱国主义精神。

2. 学习本文抓住主要特征刻画人物的写作方法，领会各组材料之间的内在联系和文章语言的感情色彩。

【教学时数】

两课时。

【教学步骤】

一、启发兴趣，引入课文

今天学习鲁迅先生的散文《藤野先生》。这篇文章选自散文集《朝花夕拾》。“朝花夕拾”是什么意思？请学生试解。

《从百草园到三味书屋》是鲁迅先生对儿童时期生活的回忆。而这篇《藤野先生》是鲁迅先生对自己青年时东渡日本留学的生活片段的回忆，写于 1926 年。（出示鲁迅先生在日本留学时的照片和 1926 年在厦门大学任教时的照片，加深学生对“朝花夕拾”的理解。）

这篇文章如作者自己所说，“是从记忆中抄出来的”。

二、
检查预习

1. 请学生质疑。

2. 这篇散文是以什么为顺序来记叙的？是以什么为中心来记叙的？是以什么为线索来记叙的？

以时间为顺序，以藤野先生为记叙中心，以作者思想感情的变化为线索。放在20世纪初广阔的时代背景下写人、叙事，这篇散文把对藤野先生的深沉怀念跟强烈的爱国主义激情紧密地交织在一起，写作手法很出色。

3. 全文可划分为几大部分？（学生回答：三大部分。）

三部分各写了什么内容？

（1）东京所见所感；（2）仙台学医生活；（3）离开仙台以后对藤野先生的深切怀念。

三、
讲读第一部分（第1~3段）

“清国留学生”是怎样的情况呢？作者对此充满了怎样的感情？既然文章以藤野先生为记叙的中心，为什么要写东京“留学生”的情况？

1. 朗读。

2. “清国留学生”腐败堕落，对国家前途、人民命运置若罔闻。他们白天迷恋于观景看花，精心摆弄象征民族压迫与封建统治的辫子，晚上醉心于学跳舞。

3. 体会语言的感情色彩。

“无非”：作者满怀寻找救国救民道理的希望，离开自己的国土，但东京所见与国内一样，他感到失望、愤懑、厌恶。“油光可鉴”：“鉴”，镜子，此为“照”义。（指出“前车之覆，后车之鉴”中的

"鉴"为"借鉴"义。)"实在标致极了":要求学生说出"标致"的同义词、反义词,体会"实在""极"在表达上的作用。

4. 理解作者对东京的失望,对新鲜环境的追求。

文章从"清国留学生"的情况入笔,交代离开东京的原因,为下文的展开在思想和结构上做了铺垫。

四、讲读第二部分(第4~35段)

1. 第二部分是文章的主体,着重写对藤野先生的怀念,可是作者又未立刻下笔,而是先写自己赴仙台途中的见闻和初至仙台的情况,这是为什么?

(1)朗读第4、5段。

(2)对"水户"的牢记表明鲁迅先生的爱国主义思想。"日暮里"照"本证"来说,能被记住的原因不知,亦无可靠的旁证,不能臆断。做学问要严谨,考证事物首先求本证,本证最能说明问题。凭空推断与有根据地探究其中寄寓的含义是两码事。

(3)通过写自己在仙台的受优待表现日本人民对中国留学生的友爱与关心。(与下文"爱国青年"的表现形成对照。)

(4)与主题不游离。由食宿下劣引出仙台医专教职员对他的关注,为藤野先生的出场做铺垫。层层铺垫都表露出鲁迅强烈的爱国主义思想。

2. 在关心"我"的教职员中,"我"最难忘的是"藤野先生"。藤野先生经过铺垫终于出现在读者眼前。他是怎样的一个人呢?

(1)阅读第6~23段。

(2)先看他的外貌,再说明文章抓住哪几件事来刻画他的思想性格。

(3)外形,用白描手法来写,这是鲁迅惯用的手法,几笔勾勒,显现特征。

(4)事:回忆的几件事。

第一节课；看“我”的讲义；指导画图；询问裹脚事。

（5）思想，性格，作风。

是一位正直的学者：纯朴，生活节俭；治学严谨，学识渊博；对鲁迅热情关怀，不倦教诲；待人诚恳，无民族偏见。在日本帝国主义恶浊空气泛滥的情况下，藤野先生对中国人民的真诚友谊更显珍贵。

（6）重点朗读第15段。“添改”讲义的情节饱含着一位日本学者对中国人民的友谊，平凡中见深情，已然超越了对知识的传授。一个“添改”两颗“心”，心心相通。对这样的老师，鲁迅先生怎会不尊敬和感激呢？

3. 藤野先生对中国留学生赤诚以待，可受到日本军国主义思想毒害的日本青年如何呢？作者满怀愤慨和内心的痛楚写下了这些片段。

第一件，受侮辱（“翻检”、讽刺、流言）。

第二件，受刺激（被观影时的“欢呼”包围）。

（1）作者对受侮辱这件事发表了怎样的议论？表露了怎样的感情？（被视作“低能儿”，关键在国“弱”。）

反语、讽刺、揭露，这让一个热血沸腾、很有抱负的青年怎能不愤慨？怎么能承受得了这种耻辱？然而使作者内心更痛楚的事接连发生。

这是一个怎样令人窒息、令人愤怒、令人难以言表的场面！影片里，中国人麻木落后；讲堂里，自己受歧视、被包围。鲁迅先生的民族自尊心受到践踏，热爱祖国的炽热感情如火山一样要喷射，而这种自尊心、这种热情终究化作深思，化作了他对生活道路的抉择——他决定弃医从文了。这是他人生道路上的一大转折点。（读注释③。）

“刺耳”，不是对声音的反映，而是心灵上感到痛楚。“刺耳”实际上是“刺心”。

（2）作者是怎样写自己告别藤野先生的情景的呢？着重写藤野先生的脸色，进一步表现他对中国学生的深切关怀。

小结：这一部分写鲁迅先生在仙台医专学医的经过，忆藤野先生对他的关怀、教育、帮助和师生间的情谊，以及自己思想的重大变化。

五、讲读第三部分（第36~38段）

这一部分叙述作者对藤野先生的深切怀念。有两点值得注意：

1. 作者怀念、敬爱先生，“时时记起他”，不仅因为先生尽心尽力教，而且更是因为他有一颗为中国、为学术的伟大之心。师生友谊很不寻常。

2. 作者叙述先生对自己的深远影响，巧妙地再现先生的音容笑貌，把旧事与时事结合起来，表示自己继续战斗的决心。这使得这篇散文具有强烈的现实意义。

六、本文的写作特色

1. 选择典型事例，抓住主要特征表现人物。从外貌、语言、动作到精神品质，无不刻画入微，形神毕肖。侧面烘托、映衬，使人物形象突出。

2. 各组材料（生活事件、世态人情、历史材料、科学知识及现实斗争）能够如此丰富有机地组合在一起，是由于它们在思想内容上有内在联系。贯串全文的内在线索是作者崇高的爱国主义思想。文章放得开，收得拢，形散而神不散。

3. 语言富有感情色彩。

七、布置作业

1. 朗读全文。读顺口，读正确。

2. 在书上依次画出表现作者爱国感情的句子与段落，并分析它们是从什么角度来表现的。

【板书设计】

藤野先生

质朴　　严谨　　关怀　　教诲

（东京）　　仙　台　　（离开仙台）

寻求——→失望——→学医——→弃医从文——→继续战斗

【教后】

这次教《藤野先生》，好几个学生问了这样的问题：文章既然是写藤野先生，为什么好多笔墨不是写他？前几段文字好像与藤野先生联系不起来，似乎不搭界，是不是废笔？文章到底是写鲁迅自己还是写藤野先生？简直弄不清楚。学生的质疑已经突破词句的局限，进入对选材、谋篇的探索，思考问题的能力提高了。

原打算这篇课文两课时授完，但课堂上小周同学提出的关于“日暮里”的问题引起了争论，于是临时改变计划放手让学生开展讨论，授课延长一课时。小周认为“思考和练习”的第二个题目欠妥。“为什么一直记得‘日暮里’‘水户’两个地名”，后者可以解释，是出于鲁迅强烈的爱国主义思想感情，而前者难以解释，拉扯不到爱国主义思想感情上。有的学生认为，文中的话不一定每个句子都包含什么意思，法国大作家雨果就曾这样说过；有的学生表示异议，认为长篇小说尚可这样说，短篇小说，篇幅短的散文，如果是好文章，就不应如此。小章说：鲁迅先生自己说“不知怎地，我到现在还记得这名目”，可见他“还记得”并没有什么理由，不应该妄加揣测。这时，小曾用期待的眼光看着我，我立刻请他发言。他说：“‘日暮’象征着国家的衰败。鲁迅东渡日本为的是寻求救国救民的道理，可是到了东京看到‘清国留学生’如此醉生梦死，感到前途茫茫然。旅途中一看到‘日暮里’这个地名，他就触景生情，故而印象很深。因此，鲁迅先生能记得这个地名同样是出于他爱国主义的感情。”他一口气讲得那么流畅，同学们用惊异的眼光看着他，我也有些愕然。这个不轻易发言、话音常嗫在喉咙里的学生不是不会发言，不是不会响亮地发表自己的意见，只要能真正拨动他的心弦，他心中的话就会顺畅地流淌出来。我对他的了解更深了一层，也为他口头表达的进步而高兴。

抓住这个有争议的问题，就势对做学问的方法进行了指导。向学生指出：考证事物应注意本证，不能牵强附会。鲁迅先生自己说的“不知怎地”是最可靠的证明。推论要有根据，不能主观臆断。

过去教《藤野先生》，一开头就讲“东京也无非是这样”，总讲不好，“无非”这个词的意味出不来。这次先引导学生弄清东京“清国留学生”精神空虚、堕落腐败的情况，回过来再教这一句，“无非”就有着落，学生能比较具体地领会其中饱含的厌恶之情。同时，能更为顺妥地过渡到下文：“东京也无非是这样”，“到别的地方去看看，如何呢”。由中国到日本，由东京到仙台，其间贯串了鲁迅先生对救国救民真理的寻求，厌倦的心情与追求的愿望跃然纸上。

《果树园》

【教学目的】

1. 了解土地改革运动时农村斗争的情况，认识这一运动的历史意义。

2. 理解景物描写对塑造人物和表达中心所起的作用，学习人物描写中刻画心理活动的写作方法。

【教学重点与难点】

重点：景物描写和心理描写在文中的作用。

难点：生字难词；人物的思想感情。

【教学用具】

油画一幅。

【教学时数】

三课时。

第一课时

一、预习要求

1. 查字典。把不认识的字、词注上音，理解其含义。

2. 思考回答：

（1）节选部分着重写了几个人物？根据情节的发展与人物的安排可划分为几个部分？

（2）开头部分的景物描写采用了怎样的方法？取得了怎样的艺术效果？

二、检查预习情况

1. 请学生读板书的下列字词，并解释其含义。

（1）晨曦（xī）：早晨的阳光。曦，阳光。

（2）蠕（rú）动：像蚯蚓爬行那样动。

（3）罅隙（xià xì）：缝隙。隙，裂缝。

（4）逡（qūn）巡：有所顾虑而徘徊或不敢前进。

（5）踱（duó）：慢步行走。

2. 质疑。

三、解题与介绍作者

1. 本文节选自长篇小说《太阳照在桑干河上》。这本书是一部土地改革运动的史诗。作品生动地描写了在党的领导下群众的觉醒和劳动人民新的感情、新的品质，成功地塑造了许多不同阶层的人物形象。并同周立波的《暴风骤雨》一起，在1951年获得斯大林文学奖金。还被译成10余种外文版本。然而，这本书与读者隔绝了20余年。为什么这本书一下子被禁锢了20多年呢？这是由于20世纪50年代作者被错划为右派分子，作品也就随之不见天日。现作者已得到平反。

作者丁玲，现代著名女作家，1904年生，湖南临澧县人。其处女作为《梦珂》，1927年由叶圣陶先生选用，发表于《小说月报》。后又发表《莎菲女士的日记》《阿毛姑娘》等。早期作品大都反映大革命失败后人们生活苦闷，进而去探索、寻求生活出路的情形，表达对群众运动、革命斗争的热烈向往之情。《太阳照在桑干河上》是她创作道路上的里程碑，其特点是通过挖掘人物的内心世界来塑造文学形象。目前，丁玲正在创作该书的姐妹篇《在严寒的日子里》。

本文节选自小说的第 37 章《果树园闹腾起来了》的前半部分。（全书共 58 章。）

2. 请学生看注释，回答：（1）故事发生的地点；（2）反映的矛盾；（3）主要敌人的情况。

故事发生的地点是华北地区的一个村子，叫暖水屯。描写的是 1946 年华北地区土地改革中错综复杂的矛盾斗争。

土改开始，干部进屯，地主阶级感到暴风雨来了。钱文贵是恶霸地主，“村子上八大尖里面的第一个尖”，有谋力，有心计，与日伪势力、国民党反动派有勾结。土改前一年他送子参军，成了军属；将女儿嫁给干部——村治安员张正典；名义上把土地分给两个儿子，各 25 亩；把侄女黑妮当作钓饵，去勾引农会主任程仁。由于他手段狡猾，蒙骗了土改组长，被错划为中农。群众顾虑重重，情绪不高，以致暖水屯的土改工作总是开展不了，直至县委宣传部长章品到暖水屯了解情况，纠正工作中的差错，反奸反霸的斗争才进一步深入展开。

李子俊也是地主，但无能。土改开始，他就雇工出卖果子，和农民抢夺胜利果实。故先封他果园，成立“卖果子委员会”。课文就是从这儿开始的。

3. 节选部分的中心事件是什么呢？请学生用一个动宾短语加以概括。

学生回答：统制果园。节选部分揭示了矛盾与斗争的焦点，是整篇小说的一个缩影。

四、划分段落

1. 提问：本文着力刻画了几个人物？根据所描绘的人物可将段

落分为几个部分？

2. 概括每部分内容的要求：

（1）每个部分先各用一个单、双音节名词概括；

（2）将其扩展成偏正短语；

（3）再增添动词形成动宾短语；

（4）最后将其扩展成句子。

3. 统一认识：本文可分为两个部分。

第一部分（第1~9段）：乐。欢乐。农民的欢乐。描写农民的欢乐。第一部分描写果树园里翻身做主人的农民喜摘胜利果实的欢乐情景。

第二部分（第10~29段）：仇。仇恨。地主的仇恨。刻画或揭示地主的仇恨。第二部分刻画被打倒的地主阶级对土改运动的仇恨与反抗。

五、讲读第一部分

1. 提问思考：这部分是怎么写“乐”的？

请学生用浏览的速度读“这是谁家的园子呀？……同时又把它装进篓子里”，画出写“笑”的句子，说明谁乐，怎么乐。

2. 明确：

“大笑”，伴随着“扔”与“接”的动作。

“玩笑”，伴随着“喊”与“说”。

“哄笑”。

“这边笑”，“那边又传来一阵笑”，树上笑，树下笑。直接写“乐”，满面喜悦；间接写“乐”，热得“透不进一点风”，“却并没有人说热”，人们喜气洋洋，欢声笑语此起彼伏。为什么会出现如此欢乐的海洋？土地改革了。过去，果园是属于地主的，贫苦农民不仅没有果园，而且连一棵果树也没有。现在，党领导的土改运动展开了，分土地，统制地主果园，农民第一次收摘胜利果实，故而一片欢腾，打心眼里发出笑声。

3. 提问思考：在欢腾的场面中，文章着重写了翻身农民的代表人物李宝堂。他是怎样的一个人呢？

请学生阅读“这是谁家的园子呀”至第9段，简介李宝堂的身世，并紧扣一个“变”字说明他前后精神面貌的不同。

4. 学生回答，明确：在欢乐的人群里，李宝堂这个人物显得最突出。他是替地主看了20年果园的老雇农、老光棍，长期受剥削受压迫的痛苦生活使他沉默寡言，平时“像无所动于衷地不断工作”，对那整日伴着他的“又香又甜”的果子，也好像是对“土块砖石”似的“毫无喜悦之感”。“清闲自在”一词反映了这位老雇农无家无业、一贫如洗的状况。如今，他那在旧社会里受压抑的心灵突然发光了。土地改革促使他“和大地一同苏醒了过来”，他第一次发现他生活和工作了20年的果树园是那样的美丽。如同乞丐发现金元的比喻，生动地描绘了他对生活、对工作充满了热爱的感情。他“一边指挥着人”，一边滔滔不绝地说这说那，介绍果树园的历史，说笑逗趣，无限憧憬未来的新生活。作者用了前后对照的方法突出人物精神面貌的变化，歌颂党所领导的土改运动解放生产力的巨大作用。

5. 指名学生扼要板书李宝堂精神面貌的前后变化。

（昔日）	（今日）	
总是不爱说话	滔滔不绝	（诙谐，风趣，欢声笑语中包含了在旧社会的无限辛酸）
毫无喜悦之感	苏醒	发现

（“之感”至“苏醒”下括：土地改革促使他觉醒）

6. 朗读“这是谁家的园子呀”至第9段。

（1）注意字音、词义。

嗅（xiù）　丐（gài）　葱郁：（草木）青翠茂盛。

（2）体会语言的幽默、诙谐，体会人物的思想感情——无限辛酸与无限向往。（第5段以“哈”开头，以“哈”结尾，要读出气氛。）

六、布置作业

1. 积累词语。
2. 朗读第 3~7 段，体会文章的语言特色。

第二课时

一、复习检查

1. 默写：

曦　蠕　罅隙　葱郁　逡巡

2. 请两名学生朗读。

二、继续学习文章的第一部分

1. 启发思考：农民翻身后收摘胜利果实的具体环境是果树园，作者对这一自然环境是怎样描绘的呢？

2. 请带着这个问题朗读文章的第 1 段写景部分。读时理解下列词语的含义：

薄明：接近天明，黎明。薄，迫近。

肃穆：严肃而恭敬。此处指肃静、庄严的气氛。

流荡：流动荡漾。

欢噪：欢乐的鸟叫声。噪，虫或鸟叫。

3. 思考回答。

（1）作者笔下的果树园景色犹如一幅优美绚丽的油画，请用四个字为它题名。

学生回答："果园晨色。"（以此为题，可点明时间与地点。"晨"字十分重要。）

（2）这幅画描绘时有何特色？

细腻明快，富有诗意。例如写露珠，写它"偶尔闪光"。为什么是"偶尔"呢？"浓密的树叶"被晨风吹得"微微蠕动"，树叶上的露珠当然也会随着树叶微微蠕动，"偶尔"被晨光所映照，故而"偶尔闪光"。这里，作者抓住了露珠的具体特性来描写，时间是早晨，条件是微风，环境是树丛，细腻生动。再以"星星"作喻，以"雾夜"限制，特点鲜明。

在描绘这幅画时，作者把绘色、状物、摹声有机地结合起来，让整个画面充满生机。尤其应注意的是画的光感与质感，这在过去的景物描写中我们没有接触过。"晨曦""透过""回映"等描绘给人以光感；"茸毛""薄霜"，"柔软而润湿"，给人以质感。运用了拟人与衬托等手法描绘，做到了动静结合，使人仿佛感受到晨风拂面，看到小甲虫"四方乱闯"。"累累的硕果"，"闪光的露珠"，"金色的彩霞"，"一缕一缕的透明的淡紫色、淡黄色的薄光"，使人仿佛置身于"肃穆的清凉的果树园子里"，能听到笑声，闻到果香。

（3）这样描写自然环境意图何在呢？

彩笔绘景的目的是写人，写人的情绪。给人物出场安排了诗意的环境，衬托翻身农民欢乐的心情。自然环境的明快色彩与人物翻身做主人的心情十分协调。以"乐"托"乐"，一个"笑"字引出下面一连串的"笑"，景色美好，笑声荡漾。

4. 再次朗读第1段，体会用词的准确与其中寓含的感情色彩。

5. 小结。

茅盾说过："一段风景描写，不论写得如何动人，如果只是作家站在他自己的角度来欣赏，而不是通过人物的眼睛，从人物当时的思想情绪，写出人物对于风景的感受，那就会变成没有意义的点缀。"文中的景物描写正是由于和人物的思想行动紧密相连，所以不是"没有意义的点缀"，而是文中不可少的有机部分。

丁玲说，她是写完全不觉悟—开始觉悟—开始掌权的贫雇农形象。文中对李宝堂形象的描绘就是如此。

三、讲读第二部分

在满园欢乐的笑声中“走来了”李子俊的女人。李子俊胆小无能，可这个女人呢？是个不简单的反面人物。

这个女人出场时“满脸堆上笑”，对人说话也是“笑着道”。然而，此“笑”非彼“笑”，翻身农民是欢乐的笑，而她的“笑”后面隐藏着见不得人的东西。

1. 请学生先找出体现她外表变化的关键词句。

(1) 变得“小心”了：“堆上笑”，“怯生生”，“瑟瑟缩缩”。

怯（qiè）：胆小。瑟（sè）瑟缩缩：犹豫不决、畏首畏尾的样子。

(2)“变得大方了”：“送”“借”“谈”“做”。

(3)“变得和气了”：“串街”“拉话”。

(4)“变得勤劳了”：干“家里的一切活”，“拔草”，“打场”。

总之，“从去年她娘家被清算起”，她“就感到风暴要来，就感到大厦将倾的危机”。于是，她的外表大变样了。

2. 思考回答：她为什么变？变的目的何在？

她“施展出一种女性的千依百顺”，以“博得”翻身农民对她的“疏忽和宽大”。

反面人物之所以为反面人物，不在于他的外表，而在于思想、性格、灵魂的丑恶。请学生看李子俊的女人善变的外表背后是怎样丑恶的内心世界。

3. 分析其丑恶的内心世界。

她留恋失去的“天堂”，舍不得离开果树园，想尽力维护那岌岌可危的地位，怨恨和仇视翻身农民。她当面称李宝堂是“宝堂叔”，心里想的却是“好，连李宝堂这老家伙也反对咱了，这多年的饭都喂了狗啦”；她仇视翻了身的农民，认为他们“任意上她的树，践踏她的土地”，是一群“劫掠者”。她心口不一，表面“千依百顺”，内心包藏着复仇的火焰，“不相信世界将会永远这样下去”。作者抓住变与不变的矛盾深入刻画：描绘大大变化的外表，刻画不变的阶级本性，把土改中地主阶级的某种典型栩栩如生地表现了出来。

4. 朗读第 10~21 段，注意刻画心理活动的词句。

5. 小结。

这是第二部分中的第一个层次，把李子俊的女人放在与贫雇农的矛盾中刻画，揭示她的善于伪装和两面三刀，塑造了一个伎俩颇多的地主婆的形象。

四、布置作业

1. 朗读第 1 段，对照油画，体会表现光感与质感的语句。

2. 阅读第 10~21 段，进一步体会心理描写的方法。

第三课时

一、检查朗读

指名朗读第 10~21 段。

二、继续学习第二部分

1. 过渡：第 10~21 段是把李子俊的女人放在与贫雇农的矛盾中来刻画的。然而，斗争错综复杂，为了深刻揭示她的内心世界，作者又把她放到与顾老二、钱文贵家的矛盾中来刻画。

2. 阅读“到中午时候”至“有朝一日总要问问你这个道理”。

思考回答：作者着重描绘了李子俊女人怎样的心理状态？暴露了地主阶级怎样的本性？

3. 讨论后明确：

（1）卖给顾涌家园子，她过去认为“可惜”，现在觉得“好”，因为“感觉到这三亩半园子也被统制了”，为顾涌得不到果子而幸灾乐祸——“要卖果子就谁的也卖，要分地就分个乱七八糟吧”。这样刻画她的内心活动，揭露了地主阶级自私自利、尔虞我诈的本性。

（2）插叙了钱文贵果园未被统制的情节，描写了钱文贵一家的高兴，从而更突出李子俊老婆的仇恨心理。她既嫉妒又恼恨，于是恶毒咒骂共产党。

（3）作者写钱文贵的漏划（小说中还写了顾涌的错划，其应是富裕中农），既是为了塑造李子俊女人这个形象，也是为了透露出土改斗争的尖锐复杂。

4. 朗读最后一段，请学生分析：作者用了哪些关键词语来刻画人物的心理与动作？

点明：这一段写李子俊女人“像一个挨了打的狗”，“夹着尾巴”逃跑了。文中用一连串的动作刻画她无法抑制而又终于抑制了的仇恨心理。“跑”“冲”“逃”这一系列动作，极其准确地揭示了这个女人的心理状态，她的绝望、仇视、怨恨、妒忌、不平交织在一起，但她慑于群众的威力，又不敢发泄。她痛苦、仇恨的感情要冲出体腔爆发，然而她知道，暴露“真情”就会“前功尽弃”，于是，她一“忍”，再“忍”，痛苦地“收敛”，最后“落荒而逃”。这一段描绘得细腻、准确、深刻，告诉读者：逃跑不是投降，而是预示着一场更激烈的搏斗。

5. 小结。

（1）李子俊女人有心机、有手段，预感到本阶级将要灭亡，但又不甘心它灭亡，然而又不得不无可奈何地看着它渐渐灭亡。这个反面形象塑造得之所以成功，得力于细腻深刻的心理描写：有直接写人物内心活动的，有从行为举止中透露的。这种写法既是接受西方文学影响的结果，又继承自我国古典文学的传统。

（2）整篇课文围绕统制果园的中心事件，抓住一个“变”字，描写了翻身农民李宝堂与地主李子俊女人在果树园里截然相反的心理状态，对比强烈、鲜明。

（3）景物描写在文中起重要作用。写得越欢乐，“哀”就越突出。故景物描写有正反两面的衬托作用。

三、请学生在理解全文的基础上概括主题思想

通过对翻身农民在欢腾的果园里收获果实的热烈场面的描写，以及对李子俊女人心理的刻画，歌颂了农村伟大的变革，反映了土地改革运动中阶级斗争的尖锐复杂。

四、当堂练习

1. 找一句直接描绘李子俊女人心理状态的语句，说说它在塑造人物中的作用。

如：“这个女人便走到远一点的地方坐下来。她望着树，望着那缀在绿树上的红色的珍宝。这原是自己的东西。以前，谁要从树下走，她只要望一眼，人家就会赔着笑脸来解释的。怎么如今这些人都不认识她了？……而她好像一个不相干的讨饭婆子，谁也不会施舍她一个果子。她忍着被侮辱了的心情，一个一个地打量着这些人的欢愉和对她的傲慢。”这样的心理描绘传神地揭示了失去“天堂”的地主婆的内心世界——怨恨、感慨、妒忌、怀念，使人物形象活生生地展现在读者眼前。

2. 写一段话，直接描写人物的心理状态。

五、布置作业

1. 积累词语。

2. 做“思考和练习”四。

3. 练笔参考题：(1)“晨读”；(2)“夕照”；(3)“秋色”；(4)“从李宝堂的俏皮话说起”；(5)“谈反面人物的刻画”；(6)“对照在作品中的妙用”。

【板书设计】

果树园

统制果园
- 欢乐
  - 大笑
  - 玩笑
  - 哄笑
  - “受受苦”
  - “清闲自在”
  - 做主人
- 仇恨
  - 小心、大方、和气、勤劳（表）
  - 躲、熬、恨、恐惧、复仇（里）
  - 被打倒

做主人 / 被打倒 —— 对照

【教后】

长文短教的方法须进一步探索。

划分段落的效果与课前设计吻合。把语法知识融合于各部分主要内容的概括之中，由单音词而双音词，而偏正短语，而动宾结构，继而扩展为完整的句子。如此概括，既能使学生巩固旧知，启发学生学习兴趣，又节约课堂教学时间。学生反应快，未及指名回答，已齐声说出。

第一部分“农民的欢乐”，第二部分“地主的仇恨”，两相比较，前者教得活，时间又节约，后者有些琐碎。究其原因，前一部分问题设计得较好，紧紧扣住“笑”字作了取舍详略的处理，引导学生理解作品怎样从一个“笑”字引出了下面一连串的“笑”。由于重点突出，课堂上也欢声笑语此起彼落。后一部分毛病出在舍不得割爱，再加上学生的生活实际与作品中反映的生活距离很远，学生一下子不容易有真切的体会。

学生对景物描写部分发表了自己的看法，认为景物虽描绘得细腻，但“肃穆”“蠕动”用得不够恰当。经过讨论、点拨，学生觉得：“蠕动”尚可以理解，其能绘出“浓密的树叶”在晨风吹拂下“在伸展开去的枝条上”的动态，比喻含寓其中；而“肃穆”难以理解，不及“宁静”好。学生的看法不无道理。

学生对描写景物的“细”，既理解又不完全理解：对诉诸视觉、听觉的景与物看得出来，而对这些景物的静与动的安排、光感与质感的描绘缺乏认识。课上着重进行指导。为了让学生增添一些感性认识，课外指导学生看了一幅油画，带他们领会“林子中回映出一缕一缕的透明的淡紫色的、浅黄色的薄光”。学生兴趣甚浓，对油画所绘的景色展开争论，有的说是早晨的树林，有的说是夕阳西下的时候。

为了训练学生描写景物的能力，出了几个题目供学生练笔时作参考，如：“晨读”“夕照”“秋色”。学生很欢迎。

《海燕》

【教学目的】

1. 学习无产阶级革命先驱英勇无畏的战斗精神，鄙弃害怕困难、逃避斗争、明哲保身的庸人哲学。

2. 理解并学习象征、烘托、对比的写作方法及多种修辞手法的运用。

【教学时数】

两课时。

【教学步骤】

一、复习《雪》，引入新课

齐读《雪》。

鲁迅先生为了表达“难于直说”的思想感情，是运用了什么方法来写的？（学生答：象征的艺术手法。）

本文也采用了这种艺术手法。

看注释，回答：

高尔基是什么人？主要作品有哪些？

《海燕》原题是什么？它发表后起了怎样的作用？为何能起到如此大的作用？看有关时代背景的介绍。

19 世纪末叶，西欧经济危机蔓延到俄国，大批工厂倒闭，工人失业，生活贫困。那时正处于俄国第一次革命的前夜，马克思主义已在工人中传播，工人运动此起彼伏，阶级矛盾空前激化。这首散文诗就描绘了这种“山雨欲来风满楼”的时代面貌，生动地塑造了海燕的艺术形象。

高尔基为何能塑造出这样的艺术形象呢？因为他亲身参加了火热的革命斗争，有真切的生活感受。1901 年 3 月，他参加了彼得堡青年学生反对沙皇的斗争，目睹了反动军警殴打、屠杀学生的罪行，于是满腔义愤地写了《春天的旋律》。这篇作品的大部分内容因革命观点鲜明，被沙皇书报审查机关禁止出版，只有结尾部分才得以在《生活》杂志上发表，这就是《海燕》。为什么这部分能够发表呢？

看作者是怎样高超地运用了象征的手法来表情达意的吧。作品展现了俄国无产阶级革命运动风起云涌的壮丽图景，成功地塑造了海燕的光辉形象，鼓舞人们勇敢迎接暴风雨的到来。

二、朗读全文

识字，划分段落，归纳各部分的主要内容。

1. 这首散文诗由几幅画面组成？

2. 每幅画面表现了什么内容？

第一部分：暴风雨孕育之时的海上景象——海燕“高傲地飞翔”，海鸥等仓皇逃避。

第二部分：暴风雨迅速迫近，海上变化——海燕奋勇战斗，深信“乌云遮不住太阳”。

第三部分：暴风雨即刻来临，海上剧变——海燕呼唤暴风雨，迎接胜利。

三幅画面既相对独立，又紧密联系。

三、
讲读第一幅画面

诗一开始以极其简练的笔法给海燕的出现勾画了一幅令人深思的背景。

1. 为海燕的出现勾画了怎样一幅背景?

“在苍茫的大海上，狂风卷集着乌云。”

2. 它具有怎样矫健的姿态? 哪些词准确、生动地把这种姿态刻画了出来?

在阴霾弥天的恶劣环境里，眼前出现了生气勃勃的形象。“海燕像黑色的闪电”，“高傲地飞翔”。

“碰”“冲”“叫喊”。

3. 写姿态的意图何在?

表现海燕敢于搏击风云，藐视恶劣环境的英雄气概。

比喻的妙用：昏暗的背景上出现了亮光，它带来了光明，使人眼前豁然一亮。

4. 既“欢乐”又“愤怒”，矛盾不矛盾?

不矛盾：对暴风雨渴望，故而欢乐；对乌云愤怒。海燕用热情的火焰迎接暴风雨，对于战胜它充满信心。

正面描写与侧面描写相结合，写出了海燕的愿望、精神、感情。(鸟儿“叫喊”，乌云“听”。)

5. 矫健的姿态、“勇敢的叫喊声里”寓含极其丰富的内容，使人如闻其声，如见其形。

高大、无畏、欢乐、坚定的形象完整地、活生生地展现在我们眼前。它象征着什么呢?

6. 有比较才能有鉴别。其他的鸟表现如何呢? 分分高低。(要用鄙视的态度、嘲笑的口吻朗读。)

找出比声音、比动作、比精神面貌的词。绘声绘形。

第4~6段把当时俄国资产阶级各阶层人物害怕革命、逃避革命的慌乱心理和狼狈丑态刻画得惟妙惟肖。

列宁曾以“蠢笨的企鹅”比喻立宪民主党人的怯懦。鄙视的目的在于赞颂革命者的崇高。

7. 在省略号后立即转换语气，赞颂海燕。

这一部分最后一句的作用何在？

（1）从内容上说，进一步表现海燕的主人翁精神。

（2）从结构上说，与开头呼应，为下文做细微的铺垫。

8. 破折号的作用：注释、强调、递进。

9. 表情朗读，注意强调关键词语。

四、讲读第二幅画面

1. 背景发生了怎样的变化？增添了哪些景物？它们象征着什么？

环境更险恶。云压，雷响，浪啸，风鸣。象征着斗争更为激烈。

2. 哪些动词突出了斗争的尖锐剧烈？哪些附加语增强了感情色彩？

“抱”“甩”“摔”；“在愤怒的飞沫中”“紧紧”“恶狠狠地”。

海燕与之进行生死搏斗。

3. 两幅画面相比较，后者具有怎样的特点？

色调浓，声响大，革命与反革命短兵相接。

4. 海燕形象有何发展变化？找出共同点，可更清晰地看到其发展变化。

变换了几个词语来写，使海燕形象更为高大、丰满。写其以矫健的姿态接受战斗的召唤、蔑视敌人的革命豪情。写其变，又写其不变。

在云压、雷响、浪啸、风鸣的激烈斗争情况下，海燕为何能如此英勇无畏，积极乐观，奋发向前呢？这就要由表及里地认识其心灵深处的坚强信念。

困乏：表雷声的外强中干。

早就：表明其为预言家，报信者，先驱。

深信：表现其以马克思主义思想（客观规律不以人的意志为转移）认识世界。

“是的，遮不住的”，字字铿锵有力。这是海燕能够具有英勇无畏精神的源泉所在。

5. 其他的鸟呢？

不见了，销声匿迹了。

五、讲读第三幅画面

紧接着，散文诗进入高潮。

暴风雨来临的一刹那，海上呈现出怎样瞬息万变的奇观？

1. 教师读，学生想：耳边仿佛听到什么？眼前仿佛见到什么？脑中有怎样一幅由声、光、色等交织起来的壮丽景象？

强烈的声响 }句句紧逼，表现出排山倒海的气势，象征革命前夜
刀光剑影 }社会的大动荡：各种力量进行尖锐激烈的斗争。

云海相接，斗争白热化，各方斗得难解难分。

2. 在斗争白热化的情况下，海燕又是如何表现的呢？

着重写其形与声。“暴风雨”三次重复出现。（反复朗读最后一句。）

70 多年来，这时代的强音一直回荡在人们耳际。海燕的形象与精神激励革命者去战斗，摧毁旧世界，夺取新胜利。

六、总结

1. 主题思想深刻，艺术形象鲜明。

2. 运用了象征的手法，寄深意于象征物之中。

象征的手法是用具体事物表现某种特殊意义的修辞手法。高尔基

曾说，在象征下面，可以巧妙地把讽刺和大胆的语言掩藏起来，在象征中可以注入很宏大的思想内容。

3. 比较本文与《雷雨前》的异同。

同：（1）都写了暴风雨来临之前的情形；

（2）都表达了对黑暗的憎恨、对光明的追求；

（3）都运用了象征手法；

（4）层层深入。

异：（1）侧重写海燕的表现，意在歌颂；有主要形象。

侧重写天气的沉闷，意在揭露；无主要形象。

（2）亦写了其他鸟的表现，与海燕对比鲜明。

对“蚊蝇”等着墨不多。

（3）散文诗。

散文。

【板书设计】

海燕

乌云　大海　狂风　雷声　闪电

黑色的闪电　高傲　飞翔　碰　冲　　叫喊　（渴望）

敏感的精灵　高傲　飞舞　穿　掠　大笑　号叫　（深信）

胜利的预言家　高傲　飞翔　　叫喊　（呼唤）

【教后】

1. 学生对“黑色的闪电”这个比喻提出异议，因为海燕是苍白色的，怎么会是黑色的呢？

2. 第三幅画面为何先绘其声？因为扣紧了海燕是“胜利的预言家”来写。

3. 较多地运用朗读手段。学生受感染。

《聪明人和傻子和奴才》

【教学目的】

1. 理解和学习通过对话（使用个性化的语言）揭示人物思想性格的写作方法。

2. 培养辨别真善美与假恶丑的能力，鄙视伪君子与奴才，做英勇投入战斗的实干者。

【教学时数】

两课时。

【教学步骤】

一、布置预习思考题

1. 这篇散文诗写了几个典型人物？主要是通过什么方法来刻画的？用恰当的词概括他们特有的思想性格。

2. 作者写这些人时分别倾注了怎样的感情？是褒还是贬？作具体分析。

二、激发兴趣，引入课文

京剧讲究脸谱，其颜色、线条均有学问。如红脸表示赤胆忠心，黑脸表示憨直无私，白脸表示内心奸险。观众一看舞台上人物的脸，就能推测其好坏，猜测出其思想性格。这说明肖像描写是为表现人物性格服务的。

孔乙己第一次出场的肖像描写是：高大身材，“青白脸色”，花白胡子，活画出一个下层知识分子穷困潦倒、自命清高、好喝懒做的形象。最后一次出场：黑瘦，“破夹袄”，“蒲包”，“草绳”，用手爬着走来，突出地塑造了这个受欺凌受摧残的苦人儿形象。可见肖像描写在刻画人物形象上十分重要。

然而，艺术高手有时不用肖像描写，只用人物的语言，也同样能深刻地揭示人物思想性格，塑造出鲜明的形象。今天我们要学习的鲁迅先生的这篇散文诗就有此妙处。

三、理清段落

思考回答：课文通过三场对话描绘了三个有典型意义的人物。是哪三场对话？请划分一下。分别是谁与谁对话？用浏览的速度看一遍。

1. 奴才与聪明人。
2. 奴才与傻子。
3. 奴才与聪明人。

四、分场朗读，理解内容

第一场对话：奴才与聪明人。奴才，“诉苦”，为悲惨生活而唉声叹气，不知反抗，不想反抗。由于安于现状，心灵深处有自我安慰，因而易为得到廉价的“同情”而满足。“诉”“舒坦”，准确地披露了奴才内心的活动，深刻地揭示了奴才的奴性、软骨。“只要这样，也只能这样”——概括精要，一针见血。

聪明人，故作姿态，顺着奴才的话，听话音，接话头，敷衍，不负责任。说了三句话，叹了一口气，故作“惨然”和“叹息”。第三句话分明是叫奴才安于奴才的地位。

对话中的省略号有妙用，给读者以充分想象的余地。

第二场对话：奴才与傻子。奴才，“诉苦”，不思反抗，不敢反抗，反对反抗。“恭敬”驯服，卑躬屈膝，奴颜媚骨，向主人请功。“首先”“得胜”揭露深刻。

傻子，实干，正直。他义愤填膺，热情勇敢，英勇战斗，具有毁坏铁屋子的精神（《呐喊》自序）。

然而，他不明事理，鲁莽从事，孤军作战，脱离群众，不考虑方法。

第三场对话：奴才与聪明人。奴才，安于做奴才，居功自诩，为得到主子的夸奖而洋洋自得，还拍聪明人的马屁，暴露了十足的奴才本性。不仅奴颜，而且脊梁骨是弯的，骨头是软的。

聪明人，敷衍，仍然顺着奴才的意思接话，赞扬奴才安于奴才的地位，叫奴才永远做奴才。至此，聪明人灵魂深处的世界进一步暴露，原来他是主子的帮凶。

五、表情朗读

1. 只读对话部分，将其连贯起来理解领会：没有对服饰、外貌的描写，而是用对话揭示人物的心灵。为什么对话描写能揭示人物的心灵呢？言为心声，作者抓住了能反映不同人物内心深处的关键性语言来表现，做到了语言个性化，使人听其声如见其人。要做到这点，须有很深的功力，对生活有深刻的理解与感受，善于敏锐地捕捉细节。这种描写方法在古典小说中早有运用，如《红楼梦》中王熙凤的出场，就是听其声如见其人。

2. 进行对话描写时伴以简洁的叙述与神情描绘，轻轻一笔，画龙点睛，让读者如闻其声，如见其态。

3. 不是孤立的几场对话，而是能够形成鲜明的对照，照出奴才的奴性、聪明人的伪善和傻子的憨直与莽撞。在比较中使假恶丑的可憎面目暴露在光天化日之下。

六、理解作者褒贬的感情

1. 对维护旧社会的奴才、聪明人予以揭露和讽刺，对毁坏旧社会的傻子既赞扬，又指出其不足，以激励人们更好地战斗。

《野草》收录鲁迅先生 1924 年 9 月—1926 年 4 月所作的散文诗 23 篇。作者在《题辞》中说："我自爱我的野草，但我憎恶这以野草作装饰的地面。""地面"就是产生"野草"的社会背景。1924 年，国共两党结成反帝反封建的统一战线；1925 年，"五卅"运动掀起全国反帝高潮，革命形势蓬勃发展。但北方依然处在军阀的黑暗统治之下。鲁迅对封建势力、买办思想深恶痛绝，展开英勇的战斗。在这种思想和实践的指导下，鲁迅勾画、塑造文中这三种人（社会上确实存在），寄寓褒贬分明的感情。

2. 奴才与穷人、奴隶不同，此文中的"聪明人"与通常说的耳聪目明的人也不同，不能混淆。

七、分析思想意义

三种人具有典型意义、历史意义：他们不是哪个张三、李四、王五，而是这一种、那一类，高度概括，可作为镜子，照到人们的灵魂深处，教育人们认清、看穿聪明人与奴才的面目与本性，激励人们反抗、战斗，向旧社会旧势力进击，且进击时要寻找合适的方法。这篇散文诗在今天仍有现实意义，仍有艺术生命力。

八、布置作业

写一段对话，揭示人物性格。

【板书设计】

聪明人和傻子和奴才

聪明人　（敷衍）（帮凶）

一、↑　　三、

奴才　诉苦，不思反抗，不敢反抗，反对反抗，倒打一耙（奴颜媚骨）（奴性）

二、↓　　奴才

傻子　（实干）（毁坏铁屋子的精神）

【教后】

1. 学生质疑有质量。一学生问：聪明人说的话不阴不阳，到底是什么意思？又一学生问：“聪明人和傻子和奴才”为何用两个“和”，不用顿号？另一学生说：最好讲讲时代背景，否则读不懂。一个学生问：“代为高兴似的”，“似”起何作用？什么叫“头钱”？

2. 一个学生说：“奴才毕竟是奴才。”

3. 讲第一场对话时，对聪明人的思想性格暂不下结论，引起悬念。创作的时代背景放在后面讲，可突出文章的思想意义。

《百合花》

【教学目的】

1. 引导学生学习通讯员为人民英勇牺牲的革命精神和新媳妇热爱解放军的可贵品质，体会军民之间的鱼水深情。

2. 学习本文细致严密、错落有致的结构安排和运用对比、衬托、细节描写等多种手法刻画人物性格的写作方法。

【教学重点与难点】

重点：情节结构细致严密，错落有致；细节描写。

难点：从远到近、由淡而浓塑造人物形象的方法；人物之间的互相映衬。

【教学时数】

三课时。

第一课时

一、推荐作家与作品，引入课文学习

一个有成就的作家，他的作品总有其独特的风格；而这种独特的风格又总是在其代表作中得到清晰、完美的反映。

茹志鹃是一个有独特风格的著名女作家。早在“文化大革命”前，她的小说集《高高的白杨树》《静静的产院》就以其清新隽永、

匠心独运的风采，吸引了广大读者。尤其是她那情致宛曲、意旨深远的散文，深得青年学生喜爱。可是，这样一位有才华的作家，却同许多作家一样，在“文化大革命”中历尽坎坷，备尝辛楚。挨过冰天雪地的人，更懂得春天的温暖。“四人帮”被粉碎后，茹志鹃又用她那支带彩的笔，接连创作了《出山》《冰灯》《剪辑错了的故事》等许多作品，以她特有的细腻手法，塑造出一个个艺术形象，拨动读者的心弦，鼓舞人民热爱生活，为“四化”建设贡献聪明才智。

小说《百合花》是她的代表作，风格清新、俊逸，享有盛誉。今天，让我们一起细细咀嚼这篇小说，体会其中的佳妙。

二、出示教具，检查预习，初步揭示小说主题

1. 出示“百合花”挂图。教师板书：百合花。

2. 提问检查。

（1）这幅画是按照小说中对百合花被子的描述绘制的。请学生注意：画的底色是什么？上面画着什么？小说中写它象征着什么？围绕百合花被，作者描述了怎样一个感人的故事？

学生回答后教师归纳：这幅图底色“枣红”，“上面撒满白色百合花”。“枣红”色，浓烈、鲜艳；百合花，色泽雅致、香气清幽，洁白、质朴。红底白花相映，象征着“纯洁与感情”。小说围绕着美丽的百合花被，描叙了通讯员献身、新媳妇献被的感人故事，颂扬了伟大纯洁的军民鱼水情。

（2）小说着力刻画了哪几个人物？贯串全文的线索是什么？

学生回答后教师点明：在这篇独具风采的小说中，作者着力塑造了通讯员和新媳妇两个人物。

小说以“我”为线索，通过写“我”从团部到前沿包扎所的所见所闻所思，自然而巧妙地把故事串联起来，描“我”眼中之景，

抒“我”心中之情。

三、理清情节，划分段落，体会细致严密、错落有致的结构特点

1. 提问：这篇小说按照人物活动，即事件的发生、发展、高潮、结局来安排故事情节，全文可划分为几个部分？每个部分的大意请用一句话概括或分别加上小标题。指导学生阅读课文，教师巡回，对学生提出的有问题的字、词正音、解析。

珠烁（shuò）晶莹　点缀（zhuì）　讷讷（nè）

忸怩（ní）　执拗（niù）　讪讪（shàn）　鹿寨（zhài）

耽（dān）搁　撂（liào）　虔（qián）诚

学生就分段进行讨论，教师小结。要点：

全文可分为五部分。

第一部分，开头到“跟通讯员走了”。“我”和通讯员出发，准备“到前沿包扎所去”。

第二部分，“早上下过一阵小雨”到“这都怪我了”。“我”和通讯员去包扎所路上。（故事开端）

第三部分，“我们到包扎所，已是下午两点钟了”到“至少他要裸露一晚上的肩膀了”。“我”和通讯员到新媳妇那儿借被。（故事发展）

第四部分，“包扎所的工作人员很少”到“不过只答应做我的下手”。“我”和新媳妇在包扎所救护伤员。（故事继续发展）

第五部分，“前面的枪声已响得稀落了”到结尾。通讯员为革命献身；新媳妇怀着对解放军的热爱慷慨献被。（故事高潮、结局）

（教师板书：出发—路上—借被—救护—献身、献被）

2. 这些概括性语句把全文脉络简要地勾勒了出来。文章脉络清晰，构思精巧。由“我”引线，带出通讯员。一路上，“我”和通讯

员你追我赶，行行止止，着力刻画通讯员的神情、动作、思想性格。行文如潺潺细流，缓缓而行。“我”和通讯员去借被，又引出新媳妇。作者笔锋一转，细腻地描绘新媳妇的形态，揭示其内心的思想变化，有如深谷流泉，又曲折，又清澈。小说在叙述“我”和新媳妇在包扎所救护伤员时，始终扣住对通讯员的悬念来写，情节步步深化，逐渐进入扣人心弦的高潮。结尾意味深长，余音袅袅。全篇脉络贯通，跌宕起伏，错落有致。

四、学习第一部分

文章一落笔就勾画出典型环境，但平平起笔中有小波澜。平平起笔中是怎样有小波澜的呢？学生朗读，回答。明确：

小说开头简洁自然，点明故事背景——1946 年中秋，我军攻打海岸的部队晚上总攻。

在平平起笔中写团长分配“我”工作时“抓了半天后脑勺”，“大概因为”“我”是女同志。这一个“女同志”就惊起了下文，使故事轻舟竞川，意趣盎然。

五、布置作业

重点预习第二、三部分。思考：通讯员具有怎样的思想性格？作者是怎样描绘这些思想性格的？

第二课时

一、学习第二部分

1. 启发思考：从这部分开始，作者精心刻画通讯员的形象。然而，下笔却从景色描绘入手。这段景色描写放在这儿合不合适？为什么要这样描写？

学生自由朗读后回答，教师归纳。要点：

此处景物描写清新隽永。在激烈的战斗前夕，作者不写残垣断壁，枯枝败叶，却写“青翠水绿”“珠烁晶莹”的庄稼，有“清鲜湿润的香味”的空气，把战士的乐观情绪与美好景色交融在一起，形象地表现了革命战士对生活的热爱。通过对生意盎然的景色的描绘，又反衬出敌人发动战争的罪恶。小说的思想境界和艺术境界得到升华。

2. 启发思考：通讯员在这样的环境中是怎样护送“我”的？他走路有什么特点？为什么要这样走？表现了他怎样的思想性格？

（1）朗读课文，从“通讯员撒开大步”到“我不禁对这通讯员发生了兴趣”。

（2）学生回答后，强调：小通讯员走路很“怪”，快快慢慢，走走停停。先是“撒开大步”，“把我撂下几丈远”；当“我”“怎么努力也赶不上”，“生起气来”的时候，他又“在路边站下了”；当“我”“紧走慢赶”接近他时，他又“噔噔噔地自个儿向前走了”。怪就怪在“他背后好像长了眼睛”，始终与“我”保持“丈把远的距离”。

通讯员之所以这样走路，是因为他不善于跟女同志接触。作者通过这一追一赶的描写，在意趣横生之中初步揭示了通讯员的腼腆性格。

3. 启发思考：通讯员走路特别，引起了“我”的兴趣，于是

“我”仔细观察起来。是怎样观察的呢？选取了哪些不同的角度？

（1）自由朗读课文，从“刚才在团部我没注意看他”到“这都怪我了”。

（2）学生回答，教师归纳补充。

观察很有特色，是从背部到正面。先从“背后”观察：“高挑挑的个子”，“厚实实的肩膀”，“洗淡了的黄军装”，“肩上的步枪筒里，稀疏地插了几根树枝”。一个生机勃勃的形象。接着，由背部转到正面，用“张皇”“局促不安”“讷讷半晌”等词语和两个形象的比喻，活生生地勾勒出通讯员窘状毕露的神情。然后，借助想象，描绘通讯员务工的情形，刻画其勤劳朴实的品质。这样通过“我”的观察来描写，犹如电影镜头的推动，由背面而正面，虚虚实实，使通讯员的形象栩栩如生。与此同时，又通过“我”的情绪前后的变化，烘托通讯员的腼腆性格，使其形象丰满生动。

4. 作者刻画人物不惜用笔墨细琢细磨。为了突出通讯员的腼腆性格，作者又在两个地方下了功夫，下在了哪里？

学生阅读从“我又问”到“这都怪我了”。

（1）作者写“我”问完他“你还没娶媳妇吧？”之后，细笔细绘了他一连串的表情与动作：“飞红了脸”，“更加忸怩”，“不停地数摸”，“低下了头”，“憨憨地笑”，“摇了摇头”。

（2）“当我站起来要走的时候”，作者又细绘了他“摘了帽子，偷偷地在用毛巾拭汗”的神态。

这两笔绝非多余，而是深入地刻画了通讯员的腼腆性格和忸怩状态，使读者如见其人。

二、学习第三部分

1. 启发思考：到包扎所后，通讯员第一次去借被，结果“两手”“空空”而回。由“借被”引出新媳妇。新媳妇的出场和通讯员的出场有什么不同？

（1）朗读课文，从“我们走进老乡的院子里”到“她转身进去抱被子了”。

（2）学生回答，教师归纳。

两人的出场各有风采。写通讯员出场是在“走路”上做文章，只能看到他的动作，不见其面貌。写新媳妇出场，用的是“千呼万唤始出来”的手法：“门帘一挑，露出一个年轻媳妇来”。然后对她的外貌浓墨点染，并着力描绘了新媳妇笑的神情：“好像忍了一肚子的笑料没笑完”。作者在这里娴熟地运用了绘人的写法，人物出场形象鲜明，十分可爱。

2. 自由朗读课文，从“通讯员乘这机会，颇不服气地对我说道”到“大踏步地走了”。思考回答：新媳妇起初为什么不肯借被？通讯员拿到这床被前前后后的情态如何？表现了他怎样的思想性格？

（1）“这原来是一条里外全新的花被子，被面是假洋缎的，枣红底，上面撒满白色百合花”，这条被子是“刚过门三天的新娘子”“唯一的嫁妆”。

（2）通讯员先是“装作没看见”；接着，“接过被子，慌慌张张地转身就走”；其结果是“衣服挂住了门钩”，“‘嘶’的一声”，“在肩膀处，挂下一片布”；当听“我”说道这被子应该来之不易，想“送回去”又不能送回去时，神态是“认真”“为难”的样子；最后下决心“用了给她好好洗洗”。作者这样描绘，既表现了他腼腆、纯真的性格，又赞颂他关心群众，以群众利益为重的可贵品质。

3. 通讯员完成任务，离开包扎所回团部时，留给读者的是怎样一个生动活泼的形象呢？

（1）学生齐读从“回到包扎所以后”到“至少他要裸露一晚上的肩膀了”。

（2）明确：通讯员枪筒里插的野菊花与树枝一起在他耳边颤动，肩上撕下来的布在风里不停地飘忽，多生机勃勃的小伙子啊！他越走越远了。再见到他时，他会是怎样的形象呢？下一节课我们再细细研究。

三、布置作业

1. 比较通讯员和新媳妇的不同出场。

2. 预习第四、五两部分，熟悉两部分的内容。

第三课时

一、学习第四部分

1. 启发思考：这一部分通讯员没有出场，只有几位妇女在包扎所帮“我”工作，其中包括新媳妇。在故事情节发展的过程中，作者连续设置了三个悬念，吸引读者关心通讯员的情况。请同学们思考：有哪三个悬念？作者在形成悬念时采用了怎样不同的手法？

2. 学生自由朗读课文，从“‘那位同志弟到哪里去了？’”到“我不知道自己为什么要问这些没意思的问题”。

学生回答，教师补充、归纳。

（1）由新媳妇对同志弟的关切引出悬念。刚到包扎所，新媳妇就问我：“那位同志弟到哪里去了？”接着，又不好意思地说出了：“刚才借被子，他可受我的气了！”此处作者匠心独运，既巧妙照应借被时的波折，又通过新媳妇的关切把通讯员的身影维系在读者的心头。

（2）用插叙手法回忆故乡中秋节的情景，来营造通讯员身处何种情形的悬念。作者选用“中秋”这个我国传统的象征团圆的佳节，用细致感人的笔调描绘孩子们欢乐的情景，从而引出“我”对通讯员的思念。接着又由“饼”及“人”，用“大概”“也许”“或者”促使读者展开种种联想，引起悬念，有力地突出了通讯员为了革命，为了家家能够团圆，正警惕地“趴在工事里”，正“在团指挥所”里，正紧张地走在“弯弯曲曲的交通沟里”的形象。“趴”“在”

“走”这些词活生生地牵动着读者的心。一个省略号用在这儿，更使读者进一步展开丰富的想象。这段插叙情景交融，虚实结合，给通讯员的形象染上富有诗意的英雄主义色彩。

（3）从“我”看到“通讯员”三个字时的感觉、意想引出悬念。“我”在登记伤员时，突然看到一个重伤员衣襟上写着“通讯员”三个字。一个“寒战”，一个“想问”，表达了“我”的关切。通过“我”的想象又造成悬念：营部的通讯员受伤了，团部的呢？

三个悬念的安排，各有巧妙。从三个悬念中可以看到：新媳妇的心挂在通讯员身上，“我”的心也挂在通讯员身上，因此，读者的心也就随着“我”和新媳妇始终挂在前线通讯员的身上。鼓越敲越紧，人人关心他的命运，这就为通讯员最后的出场做了极好的渲染与铺垫。

二、学习第五部分

1. 朗读从“前面的枪声”到“‘他自己就一下扑在那个东西上了’”。

2. 启发思考：通讯员又出现了。他是在怎样的情况下出现的？出现时形象怎样？作者是用了什么写作手法对他进一步加深刻画的？

学生回答后，明确：通讯员是在枪声稀落、明月高悬，似乎天快要亮的时候出现的。这一笔颇有深意。

用“我”的看见来勾勒通讯员的形象：他已经不会言语；那张“稚气的圆脸”上，脸色由“棕红”变得“灰黄”；“安详地合着眼”，“肩头上”的“一片布”还挂在那里。此情此景与他鲜蹦活跳时的样子形成对比，引人回忆与深思。

通讯员是怎么负伤的呢？作者用侧面描写，通过担架员的赞美，揭示他崇高的心灵：“这时这位同志叫我们快趴下，他自己就一下扑在那个东西上了……”这一“趴”一“扑”，极其深刻地表现了通讯员把生的希望让给别人，把死的威胁留给自己。这种勇于牺牲自我的高贵品质在皎洁的月光下散发出更加耀眼的光芒。作者又用担架员苦苦恳求“我”“无论如何”要治好他，要给“我”“挂匾”这样一种非常朴素的老百姓的语言，道出了大家对通讯员发自肺腑的爱戴与崇敬。

3. 回顾全篇可以看到，作者塑造通讯员形象，不是一下子完成的，而是从远到近，由淡而浓，逐层展现的。究竟是怎样从远到近，由淡而浓，逐层展现的呢？请学生紧扣描绘的要点有条理地回答。

回答要点：作者写通讯员，先写他“撒开大步，一直走在我前面”，这是远看；再“从背后看去”，写他外表，逐步由远而近；然后从正面绘描肖像，更近了；又在“借被”事件中写其动作、语言、神态；最后用担架员的追叙，进行侧面烘托。这样从远到近，由淡而浓，从外表到内心，逐层展现，一位腼腆、纯真、关心群众、关心同志的通讯员的形象就栩栩如生地映现在了我们眼前。他临危不惧，舍己救人，心灵高尚美丽，这样一位小战士突然倒下去，怎不使人悲痛欲绝呢？

4. 此时此刻，新媳妇怎样呢？朗读从“新媳妇又短促地‘啊’了一声”到结尾，细细体会：通讯员牺牲后，新媳妇有哪些异乎寻常的表现？“我”在这里起了什么作用？

学生回答，教师或肯定或补充。要点：

这一部分文字饱含着作者强烈的感情。作者抓住新媳妇三个异乎寻常的表现，着意渲染，有力地展现了新媳妇真挚、纯朴的精神世界。

（1）新媳妇“庄严而虔诚”地给通讯员“拭着身子”。

上文一再细细铺垫，写新媳妇是才“过门三天的新娘子”，羞涩，忸怩；叫她给战士们“拭洗身上的污泥血迹”，她“又羞又怕”；经“我”说了半天，才红着脸答应做下手。前后一对照，就可体会到，这个“拭”绝非一般的用布擦身，而是凝聚着新媳妇对英勇献身的小战士无限真挚的感情。

（2）新媳妇“一针一针”“细细地、密密地”缝着“破洞”。

作者从新媳妇持续为牺牲者默默缝补的细节中，发掘这位羞涩的农家少妇纯洁、晶莹的精神世界。她不是用悲恸欲绝、号啕哭泣来表达自己的哀思，而是用深沉的默默缝缀吞饮心中的泪水，使读者强烈感觉到：新媳妇不是用“针”在“缝”，而是用“心”在细细密密地“缝”。她把老百姓对解放军战士的无比深厚的感情、无比真挚而纯朴的爱，细细密密地“缝”了进去，缝织出感人肺腑的军民之间的鱼水深情。

(3) 新媳妇用“夺”“瞪”“嚷”等一系列异乎寻常的动作、表情，倾注自己对小通讯员牺牲的无比悲痛。

回顾新媳妇的出场、借被、在包扎所帮忙，她给人的印象始终是那么温和、笑眯眯的。情节发展至此，她却一反常态，做出一连串任性不羁的动作。为什么呢？这正是她哀思如潮，按捺不住自己心绪的情态。当她眼里含着“晶莹发亮”的泪水，以俨然不可动摇的神情给通讯员铺上“那条枣红底色上撒满白色百合花的被子”时，她献上的何止是一条棉被？她献上的是革命人民对革命事业、对革命战士的赤诚的心。

在故事高潮的重要情节中，“我”巧妙地起了烘托作用。既衬托了新媳妇对小战士庄严的崇敬、无比的悲痛，又有力地烘托了通讯员为人民利益舍生忘死的革命精神，还直接表达了自己深深的哀思。三个“我想”，再现了小战士英姿勃勃的形象，使读者感觉到：小战士虽死犹生。一个人倒下了，还会有千万个人站起来。

三、表情朗读第五部分，深入体会小说的思想意义及写作特色

四、总结全文

这篇颂扬军民鱼水情的作品十分感人：通讯员的崇高革命思想感

人，新媳妇对通讯员诚挚的情谊感人。其实，在推翻旧世界的艰苦战斗岁月中，像通讯员那样热爱生活、为了新中国的诞生慷慨献身的战士何止千万？像新媳妇那样，为了革命的胜利献被、献粮，甚至献出了自己亲人的又何止千万？新中国就是用无数革命者的热血和生命缔造的。那象征“纯洁与感情”的“百合花”是进行革命传统教育的好教材，愿它永远铭刻在我们心中。

当然，作品之所以感人，与它独到的艺术特色也紧密相连。请学生试说一二。

学生回答后择其要加以肯定。本文的艺术特色有：

（1）针脚绵密。作者善于从生活中截取富于特征的横断面，深入剖析，发掘。写情节，起承转合、呼应陪衬，丝丝入扣；绘人物，把笔触伸向人物心灵深处，精细刻画心理和感情变化。由于针脚绵密，细致入微，故能深深打动读者的心。

（2）细节传神。全篇细节很多。这些细节，不但绘出了人物风貌，还绘出了人物精神。全篇精彩的细节有三：新媳妇的百合花被；通讯员肩头上的“破洞”；新媳妇细细密密地缝补“破洞”。那条“枣红底色”的“百合花”被子贯串全篇，它是新媳妇“唯一的嫁妆”。小说围绕这条被，写了小战士英勇献身、新媳妇深情献被，展示两位主人公的性格、心灵、精神，揭示全篇的主题。

（3）对比映衬，意味隽永。全篇人与人之间、人与景之间，多处对比映衬。有自身对比。如通讯员在“我”面前，显得腼腆、忸怩；在战场上，却勇敢、坚决，临危不惧，舍生忘死。新媳妇最初不愿借被，最后又亲手献上自己“唯一”的嫁妆。也有互相映衬：写通讯员的腼腆、纯真，映衬新媳妇的羞涩、纯朴；写新媳妇的深情缝缀，又突出通讯员浴血战场、舍身救人的品质。人物与景物的互相映衬，也颇精妙。如用明月高悬为写通讯员牺牲做铺垫，最后写“枣红底色上撒满白色百合花的被子”“盖上了”通讯员的脸，收到了强烈的艺术效果。

五、布置作业

1. 熟读第5段。
2. 具体分析本文细节描写在塑造人物形象中的作用。

【板书设计】

百合花

清新、俊逸

1. 出发	珠烁（shuò）晶莹	讷（nè）
2. 路上	执拗（niù）	忸怩（ní）
3. 借被	讪（shàn）	寨（zhài）
4. 救护	耽（dān）搁	撂（liào）
5. 献身，献被	虔（qián）诚	

通讯员

腼腆　纯真	从远到近
关心群众	由淡而浓
热爱生活	逐层展现
舍身救人，英勇献身	

新媳妇

笑	夺、瞪、嚷
羞涩	拭、缝、铺、盖

艺术特点：

1. 针脚绵密
2. 细节传神
3. 对比映衬，意味隽永

【教后】

1．学生感动了，受到了小说细节描写部分的强烈感染。有的学生说，这不是一般的细节描写，而是倾注了作者由衷的赞颂与无尽的哀思。

2. 朗读很重要。反复朗读一些精彩的段落，可把无声的文字变成有声的语言，增强文章的感染力，既作用于学生的目，又作用于学生的耳。

3. 课后学生将这篇小说与电影《百合花》进行比较，分析异同，兴趣甚浓。

作文讲评
——《献上一支心中的歌》

一、题目

献上一支心中的歌

二、要求

1. 选准歌颂的对象。
2. 托物言志，借物抒情。
3. 在记叙中夹以议论和抒情。

三、讲评

这个作文题目难度较大，部分学生能扣住题意写，内容具体，有真情实感；部分学生写得大而空，或不十分切题。

怎么写才会具体、充实、形象、生动呢？

1. 首先对题目咬文嚼字一番。

（1）请学生从语法角度分析题目

思考回答：题目是什么结构的词组？谁“献”？“献”给谁？弄明白：句子中省略主语和状语。向谁献呢？向亲爱的党，向伟大的祖国，向革命先烈，向英雄人物，向高尚的人，等。

(2) 请学生从题眼含义的角度分析题目

“歌”，是否就是音乐课上唱的歌呢？明确：这里的“歌”不是引吭高歌的“歌”，而是象征性的。

引用一位学生作文开头的话：“歌，是从口中唱出的；而心中的歌，却是从心灵发出的，是世界上最美、最富有旋律的歌。我要把心中的歌献给我心中最崇敬的人——对越自卫反击战的英雄们。”

因此，“心中”的“歌”，是发自肺腑的心声。“献”，表示无比的崇敬，情要真，意要深。

(3) 审清题意，可判断这篇作文应写成抒情散文，记叙中夹以议论和抒情，向党、向祖国、向英雄抒发热爱之情，赞美之情，颂扬之情。

这些情该怎么抒发呢？是不是用许多概念化的词句，什么“伟大啊”“壮丽啊”等凌空地抒情呢？不是。

2. 情寄于物，借物抒情。

把真挚深厚的感情寄寓在所描绘的“物”中，借托“物”具体细致地表露发自肺腑的深情。因此，“物”要选得好，写得好。

怎么选？怎么写？

3. 剖析一位学生的作文，指导观察与启发想象。

(1) 出示《少年文艺》第7期封底的放大彩色图。

(2) 请学生观察彩色图，说明图中画了哪些景物。

(3) 发一位学生的作文，请大家阅读、评析、对照。

先请这位学生说明自己是怎样选“物”，怎样观察“物”，怎样描绘“物”，又怎样借“物”抒情的。

再请其他学生将自己的观察所得与这位同学说的、写的比较一番。指出：写时应——

(4) 目注神驰，观此思彼。

观察，贵在细致、准确，讲究先后有序，用眼睛看，用心灵体会。这篇作文表明：小作者观察画面细致入微，准确无误。画的主体是祖国的儿女西藏姑娘，身披霞光，行进在肥沃的草原上。背景远近分明，色彩绚烂。细小的部分看得真切，如“那涓涓的雪水在无声地淌着，闪着耀眼的红波”“让霞光为她镶上金环”等，不仅有画意，而且有诗情。祖国明朗的天，祖国肥沃的大地，祖国的儿女，共同奏成一曲伟大祖国的颂歌。观察得“深”，热爱之情才能表达得畅达。

想象，从观察实物出发，浮想联翩，由视觉引出听觉，由色彩到有旋律的歌声，使画面“活”起来，“动”起来，味道浓郁起来。由画内到画外，再由画外回到画内。放开去，神思飞越，驰骋万里；收回来，紧扣关键，突出主题。画面有限度，然而小作者未受此限制，而是开展想象，开拓意境，内容充实丰满，收尺幅天涯之效。开展想象要以画面为依据，离开了画面的主体去乱想，不叫想象，叫想入非非。想入非非写下的文章就会“游谈无根”。

4. 布置作业。

就观察与想象方面的要求评析自己的作文，写简短的评语。

【教后】

1. 学生颇有兴趣，感到一节课不够，希望增加一节课，再评析其他同学的作文。满足了他们的要求。

2. 从画内到画外开展想象的方法，一位学生后来在口头练习介绍一幅画时，明显地加以运用。

【附学生作文】

献上一支心中的歌

章引

《少年文艺》1980 年第 7 期的封底刊登着一幅别具一格的抒情风俗画《高原的歌》。夕阳西下，红光晃漾，晚霞满天，一位藏族姑娘骑着牦牛，行进在霞光中，脚下是撒满小红花的草地，远处被夕阳映红的皑皑雪山连绵不断，若隐若现。整个画面和谐地统一在一个橙红的基调中。

有道是："色彩是绘画的语言，它能奏出旋律，能产生感情。"果真不假，《高原的歌》那红色的韵味，使人心情豁然开朗，精神为之大振。旋律响起，你似乎就可看到无垠的草原上，乌黑的牦牛在悠闲地散步、吃草；那涓涓的雪水在无声地淌着，闪着耀眼的红波，灌溉草原，滋润暮色。作者以洗练粗犷的笔触，高亢热烈的旋律，描绘了这幅"世界屋脊"上的绚丽的彩画。

画的"潜台词"更在那位姑娘的身上。作者给予她粗犷爽朗的性格，但又使她置身于霞光之中，让霞光为她镶上金环，这就使人感觉到她还有温柔恬静的一面。看那姑娘，深邃的目光一直射向画外，使画的意境跃然跳离了画面的束缚。她在看什么呢？在看她放牧的牛群？在看阿爸种植青稞？在看喷泉边的电站？还是在看织毯厂里双手灵巧的姐妹？……啊，姑娘都看到了，她看得很多很多，她看到了意气风发的人民在建设中大显身手，看到了美丽的祖国正奔跑在"四化"大道上。你看，姑娘笑了，仿佛看到母亲久病初愈，笑得那样甜哩！从那画上传来的何止是笑声？还有歌声——姑娘心中的歌："我爱你，中国！我爱你青松气质，我爱你红梅品格，我要把最美的歌儿献给你，我要把美好的青春献给你，我的母亲，我的祖国！"

合上眼睑，那轻轻的、优美的歌声会在你耳边萦绕。"心有灵犀一点通"，这时呈现在你眼前的就不仅仅是暮色中的高原了，还有那碧波滚滚的南海，白雪飘舞的北国，景色宜人的江南……你听着，想着，欣赏着，你的心弦也一定会被拨动的，你也会情不自禁地随着那位藏族姑娘唱起来。唱啊，唱啊，你会深深地感到这正是你心中的歌，正是每一个中国青年献给年轻的母亲——朝气蓬勃的祖国的赞歌，当然，也是我，一个共青团员献给祖国最美好的赞歌。

祖国啊，我们的母亲，请接受您的儿女们由衷的赞美吧！

《给青年们的一封信》

【教学目的】

1. 理解巴甫洛夫对青年科学工作者提出的三点希望的含义及重要性，激励自己端正学习态度，培养良好的学风。

2. 体会比喻和条件关系复句在说理中的运用，背诵文中警句。

【教学时数】

两课时。

【教学步骤】

一、导入课文

“信”是日常生活中的应用文，用以达到交际的目的。今天我们要学习的《给青年们的一封信》不是一封普通的信，而是一位 86 岁高龄的苏联著名生理学家伊万·彼得罗维奇·巴甫洛夫在临终前几个月写给苏联广大的青年科学工作者的、富有深刻教育意义的信。这封信语重心长，对青年科学工作者提出了殷切的期望，倾注了对青年的无限深情；这封信言简意赅，凝聚了这位曾获得诺贝尔奖的科学家 60 年来从事科学研究的宝贵经验，警句汇集，寓意深刻。

学这封信采用三读的方法。

二、一读，理解文章主要内容，体会语重心长

1. 学生阅读全文，思考回答：作者向青年科学工作者提出了哪几点希望，说明进行科学研究要怎样，不该怎样？

2. 明确：作者提出了以下三点希望。

“要循序渐进”。前面的东西如果没有领会，就决不要动手去搞后面的，决“不要企图掩饰自己知识上的缺陷”。

“要虚心”。“不要让骄傲支配了你们”，“不要以为自己已经知道了一切”。

“要有热情”。“科学需要一个人贡献出毕生的精力”。

3. 全文可分为两个部分。第一部分是第 1~10 段，提出对青年科学工作者的三点希望。第二部分是第 11~12 段，说明社会主义国家发展科学的目的和国家对青年科学家的期望，勉励他们为国争光。

4. 朗读第 1~10 段，体会作者言词的恳切，情意的深远。

读时注意正音：

卓（zhuó） 饰（shì） 奥（ào） 辜（gū）

三、二读，抓住重点段落推敲，体会言简意赅

1. 再次阅读第 2~6 段，画出警句，阐述其中寓含的深刻含义。

2. 在阅读理解的基础上，就下列问题开展讨论。

(1) 什么叫“循序渐进”？

按照一定的步骤逐步深入或提高。循，顺着，按照。先通晓（明白、熟悉、贯通）初步知识，才可能攀登高峰。不能好高骛远，

不能掩饰缺陷，要老老实实，来不得半点虚假。

（2）为什么要“循序渐进”？

作者再三强调“循序渐进”，而且“一谈到”，“心情就不能不激动”。这是由于作者对此有极深刻的感受：“循序渐进”是使科学工作能取得“卓著成效”的“最重要的条件”，离开这一点，科学研究难以有成果。为了强调这个条件，文中运用了反复的修辞手法，连用了三个“循序渐进”，后面又加了一个要“养成严格的循序渐进的习惯”。

（3）怎么“循序渐进”？

“先通晓科学的初步知识”，然后“要研究事实，对比事实，积累事实”，最后“要洞悉事实发生的奥秘”，“寻求那些支配事实的规律”。这样阐述，由事实到理论，由现象到实质，由浅入深，说理清楚，本身就是符合循序渐进原则的。

科学家高士其说过，科学知识都是由浅而深，由近而远，由简单而复杂，由低级而高级，一步一步发展起来的，所以，我们必须依照认识发展的规律，一步一步地学，扎扎实实地学。这段话说的也就是循序渐进的道理。

（4）为了阐明道理，文中运用了比喻的手法。文中是怎样运用比喻来说明道理的呢？请思考回答。

用人们熟知的鸟的翅膀离开空气不能高飞的事实作比喻，阐述从事科学工作“研究事实、对比事实、积累事实”的重要性。鸟儿凭借空气才能高飞，科学家凭借事实才能探究科学的奥秘，这样用比喻来阐述，就把抽象的道理写得生动形象，增强说服力。

3. 这部分是论述的重点。从事科学研究，如果没有扎实的基础，任何美好的理想都只能是水中月、镜中花。这个道理，平时我们常说，请学生引用名言、俗语或用比喻说明，加深印象。（如：万丈高楼平地起；千里之行，始于足下；根深叶茂；脚踏实地；一步一个脚印；一锹铲不出一个金銮殿，一步不能登天；等等。）

四、
三读，体会说理的透辟、感情的充沛

1. 阅读时画出表示“无条件”关系的复句和排比句，体会它们在表达情意中的作用。

2. 作者阐述“循序渐进”的原则时，清楚、透辟，阐述第二点、第三点希望时也是如此。请学生举例说明。

作者先用“无论……也……”“不管……总要……”等表示“无条件”关系的复句，强调说明青年科学工作者不管在什么条件下都“要有勇气对自己说：我是个毫无知识的人”，这是从正面提要求，提希望。接着告诫青年科学工作者“不要让骄傲支配了你们”。为了把道理说透，文中用“由于骄傲……”“由于骄傲……”“由于骄傲……”的排比句反复说明骄傲的危害性，这是从反面说明“要虚心”的道理。最后以自己领导的集体中互助的事实进一步阐明“要虚心”的道理。这样正反论述，有事实有道理，说理性强，令人信服。

3. 文中字里行间洋溢着充沛的感情，读后不仅令人信服，而且令人受到感染，请举例说明。

如嘱咐青年科学工作者“要有热情”这一段中，“毕生的精力”“两次生命”“非常紧张地工作”“高度的热情”“热情地工作”“热情地探讨”在短短 4 句话中接连出现，老科学家的激情洋溢纸上。这些话是对青年的谆谆教导，更是他长期从事科学实践的写照。他曾经说过，他愿意用他全部的生命，从事科学研究，来贡献给生育他、栽培他的祖国和人民。他 86 岁时，身患重病，仍不忘观察和记录自己的病象。临终前，他还不断地自言自语，说自己要起来了。这种对祖国科学事业的高度热情感人至深。

（补充巴甫洛夫在一次试验失败后仍表现出勇气和信心的事迹。）

总之，作者的谆谆教导放射出有哲理的、感人的光辉。尽管他的这些话是在彼时彼地对苏联青年说的，但今天读来，仍然很有借鉴作用。科学家有自己的祖国，应无比热爱自己的祖国，但他献身科学的正直的心，对科学做出的卓越贡献，又是超越国界，超越时间限制的。

五、布置作业

1. 归纳本文中心思想。

2. 就学习态度、学习方法、学习习惯等问题造两个条件关系复句。

3. 写一篇题为“读‘信’有感”的短文，要求抓住自己体会最深的一点深入阐发，并针对自己的学习实际进行分析，摆事实，讲道理，正反论述。

【板书设计】

给青年们的一封信

语重心长 言简意赅
- 要循序渐进
  - 通晓初步知识
  - 研究事实，对比事实，积累事实
  - 寻求规律
- 要虚心　“无论……也……”“不管……总要……”
- 要有热情　贡献毕生精力

巴甫洛夫名言：科学的未来只能是属于勤奋而又谦虚的年轻一代！

【教后】

1. 有些学生认为“最大限度”用得不恰当，理由是客观事物在发展，科学在发展，文中的提法不合适。讨论结果是：这样用虽是溢美之词，但也无不可。

2. 针对青年容易“好高骛远”“眼高手低”的弱点，引导学生联系自己的实际进行思考。

3. 学生纠正了我教学用语中的不准确之处。在介绍巴甫洛夫科学上的成就时，我说："他多次获得诺贝尔奖。"学生立即纠正说："是'一次'获得诺贝尔奖。"提得好！应牢记：教学用语必须准确。

读写相长　意在创造

《卖油翁》

【教学目的】

1. 理解熟能生巧的道理，激励学生为实现“四化”勤学苦练。
2. 学习通过具体记事说明道理的写作方法。
3. 懂得文言虚词“而”的连接作用及其他用法。

【教学时数】

两课时。

【教学步骤】

一、检查旧课

背诵《卖炭翁》。

二、作者介绍

1. 复习欧阳修的七绝《丰乐亭游春》。

红树青山日欲斜，长郊草色绿无涯。
游人不管春将老，来往亭前踏落花。

2. 欧阳修（1007—1072），字永叔，自号醉翁，又号六一居士，北宋吉州永丰人。他是当时公认的文坛领袖，是一个在散文、诗、词各方面都成就卓著的作家。他团结和培养了许多著名作者，领导了北宋的诗文革新运动。以往所说的“唐宋八大家”，有六大家就是属于这个时期的这批作家里的。八大家是：唐的韩愈、柳宗元，宋的欧阳修、王安石、曾巩、苏洵、苏轼和苏辙。韩愈、苏轼、王安石的绝句我们曾学过一些。

欧阳修是北宋古文运动的领袖，一生写了大量散文作品。他的文章简洁明畅，说理透辟，状物抒情挥洒自如，语言精练而不奇崛，文辞婉转曲折，具有潇洒的风格和浓厚的抒情气息。下学期我们要学习他的名篇《醉翁亭记》，更可领略其文笔的妙处。

本文仅 133 字，可算散文中的小品，选自《归田录》。该书是一部记载朝廷逸事和士大夫诙谐之言的书。

请同学试答：本文主要记叙了怎样的一件事？写了哪几个人？这个故事告诉我们怎样一个道理？

三、领读全文，注意句读，注意句中停顿

四、讲读第 1 段

第 1 段写一射一看。

思考：

1. 故事中先出现的陈尧咨（射者）这个人物有何特点？
2. 卖油翁是在怎样的场景中出现的？动作、神态如何？

3. 要求学生对照注释逐字逐句讲解。

指点：

（1）把句中省略的主语补上。

（2）将“以”“于”“而”“中”“但”“之”等词的词性、词义辨清楚。

（3）比较：

当世无双、举世无双、首屈一指；

睥睨、正视、注视；

微颔、赞许、喝彩。

（4）射者与观者对射者的射箭表现评价不一，有矛盾。

4. 学生读熟第 1 段，注意人物的语气。

五、讲读第 2 段

第 2 段写射者与观者引人深思的对话。

1. 先看问与答的第一个回合。

（1）“问”由何引起？“自矜”“微颔”——主观与客观评价有矛盾。“问”是被逼出来的。

（2）“问”是进攻性的，有火气，不服气。射：箭法。精：精良、精妙、精湛。

（3）答者招架，沉着回答。“无他，但手熟尔”，轻描淡写的一句。这一句更有损陈的自信自矜心理，于是引出了问与答的第二个回合。

2. 再看问与答的第二个回合。

（1）“问”者火冒三尺——“忿然”；语气是责问——“安敢”。

（2）“答”者摆事实，不仅说，而且当场表演，表演了再说，胸有成竹，从容自若。注意：“我亦”——答者并未因自己有绝技而自夸。

3. 在事实面前，康肃“笑而遣之”。由“忿”而“笑”，心中信服。

4. 学生轮流对读，体会语气。

六、提问，分析

1. 本文写了怎样一件事？说明了一个什么道理？

记述了卖油翁自钱孔沥油这件事，说明了熟能生巧的道理。

2. 为何如此短的篇幅，作者未发表一点议论，就把道理说得明白生动，引人深思？有以下三点原因。

（1）剪裁合理。（宾主分明，繁简得当。）

作者将素材做了合理的详略处理。主角是卖油翁，写陈的善射，是为了陪衬卖油翁的善酌。因此，写陈射技之精只作概括交代，不加渲染。主要笔墨放在酌油的现场操作，采用白描手法，细腻传神。该略，惜墨如金；该详，泼墨如水。细部清晰，动作、神态、手艺和语言，均写得精确。

一段详，一段略，略中有详，详中有略，详略交叉运用，服从于突出中心的要求。（这是由于作者有敏锐的观察力，对生活中的现象烂熟于心。）

（2）对比鲜明。

课文始终把两个人对比着写。

	陈尧咨	卖油翁
技艺：	“善射”（“十中八九”）	善酌（绝技）
见地：	“自矜”	大巧若拙（“无他……”）
态度：	浮躁	从容、沉着

（3）语言精练。

高明的猎手一枪能击落飞鸟，语言运用也如此。反复锤炼语言，把细心观察所得用精确的词句表现、刻画出来，就可生动传神。如锤炼绘动作、神态及心理活动的动词、形容词等。

七、布置作业

1. 口译全文。

2. 做“思考和练习”三。

3. 将“思考和练习”四中的5句话用现代汉语连缀成一段话，题目是《为文之道》，要求：

（1）句与句之间稍加补充，词语运用可稍加变化。

（2）不超过200字。

4. 补充练习：

（1）辨析下列各组中加点的词在意义或语气上的不同。

{以此自矜
以我酌油知之

{但手熟尔
尔安敢轻吾射

{汝亦知射乎
尔安敢轻吾射

（2）解释下面加点的词的意义。

善射　　自矜

尝　　释担

发矢　　无他

【板书设计】

卖油翁

	（略）	（详）
技艺	善射（十中八九）	善酌（自钱孔入而钱不湿，堪称绝技）
	自矜	我亦无他，惟手熟尔
态度	安敢轻吾射	取，置，覆，（徐），酌，沥（胸有成竹，从容不迫）

【教后】

1. 教第2段时，我说："下面是二人精彩的对话。"学生认为"精彩"一词用得不恰当，我立即改正，换了"引人深思"四个字作修饰语。教学用语须精当，不可马虎。

2. 教卖油翁的沥油绝技时，出示了铜钱，学生情不自禁地"呀"了一声，收到了预期的效果。

3. 当堂对《为文之道》短文进行了交流，既加深了学生对课文的理解，又激发了学生的写作兴趣。

《在烈日和暴雨下》

【教学目的】

1. 通过祥子的遭遇认识旧社会的黑暗，加深对新社会的热爱。

2. 理解景物描写在组织情节、表现主题中的重要作用。

【教学时数】

两课时。

【教学步骤】

一、作者介绍

《在烈日和暴雨下》选自《骆驼祥子》第18章，标题是编者加的。作者老舍。老舍原名舒庆春，字舍予，北京人，现代作家。他出身贫苦，当过小学教员，过清苦的生活，长期与打拳的、卖唱的、人力车夫等穷苦人来往，不仅熟悉他们，而且和他们建立了深厚的友谊。

他从20世纪20年代开始创作，主要写小说。受五四运动宣传的革命民主主义的影响，他的作品多取材于下层社会受压迫的苦人们的生活，反映旧社会劳动人民的不幸，并以独特的幽默和辛辣的笔调，无情揭露旧社会的罪恶。早期的小说有《老张的哲学》《赵子曰》《二马》《猫城记》《离婚》等，其中以描写旧社会城市洋车夫生活的长篇小说《骆驼祥子》最为著名。

1949 年以后，老舍获得了新的艺术生命，他致力于戏剧、曲艺等方面的创作，取得了优异成绩。从 1950 年至 1966 年，他配合党的各项重大政治运动，前后共写了 23 个剧本，热情歌颂新中国的巨大变化。其中，《龙须沟》《方珍珠》《茶馆》《女店员》《全家福》等，赢得了广泛赞扬。为此，老舍于 1951 年获得“人民艺术家”的光荣称号。

然而，就是这样一位“五四”以来成就卓著的小说家和剧作家，在“文化大革命”中被迫害致死。

二、作品简介

《骆驼祥子》写于 1935 年，是“五四”以来的名著之一。

小说的主人公是祥子，是一个受压迫受奴役但一时又尚未觉醒的劳动者典型。他走的是一条自我奋斗的道路，但这条道路失败了。围绕买车，祥子三起三落。他生长在农村，在封建势力压迫下失去了仅有的几亩薄地，又死了父母，无以度日，便跑到北洋军阀统治下的北京谋生，靠着年轻力壮，选定了拉人力车这个行业。他只求拉上自己的车，不受拴车的人的气，凭力气自食其力。为了买辆车，他咬紧牙关，拼死拼活干了整整三年，积蓄一百块钱，买了一辆新车。不料遇上军阀混战，连人带车被抓了去。后来人虽逃了出来，车却丢了。混乱中从军阀队伍中拉走了几匹骆驼，卖了几十块钱，跑回北京，因而在同伴中获得了“骆驼祥子”的外号。第一次奋斗失败了。第二次到曹家拉包车，省吃俭用积蓄下来的钱又被侦探诈骗了去，买车又成了泡影。他走投无路，只得又回到车厂。第三次是用车厂老板女儿虎妞的钱买了车，但不久虎妞难产而死，他又不得不把赖以糊口的人力车卖掉，重新租车来拉。

祥子原是一个年轻力壮、精力充沛、有强烈进取心的人，只想自食其力，然而种种恶势力逼迫他性格起了变化，他逐渐变得心灰意懒，消极颓唐，染上了烟酒恶习，偷懒、油滑，乃至完全沉沦了下去。

作者通过对祥子的悲惨遭遇的描绘，通过叙写祥子大半生的血和泪，艰辛和屈辱，乃至堕落，无情地揭露了那阴森可怖的旧社会强取豪夺的血淋淋的吃人制度，也揭示了“干苦活儿的打算独自一个人混好，比登天还难”的道理。

三、学习课文

节选部分的情节是：祥子已经成了家，有了家庭负担，而且妻子怀了孕，他不得不更加卖力地拉车挣钱，维持两口人的生活，并为小生命的出世做准备。祥子的心理和生活的急遽变化，痛切感到生活的无聊、无望，就是从课文中的这场暴雨开始的。《骆驼祥子》中大段描写景物的地方有四处，选文是最后也是最长的一处。

1. 文章可分为两部分。

第一部分（第 1~6 段）：写烈日下的祥子。

第二部分（第 7~16 段）：写暴雨下的祥子。

2. 文章是怎样描写烈日的？从哪些角度？运用了哪些方法？

（1）先总写“发了狂”“下了火”，真是赤日炎炎。

（2）继写“街上”“马路”“便道”，用排比句突出阳光之烈，一个比喻使人如临其境。

（3）再细写，从五个方面铺写，侧面烘托烈日炎炎。

有概貌，有细写；有静物，有动物，有人（重点写车夫的活动）；有正面写，有侧面写。

在铺陈中运用白描、拟人、比喻、夸张等手法，处处从“烈日”落笔，细致地、多方面地渲染天气闷热难当，为下文写祥子做铺垫。

3. 作者是怎样着意刻画祥子的矛盾心情的？抓住了哪一细节刻画他在烈日下为生活受着煎熬？

矛盾心情：“有些胆怯”“可是，见了座儿他还想拉”，深刻揭示他在饥饿线上挣扎的难言苦楚。幻想；“跑”；“不跑”；拉到地方，

"不敢再动"，却又"坐不住"；"出去试试"，又觉得"自己错了"——这矛盾的心情之中，饱含着多少辛酸和痛苦！

然而，痛苦还在加深，作者从祥子的感受出发，着力写阳光的暴烈："空中，屋顶上，墙壁上，地上"，"从上至下"地写烈日的威力无处不在，充分表现了祥子心理上的畏缩与烦躁。

第5段着重写太阳，从大地如"火镜"和"白光"下的声、色、味等方面，把炎热描绘得淋漓尽致。这既是在写景，又是在写人，能使读者痛楚地感受到：祥了是在为生活而卖命。

作者还紧紧抓住"出汗"突出了天气的炎热：拉空车也流汗；拉到地方，"裤褂全裹在了身上"；茶进汗出，似乎身子"不会再储藏一点水分"；"脚心跟鞋袜粘在一块"。

最后写祥子的病态，痛苦溢于言外。

第一部分小结：写烈日，突出祥子如何在酷暑下煎熬。此处景物描写的作用不是一般的烘托、渲染气氛，而是反映人物心理和性格，推动情节发展，揭示主题思想。这一部分写早晨到中午，第二部分写午后。

4. 第二部分由学生独立分析。

（1）作者描绘暴雨情景，从哪儿落笔？具体说明其描绘的顺序。

① 从"热"写到凉风的出现，过渡到对暴雨的描写。

② 俗话说"风是雨头"，本文写雨正是从写风入手的。"山雨欲来风满楼"，气势非凡。

③ 写风既写静物，又写人的找风和惊觉雨来，"惊惶失措"，"慌手忙脚"。

④ 写风、土、云，再写风、土、云、电闪，终于写到了雨。反复之中有发展，有推进，不是简单的重复。

⑤ 写雨，先是雨星、雨点，然后雨又停了；再写风，风雨交加；最后写风过去，地上成了"一个水世界"。

这一部分描绘了华北一带夏季暴雨的特点，细致生动，富有生活实感。这样的描绘扣人心弦，使人不得不关注身处这样的环境之中的主人公的命运。狂风、暴雨、乌云、电闪、飞扬的尘土、狂舞的柳条混合着写，有条不紊，有声有色，曲折多变，动人心魄。

（2）作者怎样描绘祥子在暴雨中拉车的情景？坐车的怎样？拉车的怎样？

“坐车的仿佛‘死’在了车上”，拉车的“在水里‘挣命’”；坐车的申斥拉车的，拉车的欲躲避风雨而不得；“坐车的连一个铜板也没多给”，拉车的已“顾不过命来”。

最后以“像风雨中的树叶”作结，绘出劳动者的毫无保障、脆弱可怜，使人心酸泪下。

四、总结

课文重点在描绘景物，从多个角度、用多种方法来写，观察细致，描写具体、准确、生动，语言节奏感很强。

乍看是写“烈日”“暴雨”折磨祥子，但不是为了写景而写景。是什么在驱使祥子奔走挣扎？造成劳动人民生活痛苦的根本原因在于社会制度而不在于天气。因此，这个“风雨”不仅是自然界的风雨，也是时代的风雨。劳动人民不如骡狗，不如树叶。

小说这一章的结尾说：“雨下给富人，也下给穷人；下给义人，也下给不义的人。其实，雨并不公道，因为下落在一个没有公道的世界上。”这正体现出课文通过景物描绘揭示了一个深刻的主题。

打这以后，祥子生了一场重病，歇了一个月，再也强不起来了，一蹶不振了。

五、布置作业

1. 朗读全文。
2. 做“思考和练习”一、三。

【板书设计】

在烈日和暴雨下

在烈日下　　　　　　　　　　在暴雨下（学生分析）

总写　“发了狂”“下了火”

分写　“街上”“马路”“便道”

　　　“整个老城像烧透了的砖窑”

细写　“吐”“张”“不敢吆喝”“晒化”

　　　“寂静”“丁丁当当”

　　　“打盹”“喝茶”“看看”“走”“灌”“栽”

【教后】

1. 放手让学生独立分析，学生兴趣甚浓。由于第一部分做了样子，学生独立分析时困难不大，未走弯路。

2. 抓住“烈”和“暴”推敲，学生能透过自然现象看到社会本质。

3. 学生说，“坐车的”也不过是小资产阶级，为生计奔忙。如果真是有钱的，就会有包车、轿子，而不会去雇车了。说得有一定道理。

4. 告诉学生老舍在《我怎样写〈骆驼祥子〉》一文中说，“这是一本最使我自己满意的作品”，“思索的时候长，笔尖上便能滴出血与泪来”。

《故乡》

【教学目的】

1. 认识旧中国在帝国主义、封建主义的双重压迫下，农村衰败、农民日益贫困的悲苦情况，加深对新社会的热爱。学习鲁迅反帝反封建的彻底的革命精神。

2. 学习运用对照的方法刻画人物，领会景物描写对表达中心的作用。

【教学时数】

四课时。

【教学步骤】

一、解题

本篇文章写于 1921 年 1 月，最初发表于同年 5 月 1 日出版的《新青年》第九卷第一号，后编入小说集《呐喊》。它深刻地反映了辛亥革命后我国农村的凋敝和农民遭受残酷剥削压迫的社会情景。

鸦片战争以后，中国日益半殖民地半封建化。帝国主义列强的入侵及其势力范围的划分，给人民造成种种苦难。帝国主义支持下的直、皖、奉等各系军阀连年混战，横征暴敛，酿成农业凋敝、农民破产。辛亥革命虽然推翻了皇帝的专制政权，但代之而起的是地主阶级的军阀官僚的统治和帝国主义的压迫，兵（军阀混战）、匪（盗贼横行）、官（官僚统治）、绅（地主盘剥）相互勾结。这种半殖民地半封建的社会制度是苦难之源。

对辛亥革命的不彻底性，鲁迅很是不满，一度陷入孤独和苦闷之中。十月革命的胜利和五四运动的爆发，使他受到极大鼓舞。这时他在北京，以彻底的反帝反封建精神高举文化革命的大旗，用小说和杂文解剖旧社会，与反动势力斗争，支持学生爱国运动。

1919 年 12 月，他回故乡绍兴接母亲赴北京，目睹故乡景象残破、农民日益贫困，感到十分悲痛，一年后以这次经历为题材创作了小说《故乡》。

二、边听录音边理清故事情节

1. 听录音。要求：

（1）识字、积词。

（2）体会语气。

2. 理清故事情节。

（1）用一两句话概括全文的内容。

以“我”的活动为线索，记叙“我”回故乡卖屋接母亲赴北京的事。

（2）按时间、地点的转换列情节提纲。

情节安排：

第一部分（开头……“异地去”）回故乡
- 时间（严寒的深冬）
- 地点（相隔二千里路，北京—绍兴）
- 事由（卖屋，搬家到谋食的异地去）

第二部分（“第二日”……“一扫而空了”）在故乡
- 到家那天（……“出去了”）——回忆少年闰土和见到杨二嫂
- “三四天”后（……“回去了”）——会见闰土
- “又过了九日”（……“而空了”）——离别闰土与故乡

第三部分（“我们的船”……结束）离 故 乡：
- 抒发对现实生活的愤慨
- 表达内心的焦虑与对农民的同情
- 探求新的生活道路

故事就是按照回故乡、在故乡、离故乡的顺序结构而成的。回故乡一段稍写景色，在故乡一段简记人物，离故乡一段则略抒情怀。小说的典型环境与典型人物，就是借助以上提纲中的故事情节来精心描绘的。

三、典型人物

1. 作品从社会现实出发，经过艺术提炼，塑造了令人难忘的典型艺术形象，请学生在第 86 段中寻找三个词组来形容文中三个典型人物的状态。

辛苦展转——“我”

辛苦麻木——闰土

辛苦恣睢——杨二嫂

2. 少年闰土是怎样一个人？中年闰土又是怎样一个人？（从外形、语言、动作来看）他的前后变化反映了怎样的社会现实？

（1）读第 12~30 段、第 54~76 段。

（2）少年闰土：健康、纯朴、热情、聪明、活泼，农村生活知识丰富。农村的广阔天地，是他生活的场所。他开朗乐观，“心里有无穷无尽的希奇的事”，与“只看见院子里高墙上的四角的天空”的小少爷相比，更显得活泼动人。生气勃勃，少年英雄。

那“瓜田月下刺猹”的美好情景，珍藏在“我”的记忆中，20 年来，未曾褪色。

（3）中年闰土：自卑、衰老、迷信，像个“木偶人”了。脸色“灰黄”，脸上有“很深的皱纹”，眼肿，手“开裂”如“松树皮”，脸上“全然不动”，如“石像一般”。似乎只“觉得苦”，“又形容不出”。生活艰辛，处境穷困。

他从旧物里拣出来的东西中，不仅有日用的“长桌”“椅子”“抬秤”，而且还有“一副香炉和烛台”。见“我”时，不再是天真幼稚，情感真挚，而是“动着嘴唇”（心生“欢喜”），“却没有作声”（由“凄凉”的处境造成）。他“终于恭敬起来了”，“叫道：‘老爷！……’”

（4）反映了怎样的社会现实？

残酷的阶级压迫和民族压迫，“多子，饥荒，苛税，兵，匪，官，绅”，把一个活泼泼的少年英雄折磨成了凄惨的苦人儿。

鲁迅在这个人物的前后对比中，不仅从经济上、政治上揭示了闰土痛苦的来源，而且十分深刻地显露了闰土精神上的痛苦——封建思想意识给他加上了精神枷锁，尊卑观念愚弄着这个纯朴的农民。见“我”时，他强自按熄霎时间闪现出来的真挚友谊的火花。再见面时，闰土一系列的精神变化细致入微地刻画了尊卑观念给他心灵深处留下的创伤。对他还拿了“一副香炉和烛台”的细节的描写，进一步揭示了他的内心世界：他虔诚地渴望神灵赐福，让自己摆脱贫困与苦难。封建统治者借助宗教对农民实行愚民政策，通过宣扬神权把广大农民牢牢束缚在迷信思想的囚笼内。通过这样的描绘，我们可以清楚地看到：闰土对苦难根源有直觉，但不理解；希望改变现状，但又无可奈何；憧憬未来，却不懂得要靠自己及阶级弟兄的共同反抗来夺取胜利，而是寄希望于渺茫的神佛保佑。

小说在鲜明的对比中，痛斥封建制度的罪恶，揭示农民的日益贫困，指出了听天由命、“辛苦麻木”的生活道路是一条死路。

（抓住表现力强的词句阅读、领会。）

3. 杨二嫂是怎样的一个人？（从外形、语言、行动、性格来看）塑造这一形象的社会意义是什么？

（1）读第 39~52 段。

（2）先闻其声，再见其人。“凸颧骨，薄嘴唇，五十岁上下的女人”，“像一个画图仪器里细脚伶仃的圆规”，形象地勾勒出人物的外形。

（3）年轻时，以涂脂抹粉增添姿色招徕主顾得以谋生；人老珠黄，每况愈下。她的语言和动作表明了她尖嘴利舌、贪小泼辣的小市民习性和日趋贫困的生活境况。

（4）杨二嫂的前后变化，说明这个人在旧社会还是受到了损害的。这从另一个侧面反映了官僚地主统治下的农村的急剧破产，也是故乡衰败的一种标记。

（5）杨二嫂是旧中国病态社会的产物，在旧社会的严重腐蚀下，一面辛苦劳动，一面放纵自己，从招徕生意到连偷带摸。这样写，鞭挞了那个黑暗的时代环境和罪恶的社会制度，表达了对下一代不要走这一条路的希望。

4.“我”是怎样的一个人呢？其思想、情感有怎样曲折复杂的变化？

小说中的第一人称“我”，是艺术形象。作者虽运用了自己生活中的一部分材料，但“我”是个虚构人物。

“我”是小说中不可缺少的重要人物：对故乡和故乡人的变化，是通过“我”的观察和感受描写出来的。

（1）读第1~5段，读第78~88段。

（2）“我”是一个革命知识分子形象。由于“辛苦展转”，“我”回故乡时的心情是怎样的？

心情“悲凉”。老屋的残破“寂静”，母亲“凄凉的神情”，故乡的“萧索”景象，与“我”的“悲凉”心情一致。

故乡“萧索”的景象显示了当时农村的凋敝，衬托了“我”的“悲凉”心情。现实的故乡与记忆中的故乡距离太大，“我”感到非常失望与“悲凉”，对帝国主义、封建主义充满了无比憎恨的感情。“这不是我二十年来时时记得的故乡”表现了“我”对故乡的热爱与怀念。

作者怀着压抑的情感，用淡淡的抒情笔触，传达自己“悲凉”激愤的心情。

（3）关键在“改变”。

闰土的巨大变化，以及他与“我”的思想隔阂、阶级隔阂刺痛着“我”的心，使“我”在思想上有了极大的震动、悲哀、愤慨。

“哀其不幸”，对其寄予无限同情。

杨二嫂的变化令“我”讨厌。

（4）离别故乡时复杂的思想感情：

“气闷”“悲哀”——从杨二嫂在灰堆里“掏出十多个碗碟”，还说定是由闰土所埋，深感旧社会在物质上、精神上对人们的损害。

展开对未来新生活的希望——“我们的后辈还是一气”，否定三种“辛苦”，明确指出要追求一种新生活。从失望到“希望”，反映了作者要求推翻旧社会、实现新生活的革命精神。

“忽然害怕起来了”，因为“想到希望”，就会想到希望的实现，并想到在当时的社会有无实现的可能。这表现了作者对现实的极端不满，以及认识到了改造它的艰巨复杂。

闰土崇拜的是神的偶像，只想眼前生活好一些，故而“切近”；“我自己手制的偶像”是希望后一代过“新的生活”，这不是轻而易举的，须经过长期艰苦的实践，故而“茫远”。这样写，表现了作者对革命任务艰巨性的深刻认识和实现理想的决心。

最后以“路”作比喻，充满了对希望和理想必然实现的信心。这闪光的一笔，一扫全篇沉闷的气氛，反映了作者积极谋求社会变革的进取精神，鼓舞人们为新社会的出现而斗争的意志，把小说的主题思想引上了一个新高度。

作者通过写“我”的曲折复杂的感情变化，抒发了对现实生活的极度愤慨，表达了对农民的深厚同情，提出了要“有新的生活”的伟大理想，并表达了实现理想的决心和对未来生活前景的热切向往。

5. 小结。

作者塑造人物形象时充分运用了对比手法，抒沉重压抑的哀愁，揭社会的病根，收鬼斧神工之效。

（1）故乡前后情况的对比，突出了日趋破产的惨景，揭示了导致其破产的根源。

（2）少年闰土与成年闰土的对比，揭示了农民命运的日益悲惨，指出了听天由命、“辛苦麻木”的生活道路是一条死路。

（3）“我”和闰土之间的关系前后变化的对比，揭示了不同阶级之间存在着深深的隔阂。

（4）“我”和闰土之间的关系与宏儿和水生之间的关系的对比，反映了作者对未来生活前景的热切向往。

四、主题思想

小说通过对故乡景象和闰土前后变化的描绘，深刻揭露了旧中国在帝国主义、封建主义的残酷剥削和层层压榨下农村破产、农民日益贫困的社会情景，表现了作者对闰土精神上的麻木状态的同情和焦虑，表达了作者对反动社会制度在物质上、精神上损害农民的无比愤怒，以及对推翻旧社会、实现新生活的希望和信心，体现了鲁迅彻底的反帝反封建的革命精神。

鲁迅先生说：“选材要严，开掘要深。”

这篇小说的主题思想十分深邃：（1）揭露社会黑暗；（2）指出贫穷的社会根源；（3）批判三种态度；（4）提出探索新的出路。

五、布置作业

1. 做“思考和练习”二、五。

2. 练笔参考题：“故乡新貌”“我可爱的故乡”“故乡琐事”。

【教后】

1. 学生听录音时全神贯注。听、读、思考，对课文前前后后比较熟悉，综合分析时就大为方便。

2. 教学中充分运用对比的方法，让学生把有关段落对照起来读，加强对人物形象、主题思想和写作方法的理解。

3. 加强朗读，发挥文章本身的感染力。

《石壕吏》

【教学目的】

1. 了解安史之乱给唐代人民带来的巨大灾难，理解诗人复杂的思想感情。

2. 学习本诗以时间推移为顺序的叙事方法，理解它人物形象鲜明、寓意深沉的写作特点。

3. 培养学生改写的能力。

【教学时数】

两课时。

【教学步骤】

一、复习旧课，引入课文

1. 背诵杜甫的《七绝》《八阵图》和《咏怀古迹五首》中的第五首。

2. 上学期学这三首诗时曾介绍过我国唐代的伟大诗人杜甫。人们一向推崇他为诗圣，他的诗常被称为“诗史”。为什么说是诗史呢？因为从他许多诗里我们可以深刻而又具体地看到唐代安史之乱前后的现实生活和时代面貌。今天，我们就学习一首有关这方面内容的叙事诗——《石壕吏》。这首诗写于公元 759 年，安史之乱之中。请同学们阅读注释①，回答下列问题：

（1）安史之乱是指什么？

（2）杜甫是目睹了怎样的情景才写下了《石壕吏》等诗篇的？

（3）诗题的含义是什么？“石壕”是现在的什么地方？

二、教师范读课文，提出学习要求

1. 画出不认识的字和不理解的词。

2. 思考回答：这首诗写了怎样一个故事？是按照怎样的顺序来叙述的？可分为几个部分？

写了一个“暮投石壕村，有吏夜捉人”的故事。以时间推移为顺序来叙述故事，从第一天的“暮”——黄昏，到第二天的“天明”——天亮的时候。可分四个部分。

第一部分（第 1 段）：故事的开端。

第二部分（第 2 段）：故事的发展。

第三部分（第 3 段）：故事的高潮。

第四部分（第 4 段）：故事的结局。

三、在理解词句含义的基础上，读读背背

1. 故事的开端。

（1）诗一开始就点明故事发生的时间、地点，点明“有吏夜捉人”。为什么要“夜捉人”？（复看注释①，简明扼要地回答。）由于史思明增援安庆绪，加上唐军内部矛盾重重，唐军全线崩溃，唐政府急于补充兵力，乃四出抽壮丁。写差役“夜”晚捉人，乘人不备，就是要反映当时唐政府抽丁的急切，使人感觉到敲门打户的喧嚣和兵荒马乱的紧张气氛。

（2）尽管气氛十分紧张，但作者没有立即正面描写差役捉人的情

况，而是调转笔锋描写老翁一家。门一敲，屋内是怎样的情景呢？

“逾墙走”“出门看”，动作迅速。可见在兵荒马乱之中，公差抓人是司空见惯的事，老百姓早有准备，闻风而逃。“走”，逃跑。

（3）读背第1段。

2. 故事的发展。

（1）“老翁逾墙走”，老妇的命运如何呢？诗人在读者面前展现了“吏”与“妇”截然不同的形象。怎样不同的形象呢？请说说“点睛”的词。

“吏”是“怒”，抓人而不得，火冒三丈，因此气势汹汹，咆哮如雷。“妇”是“苦”，老妇人在凶狠的逼迫下哭得凄惨伤心。“一何”，多么，加重语气，突出形象。一“呼”一“啼”，一“怒”一“苦”，对比鲜明，用极俭省的笔墨刻画出差役的凶暴和老妇的可怜。

（2）读背第2段。

3. 故事的高潮。

（1）“妇啼一何苦”，为何如此凄苦呢？请一位学生朗读第3段，请大家听一听老妇人走上前去诉说（“前致词”）的一家人的遭遇吧！

（2）老妇先说什么？再说什么？最后说什么？请一学生用文中语句回答，另一学生将其译成现代汉语。

先说儿子的情况。“三男邺城戍”至“死者长已矣”。三个儿子早已全部被拉走：死的死了，再没有指望；活着的生活也无保障。[戍（shù），辨析其与形近字的字音、字形、字义。]

再说家中“无人”可以应征。“室中更无人”至“出入无完裙”。“更无”“惟有”强调家里确实已无能服役的男丁。如要女的，衣裙破破烂烂的儿媳妇还要哺育婴儿，万万去不得。

最后说，迫不得已，只好自己去服役。“老妪力虽衰”至“犹得备晨炊”。“老妪”，老妇自称。尽管“力衰”，但为了保全老老小小，保全新寡的媳妇，老妇人宁愿自己去受苦，去服役。真是一句句辛酸一声声泪——战争带给人们多么巨大的灾难啊！

这部分是全诗的主干，借老妇人之口写出老翁一家的悲惨遭遇。

（3）在理解三层意思的基础上读读背背。

4. 故事的结局。

（1）老妇被抓去“急应河阳役”了。“语声绝”——说话的声音没有了，还可听到什么呢？

（2）齐读第4段，并将其译成现代汉语。

（3）说话的声音没有了，但“如闻泣幽咽”——凄楚幽咽的啜泣声隐约可以听到，想是那新寡的“出入无完裙”的媳妇吧？天明登程，作者只与偷偷转回家来的老翁一人告别。“独”，显示了故事的结局。[咽（yè），与“咽喉”的“咽”（yān）、“咽食”的“咽”（yàn）相区别。]

四、
齐读、齐背全诗

五、
对诗中的人物形象
与诗人的感情进行探讨

这首诗从“暮投石壕村”开始，以“独与老翁别”结束，仅120字，就叙述了一个安史之乱中“有吏夜捉人”的完整故事，使人如临其境，耳闻目睹，深受触动。这是什么原因呢？请学生发表意见。

根据学生发表的意见，指出以下两点。

1. 以虚实结合的方法塑造人物形象。

诗中活动着的人物有五六人之多，提到的更多，单靠实写不可能容纳得下，有的地方就用虚写。老妇人层层申述是实，差吏步步紧逼为虚，虚实结合，既突出人物形象，又节省笔墨。尽管“吏”在老妇人述说的过程中没有出现，但由于三层意思层层递进，有前言才有后语，吏的“呼”“怒”必然贯串其中。

又如诗一开始的“有吏夜捉人”，差役怎样叫骂，一笔未写，而只实写屋内的动静，这就使人很快联想到石壕吏的凶横。

即使是没怎么出现的“老翁”，形象也很鲜明。他一听到“捉人”就逃跑了，而老妇说话中为掩护计对其只字不提；老妇应役，老翁又潜归，之前躲在了哪儿，怎样悄悄回来的，皆一笔不提。但人物形象栩栩如生，给人以相当宽广的想象空间。

2. 叙事中寄寓深沉的感情。

诗人途经石壕村，耳闻了抓人悲剧的全过程。在诗中，他虽未发一句议论，不加一句抒情，然而我们读后仍能感受到他爱憎感情的脉搏。这是因为叙事中渗透着诗人深沉的感情——他同情人民的苦难遭遇，抨击差吏的凶横。在末尾叙事中，诗人更是以情感人。“夜久”，说明诗人彻夜未眠，关心事态发展。“如闻”，是似乎听到有人在哭泣，也是诗人的心灵在哭泣。他同情这家人的悲惨遭遇，带着沉重的心情与老翁告别。

诗人的感情是复杂的：他既对受战祸之苦的老百姓寄予了深切的同情，又对政府能够平定安史之乱寄予了很大希望。安史之乱发生后，人民流离失所，处在水深火热之中，这个叛乱非平息不可；而要平息叛乱，人民就要受征兵之苦，付出代价。诗人矛盾、复杂的心情作用在了自己的创作上——他写出了千古传诵的“三吏”“三别”（《新安吏》《潼关吏》《石壕吏》；《新婚别》《垂老别》《无家别》），这是杜诗中的杰作。要更深入地了解诗人复杂的心情和战乱中人民的苦痛，可在课外阅读体会这些作品。

六、课堂练习

改写《石壕吏》。要求：

1. 用现代汉语改写成故事。

2. 根据情节发展需要，把有些虚写的地方改成实写。要合情合理，不走样。

3. 就改写的文章开展评论。

七、布置作业

1. 熟读、背诵全文。

2. 口述石壕村一家人悲惨的遭遇，并说明这样写反映了诗人怎样的思想感情。

3. 做“思考和练习”三。

【板书设计】

石壕吏

按照时间顺序写	诗人	吏	翁	妇	
↓	暮投	夜捉人	走（逃跑）	看	
		呼，怒	⋮	啼，苦	
		⋮	⋮	前致词	三男邺城戍
	听	⋮	⋮		室中更无人
	夜久	⋮	⋮		自应河阳役
	天明	———	→与翁别	1. 虚实结合的写法	
		（独）		2. 感情深沉	

【教后】

1. 学生当堂能背诵，能较为流利地将全文译成现代汉语。

2. 带领学生重点评论了两篇改写的文章。大家围绕合不合情理的问题，展开了热烈的争论，涉及遣词造句、交代、照应、过渡等。如：有学生指出，“夜晚差役到石壕村抓兵”是错误的，是缺乏历史知识的表现——差役是抓丁当兵，不是抓逃兵。又如：有学生认为“老头儿听到老妇人走了，悲伤得号啕大哭”的写法极不合理，因为男子，特别是老年男子，不大会号啕大哭，不注意各种年龄的人的生理、心理特点才会这样乱写。再说，老头儿是怎么“听到”的？怎么回家的？均未交代。给人以老翁“破墙”而入的感觉。如果老妇人一走，老翁立即大哭，石壕吏肯定会返回来把他也抓走。诸如此类的问题，学生提了不少。既肯定他们改写得好的地方，又评说不足之处，加深了学生对课文的理解，也锻炼了他们分析的能力。此类练习以后可多安排一点，学生很有兴趣。

《祖冲之》

【教学目的】

1. 学习祖冲之严谨的治学态度和顽强斗争的精神。

2. 学习精选材料表现人物品质和在记叙中进行议论的方法。

【教学时数】

两课时。

【教学步骤】

一、以听写一段话导入课文

> 阅读别人传记的人，他就度着不止是一个人的，而是很多人的生活。这是由于，通过在自己的生活经验之上添加旁人的经验，他就扩充了自己的生活经验。（引自《伟大科学家的生活传记》一书《导言》）

这个单元是两篇传记：《祖冲之》与《哥白尼》。学习之后，要在自己的生活经验之上添加他们的经验，扩充自己的经验。

能够扩充些什么经验呢？我们先来学习《祖冲之》这篇。

二、检查预习

1. 就你们所知，祖冲之最突出的成就是什么？为什么说这是他最突出的成就？

他推算出 π 在 3. 141 592 6—3. 141 592 7 之间。这一成果攀登了当时数学领域的最高峰，领先世界。

2. 祖冲之的巨大贡献仅止于此吗？

不止。他在天文学上同样有突出的贡献，那就是编制新的历法——《大明历》。“最好”一词表明这一历法达到了当时的最高水平。

三、讲读课文

1. 祖冲之在数学和天文学领域都有突出的成就，故传记一开始就作出了十分明确的判断。

齐读第 1 段。

(1) 先找出句子的主干——祖冲之是科学家。

(2) 再说明两个附加语的作用。“南北朝时代南朝”，说明他生活的时代（经历宋、齐两个朝代）；“杰出”，说明他十分超众，不但在成就，而且在精神。

(3) 最后说明这个句子在全文的作用——总拎全文。

2. 传记既介绍了他取得的成就，又介绍了他是怎么会取得如此突出的成就的。文章是怎么介绍的呢？

(1) 引用祖冲之自己的话。

朗读引文，明确：

① 学习　　“专功数术”（本领）

② 思考　　“搜炼古今”

③ 实践　　“亲量”，“躬察”，“目尽”，“心穷”（态度）

④ 斗争

理解下列词语：

典籍：泛指古代图书。这里指古代天文历法图书。

严谨：谨严，谨慎严密，态度严肃，不苟且。

考核：考察审核。

诬天背经：欺骗天子，违背圣人经典。

妄可穿凿：胡乱地非常牵强的解释。

颁行：公布实行。

引用本人的话来叙述比较有价值，真实可信。

（2）举突出的事例。

举了哪些事例？

① 祖冲之研究天文学等的态度与方法。（刻苦钻研，坚持真理。）

② 对刘歆、张衡等人的学术成果的“反复考核”和创造性贡献。（在介绍事例的同时，赞扬其治学态度。）

③ 与权势者戴法兴的辩论斗争。

祖冲之一生可写的事例很多，作者做了精当的选择。选材精当是为了更好地表现他的品质与精神。作者组织材料时，做到了：

① 把引用的资料和介绍结合在一起。

② 引用资料后加以说明、解释。（在记叙的基础上议论，可表明观点，加深读者对人物的认识。）

（3）对祖冲之进行评论。

四、
朗读全文

五、
学了这篇课文后
你们受到了怎样的启发？
扩充了些什么经验？
开展讨论

1. 学现成的结论，还是学治学的精神、态度、方法？

2. 写传记有哪些要点须注意？

（1）占有可信的材料，并精选材料。（不是不分巨细都写。）

（2）在占有材料的基础上表明观点。

（3）材料与观点统一。如这篇课文紧扣“杰出”二字进行记叙，适当加以议论，使中心突出，人物品质和精神面貌鲜明。材料组织一般按照时间顺序。

（4）语言要准确、严密，实事求是，反映人物的真实情况。

【板书设计】

祖冲之

1. 引用历史资料{文献、事例} —— 刻苦钻研（学习、思索、实践）、坚持真理、严谨治学 } 杰出{圆周率数值、《大明历》}

2. 直接评述人物

（观点） 精神面貌 具体成就

【教后】

1. 一位学生问：祖冲之最突出的成就在圆周率计算，为何传记

只一笔带过，而着重写其与戴法兴的斗争？

2. 另一位学生问：倒数第二句中为何用“才”？一个是推算到了第7位，一个是推算到了第17位，这样比较似乎不通。开展了讨论，大家意见一致，认为这样表达可以。

3. 拎出引文先教，突出重点、难点。

4. 学生分析文中事例，认为第3、4、5段易分析，第2段难分析。

5. 有学生说圆周率现已算到小数点后几百万位，有的不同意，说圆周率数值是无限不循环，电子计算机可算到无穷……学生的理解水平有差异。

《雷雨前》

【教学目的】

1. 理解和学习本文描写景物隐寓寄托的写作方法；

2. 引导学生认真体会作者对旧社会无比憎恨和愤怒的感情，以及对“清凉干净的世界”的急切盼望与深情向往。

【教学设想】

1. 本文的最大特点是以景寓意，借景寄托，运用象征的表现手法，来表达对旧社会的极端憎恶和对新世界的殷切期望的强烈感情。

2. 教学方法为着重启发指导学生多朗读、思考，从分析图景入手，紧扣人的感受，体会所描写景物的象征意义。

【教学重点】

1. 作者是如何真切、细致地描写雷雨前的景物，以及人的感受和期望的。

2. 这些描写所包含的深刻象征意义。

【教学时数】

两课时。

第一课时

【教学要点】

1. 简要介绍作者和本文的时代背景；

2. 讲清并使学生理解第一、第二幅画面。

【教学内容和步骤】

一、复习旧课，用对比的方法引入新课

我们曾学过杨朔同志的优秀散文《茶花赋》，并被它所描绘的二月南疆的优美意境所深深打动。请同学们用一个词或一句诗来描绘一下。（学生回答："春深似海"；"花红水绿"；"满园春色关不住"；"生意盎然"；"含露乍开"；等等。）二月的南疆，画面明艳，色彩绚丽，这是由于作者描绘的是伟大社会主义祖国的大好风光。今天我们要学习的茅盾同志的抒情散文《雷雨前》，色彩就截然不同，完全是另外一番情景，另外一个世界。究竟是怎样一个世界呢？我们细读课文后就能知道。

二、介绍作者和本文的时代背景

茅盾，现代文学巨匠，我国现代进步文化的先驱者，伟大的革命文学家和中国共产党最早的党员之一。原名沈德鸿，字雁冰，"茅盾"是他在 1927 年 9 月发表第一部小说《幻灭》时用的笔名。1896 年 7 月生于浙江桐乡县乌镇，1981 年 3 月 27 日去世。《子夜》《林家铺子》等是他的代表作。

《雷雨前》写于 1934 年 9 月，那正是我国现代革命史上黎明前最黑暗的时期：国民党反动派对外屈服于日本帝国主义的侵略；对内加紧对革命根据地实行反革命的"围剿"，对它统治地区的人民进行残酷的压榨和奴役。大片国土沦丧，民族灾难深重，贪官嚣张，污吏横行，人民被禁锢在黑暗的牢笼里，憋得气都透不过来。在这样恶劣

的环境下，作者怀着强烈的爱憎写下了这篇散文，通过对雷雨前大自然的变化和人的感受的描写，隐寓寄托了作者渴望革命高潮到来，“让大雷雨冲洗出个干净清凉的世界”的迫切心情。

三、朗读课文，初步揭示课文主旨

1. 提问启发：文中哪句话点明了全文的要旨？

学生回答后教师点明：全文的主旨是“让大雷雨冲洗出个干净清凉的世界！”

为什么说这句话点明全文的主旨呢？我们暂且不说，学习以后就能理解。

2. 提问启发：作者希望“冲洗出个干净清凉的世界”，那么，雷雨前的世界究竟是怎样一个世界呢？请学生根据“干净清凉”寻找两个反义短语来形容。

学生思考后回答：“雷雨前的世界是个肮脏闷热、龌龊窒息的罪恶世界。”

四、理清情节，划分段落，掌握文章概貌

提问启发：为了把雷雨前这肮脏闷热的世界生动逼真地展现在读者眼前，作者匠心独运，以时间推移的纵式结构，细描细绘了五幅画面。请学生划分段落，找出这五幅画面，并各用一句话加以概括。

学生讨论后回答，教师归纳：

第一部分（第 1~4 段） 第一幅画面：清早小石桥上。

第二部分（第 5~6 段） 第二幅画面：上午桥头。

第三部分（第 7~10 段） 第三幅画面：下午三时，石桥头。

（第 11~16 段） 第四幅画面：人和苍蝇、蚊子、蝉。

第四部分（第 17~20 段）　第五幅画面：电闪雷鸣，雷雨即将来临。

五、讲读理解第一幅画面

1. 学生朗读课文第 1 段。

2. 启发思考：雷雨前又热又闷。作者一下笔就在“热”和“闷”上做文章。他从哪两个角度刻画了天气的闷热？

学生回答后教师补充归纳。要点：

作者写天气闷热，很有特色。他让假想的主人公站在桥头，随着主人公由近及远的审视，从自然景物和主人公内心的感受两个角度，着意进行刻画。从自然景物的角度看：河水枯竭，“连一滴水也没有了”，“河中心的泥土裂成乌龟壳似的”；田地干裂，“像开了无数的小沟”；“苍白色的泥土”，“跟水门汀差不多”；天上直射的太阳和地下辐射的余热，使得土地里“似乎有白烟一样的东西往上冒”。从人的感受的角度看：“毛孔全都闭住，心口泛淘淘，像要呕出什么来”。作者以精细的描绘，集中表现天气的闷热。

3. 提问启发：从自然景物的角度看，文中对哪个景物的描绘最能突出“闷”？作者写“闷”的意图是什么？

学生回答后教师补充：“满天里张着个灰色的幔”，把密布的乌云笼罩大地的沉闷形态非常逼真地表现了出来。“幔”，就是帷幕，这里比喻灰暗的云层。“满天里”表明没有一丝儿透风的孔隙，气压低，沉闷异常。乌云笼罩，不正象征着国民党统治区白色恐怖的笼罩吗？这哪里是写天气写景物，分明是反映当时社会的黑暗。

4. 提问思考：在这样的环境里，人的感受如何呢？找出表现“热”和“闷”的关键动词。

学生回答后教师点明：作者描写人的感受，精细入微。用“逼”显示热，用“闭”显示闷，一“逼”一“闭”，把看不见的太阳的淫威和人被闷热所苦的难受程度形象地刻画了出来。而选择“清早”

的时间，“小石桥上”的地点，更能使人想象出雷雨前的闷热绝非寻常。

5. 提问思考：作者把描绘自然景物和写人的感受结合起来，其用意和作用是什么？

学生回答，教师或补充或肯定。要点：

作者采用工笔细描的方法，把自然景物和人的感受交织起来写，别开新境。写人，作者有意略去具体的形象，只以写意的手法去勾勒；写景，从人的感受去描写，使自然景物顿通灵性。物与人的命运休戚相关。作者这样写，更有助于起到揭露恶劣环境、寄托憎恶感情的作用。

这部分描绘的情景与诗歌《苦热行》中的情景颇有相似之处。请学生齐背王毂的《苦热行》。

祝融南来鞭火龙，火旗焰焰烧天红。
日轮当午凝不去，万国如在洪炉中。
五岳翠干云彩灭，阳侯海底愁波竭。
何当一夕金风发，为我扫却天下热。

六、讲读理解第二幅画面

1. 过渡：“何当一夕金风发，为我扫却天下热”，如果一写闷热，就立刻祈望暴风雨来临，那就会言不尽意，失之肤浅，也不成篇章。作者在第一部分刚刚开启一幅画的卷头，下面就一步一步往深处推。请看第二幅画面。

2. 提问：第二幅画面与第一幅相比，其中的人与景物有何异同？

学生自由朗读第5—6段后思考回答，教师补充：作者进一步写闷热：那“灰色的幔”依旧浓重，连“鸡毛从桥头抛下去”也不飘动；人受到热浪熏烤，尽管“用力行一次深呼吸”，吸进的仍然是“热辣辣的”“闷气”。用汗的“钻”“胶”“结”，更形象地把闷热的深沉凝重展现了出来。

与上一幅画面相比，其中的人与景物基本不变，但画面内容不是简单的重复。作者作了疏密详略的处理，该写的，写得更深，重点突出。作者功夫深厚。

七、布置作业

熟读、背诵第1~6段。

第二课时

【教学要点】

1. 讲清并使学生理解第三、第四、第五幅画面；
2. 引导学生深入理解本文的主题，以及隐寓寄托的写法。

【教学内容和步骤】

一、指名朗读、背诵第1~6段

二、讲读理解第三幅画面

1. 启发思考：就在持续的闷热侵袭人的肌体，使人们备受煎熬之时，画面出现了波澜。

（1）画面出现了什么波澜？第二幅画面中的哪句话透露了要起波澜的信息？请抓住关键的词句回答。

（2）作者是怎样描绘这个波澜的？

（3）作者描绘这个波澜的意图何在？

2. 学生自由朗读第 7~10 段，思考后回答，教师或补充或肯定。要点：

（1）第二幅画面中，作者先渲染“幔”的浓重，说它“没有一点漏洞”。忽而笔锋一转——“也许幔外边有的是风”，透露了要起波澜的信息，稍露生机。第三幅画面中，“灰色的幔裂了一条缝”，惊起波澜，使得悬念顿起——幔外还有世界，让人感到有了一线希望。然而，“幔又合拢，跟没有划过的时候一样”，仍然是“密不通风”的一张。刚起的希望顿然熄灭，似乎又成了泡影——“中什么用?”

（2）这一段描绘，作者精心运用了许多生动形象的比喻和拟人。写“灰色的幔”裂了又合，把幔的顽固和令人窒息的情状活灵活现地表现了出来；写“巨人”“拿着明晃晃的大刀”，咆哮发怒，透露出人们要挣脱桎梏的强烈欲望，非常富有想象力。作者笔锋转换，幔内幔外，互衬互托，写刀光人吼，电闪雷鸣，惟妙惟肖地描绘出“巨人”与乌云奋力搏斗的气氛，增强了文章隐寓寄托的意味。

3. 作者这样写，既展示出了冲破黑暗的可能，又进一步揭露了黑暗的浓重。三个“加倍”隐寓着人们深感反动统治钳制得更紧，压迫得更深，剥削得更重，真是“黑云压人人欲摧”。此时此刻，人怎么样呢？作者用“快要干死的鱼”作比——人成了涸辙之鱼，灾难的深重可想而知。

三、讲读理解第四幅画面

1. 过渡：要求学生齐读第 10 段。把三个感叹句的味道读出来，体会作者对黑暗世界的无限愤怒之情。闷热何时能消除？灰幔何时能扯破？黑暗何时能结束？作者笔锋又宕开，既写幔外巨人，又写幔内受难之人。

2. 请学生朗读第 11 段。启发思考：作者把幔内幔外糅合起来写，目的是什么？找出糅合着写的关键动词。

学生回答，教师补充、归纳：作者用“猜想”“断定”等几个动词把幔内幔外连接起来，使巨人和受难之人心灵相通，既深刻地表达了受难的人民渴望摆脱困境的急切心情，又渲染了幔外巨人为解除人民痛苦而准备更激烈地与乌云展开搏斗的气氛。写幔外是为写幔内服务。这种写法饶有深意，笔下生花，十分精妙。

3. 启发思考：人们等啊等，“焦躁地等”，等来的不是清凉的风，不是去闷的雨，而是什么呢？画面上又增添了什么？它们给人带来了怎样的灾难？作者是怎样描绘其丑态的？意图何在？

学生朗读第 12~15 段。思考回答，教师补充。

画面上增添了苍蝇、蚊子、蝉等害人虫。它们不仅聒噪，而且“龌龊”。

作者用“绕”“钉”“蹲”“喝”“唱”等词，不仅描绘了这些丑类害人的丑态，而且揭示了它们“吃人”的本质。作者这样写，并非停留在对自然界丑态的描写上，而是隐寓寄托着深意——写的是自然界丑类，指的是人世间黑暗的动物。作者在《时间的记录》一文的“后记”中指出：“……贪官污吏，多如夏日之蝇，文化掮客，帮闲篾片，嚣嚣然如秋夜之蚊，人民的呼声，闷在瓮底，微弱到不可得闻……”作者用曲折、含蓄、象征的方法抒发自己的爱憎，把贪官污吏，特务帮闲，吮吸民脂民膏的吸血鬼，压制民主、残害人民的刽子手，一一暴露在光天化日之下。闷热窒息，肮脏“龌龊”，这就是国民党统治区罪恶世界的写照。

4. 提问启发：在这个罪恶的世界里，人被坑害到了什么程度呢？

学生齐读第 16 段后回答，教师点明：人被坑害到了濒临死亡的边缘。“你会觉得世界末日也不会比这再坏！”语言的分量重得惊人，好像千钧重锤。“末日”，意味着完蛋、毁灭，而害人虫统治的人世竟比“末日”还坏，可见黑暗罪恶到何等吓人的地步。

5. 提问启发：作者说这句话时饱含着怎样的感情？

学生回答后教师补充：作者对国民党反动派统治下的社会现实予以无情的揭露、有力的鞭挞，以极大的愤慨诅咒和控诉这个黑暗社会，字字句句浸透了作者对吃人世界的仇和恨。

四、讲读理解第五幅画面

1. 过渡：然而，黑暗总有尽头。物极必反，这是事物发展的必然规律。让我们一起看第五幅雷电交加、气势磅礴的壮阔画面吧。

2. 学生齐读第17~20段。朗读时要求响亮、高昂，有战斗激情。

3. 指导朗读：幔外的巨人开始猛烈进攻了，它声势巨大，威力无比，“一下子把那灰色的幔扯得粉碎了”。教师读主语，请学生齐读谓语部分。

这是胜利的前奏，有排山倒海的气势。声、光交织，电闪雷鸣；叠词、象声词制造了强烈的音响，告诉人们，暴风雨的脚步已经迫近。

4. 提问：巨人猛烈进攻的结果怎么样呢？

学生回答，教师点明：其结果是丑类销声匿迹，人民绝处逢生。

面对如此磅礴壮丽的画面，作者呼唤呐喊：“让大雷雨冲洗出个干净清凉的世界！”这句话是全文的灵魂和精髓所在。

五、教师小结，引导学生深入理解主题

1. 提问：“让大雷雨冲洗出个干净清凉的世界”这句话包含着怎样的深刻思想和丰富感情？

学生回答，教师补充：这句话表达了人们对于推翻旧世界、创建新世界的信念。人们对大雷雨的渴望，对大雷雨来临的喜悦，既表明斗争的极端残酷，又预示着旧世界必将被人民摧毁。这是胜利的高呼，胜利的呐喊，充满对光明前途的向往，是乐观主义精神的

体现。

2. 提问：为什么说“让大雷雨冲洗出个干净清凉的世界”这句话的出现有深厚扎实的基础？

学生回答后教师点明：这句话的出现，不是空穴来风，而是一步一步逼出来的。（请看板书。）

正是由于作者精心描绘了一幅幅闷热、“龌龊”的图景，通过层层推进，步步进逼，笔笔加浓，把人压得透不过气，压到了绝处，人们才会在这一刹那，从心灵深处爆发出这种强烈的呐喊——这是变更世界的最强音：如号角，催人上阵；如战鼓，振奋斗志。

倘若前面文章不写透，不把黑暗写到最浓重的地步，就不能在此处给人以豁然开朗的感觉，主题就会“飘”，文章就站不起来。

3. 提问：怎么理解本文隐寓寄托的手法？

学生回答后教师补充：这篇散文写的是自然景物，指涉的是现实社会，这就是隐寓寄托。闷热的天气孕育着大雷雨，象征着黑暗的不合理的社会孕育着革命的暴风雨。通过革命风暴的洗礼，人们创建出阳光灿烂、百花吐艳的新世界。这里的“冲洗”是文章的“眼睛”，仔细咀嚼，意味无穷。

六、
指名学生表情朗读全文

七、
布置作业

1. 熟读全文，背诵第 17~20 段。

2. “让大雷雨冲洗出个干净清凉的世界！”我们正享受着雷雨冲洗后的幸福，请学习本文细笔细描的方法写一篇作文——《雷雨后》。

【板书设计】

雷雨前

1. 闷热（逼、闭）	↓	闷热龌龊
2. 更闷热（钻、胶、结）	↓	
3. 加倍闷热（快要干死）	↓	冲洗
4. 苍蝇、蚊子、蝉（流尽、烧）	↓	
5. 电闪雷鸣（爽）	↓	干净清凉
描写景物		隐寓寄托

【教后】

1. 学生能迅速拎出全文的关键词句，理解能力有提高。

2. 教学思路与写作思路有区别。教文章不一定都用平推的办法。要在理解作者写作思路的基础上，根据教学目的的需要，构思布局。要考虑制订运用教材的最佳方案。教这篇课文先拎最后一句，效果是好的。

3. 有的学生能联系阅读过的高尔基《海燕》中的名句来理解课文内容；有的学生在剖析人们对暴风雨的渴望时，引用了郭沫若《屈原》中的“雷电颂”。课外阅读重要，能帮助学生加强对课内精读作品的理解。

《歌声》

【教学目的】

1. 学习与继承延安革命精神，激励学生树立革命信念，意气风发，排除困难向前进。

2. 理解并学习本文以歌声为线索，开展联想，纵横交错地组合材料与铺排渲染的写作方法。

3. 咀嚼有关词句，体会语言的节奏感与音乐美。

【教学时数】

两课时。

【教学步骤】

一、复习旧课，引入新课

初二上学期，我们曾学过吴伯箫同志的一篇叙事散文《记一辆纺车》。那是他回忆延安生活的一组散文中的一篇，着重描绘的是延安的物质生活，运用的写法是托物叙事见精神。见什么精神呢？是延安的革命精神。请背诵一下文章的结尾："凭着崇高的理想、豪迈的气概、乐观的志趣，克服困难不也是一种享受吗？跟困难作斗争，其乐无穷。"

今天，我们再学习这一组回忆散文中的另一篇——《歌声》。它仍然写于 1961 年，三年困难时期。这篇散文着重写延安的精神生活，从“歌声”这一侧面热烈赞美延安“意气风发，斗志昂扬”的精神面貌和革命的乐观主义精神。两篇互为补充，对延安的革命传统和作风，作了较全面的反映。

这篇散文收在《北极星》一书中。

文章中描绘的“歌声”不是一般的歌声，它有鲜明的色彩，有美好的形象，有激越的感情，它发自心窝，反复回荡。今天，让我们通过文字的描绘，“听一听”：延安军民唱的是怎样的歌？为什么会唱这样的歌？

二、检查预习，学生质疑

三、学生讨论后拎出表现主题的关键语句与线索

关键语句在第 3 段：延安的歌声是“革命的”“战斗的”“劳动的”“极为广泛的”“群众的”。引用列宁对《国际歌》的评价，点明延安的歌声和《国际歌》是一个节拍，是无产阶级“共同的声音，共同的语言”。这是延安歌声的特点和本质。

线索：本文从“歌声”开始到“歌声”结束，“歌声”贯串始终。“歌声”的转换就是场面的更替，意思的递进。

四、文章从对歌声的议论着笔，论得很精彩

请学生读第 1 段，思考：精彩在哪里？

先概说，再申说、发挥。在“记”上写足，逐步渲染，逐步加深。“深深地留在记忆里”“烙印在记忆的深处”“像在记忆里摄下了

声音的影片一样”“一幕幕放映起来”，具体、形象，诱导我们去联想、体会。

五、从一般的“感人的歌声”，引向特殊的“延安的歌声”

1. 哪个词组准确而深刻地表达了作者对延安的深厚感情？（“无限恋念”。）

2. 哪个词拎出了下文丰富而又零散的材料？（“想”。）

3. 第 3 段先对“延安的歌声”加以概述，从本质上高度评价与赞扬延安歌声，展示了延安军民崇高的精神境界——在共产主义理想的鼓舞下生活，战斗。

4. 概述后从三个方面对延安歌声的特点作了具体而形象的描述。哪三个方面？

（1）唱歌的热烈场面；

（2）唱歌的“风气”；

（3）唱歌的“传统”。

六、具体分析

1. 大合唱的热烈场面。

（1）写合唱前是怎样渲染的？

环境，人物，色彩，感受，尤其是对气氛（“说说笑笑，熙熙攘攘”，“酣醉”）进行了渲染。

欢乐来自“大家都是一条心”，“意气风发，斗志昂扬”，想要争取抗日战争的胜利。

（2）写合唱前为何要先描绘场景？起何作用？

浓郁的诗情画意，语调亲切优美（形容词重叠，双声叠韵的运用），经过渲染，气氛加浓。

汤汤：出自《尚书·尧典》“汤汤洪水方割，荡荡怀山襄陵”。

（3）层层铺垫，“千呼万唤始出来”——大合唱的场景终于展现在眼前。

作者是怎样描写这动人的场景的？它动人在哪里？

指挥者，歌唱者；心与口；歌声，水声；“群山”，“延河”；“前线”，“后方”……融为一体。是悠扬的歌声，是军民合力、龙腾虎跃的劳动景象，表现了人们不怕困难、抗战到底的不屈意志。

使用比喻，排比句，语句变化，虚实结合，气势宏伟，激情洋溢。

2. 延安唱歌的“风气”。（面与点）

（1）为什么说成为“风气”？

因为大家处处唱，时时唱。

（2）怎么写唱？

不是介绍唱歌方法，而是渲染在革命集体中洋溢着互相激励、力争向前、昂扬奋发的革命乐观主义精神。（铺排，渲染）

（3）这样的“唱歌”有什么作用？

团结群众，组织群众，是鼓舞大家前进、战斗的精神力量。（三个“一种”）

3. 延安唱歌的“传统”。

（1）延安歌声内容在新旧时代有何不同？

（2）“新的曲调”和“新的内容”反映、突出了怎样的精神？

是“无产阶级的共同的声音，共同的语言”。（四个“歌唱”）

（3）作者以自己听歌的感受来加深渲染。

七、要求学生在理解全文的基础上归纳文章的写作特点

这是一篇以回忆延安生活为题材的情文并茂的抒情散文。

它的特点是：一条线索几首歌，诗情画意联想多。

1. 构思精巧。

本文从“歌声”始，至“歌声”止，高亢昂扬的“歌声”统贯全文。古今中外的材料由这个线索贯串起来，展现出一幅幅延安生活的历史画卷，给人以美的享受，引人对革命历史展开遐想。运用联想展现画面时，点面结合，纵横交错，层层渲染，有很强的艺术感染力。

2. 感情淳厚。

通篇洋溢着对延安生活的无限眷念。歌声是思想感情的凝聚，画面是思想感情的体现。真挚、淳厚的感情植根于革命生活，观察细、理解深，有革命情怀，才写得出洋溢革命精神的文章。由于文章感情浓烈，我们读完以后，仍觉歌声缭绕在耳畔，激荡在心胸。

3. 修辞技巧高超。

为了达到娓娓动听的目的，文章综合运用了多种修辞手法。由于技巧高超，文章情思飞越，饶有趣味。

且不说比喻、拟人、排比、对比、对偶、反问、夸张、双关（“像谆谆的教诲，又像娓娓的谈话”——对偶、比喻中暗含双关），就看顶真、拈连、示现的手法吧。

（1）拈连：“一直唱到人们的心里，又从心里唱出来。”从前一句“唱”顺连一笔，使“歌声”“心声”融为一体，唤起人们强烈的共鸣。

拿适用于甲项事物的词语，顺便说乙项事物，这样的方法叫拈连。（“拿原来说甲项事物的词语的反义词顺便说乙项事物或对甲项事物另作说明”暂不讲。）如：既炼钢，又炼人。在高原种下一株株树秧，也就是种下一个个美好的希望。

（2）顶真：“声浪碰到群山，群山发出回响；声浪越过延河，河水演出伴奏。”写“延安唱歌”气势壮观，对偶句中穿插顶真，形象生动，神采飞扬，熔写景、抒情于一炉。

用前一句的结尾做后一句的开头，使邻接的句子头尾蝉联而有上递下接的趣味。

（3）示现：把说话或写文章时看不见的事物鲜明生动地描绘出来

的修辞方法，叫示现（有过去的示现，未来的示现，悬想的示现）。它可以解除时间空间的隔阂，将场景鲜明生动地描绘出来，使人如临其境，如见其物。

本文描绘指挥合唱的场面就是追述示现，有利于加深文章的思想意义，表现深刻而丰富的主题。

纵观全文，巧妙的修辞手法俯拾皆是。运用时灵活多变，不拘一格，有时连用几种手法，有时在一种手法中套用几种手法，别开生面，妙趣横生，深化了主题，加强了文章的感染力。

八、推荐文章

《北京文艺》1977 年第 10 期吴伯箫《就〈歌声〉答问》。

九、布置作业

学习“一条线索几首歌，诗情画意联想多”的写法，写一篇散文，题目自拟。

【板书设计】

歌声

一条线索几首歌　诗情画意联想多

《国际歌》……《生产大合唱》……《三大纪律八项注意》……

《东方红》——共同的声音，共同的语言

唱到心里，又从心里唱出来

仿佛队伍是群众，群众是队伍

从心里喜欢

	指挥者	歌声	群山	前线	
一体〈					〉一体
	歌唱者	水声	延河	后方	

【教后】

1．许多学生认为“说的这时候，是……以后……的时候”表达不清，展开了议论。

2. 有些学生问为什么要写毛主席报告，和“歌声”有何联系？说明当时年代情景，学生能初步理解。

3. 有的学生认为“唱遍世界”的提法太夸张，不符合实际。

4. 有的学生认为“歌声拖得很长很长，因此能听得很远很远”中的“因此”用得不当。有的学生认为，这是形容旋律婉转悠扬，用“因此”也可以，不用更好，“长”与“远”不一定是因果关系。

《第比利斯的地下印刷所》

【教学目的】

1. 了解斯大林和他的同志们在沙皇统治下英勇机智地开展革命斗争的情况。

2. 学习按照空间顺序、时间顺序说明建筑物的方法。

【教学时数】

两课时。

【教学步骤】

一、激发兴趣，引入课文

同学们每人手中都有一本语文教科书，谁能以最快的速度来说一说这本书是在什么印刷厂印刷的？（估计学生平时不注意，一经提问，必然兴趣顿起，急于翻书。）一般说来，印刷所是在地面上的，而斯大林的故乡第比利斯有个印刷所却是在地下的。为什么会在地下呢？谁能准确地解释一下“第比利斯的地下印刷所”中“地下”一词的含义？

学生回答后，明确：“地下”的含义，一是印刷所设在地面之下，二是比喻意义，指秘密的、不公开的。地下印刷所是当时的革命者为同沙皇统治者作斗争而创设的秘密机构。

这个印刷所在苏联，怎么是中国作家介绍的呢?

二、介绍作者及有关背景

1. 请学生读注释①。

2. 请学生谈自己所听到的、读过的茅盾同志的作品。

3. 补充：茅盾，原名沈德鸿，字雁冰。他是“我国现代进步文化的先驱者”，“伟大的革命文学家”。他“1916 年开始从事文学活动”，始终不渝地“歌颂人民、歌颂革命”，抨击旧中国的黑暗势力。他的长篇小说《子夜》是他最著名的代表作，曾震动了 20 世纪 30 年代的文坛。中华人民共和国成立以后，他担任了第一任文化部长。1946 年底至 1947 年春，他应苏联对外文化协会的邀请去苏联参观访问，回国后，发表了许多篇访苏见闻。这些文章均被收入《苏联见闻录》，本文即从中选出。

三、学习文章的第一部分，理解说明的顺序

1. 第 1~8 段是文章的第一部分，说明地下印刷所的建筑结构与建筑经过。

2. 请学生仔细阅读第一部分，做三个工作：

（1）按照课文的介绍在练习本上画一张剖面结构图。

（2）说明作者是按怎样的顺序介绍的。

（3）画一张建筑经过的简表，比较建筑顺序与介绍建筑结构时的顺序的不同。

阅读时注意识字，如：

栅栏（zhà lán）　凿（záo）　囱（cōng）

瞭（liào）望哨　　穴（xué）

3. 放幻灯片，以幻灯片上的剖面结构图为依据，要求学生先自行对照、修改，再开展讨论。教师对易错、易漏的地方重点指导。比如，学生画图时容易忽略“十七米”“四米”“十米”“三米”之间的比例，通过指导朗读第5段，帮助解决。

附：“第比利斯的地下印刷所”剖面结构图

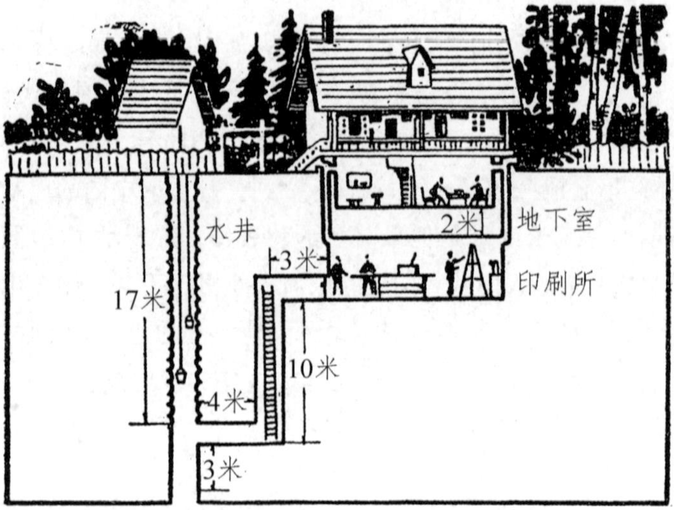

“第比利斯的地下印刷所”剖面结构图

4. 按照空间顺序说明地下印刷所的结构：

从外至内：先写院子的外观（“周围”，“左边”，“右边”），再写屋里（“正屋”，“地下室”，“水井”）。突出“普普通通”。

从上至下：井壁的隧道—垂直隧道—横隧道—门—印刷所。突出内部结构的“秘密”。

5. 将印刷所中的设备交代得一清二楚。

“一架对开印刷机”；“一排四个人用的排字架”；“四个墙角都有通到地面的通气孔”；“靠近排字架的墙角还有一个小铁炉”。

这样就有条不紊地把印刷所的外观、内部结构和设备说得明明白白。

6. 地下印刷所的建筑经过是按照时间顺序或工程开展的顺序来

介绍的：先买地皮，领执照—再雇工开地穴—辞退工人，自己运机器，凿隧道，封地穴—另请工人盖屋，开井—工人走后，自己在井壁凿隧道。由里到外，从下到上。

作者为什么要按照这样的顺序来说明建筑的经过呢？为的是突出“地下”的特点，赞扬革命者建造该印刷所时计划的周密，表明当时斗争的艰苦。把对建筑结构与建筑经过两部分的说明对照来看，地下印刷所的图像就如在眼前。

7. 在自己所画的剖面结构图上画两条带箭头的线，蓝线表明说明结构的顺序，红线表明说明建筑经过的顺序，画好后进行比较。

8. 在自己所画的剖面结构图下面写两段对建筑物的说明，一段写外观，一段写内部结构。要求语言简明，条理清楚。写好后进行交流。

四、学习第二部分，理解印刷所的破坏与重建

1. 第9~11段是文章的第二部分。

2. 学生自由朗读这一部分，并思考回答：这一部分介绍了什么内容？为什么在介绍结构以后要写这些内容？两部分内容是怎样组织在一起的？

明确：这部分介绍了印刷所的破坏与重建，介绍了它的革命史迹。这部分内容揭露了沙皇统治对革命者的压迫，更表现了革命者的勇敢、智慧和对革命所做的贡献。两部分内容组织在一起是为了表达一个中心。文章说明的对象是地下印刷所，第一部分介绍其结构和建筑经过，第二部分介绍其史迹，都是为了表现在沙皇统治下斯大林和他的同志们从事革命工作的聪明才智和斗争精神。再者，作者参观的是重新修建起来的地下印刷所，有必要对它的破坏与重建作简要的说明。

五、说明一个问题

这篇课文主要说明地下印刷所的构造，是说明文。但说明文中常有记叙成分，比如这篇课文的第二部分就是记叙，第一部分中也有不少记叙的成分，阅读的时候应该注意。下一课《人民英雄永垂不朽》中也有类似情况。

六、布置作业

1. 仔细观察学校教学大楼的外观与内部结构，按照一定的空间顺序写一篇说明这座大楼的短文，要求语言准确，条理清晰。

2. 做“思考和练习”三。

【教后】

1. 学生对画图颇有兴趣，课文读得很仔细，画的结构图绝大部分都正确。欠缺的地方确实如课前所预料的：距离不对，比例失调。学生能够画得比较正确，说明文章写得好，作者的文字功夫深。

2. 学生看文作图比较容易，而看图作文却比较难，不是说得啰唆，就是说得疙瘩，方位词也不大能准确地掌握。这是初次训练说明的能力，出现此种现象不足为怪。以后要多多练习。

以有限拓无限　开阔教学天地

《人民英雄永垂不朽》

【教学目的】

1. 了解中国革命经过的艰苦道路，懂得中国人民为取得自由解放而付出的巨大代价，激励自己缅怀先烈心向党，继承先烈未竟的事业，奋勇向前。

2. 学习按照空间顺序、方位顺序说明事物的方法。

3. 通过阅读教师推荐的有关课外读物，了解革命先烈、革命前辈不屈不挠的革命精神。

【教学时数】

两课时。

【教学步骤】

一、引导观察，激发思考

同学们，当你们拿到这本语文课本，翻开看时，首先看到了什么？这张彩色照片给你怎样的感觉？你联想到些什么？请试着说明它的结构与造型。

学生发表意见后，指出：同学们希望自己能到天安门广场瞻仰人民英雄纪念碑，这种心愿是可以理解的，将来也是可以实现的。为什么我们现在对这座建筑物的结构、造型说不清楚呢？一是由于我们没有仔细观察过实物，照片上的题词、碑文、装饰等印得不清晰；二是由于我们还没有掌握按顺序说明事物的方法。今天我们学习《人民英雄永垂不朽》这篇课文，看看作者是怎样来介绍说明的。这篇文章是新华社记者周定舫同志瞻仰人民英雄纪念碑的纪实。

二、提问，检查预习

1. 文章的标题下面有个副标题，这个副标题起什么作用？

文章标题表明了作者要歌颂的对象，副标题标明文章要具体介绍的建筑物。二者结合在一起，表明本文将通过对纪念碑的介绍说明，讴歌革命先烈的丰功伟绩和前仆后继的革命精神。

2. “瞻仰”是什么意思？（能举出哪些它的同义词、近义词？）为什么这儿要用“瞻仰”？

恭敬地看。表示对革命先烈的万分崇敬。

3. 人民英雄纪念碑的特征作者是用哪几个词来形容的？你能列举出文章中的比喻、数字以及建筑材料来具体说明吗？作者为什么要列数字、打比方呢？

“巍峨”“雄伟”“庄严”。“它像顶天立地的巨人一样”，“是中国自古以来最大的一座纪念碑，从地面到碑顶高达三十七点九四米”。纪念碑“用一万七千块坚硬的花岗石和洁白的汉白玉砌成”，“碑身四周围绕着双层汉白玉栏杆”。以上种种仅是稍加说明，已显示出纪念碑的巍峨、雄伟、庄严。

作者打比方、列数字，使读者对建筑物有了具体形象的认识，增强了实感。

4. 读下列词语，并按次序逐一解释它们的含义，看谁讲得正确，讲得迅速。（出示小黑板）

矗立　遥遥相对　徐徐　兴建　奠基　执锨
镏金　溯　重幔　庑殿　挑衅　旌旗　慷慨激昂
怒形于色　逾越　天堑

5. 齐读开头与结尾，说明作者瞻仰时的心情与瞻仰后的感受。

作者带着“万分崇敬的心情”瞻仰，离开纪念碑时再一次“默默致敬”，受到的教育是极其深刻的：了解了中国革命的艰苦道路，先烈们的光辉业绩，中国人民付出的巨大代价。

三、重点理解说明的顺序

通过预习，大家对课文的内容有了大体上的了解，现在重点要学习的是说明的顺序。作者要把自己的观察所得准确地、有条不紊地告诉读者，必须讲究说明的顺序。

1. 首先，从总体上看，作者是按照怎样的顺序把纪念碑一步步介绍到读者的面前来的？请同学阅读第 2~5 段，找出表明顺序的关键词语回答。

明确：按照作者的活动顺序把纪念碑介绍到读者的面前。先“进入广场”，再“越过广场”，进而“踏着石道”，“走到碑前”，接着“踏上台阶”，而后“到了平台”。活动顺序清晰，由远而近，把纪念碑的位置、兴建经过以及整个形象介绍得明明白白。

2. 到了平台仔细瞻仰。请学生回答作者是按照怎样的顺序有条不紊地说明纪念碑的结构、题词、碑文和造型的？

明确：是按照空间顺序来说明纪念碑的结构、题词等的。

由下而上：台阶—平台—（大小碑座）—碑身—碑身东西两侧上部—碑顶。

由正面而背面：题词—碑文。

先四周后中间：碑身四周—碑身—碑心石。

3. 请学生思考：既然按照由下而上的空间顺序介绍，为什么“小碑座”不放在“碑身”前说明呢？“大碑座”又为什么不紧接着

“平台”“汉白玉栏杆”加以介绍呢？这样是否显得杂乱？

讨论后明确：说明纪念碑的结构基本上按照由低而高、由下到上的顺序，但为了表达内容的需要，把碑身东西两侧上部的装饰花纹和小碑座四周的雕刻花纹集中起来写，阐发花纹的象征意义，可以加深读者的印象，寄寓对先烈的崇敬。碑座总是在碑身的下面，这是众所周知的，不会引起误解。

大碑座四周的十块大浮雕是本文说明的重点，作者另列开来进行说明，为的是突出中国革命经过的艰苦道路，先烈们的光辉业绩和为了自由、解放，中国人民付出的巨大代价。

4. “十块汉白玉的大浮雕”是按照什么顺序说明的？请按照文中写的顺序简要说明这些浮雕的主要内容。

十块大浮雕是按照方位的顺序加以说明的，从碑身的东面起，依次到南，到西，到北。这个顺序正好与浮雕反映的历史事件的时间顺序相吻合。

学生口述十块浮雕的主要内容。

学生复述碑身正面的三块浮雕时容易主次不分或次序颠倒，注意进行指导。

5. 剖析文章对“五四爱国运动”浮雕的记述，了解爱国青年在革命中发挥的先锋作用，理解对浮雕的建筑背景与主体的记述和用词造句的恰当。引导学生根据上述要点仔细阅读介绍其他幅浮雕的段落。

6. 把上述几种说明的顺序在脑子中过一遍，准备看图说明。

四、口头训练

看纪念碑的彩色照片，说明纪念碑的结构、题词、碑文、造型，要求：

1. 先按活动顺序，再按空间顺序，最后按方位顺序。

2. 把“大碑座”“小碑座”的内容插入适当的位置说明，遵循由下而上的顺序。（可参阅板书）

3. 注意用比喻、数字说明纪念碑的巍峨、雄伟和庄严。

五、熟读题词与碑文，回答

1. 为什么文中三次提到“人民英雄永垂不朽”？

2. 学习了这篇课文以后，你对人民英雄纪念碑有了哪些新的或更具体的认识？

六、布置作业，推荐课外阅读篇目

1. 按方位、时间、事件、意义四个维度列表，把十幅浮雕的主要内容填写在内。

2. 背诵题词、碑文和第 5 段。

3. 课外阅读：《革命烈士诗抄》《王若飞在狱中》《可爱的中国》《烈火中永生》《红旗飘飘》和《从林则徐到孙中山》。

【板书设计】

人民英雄永垂不朽

说 明 的 顺 序

活动顺序（由远而近）	广场—石道—碑前—台阶—平台
空间顺序（由下而上）	台阶—平台—（大小碑座）—碑身—碑身东西两侧上部—碑顶
方位顺序（东—南—西—北）	东（2）—南（3）—西（2）—北（3）

艰苦道路　光辉业绩　巨大代价

【教后】

1. 在分析空间顺序时，未等我发问，学生已提出了问题，觉得碑座未按顺序介绍总是欠缺。经过讨论，统一了认识，懂得了说明的顺序并不是刻板的、无任何灵活的余地的，只要表达得合理，读的人能明白，可作适当的更动。

2. 作说明文教，重点放在说明的顺序上，对纪念碑意义的剖析相对削弱了。自己掌握得不好，二者糅合得不理想。通过指导学生背诵与课外阅读，弥补这方面教学的不足。

《一面》

【教学目的】

1. 学习鲁迅先生与劳苦大众呼吸相通、“俯首甘为孺子牛”的高贵品质，同黑暗势力进行艰苦卓绝斗争的革命精神。

2. 学习本文小中见大，以一当十，刻貌传神、形神兼备的写作方法。

3. 扩大课外阅读范围，培养阅读鲁迅作品的兴趣，加深对鲁迅精神的理解与认识。

【教学时数】

两课时。

【教学步骤】

一、复习旧知，导入新课

在鲁迅先生逝世 13 周年的时候，诗人臧克家曾经写了一首十分著名的纪念鲁迅的诗。回忆一下，题目是什么？《有的人》。去年我们学这首诗时，诗中许多哲理性的语言曾给我们以深深的启发，现在把它重温一下，大家背背看。

有的人活着，
他已经死了；

有的人死了，
他还活着。
……
把名字刻入石头的
名字比尸首烂得更早；
只要春风吹到的地方
到处是青青的野草。

他活着别人就不能活的人，
他的下场可以看到；
他活着为了多数人更好地活的人，
群众把他抬举得很高，很高。

“给人民作牛马的，人民永远记住他！”鲁迅先生离开我们已经40多年了，可他好像仍然生活在我们中间，我们眼前常浮现他的音容笑貌，耳边常响起他鞭辟入里的名言，它们给我们以教育，以启发，以力量。今年是他诞生100周年，对这样一位“中国文化革命的主将”“向着敌人冲锋陷阵的最正确、最勇敢、最坚决、最忠实、最热忱的空前的民族英雄”，我们年轻人，革命的后来者，应该向他学习些什么呢？

这个问题暂且搁在一旁，先读一读40多年前一个年轻的穷工人写的怀念鲁迅先生的文章吧！

二、检查预习，点出文章关键之笔

1. 文章标题怎么读？正音。

一（yí）面（miàn）。第四声前“一”变调。

2.《一面》这篇回忆性散文记叙了一件怎样的事？用动宾短语概

括。“遇见鲁迅”。鲁迅对作者怎样呢？用主谓短语概括。“鲁迅赠书”。把这两个短语组合在一个句子里，说明这篇散文记叙了怎样一件事。注意时间、地点。

本文记叙了1932年秋天作者在内山书店遇见鲁迅先生并接受他赠书的动人情景。

3. 作者只见了鲁迅先生一面。鲁迅赠给一个素不相识的青年工人一本书，在鲁迅先生的一生中是极平常的；然而，这“一面”，这“一本书”，却给作者留下了极其深刻的印象。请找出表现这深刻印象的关键语句。

“站在前进行列最前面的我们的同志、朋友、父亲和师傅！”——多么伟大的人物，多么由衷的赞颂。

而这样伟大的人物竟然是通过“一面”来描绘的，真是小中见大，少处见多，内容深刻而丰富。这“小”、这“少”是怎样描绘的呢？

三、精读第一部分中关于鲁迅的描写

1. 请学生在预习的基础上，用浏览的速度迅速找出集中描绘鲁迅外貌的段落。

第3、19、32段。

2. 请一个学生把这三段连缀起来读，读后思考回答：作者是抓住了哪些特征来描绘的？运用了怎样的方法？

回答要点：抓住了鲁迅的脸色、头发、胡子等特征描绘，特别写到了他的“瘦”。由于抓住特征描绘，疏疏几笔，形象酷似。

描写时还运用了以下的方法：

（1）渲染铺垫，呼之欲出。未见形，先闻声。先写“谈笑”“说”“大笑”，笑声中的“天真”与“非日本”的东西，层层渲染，笔笔铺垫，使读者急于要知道在笑、在说的是什么人。

（2）反复描写，形象鲜明。犹如歌曲中的主旋律一再出现，给人以强烈的印象。——“黄里带白”的脸色，根根“直竖”的头发，浓黑画一的胡须，几次写“瘦”，笔笔表明这是鲁迅。

（3）由远而近，逐步深化。第一次远望，只能“模糊辨出”一个中国人的身影。第二次近看，从“面孔”到“头发”再到“胡须”，犹如电影中渐渐放大的脸部特写镜头，把最显眼的外表特征，由整体到局部再到细部，逐一展现在读者眼前，具体而明晰。第三次也是近看，不仅特征再次出现，而且笔笔加浓：“牙黄”的“长衫”看清了质地——“羽纱”；烟嘴“安烟的一头”“已经熏黑”。

3. 鲁迅先生的形象跃然纸上，是否只是肖像刻画得相似的缘故？

不完全是。刻画人物外貌要着力表现其精神，以有限的描写表现无限丰富的内容，以逼真的肖像描写显示鲁迅“精神抖擞”的内在气质。“天真”的“大笑”，写其坦率、爽朗、乐观；“没有一点颓唐的样子”，写其旺盛的战斗精神。形神兼备。（“颓唐”为何义？反义词是什么？）

4. 鲁迅先生的高大形象跃然纸上，不仅由于作者采用了抓住特征刻画人物外貌的艺术手法，而且由于他在描写鲁迅先生言行时结合了自己的深切感受，因而分外感人。

（1）请学生朗读第17~38段。

（2）思考回答：哪些段落是着重把对鲁迅言行的描写与自己的感受结合起来写的？表现了鲁迅怎样的精神？表达了作者怎样的感情？

第20段。“正直而慈祥”的“眼光”，使“踌躇”的“我”感受到了父辈的关怀与爱护。当时，自然环境“冷”，“店里冷得像地窖一样”；社会环境“冷”，“平素看惯了西装同胞的嘴脸”。如今一个长者如此谦和，如此恳切地问，怎不使这个在黑暗中受穷受欺的青年感到春天般的温暖呢？“抚摩”，轻轻地抚摸着，表现感情的细致、深沉。（注意破折号的作用。）

第22~25段。“扳下一本书来”，“用竹枝似的手指递给我”，说的是“你买这本书吧——这本比那一本好”，此言此行让“我”思绪翻滚。写“我”“疑惑”“猜”“断定”，是为了突出这个人的“诚恳”、真挚、“不平常”。

第26~35段。先生一句句平易关怀的话，使“我”“恢复了勇气”，使“我”“惊异”，使“我”“欢喜得快要跳起来”。此时此刻，“我”已不是思绪起伏，而是激动不已：表现于口的，是“结结巴巴”；藏在心中的，是“那个名字”在“乱蹦”。为什么会“乱蹦”？是偶然的吗？不。“赫然印着‘鲁迅译’三个字，我便像得到了保证似的，立刻从书架上抽下一本”，“我先看那后记”，说明“我”平素仰慕鲁迅，爱读鲁迅的书。“笑声”形成“悬念”，“见面”勾起“猜想”，心中一直崇敬的人，现在突然出现在眼前，“我”怎能不欢欣，他的名字怎能不“乱蹦”？可是“那个名字”又为什么“没有蹦出来”呢？“我向四周望了一望”，这个句子有文章。1932年的时候，国民党反动派疯狂地进行军事“围剿”和文化“围剿”，鲁迅在上海的处境十分危险。为了鲁迅先生的安全，作者尽管万分欣喜，但还是抑制住自己的感情，没有把他的名字“蹦”出来。鲁迅“微笑”了，“默认地点了点头”，这意味着什么呢？这意味着他对同志、对朋友的无限信任，意味着他与穷苦工人心心相印。此刻无须讲话，“此时无声胜有声”。

“父亲”般的“抚摩”，同志般的信任，朋友般的真情，叩击着作者的心扉。作者再也抑制不住自己奔涌的感情，他呼唤着，赞颂着，赞颂这伟大而高尚的灵魂。（第36段）

请两个学生朗读第36段，读到“给……毁坏了”。注意两个“完全”。

鲁迅对黑暗势力进行有韧性的战斗、艰苦卓绝的战斗，“横眉冷对千夫指”。对青年，对人民呢？“俯首甘为孺子牛。”

第37~38段。鲁迅赠书时的语言如此质朴无华，实事求是，正如他自己说的“有真意，去粉饰，少做作，勿卖弄”，无丝毫矫揉造作之态。这高尚的品格对作者是极大的教育，做“奴隶”的人（衣服上一只口袋都没有）受到如此的挚爱深情，怎能不激动？只能把千种情、万种意表现在“鼻子里陡然一阵酸”，凝聚在“恭敬地鞠了一躬”之中了。

作者写自己的感受，情真意切，如泣如诉，既产生了感人至深的艺术力量，又使“站在前进行列最前面的我们的同志，朋友，父亲和师傅”的鲁迅先生的高大形象光彩照人。

这一部分前前后后反复写了好几次“瘦”，深刻地表现了鲁迅先生为革命、为人民奋不顾身的战斗精神。“瘦”是形貌描写中的点睛之笔。

5. 作者在文中一再写自己工作的劳累、地位的低下、生活的贫困，这是为什么？是不是游离主题？

这样写，真实地反映了在风雨如磐的旧社会里，劳动人民在饥饿线上挣扎的苦难，更突出了鲁迅先生对穷苦工人的悉心爱护，与劳苦大众息息相通的高尚品质。这样写，不是闲文浪墨，游离主题，而是为了更具体真切地表现主题。

6. 小结。

综上所述，可知这“一面”虽“小”、虽“少”，但由于作者反复运用了生动传神的肖像描写，并结合了自己的深切感受来写，矗立在我们眼前的是鲁迅栩栩如生的高大形象，一个伟大而高尚的灵魂。这就是小中见大、以一目尽传精神的艺术手法。

四、学习第二部分

1. 这见“一面”的场景是感人的，然而其意义绝不局限在当时，这“一面”究竟产生了多大的精神力量呢？请读第二部分。

2. 朗读，回答：

这“一面”影响了“我”的一生，给予“我”巨大的鼓舞，使“我”终生难忘。“昂着头”，“鲁迅先生是同我们一起的”，“更加坚强起来”，这些语言深化了“站在前进行列最前面”的“同志”“朋友”“父亲”和“师傅”的形象，鲁迅先生的精神品格光照人间。

3. 作者对先生的逝世表达了怎样的感情？两个“不愿”起什么作用？

“给人民作牛马”的人离开人间，人民怎能不哀思如潮？不悲痛万分？然而，更重要的是继承遗志，努力战斗。两个“不愿”，正是要把无限的悲痛化为前进的力量。悼念先生的最好行动是“踏着他的血的足印，继续前进”。

感情收敛起来，似乎可以收笔了，为什么又要写下最后一句话呢？因为崇敬、爱戴、怀念等深情交织在一起，作者不能“自已”，抑制不住，不得不抒泄出来，“情动于中”，故而言溢于外，于是写下了这篇悼念先生的文章。感情抑扬，结尾起伏，故意味隽永，叩击读者的心扉。

这一部分的抒情、议论，是对前一部分记叙的发展和升华。

五、指名朗读全文，加深对主题的理解

40 多年前，阿累见鲁迅“一面”，终生难忘，获得了精神力量。我们虽不能亲自见到鲁迅，但读了该文，也仿佛觉得刚与鲁迅见面回来，是那么亲切和难忘。

鲁迅是“站在前进行列最前面的我们的同志，朋友，父亲和师傅”，你们对这句话是怎样理解的？能不能联系自己已学过的课文或课外读物中接触到的鲁迅先生的思想言行，举例说明？

（请几个学生说一说。）

六、布置课外阅读，培养阅读鲁迅作品的兴趣，加深对鲁迅思想品格的理解与认识

1. 小结学生口头表达的情况。

以上大家表达的都是对鲁迅先生的爱戴、崇敬，热爱祖国的感

情、建设祖国的决心。这些还比较肤浅。要纪念鲁迅，学习鲁迅，认识鲁迅精神，就要认认真真读他的作品。

2. 分发鲁迅作品，指导：

（1）先看“序”或“后记”，了解写作意图和有关情况。

（2）认真精读一两篇，从内容到文字仔细推敲，真正看懂。

（3）写一篇读书笔记，中心是赞颂鲁迅先生的思想品格和战斗精神。

【板书设计】

一面

抓住特征，渲染铺垫 } 小中见大　　同志，朋友，父亲和师傅

反复描写，逐层深化 } 刻貌传神　　伟大而高尚的灵魂

（瘦）

感到，断定，惊异，欢喜

【教后】

1. 一位学生能质疑了，说“他的面孔”是“黄里带白”，“黄里带白”是谓语，“是”是加重语气，既然加了“是”，后面就应加个“的”。表扬这位学生读得仔细，并解答了她的问题。

2. 有学生问：“那个名字”在心里“蹦”就是了，为何还要写“我向四周望了一望”？议论时强调了当时社会环境的恶劣。

3. 教肖像描写时，一位学生认为，作者先用写意画的笔法，然后工笔画细描，最后笔墨加浓，写法是由远而近。理解得较好。另有位学生不满足于教师的归纳，认为作者进行肖像描写时还用了互相矛盾的手法，如：“天真”与“五十上下”的矛盾，“大病新愈”与“精神很好”的矛盾，等。有道理。

4. 口头练习时，有个学生回忆《一件小事》读后受到的启发，也有学生谈为方志敏传递《清贫》等文稿的感人，又有学生谈读《“友邦惊诧”论》后对鲁迅先生疾恶如仇的理解。另有学生谈了不同的见解：认为鲁迅先生有时对人比较“苛刻”，比如对李四光；还

认为鲁迅先生作品好，对自己有一定的参考价值。有的学生认为这位学生“狂妄”“自高自大”。我肯定了这位学生能发表自己的见解，其他学生的评价请她自己考虑。第二天再问她，她认为“有一定的参考价值”的说法不妥。

5. 有个学生问，文章是写鲁迅的，为什么用很多笔墨写“内山”？教课时其他问题都注意解答，这个问题疏漏了，第二天早读课才补充解决了这个问题。上课要精心，不可有丝毫的疏忽，一定要努力把学生提的所有问题迅速地有条理地储存在自己脑子里，然后结合课文选择最恰当的时候解答。

《二六七号牢房》

【教学目的】

1. 从伏契克和他战友的坚贞不屈的崇高品德和高昂的革命乐观主义精神中受到教育与感染。

2. 学习通过具体事迹刻画人物优秀品质的方法，领会含蓄地表达思想感情的写作特点。

【教学时数】

两课时。

【教学步骤】

一、介绍作者与作品，激发学习热情

出示《绞刑架下的报告》。

这是一本著名的报告文学作品，书名又被译为《绞索套着脖子时的报告》。作者是伏契克，捷克斯洛伐克共产党员，著名的反法西斯战士和作家。

请学生朗读注释①。

1942 年 4 月 24 日，由于叛徒的出卖，他不幸被捕，被囚禁于庞克拉茨监狱。在牢狱中，他身受酷刑，刚毅不屈，英勇地进行斗争，表现了共产党人的大无畏的革命精神。《绞刑架下的报告》不是一般

的报告文学作品，它是作者在身受摧残，又被严密监视的极端艰难的情况下，在“从死神那里窃取来的时间里”，用生命写成的壮丽的英雄诗篇。这部作品共分八章。开头三章——《二十四小时》《临死前的痛苦》（又译《弥留》）《二六七号牢房》，记叙作者被捕时的情形和最初一个时期的狱中生活。

伏契克于 1943 年 9 月 8 日英勇就义。烈士的英雄形象已经超越国界，活在世界革命人民的心中。让我们怀着对英雄的崇敬与缅怀，学习该文，从中获取丰富的营养。

二、阅读全文，初步掌握要点

《二六七号牢房》是《绞刑架下的报告》一书中最精彩的篇章之一，是伏契克英勇战斗的真实写照。先明确：

1. 全文三个部分围绕着一个中心写。围绕着一个什么中心呢？

揭露德国法西斯的凶狠残暴和色厉内荏的虚弱本质，歌颂捷克斯洛伐克爱国者坚强不屈、英勇无畏的革命精神，坚信法西斯必败，捷克斯洛伐克人民必胜。

2. 在捷克英雄群像中着重写了哪些人？

卡瑞尔，“老爸爸”——约瑟夫・贝舍克，以及牢房中的爱国志士组成的战斗集体。

3. 三个部分各写了什么内容？概括说明。

第一部分着重描绘爱国工人卡瑞尔・马里茨的光辉形象，揭露法西斯监狱的黑暗和残暴。

第二部分着重描绘老爱国志士约瑟夫・贝舍克的英雄形象，赞美爱国者之间深厚的战斗情谊。

第三部分叙述自己以对敌顽强斗争的实际行动鼓舞难友和同志，显示坚贞不屈的斗争意志和革命乐观主义精神。

三、分部分推敲，理解重点语句的深刻含义

1. 第一部分。

（1）牢房内恶劣的生活环境。

“从门到窗子是七步，从窗子到门是七步。”“走过去是七步，走过来是七步。”“这个，我很熟悉。”“是的，这一切，我很熟悉。”——普通的语言，不普通的内容。揭示牢房的简陋、狭小；揭露捷克斯洛伐克内外反动派是一丘之貉，都是迫害革命者的刽子手；表达作者身陷囹圄、渴望自由的感情和勇于献身的信念。

（2）牢房生活。

读第1~4段、第12段。

牢房是人间地狱，“不是表露感情的地方”。看守对革命者严密监视，拷打审问，在精神上折磨，在生活上虐待。作者揭露法西斯匪徒的凶残本质，对那些披着人皮的野兽进行控诉与鞭挞。

“趴”“转动”“举起”“支着”“翻过身来”等词句深刻地揭露了法西斯匪徒摧残革命者的血腥罪行。

（3）卡瑞尔的形象。

“这是我的义务”，“我只能这样做”，这些看来平常的话饱含着他高度的思想觉悟和献身革命的精神。他爱妻子和孩子，然而爱自由胜于爱亲人，为了祖国解放事业，他离妻别子，献身革命。

他对作者是战友情深。为了拯救作者的生命，他不得不借助外力强制作者进食。他被命令“在五分钟之内准备出发……或者到绞刑架上去了结他的生命”，他“跪在我的床边，双手捧着我的头，吻我”，是那样从容不迫，视死如归。他爱祖国，爱人民。卡瑞尔这个爱国者的形象，是捷克斯洛伐克工人阶级优秀代表的高大形象。

2. 第二部分。

（1）“牢房里就剩下我们两个”一句在结构上联系上下文。

（2）“……从两个换成三个，又从三个换成两个，然后又是三个，两个，三个，两个，新的囚犯来了又去了”，语言含蓄，感情深沉，既是对离去同志的无限怀念，对失去战友的无比悲痛，又是对灭绝人性、双手沾满革命者鲜血的法西斯侵略者愤怒的控诉。

（3）“老爸爸”的感人形象。

表情朗读第21~24段。

血肉凝成的友情：“引号”不存在了，“变成真正的父子”，“习惯”“字眼”“腔调”“都掺合起来了”，四个包含“哪些”的语句，都表明了这一点。文笔纯熟，感情深沉。

作者用极其朴素的语言叙述“老爸爸”对自己无微不至的关心和照料，由衷地赞美约瑟夫这位老爱国志士的高尚品格和无私无畏的精神。“一小朵雏菊和一根青草”这一细节描写，表现了“老爸爸”对战友的鼓励，给死气沉沉的牢房带来生的气息。

“老爸爸”的高尚品质，坚定、无畏、乐观的形象，与卡瑞尔一样，是通过一件件具体的事加以表现和刻画的。

3. 第三部分。

这部分是重点，以侧面描叙的方法写虎穴中斗顽敌的情况。

（1）深刻的揭露。

读第26段。体会：敌人惨无人道地提审“不能移动”的囚犯，还要用“载重五吨的大卡车”，还要“握”枪“监视”，“怕我逃走”。作者用幽默辛辣的笔调入木三分地揭露敌人色厉内荏的虚弱本质，表露了对张牙舞爪的敌人的极端蔑视。

（2）贴心的关怀。

“要拿稳啊”，“手里要拿稳，心里也要拿稳”，“从敲打厚墙的声音里，从管分饭的人送饭时候的眼光里，我体会出他们是在向我祝贺”——战友贴心的关怀，是对作者巨大的鼓舞。战斗，血的战斗，为了民族的解放，大家不是孤军作战，并肩前进、前赴后继的有无数战友，这就是革命的希望所在。

（3）由衷的歌唱。

“二六七号牢房在歌唱。我一生都在歌唱。”

“只要不灭亡，还要这样歌唱下去。”

“没有歌唱就没有生命，就像没有太阳就没有生命一样。”

革命者的生活里充满了战斗，充满了歌唱。这种歌唱是英勇战斗的伴奏，是革命乐观主义情怀的抒发，是对胜利到来的向往。

伏契克的一生是歌唱的一生，燃烧的一生，他坚信太阳一定会“继续照耀下去”，“人们一定会在他那温暖的光辉里生活下去”。伟大的革命理想、坚如磐石般的革命信念支持鼓舞他奋勇战斗，经受住难以忍受的肉体摧残与精神折磨，成为虽死犹生的伟大战士，成为捷克斯洛伐克人民的骄傲。

伟大理想、坚强意志在战争年代十分可贵，在建设年代同样重要。

四、布置作业

1. 朗读第三部分。
2. 做“思考和练习”三。
3. 课外阅读《绞刑架下的报告》。

【教后】

1. 学生一开始对朴素的语言中寓含的丰富思想感情不注意，往往一读而过。着重讲了这个问题。欧阳修说过：“含不尽之意，见于言外。”抓住每一部分的重点语句启发学生思考、推敲，如四个“七步”，两个“熟悉”等，帮助他们学得深一些。

2. 一下课学生抢着要借《绞刑架下的报告》，看来已被文中英雄的高尚思想所感动。我带的四本太少了，不能满足学生的需求。

《拿来主义》

【教学目的】

1. 了解和学习鲁迅先生对待外国文化的正确态度与方法，发扬“拿来主义”精神，在阅读中外作品时注意吸取精华，剔除糟粕。

2. 理解本文在批判中立论的方法，领会运用形象化的比喻和幽默讽刺的语言来论证论点的写作特点。

【教学设想】

1. 以本文作为指导学生课外阅读的教材，教学重点放在文章的后半部分，使学生弄清楚什么是“拿来主义”。

2. 文章前半部分是难点，要着重使学生认识“送去主义”的实质与危害，不在个别实例和语句上纠缠。

3. 重要段落加强朗读背诵，以加深学生对文章主要观点的理解。

4. 多用启发性的提问，注意培养学生思考、分析的能力。

【教学时数】

两课时。

第一课时

【教学要点】

弄清“送去主义”的实质与危害，体会幽默讽刺的语言在批判错误观点时的表现力。

【教学内容和步骤】

一、由课外阅读引入课文，激发学习兴趣

同学们课外阅读兴趣很浓，阅读范围比较广泛。半学期以来，据初步统计，全班看的杂志多达 67 种。书也读得不少：科技作品不说，中外文学作品，也有 270 多本；平均每个同学课外书看了 5 本左右，有个同学连杂志带书看了 40 多本。书的种类也较多：有唐宋诗词、《三国演义》《水浒传》、明清笔记小说选译，还有同学看《西厢记》。外国作品也看了不少，如列夫·托尔斯泰的《安娜·卡列尼娜》《战争与和平》、巴尔扎克的《高老头》、雨果的《悲惨世界》等。总之，古今中外的作品都有。

古代和外国的这些文化遗产，我们在接触的时候，采取怎样的态度才是正确的呢？学习鲁迅先生的《拿来主义》，可从中受到启发，得到教益。

二、解题

请学生看课文注释，回答《拿来主义》一文选自何书。

针对学生回答指出：本文选自《鲁迅全集》第六卷的《且介亭杂文》。有一段时间，鲁迅先生住在上海闸北帝国主义越界筑路区域，这个地区有“半租界”之称。鲁迅先生有很强烈的民族自尊心，对帝国主义十分憎恨，因此将“租界”二字各取一半，成“且介”，以表愤慨之情。“且介亭”标明这些杂文是在上海半租界的亭子间里写的，形象地讽刺了国民党统治下半殖民地半封建的黑暗现实。

师生共读：“且介亭杂文”。

“拿来主义”是鲁迅先生创造的词语。什么叫“拿来主义”呢？为什么对文化遗产必须采取“拿来”的态度呢？这就是我们学习这篇文章要弄明白的问题。

三、讲读课文前半部分

文章前半部分是第1~4段。请学生阅读思考：鲁迅先生在提出“拿来主义”主张之前，先批判了哪些主义？重点在揭露和批判什么主义？

学生阅读，思考、回答。明确：批判“闭关主义”和“送去主义”，重点在批判后者。运用学生粗知的有关鸦片战争、甲午中日战争、八国联军侵华等的历史知识，加深他们对“又碰了一串钉子”的理解，使他们懂得文章开头两句话从追述清政府的“闭关锁国”政策入手，非常概括地说明了中国近百年来从盲目排外到一味媚外，从“闭关主义”一变而成“送去主义”的情况，从历史、社会根源上揭示“送去主义”的本质。

1. 学生细读第1段，思考回答：什么是“送去主义”？鲁迅摆了哪三件事来揭露？三件事都着眼在一个什么字上面？“别的且不说罢”“不知后事如何”“也可以算得显出一点进步了”等语句在揭露中起什么作用？

要求学生条理清楚地口述三件事，明确：举的三件事都着眼于一个“送”字——“先送”，“捧”中寓“送”，“还要送”，虔诚恭敬之态可掬，无情揭露了国民党反动当局及其御用文人的卖国媚外嘴脸。批判锋芒不是对着几位艺术家，而是指向利用这几件事大叫什么“发扬国光”“催进‘象征主义’”的反动文人。

“不知后事如何”“也可以算得显出一点进步了”是用反语进行强烈的讽刺和鞭挞。“后事”是盗卖文物，盗卖古代珍宝，是以展览古董为名，行盗卖古董之实。鲁迅明知，却说“不知”，以此表达强烈的憎恨。反用“进步”起同样作用，讽刺其实质是堕落、无耻，字里行间充满了憎恶与鄙视。

学生齐读第1段，思考、议论“别的且不说罢”的作用。明确：这一句非常严密地把要揭露的、论述的范围加以严格的限制，单讲文学艺术上的东西。其实，国民党反动派搞“送去主义”，何止是“学艺”上的问题？何止是文化领域的事情？当时是1934年，日本帝国主义的魔爪已经伸到了东北、华北，国民党政府推行卖国政策，变本加厉地出卖国家的领土、资源和主权，确实“成了什么都是‘送去主义’了”。因此，用“别的且不说罢”的句子，不仅使论述的范围明确，而且增强了揭露的深刻性。

2. 第2段以朗读过渡，讲述“礼尚往来”的含义。

国民党政府卖国媚外，只“送去”，“送去”，“送去”，不“拿来”。只“送去”不“拿来”的后果怎样呢？

3. 学生默读第3段。要求找出说明只“送去”不“拿来”的后果的关键语句，思考鲁迅先生是用怎样的笔法来论述这个问题的。

学生默读时巡视、指导。明确“诩”“炙”的字形、字音，讲解“自诩”“残羹冷炙”的含义。

学生议论、回答。明确：后果是——“我们的子孙”，“当佳节大典之际，他们拿不出东西来，只好磕头贺喜，讨一点残羹冷炙做奖赏”。卖国的结果是使我们的子孙后代无法立足于世界民族之林。“磕头贺喜”“讨”等语词活画出子孙后代所处的地位及其神态，描画出可悲的亡国奴景况。“残羹冷炙”“奖赏”等词感情色彩浓烈，深刻揭露了帝国主义榨取中国人民脂膏的吸血本质和恶劣伎俩，寓强烈的愤怒于幽默讽刺之中。

学生讨论后，教师归纳、明确：论述国民党政府实行“送去主义”的严重后果时，作者未直说，而是先用反语讽刺：“送出去”明明是坏，却说“不算坏事情”，以敌人自我解嘲的话鞭挞敌人；“丰富”“大度”不过是“送去主义”者掩盖媚外卖国实质的遁词。接着，与尼采自诩为太阳作比较，一针见血地指出“只是给与，不想取得”是“发了疯”，吹嘘“中国地大物博，开化最早；道德天下第一”的“送去主义”者，势必使中国国势日弱，文化贫乏，最后完全沦为殖民地。最后，举开掘“地下的煤”为例引出“送去主义”的严重后果，既深刻论述了“送去主义”的危害，又辛辣地嘲讽了国民党的奴才相。笔法曲折，解剖入木三分。

学生朗读第3段，体会内容与写法。

4. 学生朗读第4段，思考回答：这一段中区别了哪两个词？为何这样区别？对“我在这里不想举出实例”应怎样理解？

学生回答：特地区别了“抛来”与“抛给”，讽刺国民党不过像“叭儿狗”得到主人“抛给”的骨头一样。“抛给”，贬义，含有鄙视的目光。洋大人不会发慈悲心，他们以主子自居，把从中国人民身上榨取的血汗、掠夺去的财富吃剩下来的，抛一点儿给走狗，以作为进一步榨取的诱饵。

明确：“我在这里不想举出实例”，是因为“抛给”“送来”的实例比比皆是，举不胜举，更是因为国民党政府对这一点讳莫如深。这样写既对卖国政府进行了含蓄而锐利的批判，又抒发了作者的愤慨之情。

四、小结

（破）闭关主义　　送去主义

学艺 ｛内容、实质、后果｝

以上是文章的第一部分。这一部分揭示了反动统治集团由“闭关主义”变为“送去主义”、由“惧外”到“媚外”的发展逻辑，着重批判了“送去主义”，把它的内容，特别是“学艺”方面的具体内容、反动实质、恶劣后果揭露在光天化日之下，破得彻底。而且，把问题放到了总结近百年历史教训的广阔背景上来论述，运用充满感情色彩的语句表达，既深刻又有战斗力。

学生自由朗读第1~4段，认真体会其内容与语言的表现力。

五、布置作业

1. 给加点的字注上汉语拼音。

礼尚往来　　自诩　　残羹冷炙　　冠冕

2. 预习课文的后半部分，要求仔细读两遍，不认识的字查字典。

第二课时

【教学要点】

理解“拿来主义”的主张，领会运用形象化的比喻阐明抽象的、深刻的道理的写作方法。

【教学内容和步骤】

一、检查复习

注音：

礼尚（shàng）往来　　自诩（xǔ）　　残羹（gēng）

冷炙（zhì）

二、讲读课文后半部分

1. 指名朗读第 5、6、7 段。

注意对“吝啬”“髓”正音。

吝（lìn）啬（sè）　　髓（suǐ）

2. 要求学生思考回答：作者批判了“闭关主义”，尤其是批判了

“送去主义”之后，是怎样提出“拿来主义”的主张的？哪些词语饱含了讽刺的意味？“送来”和“拿来”区别何在？为什么要把“送来”和“拿来”加以区别？

3. 学生讨论后，明确：先用“我在这里也并不想对于‘送去’再说什么，否则太不‘摩登’了”一句推开上文，然后提出自己“拿来主义”的主张。先破后立。前半部分着力批判“送去主义”，破得彻底；然后提出“拿来主义”的主张，才立得鲜明。“摩登”，讽刺反动文人无耻地奉行“送去主义”，趋时逢迎，赶时髦。用“吝啬”与上文的“大度”形成强烈的对照，对“送去主义”者进一步加以讽刺。

作者用列举的方法一针见血地阐明“送来”的实质，揭露帝国主义企图亡我的罪恶。从经济到军事到文化，所谓的“送来”，就是贪得无厌的侵略、掠夺。“拿来”则不然，是中国人民根据自己的需要，主动“运用脑髓，放出眼光，自己来拿”。一“送”一“拿”，本质不同，内容全异。将二者严加区别，既可明辨是非，纠正人们被“吓怕”了的思想，又可使所立的论点更加鲜明突出。

4. 齐读、背诵第7段。

5. 指导阅读第8、9两段，要求弄清楚：作者以什么作比方来阐明对待文化遗产应有的态度？批判了哪三种错误倾向？表现这些倾向的关键词语是哪些？“拿来主义”者采取怎样的态度？整个论述过程中运用了比喻论证，起什么作用？

6. 学生回答，教师择要板书：

（立）拿来主义
- 破
  - 怕　徘徊不敢走进门　孱头
  - 怒　放一把火烧光　昏蛋
  - 欣欣然　接受一切　废物
- 立——占有，挑选
  - 吃掉
  - 存
  - 走散

7. 学生讨论回答时，除了明确上述破与立的内容外，还须强调：

对待文化遗产，“占有”是前提，“挑选”是关键。“不管三七二十一，‘拿来’”，语气斩钉截铁。“挑选”要“运用脑髓，放出眼光”，标准在要对我们有“营养”、有“用”，从而区别对待，吸取精华，剔除糟粕。文中运用“大宅子”“鱼翅”“萝卜白菜”“鸦片”“烟枪和烟灯”“姨太太”等当时人们熟悉的事物打比方，具体、通俗、形象，使如何对待文化遗产这个抽象的问题具体化，深奥的道理浅显化，破立鲜明，取舍清楚，不仅闪烁着历史唯物主义的光辉，而且漫画式地勾勒出了“孱头”“昏蛋”“废物”等形象，语言生动，妙趣横生。

8. 齐读最后一段，指出这一段在分析论证的基础上加以总结，是全文思想和语言的精华所在。

9. 要求学生逐句讲述含义，明确：第一句重申“拿来”的主张，既紧扣题意，又收束全文。第二句承接前一节的“挑选”，根据“对我有用”的原则，对文化遗产区别处理。（在板书“吃掉”“存”“走散”后面分别写上“或使用”“或存放”“或毁灭”。）第三句阐明“拿来”的目的是推陈出新，创造无产阶级新文化。第四句与前文斥责的“孱头”“昏蛋”相照应，提出在对待文化遗产上辨别真假革命者的标准，明确地说只有“沉着，勇猛，有辨别，不自私”的无产阶级革命文艺工作者，才能担当起破旧创新的艰巨任务。最后一句是全文的中心思想所在，用排比的手法、双重否定的句子强调实行“拿来主义”的必要性与重要性，言简意赅，感情真切。

10. 自由朗读最后一段；教师提问，学生背诵。

对待文化遗产我们应采取怎样的态度？背诵第一句。怎样“拿来”？背诵第二句。“拿来”的目的何在？背诵第三句。怎样的人能真正担当起“拿来”的重任？背诵第四句。全文的主旨是？师生一起背诵文章的最后一句。

三、
总结全文，加深理解

这篇文章至今仍放射着思想的光辉，就其见解来说，仍有现实意义。作者所论证的“拿来主义”的主张，跟马克思、列宁、毛泽东同志所讲的对待文化遗产的历史唯物主义观点是吻合的、一致的，我们至今还在用。邓小平同志在第四次文代会上说：“所有文艺工作者，都应当认真钻研、吸收、融化和发展古今中外艺术技巧中一切好的东西，创造出具有民族风格和时代特色的完美的艺术形式。”这是对“拿来主义”的极其精辟的解释。

写作方法有什么特色？要求学生回忆前一节课的板书，根据这节课的板书，扼要说明先破后立、有破有立的方法，说明这篇文章运用贴切的比喻、幽默的语言阐明抽象的、深奥的道理的特色。

指名学生朗读全文。集体背诵第10段。

四、布置作业

1. 做“思考和练习”三。

2. 运用“拿来主义”观点，写一篇分析课外阅读的古代或外国文学作品的短文。

【教后】

1. 原以为课文较深，学生不易理解。实践证明，学生对文中的主要观点能够掌握。教师只要注意引导，学生学起来就很有兴趣。对学生的能力应有足够的估计，特别是他们学习上的潜力。

2. “残羹冷炙”一节，笔调既含蓄又曲折，是本文的难点所在，教时兜了一些圈子，未能单刀直入地阐明要义。事前考虑不周，这类情况以后应努力避免。

《我的叔叔于勒》

【教学目的】

1. 理解资本主义社会中人与人之间的金钱关系，认识资本主义社会金钱至上的罪恶。

2. 理解课文情节跌宕起伏的特点和对人物心理变化的描写。

【教学时数】

两课时。

【教学步骤】

一、引用名言，揭示主题

马克思、恩格斯在《共产党宣言》中十分深刻地指出："资产阶级撕下了罩在家庭关系上的温情脉脉的面纱，把这种关系变成了纯粹的金钱关系。""它使人和人之间除了赤裸裸的利害关系，除了冷酷无情的'现金交易'，就再也没有任何别的联系了。"革命导师的剖析鞭辟入里，尖锐地揭露了资本主义制度下金钱至上的罪恶。

《我的叔叔于勒》是法国著名的批判现实主义作家莫泊桑的短篇小说，他逼真地描绘了社会细胞——一个家庭中发生的悲剧性的事情，深刻地反映了资本主义社会的罪恶本质。

二、检查预习，引起悬念

1. 这篇小说讲述了怎样一个故事？表达了作者怎样的意图？

记叙了菲利普夫妇急切盼望于勒发财归来，以及一家人与沦为穷水手的于勒突然相遇的情景，反映了资本主义社会人与人之间的关系是以金钱为转移的，人与人之间只有“冷酷无情的‘现金交易’”。作者通过塑造典型的艺术形象暴露和批判资产阶级金钱哲学的罪恶。

2. 小说采用了第几人称的写法？主要人物是谁？

小说采用了第一人称的写法，通过若瑟夫的自述，生动地描述了菲利普夫妇对于勒的态度前后的曲折变化。由于是自叙，情节十分逼真。

小说的主要人物既是菲利普夫妇，为何又以“我的叔叔于勒”为标题呢？于勒在文中又起什么作用呢？弄清起伏跌宕的情节后就可获得解答。

三、理解情节的巧妙安排

采用先粗后细的方法理清情节。

1. 本文可分为两大部分，该怎么分？第一部分怎么写于勒？第二部分又怎么写？表现了菲利普夫妇前后怎样的心情？用两个词语分别加以概括。

第一部分（第 1~19 段）：虚写于勒。盼望。

第二部分（第 20~49 段）：实写于勒。失望。

2. 还可分细一点，按故事的开端、发展、高潮、结局再划分一下，请学生来分。

第 1~4 段：故事的开端。

第5~19段：故事的发展。

第20~38段：故事的高潮。

第39~49段：故事的结局。

3. 小说围绕人与人之间的关系开展故事情节，情节安排得十分巧妙，起伏跌宕。（板书：起伏跌宕）

（1）阅读故事的开端部分，抓住关键词语说明菲利普一家的概况。

生活“拮据”（属于小市民）。

“衣冠整齐”（装模作样，虚荣）。

“永不变更的话”（像在盼望什么）。

“‘惊喜’”（盼望）。

（2）菲利普一家急切盼望的那个人原来是怎样的人呢？小说情节开始跌宕，运用插叙展现于勒过去的情况。

他原来是全家人眼中的“恐怖”“坏蛋”“流氓”“无赖”，家里人“打发他到美洲去”。

（3）这样的人全家为什么如此盼望他归来呢？

因为他“是全家唯一的希望”。他寄来的第二封信成了菲利普家的福音书，他在大家眼中变成了“正直”“有良心”“有办法”的人，菲利普一家对他归来的盼望与日俱增。归根结底，于勒是和金钱连在一起的。全家认为于勒回来是十拿九稳的事，因此“拟定了上千种计划”。

（4）此时，这家人对于勒的态度如用一个词来概括应是什么呢？

热情。当时菲利普夫妇心情“平静”（对海水的描绘），“快活”。

（5）朗读第20~38段。经过层层铺垫、渲染，于勒终于出现了。眼前的于勒是怎样的形象呢？父亲态度如何？母亲呢？

一个衣衫褴褛的老水手。“郑重其事”地请女儿女婿吃牡蛎的父亲，原本要装腔作势摆“高贵”的架子，可一看到成为穷水手的于勒，便脸色“苍白”，神色“狼狈”；母亲始而害怕、“哆嗦”，继而“暴怒”、大骂。于是，于勒在他们心目中又成了“贼”“流氓”，他们怕他“‘拖累我们’”，于是“走开”，躲避他，对他的态度由热而冷（对“紫色的阴影”的描绘）。

4. 小结。

这样安排，情节跌宕起伏，把菲利普夫妇对于勒前热后冷的态度淋漓尽致地表现了出来。于勒是情节发展的关键，故事始终是围绕着菲利普夫妇对于勒的态度展开的。于勒又是财富有无的象征，对菲利普夫妇思想性格的刻画起着重要作用。小说借于勒深刻地揭露了他们金钱至上的卑劣品质。

既然小说解剖刀的锋芒对准菲利普夫妇，为什么又要以“我的叔叔于勒”为标题呢？小说是以“我”——若瑟夫的口吻叙述的，重点在“我的叔叔”。在金钱主宰一切、支配一切的社会里，父母亲把自己的亲兄弟视为陌生的路人，甚至骂他“贼”“流氓”，躲而不见，这就更为深刻地揭露了资本主义社会人与人的关系只是“纯粹的金钱关系”，人与人之间只有“冷酷无情的‘现金交易’”，也显示出孩子的心未被铜臭完全玷污——他不平，他在心里“呐喊”：“这是我的叔叔，父亲的亲弟弟，我的亲叔叔。”

四、在讲析情节的同时，帮助学生理解小说对人物形象的刻画

菲利普夫妇有共性，又有各自的个性。

1. 要求学生口头简析他们的共性与个性。

要点：共性是金钱观念极重，极度盼望发财，眼中只有金钱利害关系，无半点手足之情。一个极爱虚荣，附庸风雅，胆小懦弱；一个鄙吝、尖刻、泼辣、自私。

2. 抓住关键词句，紧扣情节发展，理解文中对人物心理变化的描写。（指导学生看板书，要求学生口述菲利普夫妇的心理变化。）

五、总结

作者通过对社会细胞——一个家庭中发生的不认亲人的事情的描述，反映了资本主义社会人与人之间的尔虞我诈，揭露了资本主义制度金钱至上的罪恶本质。

小说以小见大，写出了旧世界的世态炎凉——只认钱不认人，人情薄如纸。我们生在新社会，读读这样的小说，有助于我们认识资本主义社会的本质，珍惜今天同学之间、师生之间、亲友之间的真挚情谊，热爱我们的社会。

六、简介作者，布置作业

1. 莫泊桑（1850—1893）是19世纪法国批判现实主义作家，短篇小说巨匠，一生写了300多篇中短篇小说。小说题材广泛丰富，人物刻画生动形象，语言简洁朴素。其中十分著名的有《项链》《羊脂球》《俊友》《一生》等。他的小说，真实而深刻地揭露了法国资本主义社会的黑暗与丑恶。

2. 阅读我校自编《语文阅读教材》第二册中的《项链》，理清情节，分析其主题思想。

3. 抄写词语。

4. 书面分析菲利普夫妇的共性与个性。

【板书设计】

我的叔叔于勒

人与人之间的关系

第1~19段 盼望 | 于勒（财） | 第20~49段 失望

（虚写）（热） （实写）（冷）

起伏跌宕 惊喜（盼归） 希望（与日俱增）

恐怖（打发） 张皇，暴怒— 走开（避开）

（分文不值→正直、有良心、有办法→贼，流氓）

菲利普夫妇

生活拮据　衣冠整齐

爱虚荣

上千种计划　怕拖累自己

金钱至上

亲属　路人

冷酷无情

【教后】

1.《共产党宣言》中的那两段话叫学生听写，加深印象。

2. 叫两个概括能力较差的学生讲述小说记叙了怎样一个故事时，前半段较好，后半段啰唆。要继续注意培养学生口头表达的能力。

3. 理清情节时，学生有争议。对高潮与结局的划分，有的学生分在第42段，有的分在第47段。讨论结果是仍以分在第38段为好。

4. 学生找关键词句有一定能力，有一定速度。由于师生呼应较好，两节课能轻松愉快地完成教学任务。

《竞选州长》

【教学目的】

1. 认识资产阶级“民主政治”和“自由竞选”的虚伪性和欺骗性。

2. 理解摘引文字在情节发展与揭示主题中的重要作用，以及它与作品中“我”的心理反应交叉起来写的艺术特点。

【教学时数】

两课时。

【教学步骤】

一、运用比较，引入课文

一篇小说往往具有哪些特点呢？（请学生回答。）有较完整的故事情节，有鲜明的人物形象，有典型环境的描写，通过对特定的人、事、景的描写，表现作者的写作意图，表现作品的主题思想。

然而，这些特点在作家的妙笔之下，可以表现得形式多样，各具特色。美国进步作家马克·吐温的《竞选州长》，就是一篇别具一格的短篇小说。这篇小说中没有常见的景物描写和故事情节，通篇是怎样写的呢？请学生在预习的基础上思考回答。

通篇是独立党候选人“我”的自白。

“我”的一系列心理活动又是随着什么的出现而发展的呢？众多的新闻报道和匿名信。因此，将摘引的有关文字与“我”的自白交叉写，构成了这篇小说很大的艺术特色。

二、朗读文章的开头结尾，思考回答

1. 参加竞选的“我”有什么显著长处？作者用怎样的写法来突出“我”的长处？有这样的长处，在竞选中应该获得怎样的结果？

2. 而事实呢？“我”成了怎样的人？“我”原来是怎样的心情？现在又是怎样的心情？找出关键词句。

“我”的显著长处是“声望还好”。为了突出这个长处，小说运用了对比的手法，用词幽默。先退一步说，“即令他们曾经知道保持名誉的好处，那个时候也已经过去了”；进而直截了当地指出“他们显然对各式各样可耻的罪行都习以为常了”。两相对照，“我”竞选的条件优越，觉得有取胜的把握，故而暗自“得意”。（作者未直接斥责竞选对手伍德福和霍夫曼是劣迹昭著的恶棍，而是揶揄挖苦，把憎恶、轻蔑之情渗透于字里行间。）

然而，事实是怎样的呢？“我”原是个“正派人”，却在几个月的短暂时间里成了身败名裂的罪犯，只得“偃旗息鼓，甘拜下风”。原来是心情“快乐”，而今只落得个“满怀懊恼”。

“声望还好”的“正派人”落得如此下场，而没有出场的无耻之徒竟然得逞，这就撕开了资产阶级社会的遮羞布，戳穿了美国“民主政治”与“竞选自由”的虚伪性和反动性。

作者引文至此，满含愤怒，把自己和作品中的“我”融为一体，签上自己的名字，加上一系列犯罪的帽子，大大增强了故事的真实性。

一个参加竞选的“正派人”怎么会一下子成为十恶不赦的罪犯呢？请看未公开出场的竞选对手的卑鄙伎俩！

三、理解文章的主体部分

1. 请两个学生朗读，一个读摘引文字，一个读“我”的反应与辩白。

2. 思考回答：

（1）竞选对手使用了哪些伎俩？为什么使用这些伎俩？

（2）对手怎样步步升级？“我”怎样步步退让？表现了双方各是怎样的人？（紧扣关键词句理解。）

（3）摘引文字在文中起何作用？从摘引的新闻报道中可以怎样理解资本主义社会里的舆论工具？

（4）文中是怎样把摘引文字和“我”的心理状况交叉起来写的？这样写有何效果？表现了作者怎样的写作意图？

3. 学生讨论后，归纳要点。

（1）劣迹昭著的竞选对手使用了造谣污蔑、恶意中伤、恫吓构陷等极其卑劣的手段。为了达到当选纽约州长的目的，他们心狠手辣，无所不用其极，欲置“我”于死地而后快。

（2）对手诬陷步步升级，“我”成为被告，步步退让。

请学生根据文章内容列表标明。

对手	“我”	
1. 其名字被人与“我”相提并论。	1. 烦乱（卷入漩涡，无法撒手）。	缄默
2. 捏造“伪证罪”。以“保持缄默，似有隐衷”，落实“伪证罪”。	2. 诧异得要爆炸（不知所措）。	
3. 捏造“小偷罪”。	3. 戒心（畏若蛇蝎）。	
4. 捏造“盗尸罪”（聚众冲击，抢劫财物）。	4. 逃。	
5. 诽谤“酗酒”。	5. 难以置信。	
6. 社会上的匿名信、恐吓信。	6. ……	
7. 捏造“贿赂罪”“讹诈罪”。	7. 没有办法，深感羞辱，准备“答复”。	
8. 捏造一系列新的恐怖事件。	8. 恐慌、发疯、动摇。	

“无稽的指控”，“下流而恶毒的谣言”，公开的动武与“迫害”，这就是竞选对手资产阶级政客为了达到竞选获胜的目的而使用的种种

卑鄙伎俩。这两位“先生”不仅自己劣迹昭著，声名狼藉，而且手段卑鄙，心毒如蛇蝎。

“我”是一个老实憨厚的受诬者，阅历甚浅，性格懦弱。与上述大搞阴谋诡计的对手相比，“我”在竞选中败下阵来，看起来在意料之外，而在资本主义社会里，又必然是在意料之中。开头的“浑浊潜流”、祖母信中的话，不仅证明此人正派，而且预示了他的可悲结局。

这部分是情节的发展、高潮，辛辣地描绘了竞选的丑态，戳穿了美国“民主政治”的虚伪性。

（3）摘引文字组成了情节发展的线索，把未公开出场的讽刺对象揭露得淋漓尽致。明明是臭名昭著的恶棍，陷害竞选对手时，却一会儿摆出主持正义、仗义执言的架势，一会儿道貌岸然、故作正经，一会儿雇用打手，贼喊捉贼，卑鄙肮脏的灵魂跃然纸上。

摘引时详略分明，既直录，又穿插转述，引文多变化，情节如波浪起伏。

摘引的新闻报道充分说明资本主义社会的舆论工具操纵在资产阶级手中，依附于资本与钱袋，可以颠倒是非，骗人耳目。

（4）“我”的心理状态、“我”的表白随着摘引文字的内容发展变化。矛盾双方一明一暗：一方在暗里步步进逼，得寸进尺，射一支支冷箭，一发发冷枪；一方在明处节节后退，由自信到“恐慌”到“懊恼”，直到最后放弃竞选。这样明暗搭配，明暗相辅，如在用口头语言辩解书面伪造的文字，情节紧凑，气氛紧张，增强了真实感，增强了艺术效果。

作者用夸张的漫画式的笔触，艺术地再现美国社会中竞选的种种秽闻丑事，对“民主政治”“自由选举”进行讽刺与批判。

小说善用幽默的语言，时而挖苦，时而揶揄，时而犀利，时而含蓄，“嬉笑怒骂，皆成文章”。

四、总结全文

这是一篇政治讽刺小说，写于1870年，是马克·吐温早期的优秀作品之一。

马克·吐温说过："只有建筑在真实的生活基础上的幽默才会不朽。"这篇幽默的讽刺小说之所以流传至今，就是由于建筑在美国真实生活基础之上的缘故。

开头我们讲到这篇小说别具一格，请学生有条理地归纳概括它的主要艺术特点，使"别具一格"具体化。

五、布置课外阅读

1. 读《百万英镑》提要（《外国文学作品提要》第一册），回忆《百万英镑》的电影，体会马克·吐温的写作意图和构思特色。

2. 读姚雪垠的《谈文学语言的一封信》（《小说季刊》1981 年第 1 期），做简要的笔记。

【板书设计】

竞选州长

	"我"		两位先生	
	声望还好 ……	（事实）	…… 劣迹昭著	
明受害	伪证罪，小偷罪		←——人身攻击	暗进攻
	盗尸罪		←——人身攻击	
	酗酒，贿赂罪，讹诈罪		←——人身伤害	
	一系列新的恐怖事件		←——攻击与伤害	
	放弃竞选 ……	（结局）	…… 击败对手	

【教后】

1. 学生朗读时有些字读不准，有些词语的意思讲不清，要求他们立刻查字典、词典。教的过程中加强了字词教学，如动辄（zhé）、讹（é）诈、偃（yǎn）旗息鼓等。

2. 课外增加抄词、解词的练习。

3. 请两位学生分读，效果很好。有的学生讲，简直就像真的。

4. 请一学生介绍了马克·吐温的生平，并推荐了他的主要作品（要求他写在黑板上，便于其他学生记录）。由于他准备得比较充分，其他学生听得很认真。

5. 联系到去年年底的美国总统大选，加深学生对美国“民主政治”的认识。

《老杨同志》

【教学目的】

1. 学习通过描写人物的语言、动作来刻画人物的方法。

2. 体会赵树理的语言风格——通俗朴实、活泼生动和口语化，在习作中学习运用这样的语言。

【教学时数】

两课时。

【教学步骤】

一、介绍作者

课文节选自赵树理的小说《李有才板话》。原标题是“恒元、广聚把戏露底”，现在的标题是编者加的，突出了节选部分的核心人物“老杨同志”。

赵树理，现代优秀作家。1906 年出生在山西省沁水县的尉迟村。他自小喜爱民间文艺，对曲艺、戏剧和民间乐器特别感兴趣，这为他以后继承和发展民间艺术打下了扎实的基础。他熟悉农民生活，为文艺通俗化做了很大努力。

他的有名著作是《小二黑结婚》《李有才板话》《三里湾》等。1970 年被“四人帮”迫害致死。

二、关于《李有才板话》

该书取材于抗战时期解放区的斗争生活。李有才是小说中阎家山最贫穷的秀才。他机智、幽默，用自编的快板辛辣地讽刺地主阎恒元，戳穿他的种种阴谋。故事情节都用快板来贯串，所以小说叫《李有才板话》。

课文选自小说的第 7 章。

学习时重点放在如何刻画老杨同志这一点上。

三、请学生按老杨同志的活动足迹划分段落，并概括段落大意

第 1 段：老杨被介绍到模范村阎家山“检查督促秋收工作”。

第 2~4 段：到村公所与广聚初次交锋，广聚向恒元求教对策。

第 5~9 段：在老秦家吃饭，交谈中发现“模范村”的虚假。

第 10~13 段：在打谷场与群众一起劳动，细心了解，赶走广聚，得到群众的信任。

四、分析老杨同志形象（先画出描绘他的词句，再综合分析）

1. 在区农会时，老杨从介绍中得知阎家山是模范村，可到了村里后，他的态度、心情起了怎样的变化？

圈出表现他的语言、动作的关键词。着眼于一个“变”，理解他的思想与性格。

先	后
(1)“等了一会”，问“哪一位是村长?”——无架子。	(1)刘打官腔，陈冷淡，他“有些不耐烦”，话中有刺。一“丢”一“坐”——不满。
(2)婉言谢绝，很有分寸。	(2)严肃回绝，义正词严。

——表现出他政治上敏感，原则性强，对作风不正的刘广聚憎恶、不满。作者不仅正面描写，还通过广聚所见侧面描写老杨（“土眉土眼”，“不随和”）。

应酬（chóu）：交际往来、接触的意思。

2. 为何要写广聚向恒元求教对策的情节?

为写老杨后面的活动和进一步展示他的精神品质设置悬念：他能否经受住考验？会不会被敌人拉过去？情节显得曲折、有波澜。

3. 老杨同志对老秦和其他群众的态度如何？他是怎样做有心人，注意调查研究的？圈出描写他语言、动作的有关词句，并加以分析。

觉得对他“客气”，他“不舒服”，表示要“吃一锅饭”。一家人不吃两锅饭。

称呼老秦为“老人家”，亲切尊重；让老秦不要称自己“先生”，而要称“杨同志”或“老杨”，平易近人。

他的调查方式不是坐下来开会，而是急群众所急，自己扛起木锨、扫帚和群众一起打谷，与群众一样“喝水、吃干粮”，和群众打成一片，故而能了解到实情。

4. 老杨怎么会发出“模范村！这算什么模范?”的疑问?

老杨以自己的言行表明自己不是旧衙门的“官”，而是群众的贴心人，因而先后从老秦老婆、小顺、小孩子口中了解到农民押地、生活困苦，以及农救会未组织互助小组的真实情况。他发现“模范村”名字好听，实则是“不实在”，尽是虚假，故而饱含感叹，发出疑问，既表达了自己的愤慨之情，又为下文的进一步调查研究打下了基础。

5. 老杨同志与广聚两次交锋的心情怎样？他的语言、动作表现了他怎样的思想性格？怎样的斗争艺术?

（1）朗读第 2~4 段和第 13 段。

（2）第一次交锋：对广聚不满，说“你们忙得很”是话中有刺，问“村长哪里去了”是明知故问。虽然只是表面上的感觉，但他对广聚的工作作风也有了初步判断，这反映了他的敏感。

第二次交锋：厌恶、憎恨，表明了他鲜明的立场。

（3）从第二次交锋看老杨同志的斗争艺术。

先婉言推辞，“你且回去”，软钉子，有分寸；再表明态度，“半软半硬地发话”，区别“正事”与“闲事”，打击狗腿子的气焰；然后毫不客气地打发刘广聚走：“你还等谁?”最后故意补说几句：“没有见过这种村长！农救会的人到村里，不跟农民谈话，难道跟你村长去谈?”这些话旗帜鲜明，“碰”了群众“惹不起的厉害人”，让老杨取得了群众的信任——群众从心底里觉得老杨“真是自己人”。

6. 综上所述，请学生归纳、说明：老杨同志是怎样一个人?

要点：老杨同志是个优秀的农村干部，生活俭朴，作风正直，平易近人。他阶级立场鲜明，坚持原则，政治敏感，对坏人坏事敢于与之斗争，善于与之斗争，被群众视为信得过的自己人。

五、朗读全文，理解本文的写作特点，尤其是语言运用上的特点

1. 注意字音。

箍（gū）　洽（qià）　兑（duì）　随和（suí he）

衙（yá）　烙（lào）　扛（káng）　锨（xiān）

2. 明确本文在写作上的一些特点。

（1）描写人物运用白描手法，不加修饰。运用个性化语言（包括感叹与诘问），和在特定场合下表现思想感情的动作。把对老杨衣着的描写放在刘广聚的眼中，既可刻画老杨的俭朴，又暴露了刘广聚的嘴脸。

（2）语言通俗，朴素，生动活泼。如“话头有点不对”“凑过来搭话”，言辞简洁，绘出小心的神态。又如“官官相卫”“一张疯嘴”“劈头……一掌”等刻画出老秦胆小怕事、思想闭塞的思想性格。小说的其他部分中还有通俗、顺畅的快板。凡此种种，皆是作者长期向人民群众学习语言的结果。

六、布置作业

1. 收集群众口头生动活泼的语言，丰富自己的语言仓库。

2. 做“思考和练习”三。

3. 课外阅读《李有才板话》《三里湾》《登记》《小二黑结婚》，并就赵树理小说的语言风格问题开个小讨论会。

【板书设计】

老杨同志

老杨同志（爱憎分明）
- 对刘广聚：不耐烦，故意问；“且回去”，半软半硬；赶，“没见过这种村长！”
- 对老秦与其他群众：称“老人家”，“吃一锅饭”，和大家一块打谷

【教后】

1. 学生问：既然老杨同志被分配去“检查督促”秋收工作，为何要到“比较进步的村”去？这是否与“检查督促”矛盾？开展了讨论，结论是不矛盾。

2. 备课时忽视“是荷”，学生质疑，始注意讲解。“是荷”表示承蒙恩惠，是客气话。这类词学生见得少，以后要注意指点。

3. 学生对文章语言上的特点理解不深，这是此前较少接触赵树理同志文章的缘故。补讲了几个例子。

《松树的风格》

【教学目的】

1. 学习松树“崇高的风格”，立志做“具有共产主义风格”的人，为实现祖国的四个现代化贡献全部精力。

2. 学习运用比喻和联想阐明道理的写作方法。

【教学时数】

两课时。

【教学步骤】

第一课时

一、解题

《松树的风格》是一篇脍炙人口的、极富教育意义的好散文，作者是陶铸同志。

该文1959年2月28日在《人民日报》上发表之后，立即受到广大读者特别是青年的热烈欢迎和喜爱，并很快被选入语文教材，作为学习的楷模。文中松树鲜明的形象、崇高的风格，伴随着铿锵有力的语言，扣动人们的心弦。读时，受到感染，可获得力量；读罢，深思遐想，可领悟做人的真谛。然而，在“文化大革命”中，姚文元出于林彪、“四人帮”反革命的政治需要，采用颠倒黑白、栽赃诬陷的卑劣手法，对该文及陶铸同志的其他一些文章，进行恶毒的攻击和污蔑，妄想使它们泯灭于人间。区区小丑岂能改变人民的意愿？经过长达十年的霜雪考验，《松树的风格》终于又与我们重逢。失去的佳品重新回到人民手中，令人倍觉亲切与珍贵。让我们怀着对陶铸同志无比崇敬与深切悼念的感情认真学习这篇文章，仔细体会老一辈无产阶级革命家对青年一代倾注的深情与期望。

二、学生轻声读课文，看注释，查字典，教师巡回答疑

正音正字：

瘠（jí）　憩（qì）　奕（yì）　婀娜（ē nuó）

绚（xuàn）

三、讲读第1段

1. 启发思考：作者怎么会想到写这篇文章的？意图是什么？

2. 指名朗读第1段。其他学生看书思考，画出说明该问题的关键语句。

3. 学生回答，教师根据学生回答的内容或补充或小结。

小结要点：这一段是文章的第一部分，明确交代作者写作本文的缘由与意图。

先叙见景生情——为沿途松树不畏寒冷的“姿态”所感动，想写下自己的感受。冬天，万花纷谢，树木凋零，唯独松树“郁郁苍苍，生气勃勃，傲然屹立”，神态非凡。作者见此，“敬意”“油然而生”。“油然”描写敬重感情的充盈旺盛；“久久不忘”形容感受深刻，令自己铭记心间。（板书：郁郁苍苍　生气勃勃　傲然屹立　敬意）

再述写作意图。因“久久不忘”，故“又谈到”这个问题，由松

树的“姿态”想到松树的“风格”，希望青年做具有松树风格，即“具有共产主义风格的人”。文章步步推进，十分清晰地说明作者的写作意图。

“想”“写下来”—“不能写成”—“写出来”，叙说写作缘由曲折有致，不平铺直叙，引人入胜。

四、讲读第 2~8 段

1. 启发：第 2~8 段是文章的重要部分、精华所在。自古以来，松树常被作为“歌颂”的对象，在诗、画、文中常见，被用来比喻、象征人的崇高品质。作者沿用了这种传统的比喻，更给其以崭新的内容。他从松树身上看出了许多新的东西，看出了“具有共产主义风格”的形象。松树究竟具有怎样的风格？这一部分就此作了精辟、生动的描述。

2. 学生齐读第 2~8 段。要求学生读后抓住关键词句概括回答松树具有怎样的风格。（学生回答，教师摘要板书：生命力强　自我牺牲精神　乐观主义精神）

3. 重点讲读第 3~8 段。

作者对松树风格的三个方面作了生动细致的描摹，要求学生阅读思考：文中从哪些角度赞叹松树顽强的生命力？怎样盛赞松树的自我牺牲精神和乐观主义精神？又为什么要写杨柳、桃李？

学生谈自己的学习体会，教师或更正或补充。

要点：

从“不择地势”“不畏严寒酷热”，不依赖于“施肥”“灌溉”，不屈于“狂风”“洪水”等角度赞叹松树旺盛的生命力。“茁壮”准确地刻画出无论在任何艰难困苦的条件下，松树种子一出土就顽强生长的动人景象。“吹不倒”“淹不没”“冻不死”“旱不坏”铿锵有力，描绘其能冲决一切险阻的气势。“一味”写其专心不二、一个劲儿生长的可贵精神。

以“为了人类”“做到了粉身碎骨”来盛赞其伟大的毫无自私自利之心的自我牺牲精神。先一一述说松树的干、叶子、脂液、根和枝的用途，再指出其众所周知的夏日遮阴、黑夜照明的作用，体现其浑身是宝，为人所用。这样叙述，使自我牺牲精神具备了充实的内容，有极大的说服力与感染力。

以“总是精神奕奕”、从不知道“忧郁和畏惧”赞扬其乐观主义精神。

赞颂松树风格之后，以杨柳、桃李作反衬，进一步突出松树风格的崇高。贬杨柳、桃李“不能给人以力量”，赞松树能“给人以启发，以深思和勇气”，一贬一赞，寄寓深情。

指名朗读第3~8段，要求声音响亮，感情充沛。其他学生认真看书，并思考赞叹松树风格的几段文字是怎样做到既严整又错落有变化的。

4. 教师分析难点并小结。

作者赞颂松树风格的三个方面，行文既严整又错落有变化。“敬”字贯串始终，“原因之一”“更重要的原因”“还包含”把分别描述的内容紧密地联系起来，很为严整。但文章又错落有变化，使主题更为突出。写“生命力”用发自肺腑的两个赞叹句作结，引起人们共鸣。写“自我牺牲的精神”，在结论性话语之后，立即生发开去，用“要求于人的甚少，给予人的甚多”对松树伟大崇高的风格作了精辟的概括，随之又引用鲁迅先生评价自己的话作为松树风格的写照。无私、忘我、心甘情愿为人类贡献自己一切的自我牺牲精神是松树风格的精髓，也就是“共产主义风格”的精髓，故文中着力强调。至于乐观主义精神，仅一笔带过。

五、
布置作业

熟读、背诵第二部分，理解松树的风格，体会语言的生动、明确。

第二课时

一、复习检查

请一名学生背诵文章的第二部分，并简要说明松树具有怎样的风格。

二、讲读第 9~14 段

1. 过渡：第二部分作者生动地描述了松树的风格之后，用“看”“想”“联想”的句子过渡，由树及人，以松树的风格喻“共产主义风格”，要言不烦地阐明“共产主义风格”的根本内容。既然“共产主义风格”的精髓所在已经十分清楚，那么“具有共产主义风格的人”应该是怎样的呢？文章的第三部分就从这一点出发，结合实际进行具体的论述。

2. 学生轻声读第 9~14 段。要求学生读后简明扼要地回答上述问题。

学生发表意见，教师或肯定或纠正与补充。

要点：先紧扣上文松树风格的三个方面说明“具有共产主义风格的人”应具备的优良品质，再述说在革命艰苦的年代和在社会主义建设时期很多“具有共产主义风格的人”的忘我表现，最后断言“具有共产主义风格的人”越来越多，并殷切期望每一个人都能“成为具有共产主义风格的人”。

3. 运用朗读对照的方法帮助学生理解以松树喻人的新意。

请一名学生朗读松树风格的三个方面，一名学生朗读第 11 段。

在学生对照思考的基础上，教师指出：以松喻人，如前所说，是传统惯用的比喻。在大诗人杜甫的《将赴成都草堂途中有作先寄严郑公五首》的第四首中就有“新松恨不高千尺，恶竹应须斩万竿”的名句，以表达其铲除腐旧的恶势力、培养新生力量的强烈爱憎。然而，以松树的风格喻人的“共产主义风格”是前所未有的。作者以一名共产主义战士的敏锐目光观察松树，推陈出新，其高度、深度远非前人所能比。文章笔笔写松，处处喻人，使“共产主义风格”得到具体生动的说明，说理深刻，形象鲜明，给人以感染与力量。第11段中的“每一个……都应该……”，语气斩钉截铁，指出无一可例外。这就使松树比喻的新意得到了充分的阐发。

4. 学生朗读第12、13段，思考回答：这两段着力赞颂什么精神？表现这种精神的关键语句是什么？这两段的末尾一句有何特点？起什么作用？

学生发表意见，教师补充、小结。

要点：作者饱含深厚的革命感情赞颂“具有共产主义风格的人”的自我牺牲精神。忆革命艰苦年代，“他们贡献出所有的精力，甚至最宝贵的生命”；看建设时期，他们“一切都是”“为了迅速改变我国‘一穷二白’的面貌”，“一切都是为了”“加速我们的革命”和社会主义建设。“所有的”“一切”十分准确而深刻地表现了“具有共产主义风格的人”的崇高的思想境界，忘我的革命精神。

这两段末尾重复用了同样的句子，并使用感叹号表达强烈的感情。这样写，由人及树，既与这部分开头的由树及人紧密呼应，巧妙地运用联想的方法来说理，又表露对松树久久不忘的敬意，进一步突出了松树风格的比喻意义，使人们对“共产主义风格”认识得更加具体、深刻。

5. 齐读最后一段。要求学生体会两个“希望”句的重合内容与作者寄寓的无限深情。

三、
总结

本文是一曲松树风格的赞歌，情深文茂，说理精辟形象。陶铸同志不仅给我们留下了这样“给人以启发，以深思和勇气”的好作品，更以自己的生命为人们谱写了一曲感人肺腑的“共产主义风格”的赞歌：在革命艰苦的年代，跋山涉水，舍生忘死；在社会主义建设时期，废寝忘食，全力以赴；就是在惨遭林彪、“四人帮”迫害致死的前夕，他仍然革命意志坚如钢，以“心底无私天地宽”的诗句来表露自己坦荡的革命胸怀和忠贞不贰的共产主义精神。许多无产阶级革命家、无数革命先烈就是具有松树风格的完美典型，一想到他们，敬意就油然而生；他们崇高的“共产主义风格”，我们要学习、继承，将其发扬光大。

四、请一名学生表情朗读全文

五、布置作业

1. 以松树的风格为喻，写一篇赞颂为“四化”献身的人的短文。

2. 读陶铸同志的《理想，情操，精神生活》，读后交流心得体会。

《地质之光》《探索星空奥秘的年青人》

【教学目的】

1. 学习新老科学家为发展祖国科学事业刻苦钻研、永攀高峰的革命精神。

2. 理解报告文学的特点，学习选择有典型意义的材料结构情节、刻画人物、描写环境的方法。

【教学时数】

三课时。

【教学步骤】

一、激发兴趣，引入课文

在战斗中，轻骑兵是以行动迅速灵活而著称的。在文艺方面也有“轻骑兵”。如“乌兰牧骑”文艺小分队，驰骋在草原，为蒙古包里的牧民演出，被誉为“文艺上的轻骑兵”。

文学作品中也有“轻骑兵”，它就是报告文学。报告文学或称特写，以文艺形式来反映真人真事，被称为“文学轻骑兵”。它是第一次世界大战以后开始发展起来的年轻的文学样式，始于德国。在我国是在20世纪30年代开始出现的，在抗日战争、解放战争和抗美援朝战争期间得到发展。夏衍的《包身工》、魏巍的《谁是最可爱的人》，皆是著名的代表作。

我们学过哪些报告文学作品?

《谁是最可爱的人》《二六七号牢房》等。

请学生看课本第49页的“思考和练习”三，结合自己学过的课文，说说报告文学的特点。

1. 新闻性。写真人真事，不同于小说的虚构；反映及时，能够把最新发生的事件及时介绍给读者。

2. 文艺性。作艺术加工，不同于新闻报道，要讲究情节安排、性格刻画，有环境描写和必要的细节描写，有一定的感染力，使读者想看、爱看。

本单元的两篇文章就是报告文学作品。

二、概括介绍，指导自学

这两篇文章分别报道了新老科学家为祖国科学事业的发展做贡献的事迹。两代人有共同的奋斗目标，又有在各自的环境中从事科学研究的特色。

两篇都是节选。

《地质之光》是老作家徐迟同志的作品。粉碎“四人帮”后，他满怀激情投入生活洪流，先后写了《哥德巴赫猜想》《生命之树常绿》等反映科技战线向四个现代化进军的优秀报告文学作品。《地质之光》也是其中之一，深受读者欢迎。全文由六个部分组成，课文节选的是最后两个部分，是原作中的高潮与结尾，是描绘李四光这位科学家形象最重要的部分。

《探索星空奥秘的年青人》原载《解放军文艺》1978年第3期，课文是从其中节选的。

两篇节选的作品在选材、组材、人物刻画、环境描写上都不尽相同。请学生自学课文，要求：

1. 理清两篇文章中各选择的有典型意义的材料，按照其出现的先后顺序排列出来。

2. 划分段落，明确中心思想，积累有关词语。

3. 就选材、组材、人物刻画、环境描写四个方面比较两篇文章的异同，用画表方式说明。

表格示例：

<table>
<tr><th colspan="2" rowspan="2">比较异同</th><th colspan="2">篇　目</th></tr>
<tr><th>地质之光</th><th>探索星空奥秘的年青人</th></tr>
<tr><td rowspan="2">选材</td><td>同</td><td colspan="2"></td></tr>
<tr><td>异</td><td colspan="2"></td></tr>
<tr><td rowspan="2">组材</td><td>同</td><td colspan="2"></td></tr>
<tr><td>异</td><td colspan="2"></td></tr>
<tr><td rowspan="2">人物刻画</td><td>同</td><td colspan="2"></td></tr>
<tr><td>异</td><td colspan="2"></td></tr>
<tr><td rowspan="2">环境描写</td><td>同</td><td colspan="2"></td></tr>
<tr><td>异</td><td colspan="2"></td></tr>
</table>

可自行设计，只要能说明问题就行。

三、
口头交流，取长补短

1. 交流第一题时，检查学生思路是否清晰，注意培养概括能力。前一课，学生思路较清晰；后一课不易整理，须注意指导。

2. 第二题的交流从略处理。

3. 重点交流第三题，要求明确以下内容。

（1）选材。

① 同：材料具体，皆有代表性。

② 异：《地质之光》题材较大，主要写周总理、毛主席与李四光谈话的场景，以及李四光演讲的场景。

《探索星空奥秘的年青人》选择的是日常生活中的素材，看来虽平常细琐，但仍有典型意义。

（2）组材。

① 同：皆有详有略。

② 异：《地质之光》按照时间顺序将材料连贯起来写，不分小标题；着重从“新的生活”开始写。

《探索星空奥秘的年青人》运用倒叙，先以引子概括全文，然后分小标题，把一组组材料归在小标题下。

（3）人物刻画。

① 同：皆注意刻画人物的精神面貌。

② 异：《地质之光》以记叙谈话为主来刻画人物。在进行人物语言描绘时，注意议论与抒情，还采用了细节描写的手法。

《探索星空奥秘的年青人》主要进行行为的描写，采用了客观描述的方法，而不是夹叙夹议。

（4）环境描写。

① 同：有一定的诗情画意，与人物的思想性格、事情的发展有联系。

② 异：《地质之光》重在对社会环境进行描写，突出一个“新”字，气势磅礴。着重写白天的环境。

《探索星空奥秘的年青人》重在对自然环境进行描写，着重写夜晚星空的千变万化。

四、检查学习所得

1. 两篇文章从内容到表达，哪些方面是值得学习的？
2. 你认为两篇文章有无不足之处？

五、布置作业

1. 积累词语。

2. 课外阅读我校自编《语文阅读教材》第三册中的报告文学作品《为人民，我可不惜一切》《人民的好医生李月华》，摘录其中刻画人物、表现主题的警句。

【教后】

1. 学生能进行一些比较，但不够细，有粗疏之处。指导他们读书要精细，要能将文章的内容、写法在脑中条分缕析地列出来。

2. 两篇文章中的词语虽然丰富，但学生大都理解，就不重点讲了。

3. 学生对“谈笑风生”的“风生”不理解，加以指点。“风生”，形容谈话时气氛活跃，兴致勃勃。

4. 不少学生认为《地质之光》中有些词用得不当，如“他说了这个很好的预言”，“说”和“预言”搭配不当。又如：“今天的科学预言”有歧义，若改为“今天的科学预言了”就好些。再如“轻尘不飞”“纤萝不动”用得过分了，无须如此夸张。

5. 有的学生认为《探索星空奥秘的年青人》事例太多，比较琐碎。

教学论述文章56篇

把语文课上得实惠一些，朴素一些

要提高教学质量，必须减轻学生负担，改进教学方法。近来，我在改进语文教学方面也做了一些尝试，现在谈谈我的一些体会和做法。

一、要读懂教材，了解学生，有的放矢，不能凭主观设想进行教学

过去我在教学上存在的主要毛病是：想在教一篇课文的过程中解决许许多多的问题，只要是自己备课时钻研到的东西，就一股脑儿地教给学生，备多少教多少，不管学生需要不需要。认为讲得越多，学生学得越好；讲得越细，学生理解得越深。因此文章不管难易，篇篇磨碎了讲，一词一句，不通过自己的嘴讲出来就不放心。有学生反映：有些课文自己看倒好懂，老师讲了以后，觉得课文变深，反而不懂了，不知道究竟怎么学才好。听到这样的话，心里很不好受，于是

本文发表于《上海教育》1964年第5期。1964年2月13日，教育工作座谈会在人民大会堂召开，主题是减负。毛泽东主席在会上发表重要讲话，指出："学生要有娱乐、游泳、打球、课外自由阅读的时间。"随后，全国推广北京、上海一些中小学的减负教学经验。本文正是这类经验文章。"实惠一些，朴素一些"的提法，是作者后来"强主干，去枝叶"提法的先声。

寻找原因，逐渐认识到自己这样做的确是胡子眉毛一把抓，不分轻重主次，把一篇完整的课文弄得支离破碎，难怪学生会感到困难重重，不知从何下手了。

面对存在的问题，我重新学习了《改造我们的学习》，学习了教学大纲，认识到了凭主观设想进行教学的危害性，于是在下面两个方面作了改进：

1. 读懂教材，拿稳手中的“矢”。根据“文道统一”的精神钻研教材，明确每一篇教材的教学目的和基本要求，从而决定讲解的取舍详略。凡突出文章主线的词句段落就着重讲解，关系不大的就略讲，有些只一笔带过，那些脱离教材、添油加醋的东西坚决不讲，努力做到剪除枝蔓，突出重点，不平均使用力量。

2. 了解学生，摸清“的”的具体情况。处处做有心人，经常分析学生的各种练习，了解他们的读写水平，并有意识地参加他们的活动，听他们讲话，看他们写的东西，了解他们看书时遇到的问题，研究他们的学习方法。摸清“的”的具体情况，才能以此为依据，决定讲解的取舍详略，手中的“矢”才不会虚发。

读懂教材，了解学生实际，才能明确教学目的要求，纠正主观设想的错误，克服平均使用力量的毛病。现在每上一堂课，都努力做到心中有数——这个“数”就是教材实际和学生实际，都注意紧扣目的要求，摒弃一切烦琐的讲解。

拿《包身工》这篇文章来说，过去讲的内容有：时代背景、作者生平、报告文学特点、记叙、描写、议论、比喻、反语、借代、词句段落和中心思想等。讲“游说”这个词，就扯到春秋战国；讲“拿摩温”，就说到它的原文怎么写。五花八门，犹如大杂烩，文章真正要解决的问题却被淹没了。可是当时自以为讲的都是必要的知识，都必须塞给学生，至于哪些部分学生懂，哪些部分学生不懂，哪些该讲，哪些不该讲，就很少考虑了。课上讲得累死，课后又布置大量作业给学生做，结果却没有达到目的要求。这学期根据“文道统一”的精神，认真钻研教材，才认识到过去自己并没有真正读懂教材，并没有真正懂得作者的写作意图。这篇文章的主线非常明确，它深刻地揭露了帝国主义及其帮凶压迫、剥削中国工人的罪恶。这次讲的内容就紧紧地扣住了这一点，把作者生平、报告文学特点，以及反语、借代、比喻等修辞知识一律舍弃不讲，词句段落也有所选择地讲，不是什么都抓住不放。如文章一开始就揭露了工房里两种人之间的严重不平等，因此第一段就着重讲。又如“所以，除了‘带工’老板、老板娘、他们的家族亲戚和穿拷绸衣服的同一职务的打杂、‘请愿警’等之外，这工房区域的墙圈里面，住着二千个左右衣服破烂而专替别人制造纱布的‘猪猡’”这个句子，深刻地揭露了阶级对立和阶级剥削的残酷，因此就启发学生思考，点明句子的含义。“游说”这个词，学生不理解，我只就文中的含义解释一下，不引申发挥；“芦柴棒”“猪猡”“机器”，学生字面上理解，但对其中寓含的深重的阶级压迫与阶级剥削不易领会，我就引导学生去思考体会，而不讲什么借代。记叙、说明、议论的写法只紧扣文章的脉络点拨一下，不节外生枝。有些字如“舀”“栅”“辊”等学生不认识，要教；文中的数字、事例是否真实，有些学生不明确，就强调一下。这样教，课时比以前减少了两个，课后并未布置作业，学生学了以后反映：“原来自己读时只知大意，经过老师有重点地讲解，我们认识了生字，懂了难的词句，理解了结构，对课文中揭露的阶级压迫和剥削也体会得比较深了。”学生对课文的理解，后来在作文中也有所反映。

在教学实践中我体会到：要提高课堂教学质量，绝不能“闭着眼睛捉麻雀”，要胸中有书，目中有人。

二、
要注意启发引导，
放手让学生实践，
不能迷信自己的讲解，
独占课堂教学时间

过去上课时，我不是认真指导学生读教科书，引导他们理解和掌握知识，而是迷信自己的讲解，认为只要自己讲得系统、完整、生

动，学生就一定能理解得透，掌握得牢固。因此就“满堂灌”“唱独角戏”，剥夺了学生思考和练习的机会，唯恐学生读得疙疙瘩瘩，回答问题啰啰唆唆，“侵占”自己讲的时间。这样教的结果如何呢？用一个学生的话来说：“老师的课很好‘听’，老师‘讲’得很好，就是我们自己讲不来，读不来。”这句话道破了我教课的病根，即不从实际效果出发，忽视调动学生学习的主动性，忽视实践的重要作用，说得严重一些，就是无实事求是之意，有哗众取宠之心。

现在我改变了这种不讲实效的形式主义的做法，努力把课上得实惠些，朴素些。具体来说，我是这样做的：

1. 让学生打有准备的仗。一般地说，在教新课之前先指导学生看书，提出要注意的问题，让学生心中有底；学生在看书的过程中又会发现问题，提出问题，这样带着问题听讲、学习，就可以积极思维，打主动仗。比如教《包身工》这篇课文，共用了三个课时，第一课时就是指导学生阅读课文，提出阅读要求，鼓励他们提问题。学生反映：先看了一两遍再听讲，当然比不看就听讲理解得更清楚，记得更牢固。

2. 让学生有充分练习的机会。深入到学生中去，就可以知道绝大部分学生都是愿意读读、说说、写写、想想的，问题在于自己在过去教学中包办代替，使学生渐渐养成了依赖的心理，对读、说、写都有顾虑，怕人家笑话，不敢大胆练，特别是这些方面比较差的学生顾虑更多。因此备课时就仔细考虑，哪些内容较深，要由教师讲解；哪些只要稍经指点，学生就能理解；哪些部分可以让学生独立讲解。比如《劝学》的三段文字，第 1 段中的几个难句由教师讲解，第 2 段较易，放手让学生看、读、讲，第 3 段只要教师指点一下，学生就能翻译。从学生的实际能力出发进行练习，学生的主动性就可以得到调动。学生练习中有点滴进步，我就及时鼓励，并提出新的要求。这样，他们就逐渐树立了练的信心，学得更主动了。

3. 学生练的时候，尽可能给予具体的指导。如果只让学生练，不进行具体指导，就会影响练的效果，影响学生练的主动性。自己在学生练习之前先练，体会甘苦，摸索方法，然后具体指导学生练，可以收到较好的效果。比如要学生背书，自己就先背，体会困难所在，然后提醒学生，要他们注意，让他们当堂读，再根据不同学生的实际情况进行指导。有的课文，学生在课内就能基本达到熟读成诵的程度。他们在课后也有兴趣去读，花的时间也不多了。

议论文教学点滴

议论文是晓之以理的文章，教学时不仅要让学生懂得怎样提出问题、分析问题、解决问题，怎样运用准确、明白的语言进行逻辑论证，而且要通过语言因素的教学，有的放矢地对学生进行正确的思想观点的教育，使学生在思想观点和语言文字运用两个方面都得到收益。为此，有以下三点需要注意。

一、抓主要观点统率教材，突出重点

课堂教学中讲解的要少而精，不能停留在数量上的加加减减。如果只从数量上增减，就会出现这个词舍不得丢、那个句子舍不得放的情况。其实，要做到少而精，必须抓住教材中的主要观点，主要观点抓牢了，次要问题就迎刃而解，教师举一，学生能反三。

《民族的科学的大众的文化》是毛主席著作，每个段落都包含着深刻的道理。究竟抓哪一点来教呢？这篇著作论述的问题很多，要解决的问题很多，如中外文化关系，对待外国文化的态度，古今文化的关系，文化为工农大众服务，文字必须改革，言语必须接近民众，等等。初看，觉得这些都很重要，都要教。深入钻研教材，就可以体会到不应孤立地、静止地看问题，因为上述所有问题都受一个观点的统率，即一定的文化是一定社会的政治和经济的反映，又给予伟大的影

本文作于 1965 年，曾收录于《于漪文集》（山东教育出版社 2001 年版）。

响和作用于一定的政治和经济。抓住这个基本观点，其他的问题全能贯串起来了。学生掌握了这些基本观点，就能理解中外文化关系、古今文化关系等问题。

二、调查研究，从学生实际出发进行教学

“没有调查就没有发言权”，不了解学生实际，就不可能有的放矢地进行教学。怎么调查呢？

首先，明确调查研究的目的是为了全面了解学生情况，有的放矢地进行教育，把学生培养成建设事业的接班人，而不是专为了抓几个问题来上课；其次，放下架子，做学生的知心朋友，用一分为二的观点去看待学生，既要了解他们的不足之处，又要看到他们积极的方面，达到互教互学、教学相长的目的；再次，做有心人，课内课外通过和学生谈话，注意倾听他们的发言、议论等方式，了解他们的思想、学习、劳动、生活、家庭等情况，注意了解他们的认识能力。

如教《民族的科学的大众的文化》一文前，我了解到了许多学生的思想，如：读古文有劲，特别是诗词，最好多一些；外国的东西读不懂，不高兴读；外国的东西要读一点，不读不了解情况；等等。这些想法绝大部分是平时和学生在一起了解到的，有些是上课之前通过有意识地找几个学生交谈知道的。我把学生的种种想法排了队，有的认识表面，有的认识片面，有的认识模糊，而这些都是由于他们对社会主义文化的特点缺乏正确理解，还未认识到革命文化对革命实践的巨大作用。于是，我就把问题分档归类，提出两个问题（对古文的态度，对外国文学的态度）启发学生思考，要求学生带着这两个问题到这篇著作中找观点，以它们为指引，认识社会主义新文化的特点，解决自己对古文、对外国文学等的认识问题。这个做法本身就告诉学生，正确认识客观事物要运用武器。学习这篇著作，掌握其中的基本观点，对提高思想水平、认识能力有现实意义。在培养学生的阅

读能力方面也是如此。学生读《民族的科学的大众的文化》时，一读似懂，再读不懂，对每一层意思如何关联不大能领会。针对这种情况，我就考虑先引导学生阅读全文，掌握全貌，然后重点分析第 1 段，阐述观点，分析结构与语言，给学生开路，启发学生认真阅读、思考。

三、加强练习，让学生在使用中学习，讲求实效

课堂教学中不能以讲挤练，议论文教学也是如此。不能认为经典性的文章只能读，只能学，读懂了已经很好，谈不上用，谈不上学着写。其实，读书是学习，使用也是学习，而且是更重要的学习。越是好的、经典性的文章越要学，越要练，通过练真正学到手。

对练的理解不能狭隘、片面，认为动笔才是练。其实，动口、动脑也都是练；读是练，独立分析是练，观点的运用也是练。讲也好，练也好，议也好，都要讲求实效。议论必须以学生独立阅读分析为基础，否则东拉西扯，表面热闹，看上去好像很活，实际是浪费时间，收效不大。

根据这些观点，我在教《民族的科学的大众的文化》时，作了如下安排：共三课时，前两课时着重阅读、思考，后一课时着重写作。在讲读的过程中，第 1 段着重拎观点，理清论证的根据，谈论证的逻辑性，帮助学生思考、分析；接着要求学生运用从第 1 段中学到的观点、方法来阅读第 2 段，练观点的运用，练分析能力；第 3 段学生继续运用学到的观点思考分析。然后，带领学生议论、交流、阐述怎样运用学到的观点来解决自己认识上的实际问题。在写作过程中，要求学生先列提纲，再写短文，练观点的运用，练文字的表达。

议论文不能教成糊粥一盆，把观点淹没在词句的海洋中，要突出鲜明的观点，讲究严密的逻辑，对学生发挥教育作用。

要重视外国文学作品的教学
——从日本的国语教材想起的

初冬，一个晴朗的上午，我们全国妇女访日友好代表团兴致勃勃地赴东京都港区御成门中学参观访问。该校是一所文部省的试验学校，师生热情地接待我们，并赠送我们一套中学教材。我怀着好奇心与求知欲，急切地打开他们的国语教材，立即被教材内容深深吸引住了：李白的《黄鹤楼送孟浩然之广陵》《静夜思》，杜甫的《春望》，白居易的《绝句》，鲁迅的《故乡》，《战国策》中的《冯谖客孟尝君》……看着看着，犹如“他乡遇故知”，感到格外亲切。日本民族讲究文化教养，注意培养学生知识的广泛性。他们在中学阶段就向学生大力推荐各种文学作品，使学生广为涉猎。他们的中学国语教材除了选入外国作品名篇外，还有外国作品简介。附于书后的文学史年表中列举的世界文学名著达 83 部之多，我国的《史记》《李太白集》《杜工部集》《白氏文集》《赤壁赋》《水浒传》《三国演义》《西游记》《狂人日记》《阿 Q 正传》，还有但丁的《神曲》、列夫·托尔斯泰的《战争与和平》等均被列入其中。

这些作品对日本人来说是外国文学作品，但日本朋友很喜爱，很

本文发表于《语文学习》1979 年第 1 期。“文革”结束后，语文教材开始编入少量外国文学作品，但它们并没有真正受到教师的重视。作者在本文以记述出访日本的见闻为契机，呼吁“重视外国文学作品的教学”，指出：“我们不仅要教育学生胸怀祖国，献身‘四化’，而且要让他们放眼世界，为人类做出贡献。”

熟悉。交谈中，一位教师讲到唐诗时眉飞色舞，盛赞我中华民族文化之悠久、艺术之高超；另一位教师讲到《史记》《汉书》，更是推崇备至。这些文学、历史巨著成了宾主交流思想的纽带。我们从千年以来中日人民友谊的佳话谈到现在友好和平条约签订生效后的文化交流，友好情谊大为增进。

由此，我想到这样一个问题：我们中学语文教材中也有一定数量的外国文学作品，对于它们，我们究竟应持怎样的态度？

前些年，由于林彪、“四人帮”对文化教育的疯狂摧残，许多外国文学名著被打入冷宫。教材中幸存的几篇，教师也不敢大胆教，也无法认真教。如若对它们作一些实事求是的历史的分析，说几句学习借鉴的话，就有可能挨“放毒”“崇洋媚外”的大棒。无可奈何，只得把这些作品放入“略讲”或“不讲”之列。至于当今外国文学的动态，师生更是无从了解。林彪、“四人帮”为了实行其封建法西斯统治，其毒辣手段之一就是不遗余力地推行“闭关”政策，把中国人民与世界隔绝开来，妄图阻止中外经济文化的交流。

而今，阴霾驱除，蓝天丽日，一些阔别多年的外国文学作品又在语文教材中出现了。看了日本中学国语教材后，深感教学中必须对外国文学作品给予足够的重视，发挥它们的认识作用和教育作用。我们不仅要教育学生胸怀祖国，献身“四化”，而且要让他们放眼世界，为人类做出贡献。这就需要引导学生认识世界，了解别的国家的历史、现状、风土、人情。外国文学作品在这方面可起到一定的作用。恩格斯在《致玛·哈克奈斯》一文中就极其精辟地阐述了巴尔扎克作品的作用，他说他从巴尔扎克的《人间喜剧》中“所学到的东西”，“比从当时所有职业的史学家、经济学家和统计学家那里学到的全部东西还要多”。在语文教学中指导学生认真阅读外国文学作品，可以帮助他们了解有关国家的真实面貌，获得生动的社会知识，提高认识生活的能力。

记叙文教材初探

中学各册语文课本均编选了一定数量的记叙文，低年级的比重更大些。要提高语文教学质量，有效地对学生进行记叙文的读写训练，认真钻研记叙文教材，深刻领会其思想内容与语言文字的运用，就显得十分重要。我在这方面进行了一些初步的探索。

一、理清文章脉络

记叙文是通过叙事写人来表达中心思想的一种文体，它通过事件的具体叙述教育读者，感染读者。钻研这类课文的第一步，是在通读全文的基础上明确文中所叙事件，然后抓住叙事线索，理清文章的脉络。一篇比较优秀的记叙文，不论其篇幅长短，不论其写一人一事或多人多事，阅读后都要能用一两句话把它拎清楚。拎时抓住两个要点：谁？怎么样？使文章的主干在脑子里有清晰的印象。比如《一次难忘的航行》一文共写了 9 段文字，它的主要内容用一句话来说就是：记叙了 1946 年旧政治协商会议期间，周总理从延安到重庆航行途中与困难和危险做斗争的动人情景。弄清楚文章的主干，寻找叙述的线索，就可理清全文的脉络。该文是以航行途中人与险情的矛盾为中心展开故事情节的。为什么会出现这个矛盾？文章在交代了航行的原委和气候的恶劣之后，故事开始了。事件发生后，是怎样发展的呢？文中描述了飞机遇险、脱险，以及再次遇到困难，战胜困难安全着陆的情况。

本文发表于《上海教育》1979 年第 9 期。

航行的全过程也就是事情发生、发展乃至结束的全过程。一条线索贯串其中，十分清楚。线索抓住，全文三个部分就一目了然，即第一部分引出此次短暂而“不平凡”的航行；第二部分交代航行原委，记叙航行经过；第三部分热情歌颂周总理的雄伟气概与崇高风格。

客观事物的情景千变万化，反映客观事物的记叙方法也多种多样，要抓住文章的线索也就不能用一成不变的方法，而要因文而异。有的可从时间的推移方面寻找，如上例所述；有的可从地点的转换方面考虑。人物的足迹，感情的变化，事物的特点等，均可作为提供线索的依据，而这些又总离不开事情发生的时间和地点。比如《夜走灵官峡》就是以材料队长“我”的活动为线索，展现成渝一家投身于社会主义建设热潮的感人事迹；《荔枝蜜》就是以作者对蜜蜂感情的前后变化为线索，赞扬蜜蜂，更赞扬劳动人民酿造生活的蜜的高尚思想和忘我劳动。有的文章看来是散开的几个故事，仔细寻找一下，总有线索贯串其中，把几个故事连缀成有机的整体，表达一个中心思想，做到“形散而神不散”。如《小米的回忆》记叙了作者童年种谷、鲁迅爱谷米、周总理送谷米等三个生活片断，而且对谷子的种植历史、特性、保管、收藏均作了介绍，这些内容看起来如风筝在天空飘荡，然而均由一线相牵，神聚意明。文章从对“小米加步枪”的论述开始，从小米着笔，又从小米生发开去，以小米精神作为一条主线贯串全文，赞颂延安革命精神。有的文章线索，还有明线与暗线之分，如鲁迅先生的《药》，明线是用人血馒头医肺痨病，暗线是革命者为大众流血牺牲，两条线互映互衬，相辅相成。通读时须抓住线索，方能理清文章脉络。

二、掌握文章精髓，体会作者意图

要做到这一点，我们必须对文章的语言文字和思想内容进行琢磨、推敲、剖析，要在“深”“细”上下功夫。为了集中说明问题，下面均以《药》为例。

（一）
咀嚼词句，
认真理解其内在的深刻含义

《药》的开头有这样一段描写："秋天的后半夜，月亮下去了，太阳还没有出，只剩下一片乌蓝的天；除了夜游的东西，什么都睡着。华老栓忽然坐起身，擦着火柴，点上遍身油腻的灯盏，茶馆的两间屋子里，便弥满了青白的光。"这一段究竟写了些什么？为什么这样写呢？从词句入手，细细咀嚼领会，可以体会到这样写给人以阴森、悲凉的感觉。原来文章一落笔，不仅交代了故事发生的时间，而且渲染了悲凉阴森的气氛。分号前的句子已描绘出气氛，分号后面的语句再加一笔，使气氛更为浓重。"华老栓"点明人物。"忽然坐起身"，"什么都睡着"，为什么他"坐起身"？又为什么"忽然"？原来这是写他要去买"药"的焦急之状。一"睡"一"起"，突出他的反常。灯盏"遍身油腻"，反映主人劳动辛勤，无暇料理。"茶馆的两间屋子"，点明地点。点上了"灯"，有了"光"，然而是"青白"的"光"，再次给人以阴冷的感觉。这种感觉不是轻微的，"弥满"一词传神地刻画出阴冷气氛的浓重，表现其充满了、遍布了两间屋子。用"弥满"，不用"弥漫"，准确。"青白的光""乌蓝的天"，屋内屋外，不仅气氛一致，而且相互衬托。对这段词句咀嚼后，就能明白它内在的含义，明白它交代的故事发生的时间、地点，明白其点明了人物的境遇和心情，创造了阴森悲凉的悲剧气氛。

（二）
推敲语言文字运用的精妙
和作者寄寓的思想感情

记叙文是通过对人物形象的刻画和具体事物的描绘来揭示真理

的。在钻研这类教材时，对作者刻画人物、绘景状物的关键笔墨须精心推敲，潜心思考。《药》中有这样一节："'喂！一手交钱，一手交货！'一个浑身黑色的人，站在老栓面前，眼光正像两把刀，刺得老栓缩小了一半。那人一只大手，向他摊着；一只手却撮着一个鲜红的馒头，那红的还是一点一点的往下滴。"寥寥数笔，精练深刻，活画出一个刽子手的残暴嘴脸。

初读，对刽子手的残忍有了初步印象，因为他手里拿着的是蘸着人血的馒头，而且他以此来讹诈、骗钱。读到这里，毛骨悚然，憎恨之情涌上心头。再读，推敲作者的遣词造句，体会其写作意图。"喂！一手交钱，一手交货！"未见其人，先闻其声，这"声"纯系流氓口吻。声出而人现，这"黑色"的人，射着如刀的眼光，"摊着"的"一只大手"要钱，另一只手里是诈钱的货。"钱""货"是关键性的词语：谁的"钱"？什么"货"？谁的"货"？"钱""货"之间的关系怎样？反复推敲，体会到这样写，就人物说，深刻揭露刽子手的凶恶、卑劣、贪婪——杀了人，还用人血卖钱，而被杀的又是革命者。买"货"的呢？绝非残暴。小说只用"刺得老栓缩小了一半"的夸张一笔就表现出他的善良、胆小、惊恐。人并未"缩小"，这里是以"缩小"来揭示其内心世界。作者行文至此用了一个比喻，包孕了复杂的感情，既憎刽子手的残暴，又哀华老栓的愚昧。就情节说，华家、夏家各有自己的悲剧，而"交钱""交货"把两者连在一起，使读者不得不满腔怒火，讨伐制造悲剧的罪魁。三读，对作者语言运用的精妙有了深一层的理解，如一个"滴"字就深刻绘出鲜血淋漓的情状，揭露非人间的浓黑与悲凉。通过推敲，声、光、色、形俱在耳畔眼前，使得文字似乎不仅仅是记录语言的符号，而且呈现出有血有肉的活生生的图像，使人读来受教育，受感染。

(三)
分析思想内容与表现手法，弄清人、事、景的内在联系，吃准主题思想

《药》的第一部分，着重刻画了华老栓买“药”时的动作、神情和心理变化。去时焦急、爽快；到了刑场边时吃惊、踌躇、恐惧；回去时兴奋、激动。作者为何这样描写呢？前后连贯起来综合分析，懂得了这样写是为了集中表现这个穷苦老人受迷信思想毒害之深，愚昧麻木之可怜，愤怒控诉反动统治者愚民政策的罪恶。这一部分的景物描写与人物心情是互相衬托的。“路也愈走愈分明，天也愈走愈亮了”，既点明时间，又衬托老栓兴奋的心情，因为此时此地，希望的诱惑使这悲伤的老人兴奋、激动。写“太阳也出来了；在他面前，显出一条大道，直到他家中”，是进一步烘托老栓的心情——此时此刻，“仙丹灵药”已经拿到，一扫悲伤忧郁，前途光明，喜悦之情洋溢胸间。然而，这希望毕竟是泡影，仔细琢磨，就会发现小说在衬托老栓兴奋、喜悦的同时又处处笼罩着阴影。如故事开头景物描写创造的阴森悲凉的气氛；老栓去买“药”时，“街上黑沉沉的一无所有，只有一条灰白的路，看得分明”；太阳出来后怎样呢？不只是“在他面前，显出一条大道”，“后面也照见丁字街头破匾上‘古□亭口’这四个黯淡的金字”。“黑沉沉”“灰白”“黯淡”绘出景象的悲惨。这样写景寓意深刻，既预示老栓买“药”给儿子治病的悲剧结局，又揭示了时代背景。结合群众争看行刑时的场景描绘，暗示了夏瑜牺牲的寂寞，从而批判资产阶级旧民主主义革命脱离群众的错误。

对每个部分综合分析后，再把全文各个部分的内容汇集起来，找出它们之间的联系，归纳出文章的中心思想。如《药》，第一部分写老栓买“药”，第二部分写小栓吃“药”，第三部分写茶客谈“药”，第四部分写母亲上坟——“药”救不了小栓的命。文章描写了华、夏两家的悲剧：正面描写老栓用人血馒头为儿子治痨病，结果儿子病

没治好死了；侧面描写夏瑜在狱中宣传革命道理，惨遭杀害。两条线索各自独立发展，而又通过“药”—— 一个人血馒头有机地联系在一起。从主要人物的表现与命运，从两个人死的结局中，能比较准确地体会到作者的写作意图，那就是：深刻揭露封建势力的罪恶，批判资产阶级民主革命脱离群众的错误，指出解救中国的真正的“药”是必须唤醒民众，砸碎几千年来封建阶级加在人民群众身上的精神枷锁。

三、领会文章的遣词造句、谋篇布局

钻研教材不仅要弄懂文章说了些什么，怎么说的，还要深入理解文章为什么这么说，领会文章的思想意义、遣词造句和谋篇布局的匠心。仍以《药》为例来说。《药》的主题思想，为什么要用两条线索来表现？为什么刻画人物要采用不同方法？紧扣主题思想比较分析，就能领悟到这样一明一暗、一正一侧、有分有合的描写，便于表达深邃的思想，深沉的感情。如果单线写“药”不能治病，思想意义就单薄；如果夏瑜这根线也明写——其如何在狱中宣传、如何赴刑场等，在有限的篇幅里不仅失之累赘，而且影响揭露的深刻。在茶馆里由茶客谈出，活画刽子手的凶残、帮凶的卑劣，哀叹群众的麻木不仁，赞颂夏瑜的革命精神，一笔收三用之效，使主题更为鲜明、突出。

就遣词造句来说，小说写夏母上坟时的词句似乎难以理解：“忽然见华大妈坐在地上看他，便有些踌躇，惨白的脸上，现出些羞愧的颜色……”为什么这儿要用“羞愧”这个词呢？儿子为革命牺牲，“羞”在哪里？“愧”在何处？不好理解啊！但扣紧主题思想琢磨，就立刻懂得了它的深刻含义和独到的用法。该词原指因做错事有所觉悟而感到羞耻惭愧，夏母不因儿子为革命献身感到光荣，反而觉得羞耻惭愧，这说明连革命者的母亲都不了解革命，除了爱怜儿子外，对儿子牺牲的意义全无所知。运用这个词就入木三分地针砭了当时旧民主主义革命脱离群众、不宣传群众的严重弱点。

总之，钻研教材的过程也就是自己学习的过程。我们是当“先生”的，就有一个先受教育的任务，钻研时一定要认真踏实，勤查字典，勤思索，不放过似懂非懂的问题，更不能就文论文，或置身文外。只有学进去，才能教出来；唯其深入，方能浅出，方能用准确、生动的语言表达出文章的精髓。

伟大战士的那颗伟大的心
——《七根火柴》的教学设计

王愿坚同志的《七根火柴》是一篇感人肺腑的短篇小说，1958年在《人民文学》上发表之后，我曾一遍一遍地读。每读一次，感情的潮水总要冲出闸门，纵横奔流。艰苦的革命岁月，恶劣的草地气候，光彩夺目的红军战士形象，在心中留下了永恒的记忆。“文化大革命”期间，尽管它被加上种种罪名，横加批判，可我常常思念它。特别是自己遭受雪欺霜打之时，无名战士的高大形象总在眼前升腾、闪现，他给我以力量，使我懂得任凭环境怎样艰险，也要无限忠诚于党的事业。粉碎“四人帮”后，革命传统教育恢复，我怀着对革命烈士的无比崇敬，把这篇文章选入我校自编的初一《语文阅读教材》。通过讲读分析，再现革命的艰苦岁月，再现无名战士的英雄形象，既能激励自己在新长征途中迈开坚实有力的步伐，又能以烈士闪光的高尚思想感染学生。

现在的中学生对中华人民共和国的缔造的艰苦了解甚少，对战争年代革命烈士、革命前辈为国家民族利益前赴后继英勇斗争的思想与事迹也知之有限。从学生这一实际出发，根据这篇文章的主题，我把“了解红军过草地的艰难困苦，学习红军战士对党的事业无限忠诚的崇高品质”作为这篇课文的第一个教学目的要求。

本文发表于《语文教学通讯》1980年第8期。

这篇文章在环境描写、情节结构、人物形象塑造等方面均具特色。抓特征描写景物，以景托人的方法，学生在《春》《我们把春天吵醒了》《夜走灵官峡》等课文中学过。但像《七根火柴》在结构上的这种巧妙安排，学生基本上未接触过。学生读过一些浅显的记叙文，了解一般的叙事记人的方法，往往误以为作者笔墨用得多的就是文中的主人公，对这篇文章以卢进勇为线索、紧扣七根火柴开展故事情节的写法，不容易一下子理解。至于截取人物性格历史的一段，通过对外貌、语言、动作及细节的描绘来刻画形象，学生也接触甚少。基于这些情况，我制订了教学的第二个目的要求：理解本文结构情节的特点，学习截取人物性格历史的一段来刻画人物的写作方法。环境描写的有关知识只在教学中引导学生加以运用就行，不再列为教学的目的要求。

这篇文章有巨大的感染力，加强朗读，可以使学生受到文中高尚的人、高尚的思想感情的教育与感染，于是，我就把这定为教学的第三个目的要求。

为了引导学生准确地理解文章主题，在脑海里清晰地留下无名战士高大的形象，我将人物的刻画作为教学的重点。情节结构上巧妙安排，不仅是该文的一个特点，而且难度较大，过去又未向初一学生讲授过这方面的知识，故而作为难点处理。

教学目的要求的制订，教学重点、难点的确定，建筑在对教材思想内容与表现方法深入钻研的基础之上，建筑在对所教对象的思想实际、语文知识与能力实际的了解与分析的基础之上，而且这些目的要求和重点、难点又要能符合教学大纲规定的分年要求。离开了大纲规定的分年要求，离开了教材与学生的实际，教学目的就会或失之于高，或失之于浅，或失之于空，或失之于杂，或者是一般化，没有个性，没有特色。确定了切合实际的教学目的，教师上课方向就明朗，教学内容的组合就有准绳可依，教学活动的安排就可纳入特定的轨道。

当然，教学目的要求恰当，并不等于就能上好课，因为它只是备好课的第一步。要实现教学目的要求，达到预期的教学效果，还须花费相当心血，认真而周密地作一番课堂设计。在教《七根火柴》时，我曾作了如下考虑。

一、
造成悬念，
吸引学生注意力，
激发他们的学习兴趣

兴趣是获取知识的动力，注意力集中是掌握知识、培养能力必不可少的前提。从这个认识出发，围绕教学目的要求，我着力在两个问题上造成悬念，于课的起始阶段就把学生的注意力吸牢，集中到课文学习上来：一在“火柴”上造成悬念，二在“主人公”身上造成悬念。

第一个悬念我采取单刀直入的方法，抛出问题，促使学生进入课文，寻求解答。我设计了这样一段话：“火柴在生活中可以说天天用到，看起来是那么微不足道。但是，你们可曾想过，在革命艰苦的年代里，在红军行经荒无人烟的草地时，就是这小小的火柴，放射出多少光？发出过多少热？它具有怎样的价值和意义？我们学的这篇课文，作者就是紧紧扣住火柴，给我们描述了一个动人心弦的故事，谱写了一曲感人肺腑的悲壮赞歌。你们将会看到在这一曲悲壮的赞歌中，火柴起着怎样重要的作用。”就在学生思维进入兴奋状态之时，我立即提出第二个问题，造成又一个悬念，再次激起学生心海的浪花。我采取了先端出矛盾，再挑明最易混淆之点的办法，启发学生认真学习课文，领悟其中的道理。这就是：在学生预习的基础上，先询问“这篇文章的主人公是谁”，端出矛盾，摆出分歧，不含含糊糊。在学生发表不同意见的基础上（课前估计学生可能有三种意见——主人公是卢进勇，是“那个同志”，是卢进勇和“那个同志”），肯定其中的一种，并立即启发学生思考：“为什么主人公是无名战士？既然是无名战士，为什么作者又花费那么多笔墨来写卢进勇？”这就挑明了容易混淆的疑难之处，以引起学生重视，促进他们积极思维。

扣住文章主题，就疑难之点设计只问而不急于回答的问题，把它悬在学生脑中，引导学生顺着解决问题的途径去细读课文，理解课文。学生兴趣浓厚，学习积极性得到调动。

二、层层解决，步步拎清，降低难点的难度

该文情节结构的安排是教学中的难点，怎样教才能使学生真正理解呢？脱离课文凭空讲述，学生丈二和尚摸不着头脑；集中在某一个情节讲，难度既大，又不易让学生有完整的印象。于是，我琢磨着这样处理：顺课文之势，拉紧卢进勇这条线索，一层一层地理清卢进勇与无名战士之间的关系，最后水到渠成地归纳出正确的答案。

具体做法是：学习课文第一部分（第1~7段）时，请学生思考："主人公是在怎样的环境里出现的？他是怎样被引到读者面前来的？"让学生明白主人公在艰苦荒凉的环境里出现，被引到读者面前，是由于卢进勇"蓦地听见了一声低低的叫声"。在这部分情节中，卢进勇起的是"引出"主人公的作用。学习第二部分（第8~21段）时，引导学生弄清楚主人公的形貌是通过卢进勇的"看"展现在读者眼前的，卢进勇的"想"、卢进勇的"说"都是起衬托作用的，用以衬托主人公崇高的思想品质。学习最后一部分时，启发学生弄懂尽管主人公不再出现，但卢进勇完成的正是主人公的"嘱托"，走的正是主人公未走完的路，写卢进勇仍然是为了突出无名战士，突出无名战士牺牲的全部意义。

着眼于层层解决，步步拎清，学生就能比较具体地理解这样的结论：作者以卢进勇为故事线索，花费很多笔墨写卢进勇，并非着力刻画他的形象，而是为了能在2 000多字的短小篇幅里集中描绘无名战士内心世界最闪射光芒的一刹那，塑造使读者永铭心头的典型形象。作者在结构上作如此巧妙的安排，笔墨功夫深厚，匠心独具。经过这

样先分后总的分析，难点也就不难了。

三、
抓住语言、动作的描绘，
剖析渲染，叩击学生心扉，
掀起感情的波澜

无名战士形象十分感人，思想情操十分高尚，怎样把这些传送到学生的心田，给他们以强烈的感染，滋润他们茁壮地成长呢？我的设计如下。

剖析关键的词句，深刻揭示无名战士优美的精神世界。比如，剖析一“推”、一“摇”、一“指”：揭示了无名战士在生命垂危之际盼望同志的到来，不是为了自己的生命，不是为了让自己活下去，而是另有希望，另有嘱托；颂扬了他忘我的闪光思想，坚强的革命意志。这些都能使学生受到教育。

抓住扣人心弦的场景，渲染生发，努力在学生脑中形成鲜明的形象。嘱托，牺牲，丰碑，连续不断的感人场景把情节一步步推向高潮，把感情一浪浪推向高峰。首先，我运用文中描绘的“抖抖索索的手”“红红的火柴头”“朱红的印章”，启发学生展开想象，在脑中构成火焰跳动的形象。以“焦干”与“湿漉漉”对照，以“身子底下贮满了一汪浑浊的污水”衬托，用饱含感情的语言叩击学生的心扉：“这哪里是几根火柴？分明是一个红军战士对党的事业无限忠诚的红心啊！‘红红的火柴头’，‘朱红的印章’，在一只‘抖抖索索’的手里，犹如一簇跳动的火焰，升起在无边的草地上，划破阴沉沉的天空，横扫荒凉肃杀之气，给人以光明、温暖和力量。”其次，运用反复朗读，以无名战士留给人间的最后的话——“记住，这，这是，大家的！”“好，好同志……你……你把它带给……”，以无名战士离开人世的最后动作——“用尽所有的力气举起手来，直指着正北方向”，进一步叩击学生的心扉，既使他们理解无名战士之所以能忍受难以形容的痛苦与折磨的思想动力，又激发他们对

烈士崇敬的感情。再次，大力渲染第22段所描写的场面的悲壮。指导学生表情朗读，渲染气氛，拨动学生的心弦；引导学生运用学过的《人民英雄永垂不朽》中的有关知识和《生命的意义》中保尔的名言来丰富自己的感受；抓住文字上“模糊”与“清晰”的矛盾，深入阐发文章塑造人物形象的独特效果——犹如在舞台上，背景逐步逐步暗下来，灯光最后集中在一只手上，分外清晰。“模糊”与“清晰”同时运用，既表现卢进勇失去战友的无限悲痛，又给无名战士高擎的手再加上一个特写镜头。两者交织在一起，伴随着整个草地的哭泣，为顶天立地的英雄唱哀歌，唱赞歌。

着力于运用鲜明的形象激起学生思想感情的波澜，矗立在茫茫草地上的烈士丰碑就会移到学生的心上。

对文中的重点词语要重锤敲打，用溅出的火花照亮学生的心灵。

四、运用课外阵地，巩固课内学习成果，培养学生独立分析的能力

学习新知识往往不能一次完成，要使学生切实掌握，须采取巩固的措施，引导他们在运用中加深理解。

《七根火柴》教后，我布置学生课外阅读王愿坚同志写的《草》（见附文），并在读后独立分析，回答以下问题：（1）文章讲述了怎样一个故事？主人公是谁？以谁为线索？是怎样结构情节的？（2）运用从本课学到的分析人物形象的方法分析《草》对主人公的刻画。（3）读文前摘引（“——一位藏族同志指着当年红军走过的草地，说：就在这里，在奶粉厂旁边，我们要建一座糖厂。这里是最甜的地方。”），就文章内容说明为什么“这里是最甜的地方”。（4）说说“等你们长大了，就会想起这些草，懂得这些草；就会看到：我们正是因为吃草吃得强大了，吃得胜利了！”一句在文中的作用及其深刻含义。

附：《草》

草

王愿坚

——一位藏族同志指着当年红军走过的草地，说：就在这里，在奶粉厂旁边，我们要建一座糖厂。这里是最甜的地方。

二班长杨光从昏迷中醒过来的时候，天已经放亮了。他欠起身子，四下里打量着、回想着，好半天才弄明白：自己是躺在湿漉漉的草地里。

昨天，也就是过草地的第四天，快要宿营的时候，连长把他叫了去，要他们班到右前方一个小高地上，担任警戒。他们赶到了指定地点，看好哨位，搭好帐篷，已经黑上来了。就是他，动手去解决吃饭的问题。他提着把刺刀，围着山丘转了半天，才找到了一小把水芹菜和牛耳大黄。正发愁呢，忽然看到小溪边上有一丛野菜，颜色青翠，叶子肥嫩。他兴冲冲地砍了一捆拿回来，倒进那半截“美孚”油桶里，煮了满满一锅。

谁知道，问题就发生在这些野菜上了：换第三班岗的时间还不到，哨兵就捂着肚子回来，把他叫醒了。他起来一看，班里同志们有的口吐白沫，有的肚子痛得满地打滚，有的舌头都僵了。倒是他和党小组长因为吃得不多，症状还轻些。于是两人分工，一个留下警戒和照顾同志们，一个向上级报告。就这样，他摸黑冲进了烂草地；开始是跑，然后是走，最后体力实在支持不住了，就在地上爬。爬着，爬着，不知什么时候昏过去了。

当一切都回想起来了以后，他的心像火燎一

样焦灼了。他用步枪支撑着，挣扎着站起来，踉踉跄跄地走上了一个山包。

这时，太阳冒红了，浓烟似的雾气正在消散。他观察着，计算着，判断着方位。看来，离开班哨位置已经是十里开外了，可是看不到连、营部队宿营地的影子。显然是夜里慌乱中迷失了方向。不行，得赶快找部队去，救同志们的生命要紧呵！

他正要举步，忽然薄雾里传来了人声。人声渐渐近了，人影也显现出来，是一支小队伍。走在前面的是几个徒手的军人，后面是一副担架。

他急忙迎上几步，看得更清楚了：前面一个人的挎包上还有一个红色的十字。

“好，同志们有救了！”他狂喜地喊道。跑是没有力气了。他索性把枪往怀里一抱，就地横倒身躯，沿着山坡滚下山去。

就在他滚到山包下停住的时候，正好赶在了那支小队伍的前头。

人群和担架都停下了。背红十字挎包的人飞步跑来，弯腰扶起他，关切地问道：“你怎么啦？”

杨光定了定神，把事情讲了讲。末了，他紧紧抓住了那人的挎包，恳求地：“医生同志，快去吧！晚了，人就没救啦！”

医生看看背后的担架，又看看杨光，为难地摇摇头：“同志，我们还有紧急任务！”

“什么任务能比救人还要紧？”

医生指着担架：“我们也是要救人哪！”

杨光这才看清楚，担架上躺着一个人。一床灰色的旧棉毯严严地盖在上面。

“那边的同志很危险！”杨光焦急地叫起来。他伸开手拦住了路口，大声地：“你不去，我就不放你走！”话一下子僵住了。

担架响了一声，毯子动了一下。

医生有点愠怒地看了杨光一眼：“你这个同志，有话不会小点声说？你知道吗？这是……”他压低了声音，说出了那个全军都敬爱的人的名字，然后解释地说道：“他病得很厉害哪，昨天开了一夜的会，刚才又发起高烧，人都昏迷了。”

“什么，周副主席？”杨光立时惊住了。对于这位敬爱的首长，杨光不但知道，还曾亲眼看见过。在遵义战役之前，这位首长曾经亲自到他们团作过战斗动员。在部队开上去围攻会理的时候，连队在路边休息，他也曾亲眼看见周副主席和敬爱的毛主席、朱总司令一道，跟战士们亲切交谈。可是，现在竟然病倒在草地上。而他，却在首长赶去卫生部救治的路上，拦住了他的担架……他惶惑地望着担架，一时竟不知如何是好了。

就在这时，毯子被掀开了，周副主席缓慢地欠起了身，朝着杨光招了招手。

杨光不安地走过去。他深情地注视着那张熟悉的脸，却不由得大吃一惊：由于疾病的折磨，这位敬爱的首长面容变化多大呵！他觉得心头像刀在搅，眼睛一阵酸涩，竟然连敬礼也忘了。

周副主席显然刚从昏迷中醒来。他费了好大的劲，才把身躯往担架边上移开了些，然后，拉住杨光的衣角，把他拽到担架空出的半边坐下来。

靠着警卫员的扶持，周副主席在担架上半坐起来。他慢慢抚摸着杨光那湿漉漉的衣服，又摸了摸杨光的额头，亲切地说道：“这么说，你们是吃了有毒的野菜？”

“是”。杨光点了点头。

“那种野菜是什么样子呢?”

“这就是”。杨光从怀里掏出一棵野菜。为了便于医生救治，他临走时带上了它。

周副主席接过野菜，仔细端详着。野菜已经蔫巴了，但样子可以看得出来：有点像野蒜苗，一层暗红色的薄皮包着白色的根根，上面挑着四片互生的叶子。看着，不知是由于疲累还是怎的，他倚在警卫员的肩头，仰起了头，眼里浮上了异常的严肃的神情。

杨光担心地看着周副主席，他弄不明白：首长为什么对这棵野菜这么关心。他刚想劝首长休息，周副主席又问了：“这野菜，多半是长在什么地方呢?”

杨光想了想：“在背阴靠水的地方。”

“味道呢？还记得吗?”

杨光摇了摇头。因为是煮熟了吃的，没有尝过。

周副主席又举起那棵野菜看了看，慢慢地把它放进嘴里。医生惊呼着扑过来，野菜已经被咬下了一点。

周副主席那干裂的嘴唇闭住了，浓密的胡须不停地抖动着，一双浓眉渐渐皱紧了。嚼了一阵，吐掉了残渣，把那棵野菜还给杨光，嘱咐道：“你记着，刚进嘴的时候，有点涩，越嚼越苦。”

杨光又点了点头，周副主席把声音提高了些，用命令的语气讲话了。他的命令是非常明确的：要医生马上按杨光指出的方向，去救治中了毒的战士们。他又要担架抬上杨光，用最快的速度赶到总部去报告。他的命令又是十分具体的：他要求总部根据杨光他们的经验，马上给部队下发一个切勿食用有毒野菜的通报。在通报上，要画上有毒野菜的图形，加上详细的说明，而且，最好是附上标本。

一个年轻的卫生员，还在听到谈论有毒野菜的时候，就在路旁打开了挎包，把满满一挎包沿路采来的野菜倒出来，一棵棵翻拣、检查着。这会，听到了首长下达的命令，惊慌地叫起来："那……你呢？"

"你们扶我走一会儿嘛！"周副主席微笑着伸出了一个指头，又摊开了手掌，"看，是一个多呢还是五个或者上万个多呢？"

谁也想不出更好的做法了。而争辩是没有用的。一时，全都默不作声了。只有晨风吹过荒漠的草地，撕掠着青草，发出索索的声响。

卫生员抽噎了两声，突然抓起一把野菜，光火地："都是蒋介石这卖国贼，逼着我们走草地，逼得我们吃草！"

"吃草。嗯，说得好啊！"周副主席严肃地点了点头，"革命斗争，需要我们吃草，我们就去吃它。而且，我们还要好好总结经验，把草吃得好一些！"

"应该感谢他们，感谢这些阶级兄弟用生命和健康为全军换来了经验。也要记住这些草！"稍稍喘息了一下，他又说下去，不过，话却温和多了，语气里透着深深的感情："等你们长大了，就会想起这些草，懂得这些草；就会看到：我们正是因为吃草吃得强大了，吃得胜利了！"

这些话，从那瘦弱的身躯里，从那干裂的嘴唇里发出来，又慢，又轻，可是，它却像沉雷一样隆隆地滚过草地，滚过红军战士的胸膛。

杨光激动地听着。就在这一霎，他看到了伟大战士的那颗伟大的心。顿时，他觉得自己变得强大了、有力了，这力量足足能一气走出草地。他向着敬爱的周副主席深情地举手敬礼，然后，那紧握着野菜的手猛地一挥，转身向总部所在的方向跑去。

医生向卫生员嘱咐了句什么，也紧抓着那个红十字挎包，向另一个方向跑去。

周副主席望着两个人渐渐远去的背影，耳边传来警卫员的话音。话是对着小卫生员说的："……看你说的，为革命嘛，我们吃的是草，流的是血，可我们比那些花天酒地的阶级敌人高尚得多、也强大得多呀！……"

周副主席那浓浓的胡须绽开来，宽慰地笑了。他笑得那么爽朗、那么开心。自从患病以来，他还是头一次笑得这么痛快。

（摘自《人民文学》1977 年第 8 期）

谈谈课堂设计

我们遇到过这样的情况：一出戏，同样的剧情，同样的布景，同样的演员，由于导演不同，演出的效果大不一样。上课不是演戏，然而，从演戏中却能受到有益的启发。要提高课堂教学质量，在有限的45分钟内让学生主动获得知识，发展智力，教师绝不能满足于对教材的一般理解，满足于写一般化的教案，而是要像富有经验的导演那样，课前对教材、对学生的特点认真研究，对教学方法、教学步骤作一番精心设计，对教学中的重点、难点巧作安排。这样才能切实废除烦冗、呆板的讲解，使学生学有兴趣，学有所得。

怎样设计，怎样安排呢？在教学实践中我体会到以下几个方面甚为重要。

一、牢牢吸引学生的注意力

学生的注意力能够集中是课能上好的重要条件。在教学环节的安排上，无论是对旧知识的巩固、加深，还是对新知识的讲析，均要作周密的思考，使教学内容宛如磁石吸铁一样，把学生的注意力牢牢吸住，引导他们眼看、耳听、口说、手写、心想，发挥学习的积极性与主动性。

比如在教《记金华的两个岩洞》这篇课文时，我对“导入新课”这个环节作了如下的设计。一上课就转身在黑板上写下3个填空题：

本文发表于《语文学习》1980年第11期。

“如（　）其（　）　如（　）其（　）　如（　）其（　）”。我估计学生能很有把握地填出“如（见）其（人）”“如（闻）其（声）”，而填第三个词时会碰到困难。就在学生集中思想，寻求答案的当儿，我顺手拈出“如历其境”一词，然后就势引入新课：“今天我们学一篇使读者‘如历其境’的好文章——《记金华的两个岩洞》。”我以简略的介绍激发他们学习的兴趣：“作者叶圣陶，又名叶绍钧。他有‘优秀的语言艺术家’之称。他的作品风格朴素自然，语言凝练精致。他以优美的语言，具体生动地描述了游览金华两个岩洞的见闻，使人如历其境，心向往之，得到美的享受。今天，我们就请叶老先生做向导，随着他观赏两个岩洞的风光。”学生全神贯注，一下子就进入了特定的教学活动的轨道。

学生在课的起始阶段聚精会神，不等于中途就不松弦。要使他们注意力集中，还得把握教学内容的内在逻辑性，环环紧扣，有起伏、有节奏地进行教学活动。仍以《记金华的两个岩洞》为例，在激起学生学习兴趣之后，我分四层设计了若干问题，引导他们认真读书，思考回答。

1. 既然只游览了两个岩洞，为何要提朝真洞？又为何要交代不去朝真洞的原因？

2. 由金华城到双龙洞一路上你“见”到了哪些景物？文章描绘这些景物时主要运用了怎样的写法？

3. 双龙洞是怎样的结构？你认为洞中最神奇之处是什么？文中着力描绘其什么特点？是怎么描绘的？

4. 冰壶洞的瀑布最大的特点是什么？文中是从哪些角度来描写的？为什么要从不同的角度写？

每个层次重点突出，而层次与层次之间注意有机的过渡。比如学生细读课文，理解了提朝真洞的原因，理解了“泉流”是贯串全文的线索后，立刻促使他们弄清沿途景物。我用的过渡句是：“让我们随着作者游览的足迹去‘观赏’沿途风光。”当学生品味这部分内容，颇感景色美妙时，我趁热加温说：“沿途景色已如此佳妙，双龙洞、冰壶洞又该是怎样的奇观呢？”在学生思考、议论、领略了双龙洞的奇观后，我趁势往下推："双龙洞景色奇特，那么冰壶洞呢?"课前设计注意一环扣一环，一环一环往前推，学生的积极性就可不断得到调动，他们学起来就兴味盎然。课结束时有些学生兴味未尽，大为惋惜地说："太快了，还没'游览'够。"有个调皮学生开玩笑地说："可惜是在纸上看，是'梦游'，只是'如历其境'。"有些学生认真地说："将来我们自己去。"七嘴八舌，课堂气氛十分活跃。

二、抓住关键重锤敲

上课忌平铺直叙，平均使用力量。即使是有吸引力的内容，如果45分钟都是一个调子，像流水般地淌、淌、淌，学生也会感到乏味。要力戒此病，必须抓住关键用重锤敲，使课堂节奏板眼分明，给学生留下难以忘却的印象。何谓关键?就教材来说，是"牵一发而动全身"的词、句、段；就学生来说，是抓住这个节骨眼，就能把分散的、零碎的知识串起来，收举一而反三的效果。比如设计《茶花赋》的课堂教学时，我抓住了"心都醉了"的"醉"这个传神之笔，引导学生反复理解。为了讲透这个"醉"，我用了"前呼后拥"的方法。在"醉"出现之前，先扣紧词句帮助学生理清作者在异国他乡思念祖国的感情线索，然后用感情上的"低谷"——"就搁下这桩心思"的"搁"，来呼唤感情上的"高峰"——"醉"的出现；在剖析作者收藏起来的奔腾感情时，运用学生的旧知识——《题西林壁》《望庐山瀑布》《饮湖上初晴后雨》等诗（请学生背诵），大力渲染铺垫，让祖国山河的无限风光在学生胸中激荡，水到渠成地呼出了"醉"字。这就是"前呼"。紧接着用重锤敲它在文中的含义，指出："'醉'是文中传神之笔。二月的南疆，花红水绿，春意盎然，作者离开了畸形发展的资本主义国家，一踏上春光明媚的社会主义国土，就像喝了葡萄美酒一样，感到甜美、欣喜、兴奋和陶醉。'醉'是个平常的字眼，用在这儿，却倾注了作者对祖国的满腔热情满腔爱。在异国他乡时对祖国的思念，归国的喜悦，旅途中的急切，踏上国土的激动等感情，均由此得到表现。”继学生初步理解体会“醉”字的妙用之后，再用“后拥”的办法，要求他们琢磨“醉”字引出了怎样一个优美的意境，又是怎样在气势上牵动全篇的。

当然，重锤敲并不意味着教师必须作大段的讲解，或花费相当多的教学时间。只要吃准关键，抓住要领，即使只用三言两语也可收到成效。比如教《卖油翁》一文，我曾设计在讲解“乃取一葫芦置于地，以钱覆其口，徐以勺酌油沥之，自钱孔入，而钱不湿”时，出示一铜钱，借助这个教具推敲“沥”的含义，把“沥”与“灌”“倒”等词作比较，启发学生体会“沥”用在此处的精当。

三、激起学生思想上的波澜

“学而不思则罔。”设计课堂教学时一定要着眼于学生的“思”，有意识、有计划地采用多种方法激起学生思想上的波澜，促进他们开动脑筋，使思维处于积极状态。怎样激起他们思想上的波澜呢？

捉住矛盾，才能调动学生思考的积极性。如法国都德写的《最后一课》，学生预习理解肤浅，我一上课就单刀直入地向他们提出这样一个问题：“《最后一课》的主人公究竟是谁？是韩麦尔先生，还是小弗郎士？如果是前者，根据何在？是后者，根据又何在？”学生兴趣来了，有的说是“韩麦尔先生”，有的说是“小弗郎士”，有的说两个人都是。于是，辩论，读书，再辩论，再读书，在读与辩的过程中，学生掌握了情节，明确了主人公，理解了主题，抓住了关键词语。再如《记一辆纺车》一文，构思比较巧妙，段落的安排很有讲究，若平推过去，学生只觉得是浮过的光、掠过的影，收获不大。我的课堂设计则作了一番相应的处理——学生学完第 1 段后，紧接着就引导他们学第 3、4 两段，然后问学生：“既然第 3、4 两段已从纺车的重要作用角度说明作者对那辆纺车充满‘深切的怀念’的原因，为何还要写第 2 段？不写行不行？写，起什么作用？”矛盾一挑起，学生就饶有兴趣地仔细推敲起来。

增加一定的难度，调动学生思考的积极性。学生是有知识储备的，教师对这一点必须有充分的估计。要促使学生的思维进入兴奋状态，可设计有一定难度的问题供他们积极思维。如教《秋风萧瑟》一文时，我提出了这样的问题：文章用大量笔墨写游览长城的情景，这与“秋风萧瑟”有什么关系呢？又为什么要用它来作题目呢？这个问题牵涉到文章的主题、构思、线索，对初中二年级学生来说，不是一下子能解答清楚的。开始，他们极肤浅地认为以此为题是点明游览长城的季节，随即就发现作者引用曹孟德的“秋风萧瑟，洪波涌起”的诗句绝非偶然——截取“秋风萧瑟”的诗句为题，是为了点出游长城的缘由。后来，学生又觉得这样理解还没分析到点子上。于是带领他们继续挖掘，从贯串全文的线索、从课文谈古论今的内容、从结尾引用的毛主席诗句、从作者的写作意图等方面探讨研究，理解就有了深度。学生的求知欲得到了满足，学习积极性高涨。

值得注意的是，这个“难”要适度，如果让学生觉得是丈二和尚摸不着头脑，那就“过犹不及”了。

经常注意调动学生“仓库”里的旧知识，也是激起他们思想上的波澜的一种方法。哪怕只是一个词，一个句子，只要有意识地设计，就可收到调动学生积极思维的效果。《春》中有“小草儿也青得逼你的眼”的句子，我抓住了“逼”，要学生运用学过的诗句恰当地表达出这个生动的字眼的含义。学生积极地到“仓库”里搜寻、思考、辨别，终于找出了“两山排闼送青来”的诗句，甚为得意地回答了问题。

四、创造机会，让学生发挥聪明才智

中国画布局很讲究留白，如果画得满满的，往往给人窒息的感觉。上课也是同样的道理，教师不能从头包到底，以讲代学，而是要给学生留余地，尤其要积极创造机会，让学生发挥聪明才智。

学生质疑是好时机，不可放过。比如准备《珍珠赋》一文的教学时，我估计到学生不明白“芙蓉花开的日子”是什么时候，处于什么季节，会提出问题，也估计到必然会有学生通过查字典来寻求解答，而查了字典仍有疑义。这个问题弄明白，有助于理解文章“下笔带彩”的写法。于是我决定抓住这一点，让学生自己来“做文章”。果真，学生提出来了，一个学生问：“字典上说芙蓉有两种，木芙蓉和水芙蓉，它们开花季节不同，本文说的‘芙蓉’究竟指哪一种？‘花开的日子’指的是什么时候？”“你们说呢？”我未作解答，只反问一句。有的学生立刻回答：“木芙蓉，二三月份。”我追问根据何在，他理直气壮地说是从电影《早春二月》中看到的。另一学生发表不同意见，说是“水芙蓉”，并立即引用了杨万里的“毕竟西湖六月中，风光不与四时同。接天莲叶无穷碧，映日荷花别样红”的诗句加以证明，并断定“芙蓉花开的日子”是指六七月份。另一学生表示又同意又不同意，同意作“水芙蓉”解，不同意判断时节为“六七月份”，接着就引述课文中的有关语句分析，证明是在金色的秋天，秋收季节……学生你一言，我一语，思维活跃，各显身手，课堂气氛热烈。进行这项活动时，教师如果急于解答，学生的才智就无从施展了。

有意识地组织评论，是发挥学生聪明才智的好方法。在课堂教学的适当时候，抓住课文中的某些段落、某些词句、某些问题组织学生评长道短，论是说非，常会出现“神来之笔”。比如当学生对《珍珠赋》的思想内容与写作特色有所掌握时，我就大胆采取了“放”的做法。学生思想上的闸门一打开，种种看法奔涌而出，不仅有在语言上的咬文嚼字，辨微析毫，而且涉及对内容、结构、文风的探讨。有的学生直言不讳地说：建设洞庭，与大寨有什么相干？为什么几次三番硬把大寨拉扯进去？有的学生说：结尾的“每一颗珍珠”“每一颗珍珠”重复了，犯了画蛇添足的毛病。有的学生认为不仅是什么画蛇添足，而且是“帮八股”的流毒。有的学生立即指出：这是1972年写的，文章不可能没有这种反映。有的学生马上诙谐地说：这是历史局限，怎能苛求？这样开展评论，辨别是非，学生施展才能，学得深入，学得牢固。当然，这种评论并不局限在课文范围，对学生的习作、学生对问题的解答、教师的讲述内容和教学用语皆可评头品足，只要扣紧教学目的，恰当安排就行。

进行课堂教学的设计切不可求助于苦思冥想、要弄花样，而是要切实做到从教材的实际与学生的实际出发，对每篇教材的个性看得准、吃得透，对学生的知识储备、能力发展不断了解，多加研究。离开了教材和学生的实际，妄谈这样那样的方法，不过是洪教头的棍棒，故弄玄虚，哗众取宠，其结果定然是毫无成效。

随笔三则

“弓足”

《木兰诗》上了两节课，学生兴趣盎然，口诵心惟，十分喜爱。我为学生学习的积极性所感染，课结束时，情不自禁地表扬了他们，嘱咐他们课后要熟读牢记。谁知，小唐在座位上嘀咕开了：“写得倒蛮好，不过是假的，吹牛。”话音刚落，教室里像开了锅，七嘴八舌，都冲着我来了：“‘同行十二年，不知木兰是女郎’，根本不可能。”“‘十二年’，这么长的时间一同生活、一同打仗，怎么会认不出木兰是女的呢？”“不说别的，一洗脚就露馅了，小脚怎么藏得住？”……在一片喧嚷声中我说了一句：“北朝时女子还不缠脚。”课堂霎时安静下来。约莫几秒钟光景，小陶首先站起来一本正经地问：“那么，中国女子是从什么时候开始包小脚的？”其他同学顿时活跃起来，说：“是啊，哪个朝代啊？”我被问蒙了。备课哪会备到包小脚这个问题呢？课后查阅了好些书，在赵翼的《陔余丛考》中查到了“弓足”，方知一般地说，女子缠脚起于五代，“李后主令宫嫔窅娘，以帛绕脚，令纤小作新月状，由是人皆效之”。

其实，何止是“弓足”一事？类似这种情况常有发生。教《我们把春天吵醒了》一文时，学生问“为什么叫‘春幡’，不叫‘春旗’？‘幡’和‘旗’有何区别”；教《谁是最可爱的人》一文时，

本文发表于《沈阳师范学院学报（哲学社会科学版）》1981年第2期。20世纪80年代初期，各种参考资料极少，许多疑难问题都需要教师自己去探索。《随笔三则》中谈及的“弓足”等知识，就是作者在教学中遇到的几个很具体的知识问题。

学生问“志愿军思念祖国而又不愿回来，是因为朝鲜还‘半边红，半边黑’，现在朝鲜还是‘半边红，半边黑’，怎么又回来啦”。凡此种种，不胜枚举。即使是名家名篇，他们也同样咀嚼、推敲、评论、质疑。总之，在教学过程中，小脑袋里的问题层出不穷，他们追根穷源，打破砂锅问到底，希望从教师那儿获得满意的解答。

“教然后知困。”由于时代在前进，社会在进步，学生思想活跃，视野广阔，想得宽，想得深，也想得杂，提出的问题五花八门，常常超出教师的估计，这就大大增添了教者“困”的程度。“知困”远远不够，更重要的是解“困”。怎样才能解“困”呢？怎样才能在有限的课堂教学时间内，正确而及时地解答学生提出的各种各样的问题呢？关键在于自己必须开拓备课的广阔天地，下双倍、三倍，甚至更多倍的功夫。狭窄的溪流经不起小雨的灌注，汪洋大海才能容纳千江万河。自己知识浅薄，满足不了学生旺盛的求知欲，只有教师自己“学而不厌”，才能引导学生在知识的海洋里破浪远航。

“窗户”的学问

“这个问题谁来回答？”我用目光扫视了一下教室，等待学生思考回答。意外地，我碰上了一双期待着的眼睛，尽管隔着眼镜，可它们似乎在清楚地对我说：“老师，你叫我吧，我能回答。”我又惊又喜，立即点着他说：“请你试试看。”他先是脸一红，接着就站起来捧着书慢条斯理地说开了：“这一部分写骆驼祥子为了生活在夏天的烈日下煎熬。先总的写‘天热得发了狂’，‘地上’‘像下了火’；再从‘街上’的‘柳树’、‘马路’的‘白光’、‘便道上’的‘尘土’等角度描写烈日；然后……”同学们凝神听着，有些调皮的还回转头或侧转身注视着他。

小陆能这样声音响亮地、比较有条理地回答问题，不禁出乎同学意料，让我也有点愕然。一年之前我接这个班级时，每堂课提问，就是这个小陆，总是把头埋得低低的，有时他的头和课桌上的书只有二三寸的距离，我捕捉不到他的视线。别的学生回答了问题，他头才慢慢地抬起来，如若目光偶然碰上了我，也总是立刻躲闪开。

眼睛，心灵的窗户。我们做教师的，须精心了解，审慎研究，洞悉其中的奥秘。小陆的眼睛是双普通的眼睛，不过稍有点近视而已。在和他接触的不长的时间内，这双眼睛可起了不少变化。开始，我给他们上课，他的目光时聚时散，时而恍恍惚惚。从这双眼睛中，我看到了他学习漫不经心，对语文缺乏兴趣。我很着急，多么想通过精彩的讲解、有趣的练习，把他牢牢吸引住。虽作努力，然而收效不大。打开他的作业，我更为焦虑：最常用的“吃”，也错写成“吣”；300多字的作文，别说遣词造句、谋篇布局，单错别字就有十几个。课后我常问他懂不懂，有没有问题，他总是先点点头，再摇摇头，手往同学肩膀上一搭，就走开了，没有表情。有一次，我严肃地找他谈心，指出他上课没有真懂、提不出问题正是未开动大脑这台机器的缘故，不积极思考就不可能真正理解。起初，他目光呆滞，慢慢地，目光中增添了怀疑的神色，仿佛在说“真是这样吗?”“不信，你试试看。上课越认真，越能发现问题。”我鼓励他说。说起来也真怪，大概半年左右吧，不知不觉地，小陆上课时的目光凝聚了，集中了，稳定了。他听得入神时，不仅眼睛发亮，注视着我，而且甚至嘴也微微张开；我讲到关键处，若朝他一瞥，他也不再躲闪，而是报以不易觉察的会心的微笑……

眼睛，心灵的窗户，你是多么富于变化！怀疑、信赖、期望、渴求、欣喜、调皮……学问不浅啊！面对着几十扇各具特色的“窗户”，我必须精细地加以观察，通过它们洞察小心灵的秘密；我要学会敏锐地捕捉它们在课堂上瞬息的变化，适时适量地撒播智慧的种子，开启学生求知的欲望，创造良机，让学生施展聪明才智。

“睛”探

早读课学《神异记》中的《画龙点睛》。学生对文中的“点之即飞去”议论纷纷：有的认为张僧繇之笔乃神笔，值得羡慕；有的认为神话纯属虚构，不可相信；有的则认为须探讨的不在故事本身，而在于给人以启发——说话、办事都要摆到点子上。

学生的看法姑且不评论，对“都要摆到点子上”一说我思索再三。“摆到点子上”，说说容易，做起来很难。三十几年前，我自己做中学生时，就明白“画龙点睛”这个成语的含义，感到点“睛”的重要；时光流逝，自己今日已成为教中学生的教师，且是有近三十载教学实践的教师，对教学中如何抓“睛”、点“睛”，非但不能做到游刃有余，还常常会举棋不定，捉襟见肘。“睛”乃关键之笔，传神之笔，“点”与“不点”，迥然不同。点睛之龙，“破壁”而飞，乘云上天；不点睛者仍留于壁。其中显然有真假之分，死活之别。这一“点”，点出了要旨，赋予了生命，起了质的变化；这一“点”，笔力千钧，功夫深厚。画龙需这关键的一笔，教学又何尝不是如此呢？教师既要善于“画龙”，通过一篇篇范文的教学，传授语文基础知识，培养学生的听、读、说、写能力，更要学会“点睛”，学会准确地掌握文章精要，言简意赅地开启学生思维的门扉，以收使学生豁然贯通、印象深刻之效。

点“睛”先要识“睛”。龙须、龙鳞、龙身、龙尾，无一不重要，然而不是“睛”。就文章而言，“睛”是精粹所在，传神之处，它通过“牵一发而动全身”的词句来表现。这些词句或在气势上牵动全篇，或使描绘的境界突出，或将饱含的情意挑破，或把深邃的见解点明。抓住它们，通篇皆活，才可使学生感到文章意味隽永，情趣横生，给教学增添色彩。王国维《人间词话》说：“‘红杏枝头春意闹’，着一‘闹’字而境界全出；‘云破月来花弄影’，着一‘弄’字而境界全出矣。”这是识“睛”的极佳范本。“红杏枝头春意闹”绘出春光明媚、生意盎然的景象，“云破月来花弄影”绘出月下花前春夜的幽静恬适，正如王国维所说，着一“闹”字、“弄”字使“境界全出”，“闹”与“弄”分别起了画龙点睛的作用。

“睛”并非唾手可得，它来自对课文全局的熟练掌握；离开对教材的深入钻研，就无“睛”可谈。关键在于教师自己平时要刻苦学习，锲而不舍，钻研教材，吃透精神。唯其深入，才能浅出，才能在课堂教学中用精辟生动的几句话讲到点子上。

《香山红叶》备课札记

放在案前的是初次选入语文课本的新课文《香山红叶》。读着，读着，眼前仿佛红叶如云，阵阵轻微的药香沁人心肺，一位久经风霜的老向导穿行在松树、柏树和满山的红叶之中，“絮絮叨叨”地谈着“离奇的传说”……多么美好啊！我沉浸在美的享受之中。怎样教这篇意境优美、情文并茂的散文，让学生步入作品的佳境，吮吸知识，发展能力呢？我提起笔，仔细地做课前的准备。

一

描写香山红叶的不乏其人，如明人陈瓒在其《香山寺》一诗中有“清音递槛来双涧，秋色迎檐郁万枫”的诗句，绘出了秋意浓重，枫叶流丹。然而，古往今来的诗人往往以枫林为玉露凋伤，或江枫渔火、枫叶荻花等，来描绘秋风萧瑟的景象和诗人凄苦的心情。唐代诗人戴叔伦则以“萧萧枫树林”为衬托，写出屈原如沅水、湘江流不尽的深怨。诗人杜牧山行之时，则为枫林陶醉了，吟唱出“停车坐爱枫林晚，霜叶红于二月花”的名句，别有新意，成为千古绝唱。鲁迅先生则在《腊叶》一篇散文诗中把自己比作“被蚀而斑斓”的枫叶。茅盾则反杜牧诗一字之意而用之，以霜叶讽刺假左派，改其诗一字，以“霜叶红似二月花”为小说题名。而杨朔《香山红叶》一文，读之前以为要着重描绘自然景色，对红叶大书特书，哪知曲曲折折写的是人事，不仅笔法高超，且其新意比之前人的更深一层，带有

本文发表于《中学语文教学》1982年第4期。

新时代的浓郁气息。

杨朔曾于1944年冬在延安写了一首《雪夜遣怀》，其中有这样两句："自有诗心如火烈，献身不惜作尘泥。"诗言志，这种炽热的革命激情灌注在他所有的作品之中，《香山红叶》也不例外。杨朔在《东风第一枝》小跋中说："我在写每篇文章时，总是拿着当诗一样写。"革命激情是散文富有诗意的灵魂。作者起笔涂抹秋色就洋溢着对生活的热爱。天"明净高爽""好得不能再好"；老向导经验丰富，"腰板挺直"；要去欣赏的红叶又是"北京最浓最浓的秋色"。天美，人美，景美，笔端无些微肃杀冷峭，流露的是勃勃的生气，是对秋天来临的极大的喜悦。作者写红叶，色彩只点染几笔，在"味"上却下了一番功夫。"我"叫叶子"香"，同伴也叫"香"，老向导"也慢慢说""香"，而且"早先就没闻见过"。三个"香"字引出了对向导老大爷的议论。用两个"不十分清楚"的语句对老人"过去的身世"与"今天的生活"进行鲜明的对比；用过去心的"苦"与今日心情的"轻松"进行鲜明的对比；用两个反问句"你怎么能闻到红叶的香味""还能不闻见红叶香"进行鲜明的对比，在委婉、幽远、清朗的情意中透露了时代的声息，表露了对新时代满腔热情的歌颂。

散文的诗意重在思想的发光。作者写红叶意不在红叶，而在于托物言志，借托"越到老秋，越红得可爱"的红叶，来喻人生中经过风吹雨打的老向导，喻久经风霜的劳动人民。历经沧海桑田的变化，年纪越大，做新生活主人的自豪感、责任感越强烈。托物的艺术手法贵在贴切深刻。"红"，对于霜降以后的枫树、红树，从来是美的标志，"霜叶红于二月花"，越是红透，越是动人。这是从色泽角度理解。从精神境界角度看，"红"在今日生活中又往往是崇高思想品质的概括。有高尚的思想品德的人受人尊敬、爱戴。作者从平常的、习见的事物中发掘它的深刻、优美的意义。从红叶的"红"，发掘到老向导的"红"；又从老向导的"红"，发掘到给老向导以"红"的社会，从而赞美红叶，赞美老向导这样的新时代的主人，赞美为人民缔造幸福生活的伟大的社会主义祖国。主题思想深邃，意味隽永。文章最后一段是全文的主峰，以自然界中“伤了水”、美中不足的红叶反衬人间的“更可贵的红叶”，一“摘”一“藏”，不仅情意绵绵，而且画龙点睛，意境高远，轻轻地叩击着读者的心灵。

二

《香山红叶》结构精巧，文笔波澜起伏，曲中有曲，既似山山相连，重峦叠嶂，又似峰回路转，柳暗花明。

文章下笔点题，道出要去香山观红叶的心愿。然而，作者未顺势写红叶，而是宕开一笔，把老向导引到读者面前。当读者与这位白胡子、身体硬朗、做过四十年向导的老人见面后，作者又未顺势写起程攀山，而是又宕开一笔，写在乡村小饭馆吃饭时的叙谈。正当谈到红叶这个正题时，老向导竟说“还不是正时候”，又说“南面一带向阳，也该先有红的了”，在曲折中形成悬念，使读者急于知道山上的红叶究竟红了没有。终于登山了，作者又宕开笔来写山路、古松古柏、双清泉水，只字不绘红叶。专程赏红叶，“怎么连一片红叶也看不见”？正当读者与游者一起焦急之时，老人说话了：“你先别急，一上半山亭，什么都看见了。”又一个悬念，激励人们继续攀登，观赏佳景。谁知上得半山亭，陶醉在美景之中，竟然“都忘了看红叶”。好一个“忘”字！小饭馆里“急”问红叶，一路上山盼着看红叶，红叶呈现在眼前又竟然“忘”了看，真是涟漪荡漾，奇笔丛生，妙趣横溢。

从盼赏红叶到见到红叶，情节迂回曲折，引人入胜，而见红叶后的触景生情更显神奇。经霜以后的红叶美不胜收，作者不顺势写其美，偏写“伤了水”，美中不足；霜叶以“红”为显著特征，偏宕开笔来写“香”；正当着力写红叶时，笔锋又突然一转，以物喻人，写在满山红叶香里穿行的老向导，从而托出文章的主题。乍看，笔笔出人意料；细想，笔笔都在情理之中。于平淡之中展现佳境，于曲径之中蕴藏韵味。

散文贵散，要放得开。文章忽而乡村饭馆，忽而山路攀缘，忽而

“离奇的传说”，忽而“红得”“不透”的红叶，信笔所至，真是“横看成岭”。散文又贵乎不散，千岭万岭总以凝练为归。文章“凝”在表现时代的声息，讴歌新时代的主人，给读者以启迪与深思。林琴南在《春觉斋论文》中曾这样说：“武林九溪十八涧之水，何尝一派现出溪光？偶经一处，骇为明漪绝底，然实不知泉脉之所自来；及见细草纤绵中，根下伏流，静细无声，方觉前溪实与此溪相续。”这段精彩的话语正生动形象地道出了如《香山红叶》般散文结构的精妙。

三

久经风霜的老向导是一个十分动人的形象。读后沉思，仍感有一股敦厚、朴实的精神气质扑面而来。这是由于作者着意镌刻的缘故。

作者写这位老人，充分运用他的向导身份，发挥他的向导作用，让他在既说又走、边走边说的活动中展现内心世界，并把香山处处美景推到读者眼前。且不说几笔勾勒就活画出老人在人生征途上经过风吹雨打的形貌，也不说稍加渲染就表现出老人爬山当向导的长期经历，单就老人吐露的语言就够咀嚼体味的了。

“几盘野味，半杯麦酒”打开了老人的话匣子，老人“慢言慢语”的第一句话竟是“香山这地方也没别的好处，就是高”。既直截了当地拎出香山的特点，又无半点粉饰虚假，劳动人民的本色跃然纸上。“离奇的传说”，从各处导游者口中常可听到，然而白胡子老人“絮絮叨叨”谈的关于香山的传说却别有一番滋味。它们不仅富有形象，使香山蒙上神话的色彩，增添了诗意，而且发人深思，在点出香山的山山水水来历的同时，也展示出风景区不同时代的变化，为下文的对比、议论埋下伏笔。“这真是座活山啊。有山就有水，有水就有脉，有脉就有苗，难怪人家说下面埋着聚宝盆。”老人的慨叹是对历经沧桑喜做主人的复杂感情的表白，“山”—“水”—“脉”—“苗”，又为满山红叶的出现做了细微的铺垫。“这都是些乡村野话……你们也不必信”，老人这番话绝非赘笔，而是展现其淳朴、实在。至于“真是香呢。我怎么做了四十年向导，早先就没闻见过”

的话语，更是饱含了生活的酸甜苦辣。行文至此，难怪作者要情不自禁地议论抒怀。

作者绘人物，一笔两用，除了展现人物的内心世界，又层次井然地介绍了香山的自然风光。其中有按照人物足迹所至直接描写的，也有通过人物转述的。前者如在半山亭远眺北京城的好景，满眼半黄半红的红叶，笔端烟云隐现，煞有情趣；后者如对“活山”、“梦赶泉”、红树的介绍，同样使景物历历在目。然而，无论是直接描写，还是间接转述，皆着眼于以景托人，衬托出人物的精神。文章末句的“不用说，我指的是那位老向导”，尾音缭绕，留给人们不尽的回味。作者在绘景咏人的繁忙之中，脱出笔来交代秋游的日子，点破了“重九登高”。这个“高”字回应了开头老人说的话，首尾呼应，缝缀妥帖。

全篇信手写来，有意无意，挥洒自如，然而笔笔有归宿，技巧圆熟，显示出作者特有的流动潇洒的文字风格。

四

有几点须注意：初一学生第一次接触杨朔的文章（作为课文精读），对杨朔的生平与作品特色须适当介绍。这位 1913 年出生于山东蓬莱县的当代著名作家，原名杨毓瑨，字莹叔，1937 年后改用现名。1968 年 8 月，他惨遭林彪、“四人帮”的迫害，不幸逝世。那时，他年仅 55 岁，正是作家的盛年。就在他去世前，他还念念不忘写作：“我多么渴望写作啊！我要歌颂祖国和人民，写更多的新东西……”这发自肺腑的心声是贯串他小说、散文等作品的思想红线。《茶花赋》《雪浪花》《荔枝蜜》《樱花雨》《海市》《香山红叶》等都是脍炙人口的名篇。他的散文具有浓郁的时代色彩和强烈的战斗性。文章诗意浓郁，用他自己的话来说：“动笔写时，我也不以为自己是写散文，就可以放肆笔墨，总要像写诗那样，再三剪裁材料，安排布局，推敲字句，然后写成文章。”简要地介绍这些，可有助于学生进入《香山红叶》课文的学习。

为使学生步入作品创造的意境，品尝语言的甘甜，受到人物高尚的精神与作品主题思想的感染与启迪，教课时要：(1) 把握文中导游这条线索，串起一个个寄寓感情的景物，不能让它们像珠子散地，碎不成篇；(2) 关键的词句与段落用轻读、慢读、正常朗读等方法展现意境，引导学生运用自己的生活经验，发挥纵横驰骋的想象，推敲有限的文字，从而加深对文章思想内容的理解，发展想象能力；(3) 讲好文章的转弯技巧，使学生具体感受曲径通幽之奇，领悟豁然开朗之美。

“红叶”是作品托物言志的“物”，有关知识虽不必对学生讲述，但教师自己要心中有数。我国三北（华北、东北、西北）地区在金色的秋天，观赏植物中红叶最佳，它是力量、欢乐、胜利、喜悦的象征。10月中旬至11月上旬，有些树木的叶子由绿变红，也有变成黄绿色、品红色、黄红色的，多数变为红色。红有深浅之分，都是在霜降以后，受风力、气候、光线等施加影响的结果。它们“寿命”不长，约有二十天至一个月。变成红叶的树木约有十种。枫树有二三种，如元宝枫、五角枫、鸡爪枫等。其他还有黄栌、乌桕、柿树等。北京香山红叶多来自黄栌，枫树很少。除香山外，北京西山八大处、十三陵也有红叶，但其红叶不如香山红叶集中，也不如香山红叶规模大。南京栖霞山、我国西北等地的名山也有变色的叶子——红叶。

读《香山红叶》，和学生一起摘下这片“可贵的红叶”，珍藏到我们的心里，像老向导那样，一往情深地热爱社会主义新生活。

从上好一堂课想起

南宋张炎在《词源》中批评吴文英的词，说："吴梦窗词如七宝楼台，眩人眼目，碎拆下来，不成片段。"这是讥评吴文英用语晦涩，常以美丽空洞的字眼，把一首词堆叠成迷离恍惚的"七宝楼台"。吴文英是词中一大家，对他的评论一向有所不同，张炎此评是否失当，姑且不说，他这几句话却能给我们以启发，使我们联想到上课也是同样道理。一名教师即使学识渊博，口若悬河，若是课前不作精心设计，东拉西凑，就算讲得天花乱坠，学生也不可能受到教益。

讲课如若支离破碎，当然是等而下之。我们的语文教学是有机整体。整个中学阶段在思想品德教育、语文知识与能力培养等方面有特定的要求，而这些要求须通过教师有意识、有计划的教学活动去完成。在这些教学活动中，上好每一堂课占有重要的地位。每堂课也是有机整体，忽视了这一点，上课时东捡一点，西拽一块，拾在篮子里就是菜，课上得鸡零狗碎，学生窥不到一斑，更不用说能见全豹，同样受不到教益。因此，支离破碎是讲课一大忌。

更为大忌的是讲课舍本逐末，迷途忘返，甚至以引起兴趣为名，采取种种庸俗做法，追求所谓"奇特"，破坏严肃的课堂气氛。这样的课就好像在整个语文教学"身"上长出了"赘瘤"，"瘤"的分量越大，就越损害语文教学之"身"，学生就越是难以受到实实在在的益处。

本文发表于《教学与研究（中学语文版）》1982年第1期。上好每一堂课，这是教师义不容辞的职责，是摆在每一位教师面前的重大课题，也是教师自身价值的体现。作者的这篇文章从教学中的具体问题出发，结合自己多年的教学经验，从"做一个'疏凿手'""做一个'疏理者'""做一个'开窍人'"三个层面给出对于如何上好一节课的意见。

以上所说课堂教学中常易出现的种种毛病，归根结底是由于教者心中无数，目中无人，缺乏培养学生成材的全局观念。而这个全局恰恰是要铭刻在心，不可须臾离开的。

“胸有成竹”的故事，其含义尽人皆知，稍加推敲，也可作为改进教学的借鉴。画家胸中先有整幅画的布局，才可做到：有疏有密，疏密得当，不是密不通风，令人窒闷，也非东零西散，给人以支离破碎之感；条畅理顺，斐然成幅，或貌似乱笔，而乱中有致，秩序井然，如画家一般挥洒自如，而笔笔见精神，画得如杜甫《奉先刘少府新画山水障歌》中所形容的那样，“元气淋漓障犹湿，真宰上诉天应泣”。这些正是我们上好每一堂课可以借鉴的。

上课一定要胸有成竹。课前要有本课程整个培养计划的全局，要有本堂课的全局。贯串的线索、设计的问题、落实的词句、培养的能力等方面，皆要通盘考虑。虽然成竹在胸，有可能上好课，但也不一定能保证课能上得完满，还得在以下几个方面下苦功夫。

第一，做一个“疏凿手”。疏凿之道在于一个“通”字。张骞通西域之举被誉为“凿空”。《史记·大宛列传》：“于是西北国始通于汉矣，然张骞凿空。”后人解释说：“西域险厄，本无道路，今凿空而通之也。”由此可见，要“凿”而“通”之。上课也应这样。教师要善于做“疏凿手”，上课之前考虑到课文中难“通”之处，估计学生难“通”的原因，千方百计使之“通”，让学生能够正确理解，牢固掌握。切不可以自己的一孔之见，把学生引入死胡同。金诗人元好问有《论诗三十首》，其第一首就有这样两句：“谁是诗中疏凿手？暂教泾渭各清浑。”遗山先生分明是以“疏凿手”自居的。我们教师也要努力做一个教学的“疏凿手”，精心帮助学生在思想上、语文知识和能力上都通达起来。要达到这个目的，每堂课都要认真推敲，力求做到“泾渭各清浑”。

第二，做一个“疏理者”。疏理之道在于一个“清”字。课不能条理不清，上成一团乱麻。相传帝尧让鲧治水，鲧采取筑堤去堵的方法，结果“治水九年而水不息，功用不成”。后来舜命鲧的儿子大禹治水。禹采取疏理的方法，疏通江河，理清了河道系统，把洪水导引入海，获得巨大成功，世世代代为人所歌颂。教师不能被学生思想上、学习上的问题牵着鼻子而采取问题东来东堵、西来西塞的办法。应善于抓住要害，把问题疏理清楚，进行正面教育，使学生从根本上受到益处。课堂上要少讲不该怎样怎样，多讲应该怎样怎样，从根本上理清，字、词、句、篇、语、修、逻、文等问题就会迎刃而解。

第三，做一个“开窍人”。开窍之道在于一个“灵”字。大家都不赞成上课满堂灌，因为这种教法只是把学生当作承受教师赐予知识的容器，恰恰忽视了最紧要的东西——学生的心灵。“心之官则思”，学生的心灵打开，思维就活跃，智力就发展，吸收的能力就增强，在学习上就能飞跃进步。因此，教师要善于做“开窍人”，用启发式教学这把金钥匙打开学生的心扉。教师讲课的关键在于一个“点”字，要点在学生的心扉上，洞开学生的心窍，使学生能独立地学习，独立地思考问题，孜孜以求正确的答案。教学中做“开窍人”最不容易，然而又最为重要。如若得法，师生之间就会出现“心有灵犀一点通”的佳境。

课是一定可以教好的，只要心中有学生，胸中有全局，锲而不舍，持之以恒。

假如我教“诗八首”

新修订本初中《语文》第一册增选了《敕勒歌》《鸟鸣涧》《静夜思》《蚕妇》《回乡偶书》《凉州词》《江畔独步寻花》《晓出净慈寺送林子方》等八首诗。这些诗短小浅显，切合初一学生的学习实际；这些诗既有写塞北风光的，又有绘江南美景的，既有抒个人思乡之情的，又有对不平世道进行谴责的，涉及面较广，有利于开拓学生的视野；这些诗语言晓畅，色彩鲜明，读起来朗朗上口，是训练朗读、积累语汇的好教材。假如我教这八首诗，我将作如下的设计。

一、把“诗八首”和《浣溪沙·和柳亚子先生》《天上的街市》两篇课文编在一起，组成诗歌单元进行教学

学生初进中学往往带着好奇的、积极奋发的心情。在这样一个新的学习阶段，语文学科教学与其他学科教学一样，要努力为他们创造良好的开端。我国是诗歌的王国，古代诗歌的宝库有极其丰富的瑰丽珍宝。诗中情，诗中景，诗中人，诗中物，犹如天上璀璨的明星，闪发出迷人的光芒。新学期第一单元安排诗歌教学，可着眼于发挥诗歌独特的艺术感染力，激发学生学习语文的兴趣，培养他们的民族自尊心和民族自豪感。

把“诗八首”和《浣溪沙·和柳亚子先生》《天上的街市》放在一起教，一可以增加诗词的分量，给学生以深刻的印象，二可以让

学生比较文言诗词和语体诗的不同形式，培养他们阅读与欣赏诗歌的能力。

在这个单元的教学中，除了要达到使学生了解中国人民昔日的苦难与翻身得解放的幸福和欢乐、了解诗人对美好幸福生活的追求和憧憬的目的外，还须努力达成如下要求：

1. 引导学生开展想象，领会诗中展现的种种意境。

2. 通过带领学生反复吟诵，使学生体会诗歌语言的精练和音乐美，激发学生热爱祖国山河的深厚感情。

二、
指导学生听、读、讲，
理解诗中含义，体会诗中意境，
培养朗读、讲述
与初步赏析诗歌的能力

1. 放“诗八首”表情朗读的录音，用优美的语言叩击学生的心扉，把学生引入诗歌的佳境。

（1）引子。人们一谈到诗，往往会立即联想到驰骋的想象，充沛的感情，鲜明的形象，音乐般的语言，会联想到优美、动人、鼓舞、力量。确实如此。诗，像种子一样，有一股顽强的爆发力。好的诗歌“破土而出”以后，会和芳香的空气融合，长久地弥漫大地。今天我们读的八首古诗，有的创作年代已距今九百年，有的距今约达一千五百年，然而，诵读咀嚼，仍可闻到其中的芬芳。

（2）一听录音。对照课文画出不认识或读不准的字，然后查阅字典，正音正字。如：

敕（chì）勒——我国古代北方民族名，北齐时居住在朔州（今山西省北境）一带。

穹（qióng）庐——牧民居住的圆顶毡帐，中间隆起，四面下垂，俗称“蒙古包”。

涧（jiàn）——山间流水的沟。

罗绮（qǐ）——有花纹或图案的丝织品。

鬓（bìn）毛衰——鬓毛，耳边的发。衰，疏落。

仞（rèn）——古代长度单位名，八尺或七尺叫一仞。万仞，极力形容山的高。

羌（qiāng）——我国古代西北地域的民族。羌笛，羌人吹的笛子。

蹊（xī）——小路。

（3）二听录音。合起课本谛听，边听边展开想象，随着诗歌语言的“琮琮琤琤”，脑中展现一幅幅不同的画景。

举例指导：《敕勒歌》是南北朝时北方民族的民歌。它出色地描绘了祖国西北草原雄伟壮丽的风光，歌唱了游牧人民的生活。我们听到“敕勒川，阴山下”的诗句，思想就要长上翅膀，脑中立即浮现出绵亘起伏的阴山，阴山脚下一望无际的草原；听到“天似穹庐，笼盖四野”的诗句，眼前就要浮现出无际的草原和天边连在一起，天空好像一顶庞大的圆帐笼罩在整个原野上的图景；听到“天苍苍，野茫茫，风吹草低见牛羊”的诗句，就仿佛感觉到风从身边掠过，草低下了头，弯下了腰，就在茂盛的牧草头低腰弯之处，成群的肥壮的牛羊突然呈现在眼前，给人以无比的喜悦。这样一边听朗读，一边展开想象，把诗句和画面结合起来，初步领略诗中优美的意境。

2. 简介作者。抓住关键词句指导阅读，理解诗中含义，并进行朗读训练。

（1）指导，点拨。

《敕勒歌》选自《乐府诗集》，根据《乐府广题》的说明，可知这是从古代民族语言翻译过来的作品。启发学生思考：作品描绘西北草原的景象，是怎样从大处着眼写的？最后一句是千古传诵的佳句，它连用了几个动词？写出几种景物？佳在何处？通过讨论，明确：作品先交代草原的位置，把它置于阴山脚下，以这样的背景衬托，一开始就给人以雄伟的感觉。然后从天的形状、天的颜色等角度写天空的辽阔广大，万里无云，用原野的“茫茫”写草原的辽阔广大，用“笼罩”一词使天地相接，再次给人以雄伟的感觉。“风吹草低见牛羊”一句用“吹”“低”“见”三个动词刻画了大风吹过，草浪起伏，在牧草低伏的地方闪出一群群牛羊的动景，十分传神。它既表现了草原上牧草繁茂的景象，又反映了牧民宁静的生活，语言朴素无华，具有鲜明的地方色彩。

《鸟鸣涧》这首诗是王维题友人皇甫岳别墅诗《皇甫岳云溪杂题五首》中的第一首。王维，唐代著名诗人。政治上屡受挫折，晚年态度消极，长期过着亦官亦隐的生活。他的诗题材广泛，风格多样，艺术造诣很高。他能诗善画，山水诗尤为突出，被称为“诗中有画，画中有诗”。启发学生思考：这首诗是怎样描写山中春夜的恬静的？用了怎样的手法？议论后明确：第一、二句正面写。人“闲”，寂无声息；桂花“落”，四季花开花落，无声无息；春山“空”，初春的山谷显得空空荡荡。三者都着眼于一个“静”字，绘出一个“静”字。第三、四句用映衬的手法写，以动衬静。山鸟因“月出”而“惊”，因“惊”而“鸣”。鸟不时鸣叫的声音划破了山涧的沉寂，春夜的幽静就得到了更为深沉的表现。这样既直接写静，又以落花、月出、鸟鸣等动态衬托静，两者结合起来描绘，收到意境清幽之佳妙。

《静夜思》是唐代大诗人李白的著名抒情小诗，情景逼真，感情纯挚，从笔端自然流出。诗人由身边所见景物入笔：用“霜”字既形容月色的皎洁，又表达秋夜的寒意；用“疑”字引出了“明月”，从而牵动想念故乡的情思。文笔活如游龙，上下翻动，由地上写到天空，又由天空回到地上，驰骋自如。诗人对明月有一种特殊的感情，故乡的明月在其诗篇中屡见不鲜，如《古朗月行》中就有“小时不识月，呼作白玉盘。又疑瑶台镜，飞在青云端”的诗句。明月、思乡，乍看是信手拈来，实则是其中有不解之缘。

《蚕妇》的作者张俞，北宋郫（pí，现在的四川省郫县）人。曾几次考进士，均未考中，后隐居在四川省青城山的白云溪，自号白云先生。这首诗以一个养蚕妇女的自我感受，揭露封建社会的不合理现象。启发学生思考：展现在我们眼前的蚕妇是怎样一个形象？她是怎样控诉世道的不平的？这样写有何特点？议论后明确：展现在我们眼前的是一个极度悲伤的养蚕妇女形象，“泪满巾”用得极好，活画出蚕妇昨日进城归来泪流满面、浸湿佩巾的伤心情景，满纸悲哀。“泪满巾”的原因何在？原来是城市里浑身上下穿着绫罗绸缎的人，没有一个是日夜操劳采桑养蚕的。抓住这一不公平的社会现象，从养蚕妇女的自我感受角度写，如泣如诉，真切感人，谴责了不劳而获的“遍身罗绮”者，控诉了世道的不合理。

《回乡偶书》这首诗语言流畅，音节响亮。作者贺知章，唐代著名诗人，善于作诗与写字，早年就有文名，和李白一见，就与其成为好朋友。诗人八十多岁因病还乡，回到故乡写了两首诗，这是第一首。“偶书”，偶然地、随意地写下来。启发学生思考：在这短短四句诗里，寓含着诗人怎样的感情？描绘了儿童怎样的神态？给人以怎样的感觉？思考后明确：这首诗里寓含着诗人久居客地重返家园的无限感慨和十分喜悦的心情，一句“笑问客从何处来”生动形象地描绘出儿童天真活泼的神态，使人如见其形，如闻其声。诗句字面淡，味儿浓，朴实亲切，饶有风趣。

《凉州词》是古代歌曲的一种，凉州今位于甘肃省武威市。这首诗的作者王之涣，晋阳（今山西太原）人。他的诗感情强烈，意境雄阔，其中描写边疆风光的作品尤为突出。启发学生思考：这首诗是怎样描写古代凉州一带荒凉辽阔的景象的？抓住了哪些景物创造雄伟的气势？又是怎样曲折地抒写自己的感慨的？议论后明确：诗的第一、二句描摹边疆荒凉辽阔的景象。起笔不凡，由近处向远处放眼看，黄河逐渐上升，一直伸延到白云深处，“远上”一词拓出辽阔的意境。一个“孤”字画出城堡四周的荒漠，而这孤城又在万丈高山环抱之中，更增添了无限荒凉。黄河、白云、孤城、高山等景物巧妙组合，远远近近，高高低低，绘出了雄奇的境界。第三、四两句借凄凉幽怨的笛声表达诗人的感慨。诗人的意思不是说玉门关外没有春天，也不仅仅是说不须吹奏《折杨柳》来悲怨春天不来，而且是借此说这样荒凉的塞外谁来关心戍守兵士的死活？朝廷是不给予他们温暖的。诗人用“何须”二字深化内容，委婉曲折地表达自己的感慨。

《江畔独步寻花》是唐代大诗人杜甫写的一组绝句，共七首，大约作于公元 761 年。那时，杜甫在成都草堂定居，生活虽较安定，但由于安史之乱尚未平息，忧国忧民之心未灭。为什么诗题叫“江畔独步寻花”呢？江畔，指浣花溪边。溪边春花怒放，勾起了诗人的愁思，于是约酒友斛斯融（在成都以卖文为生）同饮。未遇，于是独步沿着江岸去寻花，写下了这组绝句。课文选的是第六首。启发学生思考：这首诗描绘了怎样美丽动人的景象？哪些动词生动地刻画出了景物的形象？哪些是叠字，这样用起何作用？诗的字里行间洋溢着诗人怎样的感情？思考后回答：这首诗描绘了杜甫西邻黄四娘家门前繁花似锦、莺歌燕舞的旖旎风光，字里行间洋溢着诗人喜悦的感情。“花满蹊”“压枝低”十分形象，一个形容词“满”，一个动词“压”，绘出了一路春花一路香，百花争春、万花争艳的动人景象。花的海洋已令人陶醉，蝶“舞”莺“啼”更增添了无限情趣。蝶恋花，“留连”穿梭，翩翩起舞；莺迎春，安闲舒适，娇声歌唱。“时时”“恰恰”（形容声音和谐）是叠字，渲染出画面盎然的生机和欢欣的气氛。这首诗婉转绮丽，遣词用字精雕细琢。

《晓出净慈寺送林子方》描写的是六月西湖清晨优美别致的景色。作者杨万里，南宋著名诗人。他被认为是我国历史上写诗最多的作家，可惜其诗作并未全部流传下来。他描写自然景物的作品，清新活泼，颇有情趣。净慈寺在西湖岸边，与灵隐寺各为西湖南北山两大著名佛寺。林子方是杨万里的友人。启发学生思考：这首诗是怎样写出西湖在六月与在其他时节不同的风光的？除了对景物的具体描写外，还有哪些词语强调了这一点？议论后明确：这首诗抓住了莲叶与荷花在六月的特征来写。湖中碧绿的荷叶无边无际，远处水天相接，荷叶好像一直连到天上；映在早晨阳光里的荷花，红得特别娇艳。一下笔用“毕竟”进行强调，用“不……同”进行区别，用“别样”表示特别、别致、不寻常，使西湖六月清晨别致的景色跃然纸上。一“碧”一“红”，披上早晨太阳的光辉，色彩绚丽，美景如画。

（2）朗读训练。

用普通话正确流利地朗读，注意节奏、停顿、押韵与感情的表达。举例指导：

静夜思

床前明月光，疑是地上霜。
举头望明月，低头思故乡。

“思”字特别要读好，要读得含蓄，缓慢，有感情，给人以想象的余地。

采用多种方法训练：自由朗读，跟录音读，对读，齐读，表情朗读。

3. 进行讲诗活动。要求学生口头描述，刻画八首诗的诗情与画意，加深对诗意的理解，发展想象的能力。

描述时注意：弄清楚诗中写的是何时何地何人何景；先总述诗所描写的景象，然后逐一描述诗中人、诗中景或诗中物，对关键词句要重点描述；描述时合理想象，适当地补充内容，把画面讲活。语言要通顺，感情要与诗意吻合。

举例指导：讲述《江畔独步寻花》这首诗时，可抓住美丽、热闹、生机、喜悦等要点具体描述。可试着这样讲述：《江畔独步寻花》展现在我们眼前的是春光烂漫的动人景象。诗人沿着江边独步寻花，走着走着，不知不觉就来到黄四娘家门前。啊，多么醉人的春光啊！春花怒放，花枝花叶，大花小花，把小路都遮盖住了；那花啊，千朵万朵，红的、白的、粉的、黄的，密密麻麻，枝条都被它们压弯了，压得低下头来，简直是花的世界，花的海洋。万花丛中一双双彩蝶翩翩起舞，它们嬉戏着，互相追逐着，舍不得离去；躲在树枝上的黄莺满心喜悦，卖弄着嗓子，娇声地歌唱，唱得那么自在，唱得那么悦耳。莺蝶闹春，生机勃勃，好一幅花枝艳发的春景图！

学生讲述过程中，教师按要求进行指导，讲述后引导他们自评、互评，促进口头表达能力的提高。

4. 要求学生在理解诗情画意的基础上背诵八首诗，激发学生热爱祖国山河、热爱古代诗歌的感情。

三、课外带领学生开展赏析活动

1. 看诗作画。以“风吹草低见牛羊”“笑问客从何处来”“千朵万朵压枝低”等诗句为题分别作画。（与美术课结合，请美术老师指点评论。）

2. 读下面几首诗，辨别它们在内容上、写法上与所学八首诗的异同，并讨论、交流。

悯农

李绅

春种一粒粟，秋收万颗子。
四海无闲田，农夫犹饿死。

出塞

王昌龄

秦时明月汉时关，万里长征人未还。
但使龙城飞将在，不教胡马度阴山。

六月二十七日望湖楼醉书

苏轼

黑云翻墨未遮山，白雨跳珠乱入船。
卷地风来忽吹散，望湖楼下水如天。

3. 在月夜时观察月光、月色，增加对“地上霜”的感性认识，选择恰当的词句对它们进行描绘。观察周围的花、草、鸟、蝶，注意它们的静态、动态，并用恰当的语句表达出来。

也谈启发式

人们在非议“满堂灌”这种教学方法时，往往把教师的讲解捆在上面，认为教师讲就是“灌”，讲得多就是“满堂灌”，“问”才是“启发式”，问答越多越启发。其实，这是一种误解，必须认真分析，才能见其底蕴。

“满堂灌”的“满”，指的是一堂课教师讲解所占时间的多少，是数量的问题，而“灌”才是问题的本质。教师教课如着力于“灌”，并且是一堂课从头到尾滔滔不绝地“灌”，把学生作为承受知识的容器，那就压抑了他们求知的积极性和主动性，这样的教学方法当然要不得。以往的旧学堂里，教师常有不管教学对象的实际而一堂课从头讲到底的现象；有的教师往往天马行空地讲一通，学生如堕五里雾中。人们对这种课“医治”的办法，就是提倡启发式教学，在课内设法使学生开动脑筋，积极思考问题。常用的办法是课堂内向学生提问，要学生回答，促使学生动脑子。教师在课内适当地提问或进行其他有效的活动，如演示、实验、练习等，比之一味“灌”，教学效果当然会好得多。此外，人们还强调开展形式多样、生动活泼的课外活动，以资配合，来启发学生的学习兴趣，提升学习效果。

那么，课堂上问答多是否就是进行了启发式教学呢？正确的回答不应是笼统的肯定或否定，而应具体问题具体分析。如果教师教学目

本文发表于《福建教育》1982年第10期。伴随着改革开放的步伐，欧美教育理论大量涌入中国，传统的“教师中心论”被“学生中心论”动摇，“重学”“重能力”“重建构和发现”等一系列教学观点成为当时最流行的理论话语，启发式教学成为当时热议的教学方法。《也谈启发式》从当时的教学误解出发，在辨析“灌”“问”“讲”这些概念的同时厘清有关“启发式”教育的要义，阐释“启发式”教学的精义。

的性强，围绕教学目的，从学生实际出发精心设计的问题能启发学生开动脑筋积极思维，学生在教师指导下，能通过自己的脑力劳动获取知识，提高能力，这当然是启发式教学。如果问题琳琅满目，问问答答十分热闹，但触不到所学知识的实处、深处，好像浮萍一般浮游无根；或者教师一按“电钮”问，学生立刻手举成林，不假思索地简单机械地回答……凡此种种，不仅不是启发式，而且是对启发式的歪曲。

什么才是启发式教学呢？启发式教学必须贯彻与体现教师的主导作用与学生的自觉性、积极性相结合的原则。教学是教师的教和学生的学双方面的活动，这种活动是根据教育计划、教学大纲，按特定的要求、特定的程序组织起来的有机统一体，既不能忽视调动学生学习的自觉性、积极性，又不能贬低教师的主导作用，更不能把教与学二者分离开来。教师在教学的各个环节，如复习旧知、引入新课，讲解基础知识、基本理论，进行基本训练，布置作业，等等，都须有明确的目的，发挥主导作用，组织、督促、帮助学生学习。发挥主导作用绝不是包办代替，把学生抱着走。教师主导作用发挥得好不好，关键在于是否开启了学生思维的门扉，能否使他们处于学习的兴奋状态，进入求知的佳境，在于学生是否成为学习的主人，眼看、耳听、口说、手写、心想，能否主动地提出疑难问题，碰到学习上的困难又能否独立分析，并能否提出创造性的见解。如果教师目中无学生，看不到学生内在的学习积极性，取消他们认识主体的作用，只是“灌”“注”“填”，那就变成只有教而没有学了。

问题很明白，“满堂灌”与“启发式”的根本区别是：前者把学生置于消极被动的地位，他们的聪明、智慧、才能在学习过程中受到抑制；后者目中有活生生的学生，从学生的思想、知识、年龄、心理等实际出发，组织多种多样的活动形式，激发他们的学习兴趣，诱导启发他们积极开动思维的器官，生动、活泼、主动地吸收精神养料，使他们在吮吸知识养料的过程中，独立思考、独立工作的能力得到培养与锻炼，智力得到迅速发展。这样，“教”从“学”的实际出发，作用于“学”，“学”又回过来促进了“教”，教师与学生相互作用，共同完成特定的教学目标和任务。

“满堂灌”与教师的讲解是两个概念，不能贸贸然将二者画等号或画不等号。在学校工作中，课堂教学是基本形式。组织课堂教学按照不同的教学目的要求，可以采取不同的教学方法，如演讲、讲解、问答、读书指导、演示、实验、练习、讨论等，或将几种教学方法结合起来运用。不管采用哪一种或哪几种方法，都要目中有人。进行启发式教学，切不可抽掉问题的实质，用形而上学的观点来断言某种方法是“满堂灌”，某种方法是“启发式”。讲解是课堂教学的一种重要的方法，是教师进行教学的基本功。教师在吃透教材，了解学生实际的基础上，用准确、明晰的语言对教学内容进行科学的、合乎逻辑的、生动活泼的讲述，促使学生紧张地思维，使学生洞开心窍，受到启发、教益，品尝到知识的甘甜，这种科学性与艺术性相结合的有质量讲解是启发式教学，是课堂教学中必不可少的，绝非“满堂灌”。如果脱离学生实际，口若悬河，言不及义，那当然另当别论。至于一听到教师“讲”，就认为是“灌”，就认为是陈腐，不革新，这种条件反射是对教学原则、教学方法缺乏深入学习、深入研究的缘故。

值得注意的是：教师讲解绝不是唯一的行之有效的教学方法。这种方法在什么情况下采用，什么情况下与其他教学方法结合起来用，什么情况下采用其他一种或几种教学方法，不能凭执教者的好恶，不能主观臆断，而要从实际出发，因学生而异，因教材深浅难易而异，因教学目的的不同而异。学生生疏的或全然无知的事实、道理，教师不妨进行讲解，便于学生理解掌握；凡学生自己能理解，或通过提问、讨论等方法可寻求正确解答的，要尽量让学生自己完成，教师不应越俎代庖。一个有经验的教师总是要学会运用多种教学方法来实现教学目的要求，单一的办法难以收到预期的教学效果。

时代要求我们培养的是一代新人，是社会主义物质文明与精神文明的建设者和保卫者，他们应该有理想、有文化，有自学能力与独立的工作能力，有创造精神。从事中小学基础教育的教师必须清醒地认识这一点，在进行课堂教学时下决心停止“满堂灌”，贯彻“启发式”。

心中要有
共产主义旗帜飘扬

在三十多年的教学实践中，由于受到党的长期教育，我深深体会到人民教师要自觉地担负起培育一代新人的重任，必须切切实实地为人师表。在教学生的过程中，不仅要认真探索、研究教育教学规律，更要坚持不懈地学习，提升自己的道德修养和业务修养，努力陶冶自己的思想品德，增强学识才能，使自己成为道德高尚而又有真才实学的人。

要给学生做表率，我体会到最重要的是教师自己心中要有共产主义旗帜飘扬。希腊神话中的普罗米修斯把火种偷到人间，使人间有了光明，是因为他心中渴望着光明。今天，要把青年学生培养成热爱党、热爱社会主义的革命接班人，我这做教师的心中就要揣着一团火，对党、对社会主义满腔热情满腔爱，对共产主义光辉灿烂的前途充满信心，努力以马列主义、共产主义思想作为自己行动的指南。

我深深地认识到对学生进行共产主义教育不仅是学校、班主任的任务，也是每个任课教师义不容辞的责任。今天的学校教育是以课堂教学为主的，学生在校的大部分时间在课堂里学习，因此，课堂教学阵地以什么思想统率关系到对学生心灵塑造的大问题。教学生语文，我的责任是把自己心中的这杆共产主义大旗通过语言文字的教学插到

本文发表于《上海教育》1983 年第 7—8 期，是作者 1983 年 4 月赴京参加全国“五讲四美”为人师表先进代表表彰大会的交流发言稿。作者结合自己几十年的教学实践，讲述了自己在语文教育事业上的不断探索，展露了自己心怀共产主义旗帜教书育人的心声。

学生心中。语文教材中有许多歌颂革命先烈、革命前辈、英雄人物的好文章，每当我钻研这些教材时总是血往心头涌，他们的广阔胸襟、崇高品德和献身精神叩击着我的心灵，我有时激动得流下泪水，彻夜难眠。正是这些把一切献给党的真正的人缔造了我们今天的幸福生活，教育我懂得了人生的意义与价值，把我从“小我”中解放出来。我在教这些课文时，总是怀着对先烈的无比崇敬，努力以先烈们的高尚思想、高尚道德情操熏陶感染学生，帮助学生认识人生的意义，树立远大的革命理想。怎样把共产主义思想、精神渗透到语言文字的教学之中，从而撒播到学生的心田呢？举例来说，《七根火柴》是篇描写红军长征过草地的革命传统的好教材，文中有两段话是写一位无名战士牺牲的场景的。

> “记住，这，这是，大家的！”他蓦地抽回手去，深深地吸了一口气，用尽所有的力气举起手来，直指着正北方向：“好，好同志……你……你把它带给……”
>
> 话就在这里停住了。卢进勇觉得自己的臂弯猛然沉了下去！他的眼睛模糊了。远处的树、近处的草，那湿漉漉的衣服、那双紧闭的眼睛……一切都像整个草地一样，雾蒙蒙的。只有那只手是清晰的，它高高地擎着，像一只路标，笔直地指向长征部队前进的方向……

教学这两段文章时，我抓住显现烈士优美心灵的关键词句反复锤打，熏陶感染学生。这位无名战士用生命保存了七根火柴，忍受了难以想象的饥饿和严寒，即使生命垂危，也不愿用一根火柴为自己取暖，而是为同志珍藏了火种。他把生的希望送给同志，把死亡留给自己，这是何等无私忘我的崇高思想境界。生命垂危，他留给人间的最后话语是“这是，大家的”，留给人间最后的动作是指向红军北上的方向。这话语，这动作，正是一切为人民、一切为革命的人生观的集中反映。我引导学生朗读、咀嚼、体会，用烈士光照人寰的共产主义精神照耀学生的心灵。在学生受到烈士精神感染时，我又抓住“模糊”与“清晰”这对看起来矛盾的词把学生引进肃穆的境界。这样一名无私忘我的共产主义战士牺牲了，卢进勇怎能不悲痛万分！“模糊”表现的是他情不自禁地泪水涌上眼眶，为亲爱的战友唱哀歌，唱颂歌。不仅如此，连整个草地都在哭泣，“远处的树、近处的草……一切都像整个草地一样，雾蒙蒙的”，为顶天立地的英雄唱哀歌，唱颂歌。然而，唯独那只高擎的指向北方的手是“清晰”的。这就好像舞台的场景，背景中一个个景物暗淡下去了，所有的光束都集中在这只手上，给牺牲者加上最后一个特写镜头，使一切为了革命、一切献给党的烈士形象矗立在我们眼前。课堂里笼罩着、洋溢着共产主义高尚道德情操的气氛，无数为党的事业献身的烈士们的高大形象在我们师生眼前升腾、闪光，我们深切地感到祖国的寸寸土地都是烈士的鲜血染红的，活着的人要继续担起这未竟的事业，奔向共产主义。学生感动了，情不自禁地读着，读着，有的眼睛湿润了，有的学生放学回家拿起小小的火柴数着、凝视着。他们写下了《生命的意义和价值》《缅怀先烈心向党》《活着，为了共产主义》等文章，写出了他们的心声。

教师只有真正被英雄的崇高思想品质所感动，才能用出自肺腑的真情教育感染学生。同样，教师对马克思主义坚信不疑，对纷繁复杂的社会现象有正确的认识，才能毫不含糊地对学生晓之以革命的道理。我是在旧社会接受学校教育的，中华人民共和国成立以后，我怀着对党的热爱与崇敬，对真理的渴求，认真而系统地攻读了《共产党宣言》《实践论》《矛盾论》等几十本经典著作，特别是结合工作的需要反复学习了《路德维希·费尔巴哈和德国古典哲学的终结》。通过学习，我渐渐分清了唯物论和唯心论、辩证法和形而上学，把唯物史观和唯心史观作了比较，清除了头脑中“分久必合，合久必分”“真命天子坐龙庭，天下才太平”等形形色色的唯心史观。马克思用辩证唯物史观点考察人类社会历史，揭示了人类社会的奥秘、人类历史发展的规律，这一伟大发现扫除了我心中的迷雾，使我清楚地认识了人类社会的发展前途必然是共产主义，正像冬去春来，季节的更替不以人的意志为转移一样。因此，我怀着对马列主义的信仰和对共产主义必胜的信念对学生进行教育。有一次学了鲁迅先生的《一件小事》以后，要求学生以小中见大的方法也记叙一件小事。习作交上来一看，有相当一部分学生写了社会上的不正之风，如小菜场开后门的“黄鱼西施”，分房中的收受重礼，公共场所的污言秽语，汽车上的不文明行为，等等。怎么办？我不采取回避的态度，而是选择了另几篇歌颂新风，歌颂新道德、新思想的文章，组织学生进行对比。首先肯定学生对邪恶的违背社会主义道德准则的思想言行深恶痛绝，正是明辨是非的表现，青年学生就应该分清是非，培养疾恶如仇的感情。接着引导学生学习认识世界的正确方法，教育他们要两只眼睛看世界，不能只用一只眼睛，要全面地看事物，不能犯片面的毛病，要分清本质与现象、主流与支流。让学生歌颂党的三中全会以来社会上展现的新道德、新风尚。我还以亲身经历的新旧社会两重天、在日本访问时亲眼看到的花花世界背后的污浊与罪恶教育学生，使他们理解社会主义制度保证了我们建设社会主义精神文明，它比资本主义制度不知优越多少倍。在提高学生认识的基础上，我又进一步启发学生深思：在建设社会主义精神文明中，在通向共产主义的征途上，我们青年学生肩负怎样的责任？我们自己应该怎样做？通过思考、议论，明确大家肩负除旧布新的责任，应从自己做起，从平凡的小事做起。

“随风潜入夜，润物细无声。”我怀着对教育事业的热爱，对下一代负责的精神，用一节节课、一篇篇作文，锲而不舍地对学生渗透共产主义思想，天天浇灌，时时滋润，让共产主义思想的点点滴滴渗入学生心头，引导他们树立远大的革命理想。

心中有共产主义旗帜飘扬，才会满腔热情地热爱学生，才能做到全心全意为学生服务。我在长期教学实践中体会到：“教过”不等于“教会”。“教过”很容易做到，教师只要走进学校，走上讲台，时间总会流逝，一天一月，五年十年，就是“教过”了。然而“教会”学生就非常难。要把一个班级里基础不同，思想、能力有差异的学生都教会，教师不仅要尽力，而且要把心扑上去，以心血浇灌。

在这方面，我是经历了思想感情的改造的过程的。开始做教师时，我只对两种学生很喜爱：一种是很聪明的，一教就懂，一教就会；一种是长得有趣的，讨人喜欢的。可是学生不是物，是人，不是一个模子里造出来的，不可能没有差异。由于党的教育，我懂得了教师要对所教的每一个学生负责，要热爱所有学生。可是要把爱撒播到每一个学生身上是多么不容易啊！其中最难的就是对思想纪律差、学习十分困难的学生在自己的感情上去掉一个“厌”字。有一件事是我终身的教训。“文革”期间我碰到过这样一个女生：她几乎每周和人吵架，打人，甚至和男生打；和她多次谈心，一再家访，收效甚微。我自己觉得已经是“黔驴技穷”了。一天上早操，她又东一拳头西一脚，扰得别人不得安宁。我多次提醒都无效，心中直冒火，就脱口而出：“你又不是十三点！”话一说出口，我就很后悔，平时教育学生不要歧视缺点多的同学，自己却对学生责骂侮辱。隔了两天，有个学生在周记本上对我提意见，说我不像个老师，不配做老师。意见十分尖锐，但确实是打中了我的要害。“言为心声”，我之所以这样说是由于感情上对她有个“厌”字。后来我就这件事在班级同学面前作了自我批评、自我解剖。从这件事以后，我就着力于自己思想感情的转变。为了共产主义事业，我必须对下一代负责。我学习许多先进教育工作者的爱生思想，我和表现比较差的学生做知心朋友，竭力寻找他们身上的优点，寻找能让他们进步的因素。为了取得转变思想的效果，我曾把偷窃、贩卖粮票、打群架、逃宿在外的学生留在自己家里住宿，和他们推心置腹地谈思想、指前途；为了让学生掌握语文知识，我研究不同学生的学习特点，对有困难的学生特别加以辅导，后来，入学时只能写300字左右作文的学生，经过三年训练已经能写上万字的文章。学生是可爱的，可塑性是很大的。教师不能代替他们学习、思考，代替他们成长，而是要满腔热情地点燃他们心中的火花，促使他们按党的要求健康成长。能不能做到全心全意为学生服务，对我来说还有一个难题，就是如何摆正学生和自己孩子之间的位置。我只有一个孩子，由于自己患多种慢性病，又开过大刀，孩子体质很差，月月生病，几次病危。特别是生败血症那次，医生通知我们靠药物已难以治愈，要我们思想上有充分的准备。我每天夜里去医院陪伴，白天去学校上课。每当我早上离开时，孩子总流着泪拉住我，不让我走。看到孩子烧到40℃，头上枕着冰袋，我心里也很难过，舍不得离开，思想斗争很厉害。但是我想到我是教师，想到我的岗位，我的职守：我是学生第一还是孩子第一？是革命第一，工作第一，还是家庭第一？我该怎么处理1与100之间的关系？想到了无数先烈的献身精神，想到了学生是革命事业的接班人，我冲破了亲子之爱的束缚，坚持白天上班，夜晚才去医院陪伴。三十多年来，我没有因为家庭的私事脱过一节课。我觉得学生身上的事都是我作为教师的心上事，都是我应该关心的，应该做的。能为学生服务，这是自己极大的快乐。我体会到，思想感情的转变来不得半点虚假，只有把对事业真挚的感情倾注在学生身上，这种感情才是晶莹透亮的，才能真正与学生心心相印。

热爱学生就要建立新型的、平等的师生关系，这是旧社会所不可能有的，也是那些资本主义国家完全做不到的。在社会主义社会中，教师为未来而教，学生为未来而学，师生都为了一个共同目标，必须互相尊重，教师尤其要尊重学生的人格。我们为学生传授知识，不是在进行知识的施舍，不能用“你怎么老是不懂”这样的话损伤学生的自尊心，应该体谅学生学习的艰辛，满腔热情地指点、帮助他们。去年教的班级里有这样一个男生：语文基础很差，写的字东倒西歪，作文词句纠缠，不成篇章。他说他从小不喜欢语文，尤其对作文，看到就像对仇人一样恨。我没有因此不尊重他，而是特别关心他，一次次和他谈心、为他辅导，寻找他学习上的有利因素，共同探讨培养学习语文的兴趣、提高语文学习质量的途径。当我发现他对课堂上的某些问题反应比较快，有时能突然提出一个较有质量的问题时，我总是难以抑制自己心头的喜悦，立即予以表扬。一个学期下来，他学习进步了，他告诉我过去不喜欢语文的原因，现在对作文也不像对仇人一般地恨了。对学习基础差的学生要尊重，即使对犯有这样那样缺点错误的学生，也同样要尊重他们的人格，不能劈头盖脑批一通。有一次我们写一篇题为“四季景色图”的作文，有些学生抄作文选上的词句段落。我没有板起面孔批评，而是先指出不少学生作文中出现了描写景物的佳词美句和精彩段落，加圈的好句子多了起来。不少学生咧开嘴笑了。接着我请学生思考一个问题：为什么有些好句子在这篇作文中出现，在另一篇、另几篇作文中又见到了？这是什么缘故呢？有些学生脱口而出："抄！"随着就剖析了有些学生想把文章写好的心情，并指出这种心情老师是能理解的。在学生消除了紧张心理、思想上无压力的情况下，我再阐述抄袭的危害，恳切而具体地指出掌握知识、提高学习成绩的途径。学生感到老师尊重他，真心诱导他，他与你的心就亲近，师生感情才融洽。

教师要做到为人师表，不仅在思想信念、道德修养上要做学生的表率，在文化素养上也要做学生的表率。教师要有真才实学，要精通业务。我是改行教语文的，困难很大。我听党的话，学习雷锋，干一行，爱一行，专一行，刻苦钻研业务。我在工作繁重的条件下坚持业余自学，好几年天天熬到深夜，把语文教学所需要的专业知识一门一门攻下来，阅读了几百万字的古今中外文学作品，旁及自然科学有关知识和音乐、美术、戏剧，增强文化修养，增强学识才能。为了具备教学真本领，我给自己的备课立了一条规矩：不抄教学参考书，不吃别人嚼过的馍，发奋图强，独立钻研，力求自己先懂，再教学生，绝不"以其昏昏，使人昭昭"。有时备一篇课文要花 10 个小时、20 个小时，甚至 30 个小时。为了查准一个字的读音，要翻阅许多书籍。如备鲁迅《药》这一课时，为了确定"睡着"的"着"的读音，查阅了许多注释和分析鲁迅作品的文章，都未找到答案，最后查到了英译本，才弄清楚是读 zháo，不读轻声，因为是 asleep，不是 sleep，译者翻译时对原文含义是仔细琢磨过的。这样五课、几十课、上百课钻研下来，我开始尝到了庖丁解牛的滋味。为了让学生能较为迅速地掌握祖国的语言文字，我不仅钻研教材教法，而且下苦功锤炼自己的语言。为了纠正啰唆、重复的毛病，我把上课要说的话、要讲的内容全部写下来，先进行修改，把不必要的字、词、句删去，然后背下来，再口头复述，用书面语言来改造自己不规范的口头语言，努力清除口头语言中的杂质。我每天在去学校的途中，利用步行的时间把要讲的话一句句在脑中“过电影”。几年锻炼下来，运用语言的能力提高了。课堂上教学生学语文，不仅要引导学生向书本学语言，而且要以身作则，为学生做表率，创设良好的语言环境，让学生置身于生动的、优美的语言环境之中，受到熏陶。

我学习上之所以能锲而不舍，是由于受到共产主义伟大理想的指引和激励。教师的学习是无止境的。学生生活在现代社会，思维活跃，见多识广，他们的学习积极性调动起来后，会提出许多教师意想不到的问题。比如我教《白杨礼赞》一文时，有学生提出：“白杨树不比楠木美，是不成材的树，作者如此赞美是夸大其词。”说着，这位学生拿出屠格涅夫的《猎人笔记》，读了“我不很喜欢这种树——白杨树——及其淡紫色的树桩和尽量往上升的、像颤抖的扇子一般展开在空中的灰绿色的金属性叶子”等有关语句来证明自己看法的正确。当我从写作方法的角度引导学生深入理解时，又有学生提出了不同的看法。这位学生说：“文中说白杨树伟岸，正直，朴质，严肃，也不缺乏温和。根据我的观察，温和的人不大严肃，而严肃的人往往使人生畏，不能给人以温和的感觉。茅盾先生在这儿的用词是矛盾的，不符合实际情况。”面对 80 年代的敏于思索、善于质疑的学生，教师用“可以”“不可以”这样空洞的、抽象的话语来回答，满足不了学生的求知欲，要拿出有力的论据才能使学生信服。教学相长嘛，学生的问题促使我积极思维，到平日的知识储存中去寻求答案。我作了这样的回答：“一般地说，‘严肃’与‘温和’不同时用，但也有同时用的例子。《论语·述而》中就有对孔子是怎样的人的阐述：‘子温而厉，威而不猛，恭而安。’”然而，有时我就被学生难“倒”了，“挂”了黑板，当堂回答不出。一次，我教《木兰诗》，课结束时我对学生说：范文澜同志说，《木兰诗》和《孔雀东南飞》是“古代人民群众自己创造的两篇伟大诗篇”。《木兰诗》音韵优美，风格刚健，课后要熟读牢记。一个女学生“扑哧”一笑说：“美是美，不过是假的，吹牛。”问她原因，她振振有词地说：“‘同行十二年，不知木兰是女郎’，根本不可能。不说别的，天天跋山涉水，行军打仗，晚上总要洗脚，一洗脚就露馅了——中国古代女子是裹小脚的，鞋子一脱，小脚怎么藏得住？”当时我随口回答：“那时是北朝时期，女子还不缠脚。”谁知学生异口同声地问：“那中国女子是从什么时候开始包小脚的呢？”我被问蒙了，答不上来。教师道德之一是“知之为知之，不知为不知”，绝不能强不知以为知。我如实地告诉学生自己不知道，但是我一定努力去查阅图书资料，寻求解答。我查阅了许多书籍，查阅了很长时间，才从清代赵翼写的《陔余丛考》一书中查到了有关的记载。书中有《弓足》一篇，说南唐后主宫嫔中有个叫窅娘的，后主令其“以帛绕脚，令纤小作新月状，由是人皆效之”。这样才解答了学生的问题。我深深体会到：教师要做到“诲人不倦”，自己就一定要“学而不厌”，要拿出到“九重之渊”“骊龙颔下”取“珠”的精神，拿出“入地狱”的精神钻探知识宝藏，用知识武装头脑，成为有真才实学的人。我从切身的教学实践中体会到：一问就“昏”、多问就“倒”的教师难以做学生的表率，自己学识干瘪、枯竭，就不可能带领学生在智慧的海洋里扬帆远航。只有自己有源头活水，才能以丰富的、新鲜的知识滋润学生成长。

时代在不断地前行，新的知识不断涌现，我们的事业要长足发展，这一切都向我们教师提出了更高的要求。我要用共产主义思想指导自己的语言行动，校里校外，言行一致，表里如一：在人格上“表里俱澄澈”，做到里里外外通透；在业务上做到精益求精，在钻研探讨本学科知识的同时，继续广为涉猎，增强学识修养。我要像无数革命先烈、革命前辈那样，像英雄模范那样：做工作，像春蚕吐丝，兢兢业业，到死方休；做人，像点燃的蜡烛，从头燃到脚，一生光明，把自己的毕生精力和全部智慧恭恭敬敬地奉献给可爱的学生，奉献给壮丽的共产主义事业。

愿你的语言“粘”住学生
——浅议教学语言

有人把语言在人们交际中的作用形容得十分形象，说它“不是蜜，但是可以粘东西”。确实如此，语言是一切思想的外衣，是人类最重要的交际工具。准确而熟练地运用它，就能充分传递精辟的见解、丰厚的感情，粘住读者和听者，牢牢吸引他们的注意力。

对教师来说，掌握语言工具，有效地发挥它“粘”的作用，尤为重要。教师向学生传授文化科学知识，培养他们良好的道德情操，训练他们分析问题、解决问题的能力，发展他们的智力，一刻也离不开语言。我们常常见到这样的情况：教师知识水平相仿，教育对象相近，教学内容相同，但教学效果却迥然有异。一者情趣横生，课堂气氛活跃，学生兴趣盎然；一者平板乏味，课堂沉闷窒息，学生昏昏欲睡。课堂效果的好坏虽然受多种因素的影响，但教师的语言修养、运用语言的艺术往往会起到特别重要的作用。教师必须具备良好的口语表达能力，这种能力不仅是增强教学效果的有力手段，而且能给学生以熏陶，使学生在潜移默化之中理解语言、提高使用语言的能力。教师要把课上得有感染力、说服力，达到预期的教学效果，须下苦功学习语言，锤炼教学用语，讲究语言艺术。从哪些方面来锤炼呢？

本文发表于《人民教育》1983 年第 10 期。本文归纳了能“‘粘’住学生”的教学语言的三种特征：“清楚明白，不含糊其词”“通俗易懂，不佶屈聱牙”“优美生动，不枯燥干瘪”。

一、清楚明白，不含糊其词

用清楚明白的语言传授知识、启发思维是教课的基本条件；含含糊糊，闪烁其词，杂乱无章，学生就会如堕五里雾中，得益甚微。要做到清楚明白：一要积极训练自己的思路，力求清晰通畅；二要有意识地清除自己语言中的杂质。

语言是否清楚明白，很大程度决定于思路是否清晰，是否符合逻辑。心里清楚，说出来才明白。对所要传授的知识不烂熟于心，未认真思考，如何有条理地表达？讲述时就会枝叶蔓生。教师课前对要讲述的问题，要进行的种种能力的训练，均应作认真的构思，在“序”上下功夫。比如：先说什么，后说什么；怎样开头，怎样过渡，怎样结尾；如何先总说，后分说，再总说，分说时从哪些方面、哪些角度，又按怎样的顺序排列；如何运用归纳的方法由具体事实概括出一般原理，又如何采用演绎法由一般原理推出特殊情况下的结论……凡此种种，都须再三琢磨，训练思维的条理化。思路井然有序，讲解才会条分缕析。心明，言才明；锻炼“心明”，可以促使“言明”。

要有意识地清除自己语言中的杂质。教师应讲普通话，力戒羼杂方言土语。语言上的混杂、不纯净，不仅影响学生听的清晰度，而且影响学生运用规范化语言思考的能力，影响他们语言的发展。啰唆、重复，“这个”“那个”等口头禅，也是清楚明白的大敌，使语言芜杂，拖泥带水，犹如良莠齐生，把该表达的思想感情淹没在莠草之中，大大降低表达效果。着力清除口语中的这些杂质，净化语言，努力做到吐字准确，声音响亮，语句完整，语言精练，“丰而不余一言，约而不失一辞”，学生听起来才愉快，接受起来才方便。

二、通俗易懂，不佶屈聱牙

要教学生学懂、学会，再深奥的知识教师也要善于用通俗的话讲出来。口头语言和书面语言有区别：前者作用于人的听觉，瞬息即逝；后者作用于人的视觉，读的人遇有艰深之处，可反复阅读，仔细咀嚼，思索理解。因此，口头语言较之书面语言来说，通俗易懂更为重要。教师讲述概念、定理、定律，讲述文章尤其是议论文中所阐述的科学道理，常运用诠释性语言加以说明。如何运用诠释性语言很有讲究。如果照本宣科，照搬课本上的书面语言，照搬现成的条文，从概念到概念，从抽象到抽象，就失去了口头讲析的意义，徒然浪费极其宝贵的课堂时间；如果教师充分利用与教学内容密切相关的材料，对教学内容的重点、难点、关键了如指掌，懂得抓住哪个节骨眼儿一点就通，注意选用浅显的语言，讲述就会具体易懂。唯其深入，才能浅出。要能把所教的知识、道理通俗易懂地表达出来，关键在于一个“透”字。透彻理解，融会贯通，就能深入浅出，讲到精要处，说在点子上。

语言是否通俗易懂，还取决于遣词造句的功力如何。要善于从同义词、近义词、反义词中选用最恰当、最鲜明、最常见、最易听懂的有关词语表达情意，深者浅之，难者易之；生僻的，容易引起误解的少用或不用。组织教学用语时，要注意长句化短，繁句化简，多用短句，少用复句。意思比较复杂的可用几个短句剖开来说，不搞修饰语、限制语的堆砌，拗口的、不符合中国语言习惯的外来语句式尽量少用或不用。

三、
优美生动，不枯燥干瘪

教师讲课所用的语言虽属日常口语，但又不同于“大白话”，应该是加工过的口头语言，与随想随说的日常交谈有区别。要注意语言的提炼，炼字炼句。教学用语里既要有人民群众经过锤炼的活泼口语，又要有优美严密的书面语言，教课时让学生置身于语言美的环境之中，受到教育与感染。

教师要掌握大量的词汇，善于用同义词、近义词转换，善于运用专业术语、成语、俗语。汉语的词汇丰富如海洋，它反映了中华民族数千年的悠久的文化，吸收了我国各民族语言与外来语中的精华。它反映客观事物、表现思想感情的精密度，同义词、近义词之间的细微差别，在世界上是罕见的。平时广为采撷、认真储存，教课时就会源源涌入脑际。教师根据教学需要，信手拈来，脱口而出，可大增语言的风采。如果自己词语仓库里的物品极少，阐述问题、剖析事理时总是翻来覆去用那几个词语，颠来倒去说那几句话，教学效果就可想而知。语言贫乏干枯，学生是不会欢迎的。

须熟练地掌握和运用各种修辞手法，句式要富于变化，增强语言的形象性。善于运用语言的作家十分注意语言的形象性，他们借助形象化的语言，在文中绘声绘色，绘景绘情，使人有身临其境之感，触动读者的心灵。教师的语言虽不等同于作家的文学语言，但要悦学生耳，吸引学生的注意力，要使学生听得津津有味，孜孜以求地在学海中泛舟远航，非得讲究形象生动不可。贴切的比喻能启发学生联想、想象；精当的设问、反问能造成悬念，启发学生深究底里；气势流畅的排比能激发学生感情的波澜；适时的反复、强调能加深学生的印象。所有这些，教师课前应运筹帷幄，成竹在胸。课上，语言的闸门一打开，伴随着语言的知识就会如清泉之水汩汩地流入学生的心田。

为了加强表达效果，还须注意句式的变化。重复用一种句式，不加变更，必然单调无味。根据教学要求、教学内容的需要，可用单句，可用复句，可长短句交错，可用陈述句，可用判断句，可用疑问句等其他句式。即使是用得较多的陈述句，其中词语的排列顺序也很有值得推敲之处。哪些前置，哪些倒装，都要从效果出发，妥加安排。句法参差有致，听起来就自然和谐。

优美生动的语言必然有和谐的节奏。抑扬顿挫、高低起伏处理得当，能给学生以美的享受。音量要控制，过响会震耳，过轻听不清，应以能传送到课堂每个角落，能让每个学生清晰地听到为宜。要注意音质音色：频率过高，尖声刺耳；频率太低，沉闷欲睡。妥善控制，改善音质，学生听起来才愉快舒适。讲课的语言必须有抑扬起伏，视不同的教学目的，有时舒缓徐慢，有时高亢激奋，有时停顿间歇，有时一泻千里，创造课堂气氛，牵动学生思绪，叩击学生心弦。如果只在一个平面上移动，如果只是等速度地流淌，容易对学生起催眠作用。

教学语言要做到优美生动，除了要运用知识素养、语言技巧以外，还必须倾注充沛、真挚的感情。“情动于中”而言溢于外，只有对所教学科，所教对象倾注满腔深情，教学语言才能充分显示其生命力，熠熠放光彩，打动学生的心，使学生产生共鸣，受到强烈的感染。

作家阿·托尔斯泰在一次讲话中曾这样说过：“我们不仅能够把思想、概念，而且还能够把最复杂的、色彩最细腻的图画用语言表达出来。可以这样说，在人的大脑里好像有着成千上万个，也许还是成百万个键子，一个正在讲话的人，就好像是用无形的手指在大脑的这个键盘上弹奏一样，而讲话人所奏出来的那支交响乐也就在知音者的头脑里回响起来。”这段话十分精要地道出了语言艺术对作家的重要。从中，我们可获得深刻的启示：一位教师必须锤炼教学用语，研究语言艺术，使自己用语言所弹奏出来的交响乐，能在知音者——学生的头脑里回响激荡，收到良好的教学效果。

语言的锤炼不是一朝一夕的事，须靠长期的积累与实践。要多阅读中外优秀文学作品，多学习人民群众的生动活泼的语言，吮吸其中有益的养料，提高语言修养。要广泛地涉猎社会科学与自然科学有关读物，丰富自己的知识，增长见识，提高洞悉事物的能力。要加强语言实践，平时多锻炼，教学时注意反馈调整，根据学生的反应调整音量、语调、节奏、速度、句式和表达的方法，经常总结经验教训，扬自己教学语言之长，克服不足之处，一步一个脚印，使教学语言日趋完美。

愿教师用语言“粘”住学生，上出一堂堂学生欢迎、思想正确、知识丰富、情趣横生的使人入迷的课！

谈谈说明文教学中比较法的运用

说明文是解说事物、阐明事理的文章。写说明文须在“明”上下功夫，把说明的对象介绍得井然有序、清楚明白，给人以知识，给人以启迪。而教说明文也同样需要在“明”上下功夫，要依据教材向学生清晰地传递知识信息，借助教材有计划、有目的地对学生进行观察、思维、想象和表达能力的训练。

为了达到使学生“明”的目的，教学中可广为运用比较的方法。俄国教育家乌申斯基曾这样说：“比较是一切理解和思维的基础。我们正是通过比较来了解世界上的一切的。”教说明文，要让学生了解说明的对象，理解说明的顺序，懂得说明的方法，体会说明的语言，教师从不同角度，用多种方法引导他们积极思维、进行比较，很为重要。有比较才有鉴别，通过比较能洞悉文章的特点，认识这类文体的规律。

怎样在说明文教学中运用比较的方法呢？怎样运用才能取得较好的效果呢？

一、要选择和确定比较的方面

说明文一般在于说明事物的形态、特征、性质、构造、功用、基

本文出自《语文教苑耕耘录》（福建教育出版社 1984 年版）。

本原理，或其发生、发展的过程，与其他事物之间的关系。客观事物往往头绪纷繁，反映到文章中也常常是方面众多，教学时如果不加分析，不加选择，碰到什么内容比较什么内容，碰到什么方法比较什么方法，势必鸡零狗碎，肢解文章，学生难以得益。应该从文章的特点和学生的实际情况出发，根据教学目的要求，选择和确定某一方面或某几方面进行比较，使学生有明晰的印象，加深对知识的理解。

如《食物从何处来》一文的教学目的在于让学生理解抓住特征、层层深入地说明食物来源的写作特点。根据这个目的，我确定在三处运用比较的方法教学：一是起始阶段关于食物的定义，二是全文示意图，三是末尾的结论。要懂得食物的来源，须对食物的概念有科学的理解，因此，要求学生把日常生活中对食物的种种认识和理解与文中的"食物就是一种能够构成躯体和供应能量的物质"相比较，舍弃色、香、形、味、品种等非本质特征，认识其本质特征，为学好全文做准备。抓住食物的本质特征后怎样层层深入地加以说明呢？要求学生自读课文，列示意图表。教师选择其中有代表性的两张，组织学生比较。

学生把图表和课文对照，把图表一和图表二进行比较，经过思考分析，发现图表一的优点在于能显示课文内容的全貌，但失之于粗疏，有主干无枝叶，重点不突出；图表二正弥补了前者的缺点，抓住了课文的重点，不仅内容具体，而且注意标明事物之间的关系，但明显的不足是斩头去尾，未反映文章的全貌。由于明确比较的方面，学生看得仔细，读得认真，思维积极，既对文中怎样层层深入地说明有了真切的了解，又能以比较的图表为依据，修改自己所列的示意图。运用比较法教授文章结尾处，为的是培养学生尊重事实的科学态度。文中结尾说："所以，世界上除了极个别的细菌，能不依赖阳光而靠化学能来合成食物以外，其他一切生物都靠绿色植物的光合作用来获得食物。"要求学生把这一句和去掉"除了……以外"的句子相比较，从而懂得科学是来不得半点不严谨的，语言的周密反映了尊重客观事实的科学态度。教学中选择和确定比较的方面，学生思维有了规定性，才不会漫无边际地胡乱比较，不致枉费时间与精力。

图表一

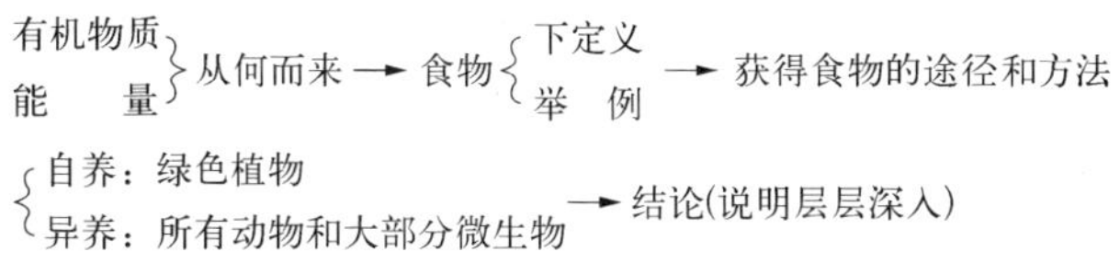

图表二

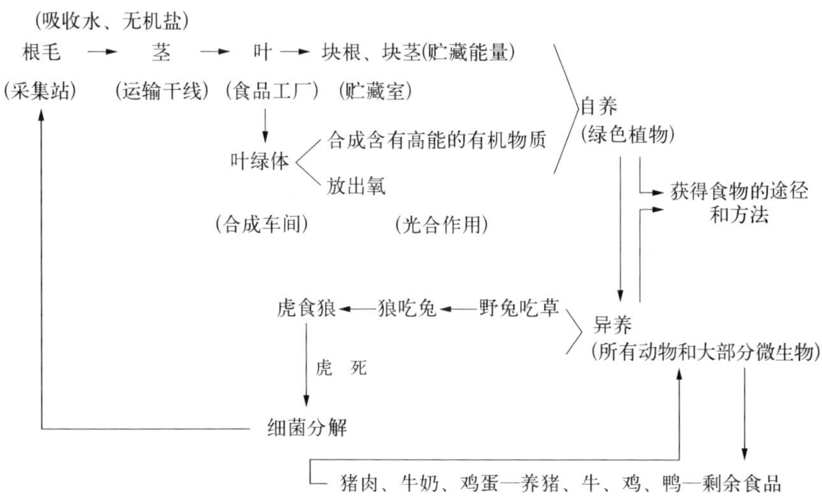

二、多侧面、多角度进行比较

教说明文不能笼统空泛，大而化之，要把握教材的特点和学生实际，有目的地进行多侧面、多角度的比较，引导学生把文中说明的各种对象或现象加以比较、分析，找出它们之间的异同和联系，以深入领会，牢固掌握。我常取的角度有以下四种。

审异。任何事物都有自己的特征，其中包括表面特征和本质特征，而这些特征是这一事物区别于其他事物的标志。学生往往对文中如何抓住事物的特征加以说明缺乏感性认识，对同类型事物的特征就更不注意分辨。因此，教学中进行审异的比较，可帮助他们具体理解什么是事物的特征，怎样抓住该特征来说明。如《中国石拱桥》一文中用举典型事例的方法说明中国石拱桥的特征，教学时要求学生对赵州桥和芦沟桥进行比较，辨清它们各自的特征。因为须审异，学生阅读课文十分仔细，一个层次一个层次、一个问题一个问题对照起来思考。通过审异思维，明确从外形特征看，二者至少有几个不同：前者是独拱，后者是联拱；前者“桥洞不是普通半圆形，而是像一张弓”，后者桥洞是“半圆形”；前者“大拱的两肩上，各有两个小拱”，后者“每两个石拱之间有石砌桥墩，把十一个石拱联成一个整体”；前者“大拱由二十八道拱圈拼成”，后者“每个石拱长度不一”；前者“两端宽”，“中部略窄”，后者各部分宽度一样；前者“石栏石板”“雕刻得古朴美观”，后者“桥面用石板铺砌”，“每个柱头上都雕刻着不同姿态的狮子”。至于二者的地理位置、修建时间、设计、施工、整修经过、艺术价值、纪念意义等，也各具特点。同中审异的比较，不仅让学生对两座桥具体特征的认识加深，而且起了相互补充的作用，让他们对我国石拱桥“历史悠久”“形式多样”“结构坚固”“巧妙绝伦”等的特点理解得更为具体。如果不作这样的比较，这些特征就容易一晃而过，让学生只有模糊的印象。至于怎样叫抓住特征说明，学生就更是含糊不清了。

求同。每篇说明文有各自说明的对象，说明的方法，说明的顺序，说明的语言。教学时如果只停留在文章的个性上，不引导学生从众多的个性中寻找出共同的规律性的东西，认识就不能深化，更难以做到举一反三，触类旁通。因此，在恰当的时机有计划、有目的地向学生提供有关材料进行比较，启发他们异中求同很有必要。比如梳理清楚《春蚕到死丝方尽》的说明顺序后，立即要学生回忆《人民英雄永垂不朽》《第比利斯的地下印刷所》《中国石拱桥》《苏州园林》等文说明的顺序。《春蚕到死丝方尽》是先概括介绍蚕，然后具体说明蚕的生长、“发育”、“老熟”的过程；先介绍蚕的外在生活习性，再进而说明蚕的生理机制，由现象深入到本质。《人民英雄永垂不朽》对人民英雄纪念碑按照空间、方位顺序说明，由远到近，由下至上，由四周到中间；对十幅浮雕的说明按照所反映的事件在历史上的发生顺序。《第比利斯的地下印刷所》按照空间顺序说明印刷所的外观和内部结构，由外到内，从上至下；按照时间顺序说明印刷所的建造经过。二者有条理地结合。《中国石拱桥》的说明是先一般后具体，先过去后现在。《苏州园林》先总说后分说，先概括介绍，后分别细说。这些文章从表面看说明的顺序很不一样，可是都达到了说明事物的目的。这是为什么？其中有没有共同遵循的规律？引导学生分析比较，由现象深入到本质进行探讨，学生就可领悟到文章不管怎样安排说明的顺序，都必须根据人们认识事物的过程以及说明对象本身发展的规律，如果违背这个过程和规律，东一榔头西一棒子，就会杂乱无章，说不清楚。学生懂得了这一点，读其他说明文时，就容易把握其中说明的顺序，判别结构材料是否合乎事理。

显差距。学生学说明文惯于就文论文，而教师教说明文若也习惯于就文论文，思路就拓不开，容易失之肤浅。要注意打破这种局限，结合学生的生活经验、知识储存，利用幻灯片、图画、照片等教具，运用比较的方法，显示出事物之间、图文之间、说和写之间的种种差距，调动学生求知的积极性，拓展学生认识文章的深度。比如叶圣陶老先生的《苏州园林》，不说别的，单是在抓苏州园林的基本特点方面，功力就非同一般。如果教学时只说明作者总说了该地园林的基本特点是什么，学生体会不到其中的佳妙。我运用了如下的方法来显示差距，启发学生认识、体会：先请游览过苏州园林的学生根据自己的理解口述苏州园林的基本特点，学生很少能用概括的语言，说得比较零碎；然后再挂上苏州园林的几幅图画，请学生说明它们的基本特点；最后请学生把口述的和课文中写的作比较，对比出同学们和作者在观察、抽象概括方面上的显著差距。这样，学生就能体会“务必使游览者无论站在哪个点上，眼前总是一幅完美的图画”的基本特点不是作者随意抓来的，而是通过对十多处园林的周密观察，从个别中概括出一般的，概括出了苏州不同园林的共同点。为什么这是基本特点呢？分说部分就可验证，学生往下学就会兴味盎然。运用幻灯片也可取得类似效果。如放三张赵州桥的幻灯片，一张是赵州桥的外观，一张是赵州桥示意图，还有一张是表明赵州桥的宽度与二十八道拱圈拼成大拱的图像。先要求学生看图说话，说明赵州桥是怎样的桥；然后要求学生看文说话，从桥的地理位置到四个特点，一个层次一个层次地说清楚；最后要求学生从看图说话与看文说话的比较中看特点、找差距、悟道理。看图说笼统概括，看文说具体详细，从中可受到如此的启发：要说明有关事物，必须具备那个事物的有关知识。单懂得说明事物的方法，对事物本身缺乏足够的认识，是写不好说明文的。因此，阅读、观察，提高认识事物的能力，十分重要。

梳条理。说明文的有关知识是分散在一篇篇课文中的。一般说来，课文中有怎样的知识，就教学生学这样的知识，不易使某项知识系统起来。知识不成条理、不系统化，不仅容易忘记，而且使用率也不高。教学中注意运用归类比较的方法，每次从一个侧面有重点地把知识集中起来，帮助学生把新旧知识联系起来，使之条理化、系统化，学生对知识的理解才比较深入，掌握才较为牢固。比如学了《花儿为什么这样红》《晋祠》后，就把它们和《看云识天气》《大自然的语言》归类集中，选取语言的角度进行比较，把这类文艺性强的说明文的有关语言知识条理化。说明文的语言须洁净、平实，简而明，详而不蔓不枝，能准确地反映事物的本来面目。而文艺性强的说明文，除了着眼于说明的准确性、逻辑性外，还使用带彩的语言，增添生动性，加强表现力。怎样使用带彩的语言呢？经过比较、归类，发现它们都：（1）精选形容词修饰、描绘。如《花儿为什么这样红》一开篇就选用“热情”“强烈”“奔放”等词语形容“花朵的红色”，制造火热的气氛。（2）运用多种修辞手法使说明的对象形象化。如《看云识天气》中状云的万千姿态用了“像羽毛”“像鱼鳞”“像羊群”“像棉被”“像峰峦”“像河川”“像雄狮”“像奔马”等一连串的比喻，把变幻无穷的云的形态描绘得惟妙惟肖；如《晋祠》中写圣母殿内的泥塑像，用“她们或梳妆，或洒扫，或奏乐，或歌舞”的排比句，气势流畅，朗朗上口。（3）注意句式的长短交错，整散协调，寓感情于语势的起伏缓急之中，在说明事物的同时发挥艺术感染力。如“晋祠的美，在山，在树，在水”，从“在山”开始，两字一逗，简洁干脆；而说明我国古建筑的“三绝”，用的却是舒缓的散句。这样安排，错落有致、饶有韵味。经常运用归类集中的方法，分析比较，把学过的某些知识条理化、系统化，可使学生记得牢固，用起来方便。

三、
在比较中培养学生的语文能力，发展他们的智力

教说明文不能停留在词句的诠释、内容的讲授和段落大意的归纳上，要注意激发学生观察事物的浓厚兴趣、探索事物内在奥秘的求知欲，培养他们的逻辑思维和想象、联想等能力，提高他们运用说明这种表达方法的能力。运用比较法进行教学当然不能局限在对知识的传授上，更为重要的是培养和发展学生的能力与智力。

没有精细深入的观察，不可能对事物有科学的认识，当然也就不可能对该事物作出科学的说明。运用比较法进行教学时注意发展学生的观察能力，学生不仅会满怀兴趣地深入钻研课文，而且可从作者身上获得教益，懂得观察的要领和怎样下观察的功夫。比如蔡元培的《图画》一文，多处运用了横比和纵比的方法突出图画不同于建筑、雕刻的本质特征，说明中西图画在创作方法、与其他艺术的关系等方面的差别。教学时我选择了笔墨淋漓的水墨山水、笔墨简净的白描、达·芬奇的《蒙娜丽莎》和劳伦斯的《红衣少年》油画，指导学生观察。学生原不会读画，只知画是平面的；通过指导，学生看出了画中什么是背景，什么是主体，什么是近景，什么是远景，哪里光线明，哪里光线暗，与文中下的图画的定义“舍体而取面，而于面之中仍含有体之感觉者”对照，不仅领会到揭示图画本质特征的语言准确精当，而且领悟到深入观察事物的重要性。指导学生观察、比较，学生从墨色的浓淡、稠稀，线条的流动、转折，理解“以墨笔为浓淡之烘染”“以细笔钩勒形廓”，具体真切。分辨写意与写实，学生边观察边开展联想与想象，对写实画中的衣褶、头发、皮肤纹路都仔细辨识，在观察的细致方面得到了锻炼。

说明文在阐释事物的本质特征、性质、形态、作用、功能时常用分类表述的方法，以求条分缕析。教学时抓住这一特点开展比较，可发展学生逻辑思维的能力，因为人们在比较时总是伴随着分析、综合、抽象、概括等思维过程。例如《大自然的语言》在说明决定物候现象来临迟早的因素时说："首先是纬度""经度的差异是影响物候的第二个因素""影响物候的第三个因素是高下的差异""此外，物候现象来临的迟早还有古今的差异"，显然作者用了横式结构的方法逐项加以说明。既然是横式结构，能否把上述四项的说明次序更换一下呢？能，为什么？不能，又是什么道理？学生经过思考分析，不仅明确四者有主次之分，不能随意更换，而且看出说明有详略之别，每段首句概括说明，然后具体分析，再举实例，既说一般情况，又说特殊情况，略而明，详而周密。更重要的是，在这一过程中，学生分析、综合的能力得到培养，在科学的严密性方面受到了熏陶。学生在阐述比较所得时，从课文的条理、课文的语言中获得借鉴，口头表达能力也得到了锻炼。

教学说明文可采用多种方法，比较法是其中很有效的一种。

一登一陟一回顾

每一个有志于为中学语文教学做贡献的年轻教师，都希望自己能尽快熟悉本学科的业务，认识并掌握教学规律，有效地提高课堂教学效率，成为经验丰富的教师。我就曾经有过这样的迫切愿望，现在，也仍然怀着这样的愿望。怎样才能实现这良好的愿望呢？我初步的体会是：除了课前孜孜不倦地钻研教材，虚心学习和借鉴别人提供的有益经验外，及时地持之以恒地总结自己教学实践中的经验教训至为重要。

我们上课经常会碰到如下两种情况：课上得很“顺”，学生或全神贯注，或神采飞扬，课堂气氛和谐活跃，自己也心情舒畅；课上“砸”了，上“毛”了，学生或昏昏欲睡，或迷惑不解，课堂气氛呆滞，自己也惘然若有所失。同样的教师，同样的学生，课堂上为什么会出现迥然不同的情况呢？其中必有原因。那就需要坐下来认真地静思回味，寻求答案。“顺”，为何能“顺”？“毛”，“毛”在何处？教学细水长流，教给学生语文知识，培养学生听、读、说、写的能力，绝非一次能完成，而是要长期滴灌，长期耕耘。教学有其特有的持续性，教过不是了结，不能边教边丢。知识传授要讲究系统性，能力培养须注意循序渐进。一课是一环，环环要扣紧。教学中要能抓住每一环，抓住环与环之间的有机连缀，扎扎实实提高教学质量，就须坚持不懈地回顾、审视自己教过的课，及时梳理总结。对语文教学的正确认识来自语文教学的实践。不断地记录教学实践中的种种情况，积累资料，提炼上升到理论，再放到教学实践中去检验，正确的，坚持，

本文发表于《河南教育》1982 年第 3 期。

错误的，修正，就可减少教学中的盲目性，增强自觉性。

教课之后究竟记些什么呢？记“教”记“学”，记教学中的“得”与“失”，记学生学习中反映出来的种种情况。教师课前在钻研教材的基础上结合学生实际写成的教案，不管经过怎样的精心设计，毕竟是用文字绘写的教学蓝图，拿到课堂内付诸实施，必然会出现许多课前估计不到的情况，是“得”，是“失”，还是“得”“失”兼而有之，经过回顾，皆可择其要收入笔底。

记对教材的理解与处理。语文教材是语文教学的根据，教师凭借它向学生传授语文知识，培养他们听、读、说、写的能力，发展他们的智力。对教师来说，吃透教材是实现教学目的要求、提高课堂教学质量的基本保证。每教完一篇，记下对它理解的深浅正误、处理得恰当与否，对提高自己的阅读分析能力，拓展日后掌握教材的深度、广度，颇有裨益。比如《驿路梨花》一文，在初中第一册教材的第二单元是作为阅读课文处理的，我在备课时考虑到该文有特殊的地方色彩、鲜明的社会意义，情节曲折，描写细腻，主要人物年龄与学生相仿，学生容易在思想感情上和人物实现“沟通”，于是改阅读为讲读，使学生学得深入些。事实证明，这样处理符合学生的愿望，学生被教材中的故事与人物所吸引，自始至终兴趣盎然。课后我记下了这一点：“处理教材要深思熟虑。在单元教学中，某一篇教材应放在怎样的地位，不能不动脑筋，也不能贸然下结论。要深入钻研，目中有学生，对教材的地位方能把握准。”《驿路梨花》以一座深山茅屋为背景，展示了不同民族、不同地区、不同行业的人们之间互相关心、互相帮助、互相爱护的情景，涉及的人物有解放军、瑶族老人、梨花、梨花妹妹、行路人老余等。作者把这些人物（盖茅屋的、照料茅屋的）放在一个平面上来描述，还是有所侧重？我的理解是有所侧重，重在小姑娘梨花。理由是：她代表着未来，代表着希望，侧重写她的高尚品质、助人为乐的精神，更富有教育意义。梨花前学解放军，后为妹妹做榜样，对革命传统既继承又发扬，拓展了文章的深度。作者采用了“千呼万唤始出来”的手法，引人入胜，而最后呼唤出来的竟不是梨花，而是梨花模样的妹妹，如此安排，使人遐想神驰。在教的过程中，我越发觉得这样的理解是正确的，于是又记了这么几句："抓住梨花这个未出场的主要人物，情节的起伏曲折、景物描写的诗情画意、主题的深刻意义皆能得到较充分地展现。牢记理解教材要力求抓住关键，抓住'牵一发而动全身'的关键。"对教材理解的疏忽失误，同样要认真地记录。如"我不幸偶而看了一本外国的讲论儿童的书，才知道游戏是儿童最正当的行为，玩具是儿童的天使"是《风筝》一文中的重要语句，我在备课时忽略了"不幸"这个词在该句中的含义与用法，课上学生提出这个问题，我才引导他们讨论解决。课后，我记下了这个教训："教学是十分精细的工作，不允许有丝毫的马虎与失责，切记'不幸'的教训。"

记对教法的选择与运用。教法是实现教学目的的手段，教必须遵循一定的法则，但又无定法，要因教材而异，因学生而异。上完一堂课，教完一篇课文，对所采用的教学方法作一番推敲分析，有助于探求教学规律。如《"友邦惊诧"论》一文中牵涉的人与事非常复杂，与今天学生的距离比较远，不具体介绍文章的时代背景，学生难以理解。怎么介绍呢？我借用了文章第1段的语言，采用了提问分析的办法，辅之以醒目的板书，把九一八事变后学生反侵略反卖国请愿行动前前后后的错综复杂的形势作了具体明确的介绍。课后，我记下了这种教法的好处："把对时代背景的介绍与对课文的理解分析结合起来进行，既能节约教学时间，避免凌空的介绍，又能引导学生仔细咀嚼课文，理解作者怎样从以事实和说理为基础的反驳中引出反动论点，使论敌从一开始就处在被动挨打的境地。注意，考虑教学方法时须努力把握教材特点，别忘了充分发挥教材本身的作用。"有时由于课前考虑不周密，采用的教学方法欠妥当，影响教学效果，及时记录，可引以为戒。在教《沁园春·雪》这首词时，因为启发学生开启想象，学生初步体会到该词所表现的宏伟的气势和辽阔的意境。就在刚取得一定的教学效果时，我放了一张幻灯片来展现"江山如此多娇"，原想锦上添花，用画面来加深学生的理解，谁知效果适得其反，学生议论纷纷，认为气势一点也不宏伟。"放幻灯片本是形象化的一种教学手段，然而何处该用，怎么使用，必须倍加慎重。一张有边框的幻灯片是难以表现《沁园春·雪》中那么开阔的意境的”，我懊丧地记下了自己的失误。

记学生学习中的障碍和思想上的火花。“知己知彼，百战不殆。”教学要取得良好的效果：不仅要知教，经常地对自己教学上走过的路审视、剖析；而且要知学，不断地了解学生的知识与能力水平、学生在学习中的困难与长进，把握他们的发展与变化。在学生学的过程中了解学生，材料生动具体；学生在学的过程中积极思维，发挥主动性，常会闪现思想上的火花。这些闪光的东西不仅使课堂生辉，而且会弥补教的不足。教后，迅速地记几笔，可以清晰地看到他们成长的脚印，把准新课的起点。“××同学概括能力有提高，能用‘一屠制胜二狼’六个字概括《狼》所叙述的故事。”“××同学问：在《从百草园到三味书屋》里，鲁迅先生反对封建教育禁锢儿童身心发展，为什么在《风筝》里鲁迅先生自己却反对弟弟玩风筝？这岂不是矛盾吗？学生质疑能力增强，开始能跨课文思考问题，要妥加引导。”“××同学认为，《壮丽的青春》开头的‘轻风扑面，细雨沾衣’与对欧阳海舍身抢险的描述有矛盾，既是‘细雨’，怎会是‘水淋淋的雨衣，扑拉拉地飘起’？话音刚落，××等同学就脱口引出僧志南的诗句‘沾衣欲湿杏花雨，吹面不寒杨柳风’，说明蒙蒙‘细雨’下得长久，衣服同样会‘水淋淋’。这些孩子思维敏捷，学了就能运用。”凡此种种，我皆是怀着园丁培育小苗般的爱护与喜悦的心情记下的。

教后做这样的摘记当然无法面面俱到，也不可能长篇大论，而是要根据课堂实况有所侧重地记些有价值的材料。这些材料看起来只是教学点滴，然而，一日不多，十日许多，日久天长，教师对教学中的是非得失就会逐步清楚。我们的教学工作，犹如永不休止地攀登高山群峰，写“教后”则好似宋代杨万里描写其登山的一句诗：“一登一陟一回顾。”“一登一陟”，站得高，眼前境界就开阔起来；“一回顾”，看到自己艰辛地走过来的路就分外亲切，信心倍增，能够抖擞精神攀登更高的山峰。这需要的是：对事业的责任心、孜孜以求的进取精神和持之以恒的毅力。

附："课后"三章

唤起了我的童心

《一件珍贵的衬衫》教下来，我简直难以抑制自己感情的激流，孩子们纯真的感情深深地叩击着我的心弦，唤起了我的童心，使我达到了不能自已的地步。

这是篇一眼见底的文章，浅显明白，集体备课时大家觉得无甚可教，我也有同样的看法。课前设计时我考虑到在"珍贵"二字上做文章，并抓住课文开头、结尾的语句，引导学生反复朗读、推敲，动之以情。出乎意料的是学生读得那么认真，齐读时不约而同地用了低八度的声音，抑扬顿挫，舒缓深沉，完全进入了角色，他们被文中所表达的热爱与崇敬周总理的感情所感动。听课的几位年轻老师看到孩子们如此情状，也受到了感染。其实，课堂上最为感动的还是年过半百的我。我想以情感动学生，而实际是我被学生深深地感动了。

让我备受感动的不是学生朗读的技巧与水平——低八度的读法并不是表情达意的最好方式，感动我的是那一双双盯着书本的饱含深情的眼睛和一颗颗晶莹透亮的童心。纯真可爱，洁白无瑕，这些就是我们教育的对象的重要特征。看到这些，我由衷地感到我们的未来光辉灿烂，我们的事业有无限希望；看到这些，我深切地感到肩上的重任十分光荣，无比伟大。流年似水，人的年龄总要增长，返老还童是不可能的。然而，童心可以常在。对学习、对工作、对生活认认真真，把心扑在上面，达到忘我的境地。

孩子给我上了生动感人的一课，我真切地体会到：要教育心灵晶莹透亮的孩子，做教师的要常常掸扫思想上的灰尘，保持自己的心灵晶莹透亮。

须深思，须熟虑

《天上的街市》是一首富于童话色彩的抒情诗，教学重点放在朗读和启发学生开展想象两个方面。实践证明这样把握是可行的，学生在反复朗读、体会天上街市的情景时，想到很多很多。小陶想到嫦娥如何奔月；小姬想到牛郎星旁的两颗小星——它们大概是牛郎的孩子；小徐想到在天河里游泳一定自在无比；更有好些学生想到飞碟，想到宇宙飞船，想到宇宙人，想到自己长大了要去探索星空的奥秘。孩子真可爱，只要帮助他们给思想插上翅膀，他们就能在天空中遨游，用想象的彩锦编织一幅幅人间天上相沟通的美画。

原设计逐段朗读，抓关键词语推敲，上课前重温课文时突然觉察到原先的安排不合适，不易教出诗歌的特色。于是临时决定重新处理，抓住这首诗歌的特征——闪光的比喻、奇妙的想象、波澜层叠的联想和深沉的热情，引导学生整篇朗读，综合理解，反复领会。这样处理，消除了支离破碎的弊端，发挥了诗歌形象性的特点，收到了发展学生想象能力的效果。

教训是：即使是看起来不难处理的教材，也不能提笔就写教案，要深思，要熟虑，才能真正把握教材，选择较好的教学方法。

目中要有学生

实践又一次证明，联系学生已有的知识是导入新课的有效的方法之一，学生一下子就能全神贯注，进入教师为之安排的特定的学习轨道。教《鲁提辖拳打镇关西》时，从询问学生知道《水浒传》中哪些有名人物入手，学生竞相发言，全场雀跃，再过渡到对章回小说标题特点的讲述就十分自然。有的学生能一连串说出好几个标题，如《花和尚倒拔垂杨柳》《鲁智深大闹野猪林》《林教头风雪山神庙》《武松醉打蒋门神》等。在列举多个标题的过程中，学生理解并掌握了这类标题高度概括故事内容的特点。

学生喜欢听故事、看故事，针对这个特点，我要求他们选择恰当的词或词组概括这篇文章的全部情节，效果较好。学生积极思维，小陈以“酒楼闻哭”“询问缘由”“慷慨解囊”“怒打小二”“拳打郑屠”“轻装急走”等小标题概括了包含故事的开端、发展和结局在内的全过程。

学生最感兴趣的是“三拳”，易忽略的是“打”的前奏和“打”时周围的人尤其是店小二的种种表现。实践证明课前的估计符合实际。教时点出作者忙中偷闲、从容不迫地写店小二、过路人、众邻居等人的方法与作用，学生恍然有所悟，似乎获得了意外之“宝”。教“三拳”的内容，课堂上笑声不绝，小方同学甚至下意识地伸出拳头比试。就在学生兴趣极浓之时，我连续启发他们读重点描写的段落，使他们体会到鲁提辖打得有理，作者铺写得佳妙：这“三拳”打出了“味道”，打出了“色彩”，打出了“全堂水陆的道场”的“音乐”；这“三拳”表明了“硬”要打，“软”也要打，疾恶就是要如仇。重点部分必须重点处理，教学效果才比较好。

这一篇课文教下来，自己比较满意，其中有一条重要的经验是：备课时必须目中有学生，处处从学生的实际——包括他们的知识基础、兴趣爱好、心理特征、年龄特征——出发。忽略或不坚持唯物的观点，就会如同闭着眼睛捉麻雀，事倍而功半。

又记：课后练笔试着要求学生分析鲁达这个人物形象，大部分学生能力不够，或写得太简略，或错弄成缩写。如果教师先加以归纳分析，再要求学生练，效果就会好得多。初一的学生毕竟幼小，布置练习同样要切合他们的实际，难度不能超越他们的能力范围。

说明：“课后”本无题目，为读者读来醒目起见，加上了标题。

有迹可循
——朗读教学一法

“老师，我也来读一读。”坐在最后一排的大个子学生居然这样请求，这是我意想不到的，我欣喜地立即请他朗读。

“断头今日意如何？创业艰难百战多。……取义成仁今日事，人间遍种自由花。”读得抑扬顿挫，有腔有调，同学们用惊异的眼光看着他，有个别学生竟然情不自禁地叫了一声：“好！”

是什么使得这个原本一开口就脸红、声音憋在喉咙里的学生在朗读上有了如此明显的进步呢？这是由于课堂里学生朗读的热烈气氛和课文朗读的录音发挥了积极的作用。

为了加强朗读训练，提高教学质量，我们复制了整册课文的录音，借助它进行具体的指导。学生朗读时有迹可循，兴趣提高，热情增长。比如上述的《梅岭三章》，课文短，我就利用录音指导学生进行朗读训练。针对学生读课文卡着嗓子、声音平板、一腔一调或拖腔拖调的情况，采取了听、跟、读、评的方法，充分发挥录音的指导和示范作用。放录音前，先要求学生回忆课本中介绍的有关读诗的知识，掌握读的要领，然后引导学生有意识地听录音，细细品味，慢慢咀嚼。要求学生在初步体会的基础上，跟着录音轻声读，对照模仿，体会揣摩；在学生心中有了怎样读的“谱”后，就请学生一个个进行具体训练，读一个，评论一个。学生以录音为依据，对同学朗读的字音、声调、语气、感情等开展评论，畅所欲言，评得热气腾腾。经

本文出自《语文教苑耕耘录》（福建教育出版社 1984 年版）。

过评论，有些学生要求再读、三读、四读，力求读得响亮、准确，有节奏、有气势。这样通过多人次的反复训练，把朗读的要求落在实处，学生眼到、口到、心到，不仅加深了对课文中心思想与语言特点的理解，而且兴味盎然，跃跃欲试，一定要亲自朗读一番而后快。

有些课文长，用这样的方法训练，时间不许可，就根据教学的目的要求恰当地运用录音手段，发挥指导朗读的作用，调动学生学习语文的积极性。有的可播放重点段落，引导学生体会警句名言，受到教育和感染；有的在起始课播放，帮助学生解决生字难词，减少阅读过程中的困难；有的可将录音播放与课文分析穿插进行，以朗读手段协助学生体会课文的思想感情。总之，运用朗读录音使学生有迹可循，可收到提高教学质量的实效。

文言文教学不能以偏概全

文言文教学中常易犯以偏概全的毛病。有时把课上得像古汉语课，见字见词见句不见文，即使是见词，往往“之”“乎”“者”“也”一大堆，实词反倒一晃而过；有时则疏通疏通，意译一番，貌似有文，但字词句却不落实，思想内容当然也就随之“虚”掉。不管是前者还是后者，都难以有效地培养学生阅读浅易文言文的能力，难以落实语文教学大纲中关于文言文的教学要求。

教文言文须防止上述两个偏向，处理好虚词教学和实词教学的关系，处理好文与道的关系。

初教文言文时，眼中只有虚词，似乎文言虚词在文言文中举足轻重，学生一旦掌握，就能通达无阻地阅读这类文章。其实，这是一种误解。虚词和实词，究竟孰轻孰重？从文言文本身的特点看，还是实词为主，虚词为辅。实词的意义比较实在，文章内容的表达主要依靠它们。就好比造房子要有砖头、木材一样，没有这些主要建筑材料，要想盖起房子是不可思议的。比如柳宗元的《童区寄传》中有“行牧且荛，二豪贼劫持反接，布囊其口，去逾四十里之虚所卖之”的句子，且不说其他的实词，单是“虚所”一词，若不指导学生理解，

本文出自《语文教苑耕耘录》（福建教育出版社1984年版）。“文革”结束后，文言文在中学语文新教材中的比例大幅增加，文言文的地位不断提高。但当时文言文教学却出现了“两个偏向”：一是“把课上得像古汉语课，见字见词见句不见文”；二是“见字”又不能落实字词。在这种教学环境下，作者提出“文言文教学不能以偏概全”，要“处理好虚词教学和实词教学的关系，处理好文与道的关系”。

不仅全句意思不能疏通，而且全文的情节也无法有着落。学生生活在现代语言的环境中，习惯用今天日常的用法来理解文言字词的含义，故而常会出现以今推古、误将古词当今词的现象。“虚”，学生习惯于理解为“空虚”的“虚”，“虚实”的“虚”，“虚弱”的“虚”，对“虚”同“墟”，一无所知；学生还容易把“虚所”看成两个词，他们读了一点文言文，在脑中初步形成了古汉语多单音词的印象，会把“虚所”拆开，而且可能把“所”误作虚词看待，不知“虚所”就是集市。因此，无论是从文言文本身的特点，还是从学生的学习情况来看，教好这类与现代汉语词义差别很大的实词都很为重要。

落实文言文实词教学，当然不是不分难易、不分主次，见一个敲一个。如果见实词就敲，必然琐碎零乱，肢解文章。教学实践证明：古今意义相同的词语无须花功夫，学生就能理解；文言文中的单音词，现通常用双音词表达的，只要稍加点拨，指导学生在近义词、同义词中慎加选择，学生是能掌握的。重要的是除了上述要十分注意辨别古今词义的变化外，在以下几个方面也要多加指导，帮助学生摸索掌握文言实词的规律。

要理解词义，须认真识字。汉字历史悠久，演变复杂，尤其是假借字，学生接触得不多，不易辨认，除了引导他们一个一个熟记积累外，可点明一些同音假借、音近假借等现象，帮助他们理解。如《愚公移山》中的“一厝朔东，一厝雍南”的“厝”通“措”，读cuò，两个字今天的声、韵、调完全相同；《马说》中的“才美不外见”的“见”通“现”，它们今天的声母不同，韵母相同，都是iàn；“河曲智叟亡以应”的“亡”通“无”，它们今天的韵母不同，声母相同，都是w。有的字是音近假借，如“在肠胃，火齐之所及也”的“齐”通“剂”，二者一读qí，一读jì，声母、声调虽不一样，但读音相近。经常注意辨认，感性材料多了，就会变生疏为熟悉。

注意辨析多义词诸多义项之间的细微差别，指导学生把它们放在句中，放在前后文中推敲、琢磨，理解它们确切的含义。如《大铁椎传》中有“貌甚寝”与“既同寝”，一词多义，要学生把“寝”放在句子中理解，显然“睡觉”在后一句中一讲就通，但以此来理解前一句，无论如何讲不通，“面貌”怎么可能“睡觉”呢？必须考虑其他的含义。用工具书查检，就会发现“寝”有好几条义项，其中“丑陋”义放在“貌甚寝”中来解释最合适。一词多义，纷繁复杂，常积累、比较、总结，才能掌握得较为牢固。有些词义项较多，但差别细微，更要注意辨别，因为对中学生来说，“迥别”还容易看出，“微殊”则不易发现，往往被忽略。如《童区寄传》中有四个“得”，如果都释为“获得”，则语意僵硬，表达不出文章原有的情致，须指导学生把它们放在具体的句子中精细地加以区别。“力上下，得绝”，用力上下来回磨动，使得绳子断了。这里的“得”表结果，表完成。“得童”的“得”由“获得”引申为“抓到”，即“擒获”的意思。“孰若吾得专焉”的“得”相当于“能够”“可以”。“贼二人得我”的“得”由“获得”引申为“掳获”。摸准了这些细微的差别，能加深对课文的理解，辨析古今词义的异同。

词类活用是文言文中经常出现的一种语言现象，它能使文字简练，给人以不蔓不枝的感觉。词类活用的情况有多种，如名词活用为动词、形容词活用为动词、数词活用为动词等。教学时不仅要让学生懂得某某词活用为什么词，更要让他们懂得凡是有词类活用的句子，都是缺少某一个句子成分的中心词，而活用后的词正是充当这个句子成分的中心词，被活用的这个词本身作中心词的附属成分。如“尔安敢轻我射”这个句子，谓语里缺少“视”这个中心词。“轻”，原是形容词，表示重量小，被活用为动词以后，充当了“视”这个中心词，而“轻”本身做了“视”的附属成分。

重视实词教学不等于忽视虚词。虚词虽没有实在意义，却有帮助造句的作用，它们好比是造房子的水泥、石灰，砖头得靠它们垒成墙，糊成壁。忽视了，必然影响学生阅读文言文的能力。因此，教学中要虚实并举，不可偏废。落实文言虚词要注意须用现代汉语翻译和无须翻译的区别。比如，同是“之”，在“以君之力，曾不能损魁父之丘”句中：前一个“之”必须译，它是助词，用于修饰语与被修饰语之间，“以君之力”即“凭你的能力”，“之”是“的”的意思；后一个“之”也是助词，但“魁父”与“丘”两个成分是同一性的，中间的“之”可根据上下文灵活翻译为“这个”“这样的”，也可不译。有的完全不需要译，如“虽我之死，有子存焉”，此处的“之”用在主语和谓语之间，取消句子独立性，无须译出。落实文言虚词，还要注意它们在不同句子、不同文章中的变化，弄清它们的变化，有助于正确地理解句子的含义。比如“其”，学生印象最深的是它作第三人称代词，译作“他的”“他们的”“它的”“它们的”，阅读文言文时一遇到“其”，就常用这些意思来解释。因此，必须结合文句指出“其”的多种用法，帮助他们树立多义项、多用法的概念。“其一犬坐于前”的“其”，用在数词前，译作“其中”；“夜至张柴村，尽杀其戍卒”的“其”，用在名词之前，起指示作用，可译作“那儿”；“其真无马邪?”“以残年余力，曾不能毁山之一毛，其如土石何?”的“其”，用于加强诘问语气；“圣人之所以为圣，愚人之所以为愚，其皆出于此乎?”的“其”是副词，表示估计、推测，可译为“大概”“或许”……总之，把多变化的虚词放在句中、放在前后文中细细琢磨，方能正确理解它们在具体语言环境中所起的造句作用，从而准确地把握文意。

文言文教学容易“重文轻道”，以为学生把文字看懂了，对字词、句式、古今的一些差异也粗有了解，就算完成了教学任务，内容似乎不必多讲究。其实，这也是一种误解。不论何种文体的文章，语言文字和思想内容总是水乳交融、浑然一体的。在教学过程中，根据教材特点和学生实际，有时侧重于语言文字，有时着力于思想内容，这是必要的。但绝不能抓一头，丢一头。如教《出师表》，如果光注意文字上的疏通，忽视诸葛亮借出师之机，语重心长地叮咛刘后主的恳切用心，情真意切地规劝刘后主的由衷之意，怎么能让学生识得文章的“真谛”呢？所以，文道不能偏废。

文言文中的“道”，还有一个批判继承的问题。要用历史唯物主义的观点来分析作家与作品，把作家和作品放在一定的历史时期内看其总的倾向，看作品是否反映了当时社会的现实，是否表现了人民的愿望。教学时不仅要阐明作品的历史意义，而且要指出它的现实意义、可借鉴之处，使其对学生起到教育作用。如刘禹锡的《陋室铭》

历来是被传诵的名篇，寥寥 83 个字，借陋室发挥，托物言志，表现出作者高洁的品格和安贫乐道的生活情趣，在当时来说，有一定的积极意义。刘禹锡一生的主流是积极要求变革朝廷弊政，他参加了比较进步的王叔文政治集团，但在王叔文失败后，他长期被贬。他在政治上虽一再遭受打击，但仍坚守政治节操，不追求华丽的居室，不追名逐利，而着意于自身的修养，这一点在当时是可取的。然而，必须向学生指出：刘禹锡毕竟是一千多年以前封建士大夫阶层的一员，“谈笑有鸿儒，往来无白丁”明显地表露出轻视劳动人民的思想倾向，这种封建文人清高、孤芳自赏、回避现实的品格不值得今天的青年学生学习模仿，文中可借鉴的是人应有高尚的生活情趣，不追名逐利。有的作品具有经久不衰的教育意义，也同样要引导学生弄清其历史意义和现实意义，推陈出新，受到感染，获得启示。如范仲淹的《岳阳楼记》，立意高远，文笔华赡精拔，抒发的“先天下之忧而忧，后天下之乐而乐”的伟大抱负脍炙人口。当时一个封建文人在遭受贬谪的情况下，有“不以物喜，不以己悲”的情怀，仍然坚持理想、关心国事，实在是难能可贵的。今天我们更应具有吃苦在前、享乐在后的高尚情操，自觉地担负起振兴中华，繁荣祖国的重任，反对和鄙弃那种一事当前先为自己打算的卑琐思想。

文言文教学中，在关于“道”的问题上，强调批判，否认继承，对古人要求过高，求全责备，或者一味继承，不要批判，对古人顶礼膜拜，崇尚迷信，都是违背历史唯物主义的，都不能正确地区分文言文中的精华和糟粕。因此，一定要坚持批判地继承历史遗产的原则。

语言文字教得扎扎实实，思想内容教得明晰正确，学生阅读文言文的能力必然提高，思想、情操上就会受到中华民族数千年悠久的、优秀的文化遗产的熏陶。

口头训练好处多

三年前，我在语文教学中有计划地引导学生进行口头训练，经过一段时间的实践，我体会到好处很多。初步回顾一下，有以下八点。

一、增进知识，开阔视野

每一轮练口有每一轮的中心题目，学生围绕中心题目自己选择材料。以初一学生讲故事为例，全班选材没有一个雷同，古今中外，广为涉猎。内容有“王羲之吃墨”“快乐王子”“飞碟”“世上第一枚邮票”等，学生讲述时要说明故事的来源，比如是从什么杂志、什么书上看到的。人人讲述，犹如活的图书馆，开阔了学生的视野，扩大了大家的知识面。

二、辨别正误，训练思维

一个学生练口，其他学生认真听着。讲者积极思维，力求把要介绍的内容说得清楚明白；听者同样积极思维，对讲的内容作出反应。这对发展学生智力，训练学生思维很有好处。比如有个学生介绍《西湖民间故事》，说全书写了 16 个人物，“把几个项目分得很清楚，第一是岳飞等，第二是苏轼、白居易，第三是文学家故事……”，学生听后立刻指出这样的介绍用词不当，思维混乱：“几个项目”应改为“类别”；“苏轼、白居易”也属文学家，所以分类不合理。

三、落实知识，提高能力

学生练口每轮有一定的要求，按照规定的要求组织学生口头发言。比如要求他们推荐一本读物时，既要有概括介绍，又要有重点评析，在重点评析时可以读读讲讲。学生在准备的过程中阅读、找重点、抓关键，进行概括、归纳，既运用了在语文课及其他学科课堂上所学的有关知识，又锻炼和培养了概括能力、分析能力和自学能力。从思想内容到表达方法，从遣词造句到谋篇布局，从吐词、语调到音响、表情等都要评论。每节语文课一两个学生讲，三五个学生评。讲的人是口头作文，评的人也是口头作文，如此反复训练，持之以恒，以“说”促进听、读、写能力的提高。

四、培养兴趣，推动阅读

天天开展练口活动，天天由不同的学生把新鲜的知识带入课堂，大大培养了学生学习语文的兴趣。讲述的学生如果组材得法，开头注意引人入胜，收尾注意留有余味，学生更是兴味盎然。有个学生拿着一本书讲述数学中的“黑洞之谜”，一讲完，好些学生就抢着要看这本书。讲的学生为了讲得动听，尽量注意拓展课外阅读，精选材料；听的学生为了评出水平，也尽量注意引用自己读过的书进行比较，这样就进一步推动了课外阅读。比如有个学生介绍了《澳洲动物探奇》这本书，有一个学生听后发表意见说：“我也读过这本书，你介绍时应该综述一下澳洲动物的特点，袋鼠就具体反映了这种特点，你可以再去读一读。”

五、注意仪态，锻炼胆量

初进中学的学生，除了极少数能就某一问题谈出自己的看法外，绝大多数都怕开口。站起来说话，往往眼睛向下看，低着头，手足无处放。开展口头训练活动后，教师提出要求，逐步培养他们说话时仪态大方。用学生自己的话来说，“练口把我们的胆量练大了。原来胆子小，站起来就把准备好的话都忘了，更不要说站在讲台上眼睛看着大家讲。现在练得多了，头能抬了，手脚也有地方放了，我们不怕了”。

六、评长论短，增强团结

一人练口，大家评论，既评论长处，评得被评者心里热乎乎，又分析不足，使被评者明确努力的方向。评论以后，还可请讲述的学生自己谈体会，谈对评论意见的认识与态度。开始学生不习惯，喜欢听肯定的话。经过较长时间的训练，学生逐步养成了服从真理、开展批评与自我批评的好风气。比如，有个学生介绍一本《中学生作文选》，重点评析其中的一篇。听的学生有异议，指出评析的话是编者写的评语，不能作为自己的评讲。被评的学生接受意见，并解释说，评讲内容一部分是书上现成的，一部分是自己的，以后应该完全由自己评。这样评论，对事不对人，气氛和谐，增强团结。

七、帮助教师，促进提高

要有效地培养学生口头表达的能力，教师自己在听的能力、分析判断能力、口头表达能力等方面必须不断提高。我们的青年教师深有体会地说：“刚开始进行口头训练时，学生讲，自己脑子里一片模糊，前听后忘，评论时讲不出道道儿。坚持训练，听的能力加强了，能聚精会神，从糊涂到清晰，学生讲的大部分的话都能记住。脑子也快了，能比较迅速地作出判断。”不仅如此，学生的某些讲述、某些介绍，也给予教师知识的养料，开阔了教师的视野。真是教学相长啊！

八、人人推普，细水长流

推广普通话贵在坚持，贵在细水长流。要求学生在每节语文课上用三五分钟练口，坚持说普通话，或讲故事，或介绍书报，都要字音准确，语调正确。练口人说不准，其他学生就会立即纠正。如把“簿子”读成“bǔ zi”，会引起哄堂大笑，然后大家就会一起读“bù zi”，在善意的笑声中进行正音。讲的人在推普，听的人也在推普，天天如此，就把推普的任务落实到了每个学生的身上。久而久之，学生就能提高说普通话的质量，养成说普通话的习惯。

口头训练是语文教学中的一个重要环节。但是，这个环节在目前还是比较薄弱的。我们要在思想上重视它，在实践中抓住它，注意将它与听、读、写结合，使学生听得仔细，读得认真，写得通顺。

“虫”，要早捉，勤捉

竟然是他，我愕然了。好端端的一节数学辅导课，竟然是他——小方，班级的主要干部，年级的学习尖子给搅散的。几个学生来向我诉说时，我几乎不相信自己的耳朵，然而，这是事实，不得不承认。

昨天下午本没有课，根据班级惯例组织数学与外语辅导。为了弥补学生这两门课的知识缺陷，更为了培养学生分析问题、解决问题的能力，我采用了能者为师的方法，请学得比较扎实、比较灵活的学生当小老师，引导他们在辅导别人的过程中增长才干。往常我总坐在教室里和学生一起听小老师领读、分析、演算，即使调皮的学生也还比较专心。小方当然不用说了：轮到他主讲，准一清二楚；听别的同学讲，也专心致志。昨天下午学校有会，我未去教室。可万万没想到小方会捣乱，太出乎意料了！

怎么办呢？曾记得他初入学被安排在我们班时，报名表上写得很清楚，他是学生干部，品学兼优。在“文化大革命”的日子里，这样的学生怎不难能可贵呢？我怀着十分欣喜的心情找他进行了第一次谈话。谈话中，他对被分配来我校、我班很高兴。当我询问他小学的情况时，他脱口而出：“我们小学老师没水平。”我一怔，教育他：“你刚离开小学，跨进中学校门，就这样评论老师，老师把你教到毕业要花多少时间和精力！将来你离开中学，同样也会说‘中学老师没水平’……”他连忙辩解说：“不会的，中学老师有水平。”看他的小圆脸急得绯红，我刹住了话头。初次见面，我觉察到他身上有骄

本文发表于《人民教育》1984年第5期。

傲、瞧不起人的瑕疵，但他的天真、幼稚、聪明、坦率征服了我，对他的缺点，我容忍了。

进校以后，他的表现确实不错。在班里乱成一锅粥的情况下，他严格遵守纪律，学习勤奋，教师无不夸奖。渐渐地，班里纪律稳定了，不少学生有了明显进步，他的表现不如以往那么突出了。我找他分析原因，郑重地指出他进步不及有些同学快，原因在于骄傲自满的毛病作祟，他爽朗地接受了。一点就明的人，何必多费口舌？更何况他在稳定班级纪律、开展班级活动中起了很好的带头作用呢。于是，我又一次对他采取了宽容的态度。

而今发生了这样的事，是他的过错吗？不，首先是我这个班主任的过错，我过多地看他的优点、长处，过多地从使用的角度考虑问题，怕批评重了会影响他的积极性，因而对他的缺点采取容忍、原谅，甚至姑息的态度。我不能再含糊下去了，一定要帮助他挖出思想上的病根。

傍晚，我请一个学生把我写的条子送到他家中，请他第二天清晨到校回答我几个问题：什么叫“与人为善”？辅导课上对小曹的态度是不是“与人为善”？你对“虚心使人进步，骄傲使人落后”这句话是怎么理解的？怎么弥补辅导课上同学的损失？

“报告老师！”清早六时多一点，小方就来到了办公室，神情有点紧张，嘴里喃喃地说：“我错了，错了，昨天不该那样……”“不，单认错不行，一定要弄清楚为什么会错，要把当时真正的想法说出来。”他见我很严肃，又追根究底，终于敞开了心扉。他说，小曹在小学不过是个小组长，比他差远了，现在小曹当了班干部，数学上去了，语文上得更快，他不服气，正好辅导时小曹有一道题演算不出来，于是他就嘲笑小曹，哄小曹。显然，这是骄傲自满的思想膨胀，膨胀到嫉妒别人，膨胀到不允许别人超过自己。

我和他一次次谈心：剖析嫉妒这种感情的丑恶和危害，指导他学习有关思想修养方面的文章；教育他要多看到自己身上的不足，虚心学习周围同学身上的优点；鼓励他向同学谈认识，谈体会，谈进步。临毕业时，他找到我说：“当时，我真有点恨您，一点儿事就揪住不放，大剂量用药。现在我才真正体会到您是为了我好，我一辈子也忘不了。”

事情已经过去好久了，但我总是情不自禁地回忆起这件往事：“虫”，要早捉，勤捉，切莫让它潜滋暗长！

识质与雕塑
——谈教学中坚持唯物观点

认清材料的质地是雕塑工艺师的基本功。对所雕塑的材料仔细地进行研究，摸清它们的纹理、曲直、硬度，及其能承受的压力大小，因材雕刻塑造，才能制作出巧夺天工、令人赞叹不已的工艺品；如果忽视这项基本功，拿到材料，不识材势，不辨脉理，就鲁莽地下刀、使锯、运凿，其结果不是卡了丝，就是损了块，材料受到糟蹋。

教师不是工艺师，而是塑造人类灵魂的工程师，同样有识质的问题。教师塑造的对象是青春年少、充满活力的学生，任务是塑造他们的心灵，培养他们具有建设“四化”的才干。不言而喻，教师的工作比制作工艺品要复杂千百倍，精细千百倍。工艺师面对的是死材料，是“活”对“死”，怎么摆弄都可以；而教师面对的是生龙活虎的学生，是“活”对“活”，学生天天成长，时时变化。教学工作要想取得成效，教师一定要重视和锻炼识质的本领，要了解学生，认识学生，洞悉他们的内心世界，把握他们在成长过程中的发展与变化，把自己的教学工作建立在科学的基础上，按照规律办事。否则，从主观臆想出发，就会盲人瞎马，事倍功半，师生的时间和精力都会有所浪费。

对于学生的“质地”，究竟怎样才能识得真，看得准？又怎样才

本文发表于《语文学习》1985 年第 1 期。文章从“目中有学生”“站在时代的高度”“审视学生之间的差异”“研究学生的发展变化”四个方面阐述怎样研究学生。

能雕塑得有成效呢?

一、前提是牢固树立“目中有学生”的观点

目中有学生，说起来容易，真正做到却极不简单。教学，当然是以教材为依据来教学生。然而，在教学过程中，手中的书和面对着的人——学生，常常不能被正确地放在应有的位置上。记得自己初当教师时，眼睛只盯着教科书，以为钻研了教材，写好教案，把课文讲出一点名堂来，就完成了任务。至于对学生的研究却认为和讲好课没什么关系，不研究照样教。

这种目中无人的观念是糊涂观念。这种观念的缺陷在于：没有清醒地认识到教学必须从学生的实际出发，没有清醒地认识到培育人才是教育教学的大目标。

其实，道理十分清楚。教学，教学，“教”要在学生身上起作用。在教学工作中，学习者是第一因素，没有学习者就没有学习。美国教育家杜威对这个问题有一精彩的说法，他认为在教学过程中如果没有学生，就像销售关系中没有买主一样，谈不上什么教学。同样道理，课堂里虽有学生，但教课时如果不研究和考虑他们的实际，只从教材出发，岂不和没有学生一样？教学是教师的教和学生的学双方面的活动，教师的主导作用就在于调动学生学习的自觉性和主动性，促使学生充分发挥认识主体的作用。

语文教师对两个实际须牢牢把握，一是教材的实际，一是学生的实际。这正如“矢”和“的”一般，不看准靶子，只射箭，那是无的放矢，完全失去了“放矢”的意义。当然，“矢”的质量如何也很重要，如果质量差，同样不能“中鹄”。因此，教材和学生都很重要，教师既要吃透教材，又要对学生的情况了如指掌，而从根本上说，钻研教材、使用教材的目的正是为了教学生，为了教好学生。

二、站在时代的高度认识和研究学生的新情况、新特点

社会在发展，时代在前进，生活在现代社会的青少年学生，他们的思想、情操、行为、道德、兴趣、爱好无不渗透着时代的气息。就中学生而言，与五六十年代的相比，确有迥异之处。20 世纪 80 年代的青少年有他们独有的特点，教师如果眼光不换新，用老尺子衡量、老经验套，甚至用自己做学生的时候的框框套，榫头当然对不上。

要认识学生的新情况，弄清学生的新特点，必须先在思想上突破，从观察事物的习惯的轨道上解放出来，站在时代的高度考察。

应该欣喜地看到现在的中学生有强烈的成才愿望，有振兴中华之志。这是时代赋予他们的特征。不管是学习好的、中等的还是差的，都希望祖国以最快的速度兴旺发达起来，经济迅猛发展，人民生活富裕，都热切地希望自己能成为人才，在现代化建设中大显身手。他们敏于思索，善于质疑，对知识的追求往往不受现有材料的限制，勇于发表自己的意见。他们见识比较广，接受外界信息的灵敏度比较高，有时看问题的尖锐和深刻程度大大超过他们这个年龄的人看待问题的一般程度。他们兴趣十分广泛，对古今中外的人和事往往带着猎奇的心理了解、询问，对现代科学技术、现代化生产、现代化产品更是津津乐道，乃至神往。

学生思维活跃，科技知识起点高，生活知识丰富，十分憧憬美好的未来，这是时代造就的必然。党的十一届三中全会以来解放思想、实事求是的路线，对内搞活经济、对外实行开放的政策，在社会上有强烈的反响，在学生身上也有所反映。这些都是教学十分有利的条件。但与此同时，学生身上又存在着明显的不足：集体主义观念、社会主义远大理想和道德规范等在学生心中不周全、不扎实；知识与能力缺陷多。教育教学上的难度是相当大的。

教师认清当代学生的新情况、新特点，就会领悟到教学中特别要

讲究针对性。要善于扬学生之长，引导他们明辨是非，克服不足；善于因势利导，将学生雕塑成材，千万不能用形而上学的观点来认识学生。

三、
审视学生之间的差异，
保护和调动各类学生的积极性

教师不仅要认清20世纪80年代中学生的共性，而且要注意审视学生之间的差异，把握学生的个性。通常的情况是：冒尖的、比较差的，容易在教师脑子里形成清晰的印象，轮廓比较分明，而一般的，所谓“中不溜”的似乎难以区别。大多数学生情况差不多，这是事实。但是，只要稍加深入就可发现，在“差不多”现象的后面颇有“差得多”的特点存在。

以口头表达能力为例。我班有四个学生口述能力都差，乍看，似乎都有口吃毛病，但仔细调查辨别，原因却各有千秋。第一个学生说话时舌头似乎短了一点，我经过再三了解分析，找到了他口齿不清的症结所在；第二个是独子，十分娇惯，父母视已是中学生的儿子为幼儿，讲话时停顿多，规范性差，孩子耳濡目染，形成习惯；第三个是小时候学口吃的人讲话，也逐渐口吃起来，想改，但一站起来说话就紧张，越紧张越说不清；第四个是思维比较迟钝，对外界事物不能迅速作出反应，因而说话疙疙瘩瘩，含糊不清。分别弄清楚他们口述能力差的原因，才可能寻找出最恰当的方法来纠正毛病，提高能力。第一个先从生理上解决，请医生诊断，手术治疗，然后进行说话的训练。第二个与家长联系，剖析家庭语言环境的重要，请家长说话注意语句的完整；再从简单的语句开始，帮助该学生进行单句的训练，指导他阅读口语化的材料。对第三个学生注意用“稳定剂”“安慰剂”，逐步消除他的紧张心理。第四个则着重训练他思维的灵敏度，并指导他想清楚了再说。针对不同情况作各种不同的处理，效果比“一刀切”好得多。

要真正洞悉学生的个性并不是件容易的事，须多思考，舍得花功夫，花精力，多侧面、多角度地了解，观察要精细，分析要周到。两千多年前的孔子就说教学生要“视其所以”，即观察学生的日常言行，“观其所由”，即观察学生所走的道路，“察其所安”，即考察学生的意向，“退而省其私”，即考察学生的言行举止。现代教育对学生之间的个性差异更加重视。教师如果不认真探测学生的内心世界，只以一时一事所得为依据，就常会对学生的情况判断错误，影响教育教学效果。

四、和学生的心弦对准音调，理解他们，研究他们的发展变化，促使他们健康成长

苏联教育家苏霍姆林斯基曾说过这样一段精彩的话：“在每个孩子心中最隐秘的一角，都有一根独特的琴弦，拨动它就会发出特有的音响，要使孩子的心同我讲的话发生共鸣，我自身就需要同孩子的心弦对准音调。”确实如此，教师不和学生的心弦“对准音调”，教师说的话就不可能在学生心中引起共鸣。振幅极小，或没有振幅，师生思想感情得不到很好的交流，教学语言的感染力也就大大减弱。

要“对准音调”，先要在发现上下功夫，要注意疏通了解学生的渠道，从学生身上获得他们各方面的信息。教师和学生接触，和学生的作业接触，和家长接触，随时随地都要开放自己的感官，让学生的思想、品德、知识、爱好、性格特征、生理特征等各种信息进入自己的脑中，并将其分别储存起来，千万不能闭锁自己的感官。有些学生性格是开放型的，教师容易发现他们内心的活动；更多的学生是心里某一角藏着秘密，教师如果没有精细的态度、敏锐的目光，就很难找到那根“独特的琴弦”。有眼力的教师看学生总是巨细不漏，越是细微之处，越不让它在眼皮底下溜走。撇一撇嘴，脸上掠过一丝笑意，

目光中突然出现某种异彩，这些细微的表情、动作瞬息即消逝，教师如果能迅速地捉住，和彼时彼地彼事联系起来思考分析，就可窥见学生心中的那“一角”，窥见他们对某些问题的所思所想，大至社会、人生，小到自己的行为、习惯。这方面的例子举不胜举。

要“对准音调”，还须在理解上下功夫。一个教师要做到真正理解所教的每个学生的心，那不仅要讲究科学，而且还颇要讲点艺术性。学生有学生的内心世界，他们有许多想法、做法在成年人看来是幼稚的、粗糙的、鲁莽的，甚至是可笑的。教师不能以成人的想法、做法来框，要多设身处地为学生想想，理解他们的心情、愿望、欢乐、忧愁，少下“禁止令”，少设“阻挡栏”，要正面引导，积极为他们出谋划策。知心才能交心。师生之间共同语言多，那根“独特的琴弦”才会“发出特有的音响”。

“音调”不是固定不变的。青少年学生在成长时期，知识日益增多，智力不断被开发，思想、性格、兴趣、爱好等都处在变化之中：有的是顺着原来的方向发展、逐渐成熟；有的变化比较大，不是在原来的线上移动，如好动的变为好静的，马虎的认真起来，某方面的知识缺陷弥补后思维能力出现了飞跃。因此，教师识质的工作不应是静止的，不应停留在某一点或某一阶段。了解要有连贯性，并要有计划地把发现所得做简要的记录，作为比较分析的依据之一，从而摸索出将学生雕塑成材的好方法。

识质的硬功夫，雕塑的好本领，产生于教师对教育事业的巨大热情，产生于对祖国炽热的爱。教师要练就识质的慧眼，精心雕塑我们可爱的学生。

响鼓更须重槌敲

偏爱、溺爱好学生，不仅会害了他们自身，而且会损伤一般学生的自尊心，损害班集体的团结。

教师一般都容易喜爱好学生。因为这样的学生优点多，懂事早，学习成绩好，和同班级里调皮捣蛋的、不懂事的、不遵守纪律的学生比，确实更惹人喜爱。这应当说是非常自然的事。

但是，好学生毕竟是相对差学生来说的。前者并非完美无缺，后者也不是一无是处。好比两块璞玉，一块质地相对好些，另一块相对差些，但不经雕琢，终究都不能成器。何况好学生长期处在被人喜爱的优越地位，难免带有自身的弱点，比如爱听表扬，爱看自己的长处，经不起批评，受不起挫折，等等。有时候，教育好学生甚至比教育缺点多的学生难度更大。比如你要真正了解和发现他们的缺点就不那么容易。这里有两方面的原因。从教师主观上来说，对好学生爱之深，有时就容易忽视甚至不愿正视他们的缺点。从好学生的客观方面来看，他们不像所谓的差生那样缺点外露，尤其是在教师面前，他们的缺点更不易暴露。这倒不是由于这些学生故意装假，故意掩饰，而是因为他们确实比较懂事，比较能干，比较顾大局。因此教师如果没有敏锐的眼力，就很难洞察他们心中的隐秘。比如你和班里的小干部们在商量怎样组织一次智力竞赛，你主张让更多的学生参加组织工作，让一般学生来主持这次活动，以便让更多的人得到锻炼。你的意见，小干部们基本同意了，但仔细观察一下，同意的程度很不相同。有的爽爽朗朗，欣然赞同；有的列数困难，表示愿意协助。而独有那位班长淡然一笑，先不吭声，接着又提出了“会分几段开，干部、同学多人主持”的办法。会怎样开，比赛怎样进行，原本不是什么大问题，但那位小干部为什么会提出这样的办法，心里是怎样想的？

细心的教师不会轻易放过这些问题，而会由此窥见好学生思想上隐藏的瑕疵，并去探究教育的良策。

对好学生进行严格教育，不仅大大有益于他们自身的成长，而且也是出于做好其他学生教育工作的需要。我们知道，一个教师如果偏爱、溺爱好学生，就会给一般学生带来消极的心理影响。学生的心灵是非常敏感的，教师的任何一点亲疏厚薄，他们都会感觉到。一般说，每个学生都希望得到老师的关心、爱护。如果大多数学生发现老师只将“爱”给予少数几个好学生，他们会像受了侮辱似的对好学生产生反感，从而让班级集体产生裂痕。同时，他们也会因为教师的不公正而疏远他，不信任他。而这一切，都将给教育工作带来巨大的损失。

教育好学生，总的说来，虽然不比教育差学生那样复杂，但同样需要取慎重态度。好学生一般感情比较细腻，想得比较多，自尊心也强些。对他们既应严格要求，又要十分注意教育的方式方法。根据许多优秀教师的经验，有这么几点是值得我们注意的。

对好学生的缺点、错误，同样不能过多地作公开批评。但这并不意味着需要事事严守秘密。尤其是如果这些缺点、错误已在相当一部分学生中造成不良的影响，那就应当视缺点、错误的性质，该公开的就得公开。不过在公开之前，先要对当事人做好说服教育工作。然后，最好让他自己出面作公开的自我批评。与单单由教师出面当“审判官”相比，这样做更容易使他取得一般学生的谅解。

对好学生的优点或成绩，当然也要予以表扬，但不宜过于频繁。即使要表扬，最好也不要从教师口中说出来，而要让其他学生来说。过多地、轻易地表扬好学生，或者老是由教师出面来表扬，好学生反而会越来越被孤立。有一位小学模范班主任很注意“表扬的艺术”。比如有一次上课，她班上一个调皮的学生多次向前排一个好学生的耳朵根吹气，挑逗他，可前排的那位学生毫不理会，仍然专心听讲。这位班主任发现了这件事，想表扬一下那位好学生。可怎么表扬呢？她让那位好学生站起来，问他：“别人朝你耳根吹气，你为什么不喊？”“老师在讲课，我一叫，就会影响大家学习。”这位老师随即问全班学生他说得对不对，学生纷纷说出了自己的看法。这样，大家就明白了那位好学生究竟好在什么地方，心服口服。

不断激励好学生向更高的目标奋进。伟大的目标具有巨大的激励作用。高明的教师总是在学生达到一个目标之后，又接连提出新的更高的目标，以促使他们不停地向前奋进。对好学生来说，这样做就显得更为重要。因为他们各方面条件好，又隐藏着较大的发展潜力，如果在他们取得一点成绩之后就放松要求，那是十分可惜的。激励好学生向更高目标奋进，要针对他们的弱点。比如：现在有一些“三好”学生学习刻苦，成绩优良，但创新、开拓精神差，动手、自学、组织、社交等能力甚至不如其他学生；有的“三好”学生整天围着老师转，离开老师单独活动则战战兢兢，害怕在陌生人面前讲话；有的好学生容易瞧不起周围其他同学……对此，就要给他们提出切实具体的要求，如：开阔他们的胸襟，开拓他们的视野，指点他们取其他同学之长，补自己之不足；引导他们走出校门，积极开展社团活动，锻炼社交能力；多让他们独自开展班级活动，提高组织应变能力；在学习上，则应鼓励他们活跃思想，多角度、多侧面地提出自己的见解，而不仅仅满足于取得卷面好成绩……总之，要以更高的目标和理想激励好学生上进，使他们从“顺从型”学生变成创造型人才。

课堂教学的节奏与容量
——谈提高语文课堂教学效率

我国正在进行“消灭贫穷，走向富强，消灭落后，走向现代化”的建设，迫切要求改革教育。教育事业是培养人的事业，一定要因势而变，顺势而改，很好地适应新要求，解决新问题。语文教学改革是教育总体改革的一个组成部分，务须按照“三个面向”的战略思想研讨改革目标、途径和步骤，切实解决改革中发生的具体问题。

这里我想讲一个具体问题，即通过研讨课堂教学的节奏与容量来谈一谈提高语文课堂教学效率的问题。课堂教学仍是目前的基本教学形式，研究如何提高课堂教学效率仍有重要意义，并且刻不容缓。一节课只有 45 分钟，就语文教学而言，教师必须十分注意在这有限的时间内准确而迅速地传递知识信息，灵活而有效地训练学生听、读、说、写的能力，努力把一堂课上得丰满些。这里课堂教学节奏与容量的问题就是一个值得探讨的问题。教学节奏要合上时代的脉搏，适应学生的思维活动以及他们的生活节拍。教学节奏有其自身的规律，课堂上运用得好，课才能上得丰满有成效，而课堂教学的节奏与容量又互相关联。今天，为适应时代要求，按照“三个面向”的指示，我们的课堂教学一要新，二要充实，三要有成效。语文学科是一门方面多、综合性强的学科，课前考虑得全面周到，上课时才能避免单打一，避免机械分割、不成片段，才能重点突出，轻重配合得当，熔思想、语言、认识能力、素质培养于一炉，使课堂教学多功能的

本文发表于《中学语文教学参考》1985 年第 8 期。

作用得到充分发挥。

怎样才能促使这种境界出现呢?

一、把握教学规律,有鲜明的节奏

“文似看山不喜平”,起伏曲折,才会使读者兴趣浓厚,步入胜境,领略无限风光。课堂教学也一样,课上得平板,就会令学生昏昏欲睡,上得有起有伏,有鲜明的节奏,才能引人入胜,产生好的教学效果。

节奏本是音乐用语,指音乐中交替出现的有规律的强弱、长短的现象;比之工作,指均匀的有规律的工作进程。上课有节奏,首先要探求课程的规律性,分清主次,决定粗细详略、快慢强弱,在教学目的的统率下,有节奏地把一堂课上成和谐的整体。上课应强调规律性,无规律则乱,无强弱快慢则平板,都不能吸引学生。

具体做法可以考虑以下几个方面。

(一)剪裁教学内容,突出重点,主次分明,详略得当

教一篇课文,对学生进行知识传授和语文能力的训练不能面面俱到,什么都和在一锅里煮。究竟教给学生什么,是必须首先明确的问题。目的不明确,课堂上随心所欲,也就谈不上教学节奏。教学目的清楚实在,量体裁衣,轻重有当,疏密疾徐在胸,课才能上得有节奏。

要善于拎出课文的要点,尤其是长课文,更要透过繁复的文字拎出全文要领。如《二六七号牢房》是一篇较长的课文,学生似乎一看就懂,但了解甚浅,因而兴趣不浓。主要原因是学生的生活经历与

课文中所书写的有很大的距离，他们不容易领会。教学时如果抓住要点，有起有伏，就能吸引学生的注意力。《二六七号牢房》从全文看，要点有二：一是揭露德国法西斯狡诈凶残的反动本质，二是歌颂捷克斯洛伐克革命者坚强不屈的崇高品质和乐观主义精神。这些内容分布在课文的三个部分之中：第一部分，牢房环境，爱国者卡瑞尔的形象；第二部分，牢房中难友更迭，伏契克与“老爸爸”约瑟夫·贝舍克的战斗深情；第三部分，法西斯暴行，伏契克的信念、意志和乐观主义精神。值得注意的是，三个部分的要点并不割裂，而是有交叉，互补互透。捷克斯洛伐克英雄群像中伏契克最主要，三个部分均用了笔墨；不过，主次的位置有变化，各部分要点也就更显露。因此排列要点时，人物形象以伏契克为主，卡瑞尔、“老爸爸”居次。人物思想精神的光芒是在法西斯牢房中闪耀的，因此环境写实也是教学要点。人物的思想、精神和感情上的爱憎又是通过平实含蓄的语言来表达的，因而这一语言特点也应是教学要点，不过教学时应把它贯串于前二者之中，在特征明显之处深入推敲。

教学要点拎准了，就可大胆地删剪旁枝繁叶，使教学上的重点显露突出。对教学内容不作详略取舍的处理，教学中就难以摆脱平板呆滞的气氛，难以形成教学节奏。无“轻”不易显示“重”，无“伏”就难突出“起”。对《二六七号牢房》的第一部分两个要点的处理可形成鲜明的节奏。“从门到窗子是七步，从窗子到门是七步。这个，我很熟悉。”“走过去是七步，走过来是七步。……是的，这一切，我很熟悉。”四个“七步”，两个“熟悉”，言简意深，学生不易深刻理解，教师要揭示其内在含义：用反复回荡的句式描写牢房的狭小，令人窒息；揭露捷克斯洛伐克反动派和德国法西斯是一丘之貉，都是迫害革命者的刽子手；表达作者身居囹圄而渴望自由的感情和勇于献身的精神。看似平淡的句式，却把气氛渲染得异常浓重。这是教学节奏中的“起”和“峰”，教学中应从“重”从“详”。而对第二个教学要点的处理就要大力删剪枝叶。写卡瑞尔的笔墨很多，不分巨细用力教，学生脑中会模糊一片。哪些句子最能深刻揭示他的精神世界，就牢牢捕捉住。一个侧面描写的“他留在我们记忆里的，只有他那善良的心”，一个正面描写的“‘但这是我的义务，你知道，我只能这样做’”的话语，二者结合起来，人物精神毕现，教时应着重分析，而其余描写部分，只需用概括的语言一带而过。这是“伏”中有“起”，“略”中显“详”。这样该详则详，该略则略，节奏才能分明。

顺便提一提，教学难点不一定就是教学重点。如果根据教学目的要求衡量某一难点不作为教学重点时，对有关内容同样要删繁就简，否则就容易拖长时间，走失节拍，影响教学效率。如《事事关心》一文中，“围绕对联评东林”是全文的难点所在，因为牵连到东林党人等历史知识，三言两语学生不容易弄清楚，但如果花费许多时间疏讲又非教学目的所需，避开就是。若难点同时是教学重点，处理时当另作别论。

（二）
教学过程要疏密相间，有起有伏，
形成循序渐进的“坡度”

一节课要富有节奏，须对教学过程中的各个阶段作妥善安排。课是个整体，一节课的教学过程应视教学目的、教学内容、学生情况事先设计好，把课上得有起有伏，有韵有律，使学生始终置身“山阴道上”。

一般来说，讲读课的起始阶段着重于激发学生学习某篇课文的兴趣，引起他们的求知欲望。这是给课定调。课的起点必须事先设计好，或用三言两语作引子导入新课，或开宗明义明确学习目标，或创设质疑条件，让学生提出预习时发现的问题，激起矛盾，形成质疑、辨疑、解疑气氛，从一开头就激起学生的学习兴致。在学生注意力已集中，学习积极性有所调动之后，就进入理解分析、阅读赏鉴的阶段。这个阶段的教学活动要根据教学重点与非重点、根据学生质疑情况有紧有慢地结合进行。如《挥手之间》中“人群像平静的水面上卷过一阵风，成为一个整体朝前涌去”“人们又一次像疾风卷过水面，向飞机涌去”“人们又一次涌上去，拼命地挥手”的三“涌”，有层次、有节奏地描述了人们对领袖的爱戴、依恋、信任。指导学生阅读赏析时可顺其势张弛，将三个“涌”的语句集中起来，增大密度，使学生领悟深意。主席挥手告别的动作及意义是全文的高潮所在，仿佛音乐节奏中满腔满调的部分，这以后的叙述就松下来，教学中一带而过就行。到了巩固、复习或练习阶段，则注意引导学生从“学”到“用”，加深理解，训练能力。有时课还可以设计个“尾声”，让学生带着问题下课堂，进一步激发他们的求知欲望，让他们欲罢不能。如《二六七号牢房》课将结束时，我把学生所提的问题——“‘这时候，老爸爸就靠床站着，凝视着这一线转瞬就要消逝的阳光……只有在这个时候，我们才会看见他那忧郁的目光’的描写是不是损害了‘老爸爸’的形象？他的目光为什么‘忧郁’呢？”——再次提了出来，留给学生课后思考，寻求解答。这仿佛曲已终而犹余音缭绕。

课不可能有死的程式，各阶段可交叉渗透，比如，理解赏鉴时可佐之以听、读、说、写训练，边学习边练习，等。但不管如何，课总要上得有板有眼，有起有伏，一气呵成。

（三）
多种教学方法穿插运用，
相得益彰，浑然一体

教课又如画画，有笔有墨，各种画法穿插运用，根据题意布局，用墨深深浅浅、浓浓淡淡，用笔粗粗细细、曲曲折折，主题突出，陪衬得当，满纸气韵，浑然一体。上课也如此，要善于运用多种多样的方法提高课堂教学质量。以下举四种方法说明。

轻点。有些学生读书能抓住文章的主要情节，但有时对有些牵动全局的语句却不经意，忽略过去。正因为其牵动全局，学生应该对其有所知晓，教师可顺手采用轻点的方法，使他们经过摸索而能有豁然开朗的快意。如学《二六七号牢房》时，学生往往会被四个“七步”的句子吸引，而对一针见血地揭露整个牢狱环境的语言却疏漏了。针

对这种情况，教师可提出问题，要学生用浏览的速度很快地寻出揭露牢狱实质的语句。学生仔细阅读，表面上平静，但思维异常积极。当一个学生提出秘密警察监狱是“违反天理人情的残酷环境”时，全场顿时活跃起来。这是用提问轻轻一点，点破契机。

重敲。课文中有些句段无生字难词，似乎一读便明。但其实，学生由于受年龄和生活经验所限，认识往往浮在表面。教学中对于这类要点须在细细锤打上下功夫。文章写不出细处，感人不深，是因为只见骨架，不见血肉；课教不到细处，往往流于粗疏笼统，学生就受益不多。如《二六七号牢房》中“挂在门口的号牌上的名字，从两个换成三个，又从三个换成两个，然后又是三个，两个，三个，两个，新的囚犯来了又去了。只有从来就一直住在二六七号牢房的我们两个——‘老爸爸’和我，仍然没有分离。……可是怎样来描述呢？这是一件不容易的事。两个人，一间牢房，一年的生活。”为什么这段话中相同的数量词反复出现？为什么最后一句话用三个偏正短语排列成这样一个特殊的句子？只有带领学生咀嚼推敲，才能使语句背后的潜台词神意尽出。数量词的反复出现揭示了时间的流逝，更饱含复杂深沉的感情，有对离去的战友的怀念，有对牺牲者的哀悼，更充满了对德国法西斯残害革命者的愤怒与憎恨。三个偏正短语的组合更是表达了千言万语表达不尽的思想感情。在短暂的时间里，有限的空间里，共同的命运，地狱的风风雨雨，生死的朝朝暮暮，凝结成了无限深厚的战斗友情。这种含蓄深邃的情意，不重敲就亮不出照人的光彩，节奏上就隆不起波峰。

连线成体。教学中突出重点、排出难点的同时，也要处理好非重点的内容，如果不注意穿针引线，课就会脱钩脱节，零碎散落，不成形体。教师要善于概括，拉线走针，连线成体。如上所述，在重锤敲打了“两个人，一间牢房，一年的生活”的句子后，两人之间的战友情深已为学生理解，再来讲解文中的大段叙事就无须费力，只要叫学生找准“老爸爸”生活上关心照料“我”、精神上鼓励支持“我”的一系列动词，用线一拉，一分钟就解决了问题。这样处理能使前者更为显露，耐人寻味。即使是对难点的处理也可采用这种方法。前面说到的“围绕对联评东林”这个难点，对文中讲到的好几个历史人物，我也用走线的办法来解决，不过，是引导学生用手比画。我说这几个历史人物之间有师承关系，请大家用手比画，在他们之间画几条线把他们连接起来。这样既避开了纠缠不清的名词术语、历史事实，又帮助学生看到了东林人物的局限性，懂得了看待古人古事要用历史唯物主义的眼光，一分为二地来看。

密集训练。教学中对学生进行语言和思维的训练时，不仅要在粗细上巧安排，而且要在快慢上下功夫，当慢则慢，当快则快。该细细咀嚼处，节奏太快，会使学生“消化不良”；该快处不快，拖沓啰唆，学生就会恹恹欲睡。快的节奏，可在训练学生思维敏捷方面收到成效，而思维敏捷在当前信息如潮涌的时代显得尤为重要。怎样训练呢？一是面面开花，抓住某一词句，某一问题密集提问，促使学生积极动脑筋。如教《春》时，课起始一口气问几十个学生，要求他们迅速回答一想到春，脑子里就跳出什么有关词语，比如“春花烂熳”“万象更新”等。个别学生如不能立即回答，可提一字架桥。二是连续追问，促使学生深入思考。比如《金色的八十年代》一文第二个场景中有几个人物在活动？为什么说有教师在活动？你是从哪些细节看出来的？这是一种怎样的写法？这样的写法有什么好处？请把暗写的人物补出来。这样一连串的问题如一个个小石子丢下去，让学生脑中皱起涟漪，泛起浪花，掀起波澜。还可用储存问题的方法布点。在学生阅读某一段落、某一文章之前，提出一系列问题，要求学生储存于脑中，然后梳理分类，逐一回答，训练学生在学习过程中有层次、有节奏地解决疑难。

教学中可资采用的方法举不胜举，可答问，可讨论，可朗读，可听写，可讲析，可反馈。运用得巧妙，可形成错落有致的教学节奏。

二、适当扩充课堂教学的容量，在知识的广度、深度上开拓

学生在课堂上常有注意力不够集中的情况发生，原因多种多样，

但“供不应求”是很重要的一个。教师常因一些学生语文能力不理想而放慢或拉长进度，降低难度，教学内容不充实，影响了学生学习积极性的发挥。

语文教师要善于调动学生学习语文的积极性，引导他们在语文知识的海洋中乘风破浪航行。学生学习积极性充分发挥，思想活跃，才有充实教学内容之余地；而适当扩充课堂教学的容量，又能反过来促使学生生动活泼地积极学习，收到相得益彰之效。课堂的容量怎样才能得到适当扩充呢?

(一)
在广度上开拓，
扩大知识的覆盖面

对现代社会生活有很强适应能力的人，除了善于吸收层出不穷的新鲜事物，善于独立思考、独立分析问题外，知识覆盖面往往比较大，知识的储存量也往往比较丰厚。要能达到这样的境地绝非一日之功，绝非突击所能奏效，而是要靠从学生时代起的辛勤积累，有选择地储存。教师要引导学生在平时就注意纵横延伸求知，即使在课堂教学有限的时间内也要有效地做到这一点。

课堂内讲和练的内容须精心设计。指导学生学习课文，不能只见眼前的课文，被它所囿而不思其他。要认真审慎地在一节课内选几个知识点延伸扩展，力求熔丰富知识、陶冶性情、培养兴趣、锻炼能力、活跃思维于一炉，使学生吸取多种营养。

如介绍《事事关心》一文的作者时，若只用语言平实地叙述，学生听起来单调，往往只是教师说一，学生知一。但如果在广度上开拓，容量就可加大。做法是：出示《燕山夜话》，翻开书让学生看作者的照片，学生讲注释中的作者介绍，教师指着书和照片补充说明，点出作者受迫害的情景；课文学到适当时候，找准时机，要求学生听写《燕山夜话》“自序”里的一段话：“我们生在这样伟大的时代，活动在祖先血汗洒遍的燕山地区，我们一时一刻也不应该放松努力，

要学得更好，做得更好，以期无愧于古人，亦无愧于后人。”这样在广度上开拓的目的是：（1）以直观原则教学吸引学生认识作者与作品。（2）识字：地名幽燕、燕山中的“燕”（yān）不能误读为 yàn；识“村”的异体字“邨”。（3）利用学生的逆反心理激发学生学习课文的兴趣。（4）训练学生说话和听写的能力。（5）以作者热爱故土、积极进取之情陶冶学生的情操。这样，所用课时或相仿，或多用一两分钟，但对学生的培养大不一样。

在广度上开拓不能误解为教师漫无边际地联系，把课讲得臃肿庞杂，而是应慎加选择讲授内容——或有认识价值，或有审美价值，或是能在提高学生思想水平、文化素养方面长期起作用的。在广度上开拓尤其要着眼于调动学生的知识库存，发挥学生敏锐的观察事物的能力和丰富的想象力等。课堂内还要启发和引导学生自己开拓，把他们的积极性调动起来。如教《事事关心》一文将结束的时候，教师阐明：显然，作者引用古人对联的目的绝对不是拜倒在古人的脚下，而是古为今用。接着，可要求学生就学过的一些古诗文举例说明这一重要观点。于是学生调动自己的知识库存，列举了陆游的《诉衷情》，《列子》中的《愚公移山》，范仲淹的名言“先天下之忧而忧，后天下之乐而乐”，顾炎武的“天下兴亡，匹夫有责”，刘基的“金玉其外，败絮其中”，于谦的《石灰吟》，李清照的“生当作人杰，死亦为鬼雄”，文天祥的“人生自古谁无死，留取丹心照汗青”，《论语》中的“学而不思则罔，思而不学则殆”“三人行，必有我师焉”，《习惯说》里的“故君子之学，贵于慎始”，《黄生借书说》里的“书非借不能读也”等来说明，真是琳琅满目。学生根据自己的理解阐述道理，课堂上气氛活跃。这样来开拓，学生可：（1）巩固旧知；（2）扩大视野（有些是课外读物中的）；（3）锻炼口头表达能力；（4）训练思维敏捷性；（5）被激发出民族自豪感，懂得中华民族历史悠久，文化灿烂，有无穷无尽的宝藏；（6）进一步理解古为今用的道理，进一步牢牢抓住课文的特点。

（二）
在深度上钻研，
加强学生理解力

教学上有一条根本原则，就是培养学生的独立思考能力，要使学生认识事物不浮光掠影，而是善于思索，深入底里，洞悉事物的本质。在现代社会里，这一要求就更为突出。语文课堂教学也要注意这一点，如果只教在课文表面，指导在听、读、说、写表层，不仅课平而淡、干而瘪，而且学生的思维积极性会受到压抑，认识能力的发展也会受到影响。

课必须有深度。所谓深度，绝不是教师从主观臆想出发，脱离教材和学生的实际，故作高深，而是要遵循认识规律和课文内容与形式统一的特点，从形式到内容，从内容到形式，适当反复，逐步加深，由表及里，使学生加深认识，提高分析事理的能力。如《“友邦惊诧”论》开头一段粗读后，学生至多获得以下两个印象：（1）这一段说明了学生请愿的缘由和国民党政府以无中生有的罪名加害学生的事实；（2）揪出了反动论点，树立了批驳的靶子。然而，引导学生逐步进入深层的分析，在理解能力的锻炼上就大不一样。

第一层是识字辨词：“束手无策”的“束”和“策”，前者读shù，后者竹字头下面是“朿”，读cè；“攒”，聚集，读cuán，不能与表“储蓄”义时zǎn的读音混淆。

第二层是明晰多层次的内容，明确：（1）学生请愿是爱国行动，反侵略，反卖国；（2）学生请愿是迫不得已；（3）国民党政府掩盖血写的事实与罪行，极其卑劣地制造墨写的谎言。

在理解基本事实的基础上，第三层是指导学生理解文章的遣词造句在表达思想感情上的功能。可抓以下几点咀嚼推敲：（1）文章开篇摆学生请愿的事实即可，为何说“只要略有知觉的人就都知道”？“略有知觉”寓含什么深意？起什么作用？改为“略有知识”行不行？（说明无须慧眼、无须深入思考就能知道，以此来强调学生的爱国行动是不容歪曲的事实，清清楚楚，明明白白；这里的“略有知觉的人”，指稍有人性、稍有爱国心的人，与有无“知识”无关；作者下笔带愤激之情，侧击大人老爷们知觉全无，爱国心丧尽。）（2）在揭露反动政府刽子手面目和卖国事实的同时，为什么要夹入对“读书”的议论？是不是有点扯开？在语言表达上有何特点？（不。貌似扯开，实质是更深刻的揭露，战斗锋芒直指欺骗学生“安心读书”的卖国政府。学生在国土沦丧、生命无保障的情况下，“放下书包来请愿”是不得已，这样赤手空拳地来请求抗日已是“可怜之至”，而反动政府竟对学生疯狂镇压，横加罪名，其险恶用心可想而知。这里插入一段议论，戳穿了“安心读书”的骗术，伸张了学生请愿的正义性，反衬出国民党政府的反动性，再加上用模拟的口吻来写，使反动政府降敌卖国的本质昭然若揭。）

第四层是在能力培养方面稍加深入。（1）在理清层次的同时，指点学生读注释与文末引录的电文，指导读书方法，培养学生的自学能力。（2）比较直接端出反动论点和从以事实和说理为基础的反驳中引出反动论点的写法的区别，使学生认识到作者用后一种方法悬靶子，使论敌从一开始就处在被动挨打的境地，以此培养学生的比较思维能力。这样在扣紧遣词造句帮助学生消化课文的同时，也较深入地对学生进行了严格的思维训练，有助于学生在表达思想感情时做到准确、严密、深刻。

无论是在广度上开拓还是在深度上钻研，都要有计划、有目的，做到新旧联系，课内外衔接，读、写、听、说挂钩，读书与学习做人相结合。

课堂教学应吹进一点清新的风，克服呆板沉闷、形式主义。一堂课教学效率高不高要看学生在课内是否活跃，当然这不是形式主义的、按电钮式的活跃，而是思维处于积极状态的真正的活跃。要想做到这一点，教师要善于运用启发式的教学方法。启发之道自有其规律，而运用之妙，在于一心，但它又并非高不可及，努力求索必可企及，功夫是不负苦心人的！

笔锋奇峭，感情深沉
——《范爱农》教学设想

《范爱农》是一篇追怀亡友的散文，1926 年 11 月 18 日写于厦门大学图书馆的楼上，为“《旧事重提》之十”。文章笔锋奇峭，感情深沉，布局精巧，语言幽默，以深邃的思想见解和独特的艺术功力把人们引入逝去的岁月，让人们认识中国社会发展的艰难历程。

根据这篇散文的特点和高三学生的实际，似可制订如下的教学目的要求：

1. 引导学生从范爱农的不幸遭遇和悲惨结局中认识封建势力复辟的罪恶和辛亥革命的不彻底性。

2. 帮助学生理解并学习运用富有个性特征的语言和细节刻画人物思想性格的方法。

3. 启发学生体会叙事中感情的深沉、语言的幽默。

4. 继续培养学生理清散文结构的能力和口头发表意见的能力。

为了实现上述教学目的，教学可分三个步骤进行。

第一步，学生独立阅读，熟悉课文。课文涉及的人和事距今已七十多年，为使学生正确理解作者的写作意图和表现手法，在他们独立阅读课文前可作下列指导：

1. 范爱农是鲁迅的旧友。他们在日本东京留学时认识，回国后又在故乡绍兴重逢，成为好友。根据《知堂回想录》一书记载，其时鲁迅为师范学堂校长，“爱农为监学”。“在办公完毕之后，爱农便身着棉袍，头戴农夫所用的卷边毡帽，下雨时穿着钉鞋，拿了雨伞，一直走到‘里堂前’，来找鲁迅谈天。鲁老太太便替他们预备一点家乡菜，拿出老酒来，听主客高谈，大都是批评那些‘呆虫’的话……这样总要到十点钟以后，才打了灯笼回学堂去”，可见二人友情甚笃。辛亥革命爆发的第二年，鲁迅离开绍兴，范爱农被反动校长傅力臣解聘，穷困潦倒，含恨而死。鲁迅得知爱农死讯，心甚悲哀，“为之不怡累日”，写诗《哀范君三章》，寄托哀思。

2. 范死于 1912 年 7 月，《范爱农》写于范死后十四年。鲁迅当时写这篇散文的意图何在？1926 年前后，全国人民反帝反封建军阀的浪潮日益高涨，革命形势迅速发展，正如鲁迅在《两地书》中所说，“此地北伐顺利的消息也甚多，极快人意”，北洋军阀的统治摇摇欲坠。在这光明与黑暗搏斗的时刻，鲁迅的思想深刻变化着。他撰写该文，借追忆亡友范爱农在辛亥革命前后的遭遇，总结斗争经验，更猛烈地向旧世界进攻。

3. 要求学生对照注释认真细读课文，弄清有关的人和事。

第二步，组织学生就下列问题开展讨论，突出重点，攻克难点，正确理解课文。

（1）文章明明忆旧友范爱农，为什么不直接从范爱农入笔，而从“辟头就看见一条从中国来的电报”写起？

（2）文章给范爱农的出现蒙上了怎样离奇的色彩？你对“中国不革命则已，要革命，首先就必须将范爱农除去”这句话的含义与作用怎么理解？

（3）文章是怎样多次描写范爱农的形象、语言与处境的？尤其是抓住了哪些富有特征的细节进行描绘？表现了他怎样的思想性格？造成他不幸遭遇和悲惨结局的原因是什么？

（4）作者忆范爱农的生活片段时涉及哪些政治事件？为什么要把他放在辛亥革命的政治背景下刻画？文章是以什么为线索把许多方面的人和事串联成一个整体的？结构上有何特色？

（5）作者是怎样叙写范爱农悲惨的结局，从而寄寓对亡友哀悼的深情的？结尾这样写起何作用？文章语言带有幽默色彩，这样表达与直接表露情感意图效果有何区别？

在讨论中引导学生读书、思考、分析、归纳，掌握以下一些要点。

文章起笔突兀，有峻嶒之势，不直接从范爱农入笔，而从看见一条电报写起，这就把徐锡麟行刺安徽巡抚恩铭和徐锡麟被杀害的政治事件推到读者面前，既交代了人物活动的政治背景，又收到了使人触目惊心之效，使读者在震惊之余，急于要往下读。

范爱农的出场是先闻其“钝滞的声音”，后见其“高大身材”的形象。在同乡会上，客居东京的“我”主张发电哀吊烈士，“痛斥满政府的无人道”，偏偏这位徐锡麟的高足却冷冷地反对。一方非常愤怒，义愤填膺；一方冷言冷语，冷峻异常。先“争”要不要发电，又“争”谁“拟电稿”。在“争”中二人相识，在“争”中初次展现了范爱农的思想性格。范爱农为何采取如此态度？“冷”的背后是什么？正当读者欲推敲之时，作者直下笔墨，觉得“天下可恶的人”“第一倒是范爱农”，甚至认为“中国不革命则已，要革命，首先就必须将范爱农除去”。用笔真是奇峭之极。众所周知，鲁迅的爱国思想十分激进，他与范爱农初次邂逅，竟然就作出如此断语，使读者不得不猜度，不得不关心范爱农对革命的态度。作者用这样的断语把范爱农和革命的命运紧密相连，制造出强烈的悬念，寄寓了深沉复杂的感情。

宋代陈郁认为“写照非画科比，盖写形不难，写心惟难”（《藏一话腴》）。要把人物写得活生生地跃然纸上，不仅要绘形，而且要写“心”。“心”就是“神”。作者写范爱农的肖像、语言、细节，着墨虽不甚多，但由于“以形写神”，故使人物思想性格鲜明，收到形神兼备之效。范爱农是一个愤世嫉俗、要求革命的知识分子。在辛亥革命前，他和鲁迅一样，奔赴日本留学，寻求救国救民的真理。在闻悉徐锡麟被杀害噩耗时表现出的令人愕然的“冷”，正是他极端悲愤、仇视黑暗势力所致。“他穿着很旧的布马褂，破布鞋，显得很寒素”“又受着轻蔑，排斥，迫害，几乎无地可容”，寥寥数笔，勾画出范爱农在当时社会摧残下的悲惨遭遇。景况凄凉艰难，然而范爱农决不阿谀奉承。眼睛是心灵的窗户。“眼球白多黑少”“看人总像在渺视”“他眼睛还是那样”，文中三次抓住范爱农眼睛的特征进行细节描绘，着力刻画他冷眼看世界，对群小藐视、鄙视，对旧势力倔强反抗的性格。文中写范爱农“爱喝酒”的细节，写他与作者常一起说些“愚不可及的疯话”，正是表明范爱农是正直的知识分子，不愿同流合污，以说“疯话”、发牢骚来抗议黑暗的社会。言为心声，精当地运用人物个性化的语言，能极其准确地反映人物的心声，鲜明地表现人物的思想性格。范爱农的话在文中只有极少几句，但句句有特色。“杀的杀掉了，死的死掉了，还发什么屁电报呢。”群情激愤之时，范爱农竟然说这样的话，“冷”。“何必推举呢？自然是主张发电的人啰”，不仅“冷”而且“刺”。“你还不知道？我一向就讨厌你的，——不但我，我们。”毫不掩饰，“直”。“这里又是那样，住不得，你快去罢……。”即使自己处境会更困难，也以友人为重，“诚”。三言两语，范爱农的直率、诚挚、冷峻、疾恶如仇的思想性格如在眼前。

武昌起义，绍兴光复，范爱农出现了“从来没有见过的”“笑容”，由乡下赶上城来“看看光复的绍兴”，而且“不大喝酒了”，“办事”“教书”，“实在勤快得可以”。革命给被压迫者和被剥削者带来了极大的希望，革命使穷困潦倒的范爱农焕发出青春的活力——他向往革命，热烈拥护革命，为革命不辞辛劳。然而，没过多久，他就被排挤，被解聘，“又成了革命前的爱农”，而且“景况愈困穷，言辞也愈凄苦”，“各处飘浮”，终于落水而死，结局悲惨。为什么一个追求革命、拥护革命的爱国的知识分子在革命以后竟然报国无门，遭此不幸？孔教会会长上台，封建势力复辟，把范爱农谋生的权利也剥夺了。绍兴光复，街上虽“满眼是白旗”，但“内骨子是依旧的”。这就道破了辛亥革命的妥协性、不彻底性，揭示了造成范爱农悲剧结局的社会原因。

作者忆写范爱农的生活片断时，涉及徐锡麟起义失败被杀害事件，辛亥革命后绍兴光复的情景，报馆案件的前前后后。作者把范爱农放在这些政治事件的背景下活动，把个人命运与时代风云紧密相连，深刻地展现了范爱农反清爱国的思想和报国无路的痛楚，揭示了造成人物悲剧结局的社会根源，使文章主题深邃广阔，有重要的社会意义。文章在布局上甚为精巧。作者以同范爱农的交往为线索，把许多方面的人和事有机地胶合起来，组成一个整体，刻画范爱农的个性特征，展示时代的风貌，表现社会悲剧的重大主题。全文可分为四个部分：东京初识；故乡重逢；并肩战斗；别后闻变。线索分明，各种材料衔接得可谓天衣无缝。如第二部分插叙“到横滨去接新来留学的同乡”的情节，由喝酒说“疯话”引出对东京同乡会旧事的谈论，由东京的旧事引出到横滨接新同学的旧事，用“我略略一想”转入插叙，再用“试问爱农，果然是的”结束插叙部分，转入对旧事的继续谈论，转接自然，结构严谨。

范爱农的不幸遭遇终于发展到了“沉沦”的悲惨结局。范落水而死，死在辛亥革命爆发九个月之后。作者用回环往复的手法叙事，表达心中的悲凉、哀悼和对黑暗势力的愤激、控诉。先写得知范爱农死讯后“疑心他是自杀，因为他是浮水的好手，不容易淹死的”。这种“疑心”是有根据的。范爱农作为一个正直的知识分子，在人噬人的旧社会到处碰壁，痛感“如此世界，实何生为？盖吾辈生成傲骨，未能随波逐流，惟死而已，端无生理”。挚友过早弃世，作者心中十分悲凉，无法抗拒噩耗，只得作诗寄哀，长歌当哭。行文至此，本可收笔，然作者剪不断对好友的绵绵情思，乃再提笔从返回故乡的听闻的角度补叙，给范爱农的凄苦形象添上最后的特写镜头。这样一个在黑暗势力笼罩下的挣扎抗争之士，并不为人们所了解，“大家讨厌他”，“似乎也不愿多听他的牢骚”。作者如此描绘，简直是写“祥林嫂”手法的再现，悲哀之极。写其尸体“在菱荡里找到”，不仅令人心酸，而且“直立着”一词更使人感到他傲骨不衰，决不向恶势力屈服。事实说明：范爱农的死是社会造成的，范爱农的悲剧是社会的悲剧，是辛亥革命的不彻底性和封建势力复辟的反映。文章末尾写筹款未成与牵挂范爱农的景况，既揭露了旧社会的凉薄，又含蓄地表露了对亡友深沉的怀念，情真意深。

作者运用语言的功力令人折服。文章熔白话、文言、口头语于一炉，于幽默中讽时事，于奇峭中蓄真情。如“我非常愤怒了，觉得他简直不是人”，用“简直不是人”的口头语奇峭地突出作者心目中的亡友是“人”，是正直的爱国者，以“贬”托“褒”，欲“扬”先“抑”。文中幽默的语言比比皆是，或讽刺时事，或曲折达意，或委婉表情，仔细咀嚼，可深入体会其中丰厚的含义。

第三步，要求学生在理解课文的基础上，就主题、人物、结构、语言等方面的某一点深入钻研，谈学习体会。通过交流，互相启发，加深理解。

《闻一多先生的说和做》教学浅探

闻一多先生是“五四”以来知识分子中一位杰出的人物。“青年时代是新月派新诗人，中年时代是旧经典的研究学者，晚年成为青年所爱戴（的）、昂头作狮子吼的民主战士。”他“横眉怒对国民党的手枪”，把自己的一腔热血洒在为民主、为国家而战斗的前线。诗人臧克家1980年2月写的《闻一多先生的说和做》（原题为《说和做——记闻一多先生言行片段》）这篇散文，虽只记述了闻先生言行的片段，但仍可让我们从中看到这位诗人、学者、战士的形象。

教此文时可与教《最后一次讲演》结合起来进行，先教此文，再教后者，二者相互补充，把烈士的高大形象镌刻到学生的心中。教这篇文章要达到下列教学目的：

1. 让学生了解并学习闻一多先生孜孜矻矻钻探宝藏的治学精神和疾恶如仇、为祖国安危而英勇献身的凛然正气与高尚情操。

2. 学习记述人物言行片段和运用对比从不同角度表现人物思想精神的方法。

3. 理解文章语言的诗意和饱含的激情，体会记述中论证的写作特色。

对以下一些疑难词句须作探讨。

诗兴不作：不是不做诗，而是写诗的兴致不起、不发。作，起。

“仰之弥高，越高，攀得越起劲；钻之弥坚，越坚，钻得越锲而不舍”：“仰之弥高，钻之弥坚”从《论语·子罕》中引来，是颜渊赞美孔子的话，意思是“老师之道，越抬头看，越觉得高；越用力钻研，越觉得深”。弥，更加。锲而不舍，不断地镂刻，比喻坚持不懈，有恒心，有毅力。锲（qiè），锲刻；舍（shě），放下。

望闻问切：中医诊断疾病的方法。望是观察病人的发育情况、面色、舌苔、表情等；闻是听病人的说话声音、咳嗽、喘息，并且嗅出病人的口臭、体臭等气味；问是询问病人自己所感到的症状，以前所患过的病等；切是用手诊脉或按腹部诊察有没有痞块等。通常这四种方法结合在一起使用，叫作四诊。望诊是第一步。

目不窥园：眼睛不暗中看一看家里的园圃，即专心致志。窥，从小孔或缝隙里偷偷地看。“不窥园”出自《汉书·董仲舒传》，该传中有“……盖三年不窥园，其精如此。进退容止，非礼不行，学士皆师尊之”。

兀兀穷年：一年到头劳苦不息。兀（wù）兀，用心劳苦的样子。出自韩愈的《进学解》，该文中有“焚膏油以继晷，恒兀兀以穷年”的句子。穷，尽。

腾怨：怨气升腾。腾，上升。

群蚁排衙：指许许多多的蚂蚁排列成行。文中用来指闻一多先生写字十分认真——他的以十万百万字计的手稿，都是密密行行写得工工整整的蝇头小楷，好像群蚁排衙。衙（yá），衙门，旧时的官署。旧时官署陈设仪仗，全署属吏依次参谒长官，叫排衙。

迥乎不同：差得很远，完全不同。迥（jiǒng），远。

一反既往：与过去完全不一样。既，已经。既往，过去。

气冲斗牛：或为“气冲牛斗”，形容怒气很盛。斗，北斗星；牛，牵牛星。斗牛，泛指天空。

高标：凡高耸物体的末端都可以叫作高标。杜甫诗《同诸公登慈恩寺塔》中有“高标跨苍穹，烈风无时休”，前一句指慈恩寺塔高越青天。文中的“高标”指超群、出众。

为了帮助学生阅读理解，可组织学生就下列问题进行讨论。

1. 文章是从哪两个方面写闻一多先生的“说”与“做”的？把这两方面结合起来看，闻一多先生是怎样一个人？以此为脉络，文章可分为几部分？每个部分是怎样衔接连缀的？

让学生明确：文章是从闻一多先生“作为学者”和“作为革命

家”两个方面来论述他的“说”与“做”的。把这两方面综合起来看，闻一多先生是“口的巨人”，“行的高标”，是卓越的学者，大勇的革命烈士。

文章可分为两个部分。第一部分记述闻一多先生“作为学者的方面”“做了再说，做了不说”的特点。第二部分记述闻一多先生“作为革命家的方面”“‘说’了就‘做’”的特点。第一部分与第二部分之间用了三段过渡。第7段承接上文进行小结，第8、9段开启下文。用这些高度概括的话过渡，好处在：连缀紧密，脉络清楚，过渡自然。把闻一多先生“作为学者”和“作为革命家”两方面的情况用极其简明的语言并列地提出来，给读者以深刻的印象。

2. 作者写“作为学者和诗人的闻一多先生”的“说”与“做”是怎样起笔的？这样起笔好在哪里？文章又是怎样围绕起笔的内容进行记叙、议论的？哪些词句十分深刻地刻画了闻一多先生治学的目的、态度与精神？

通过讨论，使学生明确：文章从引用闻一多先生自己的话起笔，直接点题，不拐弯子。摆到读者眼前的引文经过了精心挑选，言简意明。它有两个特点：一是运用比较的方法突出闻一多先生对“说”与“做”的态度；二是语意递进加深——“做了再说”，“做了也不一定说”。文章采用这样的方法起笔，不仅开门见山，而且引起悬念：闻一多先生是这样说的，又是怎样做的呢？使读者迫不及待地要读下文。

文章摆出了闻先生的语言片段以后，就围绕这一点记述他有关的“行”的事实。作者截取了闻先生“向古代典籍钻探”的事实着力描叙：先叙他攀高钻坚的研究志趣，继写他研究的目的，再写他“兀兀穷年，沥尽心血”的研究精神，最后写他辛苦凝结而成的硕果。作者在叙述事实的基础上进行议论，论证闻一多先生确实是“做了再说”，“做了”自己也没有“说”，回应了引文。为了使议论更有说服力，作者又简要地夹叙了两个事实：历经“十年艰辛”，撰写了《楚辞校补》，“又向‘古典新义’迈进”。为了证明论述有足够的根据，作者在叙事之前点明自己对“30年代国立青岛大学”时期的闻一多先生有着深刻的印象。

文章的第一部分为了突出闻先生孜孜矻矻、日夜不懈的治学精神，有些词句用得很考究。比如写其钻研古代典籍的目的，用了“吃尽”“消化尽”“远射”“衰微”“文化药方”等词语，准确地表达了闻先生全身心投入研究，执着地寻求解救衰微民族的良药。当然，今日看来，任何“文化药方”也救不了衰微民族的命，只有采取革命的暴力方式推翻三座大山的黑暗统治，才能拯救民族，不使其陷入危亡。但是，作者这样记叙，正是真实地反映了20世纪30年代闻先生的思想实际，以及他进行古代典籍研究的目的。作者写闻先生治学的严谨，只用了书写的一个细节，就把他书写“密密麻麻的小楷”的形象生动地刻画了出来，这是由于恰当地运用了“群蚁排衙”比喻的缘故。又如写其孜孜不倦、废寝忘食的精神，一“贪”一“惜”一“伴侣”，既深刻，又形象。

3. 文章是怎样写“作为争取民主的战士”的闻一多先生的“说”与“做”的？与第一部分的写法有何不同？这样写能收到怎样的效果？

使学生理解：“作为争取民主的战士”，闻一多先生既“说”又“做”，先“说”，跟着“说”的就是“做”。文章先写他的“说”：写他“说”的事实，由“小声说”到“向全国人民呼喊”；写他“说”的内容与目的——“反对独裁，争取民主”。再叙他的“做”——“起稿”“政治传单”，“在群众大会上，大骂特务”，走在“游行示威队伍的前头，昂首挺胸，长须飘飘”。文章用他的“说”与“做”揭示其“争取民主，反对独裁”的大无畏精神。

第一部分的写法是先引用闻先生的“言”，然后记其“行”，再进行议论。作者把闻先生的话插入所叙事实之中，而这些话又是闻先生在致作者信中亲笔所书，言导行，行证言，情真意切。作者在记“言”叙“行”的基础上，连用三段文字进行议论，展现闻先生民主战士的形象，讴歌他献身民主事业的无畏精神。

第二部分把闻一多先生的“言”和“行”糅合起来写，把叙述和议论结合起来写，给人以飞流直下、一气呵成的感觉，表露了闻先生言行一致，以生命为代价求民主、反独裁的高尚人格。结尾部分的排比段绘出了闻先生“说”的“气冲斗牛，声震天地”的情状，再现了他“说”的坚强不屈的声音、昂首挺进的形象。议论中夹以事实，议论中寓含深情，叩击读者的心弦，使人对闻先生的凛然正气和高尚情操油然而生敬仰之情。

4. 文章在语言方面有哪些特色？它对表达文章的主题起什么作用？

通过朗读、讨论，使学生领会：这篇文章虽是以记叙为主的散文，但其中不少语言含有诗意，字词凝练，句式整齐，音调铿锵，感情浓烈，给人以强烈的感染。如“目不窥园，足不下楼，兀兀穷年，沥尽心血”，四句 16 个字，内容丰厚，气势流畅，一个“沥”字深刻地表现了闻先生用心血一滴一滴浇灌学术研究花朵的钻研精神，精当，凝练。又如“不动不响，无声无闻”，两个“不”，两个“无”，看来普通，但细细咀嚼，颇有韵味。闻先生不是“不动”，而是在“动”，而且是在废寝忘食地“动”，用“灯火”“漂白了四壁”地动。这个“不动”，是不说，是“无声”，是听不到。用“不动”来突出闻先生的“做”，突出他“沥尽心血”，埋头实干。再如“他‘说’了”“他‘说’了”“他‘做’了”的三个排比段，作者的感情如冲开闸门的潮水，汹涌澎湃，一泻千里，倾泻出对闻先生英勇精神的高度钦佩与赞扬。结尾的“他，是口的巨人。他，是行的高标”是对闻先生人格的艺术概括，句式短促，音调高亢，节奏分明，情深意赅。

散文中适当运用诗意的语言能增添文章的浓度，能更为形象、更为深刻地表现歌颂闻先生是“口的巨人”“行的高标”的主题，能以文中包孕的感情、激情给人以激励、鼓舞和感染。

在学生理解课文语言、掌握文章精髓的基础上，为了启迪学生思维，可设计一两个问题引导他们深入探究。比如：闻一多先生在两个方面的“说”与“做”矛盾不矛盾？作者为什么采用这样的方法来记述？意图何在？让学生懂得：尽管闻先生在两个方面对待“说”与“做”的情况迥然不同，但实质上二者并不矛盾，二者统一在言论与行动的完全一致，而且闻一多先生最终“以宝贵的生命，实证了他的‘言’和‘行’”。言行一致是闻一多先生人格的写照。如果笼统地写，容易落入窠臼，流于一般化。作者采用剖析的方法记述，具体，实在，既刻画了闻先生力戒空言、崇尚实干的学术道德，又刻画了他为民主事业“作狮子吼”的慷慨陈词、“昂首挺胸”的战士形象。采用剖析的方法记述，不仅从不同的侧面揭示了闻先生的精神世界，而且揭示了他思想前进的历程。这样记述，虽只是言行片段，但仍使人物形象丰满，使闻先生孜孜矻矻与英勇无畏的精神跃然纸上。

教这篇文章也可采用请学生讲演的方法，由学生介绍闻一多先生的“说”与“做”，把作者书面的文字变成学生口头的语言，培养学生的思维和口头表达能力。在学生讲演介绍之前一问二读，引导学生理清课文脉络，帮助学生落实字词知识，解决疑难之处，熟悉课文内容。问，教师提问和学生质疑并举；读，以学生朗诵为主，教师对某些词句、段落略作示范。

寓艺术魅力于事物说明之中
——浅谈《花儿为什么这样红》《晋祠》

众所周知，说明文须在“明”上下功夫，须把说明的对象介绍得井然有序、清楚明白，给人以知识，给人以启迪；而文艺性强的说明文不仅能以它的清晰性传递知识信息，还能以它的生动性、形象性激发人们的求知欲，给人以艺术美的享受。

《花儿为什么这样红》《晋祠》是两篇文艺性很强的说明文。前一篇的作者贾祖璋是运用文艺手段传播科学知识的高手，他把丰富的科学知识、科学道理融入散文化的文字之中，文笔清新优美，娓娓动听，吸引读者进入知识宝库，乐而忘返。后一篇的作者依靠精细的观察，熔描写与说明于一炉，展现美景画卷，引导读者鉴别欣赏。尽管一是科学小品，一是古迹介绍，但二者都寓艺术魅力于事物的说明之中，引人入胜。

一、巧布说明层次

说明文层次结构的安排不仅反映作者观察事物、分析事物的条理性，而且能显现出作者谋篇布局的匠心。

本文发表于《语文学习》1983 年第 8 期。

《花儿为什么这样红》说的是植物中各种花朵瑰丽多彩的生态习性和生活史，它采用横式结构的方式，从生物化学、物理学、植物生理学、进化理论、自然选择和人工选择等不同角度进行了科学的解释。文章在组织说明的材料时明显有三“巧”。一“巧”在说明对象的提出。文章下笔带彩，从赞叹“花朵的红色”入手，咏“红紫烂漫的春天”。正当读者有悦目赏心之感时，一个“花儿为什么这样红”的设问，引出了说明的中心，转得自然，问得贴切。二“巧”在用“花儿为什么这样红”的语句反复设问，每一问引出一个方面的科学的解答，既眉目清楚，条分缕析，又寓含着整齐美和回荡美，使围绕花“红”所作的六个方面的说明蒙上了动人的色彩。三“巧”在横向说明与纵向说明并举。从“物质基础”“物理学原理”“生理上的需要”等角度对“花儿为什么这样红”进行科学解释时用的是横向说明的顺序，而在“进化的观点”“自然选择”“人工选择”等角度内进行解释时，则是按时间顺序组织材料，从“亿万年前”讲到 20 世纪的有关情况，贯通古今，对花儿“红”的形成和演变的历史进行了纵向说明。如此纵横并举，既如实地反映了客观事物的实际，又使行文变化有致。

《晋祠》的说明层次则是另有一番特色。就全篇而言，先总说后分说，按总分顺序精心安排说明材料。文章起笔先对说明的对象进行总说，指出它的特征是“悠久的历史文物同优美的自然风景浑然融为一体”；接着从自然景物和历史文物两个方面分别对晋祠作具体解说。分说“优美的自然风景”这个部分，先用“晋祠的美，在山，在树，在水”总拎，然后逐一介绍山、树、水的特点，也是按照先总后分的方式结构的。分说“悠久的历史文物”这个部分，先介绍我国古建筑中的“三绝”，再介绍其他建筑和园中小品，采用的说明顺序是先主后次、先重点后一般、先点后面。晋祠的自然景物丰美，建筑群复杂多姿，作者根据这些事物的内在的结构以及各部分的相互关系，巧妙地编织说明层次，条理分明，纹丝不乱。结尾以“真不愧为我国锦绣河山中一颗璀璨的明珠”的赞美词收束全文，为说明增添了情趣。

二、细探内在奥秘

说明文不仅要讲究条理，讲究清晰，而且要由表及里，探究事物内在的奥秘，揭示事物的本质。马克思主义的认识论表明：只看到事物的现象，停留在感性认识阶段，不可能真正地认识事物；透过现象弄清楚事物的本质，上升到理性认识阶段，才能对事物认识清楚。一篇好的说明文，绝不是现象的罗列，而常常是以现象为先导，深入到对事物本质的探求，对其内在的奥秘进行精辟的解剖和科学的说明。《花儿为什么这样红》就是细探内在奥秘的典型之作。

花朵呈现出红紫斑斓的色彩，这是现象，形成这现象的原因是什么呢？作者用了三段就它的物质基础进行说明：揭示花色能够在红、蓝、紫之间变化，是因为花朵的细胞液里含有花青素，这种有机色素，只要酸碱度变化，颜色也就相应起变化；揭示花色能够在黄、橙之间变化，是因为胡萝卜素起作用；揭示白花之所以为白色，是因为其“细胞液里不含色素”。三段按照事物的内在特性分类说明，揭示了花朵色彩纷繁的奥秘，揭示了内在的规律。分类说明时，既解说花变色的一般情况，又解说特殊的例子，精细、严密。

文章解说了花朵色彩的物质基础后，进而深入到用物理学原理来解释：从不同色素反射光波的不同的角度说明花朵呈现不同色彩的原因；又从不同长短的光波含热量的多少的角度，深入植物生理方面进行说明。然后，又从进化的观点来考察，从自然选择、人工选择等方面进行说明。这样，从多种角度步步深入地进行解说，使得花朵色彩的形成变化、发展的规律得到充分的揭示。

作者在步步深入地进行解说时，每一个方面的说明都有相对的独立性，而各个方面之间又合乎逻辑地紧密联系，环环相扣。“物质基础”是花朵色彩形成的核心问题，先说明白，后面几个方面的说明才有基础。“最后要归功于人工选择”，表明了科学在改造大自然中的威力。文章以此作结，可以激发人们学科学的热情与兴趣，加强说明的效果。

文章明明是探究花朵各种颜色形成的原理，为什么要以“花儿为什么这样红”为标题？为什么要突出“红”呢？科学小品是文艺性和科学性的结合。俗话说，花红叶绿，红是花的特征，抓住人们所熟知的花的特征提出问题，形象生动，趣味性浓，有吸引力。以“花儿为什么这样红”为标题，也是进行科学分析、科学说明的需要。文章从花红这个“点”说起，分析这种色彩形成的原因，再扩展延伸到对花的其他色彩的说明，由点到面，在广度上开拓。在分析花的色彩发展过程与自然选择时，着重分析红色的花，说“红色的花可以说在进化途程中居于顶峰，最鲜艳，最耀眼”，说“在悠长的岁月中，昆虫就给这种植物创造出纯一、显著、鲜艳的红色花朵”。这样分析说明，重点突出，在深度上着力，科学地反映了客观事物的实际。

三、着意逼真传神

说明文一般多是按照事物的特征、性质直陈其事，介绍有关的知识，使人知晓，而有的说明文为了激发读者阅读兴趣，增强说明的效果，还进行形象化的描写，把说明的对象描绘得栩栩如生，给人以美的享受。《晋祠》就是一篇用说明结合描写的方法写的说明文，把要说明的历史文物和自然风景描绘得逼真传神，使人有亲临其境之感。

文章第一部分概括说明晋祠的地理位置和建筑规模时，就把它放置在“参天古木”的掩映之中，画意初展。文章第二部分说山、树、水时，一一紧扣各自的特征进行艺术渲染。写山，着墨于其“巍巍”“长长”的形象和令人“心旷神怡”的感受，蕴含赞颂的情思；写树，着墨于其“古老苍劲”的神态与风骨，显示晋祠幽静、典雅的意境；写水，着墨于其“多、清、静、柔”，勾勒出几百间建筑在水上“漂着”的风姿，画意盎然。文章第三部分介绍古建筑，重点描写“三绝”。圣母殿无柱结构的独特风格，宋代泥塑的万千姿态，木雕盘龙的飞跃之势，鱼沼十字飞梁的奇特，均用画笔点染，使其情态跃然纸上。即使写以圣母殿为主体的建筑群之外的建筑，作者也不吝笔墨，描写渲染；即使只是简单的几笔，如“都依山傍水，因势起屋，或架于碧波之上，或藏于浓荫之中，各有不同的情趣”，也足以引起人们无限的遐想。结尾总说，运用比喻增添形象性，与开头遥相呼应。综观全文，说明与描写结合得天衣无缝，在介绍晋祠这座名胜古迹的过程中，打开了优美的画卷，让山水树木、殿堂楼阁、亭台桥榭等形象呈现在人们的眼前，引导人们步入艺术境界。

为进一步凸显说明与描写结合起来运用的妙处，举文中一二例说明。如文中说明水的特点，先从观察点的移动铺写水的“多”——深潭、小渠、河、井、溪，石间细流、林中碧波。“脉脉”“闪闪”的形容，“如线如缕”“如锦如缎”的贴切的比喻，活画出水的美姿美态。接着用“叮叮咚咚”的叠词描摹水的悦耳的声响，进一步说明水多，“长流不息”。写水的清澈，先用“令人叫绝”形容，一个“绝”字，充满了褒赞之情，引人共鸣；然后选取“深水”这个点放在一定的光照下描绘，“游鱼碎石，历历可见”。以游鱼碎石的动静情态衬托水的清澈的程度，使人不期然地联想到柳宗元《小石潭记》中潭中鱼“往来翕忽”的情景，煞有趣味。写水的静与柔，把河底、岸边、微波、倒影交织在一起描写，以“飘带”为喻，刻画其“穿亭绕榭”的动态，“冉冉不绝”的风采，将水的缭绕之姿描绘得惟妙惟肖，逼真传神。行文至此，作者信手拈来李白的诗句，借引用的话赞叹晋祠的水；又托观赏者的心理设疑，启人想象似真似幻的水上美景。如果只说明晋祠水的特征，不细笔细绘，哪来如此的诗情画意？又如“石雕小和尚”的神态，“光光的脑门，笑眯眯的眼神，双手齐肩，托着一个石碗接水”，三笔两勾，一个活泼泼的形象就站在了读者面前，好不生动！

四、
使用带彩的语言

说明文的语言须洁净、平实，简而明，详而不蔓不枝，能准确地反映事物的本来面目。文艺性强的说明文，除了着眼于说明的准确性、逻辑性外，还使用带彩的语言，增添生动性，加强表现力。《花儿为什么这样红》《晋祠》两篇文章的语言均具有此特色。

精选形容词修饰、描绘。《花儿为什么这样红》一开篇就选用“热情”“强烈”“奔放”等词语形容“花朵的红色”，制造火热的气氛，富有吸引力。

运用多种修辞手法铺绣织锦。《晋祠》中状山的巍巍“有如一道屏障”，山的长长“如伸开的两臂”；写树的造型奇特，以“偃如老妪负水”“挺如壮士托天”为喻，形象生动。“春日黄花满山，径幽香远；秋来草木萧疏，天高水清”，用这样的对偶句展现春秋季节山景变化的两幅图景，句式整齐，用词优美。写圣母殿内的泥塑像，用的是“她们或梳妆，或洒扫，或奏乐，或歌舞”的排比句，气势流畅，朗朗上口。此外，还运用了拟人、引用等修辞手法，增添形象性。尤其是比喻手法的运用，文中比比皆是，绘声绘色，状形状态，使说明的对象形象化，味道大为浓郁。

《晋祠》一文的语言也注意变化，既能明晰地表达事物，又有艺术感染力。如“晋祠的美，在山，在树，在水”，从“在山”开始，两字一逗，简洁干脆，语势短促，感情饱满。而从对自然风景的说明转到对历史文物的说明时，用的就是“然而，最美的还是祖先留给我们的古代文化。这里保存着我国古建筑中的‘三绝’”的散句，寓赞美、自豪之情于舒缓的语势之中，耐人寻味。在说明某几个对象时，长短句交错，显现出错落美。如说明晋祠的树，分“以古老苍劲见长”与“以造型奇特见长”两类来解说，其中长短句交错，起伏急缓，错落有致。

富于艺术魅力的说明文是说明文中的一朵奇葩，引导学生在理解说明文基本要领的基础上，通过比较写法上的异同，赏析这类文章的风韵，也是饶有情趣的。

拂面清风催我醒

语文教学的路是一条艰辛的路，上面布满了执教者的智慧和心血，更布满了执教者的不足、失误，乃至“创伤”。对于后者，我的感受尤深。纵观自己所教的语文课，失败的远远多于成功的，缺陷多的远远多于较为完善的，因此，教学生涯里，“遗憾”的情绪几乎一直伴随着我，和我同步前行。然而，我并未就此气馁。文学家罗曼·罗兰说得好：“累累的创伤，就是生命给你的最好的东西，因为在每个创伤上面都标志着前进的一步。”教学中的不足、缺陷是令人懊丧的，但是，以科学的态度对待它，认识它，填补它，跨越过去，也就愉快地迈步向前了。

一次，带领学生学《变色龙》，短篇小说大师契诃夫高超的语言艺术和精湛的讽刺笔法深深吸引了学生，课堂气氛轻松活跃，笑声不绝。课将结束时，突然有位女同学站起来说：“老师，你讲错了。”我愣住了，一时意识不到错在哪里。于是我请这位学生到讲台前面对全体学生发表自己的看法，评论执教者的错误。

事情是这样的：为了让学生明白课文中主人公奥楚蔑洛夫多变现象背后所掩藏的趋炎附势、奉承拍马的不变的本质，我就在黑板上画了两条线来示意。一条是波浪形的曲线，波峰标明小说中主人公对咬人的狗的种种美称，波谷则标明主人公对同是这只狗的诅咒。一条是直线，横贯于上述曲线之中，表明主人公对狗称呼的多变、善变都来源于他不变的趋炎附势的本质。这位女同学对曲线的画法有不同意见。她认为当奥楚蔑洛夫终于弄明白这条狗是将军哥哥的狗时，他奉

本文发表于《语文学习》1986 年第 10 期。

承谄媚的心情更为急切了，心跳的频率更快了，因此，用等距离的波峰波谷的曲线不足以准确地表达当时的情景，应该是波峰和波谷之间的距离更短，波峰更高更陡。

学生是我的老师，我折服了，当堂感谢这位学生对我的指点。

对教材的理解竟然有如此的疏漏，这是什么缘故呢？我想了很多、很多……

以想当然代替对教材的深入钻研，这是第一个原因。对教材比较熟悉，思考问题又有习惯性的轨道，于是就发生了视而不见、见而不思的状况。“熟”原是好事，但“熟”不等于完全掌握了教材的精髓，不等于理解得十分精确，不等于有足够的深度和广度。满足于“熟”，就会蹈“戏包袱”之路。所谓“戏包袱”，是指肚子里戏文不少，上台能凑合，可表演就是不入腔入调，更无精彩之处可言的艺人。课教熟了，不思长进，也会出现同类问题。教材，常钻研常新，反复咀嚼推敲，由整体而局部，由局部而整体，才能把握细微之处，使认识深化，体会真切。如果在教课之前认为教材已熟悉，似乎“成竹在胸”，不再花气力钻研，那充其量只能在原地踏步，发生差错有时就难以避免。

对教材理解得准确、透彻，是语文教师应具备的基本功。在这方面出现欠缺，除了上述粗疏的原因之外，思考问题的旧习惯也有影响。教《变色龙》抓住“变”字拎起全文，这是无可非议的，问题在把“变”的多种情况简单地“划一”起来，用“静止”的观点看“变”，对文字方面的考虑多，对文字反映的事实、寓含的思想意义的深究少。钻研教材浅尝辄止，不下功夫深究底里，从一个角度理解教材，不注意变换角度推敲，是自己备课中长期形成的旧习惯、旧思路，稍不注意，就会给教学带来不利。

教学方法陈旧，用现成的结论“框”学生，这是第二个原因。教师在课堂上对学生的作用应放在“启”和“导”上，学生经过努力可掌握的知识与能力，教师应大胆放手，充分信赖他们，调动他们的积极性。这些我在道理上似乎很明白，而实践时又往往会转向，犯越俎代庖的旧病。《变色龙》内容不算深，比较切合学生的阅读水平，教学时完全可以大步走，让学生发挥聪明才智，把文中情节的发展、人物的性格、主题等用多种图形示意，然后比较分析，寻找最佳示意方案。学生直言不讳地评论教师课上的失误，当然也是一种锻炼。如果课前有意这样设计，应该说是好的；而临场应付，不仅捉襟见肘，而且暴露了“不放手”的弊端。

对学生的潜在学习能力估计不足，这是第三个原因。教师的脑子里对学生容易有种种固定的分类，如：哪些学生语文成绩好，哪些比较差；作文能力差的有哪些，好的有哪些；哪些能发表意见，哪些不能；等等。分类是可以的，但如果是用凝固的眼光去对待，那就不足取了。学生学习的状况不断变化，尤其对初中学生来说，“好”与“差”往往会出人意料地转换，“差”的可能会迅速向“好”的靠拢。一般地说，学生都具有相当的学习潜力，问题在于如何促使他们发挥。课上提意见的女同学进校时语文基础在班级中是倒数的，作文不及格，考试不及格。但是，她具有胆大的优点，好问，好打破砂锅问到底，日久天长，“问”的水平提高了，能力也有所长进。当她全神贯注、高度兴奋时，思维闪射出火花，理解能力能超水平发挥。课上她表现出的思维的严密性就是突出的一例。由于对学生的学习潜力缺乏科学分析，“变”的观念不强，因而学生一旦超水平发挥，自己就会适应不了。

胸中有书，目中有人，二者有机地结合，才能创造出行之有效的教学方法和良好的教学效果；反之，在任何方面稍有懈怠，或墨守成规，就会不可避免地发生使人遗憾的“故障”。教后反思能催我清醒，使我懂得教海无涯。教者须多想想自己的不足，尤其要奋力将自己从旧的教育思想、教学方法的束缚中解放出来。

要教出散文的韵致

我爱读散文，也爱教散文。

读，犹如漫步海滨，“朝晖夕阴”万千气象收眼底，风光无限；教，深入底里，咀嚼体味，探索珍藏的奥秘，向学生传情晓理，享受熏陶的乐趣。

教散文，最为紧要的在于把握文中的“灵气”。含蕴“灵气”的散文，无论叙事、写景、记人，总是情浓、理直、语言精湛、构思别具风格。教学时按照目的要求，紧扣文中的某些特点，引导学生诵读、细思、生发、延伸，不但能激发他们浓厚的求知欲，而且能给他们以生活的力量和有益的启迪，提高他们审美的情趣。怎样使文中的“灵气”散发出独特的光彩呢？

要动情。刘勰说：“登山则情满于山，观海则意溢于海。”散文情铸成，不管是写山画水，还是娓娓叙事，都渗透了作者真挚的感情。钻研教材时要沉进去，“披文以入情”，把握作者的思想脉络，体会作者感情的波澜。教学时，紧扣文中言简意赅、言简意深、言简意丰的重点词句，带领学生重锤敲打，使其中饱含的思想情操溅出耀眼的火花，照亮学生的心灵，激起他们感情上的共鸣。如杨朔的《荔枝蜜》中有这样两段话：“老梁说：‘蜂王可以活三年，工蜂最多活六个月。’”“我不禁一颤：多可爱的小生灵啊！对人无所求，给人的却是极好的东西。蜜蜂是在酿蜜，又是在酿造生活；不是为自己，而是为人类酿造最甜的生活。蜜蜂是渺小的，蜜蜂却又多么高尚啊！”显然，作者写这些话是动了情的。教学时抓住“颤”这个词要学生推敲：“颤”是什么意思？为什么作者会“颤”？又为什么会“不禁一颤”？“颤”以后流入笔端的是怎样的思想，怎样的感情？“颤”是抖动，振动，指外因导致的抖动。“工蜂最多活六个月”——整日整月采花酿蜜，不辞辛劳，生命却如此短暂，作者意想不到，心颤动了；作者被老梁说的话猛然一击，情不自禁地作出反应，故而是“不禁一颤”。这个“颤”是对辛勤酿就百花蜜、留得香甜在人间的小蜜蜂的赞颂，是对小蜜蜂短暂的生命所显示的意义和价值的领悟。所以，紧接着是发自肺腑的赞美——“多可爱的小生灵啊!”紧接着又融情于理，评述蜜蜂对美化人类生活所做出的贡献。通过对“颤”这个词的锤打，拎起这一段注情于蜜蜂小生灵的议论抒情，使“对人无所求，给人的却是极好的东西”的高尚情操闪发耀眼的火花。锤打的词句须选准，不能就事论事，要选表现力极强、能打动学生心灵的。如果教这两段文字时，忽略或丢弃“颤”，而抓住“对人无所求”这个句子反复述说，就难以收到以情激情的效果。

要造境。叶圣陶先生说过：“作者胸有境，入境始与亲。”作者撰文，胸中有“境”才能用生花的笔勾画出一幅幅鲜明的生活图景；读者读文，须入这个“境”才能有真切的感受。优秀的散文往往意境优美，作者的“内情”和生活中的“处境”融合，情景交融，美不胜收。教学这类散文，教师要善于把握作品内在的思想感情，由景入情，以情观景，启发学生发挥想象，创设作品描绘的境地，步入作品描绘的境地。《雨中登泰山》是李健吾的著名散文。作者写登泰山，不是一般的游山玩水。他感到自己没登过泰山，就“像是欠下悠久的文化传统一笔债似的”。泰山是一座活的历史博物馆，是丰富的文物宝库，是古建筑的荟萃，又是神话故事的摇篮。作者如此一往情深，然而“偏偏天公不作美，下起雨来”。这雨“不像落在地上，倒像落在心里”，两个“落”刻画出作者心情的百般焦急。“心是沉的”。然而，即使如此，作者仍然决定冒雨登山。“兴致勃勃”这个词一扫阴云，气氛转换，从另一角度表现出作者对泰山的神往。教学时，引导学生理解文章起笔的波澜曲折，满载作者对泰山的深情，跟随作者“冒雨前行”。

雨中泰山究竟是怎样一番景色呢？要求学生眼看，心思，口述，发挥想象，运用生动的语言，绘声绘色地描绘雨中见到的一幅幅奇景。比如“过岱宗坊”，首先映入眼帘的是七幅黄锦，闪亮发光，吼声震天，从虎山水库的桥孔奔涌而出。一“碰”一“激”一“撒”，细腻地刻画出水流的湍急、浪花四溅的奇妙、水花拍石的响亮。调动学生的感觉器官，让他们眼看、耳听，运用生活中的积累开展想象，他们就会创设出佳境，并有身临其境之感。如果教学只停留在这一步，就往往失之肤浅；如果深入挖掘，景中有情，情融于景，意就比较高远。如前所述，七幅黄锦是美的，那么怎会出现如此奇景呢？作者把人们由眼前“闪光的黄锦”带入神话故事，又带领人们由神话故事回到现实：吕洞宾把虬龙从人间渡上天去，而共产党又把虬龙从天上带回人间，让它回到“故居”，撒播幸福给人民。这样把天上人间交织起来写，蕴含深意。教这类文章，放手让学生朗读、口述、剖析，指导学生读懂文中的画面，用明确生动的语言描述出画面，进行再创造，他们的口头表达能力和想象能力均可得到锻炼。

要理解。阅读能力的核心是理解，阅读散文也如此。阅读散文最基本的要求是通过词句篇章理解文章的主要内容，进而体会作者的写作意图。教学时要注意培养学生理解散文的能力，这就要在识别、再现、探疑等方面下功夫。字不离词，词不离句，要识别某个词，只有正确理解它在具体语言环境里的含义，才能正确地理解作者所要表达的思想。如魏巍在《我的老师》中描写的“儿童的狡猾的眼光”的细节值得推敲。这里的“狡猾”究竟是何意？是否就是词典上注释的“诡计多端，不可信任”？显然，这样的解释用在这儿是不恰当的。句中的“狡猾”不是贬义，而是贬词褒用，形容儿童的聪慧、调皮、敏锐。引导学生仔细辨别，他们才能正确理解词语在句中的含义。在识别、探疑的同时，也要启发学生开展想象。要学生调动生活经验，用感性材料对文章进行合理的充实，他们对文中刻画的老师的假愠、假愠的背后是对学生真挚的爱才会有具体深切的感受。捉住矛盾促使学生思考是培养学生理解散文的一种有效方法。教师要使“读书无疑者”能“有疑”，“有疑”才能生问，有问才能积极思考，追根穷源。如《小麻雀》这篇散文中的小麻雀被猫咬伤后，作者老舍写它“求生与求死的心情都流露在这两只眼里”。这句话从字面看，无生字难词，但要真正洞悉其中奥秘，须动脑筋剖析。“求生”

与“求死”是一对矛盾，怎能同时既“求生”又“求死”呢？“求生”是一切动物的本能，可小麻雀为什么还要“求死”呢？抓住这个矛盾组织学生讨论，让学生回顾小麻雀伤上加伤的遭遇，分析它当时的痛苦情状和企求摆脱痛苦的心情，学生就会弄明白其中寓含的深意。教散文时，积极启发学生提出问题，探究疑难，学生才能体会到文字背后的内容，加强对作者写作意图的理解。

要含英咀华。一篇好的散文不仅具有较高的思想境界和充沛的感情，而且语言也很有特色。人们常把最精练、最富感情色彩的语言称为诗的语言。散文的语言在音乐性、节奏感等方面虽不如诗的语言强烈，但同样讲究和谐悦耳，讲究准确、生动、精练、优美。教学时，在引导学生体会意境美、形象美的同时，应特别注意语言的咀嚼，引导学生推敲它怎样来表现丰富的内容，抒发浓厚的感情。臧克家同志的《闻一多先生的说和做》这篇散文以记叙为主，但其中不少语言含有诗意，字词凝练，句式整齐，音调铿锵，感情浓烈，给人以强烈的感染。如“目不窥园，足不下楼，兀兀穷年，沥尽心血”，四句16个字，内容丰厚，气势流畅，一个“沥”字深刻地表现了闻先生用心血一滴一滴浇灌学术研究花朵的钻研精神，精当，凝练。又如“不动不响，无声无闻”，两个“不”，两个“无”，看来普通，但细细咀嚼，颇有韵味。闻先生不是“不动”，而是在“动”，而且是在废寝忘食地“动”，用“灯火”“漂白了四壁”地动。这个“不动”，是不说，是“无声”，是听不到。用“不动”来突出闻先生的“做”，突出他“沥尽心血”，埋头实干。再如“他‘说’了”“他‘说’了”“他‘做’了”的三个排比段，作者的感情如冲开闸门的潮水，汹涌澎湃，一泻千里，倾泻出对闻先生英勇精神的高度钦佩与赞扬。结尾的“他，是口的巨人。他，是行的高标”是对闻先生人格的艺术概括，句式短促，音调高亢，节奏分明，情深意赅。教学时，带领学生含英咀华，学生可体会到：散文中运用诗意的语言能提升文章思想感情的浓度，能使人物形象更为鲜明，能更为深刻地表达主题，能以文中包孕的感情激流给人以激励、鼓舞和感染。

总之，教散文必须教出散文的韵致。通过带领学生朗读、吟诵、分析、咀嚼，引导学生进入艺术佳境，受到文中美好形象、高尚思想的熏陶感染，与作者的感情细流或波涛发生共鸣，从而在语言文字的运用技巧上获得实实在在的借鉴。

课堂教学二题

兴趣从何而来?

生活中我们常见到这样的情况：棋迷下棋，即使挥汗如雨或手指冻僵，也不以为苦，依然兴致勃勃，调兵遣将，以期力克对手，稳操胜券；球迷打球，驰骋腾跃，主动积极，只要能够夺魁，废寝忘食也心甘情愿。这是什么缘故呢？关键在于一个“迷”字。这种“迷”劲很有魔力，能使人产生克服困难的勇气，能引人进入佳境，享受无穷的乐趣。

学语文也要有这么一股“迷”劲。不入迷，没有浓厚的兴趣，一看到一个个字就好像是看到了僵死的符号，头脑就发胀；一提起笔来写，搜索枯肠，头脑就犹如用完了的牙膏壳，挤不出东西来。这样，就难以正确地理解与掌握祖国的语言文字，学习效率低，学习质量差。入了迷，对语文产生了浓厚的兴趣，学习就另是一番景象——字是那么有韵味，词是那么隽永，句子向你招手，标点符号向你眨眼睛；文字看起来娱目，读起来悦耳；知识像清泉一样往你心中流。这种乐趣比下棋、打球的乐趣还要美得多。

怎么才会对语文产生浓厚的兴趣呢？兴趣来自对目的的追求，来自对学好语文的重要性与必要性有充分的认识。语言是思想的外壳，语言文字是交流思想的工具，学习、工作、生活一时一刻也离不开它。放眼看未来，要成为伟大祖国物质文明和精神文明的建设者，在做学生的时候，就必须打好基础。基础的一个重要方面是正确地理解和掌握祖国的语言文字，具备了这方面的本领，将来就可熟练地运用语言文字记载建设中的辉煌成就，交流各条战线的丰富经验，赞颂高尚的道德情操，讴歌亲爱的党、亲爱的祖国。立足于现在，必须真切地了解学好语文对于学好各门功课的重要性。不在字、词、句、篇上下功夫，不努力提高听、读、说、写能力，无论听任何课都难以抓到要领，对其他学科知识的理解和掌握就会大受影响。懂得了这些道理，学起语文来就有动力，就有使不完的劲。

学语文，要有对祖国语言无限热爱的深厚感情。我们中华民族有几千年的文明史，推翻“三座大山”以后，古老的文化焕发出社会主义的灿烂光辉。在古今文学宝库、科学宝库、技术宝库中有数不胜数的用祖国语言文字写出的珍品。青春年少，正是学习的黄金时代。青年学生认真地精读一些叙事、记人、写景、状物、说理的佳品，广为浏览各种书报杂志，体会语言文字在表情达意上的妙用，吸收其中的精神养料，不仅能在思想情操上受到熏陶感染，而且能被大大激发出民族自尊心和民族自豪感。一个热爱祖国的青年学生必然热爱祖国的语言，也只有把对祖国的满腔热情满腔爱倾注到学习祖国的语言文字之中，才能学有感情，学有浓厚的兴味，学有显著的成效。

浓厚的兴趣还来自孜孜以求的“钻”劲。不“钻”，就入不了门，咀嚼不出语言文字的韵味。一篇文情并茂的文章，一首感人至深的诗歌，无不在语言上进行过推敲与锤炼。唐代伟大诗人杜甫的名句“语不惊人死不休”，道出了写作的人为选择最精当的词句来表达情意简直到了呕心沥血的程度。学语文时钻研作者遣词造句的奥妙，琢磨文章谋篇布局的匠心，趣味浓郁，乐趣无穷。有时哪怕是一个普通的词，一经推敲琢磨，就能显现出光华。如《荔枝蜜》中有这么一句：“我不禁一颤：多可爱的小生灵啊！”乍看，“颤”是振动的意思，钻研一下，就可发现这个词用得十分传神。蜜蜂在极其短暂的生命中辛勤酿就百花蜜、永把香甜留人间的高尚品质拨动了作者的心弦，作者无比激动的感情流入笔端，炼出了这个“颤”字，它既深刻表现作者的思想震动、情不自禁，又对为人类酿造甜蜜生活的蜜蜂进行了由衷的赞美。我们读到句中的这个“颤”，也会立即心里一揪，和作者产生共鸣，感受到震动、同情、感谢、赞扬……词句是有无限魅力的，只要“钻”进去，乐趣就无穷。以兴趣为先导，遨游在语言文字的海洋之中；锲而不舍，练就运用祖国语言文字的真功夫。

两种倾向值得注意

语文教改由于广大语文教师的努力，取得了不少成绩，老师付出的艰辛劳动自不言而喻。然而，在前进的过程中，有两种倾向值得注意。

一是课上得过于飘洒，“活”似乎有余，而“实”很为欠缺；二是课貌似很“实”，字词句篇“色色有之”（严格地说，没有“篇”，只有“语段”，毕业班尤甚），但课文往往被肢解得只见树木，不见森林。前者课上七嘴八舌，有时学生辩论得热闹非凡，但冷静思考一下，究竟达到了怎样的教学目的，令人愕然。学生文本读得甚少，甚至将课文丢在一边，只抓住某个或某几个枝枝节节，一飘千里，“游谈无根”，读写能力怎能得到有效的培养？后者受升学指挥棒的制约，许多语文教师虽不想这样做，不愿这样做，但又不得已而为之，其中苦处难以言表。

语文教学目的是从事语文教学活动的准绳，是检测语文教学质量的标尺。尊重学生、发挥学生积极性的想法极好，但还须因势利导，让他们在语文能力方面获得比较全面的切切实实的训练，尤其是认真读书、认真写字、认真作文不能忽视。只有循序渐进而又持之以恒地在课堂教学中对学生进行切实认真的训练，学生才能真正得益，语文教学目的也才能真正实现。教师还要进一步解放思想，“敢”字当头，带领学生从升学应试教育的怪圈中解脱出来。学生不从做应试的机器、教师不从做命题的工具中解脱出来，学生学习语文的积极性必然受到压抑，读、写、听、说能力也难以有长足的发展。

情思横溢，繁而有序
——《依依惜别的深情》简析

《依依惜别的深情》是作家魏巍所写的十多篇朝鲜通讯中的名篇之一。它记录了中国人民志愿军和朝鲜人民依依惜别的历史情境，热情歌颂了中朝两国人民用鲜血凝成的伟大友谊。

魏巍的朝鲜通讯以选材严、开掘深、主题鲜明、见解深刻著称，笔触饱含激情，对中国人民志愿军战士伟大情怀的传神描写更是为读者所乐道。这篇文章在教学时除了引导学生领会上述特点外，还可以在以下几个方面作一番琢磨。

情思横溢

“感人心者，莫先乎情。”一篇感人的佳作必然“情动于中而形于言”。情思横溢，离情感人，是《依依惜别的深情》最显著的特点。“在凯歌声里”，志愿军要告别朝鲜父老踏上归途，由此而产生的离情是这篇通讯着力描写的内容。文章标题定得妙：既极其概括，撮内容之要；又浓墨渲染，泼洒万般情。“惜别”，舍不得分别；“依依”，万般留恋，不忍分离；“情”前面还着一“深”字来修饰。层层增添，分量沉重。

难分难舍之情似乎触不及，摸不着，怎么写才能既充分展现，又能引起人们的共鸣呢？作者颇费心思。

首先是下笔点“离情”。用比较衬托的手法，分笔描绘。先写朝鲜父老——“他们可以承担一个浩大的战争，可以承担重建家园的种种艰辛，可是却承担不了如此沉重的离情”。众所周知，朝鲜战争给朝鲜人民带来的灾难是何等“浩大”，何等沉重，在焦土、废墟上重建家园又是何等的万苦千辛，而这些难以承受的困难，英雄的朝鲜人民都承受下来了；如今，生死与共的志愿军要离开，他们对离情却“承担不了”。用两个“可以承担”来反衬离情的沉重，写朝鲜父老没有这样的心理承受能力。然后写志愿军，远离祖国八年，对祖国“时时想”，时时念，但是“一旦要离开”，却又“无限地依恋”。话分两头说，通过一比一衬，离情的深度得到了表露；而离情之所以浓重，是由于其植根于“生死之谊”的土壤之中，所以“牵”动人心，让人难以承担。一个“牵”字刻画出情思的缭绕，含绵绵不尽之意。

其次是以事传情。文章记叙了志愿军临行前为朝鲜父老做的一件件、一桩桩事，句句记事，事事传情。如布置营房，这本是极平常的事，但因为是“人民军的战友们”要来“接防”，于是他们便布置得极为仔细。刷营房、擦水壶，他们已十分精心，而对营地的美化，他们更是倾注了心血。“从东山爬到西山，从北岭奔到南河”，一“爬”一“奔”，说明了采石奔波的辛劳。垒花坛，既注意色彩的调配，又着力于花纹的勾勒，所“绣”的图像也是精心安排的——“水中青莲”，是高洁明净品格的象征；“雪地红梅”，是坚韧热烈性格的象征；而天安门和牡丹峰则分别是中朝两国显明的标志。远看，色彩绚丽；近看，更知其中精巧：“手电泡”，“花瓷碗片”，漱口池里的“祝辞”，无不渗透着战士的深情。事仅一件，而通过对色彩与图像的铺排，通过对花坛整体与细部的不同角度的描写，就将志愿军战士的苦心和他们对人民军战友真挚的情意刻画得既具体又生动。

再次是借物寄情。物品本无情，情注其中，物也多情。为使赠物载深情，文章俯仰用笔、曲折以生姿。明明是“赠品”，却不在“赠”上着力，而是在“机密”上下功夫：“从来不舍得用，从来不拿给人看”“藏在小包袱的最里层”“包藏多年，跟他们跋山涉水，在水里火里就是牺牲生命也不肯丢的”。“机密”写得越足，写得越透，越能显示“赠品”的珍贵；这种珍贵并不在于物质的价值有多么高，而在于以感情浇铸——有夫妻之爱，有姐妹之情，有一家几代人的情谊。文章写志愿军将这些至亲至爱的人赠予自己的物品赠予人民军战友，深刻形象地表现了战友情深。

以梦境抒发真情也是文章渲染离情的方式之一。文章写战士们为朝鲜“一个驼背的孤苦的妇人”修房子，帮助她搬家，将群众场面描绘得热热闹闹。就在大家跳舞庆新居时，妇人的老母亲从阳德赶来了，向政委诉说她梦境的优美、感人——天龙，乐声，舞蹈，鲜花，犹如天上，实是人间。文章用梦境托真景，似梦似真，在这梦与真的交错中纵情歌颂了友谊，渲染了浓重的依恋之情。投鲜花的细节用“看来很轻”而实则“每一朵都沉甸甸的，把裙子都坠沉下来”的强烈反差进行刻画，生动地表现了朝鲜人民对志愿军战士高尚情操的由衷赞扬。这样写，比直书厚谊深情更能勾起人们的遐想，更富有诗意。

散文中为了表达特定的感情，常常采用景随情移的方式。这篇文章为了表现朝鲜人民对中国人民志愿军烈士的永久纪念，也采用了移景的方法。烈士蔡定琪移葬的仪式是在天空景色的变幻中进行的。原先天气“极好”，忽然“下了一阵大雨”，“现出了一弯美丽非凡的彩虹”，最后“彩虹又渐渐隐没”。阴晴顷刻之间的变幻，彩虹的隐与现，目的均在于书写对烈士的赞颂。如果只停留在写晴朗的天气，就难以出现象征“中朝友谊”的“彩虹”；如果贸贸然写“彩虹”，没有“极好的天气”作为衬垫，“彩虹”就会成为空穴来风；再说，重新安葬选择好天气也合乎人之常情。故而，这种转换景物的配置，既分量厚实，又倾注了生者对牺牲者的无限情意，是真实，又蒙上了神话的色彩。人间友谊，天地为之感动，这为表达情意增添了相当的分量。

对志愿军和朝鲜父老离别情景的描写更是情满纸上。作者采用了几个方面交织起来叙写的方法倾吐心意。“不塞不流，不止不行”，写朝鲜父老“感情的潮水”化作“泪雨”伴随志愿军前行之前，先浓笔描绘朝鲜父老对离情的极度克制：“阿妈妮们，孩子们，姑娘们，她们做这些事情的时候，统统没有哭”；他们听志愿军战士的话，听里干部们的话，“在做这些事情的时候，统统没有哭”；“志愿军的脚步移动了，人们的眼睛潮湿了，但谁也忍着，竭力喊着口号，仍然没有哭”。正因为描摹了“统统没有哭”的态势，情蓄储得深，蓄储得满，千行“泪雨”的横洒才势在必行，充满了感染力。对群众场面的描写以花的雨、泪的雨贯串，结构成中朝军民难分难舍的巨流，融汇成情的海洋。这个“全朝鲜人民在捧着赤心送着他们至亲至爱的友人”的感动人心的场面，单靠娓娓细说表达不了奔腾的感情，于是作者直抒胸臆，抒情，议论。先用排比句颂“可敬的朝鲜人民”的“刚强”：在战火纷飞的岁月中，敌人使生灵涂炭，使“城镇变成了废墟”，使“家园烧成了灰”，沉重的灾难如石压顶，“你没有哭”，“你没有哭”。再用“可是”一转折，写眼泪倾洒，颂朝鲜人民对战友的多情多义。这样的抒情议论，不是凭空的、客观的，而是情景交融、物我双会。“我的一滴泪，也止不住滴在这千行泪雨中”，感人的情景使作者不能自已，滴下了多情的泪，情由景生；而由衷的赞美、精辟的议论又揭示了送行场面的本质，寓含了时间的跨度，透露了胜利得来的背后昂贵的血的代价。

《庄子·渔父》中说：“不精不诚，不能动人。故强哭者虽悲不哀，强怒者虽严不威。”确实如此。这篇作品之所以情思横溢，在于作者自己也对朝鲜父老有精诚的深情。在抗美援朝战争中，魏巍曾经两次奔赴朝鲜前线，同中国人民志愿军战士生活在一起，同“最可爱的人”的灵魂融合在一起，所以能以深刻的感受与无限的爱，娓娓地道出他们真诚的高尚情怀；也正因为魏巍目睹了朝鲜人民在战争中所遭受的灾难，又“在凯歌声里”感受到了他们重建家园的欢乐，对他们爱的和恨的，理解得深入，所以同样能细腻而逼真地道出他们内心的情和意。作者写志愿军依依不舍之情，写朝鲜父老依依惜别之情，无不把自己的情倾注其中，你情，他情，我情，渗透交融，奏出了一曲扣人心弦的用鲜血凝成的友谊的乐章。

繁而有序

一篇比较复杂的记叙文往往材料丰富，涉及众多的人、事、景、物，如果开笔前不全局在胸，不作整体构思，就难以使文章“首尾开阖，繁简奇正，各极其度”。这篇通讯材料繁多，但由于紧紧围绕“依依惜别的深情”这个中心，“以意运法”，故繁而有序，多而不乱。

文章由两大部分组成，前一部分叙写志愿军离别朝鲜前的情景，后一部分叙写志愿军与朝鲜人民离别时的场景。前一部分为后一部分做铺垫，后一部分中感人肺腑的场景是前一部分中人们的离情的必然发展。在结构材料时，作者精心地作了安排：开篇满怀欢欣地勾画了劫后朝鲜国土分外美丽的景象。红松，白鹭，碧水，姑娘们飘着彩色长裙，绚丽的色彩绘出了凯歌声中山水的欢乐，人民的欢乐；汽笛欢腾，白鹭飞翔，与傲立在山岩上的红松应和，有动有静，有色有声。这幅明丽的秋景图墨势淋漓，为惜别的深情提供了抚今思昔的背景，寓含了离情有根的深意。文章要“如马奔驰”，必须“往而复还”，否则，气势就不易贯通。开笔写秋，离别的日子又写秋，深秋的拂晓，寒风袭人，朝鲜父老用红叶、用无数的彩纸条、用成串的纸花表达送别的情意；结尾处以“他们行进在枫林烧红的山野，行进在社会主义的东方”收煞。首尾呼应，文脉顺畅，浑然一体。画面用“红”作底色，既显示秋天的特征，又象征了友谊的“火红”。

通讯选取了多种多样有意义的材料，而要把这些材料连缀成文章，须讲究缝制的方法。从总体上说，文章用的是横式结构的方法，美化营地、赠送珍品、修房架桥、诗章送行、花海泪雨等，各自有较为集中的内容，一一排列，段落清晰。在横式排列的同时，又前后有序，引导读者步步深入地领略“依依惜别的深情”。先从身边的刷营房、美化营地写起，然后写动人心弦的赠礼，由珍藏的写到特制的，层次清晰。叙写身边的事以后，进而写志愿军为朝鲜父老做的好事，架桥、挖井、修屋、生火、制作小手枪、雕制龙头拐杖，一一列举，以表现事实的全貌。在这个基础上再细写修房、搬家的事例，先“面”后“点”，点面结合。表现朝鲜父老对志愿军深情厚意的几组材料连缀得有章有法，层次井然：先是对一件件表达心意的事情的列数，再记瞎眼老妈妈和无名老诗翁的感人事例；先写对生者的离情，再记对死者的悼念。文中丰富的材料是以时间的推移为线索贯串起来的："可是，在这些日子，在志愿军就要跟他们分手的日子，深深的离情却牵着他们的心。""可是，志愿军的行期，仍然是一天天地迫近了。""离别的日子，终于不顾人们深重的离情来临了。"时间线索与相应的有关材料组成了一个个镜头。

文章写"依依惜别的深情"自始至终从中朝两方面来写，故而经常转换笔锋。转换时衔接紧密，过渡自然。如从写志愿军战士为孤老修房、搬家转换到写朝鲜父老的诚挚心意时，先用抒情议论承接上文——"深情的人民啊，你对我们的军队作了多么美丽的歌颂！可以想见，人们要离开这样的一支军队，怎么会不深深地依恋"，再用"可是"一转折，由志愿军行期的迫近引出朝鲜父老们白天做活安不下心，夜晚不能安静睡眠，转得自然而妥帖。

辞采微婉

"情欲信，辞欲巧"，一篇佳作既要有情真意实的内容，又要有精美的文辞。如果仅内容好，而文辞陋涩，不仅会使内容大为逊色，而且会使读者厌读。这篇通讯歌颂中朝两国人民用鲜血凝成的伟大友谊，之所以能够写得感人至深，情真、事真固然起决定作用，而文辞微妙委婉也有锦上添花之效。

选词严格，力求表达情意准确而丰厚。如"在每一座礼品室里"，战士们"都袒出了他们的一颗颗红心"，"袒"，响亮，给人们以见物如见心的感觉，留给读者想象的余地。又如朝鲜老妈妈的"一双眼睛，就被那年年月月的泪水沤瞎了"，"沤瞎"的"沤"寓意丰厚，它揭示了日本侵略者加在朝鲜人民头上的灾难，反映了朝鲜老妈妈思念女儿的内心痛楚，寄寓了作者深沉的爱和恨。凡此种种，不一而足。

善用形象化的比喻对战士的品格、意志进行刻画，以收到深化读者认识、引起读者共鸣的效果。如"这些中国孩子的心，简直是金子一般的心，银子一般的心，水晶石一般晶莹玲珑的心"，还有赞颂朝鲜人民时写的"你真是一把拉不断的硬弓，一座烧不毁的金刚！"，都是用几个比喻比一个对象，特征显明，是博喻手法的具体运用。

使用形式多样的排比句，长短错落，增添文章的气势，表达感情酣畅。有的语句短促，如“这里有爱人分手时连夜做成的手帕，有一参军就背着的绣花袜底，有……有……有……”似速吐为快，一口气把“机密”泄露；有的语势委婉，如“哪些溪涧在山洪到来时不好通过，就架起一座座石桥和板桥；哪些人家离河太远，就在散居的村舍边，挖下一口口水井；哪些水井靠近大路，又在水井上加了井盖”，和句前的“思虑”配合得十分和谐；有的和比喻套用，增强形象性，增加感情的浓度，如“有的说，你们走了，就像我掉了一扇膀子；有的说，你们走了，就像是吃饭时缺少了盐；有的说，要是背得动，妈妈要把你们背着送过鸭绿江”，读起来分外感人。

文章结尾部分集中地议论、抒情，排比、比喻交错使用，有大段的直抒胸臆，有曲曲折折的描写。送别时先是写送行者强忍泪水肚里流，继而写一声哭声挑起千人泣，最后写送行者、被送者融合在一起，“不分行列，不分军民，不分男女，错错落落，五光十色”，“不像队伍”，胜似“强有力的队伍”。感情奔泻之际，文章以“这支巨流，行进着，行进着，越过了一道道水，一道道山，他们行进在枫林烧红的山野，行进在社会主义的东方”收束，“如截奔马”，意味隽永。

镌刻

教室里鸦雀无声。“……啊！这最后一课，我真永远忘不了！”看起来刚才小陆满怀感情的朗读深深感染了同学。

“当、当、当……”，录音机里突然传出了敲钟声，沉重，悠远。趁学生惊诧之际，我出示一张韩麦尔先生写完“法兰西万岁”后的彩色图片，要求学生图文对照，仔细观察，仔细阅读，在理解的基础上用饱含感情的语言描述课堂上庄严肃穆的场景，描述韩麦尔的神情、语言、动作，以及他内心的痛楚和期望，描述此时此刻小弗郎士的心情和感受，说明这个场景在《最后一课》中的地位和作用。

学生观察，阅读，情不自禁地朗读，极其认真地寻找“惊人”的语言来表述自己的看法——

> “这是一个令人心碎的场景！真的，令人心碎！”
>
> “教堂的钟声，祈祷的钟声，普鲁士兵的号声，是驱赶韩麦尔出课堂、出学校的最后信号，所以他难过到极点，脸色惨白……”
>
> “他心里乱极了，他要和同学们作最后的告别，但痛苦使他的喉咙哽住，不能用语言表达。‘我的朋友们啊’，说明他对学生、对镇上的人爱极了，留恋极了。”
>
> “他只向学生做了一个手势，话也不说，其

本文发表于《语文学习》1990年第10期。

实，坐在课堂上的人心里都明白，韩麦尔被迫离开学生、离开家乡，痛苦极了。我觉得这里是‘此时无声胜有声’。”

“写‘法兰西万岁’的情景激动人心。这是韩麦尔使出全身的力量写的。他把丧失故土的痛楚，把对侵略者的仇恨，对自己祖国的热爱，对恢复失地的向往和信念，都凝聚在里面了。”

“韩麦尔的神情、写的字使小弗郎士更加震动了，他一下子长大了，他从没有这样敬仰他的老师，老师对祖国故土一往情深的热爱使他感动不已。”

“这个场景是《最后一课》的高潮，我要是小弗郎士，这一课我真的永远忘不了。”

“我不是小弗郎士，我也忘不了。”

对学生的畅所欲言，我大加赞扬，并加入他们的行列，谈了一段亲身经历。那是在“七七事变”后，日本侵略者的铁蹄长驱直入，家乡危在旦夕，小学即将解散。一天下午，音乐老师教我们唱《苏武牧羊》：“苏武留胡节不辱，雪地又冰天，苦忍十九年……”尽管曲调温柔敦厚，节拍缓慢，但老师却教得那么激动，我们这些七八岁的孩子被深深感染了，心中第一次闯进了“祖国”“气节”“亡国奴”这些大字眼，似乎一下子长大了许多。从此，这首歌不断在我胸中激荡，构成了我生命的一部分。现在想来，在“中华民族到了最危险的时候”，老师用“心”在歌唱，唤起我们幼小心灵的觉醒。就像小弗郎士一样，这一课，我永远忘不了。

学生屏息静听，心弦拨动。

教学课文中的最后场景时，是掀起高潮，在学生心中留下不可磨灭的印象，还是教成尾声，一带而过，须认真思考，正确把握。按故事情节的发展，不言而喻，应作为高潮来教；但分析学生的心态，掀起高潮不易。按照文章写法的习惯轨道，“啊！这最后一课，我真永远忘不了!”是煞尾之句，学生读到这里，容易误解为主要内容已完，末尾不过是交代几句而已。这是继续学好课文的心理障碍。再说，课文中渲染的不平常的严肃气氛，韩麦尔的不寻常的服饰与神态，法语课上言简意深的教导，习字课上从“字帖”引起的想象……犹如波峰叠起，学生一直处于兴奋状态，读到“我真永远忘不了”时很容易自我调节，把思维的弦松弛下来。为此，须巧妙地“引”，大胆地“放”，聚意点“睛”，才能发挥这部分课文的教育功能和训练价值，落实教学目的。

引。声象并举，引入高潮。在学生朗读刚停，寂静笼罩课堂的刹那间，骤然响起“当、当、当……”的钟声，使学生既怔又诧，全神贯注。学生注意力刚集中，就出示有关彩图，诉之于他们的视觉，激发学习兴趣。

放。以形激思，深究主题，放手让学生眼看、耳听、口述、心思，发挥学习的主动性。场景寓含的深意是通过鲜明的形象来反映的，从形象推敲入手，可激发学生积极思考，加深对主题的探讨和领悟。初一学生受知识与能力水平所限，综合分析有一定困难，采用三个“描述”、一个“说明”的方式展开讨论，可连点成线，连线成体。学生力所能及，思维活跃，气氛热烈，既锻炼了阅读分析能力和口头表达能力，又使观察力、思维力、想象力、创新力相应地获得了发展。学生注意力高度集中，对前半部分课文的学习又为领悟主题蓄了势，描述时常有“神来之笔”，闪烁出智慧的火花。

点睛。以情激情，在学生心田弹奏出爱国主义最强音。韩麦尔向故土、亲人告别的庄严而令人心碎的场景发生在19世纪的法国，那种强烈的爱国主义精神是人类最美好的感情，教学中要着力“移情”，在学生心中激起强音。一以文中之情激学生之情，二以自己胸中之情激学生爱国火焰。聚意点睛，站在学生之中与他们交流自己真切的感受，叩击心弦，传情激情，使学生受到熏陶感染。

教师语言要有吸引力

教师，通过言传身教，在学生心田撒播知识的种子与做人的良种。教师的言教，相对来说，用文字的比较少，大量是用口头语言，因此，口语是教师从事教育教学的基础，丝毫不能掉以轻心。教师口语是否规范、生动、娴熟，是否有说服力和感染力，关系到教育质量的高低。

那么怎样才能使自己的语言有吸引力，像磁石吸铁那样吸引住学生呢？我认为应做到以下几点。

一、声情并茂

情是教育的根，“感人心者，莫先乎情”。教师的语言要能拨动学生的心弦，就要以声传情，注情于声，声情并茂。教师带着感情教，满怀深情说，所教的课、所讲的道理就能在学生心中引起共鸣，从而使师生心心相印。

声情并茂不是提高嗓音，矫揉造作，而是要有发自肺腑的真情。比如语文课上要以课文中某高尚人物的思想感情激励学生，教师自己先要动情。自己动情，才可能对学生动之以情。教师动情，语言就会有感情的冲击波，这种感情的冲击波是肺腑心声的吐露，能叩开学生

课堂上，教师主要通过语言和学生交流与沟通，教师的语言能力在课堂教学中起着关键作用。如何提高自己语言的吸引力呢？这篇文章给出了建议：“声情并茂”“娓娓而谈”“幽默风趣”。教师语言的锤炼非一朝一夕之事，它需要学识与修养的不断沉淀。

的心扉。如《七根火柴》的主人公无名战士牺牲的场景十分感人，教师如果重复“真伟大、真了不起”这样的语言，不仅不能感染学生，而且会损坏人物的形象。而在启发学生阅读理解的基础上，教师如果能满怀感情地说“言为心声，一个人的遗言更是心声的表露。一般来说，一个人临死之前留下的遗言多半是对自己的后事和子女家庭的安排，而无名战士用尽力气所说的却是‘这，这是，大家的’‘你把它带给……’，死神没有让他把最后一句话说完，但从他的手势，从他断断续续的话语中，我们能深刻领会到他把生的希望留给战友，把死亡留给自己的无私忘我的精神，这种精神光华四射!”，效果就大不一样。这样讲解，无名战士的高大形象就从茫茫草原移植到了学生心中，学生感情的潮水就会涌上心头。

强调“情”，不等于语言不考究。“言之无文，行而不远”，音准、语调、语速、用词造句等均要琢磨，才能达到表达情意的最佳效果。

二、娓娓而谈

娓娓而谈，就要敞开自己的心扉，或叙述，或议论，目中有人，语调平和，字字句句轻叩学生的心弦。犹如小河淌水，淙淙潺潺，悦耳动听；犹如春风化雨，吹拂学生的心田。例如组织学生学《听潮》一文，课的起始，教师这样与学生交谈：“同学们，你们看到过海吗？听到过有关海的故事吗？回忆一下你们在电影、电视、书报中看到的海的形象，列举一些词句来形容它的情状好吗？（放手让学生说。）我也说一点自己的感受。海，无边无际，辽阔壮美；神秘莫测，变化无常。有时它平静温柔，海鸥掠过水面，在海的上空盘旋翱翔；有时它汹涌澎湃，‘浊浪排空’，怒吼咆哮。生活在海边的人，目睹海的情态，耳闻海的呼啸，熟悉海的脾气，热爱大海；远离海边的人，读描绘海景的佳作，也会有身临其境之感，感受到海的壮观。作家鲁彦的《听潮》，着力描写了海潮涨落的情景，让我们一起认真阅读，仔细体味。”学生是学习的主人，尊重学生，平等交谈，与学生感情交融，学生就会迅速进入学习佳境。

娓娓而谈特别要注意思路的清晰和语言的优美。理思路最为重要的是一条线索手中擎。目的地在哪儿，起点在何处，心中要一清二楚。如果说到哪儿滑到哪儿，学生就会丈二和尚摸不着头脑。语言要优美。爱美是人的天性。自然美、人文美能打动学生的心灵，教师优美的语言更能直接打动学生的心灵。优美的语言诉之于听觉，应音量适度，语速恰当，语调和谐，应遣词造句讲究一些，文学气息浓一点。

三、幽默风趣

教师要善于用风趣的语言开导学生，讲究幽默，把情趣和理趣结合起来，使课堂充满笑声，充满和谐、愉悦的气氛。一次，学生抄袭作业，怎么教育呢？学生在学习中出现差错，如果厉声厉语地指责、批评，定然把事情搞砸。此时此刻，说一两句风趣的、富于幽默感的话，不仅能缓和气氛，而且能起到安慰剂、定心丸的作用，能消除学生的窘态，帮助他们跳出困境。

风趣，幽默，是语言艺术。对词义的褒贬、色彩、应用范围等创造性地运用，常能收到非比寻常的功效。风趣，幽默，特别能启迪智慧，对学生很有吸引力。在恰当的场合、恰当的时机运用，可催化感情，深化理智，达到教育的目的。

教师语言的锤炼看似容易实艰辛，绝非一日之功。语言能力问题乍看是口才问题，实质是学识与修养问题。文如其人，言如其人，就是这个道理。

教师语言内在素质浅探

众所周知，革命前辈老教育家徐特立同志对教师的人格问题有十分精辟的论述。他说："教师是有两种人格的，一种是'经师'（因为中国过去教经书中的知识的称经师，现在是教科学知识，为了容易记，所以仍袭用这个名称），一种是人师，人师就是教行为，就是怎样做人的问题。经师是教学问的，就是说，除了教学问以外，学生的品质，学生的作风，学生的生活，学生的习惯，他是不管的，人师则是这些东西他都管。我们的教学是要采取人师和经师二者合一的，每个教科学知识的人，他就是一个模范人物，同时也是一个有学问的人。"

显然，从这段话中我们能清晰地意识到教师肩负着"经师"和"人师"的双重任务，而且这二者要有机地结合起来。教师既要教书，又要育人，一时一刻也离不开言传身教。教师的言教，相对来说，用文字的比较少，大量是用口头语言，因此，在职的教师和未来的教师有计划、有实效地进行口语训练就非常必要。口语是教师从事教育教学的基础，教师口语能力的高低关系到教育质量的高低。坚持不懈地训练，教师才可能掌握语言的技能技巧。马卡连柯在《论共产主义教育》中说："只有在学会用 15 种至 20 种声调来说'到这里来！'的时候，只有学会在脸色、姿态和声音的运用上能作出 20 种风格韵调的时候，我就变成一个真正有技巧的人了。"娴熟的口语技巧

德国著名教育家第斯多惠曾经说过："课堂教学艺术不是传授艺术，课堂教学艺术是激发、启迪和活跃。"作者深谙其道，一直主张既要教书又要育人，一时一刻也离不开言传身教，而这个过程的完成，离不开教师语言内在素质的提高。本文从现象到本质开出了提高教师语言内在素质的"药方"。

是经过长期训练、通过积累丰富的经验才能掌握的，对学生的教育可以起到无可估量的作用。然而，教师口语是否规范、生动、娴熟，是否有说服力和感染力，绝不是纯技巧的问题，而是与语言内在素质的高低密切相关。教师应该抓自身内在素质的提高，促口头语言的表达；抓口头语言的锤炼，促内在素质的提高。言为心声，言为表，心为里，二者双锤炼，才能获得双提高。

从现时的教坛来看，教师教育教学语言准确、生动、优美、流畅屡见不鲜，但也不乏常见的毛病，如：语言贫乏，干瘪无味；平淡如水，缺少光彩；啰唆重复，逻辑性差。如果就语言训练语言，只是治标，难以收到理想的效果；如果探求这些毛病的内在因素，标本兼治，效果就大不相同。现摘其要说几点。

一、在学识、文化上打功底

语言贫乏，干瘪无味，是教师口语的第一忌。翻来覆去用那几个词，说来说去就那几个句式，总觉得意思没能充分表达，但又苦于找不到恰当的言辞。这种情况貌似是语言能力问题，实质是受到学识与文化水平的制约。可能对要讲述的事物有某些认识、某些了解，但往往囿于表层，既无深度，更谈不上旁征博引，因此，表现在语言上就干枯，可听性差。

教师作为文化人，是人类创造的精神财富的传播者，理应广泛地学习，以知识的清泉滋养自己，不断积累词汇，丰富语言，阐述道理透辟深刻，令人折服。在这方面可资我们学习的榜样很多。

鲁迅先生在北平师范大学讲课，来听讲的人越来越多，礼堂容纳不下，只好临时挪到大操场上去。他站在一张方桌上，处于人群当中。他既安详又激动，滔滔不绝地说，鼓励青年学生认识国民党统治的黑暗，走自己的路。在秋风萧瑟中，没有扩音器，也没有扬声喇叭，但听者专心致志，激动感奋，听得一清二楚。何以有如此震撼人心的力量？是鲁迅先生语言的威力。而这种威力来自他丰厚的学识，崇高的人格。

这是一座破饭厅翻改成的大教室。在昏暗的灯光下，屋里的人挤得满满的。这是闻一多先生在讲“什么是九歌”。学生随着他的声音被引到一个富于遐想的情境：

> 黄昏时分。从四面八方辐辏而来的鼓声，近了，更近了，十分近了。
>
> “神光”照得天边通亮。满坛香烟缭绕。
>
> 男女群巫，和他们所役使的飞禽走兽以及各种水族，侍立在两旁。
>
> ……

教室里弥漫着像歌唱一样的声音，人们几乎分辨不出讲坛上是闻一多还是屈原大夫。讲者和听者的心融成一片，两千年前的《九歌》活跃在现代人的心里。闻先生的教学语言为何有如此魅力？这得益于他的学识渊博。他研究《楚辞》，对神话有癖好，对广义的语言学与历史兴味浓厚，从人类学、社会学领域中吸取了关于原始社会以及宗教、神话的知识。为了研究中国文化典籍，他孜孜矻矻，“三年不窥园”，数载不下楼。

鲁迅、闻一多这样的老师给我们以高山仰止的感觉，是我们学习的典范。尽管我们与他们在学识、文化水平上有天壤之别，但执着追求、勤于打功底的精神对我们来说，特别重要。

中华民族的优秀传统文化，是中华民族在几千年文明中所创造的宝贵财富，是一座丰富的宝藏。历史的进程已经走到了 20 世纪 90 年代，在全世界科学技术日新月异的今天，作为教师，既要有本民族几千年优秀传统文化的修养，又要学习现代科学文化知识，对不同民族创造的精神文明也应该择其精华而吸取。因此，还须花一定的时间学习外国的优秀文化。学习不学习大不一样，经过一定时间的检验，教师在语言上的文野之分、雅俗之分、丰腴与贫乏之分就十分明显。

例如，指导学生作文，讲观察的重要性，三次五次，总是说，要仔细观察，观察要仔细，学生味同嚼蜡。但如果每次能有些变化，情况就不同了。比如这次说：“眼睛是通向心灵的窗户。扑入眼帘的东西要看仔细，要在脑子里转一转，刻下痕迹，切不可浮光掠影，视而不见。”下次可以说：“要看仔细，识得事物独有的特征。要体察入微，辨毫析厘；要深入底里，识得神气。”再下次可以说：“反复观察，巨细不漏，细微处尤其要看真切；多角度观察，看出层次，看出多种形态；边观察，边联想，使静物‘活化’。”还可以说：“记人、写景、状物，要‘识得真，勘得破’。”与学生谈的是一个问题，但在不同的场合又有些细微的变化。不重复同一句式同一词语，能让学生有新鲜感，易于接受。

二、在思想、情操上锤炼

平淡如水，缺少光彩，是教师口语的第二忌。语言上没有什么差错，可听起来总觉得缺了点东西，听的人感动不起来。课堂上平淡无光的语言，会使学生注意力难以集中，学习效果受到影响。苏霍姆林斯基曾这样说：“教师的语言修养在极大的程度上决定着学生在课堂上的脑力劳动的效率。我们深信，高度的语言修养是合理地利用时间的重要条件。”三尺讲台方寸地，教师语言发挥的作用往往能超越时空，在学生心中弹奏出经久不衰的乐音。能否达到这个境地，关键在于语言里是否有“魂”，是否有光彩。

伟大的民族精神是中国魂，正是这种民族精神，使得中华民族在几千年的风风雨雨中，百经挫折而不屈，屡遭坎坷而不回，披荆斩棘地开辟道路，奋然前行。这种民族精神是炽热的爱国精神和自强不息的奋进精神的综合。教师是要有点精神的，教师语言的“魂”就来之于这种精神。

“情动于中”而言溢于外。语言的闪光来自思想的深邃，语言的激昂慷慨来自胸中感情的激荡。不断地锻炼自己敏锐的目光和洞察事物的能力，不断地陶冶自己的道德情操，是提高语言修养、克服语言平淡无光的缺点的有效途径。

对这一点我有深切的体会。哪怕只是提出一个问题，不以真情浇灌，语言也会平板暗淡，碰不到学生学习的兴奋点。如教王愿坚同志《七根火柴》中无名战士牺牲的场景时，我打算问："这里对无名战士进行了怎样的语言描写和动作描写?"多么平淡！在写作术语上打转，置身于旁观者的立场，问得苍白无力，我立刻自我否定了。我教学生学英雄，自己同样是学习者，想到这一点，我的心情开始不平静了。于是我改为这样问："无名战士牺牲前说了什么话？有怎样的动作？表现了他怎样的思想?"然而我又立刻自责起来，觉得自己十分笨拙，找不到恰当的语言引导学生深入阅读，咀嚼体会。此时此刻，我突然想到了天安门，想到了人民英雄纪念碑，耳畔国歌声响起，眼前是一幕幕为了缔造中华人民共和国人们前仆后继的悲壮的波澜壮阔的场景，我热血沸腾，口中跳出了这样的话："无名战士留给人间的最后话语是什么？留给人间最后的动作是什么？这些语言和动作显现了他怎样的心灵，怎样的精神？和一般人相比，他的伟大之处在哪里?"众所周知，一首激情洋溢的歌曲，主旋律一出现，就会把人的心抓住，把人的感情"吊"起来，令人欲罢不能。在关键之处的提问也应如此。要把学生的感情"吊"起来，首先自己的感情要"吊"起来。没有厚实的内在，语言就会成为单纯的符号，成为缺乏活泼泼生命力的躯壳。

有时自己确实对人、事、景、物有所爱，有所憎，有所思，有所想，但表达时仍苦于找不到鞭辟入里的语言。此时可采用移植的办法。如周总理诞辰日，我们学习《春夜的沉思和回忆》，导入课文我想用充满哲理的语言颂扬周总理伟大的人格和表达由衷的爱戴之情，但自己没有这种驾驭语言的能力。于是先让学生朗声背诵学过的泰戈尔的诗《某人》："你的天性是忘掉自己/我们的心中却把你牢记/你总是把自己掩藏/我们的爱戴使你放射光辉/你把发自心灵的光芒/带给那黑暗的东西/你从不寻求名声和崇拜/可是爱之神却发现了你。"然后在黑板上书写了泰戈尔《飞鸟集》中的两句诗："让死者有那不朽的名，但让生者有那不朽的爱。"并向学生挑明移植的用意："怎样使‘死者’有‘不朽的名’，又怎样使‘生者’有‘不朽的爱’呢？今天是总理诞辰日，我们对总理的爱像泉水一样喷涌而出，让我们来学一篇纪念他的文章。”

为教而学，经常学习闪光的语言能使自己的思想升华、感情净化，语言宝库也就随之充实起来。

三、在思路、思维上梳理

啰唆重复、逻辑性差是教师语言的第三忌。啰里啰唆，颠三倒四，说得没完没了，学生最害怕。十句百句里可能有一句是金子，但砂砾堆砌，把它埋了起来。学生听的时候，要挑拣，要分辨，费时费力。

有些经验丰富的教师讲课要言不烦，一语破的。特别是数理化教师，逻辑推理，一环扣一环，滴水不漏。究其原因，这些教师思路清晰，思维合乎逻辑。因此，要克服啰唆重复、颠三倒四的毛病，须在梳理上下功夫。

理思路最为重要的是一条线索手中擎。目的地在哪儿，起点在何处，心中要一清二楚。中途有岔道，千万不能七拐八拐。“云深不知处”，忘记了目的地，学生就会丈二和尚摸不着头脑。比如教课文，哪怕是一个局部，所使用的教学语言也要分出层次，一步一推进。语言的轨迹也就是思路的轨迹，思路轨迹清晰不乱，语言也就有条不紊。例如引导学生学《驿路梨花》的开头部分。这篇文章写的是一物多事多人，围绕小屋展开故事情节，赞扬助人为乐的雷锋精神。故事的最大特点是引人入胜，文章开头就展现了这个特点。要用语言讲出引人入胜的特点，首要的是梳理清楚作者在文中的思路，而梳理清楚作者在文中的思路，也就理清了自己的思路。文章一起笔就展现了故事发生的广阔背景，把读者带入了哀牢山南段的群山密林之中。这是第一步。就在“我们”找不到住处，心里“着急”，一筹莫展的时候，“突然”发现了梨树林，希望在眼前。这是第二步。这个希望是怎样有层次地表现的呢？两个“看”，一看“梨花”，二看“人家”，由花而人。月光，夜风，梨树林，花瓣，人在花中走，花伴人夜行，好一派边疆优美的风光！这是第三步。犹如经过一组镜头的摇动，记叙的物——“小屋”，终于被推到了读者的面前。这是第四步。为什么下笔不写“小屋”，到此时才写呢？前面几段文字去掉行不行？不写，缺少优美的意境；不写，缺少诗意的点题；不写，“小屋”的展现显得生硬。这样写，味道浓郁，引人入胜。这是这部分的最后一步。也就是说，“引人入胜”这根线要牢牢抓在手中，一步一步往前走，每一步都要吃准，不能三步、两步、一步、四步，乱麻一把。如果不梳理清楚，语言就会东一榔头西一棒子，不得要领，学生听了就会如堕五里雾中。思路理清楚，语言才能有条有理，引人入胜。讲授知识，与学生谈话，目的、步骤、前因、后果，脑子里都要有清晰的思路。思路明晰，说话才能条理清楚，有板有眼。

有时语言啰唆重复，是因为思维赶不上趟，来不及反应，或者是思维出现这样那样的缝隙，一时找不到合适的东西来填补。因此，教师平时要积极锻炼思维的敏捷性和严密性。要培养学生敏捷的思维以适应现代社会快节奏生活的需要，教师就不能让自己的思维总是慢条斯理，总是慢镜头放映。我常强迫自己训练思维的速度，比如，让学生就某篇课文质疑，他们提出一二十个问题，我立刻储存在脑子里，并试图立刻加以分类处理，如：哪些问题须当堂讨论解决，哪些可放到课后；哪些是重点讨论的，哪些作一般性处理；哪些以教师为主处理，哪些可放手由学生处理；等等。经常训练，反应灵敏度就有了提高。与此同时，我还强迫自己心有二用，心有三用，心有多用。学习要专心致志绝对没有错，但时代、社会发展如此迅速，教师要处理的事情也十分繁杂，因此，心有多用也是客观需要，非锻炼不可。

思考问题有漏洞是常有的事，经常开展多向思维，多角度多方位思维，有助于弥补思维漏洞，使思维日趋严密。思维训练和语言训练一样，非一日之功，只有坚持不懈地训练，才可能在语言和思维方面获得双丰收。

文如其人，言如其人，语言的内在素质牵涉做人的各个方面。教师在学识、文化上勤奋积累，思想纯正，情操高尚，思维敏捷，思路清晰，语言就有了内在的功底。勤加训练，多多实践，教育教学语言才能神采飞扬，使学生入耳入心，有效地完成教书育人的历史使命。

优化课堂教学，发挥语文的多功能作用
——在苏浙沪闽百校语文教学研究会第十届年会上的发言

教育是实实在在的事，来不得虚假，也不需要包装。正因如此，我们就应该坦率地承认，现在的语文教学，效益是不够高的。效益不高的原因是多方面的，而其中主要的原因，恐怕是对语文学科的性质还未真正认识清楚。

语文虽然与其他学科有相同、相通之处，但是，语文毕竟有其独具的个性特点——语言是人独有的工具，伴随人的一生。中国人学的是汉语，是自己的母语，那么，就应对自己的语言有个清楚的认识。可以这样说，民族语言是民族文化的根，它对外是屏障，对内是黏合剂。

怎样在有限的课堂提高语文教学的效益呢？首先就得具体分析一下，为什么要提高课堂教学效益。

1. 提高语文课堂教学效益是时代的需要。

人类已经跨越了蒸汽机时代，跨越了内燃机动力时代，进入了信息时代。科技的飞速发展，使各个领域都发生了巨大的变化，教育必须适应这一社会变革。教育还必须有超前意识，要教在今天，想到明天，要以明日建设者的要求来指导我们的教学；但教育又带有一定的滞后性，任何一张考卷，都难以考出学生真正的水平，基础教育是给人打基础的，其效应往往要一二十年后才可能反映出来。教育的超前性和滞后性的统一，可以使我们知道，我们的教学，既要看成绩，又要看破成绩，这也是时代的需要。

2. 提高语文课堂教学效益是社会的需要。

社会需要各种人才，而对我们中学生的要求，则有共同的内容，例如，要求学生思维是活跃的，表达能力是强的，等。当然，这与学习成绩有时不是一回事，它注重的是学生的基础是否扎实。换个角度来说，专业水平与基础知识有时不是一回事。上海大学曾请一位博士生导师陪一名外国专家游览苏州，讲解时这位博导对《枫桥夜泊》这首诗的题目也无法正确翻译，这是否说明这位导师的专业水平不高呢？当然不是，这恐怕还是个基础知识的问题。我们说，学习应该是每个阶段完成一定的任务，要在有限的时间内提高效益。吕叔湘先生十余年前曾说，语文教学用时最多、效益不高，但大家对其“少、慢、差、费的严重程度”“还认识不足”。当时，我很不能接受，现在回过头来想想，觉得这个说法的确有道理，我们的语文教学中的确有许多无效劳动，往往是事倍而功半。学界、社会、家长，对中学各学科中，指责最多的就是语文——其实，母语教学是一个世界性的难题。

提高课堂教学效益，所涉及的问题非常多，其中的关键是教师。一所学校教学质量的高低，往往取决于教师水平的高低；名校之所以成名，就在于有了名师，“山不在高，有仙则名”嘛。因此，要提高课堂教学效益，教师就要在理论与实践的结合上深入思考。

没有理论指导的教学，往往是盲目的行为。上课要一清如水，首先就要有一定的思考深度，有时还要展开一些争鸣——学术问题一定要有思想的撞击，通过撞击，可以使一些本来模糊的问题逐渐清晰起来，而一定时间的争鸣，也逼得你逐步深入地考虑问题。教师不学理论，怎么能成为好教师呢？教师不能成为好教师，学校又怎么能成为名校呢？

就语文教学来说，学教学理论就是要树立正确的语文教学观。语文教学观是一个大的体系，包括性质观、目的观、任务观、教材观、教法观、承传观、师生观、测试观等。在这众多方面中，最主要的是性质观，没有正确的性质观，教学往往“雾里看花，终隔一层”。

语文就是语文，不是语言学，不是文学，是要在教学过程中，教会学生运用语言知识，形成学语文的能力，并培养学生健康的情感，提高学生的学习兴趣。

不同阶段对学生学语文的要求是不一样的，一定阶段完成一定的学习任务是科学的。

语文是一门综合性很强的、非常实用的学科。语言，对个人而言，是思维的工具，对人与人的交往来说，是重要的交际工具；语言是人独有的，是人之所以为人的标志，是人的本质属性。同时，语文又是一门人文性很强的学科，1996 年《全日制普通高级中学语文教学大纲（供试验用）》提出语文是“最重要的文化载体”，说到了点子上。

还要清楚地知道，我们所进行的语文教学是母语教学。小孩在小的时候，是没有语法知识的，但他却能较准确地运用陈述句、反问句、祈使句、感叹句等来表达意思，学校的语文教学，就是要使之规范化，在规范化的过程中，不断地用民族文化滋养他。一篇篇文章，语言文字是形式，意识情感是内容，语文教学是要让学生通过形式去把握内容的。

语文是实用的，又是多彩的，古今中外无所不包；语文教学也是多功能的——确定教学目标，当然也要从多功能出发。语文教学要重视训练功能，这是不错的，但语文教学绝不止训练功能。

初中阶段应是在小学的基础上让学生能够正确理解和运用祖国的语言文字，具体地说就是读、写、听、说——不是听、说领先，而是要注重读、写。中学语文教学，是以语文智育为中心，渗透德育、美育以及科技教育等，要在教学的过程中发展学生的智力。

一名好教师，往往能使学生越来越聪明，培养学生健康高尚的审美情操，培养学生社会主义的道德品质——但语文课不是政治课，不是美学课，是在语文教学的全过程中来渗透这些教育，就这一点来说，它除了有训练功能之外还有教育功能。《岳阳楼记》为什么那么感人，能传诵至今？并不是因为范仲淹对岳阳楼的景观描写出色，而在于他提出了他人未能提出的观点——“不以物喜，不以己悲”——这是超越了同时代其他人的见解的。我们在学这篇文章的时候，就不能只是训练，还要用文中提出的境界——“先天下之忧而忧，后天下之乐而乐”——去感染学生。

用语言构成的作品，也同时反映了一定时代、一定民族的文化，因此，它必然具有认识价值。例如：我们读柳宗元的《捕蛇者说》，就可以了解到当时社会的赋敛之重；读契诃夫、莫泊桑等外国作家的作品，就可以了解到他们所处时代的社会状况。

语文学科与生俱来的特殊性，决定了它的多功能性，要优化语文课堂教学，就要认识它的这一特性，在教学过程中充分发挥其多功能的作用，而不是把语文课上成纯语言课，纠缠在语法、修辞等术语上，或是把语文课上成政治课、历史课。成功的课堂教学，往往发挥了教师的积极性和学生的积极性，使教与学和谐地发展，使知识的传授、能力的培养、智力的发展、思想情感的熏陶融为一体——这，就可以说是优化的课堂教学，是发挥了语文的多功能作用的课堂教学。

课堂教学要规范学生对语言文字的运用，要活跃教学气氛，要对学生进行一定的训练，但这绝不等于说，语文教学是老师教、学生听，是学生漫无目标地讨论——“放羊式”，是练习、练习、再练习的课。我们说的活跃，我们说的规范、训练，主要是指活跃学生的思维，训练并提高他们的学习能力，指导他们发现问题、思考问题、逐步解决问题。列夫·托尔斯泰说，一所学校，校长不能思考问题，教师就不能思考问题，学生也就不能思考问题。这一说法虽然绝对了一些，但是，从教学必须要思考，并最终要落到学生的思考上来说，对我们很有启示作用。上课要高效益、高质量，就一定要激发学生思维的积极性，鼓励他们大胆地发表自己的见解，哪怕这一见解还不成熟，甚至是片面的、错误的。有一次我教《一面》，很多人来听课，当我讲到文中所说的鲁迅是“同志”，是“朋友”，是“父亲”时，一个学生发表意见，说自己不同意这种说法，理由是鲁迅对李四光、梅兰芳的看法就不正确。对这位学生敢于在这样的场合下发表自己的看法，我给予了充分的肯定。当然，对学生的思想偏颇，还是要进行必要的引导。也只有这样，才能既培养学生独立思考、敢于发表见解的能力，又引导他们正确思辨，真正活跃他们的思维。这样，才能优化课堂教学，提高课堂教学的效益和质量。

一名教师，教出几个尖子学生并不难，难的是能面向全体学生，使每个学生都能在原有的基础上明显提高。教学就是要在教师的指导下使学生之间、师生之间互相交流，共同提高。老师与学生都是“发光体”。

有一次我教《晋祠》，导入课文时设计了两个环节。第一个环节是教师引导，学生畅所欲言。教师说：在我们伟大的祖国，名胜古迹无处不在，请大家用响亮的声音完整地讲一处名胜。这个环节有五个目的：（1）交流信息；（2）培养语言表达能力；（3）发展智力，如记忆力、想象力；（4）陶冶思想情操；（5）自然导入课文的教学。第二个环节是，教师读一段《中国名胜词典》上对“晋祠”的解释，学生翻开练习本做记录，然后用浏览的速度看课文，比较一下哪个写得好。这个环节要达到以下几个目的：（1）激发学生的求知欲；（2）培养听写能力；（3）发展智力——辨析本来就是在培养学生的思维能力；（4）激发学生热爱祖国河山的情感——这是在教学中“润物细无声”地滋养起来的。教学就是要这样一箭数雕，既培养学生规范使用语言文字的能力，又要使中华民族的精神、民族文化的精华渗入学生的心田。教师设计的整堂课都要让学生思考，让学生学会学习。

我们现在是站在世纪之交来思考语文学科，来思考语文教学，一定要想得深一些，要使学生今后有真才实学，有高尚的思想品德，从而使他们真正能在社会立足。从这个意义上来认识优化课堂教学的目的，那我们一定能知道该怎么做才是对的。

交流与沟通

昨日黄昏，用相机摄下了20世纪最后的落日；今日清晨，第一件大事就是迎接2000年的第一轮朝阳。虽未能去温岭目睹第一缕阳光，似乎有点遗憾，但中央电视台直播三亚旭日东升的壮观景象，同样让我沉浸在欢乐与遐想之中。海天连接处，泛起了微红色，深了，浓了，斑斓了，转眼间太阳探出了头，正目不转睛时，太阳已跃出海面。刹那间海水金光粼粼，翻腾着，欢笑着，海滩上众生灵一跃而起，载歌载舞，欢呼生命的孕育，颂扬阳光的恩典。2000年的第一轮朝日，生机无限，象征我们祖国的事业灿烂辉煌，人民的生活幸福安康。

在阳光洒满书房的时候，"国立"台东师范学院语文教育学系何教授来访。我原本不认识他。前几天在华东师范大学参加"中国语文与人文素质教育国际研讨会"，有天下午，我作报告，他主持会议。会后他对我说："我一定要来拜访您，请应允。"果真，他拣了个好日子。一进门，他就笑呵呵地说："大陆的语文教学是大山，我总要来挖一点儿。"他又说："前年我们开语文学术研讨会，请您，您没有去。"我立刻致以歉意，说明患病住院不能前往的实情。

走进书房，何教授对书橱里的书大有兴趣，滔滔不绝起来，最终聚焦到中小学教育阶段的语文教学。他讲到他们学生课业负担重，读书时间少，又讲到今年岛上要增设二十多所大学，让高中毕业生，以及农校、商校等职业学校的学生都能进入相应的大学攻读。他又剖析给我听："尽管我们的语文教学做法不完全一样，但提高学生语文能力、教他们做人的目标是一致的。"我们探讨、分析、展望，交流得很融洽。他说："我们这些人都是祖国大陆的文化哺育大的，从小学开始就学，中学更不必说。中华民族优秀文化是我们的根，不忘根，事情总好办。”我们讨论的课程改革、语文学科改革，不正是要大大增强文化的内涵，以求学生整体素质的提高吗？对待文化我们是怎样的态度与看法？我如数家珍般地向他解说。

临行前，他向我索取了我写的四本书，我签上名，写上日期——“2000 年元旦”。这几个字在阳光照射下分外耀眼。出了门，他还在喃喃自语：“2000 年，元旦，在大陆，太值得纪念了。”

是啊！中华民族数千年的优秀文化是中国人民的根，母语是维系民族团结的纽带，是黏合剂。语文学习不能小视。学好语文，让学生有扎实的文化底蕴，对他们将来立身处世，为中华民族的伟大复兴做出贡献，会起到难以估量的作用。

美文教学答问
——关于《难老泉》《海燕》《我的空中楼阁》

《难老泉》

问

《难老泉》这篇游记是抓住难老泉的什么特点来写的？是怎样来显现这个特点的？在描绘中寄寓了怎样的深意？

答

写景物，必须抓住景物的特点。泉，是地下涌出的水，涓涓不止。这是泉的共同特点。写难老泉，若仅止于此，就难显特点，难以给读者清晰的印象。这篇游记抓住难老泉的“难老”精心渲染，有声有色，形象鲜明。

为了显现“难老”，作者选择了不同的角度进行描绘。先从泉名入笔，给人总的印象。由听而感，由看而想，绘其“年轻”，绘其水源、碧波“永远是活泼泼的，青春常在的”。而引“冯唐易老”的文句进行比较，更是绝妙，用人的“易老”反衬泉的“难老”。这样描绘，使难老泉的特点初现。接着写泉的历史。写泉“老”，写泉“很老”，“据说有两万万年或者三万万年”的历史。作者写“老”之意分明不在“老”，而在托出泉的“青春常在”——“难老”。然后，作者又从“水的流量”角度，用“一秒钟一点八吨”的数据刻画泉的“流水永远不停，雨涝不增，天旱不减”，给“难老”的特点增添科学色彩。再就是对水潭中的浮萍和水草作具体的描绘，状色状态，突出它们的“冬夏常青”“冬夏常一色”。水草伴随流水波动，从另一个侧面表现出泉的“难老”。结尾以“永锡难老”收煞，以“记忆还是新的”衬托，墨迹浓厚，题意显豁。

文章有层次地紧扣“难老”的特点步步写来，一条内在的思想感情线索贯串其中。难老泉“古老”而又“难老”，作者在叙写中寄寓了对历史古迹的仰慕，透露了对现实新貌的赞美。

问

文章既着力写难老泉，又为什么宕开笔墨写城市建设，意图是什么？作者是怎样宕开笔墨的？收到了怎样的表达效果？

答

这篇游记内容深广，艺术画面开阔。写难老泉，如果只局限于对古迹的咏颂，思想的深度往往有限；而花一定的笔墨来写“古老的美丽的城市”的“新建设”，文章的时间跨度就大增，历史的陈迹和城市的新貌交替出现，就把横贯几千年的壮丽图景、老而弥新的社会风貌呈现在读者眼前，既咏古，又颂今，主题思想大为深化。古迹与新貌交织起来写，不仅表现出难老泉景色的优美和历史文化的悠久，更有助于表达对人民的英勇和巨大的创造力的赞颂。

作者宕开笔墨写，意在拓展文章内容，笔调灵活，宕而有致。文章未从难老泉入笔，而是先宕开写山西。由山西“宝地”写到山西省会太原，由太原这个城市写到晋祠，由晋祠写到难老泉，由外到内、由大到小地引出难老泉的绝色佳景。这是一宕一收。第二次着力写难老泉时，先宕开写晋祠，写晋祠的地理位置、历史变化，写其内部“足有三百多项名胜古迹”，再由晋祠的“一绝”“二绝”，写到“三绝”——“难老泉”。这是二宕二收。第三宕是由难老泉宕开写“不系舟”。最后以“最难忘的还是‘难老泉’”收尾，点明题意。

文章以难老泉为中心，把景物、传说、古迹、新貌熔于一炉，笔端跳荡，使形象、感情、文采有机地结合起来，既使读者获得知识，又使读者获得美的享受。

问

文章的主要材料有哪些？这些材料是怎样缝合起来的？其中一些过渡性的语句如果删去，对篇章会有怎样的影响？

答

文章材料是文章的质地，材料丰富，文章的质地就厚实。这篇游记材料十分丰富，用眼前景物、古史资料、传说故事、诗文原典编织成完整的篇章。

文章的主要材料有：山西以及山西省会太原的旧貌与新颜；难老泉的现状与历史；“桐叶封弟”的历史传说；晋祠的地理位置、来历；“晋祠三绝”；《饮马抽鞭，柳氏坐瓮》的故事；晋水的“潜力得到充分发挥”的现状；等等。为了把这些材料有机地组合起来，文章一是用线索贯串，一是恰当地穿插。文章以“我”的游踪为线索，移步换景，引导读者一步步由近及远，由城里到城外，由晋祠整体到晋祠局部。游览足迹的移动是文章的明线，咏“难老”的思想感情是文章的暗线，明暗两条线索贯串，结构清晰，有条不紊。在记游的过程中，作者又穿插了许多与景物有关的古史资料和故事传说，将它们巧妙地缝合在一起，扩而不乱，铺而不拖沓。如写“桐叶封弟”的历史传说，并非突兀起笔，而是由难老泉说到晋水，由晋水说到晋国，再追溯晋国的历史，层层递推，“桐叶封弟”的故事就极其自然地被引了出来。又如写《饮马抽鞭，柳氏坐瓮》的故事，先说故事，后点题。说故事前，用“‘难老泉’的来历，有一个美丽动人的故事”过渡；故事结束时，又引用《山海经》说明“柳氏坐瓮”的根源。线脚细密，平服自然。再如写有关“中流砥柱”的令人惊心动魄的传说时，作者把引用的内容和自己的解说结合起来写，给人以天衣无缝的感觉。文章还以传说中的“争水”之苦反衬今日“人民是一家”的融洽和欢乐。同是穿插，但缝制的笔法不尽相同，活泼而不平板。

在缝制材料时，作者注意运用过渡性语句，如用“‘桐叶封弟’的故事，历史传说是这样的”句子开启下文，用“这故事的题目叫作《饮马抽鞭，柳氏坐瓮》”一句承接上文等。如果删去这些过渡性语句，文章结构就松散，熔铸景物、传说、古迹、新貌于一炉的特色就大为削减。

问

文中旁征博引了不少文史资料，它们各起什么作用?

答

“冯唐易老，李广难封”的故事分别出自《史记》卷一百二《张释之冯唐列传第四十二》和卷一百九《李将军列传第四十九》。引《滕王阁序》里的这两句，目的不在于评说人物，而在于以人世间的艰难反托难老泉的青春永驻，抒发赞赏羡慕之情。“桐叶封弟”的故事出自《史记》卷三十九《晋世家第九》。文中引用这个故事生动地介绍了晋祠的来历，再引述《水经注》的记载，由北魏而北齐，而唐，而宋，就把这处名胜古迹的来龙去脉叙述得清楚明白，既叙历史，又绘景物，寄寓了对悠久文化的赞颂，对历代劳动人民智慧和创造精神的赞扬。

讲述“柳氏坐瓮”的传说（有的版本记载为：柳氏女子路遇白衣大士要水饮马，饮毕白衣大士送马鞭一根），给难老泉蒙上了一层神秘的色彩，极其形象地刻画出泉水“喷涌”、永不停息的特点，增强了文章的可读性。引用李白的题诗和范仲淹的赞诗状泉的美丽，颂泉给人民带来的福音。引用南北两渠的农民争水互斗的传说，既进一步揭示了泉水对人民生活、生产的重要，又歌颂了新时代晋水发挥潜力、人们用水力进行再创造的功绩。

总之，旁征博引增大了文章容量，增添了知识性、趣味性，使主题的表达更为丰富，更为深刻。

问

《难老泉》是篇游记，开头未记游，却从“当铺，钱号……”写起，这是为什么?

答

记游的文章写法众多，开篇入题也各有巧妙。《难老泉》这篇游记的开头确实别开生面，它不交代游览的时间、地点、同行者，而是列举“当铺，钱号，窄轨道”“煤炭，汾酒，老醋”等山西具有代表性的事物进行新旧社会的强烈对比，前者“随着土皇帝的覆灭最后湮没了”，后者“在人民的生活里广泛散发着热力和芳香”。这样下笔倾注爱憎，为全文颂扬古城新貌、颂扬难老泉“难老”定下了基调。这样下笔，由山西写到太原，再写到难老泉，范围逐步紧缩，突出绝色佳景，顺理成章，极其自然。

《海燕》

问

《海燕》这篇写景状物的文章描绘了哪两幅动人的燕子画面？是怎样描绘的？

答

前一幅是故乡春燕图，后一幅是“万顷海涛”燕飞图。前一幅图景极写小燕子的“伶俐可爱”，给春光平添许多生趣，给孩子增添许多欢乐，给农民们、市民们带来几多舒心，几多忧愁。后一幅描写万里海空小燕子出现的情景。小燕子在海上“斜掠”“浮憩”，俨然是“海上英雄”的形象。

作者笔下的小燕子活泼、生动，使人如见其形，如闻其声，并能感受到它情意跳动的脉搏。这是由于作者抓住描写对象的特点，既作粗线条的勾勒，又作精雕细刻的描绘。文章起始用一句话勾勒，然而这种勾勒不死板，笔触是流动的、有序的，尽管是粗线条，但丝毫不平面。先抓住燕子的总体特征加以表现，“乌黑的一身羽毛，光滑漂亮，积伶积俐”，以羽毛的色彩、光感和质感显示燕子的“形”，又以“积伶积俐”显现燕子的“神”，形神兼备，第一笔就写活了。然后添上剪尾、劲翅，一个比喻，一个形容修饰，使形体完整起来，

“凑成了那样可爱的活泼的一只小燕子”。这好像是一个人手握画笔，曲线、直线，几笔勾勒，小燕子的形象就在眼前。

精雕细刻的描绘多侧面、多角度，有静态写生，有动态描写。憩息于电线与憩息于海面的都突出静态，但又有细微的不同。前者选择了远观的角度：以“小黑点”喻燕子，虽是“闲散的憩息”，但“粗而有致”；将“小黑点”与“几支木杆”“几痕细线”组合，塑造了宁静美。后者也是静态，但静中又有动。先用“浮圈”为喻，绘小燕子的双翅支撑着体重，绘出它们“从容的憩”的静态，接着又绘它们“随波上下的浮着”，以“波”动托“燕”动，动静结合，突出它们“舒适”“安闲”的样子。

对小燕子的动态描写更是生意盎然。既绘小燕子斜飞于旷亮无比的天空、横掠于粼粼湖面、斜掠于广阔海面的隽逸之势，又描摹燕鸣唧唧之声；而剪尾与翼尖打水、湖水与海水小圆晕一圈一圈荡漾的特写，更是把小燕子的可爱刻画得活灵活现。

作者描绘的画面如此动人，除了对画面的主体物精心雕塑外，在背景的配置上也是下了相当功夫的。写春景，用“千条万条的柔柳”“红的白的黄的花”“绿的草”“绿的树叶”来装点，色彩绚丽，高低参差，富于立体感。而“皆如赶赴市集者似的奔聚而来”比喻的运用，更是创造了百花争艳、万物争春的热闹气氛。轻风细雨引来了烂漫无比的春天，绘画了这幅隽妙无比的春景图，再让小燕子飞入图中，以景衬托，使物添生趣，画面情趣盎然。对海景的描绘采用了单一的底色——“皎洁无比的蔚蓝”，虽单一，但不单调。用微风拨动细波，用薄纱似的云平贴空中，以静托动，以动显静，再加上初夏阳光照射，给画面上添加了“金光灿烂”的亮色，和谐，宁静，美丽。作者绘景时，融入主观感受，增强了真实感和亲切感。

问

既然文章标题是《海燕》，为什么作者要花那么多的笔墨描写故乡的小燕子？是不是赘笔？为什么？

答

文章写于1927年大革命失败以后，国民党反动派疯狂迫害进步知识分子，年轻的作者郑振铎被迫于同年5月离开家乡，离开祖国，远游欧洲。这篇《海燕》就是他在旅欧途中写的。作者写海燕，绝非就物咏物，而是托海燕寄情思。

文章贵在有精妙的整体构思。作者以故乡的小燕子开篇，目的在于种下情种。"'燕子归来寻旧垒'。还是去年的主，还是去年的宾"，宾主之间是何等的融融泄泄！去年的小燕子如果不来光顾，主人便忧戚，甚至以为自己的命运蹇劣。燕子确是多情物，作者据此特点把故乡的春燕和故乡人的感情、命运、快乐、忧愁紧密相连，情意绵绵。故乡的小燕子越被刻画得可爱、可亲，撒播的乡情就越浓重、真挚。作者花许多笔墨写故乡的燕形、燕态、燕情不是赘笔，而是为写海上的思念做必要的铺垫，使后半部分在海上的乡思有坚实的基础。

问

既然文章是在旅途中写的，又是借景抒情的，为何不从眼前的海上景写起呢?

答

文章无定法，怎样组织材料要服从主题表达的需要。只要能准确而显明地表达作者的思想感情，谋篇布局可不拘一格。如果作者先写眼前海景，势必要插叙故乡春燕的内容，然后再调转笔锋写海燕、海景。这样的布局当然可以，也比较常见，但难以显出文章组材上的特色。如果尽情描绘春燕飞舞图，处理不好，插叙部分就会显得累赘。而这篇文章舍弃眼前景，暂缓着笔，着力于铺垫，运用起笔突兀、另辟蹊径的技巧，借托海燕抒发的思乡的情感就得到了极其生动的表现。当然，这样组材要十分注意避免出现故乡景和海上景脱节的毛病，一是在结构上要妥为连接，二是要善于把二者交织起来写。"如今，离家是几千里！离国是几千里……至少是轻烟似的，一缕两缕的乡愁么?"这三段是承上启下的过渡段，连接点是"我们的小燕子"。

问

作者是怎样把故乡的小燕子和海燕交织起来写的呢？这样写能取得怎样的表达效果？

答

文章把故乡的小燕子和海上的小燕子交织起来写，似分似合，似合似分，借助它们吐露思乡恋国的真情。有时二者合起来写，“托身于浮宅之上，奔驰于万顷海涛之间，不料却见着我们的小燕子”，“在故乡，我们还会想象得到我们的小燕子是这样的一个海上英雄么”，故乡的燕子“飞来”海上，此物即彼物，彼物即此物，确信无疑。有时二者又分开了。过渡段中的两个有疑而问，结尾处的“它们果是我们故乡的小燕子么”，又清晰地表明海上的燕子不一定就是故乡的燕子，此物不一定是彼物，彼物不一定即此物，心中有疑。文章就在这有疑无疑、似分似合之中曲曲折折地把思乡恋国之情怀刻画得淋漓尽致。特别是结尾处写绝小绝小的海鱼的飞窜，用孩提时代以瓦片打水漂在水面所划起的一条条的长痕为比喻，不仅倾注爱燕子的感情，而且寄寓了无限的深意，这就是乡情有根。末尾一句“乡愁呀，如轻烟似的乡愁呀”，反复激荡，主题毕现。

问

表达情意时，我们常说简洁的语言好，而这篇文章中却常出现重复的语句，这是为什么？如果删去重复之处，表达效果受不受影响？

答

表情达意既要准确生动，又要力求有感染力。有时需用简洁的语言，有时需要必要的重复，以增强表达效果。如：“那些小燕子，那么伶俐可爱的小燕子，便也由南方飞来”，如果删去“那么伶俐可爱的小燕子”，语言是简洁、平实了，但咏燕的意味就会大为削弱，不能充分表达爱燕的感情。又如：“第一年，小燕子来住了，第二年，我们的小燕子，就是去年的一对，它们还要来住。”这一句中的“我们的小燕子，就是去年的一对”是必要的重复，重复这一句，突出了“燕子归来寻旧垒”的特点。这样写，既刻画出与燕子的亲昵，又为主题的表达暗伏感情的潜流。再如：“见了它们，游子们能不引起了，至少是轻烟似的，一缕两缕的乡愁么?”“至少是轻烟似的”如不插入，句子也能达意，但分量大不相同。“至少是轻烟似的”，分明告诉读者“轻烟”不“轻”，乡愁十分浓重，难以自已。

《我的空中楼阁》

问

这篇描写景物的短文为什么以“我的空中楼阁”为标题?作者在点题时用了怎样的妙笔?

答

文章着力描写的是作者“生活中的第一件艺术品”——“小屋”。为什么作者不以“小屋”为题，而用“我的空中楼阁”呢?这是由于小屋建在山上，远观犹如在空中，尤其在夜晚朦胧之际，更给人以在“空中”的感觉。小屋有“活泼翘起的屋檐”“整齐的图案式的屋瓦”，“姿态翩然”，“凌空而起”，具备“楼阁”之姿。用“我的空中楼阁”喻“山脊”小屋，既能充分显示小屋的特征，又增添了诗意与美感。以此为题，生动形象，对读者有吸引力。

文章虽以“我的空中楼阁”为标题，但迟迟不出现这个字样，直到结尾才妙笔点破。怎么“点”的呢?从小屋“出入的交通要道”引出“往返于快乐与幸福之间”的山路，初次点明“空中”。“山路被我唤作空中走廊”，情注其中；“我只觉得出外时身轻如飞，山路自动地后退”，路解人意，把“空中走廊”写活了。

接着，着力展现小屋夜景。用白天的清晰和夜晚的朦胧对照，突出“朦胧”的特征；用山下万家灿烂的灯火和山上疏落的灯光对照，突出“疏落”的特点；用“把黑暗照亮”和“把黑暗照淡”对照，突出“照淡”的情景——在夜幕深垂的晚上，山在虚无缥缈间，再次暗点“空中”。在这样的背景中出现的小屋确实宛如“雾失楼台”，和上文细绘的“清晰的小屋”迥然不同，反差很大。经过一引一描摹对照，作者用“不是……而是……”的句式下判断，点明“它不再是清晰的小屋，而是烟雾之中、星点之下、月影之侧的空中楼阁”，水到渠成，佳景如在眼前。“烟雾之中、星点之下、月影之侧”三个修饰语又一次显现了“空中”的特点。

在描绘小屋夜景前，作者直抒己见，写道：“我把一切应用的东西当作艺术，我在生活中的第一件艺术品——就是小屋。”这样写，不仅注情于景，而且加大景物的艺术浓度，启发读者观赏，激起读者在艺术赏析上的共鸣。

问

作者的小屋在文中展现出的是一幅优美动人的立体图景，作者是怎样描绘这幅图景的？怎么会产生如此的艺术效果？

答

写景状物贵在逼真，写山像山，写水像水，活泼泼地有生气。要把景物写活，须精心构思，塑造出立体的图景。本文在描绘立体图景方面很有功力。

首先，把小屋放置在优美环境的怀抱之中描绘点染。作者不是就小屋写小屋，而是十分注意环境的配置。文章首句别出心裁地连用两个比喻形象地刻画出小屋和它的载体“山”。“山如眉黛”给人以秀丽的感觉，而小屋恰似“眉梢的痣一点”，这就构成了秀中之秀。接着点出小屋在山中的位置——“立于山脊一个柔和的角度上”。然后运用博喻“好比一望无际的水面飘过一片风帆，辽阔无边的天空掠过一只飞雁，是单纯的底色上一点灵动的色彩，是山川美景中的一点生气，一点情调”，尽力渲染小屋对山景发挥的作用，把“点缀”写得具体生动，活灵活现。这是一点缀，小屋点缀了山。作者未就此搁笔，而是继续在环境配置上深入，笔锋顺势而下，写树对小屋的点缀。这是二点缀。写无花树的美丽，写满山的树为小屋布置了一个

"美妙的绿的背景"，写屋后的大树浓荫笼罩，写屋前的树遮掩小屋，小屋在绿荫环绕之中，"含蓄而有风度"。

其次，定景换点，从各种不同的角度描绘。有近看，有远观；有白日景，有夜晚景；有地上景，有天空景；有屋内景，有屋外景；有自然实景，有心灵虚景；有静景，有动景。凡此种种，作者围绕着描写的主体——小屋，多角度、多侧面进行巧妙的描绘。近看，如上一段所述；远观，"小屋在树与树之间若隐若现"。特别是"树与树之间露出一些建筑的线条，一角活泼翘起的屋檐，一排整齐的图案式的屋瓦"的描绘，更显得小屋绰约多姿。远观，不仅状其姿，而且点染色彩，绿树，蓝墙，白窗，十分醒目。文章用大量篇幅写小屋的白日景，结尾处换写夜间景，时间转换，加强了小屋清晰和朦胧的整体感。写地上景，着眼于"小"，"领土"有限，土地小，房屋小，花园小，花园中的路小，后者次第比前者小；写天空景，着眼于"大"，"领空"无限，足以举目千里，足以俯仰天地。大小对照，小屋的"小"得到了充分的表现。园内紫藤、月季等彩色的花，天空绚烂的云霞，在"美"上聚焦，"有形的围墙"与"无形的围墙"相互配置，从另一个侧面表现小屋的优美。屋外美景非常，细笔细描；屋内简笔勾勒，以简胜繁。写屋内时只提到光线和设计与装饰，对前者勾画其明亮及由时间推移而带来的变化，对后二者似写实不写——"可以省去许多室内设计和其他的装饰""无须挂画，门外有幅巨画——名叫自然"，以不写室内来突出屋外，突出自然美景，用笔别致。文中饱蘸笔墨绘实景，但也用疏笔穿插心灵的虚景。如：写"领空"无限大时，穿插"适于心灵散步，眼睛旅行"；写外出时"身轻如飞"，穿插"山路自动地后退"，虚实结合，情景相生。文章通篇写"静"，但不时又有"动"的衬托，如以树的"轻轻摇动"衬托小屋的"静"，小屋就显得越发的宁静了。

文中图景呈立体状，除了有作者从不同的空间位置的角度、不同的内外环境的角度、不同的时间变化的角度巧作安排的原因外，还和语言的运用、寄情于景的处理密切相关。作者笔下的景渗透了作者的情，缘情写景，"物皆著我之色彩"。作者向往独立安静的生活，对大自然充满热爱，故而笔下景物灵动而优美。柔静、宁谧伴随着快乐与幸福构成了文章的主旋律，产生了动人的艺术效果。

问

这篇文章在语言技巧上有何特点？这对绘景状物、表达主题起到了什么作用?

答

这篇短文用词讲究，语言优美，犹如一首令人陶醉的散文诗。

遣词造句准确、生动。选用恰当的词语准确地表达情意，文章的生命力就大增。作者选用词语十分精心。写“小屋的出现，点破了山的寂寞，增加了风景的内容”，“点破”一词很是传神。它表明山原本被笼罩在“寂寞”之中，“小屋的出现”打破了这种“寂寞”。那么，为什么不用“打破”呢？小屋玲珑，特征之一是“小”，“点破”既能紧扣此特征，又色彩温和，符合文章的基调。如果用“打破”或用“一扫”，分量就失之浓重，破坏了轻柔之感。又如写山上的空气，用“特别清新”形容，“清新的空气使我觉得呼吸的是香”，“香”这个词用得贴切生动。“香”在句中表现的是自我感觉，这种感觉由外物“清新的空气”引起。空气清新又与“满山皆树”、园内有花紧紧相连，树香、花香弥漫在空气之中，因此，“我觉得呼吸的是香”。“香”寓意丰厚，既表达自我感觉和欢愉心情，又暗暗颂赞山中树、园中花。即使是对数量词、方位词的运用，作者也是一字一字斟酌的。如“烟雾之中、星点之下、月影之侧”的“中”“下”“侧”，用得极其妥帖，如果稍作更换，就不符合景物实况，不能准确地表达情意。

巧妙设喻把景物刻画得惟妙惟肖。文章从“山如眉黛”设喻起，至“门外有幅巨画——名叫自然”设喻终，比喻连叠，不仅无累赘堆砌之感，而且增添了文章的生动性和优美感。这是由于作者善于抓住景物的特征，选用共同点鲜明的另一景物打比方，刻画出姿态，刻画出精神，刻画出细微之处。如以人的面庞喻花，以人的姿态喻树，然后用排比句形容树的姿势、活力与精神，这就把“树的美丽”刻画得具体、细微，形象生动。

语言是思想的载体。这篇文章用词妥帖，句式整散，富有变化，善设比喻，描写细致，故而写作意图得以充分表现。

导学生入艺术佳境
——《听潮》《闻一多先生的说和做》《第二次考试》教学思考

《听潮》《闻一多先生的说和做》《第二次考试》三篇散文的作者分别根据自己的所见所闻与深切的感受，着力刻画了不同时期不同人物的优美高尚的内心世界。教学时，要注意以文章中革命战争年代和社会主义建设年代革命前辈、革命烈士、英雄人物的革命气节、高尚情操和献身精神熏陶感染学生，激发他们热爱祖国、热爱人民的感情，使他们珍惜社会主义新生活，继承和发扬艰苦奋斗的光荣传统。

这三篇散文虽以叙事记人为主，但每篇各有侧重，有的抒情性较强，有的描写成分较多，有的着重在叙事记人。教学时，要帮助学生从不同角度认识散文这种文学体裁的特点，以课文为借鉴，学习精细地观察生活，以及如何选择典型材料、从恰当的角度表现文章的中心思想。

这三篇散文描写逼真，感情奔放，文笔比较优美，运用了记叙、议论、描写、抒情等多种表达方法。教学时，要加强朗读、口述的训练。通过朗读、吟诵，发展学生思维能力、想象能力，使学生对文中所塑造的人物的心灵美以及散文的意境美、语言美有较为真切的理解。

教学时，应把握以下三点。

第一，着眼于展现艺术境界。有人说，在文学的百花园里，散文和诗是两朵最亲近的姐妹花，虽然它们各具风姿和逸韵，但色泽芬芳却有不少相同之处。一篇清新隽永的散文，总是洋溢着动人的诗情画意，展示出耐人寻味的艺术境界。散文是无韵之诗，讲究意境的描绘。所谓意境，就是艺术境界。王国维在《宋元戏曲考》中曾这样论述："写情则沁人心脾，写景则在人耳目，述事则如其口出是也。"可见意境讲究一个"真"字，景物逼真，感情真挚。当作者的思想感情和描写的景物交融为一的时候，就会出现感人的艺术境界。鲁彦的《听潮》在这方面颇具特色。

这篇经删改后的散文着重在景物的描绘，用优美的笔触描写大海的神奇变幻和海潮奔涌而来的壮观，摹声绘态，展现大海的雄壮美，歌颂大海所寓含的伟大力量。

作者描绘海潮奔腾而来的情景如"在人耳目"。文中抓住海潮汹涌澎湃的特征细笔细描，先写潮初涨时的声音和情态，再写潮涨到高峰时的壮观。采用了拟人的手法，模拟海潮的声音、情态和性格，十分逼真。一个"惊醒"报告了潮来时的消息，然后从声、光、色、形等多方面描绘渲染："汩汩的声音""银光""晃动""银龙样的""像铃子、铙钹、钟鼓在奏鸣着"，使人如闻潮声，如见潮水上涌。接着从海与岩石撞击的角度写潮的势头。一笔用排比句，用准确的动词刻画大海掀起巨澜的力量，"它狠狠地用脚踢着，用手推着，用牙咬着，它一刻比一刻兴奋，一刻比一刻用劲"；一笔写岩石受到海浪冲击后的反响，"战栗""嗥叫"。而写岩石，也正是为了写海潮。"海的鳞甲，片片飞散"，用形象的比喻描绘出海潮冲刷岩石溅起无数水花的景象。最后，重笔描绘涨潮达到高峰时的雄伟气势和惊心动魄的奇观。文中用了多种多样的声音状海潮的巨大声势，"战鼓声，金锣声，呐喊声，叫号声，啼哭声，马蹄声，车轮声，机翼声，掺杂在一起"，真是天上地下，人马杂沓，犹千军万马混战，惊心动魄。文中又用"愤怒""咆哮""猛烈地冲向""冲进""拨刺""疯狂地汹涌着""吞没了"等分量很重的词语描绘海潮的汹涌澎湃，震天撼地。

文中之所以能突现出海潮的雷霆万钧之势、摧坚吞垒之力，不仅由于作者善于运用拟人、比喻等修辞方法制造音响效果，描摹出海潮滔滔滚滚的雄姿，而且还在于交代了听潮、观潮的十分优越的位置：

“幽静的寺院里”的“一间靠海湾的楼房”，“还有一个露台突出在海上”。露台观海，脚下是海，闭窗听海，观潮者犹如置身于大海之中，心潮随着海潮起伏翻腾，情景交融，使读者有身临其境之感。更何况在写海潮奏响宏伟乐章之前，作者精心设计了前奏。作者来小岛上游览观光，领略海景，必然要早观潮，晚观汐，因此，交代了听潮、观潮的时间与地点后，立即从潮入笔初写海景。先以潮水冲击岩石的音响诉之于读者的听觉，再以“细雨似的，朝雾似的，暮烟似的飞沫升落”的情态诉之于读者的视觉，又以“带着腥气，带着咸味”的气味诉之于读者的嗅觉。这样写，初显海潮特征，为写海潮的咆哮、奔腾和大海的宏伟乐章作前奏。

文章着力写大海的汹涌澎湃，显示其雄壮有力，也不忘描绘它的温柔静谧。写后者，不仅能使读者较为全面地了解大海，认识它的神奇变幻，而且也为写大海的雄壮有力做了很好的铺垫。有“静”有“动”，唯其“静”，才让“动”更为突出，更为吸引人。写海景的变幻，人的心情由“欢心”“喜悦”变化到“战栗”“恐惧”才有依据；而对心情变化的刻画又更逼真地表现出海景的神奇，内情与外物相融合，意境展现，真切感人。

文中描写的大海平静的画景也颇富有诗意。先用“静寂”这个词语总拎，然后从“波浪”轻吻、“海面”平静、“银光”颤动、“红玉”琼台等方面写其静态，波平浪静，色彩柔和，使读者欣赏到大海的宁静美。而五个比喻的连用——像诗人“沉吟”，像“朦胧的月光和玫瑰的晨雾那样温柔”，像“情人的蜜语那样芳醇”，像“微风拂过琴弦”，像“落花飘零在水上”，给大海的宁静美增添了神秘、欢愉的色彩，分外有情趣。与写大海怒吼的过程一样，文章也描写了海的静寂之中细微的变化。从“波浪轻轻吻着岩石，像蒙眬欲睡似的”开始，而后写它的“沉吟”，再写它的“睡熟”。为了渲染宁静的气氛，写大小岛屿“也静静地恍惚入了梦乡”，写星星“也像要睡了”，写“我俩也像入睡了似的”，真是万籁俱寂，皆入梦乡。这种对“幽静的和平的愉悦的神秘”的诗意描写，为下文写海潮呼啸奔腾、狂暴不测充当先行，传递消息。

作者分别细致地描绘海静、海闹的变化过程，犹如一幅幅画面的连续转动，增强了立体感，增添了使人身历其境的实感。

文学欣赏，常常是通过眼前的有限形象不自觉地捕捉和领会到某种更深远的东西而获得美的享受。教学《听潮》这篇散文，不正是可以引导学生从海潮的形象中领略沸腾生活的壮美、胸襟广阔的可贵吗？

第二，着力于再现动人形象。有人说：散文有四美，形象美，绘画美，音乐美，含蓄美，而形象美最为重要。这话有道理，散文有鲜明的形象就会有艺术感染力。散文中的形象往往通过神速的剪影来表现，以十分稀少的笔墨，活灵活现地描绘出某个人物，使其形神毕现，给人以难忘的印象。臧克家同志的《闻一多先生的说和做》记述了闻一多先生作为学者和革命家的言行片段，“口的巨人”“行的高标”的形象就跃然纸上。教学时要着力于再现这位革命家的形象，以他孜孜矻矻钻探文化宝藏的精神和疾恶如仇、为祖国安危而英勇献身的凛然正气与高尚情操教育感染学生。

作者巧妙地选取了不同的角度来记述闻一多先生的事略，赞颂他的可贵精神。文章的第一部分记述他“作为学者的方面”“做了再说，做了不说”的特点，第二部分记述他“作为革命家”“‘说’了就‘做’”、又“说”又“做”的特点。中间用三段过渡，脉络清楚，连缀紧密，给人以深刻的印象。

文中记述闻先生的言行，对闻先生形象的描写很具匠心。尽管文中说“作为革命家的方面”的闻一多先生与“作为学者的方面”的闻一多先生对待“说”与“做”的情况迥乎不同，但实质上二者并不矛盾，二者统一在言论与行动的完全一致，而且闻一多先生最终“以宝贵的生命，实证了他的‘言’和‘行’”。言行一致是闻先生人格的写照。如果笼统地写，容易落入窠臼，流于一般化。选取恰当的角度，采用剖析的方法记述，具体而实在。文章既刻画了闻先生力戒空言、崇尚实干的学术道德，又刻画了他为民主事业“作狮子吼”的慷慨陈词、“昂首挺胸”的战士形象。采用剖析的方法记述，不仅从不同侧面揭示了闻先生的精神世界，而且揭示了他思想前进的历程——从埋头寻觅“文化药方”，到挺身而出“为争取民主，反对独裁”而斗争。这样记述，虽只是言行的片段，但学者、革命烈士的精神美洋溢纸上，人物形象鲜明，血肉丰满。

这篇散文以记叙为主，但其中不少语言含有诗意，字词凝练，句式整齐，音调铿锵，感情浓烈，给人以强烈的感染。如“目不窥园，足不下楼，兀兀穷年，沥尽心血”，四句16个字，内容丰厚，气势流畅，一个“沥”字深刻地表现了闻先生用心血一滴一滴浇灌学术研究花朵的钻研精神，精当，凝练。又如“不动不响，无声无闻”，两个“不”，两个“无”，看来普通，但细细咀嚼，颇有韵味。闻先生不是“不动”，而是在“动”，而且是在废寝忘食地“动”，用“灯火”“漂白了四壁”地动。这个“不动”，是不说，是“无声”，是听不到。用“不动”来突出闻先生的“做”，突出他“沥尽心血”，埋头实干。再如“他‘说’了”“他‘说’了”“他‘做’了”的三个排比段，作者的感情如冲开闸门的潮水，汹涌澎湃，一泻千里，倾泻出对闻先生英勇精神的高度钦佩与赞扬。结尾的“他，是口的巨人。他，是行的高标”是对闻一多先生人格的艺术概括，句式短促，音调高亢，节奏分明，情深意赅。散文中运用诗意的语言能提升文章思想感情的浓度，能使人物形象更为鲜明，能更为深刻地表达讴歌闻先生坚持真理、英勇无畏、慷慨献身精神的主题，能以文中包孕的感情激流给人以激励、鼓舞和感染。

为了突出形象，深化主题，文章在记人叙事的基础上，穿插了一些精要的议论，安排十分得当。第一部分先引闻先生的“言”，然后记其“行”，再进行议论，表现他在治学方面的埋头专攻精神。第二部分把闻先生的“言”和“行”糅合起来写，把“言”插入所叙事实之中，而这些“言”又是闻先生在致作者信中亲笔所书，言导行，行证言，情真意切。作者在记“言”述“行”的基础上，连用三段文字进行议论，给人以飞流直下、一气呵成的感觉。这样写，既绘出了闻先生“说”的“气冲斗牛，声震天地”的情状，再现了他“说”的坚强不屈的声音、昂首挺进的形象，又深刻地揭示了他以生命为代价求民主、反独裁的高尚人格。议论中夹以事实，议论中寓含深情，叩击读者的心弦，使人对闻先生的无畏精神、凛然正气和高尚情操油然而生敬仰之情。

散文的形象不局限在人的形象，更多的是见之于物的形象、景的形象，通过形象的描绘，表现写作的意图。教学中着力于再现神采奕奕的形象，学生不仅能观形闻声，而且能深入理解文章的主题，受到教育，获得启示。

第三，注意把握思想感情的踪迹。优秀的散文非常讲究结构的艺术，乍看，笔下所写似乎信手拈来，随心所欲，其实颇有规矩，其中总有一条线索贯串首尾。寻觅作者逻辑思维的踪迹，把握蕴含在字里行间的感情起伏的波涛，文章就能拎起来，各个部分不会像断了线的珍珠四处乱滚。何为的《第二次考试》这篇散文在谋篇布局上很讲究章法。

这篇文章记叙了一个女生参加声乐考试的故事。它的基本情节是:（1）陈伊玲初试表现优异；（2）抢险救灾；（3）复试失利；（4）事因揭晓；（5）终被录取。如果按照故事的发生、发展、结局的顺序来写，情节应这样排列；而作者对材料进行了调度：写陈伊玲初试表现优异后，立即写她复试失利，然后调查事因，设下悬念，形成波澜，造成故事的曲折性，增强吸引力。

作者在文中制造了一系列悬念，处处布置疑点，时时引起读者揣测，收到引人入胜的效果。文章一开始把先后两次考试成绩悬殊的情况巧妙地构成了“一件奇怪的事情”，造成了一个大悬念；在解开这个“奇怪”的谜团的过程中，又不断设置一个个疑点。先用疑问句设疑、布疑，如将小石子投入水中，激起读者心中的浪花——“是因为怯场、心慌，还是由于身体不适而影响声音?”正当人们揣测、推论时，作者又通过人们的感觉说明“可是她通体是明朗、坦率的，使人信任的”。当人们希望从陈伊玲口中听到复试失利的原因时，作者偏偏写她“抱歉地对大家笑笑，飘然走了”，真使读者疑上加疑。有的以场景描写来制造悬念，如正当苏林教授因陈伊玲复试反常而生气时，作者突然调转笔锋，不写他的心理活动，而是插入几句对台风袭击后窗外断枝残叶、狼藉满地的景象的描写。读者不禁要想：这与陈伊玲考试有什么关系呢？苏林根据报名单上的地址“好容易”才找到了那条马路，那个弄堂，偏偏扑入眼帘的是受到台风与火灾严重破坏的景象。就在读者急于想知道事情的真相时，文中又设了一个小疑点——“苏林教授手持纸条，不知从何处找起”。这样处处设疑，妥善布疑，似乎山穷水尽，终究柳暗花明，激发读者浓厚的兴趣。

作者在精工编织材料的过程中，对作品的重点人物倾注了赞美的感情。白居易在给元稹的一封信里说：“感人心者莫先乎情，莫始乎言，莫切乎声，莫深乎义。《诗》者：根情，苗言，华声，实义。”诗歌如此，散文也是这样。一个作家，记叙什么事情，歌颂什么人物，选择什么语言，跟他的思想感情分不开，都是从“情”这个根子里出来的。《第二次考试》的作者用饱蘸感情的笔墨赞扬陈伊玲这样的热爱人民、热心为人民服务，具有共产主义道德品质的社会主义新人，从人物的声音美、形态美、行动美揭示人物的心灵美。作者安排她的第一次出场，首先在声音的描绘上下功夫，不仅直接描绘她音色“灿烂”，感情“深沉”，而且以教授们的眼神、表情为衬托，进行渲染刻画，给人以强烈的美的享受。接着在外貌、神态上轻轻一点，绘出她蓬勃的朝气和毫不骄矜的品质。她的第二次出场，作者在声音描写上作了明显的对比——“发涩”“毫无光彩”，在神态上也一反前次的朝气蓬勃——眼睛“黯然无神”，嘴角流露出“无法诉说的焦急”。然而，作者在描写这个人物的异样时，仍然着力写了她内在的美——“她通体是明朗、坦率的，使人信任的”。她临走时“抱歉”的笑也透露了这一点。除了上述的直接描写，文中还通过写苏林教授看她的照片来勾画她的肖像，通过她弟弟的转述刻画她的行为的高尚。

总之，作者把这个人物放在不同的环境里，从不同的侧面揭示她的内心世界。有同一环境里对不同表现的直接描写，有另一环境中别人的转述，从侧面来描写，笔笔带情，表现人物高尚的品质。尽管没有写陈伊玲和他人的一次对话，没有写她的一个内心活动，但她高贵的品质、动人的歌声和优美的风采所构成的艺术形象却栩栩如生地展现在读者的眼前。值得注意的是：第二次考试后，这个人物“飘然走了”，再没有和读者见面。作者用这种“曲终人不见”的手法来处理，耐人追寻、思索，意味隽永。

教散文，必须引导学生进入艺术佳境，与作者的感情发生共鸣，体会语言文字运用的奥妙。

酣畅淋漓，激情澎湃
——《少年中国说（节选）》教学谈

《少年中国说》是梁启超的名文之一。撰写该文时，作者只有20余岁，书生少年，锐气方遒。他饱含充沛的感情，以一泻千里之势酣畅淋漓地表达自己对祖国繁荣富强的强烈渴望和积极进取的乐观精神。这是一篇颇具鼓动性的好文章。

根据文章气势磅礴、语言晓畅的特点，从初三学生有一定的阅读浅近文言文能力的实际出发，教学该文时可采取读、讲、评、写相结合的方法，引导学生吸收文中的精华，学习运用排比递进的句式说理表情，激发学生爱国主义的情思。

一、在指导朗读中帮助学生弄懂词句含义，理清思想脉络

文章着眼于论说“国之老少”，而以“人之老少”为喻，盛赞少年勇于改革的精神，阐发少年在创建富强国家中应负的重任。

第1段运用对比的手法提出“吾心目中有一少年中国在”的论题。朗读时，对叙述、反诘、感叹的语气须准确掌握。“一则曰”“再则曰”不能在“则”后停顿，要读成“一”“则曰”，“再”“则曰”，即“一开口就说”“再开口就说（仍说）”。作者对日本人、欧洲人称我国是“老大帝国”持反对意见，反诘道：“我中国其果老大矣乎？”我们中国果真是古老了吗？（“老大”在文中用作偏义复

词，重在“老”字。）作者不正面回答，而是用“是何言，是何言”的叠句否定“老大帝国”的说法，摆出“心目中有一少年中国在”的观点。“是何言”的叠句须读出不满的、反对的、气愤的感情，前句语气稍轻，后句加重。

第2段以“人之老少”为喻，把老与少的不同“性格”进行鲜明的对比，赞颂“少年中国”兴旺可爱，针砭老年的消极保守。

朗读这一段时，须注意层次的推进，语势的充沛。文章先用“欲言国之老少，请先言人之老少”引出比喻进行论证。“请先言”（请允许我先谈）要读得舒缓，启人思索。接着用“老年人常思既往，少年人常思将来”“老年人常多忧虑，少年人常好行乐”“老年人常厌事，少年人常喜事”等三组句群进行对比剖析；然后用“夕照”“朝阳”“瘠牛”“乳虎”四个比喻两相对照，总括老年与少年特征的迥异。“大略”，大要，要点；“略”，谓举其大纲。最后以“人固有之，国亦宜然”收束。“固”，固然；“宜然”，应当怎样。从“人之老少”的比喻归结到“国之老少”，回应段首的语句，层次清晰，结构严谨。

“惟思既往也故生留恋心”等排比句句首的“惟”是副词，表示动作行为的理由，可译为“因为”“正因为”。“也”用于句中，表示停顿。“故惟知照例”中的“惟”用在谓语之前，表示对事物范围的限定，译作“只”。朗读这几组排比句时须：(1)处理好句中停顿。(2)分号处作较长间歇，使老与少对比鲜明。(3)读出层层递进的气势。如：“既往”“留恋”“保守”“永旧”和“将来”“希望”“进取”“日新”等词应重读，一层一层推进。

第3段简析造成国之“老大”的原因，着重论述中国少年的责任，极力赞颂未来的“少年中国”的壮美。

朗读段首一二句剖析“国之老少”的原因及前途时，要褒贬分明。“冤业”的“业”，是佛教名词，指身、口、意三方面的活动。文中的“冤业”指做坏事，老朽作孽。“为缘”，结成关系；“缘”，缘分，关系。“使举国之少年而果为少年也……可翘足而待也”，从正反两面论说少年精神状态的老少关系到国家的兴亡，进一步强调少年的责任。朗读时要把两个假言判断句对比着读；结论要读得斩钉截铁，“全”应重读。“使”，假如；“举国”，全国。“少年智则国智……则国雄于地球”的排比句从多种角度阐述少年与未来中国呼吸与共，命运相连。“胜”（后面常带“于”“过”），超过。“雄”，作动词用，称雄。朗读时要铿锵有力，根据内容的递进，语调步步加强，如江河倾泻，掀起波澜。朗读“红日初升”等七个比喻时须节奏鲜明，感情奔放，一气呵成，充分表达对“少年中国”的由衷赞美。“其道大光”，它的精神发扬光大。“伏流”，潜伏地中看不见的水流。“隼”（sǔn），一种凶猛的鸟。结尾的“美哉”句音韵优美，对偶整齐，朗读时须激情满怀，盛加赞叹。“与国无疆”，和国家一样无止境；“疆”，止境。

二、在练习讲演中激发学生的爱国主义感情，培养学生视说的能力

学生对文章初步理解后，进行演讲训练。训练采用两种方法：先原文视说；后看原文，用现代汉语讲。

训练的要求：(1) 看句说话，用口头语言论说，不照文章朗读。(2) 语意前后连贯，首尾呼应，不疙瘩，不断裂。(3) 根据文章内容的起伏处理好抑扬顿挫，不用一个语调平推。(4) 赞颂少年勇于改革的排比递进句讲述时应热情洋溢，有破竹之势；讲七个比喻时特别要注意音韵的铿锵，让“光”“洋”“扬”“惶”“张”“皇”“芒”等押 ang 韵的字（平水韵下平声七阳）在听者耳中制造强烈的音响效果。(5) 用现代汉语演讲时力求贯通晓畅，不拘泥于个别字词的死解，有的词语译成白话反使文章逊色的就不译。(6) 可辅以简单的手势。

训练的程序：(1) 个人准备。在熟悉和理解课文的基础上，用无声的内在语言进行演讲训练。(2) 小组切磋。每名学生试讲一两段，

由其他学生评议。明确训练要求，掌握演讲的要领。(3) 在提高认识的基础上，个人再准备。(4) 请程度不同的几位学生在全班同学面前讲述，检查训练效果。

第3段是讲演训练的重点段落。该段是文章的重点所在，作者对祖国独立进步、繁荣昌盛的急切愿望溢于言表，反复论说少年须具有积极进取的精神，意气昂扬，激昂慷慨。训练得好，能使学生受到强烈的感染，激发出爱国主义热情。试以现代汉语将该段讲述如下：

> 造成今日老大中国，是中国老朽造的孽；而创建未来少年中国，却是中国少年的责任。那些老朽的人有什么值得说的？他们和这个世界告别的日子已经不远了。而我们少年才刚刚来到这个世界，与世界发生联系。假使全国的少年果真是生气蓬勃，那么我们中国作为未来的国家，它的进步将不可限量；假使全国的少年也是暮气沉沉，那么我们中国仍是过去的古老国家，它的灭亡将翘足而待。所以今天国家兴亡的责任不在别人，而完全在我们少年身上。少年聪明，国家就聪明；少年致力于富，国家就富有；少年致力于强，国家就强盛；少年有争取独立的精神，国家就能独立；少年有争取自由的精神，国家就能获得自由；少年勇往直前，国家就进步；少年超过欧洲，国家就能超过欧洲；少年在地球上称雄，国家就能在地球上称雄。我们少年中国有如红日刚刚升起，光芒万丈；有如大河从潜伏的水流奔涌而出，一泻千里，一片汪洋。有如潜龙从深渊中飞腾而起，金鳞熠熠，利爪飞舞；有如新生幼虎在山谷里呼啸，百兽闻声惶恐震惊；有如鹰隼初展翅翼，在高空翱翔，搏击风云。有如奇花异卉，含苞欲放，光彩照眼，富丽堂皇；有如刚磨砺出来的宝剑，锋刃闪闪，

大放光芒。我少年中国头顶着青色的长天，脚踏着黄色的大地，历史悠久，疆域广阔，前途像大海一般辽阔，将来的日子久长。美好啊，我们的少年中国，您和天一样永远不老；伟大啊，我们中国的少年，你们和国家一样，前途不可限量。

三、组织学生就文章的思想内容与表达特色进行评论，培养赏析能力，吸取文中精华

梁启超，举人出身，1890 年起从学于康有为，大力宣传维新变法理论，是我国 19 世纪资产阶级改良主义运动戊戌维新的中心人物，在反对封建顽固派和宣传西方资产阶级文化思想方面起过相当进步的作用。但同时他又提倡保皇，与资产阶级革命派展开论辩。他学识渊博，于学无所不窥，于论无所不及，著作内容宏富，涉及政治、经济、哲学、历史、新闻、文化艺术、文字、音韵、训诂、宗教等，淹贯经史，参驳古今。曾倡导文体改良的“诗界革命”和“小说界革命”，开白话文风气之先。他的论文以流利晓畅、饱含感情著称。评论该文时，应注意上述基本情况。

在学生理解文章内容与表达特色的基础上，组织他们进行评论，鼓励他们充分发表自己的看法，让他们通过交流、争辩，对以下一些问题有比较正确的认识。

作者在文中表露的思想观点在当时是有积极作用的。清朝末年，政治昏暗腐败，民不聊生，帝国主义列强欺凌宰割，国家濒临危亡。《少年中国说》正是写于这个时期。作者以炽热的爱国主义激情贬斥保守老朽的危害，憧憬上升的、前进的国家，激励人们关心国家的命运，明确肩负的重任，励精图治，勇于革新，热切地期望祖国能以生

气蓬勃的崭新面貌称雄于世界之林。这种热爱祖国、以国家前途为己任、积极进取的精神在当时有进步意义，在今日仍有借鉴作用。

文章写作技巧十分精湛，文情并茂，高歌猛进，神完气足。作者纯熟地运用排比递进的句式剖析老少的长短，层层解剖，鞭辟入里，如进洞天，步步深入，终究底蕴。作者又运用博喻的手法，精选了红日、大河、潜龙、乳虎、鹰隼、奇花、干将等生意盎然、活泼的形象，推波助澜，赞颂“少年中国”，突出其生命力旺盛、气势锐不可当，既收特写镜头之效果，又纵横开阔，令人感奋，有很强的感染力。文章论述“国之老少”，以“人之老少”为喻，而国家之能否为少年，责任又“全在我少年”，顺流而下，颂歌高唱，既盛赞“少年中国”，又盛赞“中国少年”。这样收尾，不仅题旨显明，而且感情充沛、振奋人心，具有很大的鼓动性。当然，文章也有瑕疵。比如，少年老年之说的比喻就不尽妥当。对事物采取保守或改革的态度并不能只以年龄大小来划分，它是由种种复杂因素决定的。作者仅从年龄角度论述，欠严密，不周全。这是他认识上的局限性所致。

为了使学生加深对课文的理解，从中获得借鉴，课后可指导学生进行仿写练习。总题可拟为“壮哉我中国”，小题自拟。要求学生运用博喻和排比递进的句式层波叠浪地阐述振兴中华、建设“四化”的宏图壮志，倾吐自己对社会主义伟大祖国的热爱与深情。

叩击学生思维的门扉
——《说疑》教学管见

初中议论文教学中常遇到两个明显的困难：一个是教材比较浅近，似乎不像内容博大精深、语言洋洋洒洒的大文章难懂，有丰富的宝藏可以挖掘；一个是学生不喜爱学。由于年龄较小和受知识水平所限，他们多半还不喜爱这类文章。他们常常认为讲道理的文章是说空话，学起来没劲。不正视这些困难，不注意研究解决它们的办法，就难以落实语文教学大纲中关于初中议论文教学的目的要求。

《说疑》是《上海市初中补充教材·语文》中的一篇议论文。它篇幅短小，文字浅显，说理明白，教学时为了克服上述困难，我做了一些探索。

引发。早在2 000多年前，教育家孔子就说过："知之者不如好之者，好之者不如乐之者。"要变"厌"为"爱"，就得在培养"好之""乐之"上下功夫。"好"与"乐"单靠说大道理，是难以形成的，还是要依靠知识本身的威力。研究现代教育的苏联教育家赞科夫说得颇有道理："要以知识本身吸引学生学习，使学生感到认识新事物的乐趣，体验克服学习中困难的喜悦。"基于这样的认识，在课的起始阶段，我既未解题，又未介绍作者，而是先在黑板正中写了一个常见的"疑"字，要学生释义，并以"疑"为词素组成若干常常用到的词。学生活跃起来。在学生积极组词的情况下，我就势一收，确定文章标题中"疑"的含义，指明"说疑"就是谈谈疑问，从而把学生的注意力集中到文章的论题上来。

学生明确文章的论题后，我以提问再生波澜，叩击学生思维的门扉。所提的问题是：我们学习中经常碰到"疑"，是好呢，还是不好？

是喜欢呢，还是讨厌？就在学生动脑筋思考而又说不清楚之际，抓住学生急欲获得答案的良机，着重指出：课文《说疑》把这些问题剖析得清楚明白，认真学习，就可受到有益的启发。这样，学生就能积极地进入课文的学习。

品味。味是品出来的。“味”，要靠学生自己品尝，教师不能代替，也无法代替。教师只能积极引导学生咀嚼课文的语言因素，紧扣课文特点体会其中的甘甜，从而理解并掌握论说事理的有关知识。教《说疑》一文时，我让学生“三品”课文。

一“品”，要求学生通读全文，找出文章的中心论点，弄清作者对所议论的问题持有的见解。怎么找？怎么找准？学生不大有把握。我要他们以统编教材初中第五册中的知识短文《论点和论据》为指导，先从理论上明确论点的概念，然后以此为依据找出课文的论点。估计有的学生会错把标题当论点，故须指点他们辨别论点与论题的区别、论点与文章标题的区别，使他们懂得论点是作者在文中要表明的主张，是全文的灵魂，文中所有的事实与道理均是为了证明这个主张的正确，而论题只是文中要讨论的问题。文章标题可以是文章的论点，也可不是。学生经过一番咀嚼，分辨同异，能准确地找出这篇课文的论点——“科学研究就是破‘疑’，破‘疑’才有所发明”。

二“品”，要求学生再读课文，认真思索，有条理地讲述全文是从哪几个角度围绕论点进行论述的。先让学生择用几个动词与“疑”组成动宾短语，对文章从各个角度论述的内容进行概括，然后引导学生以知识短文《论点和论据》为指导，从理论上明确论据的概念与选用要求，再进而分析课文每个角度用了多少论据，各具什么特色。

第一个角度是“见疑”，用三个事实一个引述作论据进行论证。三个事实是：牛顿见苹果落地生疑，瓦特见壶盖跳起来生疑，伽利略见“挂灯摇摆幅度不论大小”时间都一样而生疑。有疑才可能会“努力探求，以至有所发现，有所发明，有所创造”。一个引述是张载的“于不疑处有疑，方是进矣”。这些事实与引述有力地论证了

"疑是思之始，学之端"，要破"疑"，必先见"疑"生"疑"。作者摆了三个事实后，将三名科学家的见"疑"生"疑"与"寻常人熟视无睹"作比较，以张载的"于不疑处有疑"作结，突出了科学研究中见"疑"生"疑"的重要。

第二个角度是"解疑"。文章以两位科学家"从海藻中提取碘时"对所发现的深褐色液体采取了不同的态度，以至于获得了完全不同的结果的事实为论据，论证"见'疑'，决不可'讳疑'，而应当'解疑'"。作者把利比息对"深褐色的液体"的"想当然"与波拉德的"细加研究"进行正反对举，生动地论证了"讳疑"会与真理"失之交臂"，而"解疑"才能有所发现。文章摆此事实论证时，不停留在作一般性的评论，而是巧妙地引用了利比息自传里就这件事吸取教训的话语，这就大大增强了论据的说服力。

第三个角度是"敢疑"，摆了六个事实进行论证。这六个事实的表述是一详二简三略。第一个事实详述：伽利略敢于怀疑流传了1 800 年的亚里士多德关于"物体从高空落下，'快慢与其重量成正比'"的错误断言，才打开了真理的大门，推动了力学的发展。第二、第三两个事实用排比句作简单的说明，而此后的三个事实仅用列举的办法进行反诘，语言极其简略，但发人深思。这样详略得当地摆一系列事实作论据，有效地论证了："对前人留下的'已知'成果""要敢于疑"。

三"品"，要求学生三读课文，明确通篇文章是怎样开展论证的，语言上有何特点。启发学生思考：文章开头与结尾各论述了什么内容？段与段之间是怎样衔接的？语言上可以咀嚼出什么味道？引导学生体会文章一开篇就诠释论题"疑"的含义："未解之惑，未识之物，未辨之味，未通之理，皆可谓之'疑'。"这里一连用了四个并列的短语，明确清晰，生动概括，为下文的论述做了必不可少的准备，避免概念上发生歧义。释义后，点出"任何人都不能回避这个'疑'字"，顺势引出文章的论点。论点提出后，作者摆了足够的有代表性的事实进行论证；论证时，不是对一件件材料的堆砌，而是把它们有机地组合成几组，使其详略分明地为论点服务。材料较多，但运用时错综有变化，活而不乱。还要引导学生体会：文章所表明的主张要令人信服，不仅要依靠事实与道理，还要依靠语言的精确和逻辑性。一篇较好的议论文，总是字斟句酌，选用恰当的词句精确地表达思想。这篇文章中，且不说“失之交臂”“发现”“提出”“创立”等用词的精确，也不说“见‘疑’，决不可‘讳疑’，而应当‘解疑’”等句子承上启下的严密，单说结尾部分的论述，就极为周密。这一部分进一步要言不烦地对“疑”进行深入透辟的剖析，既用两个“就是”、三个“不”、三个“敢”的句子正反论述，重申搞科学研究见“疑”、破“疑”的重要，又用否定加肯定的句式清楚地阐明“敢疑”与“虚无主义者的怀疑一切”迥然不同，应对二者加以严格的区别。这样进行论证，不片面，不顾此失彼，合乎事理，严密周到。在严密论证的基础上，作者水到渠成地顺手点出写作目的：“在实现‘四化’的进军途中，身为科学技术大军中的战士，都要敢于‘疑’，善于‘疑’。”文章从对“疑”的含义诠释开始，至对“疑”的精辟剖析结束，首尾呼应，构成了完整的篇章。

为了使学生对全篇的论证留下完整的印象，可摘师生发言之要作如下的板书：

诠释“疑”，提出**论点**

见、解、敢——疑：（三个事实，一个引述）（正反对举）（一详二简三略）——**论据**

论证后，下**结论**

落实。教学该篇课文的目的是：（1）使学生理解学习中敢“疑”、善“疑”的重要性，培养独立思考、敢于质疑的好学风。（2）使学生懂得阅读议论文找准论点、论据、结论的方法。为了实现上述目的，我还采用了以下一些做法。

启发学生见“疑”敢“疑”。让学生明白文章虽就科研而论，但同样适用于学习。针对学生学习物理的实际，我补充了这样一个例子：19 世纪末叶，在许多物理学家眼中，物理学的发展好像已经很完善了，物质世界的运动已经构成了很清晰的画面，后辈物理学家只要在已经基本建成的科学大厦的基础上再做一些零碎的修补工作就行了。在这样的情况下，人们对已经得出的科学结论还需不需要敢“疑”呢？有眼力的物理学家指出：在物理学晴朗天空的远处，还有两朵小小的“乌云”，一是热辐射实验，一是迈克尔逊-莫雷实验。而正是由于从事科研的物理学家敢“疑”，不“讳疑”，这两朵“乌云”不久就发展成为物理学学科中一场革命的风暴，揭开了近代物理学发展的序幕。例子一讲，有连锁反应。有的学生认为，正是因为有人敢“疑”牛顿的经典力学，不受它的束缚，20 世纪初才出现了爱因斯坦的相对论。有的学生认为课文中“不怀疑‘电磁波穿过空气层就会一去不复返’的结论，马可尼就不可能用导线把信号送过大西洋，开创无线电事业”这个论据的用词有问题：“导线”是有线，与“无线电事业”矛盾。经过讨论，解了“疑”，明确两点：一是“导线”应改为“电台”“装置”或“发射天线”；二是电磁波穿过空气层后能复返，雷达就是明证。雷达的英文 radar 这个缩略词也很妙，从左到右，从右到左，字母的顺序都是一样的。学生独立思考，敢于质疑，收到效果。

我还要求学生运用学习这篇课文时找论点、论据、结论的方法独立学习吴晗同志的《谈骨气》一文。学生颇有兴趣，不仅按要求完成任务，而且在肯定该文是好文章的同时，指出作者对“骨气”的诠释有可商榷之处。“什么叫骨气，指的是抱有正确、坚定的主张，始终如一地勇敢地为当时的进步事业服务，遭遇任何困难，都压不扁、折不弯，碰上狂风巨浪，能够顶得住，吓不倒，坚持斗争的人。”“骨气”怎么能是“人”呢？应作修改。

最后是布置学生练笔。题目只出一个字——“谈……”，由学生自己确定论题，这样天地广阔，万物皆可收入笔底。要求文章有明确的论点、较为充分的以事实为主的论据和清楚明白的结论。学生写了颇有吸引力的《谈笑》、有启发性的《谈时间的珍惜》、有针对性的《谈癖》等，粗浅的议论文知识得到了落实。

把议论文的教学和有关知识短文的教学有机结合起来，把阅读和写作有机结合起来，学生感到看得见、“摸”得着、学得到手，学习的劲头就来了。学的劲头一来，尝到甘甜，学生就会怀着打开新领域的喜悦心情，步步往前探索。

改弦更张　因树为屋
——第二次教《事事关心》

两次教马南邨同志的杂文《事事关心》，前后比较，现对如何处理教材、制订教学目的、选择教学方法等问题，在认识上似乎稍有深入。下面摘其要谈一点粗浅的体会。

一、轻车熟路虽方便，脱离学生实际也枉然

一般地说，教新课文必须花功夫钻研，也舍得花功夫钻研。但教熟悉的课文就不大一样：车已驶过，留下了“辙”，沿着车辙走熟路，既省时，又省力。然而，教学毕竟不是行车。“教”要在学生身上起作用，就须认真了解学生，从他们的实际出发，制订切合他们实际的教学目的，选择易为他们接受的教学方法。这样就只能“借走”某一段或某几段熟路，或者完全另辟新径。更何况人的认识总是随着时代的进步而发展，随着知识的丰富而深化，我们对做过的事、走过的路，应站在新的高度重新认识，或肯定，或否定，或扬弃，或发展。教学上如果热衷于走熟路，以不变应万变，那就难以收到预期的效果。

第一次教《事事关心》，我采用了“归类集合”的方法，把四篇论说性课文和一篇知识短文结合起来教，先总，后分，再总，共用了5课时，对课文进行了粗线条的处理。依据有二。其一是教学对象是初三年级下学期的学生，他们接触过二十多篇议论文（包括文言文

中的议论文)，对议论文基础知识有所了解，初步具备了阅读议论文的能力，只要稍加点拨，就能理解各篇文章说理的特点和方法。其二是编者把《事事关心》与《谈读书》《关于写文章》《散文重要》三篇文章组成一个单元，并配以知识短文《读书笔记》，其编排的意图就应是通过这些题材大体相同、写法各异的文章，让学生懂得读书、作文的基本态度与方法。根据教材和学生的实际，我把文章分成两组教。总述四文的特色后，先指导学生学两篇“读”的，再指导学生学两篇“写”的，然后引导学生将它们综合起来比较分析。教学的整个过程致力于诱导，立足于自学。知识短文中的写提要、做摘录、做卡片等要求，让学生在自学及练习中消化掌握。

第二次教，情况发生了变化。开始，我对这一点认识不足，也想如第一次那样大刀阔斧地处理，出几个讨论题，让学生通过讨论掌握课文。可是，当我提起笔制订教学目的时，却被学生的具体情况和教材的特点卡住了，我不得不停下笔，再钻研教材。第二次的教学对象是初二年级学生（因是实验性教学，故提前在初二试教)，这个班级的学生因为年龄小，议论文没学过几篇，论点、论据等知识不具备，如果不从扶一把着手，不指导得具体细致，学生不易受到实在的益处。

再从教材看，第一次是同类文章组成一个单元，第二次不是。第一次《事事关心》与《谈读书》一起教，一次两篇，目的是让学生在学习围绕中心逐层深入地论述道理和运用比喻与举例论述事理等写作方法的同时，懂得读书的基本态度和方法，学会做各种类型的读书笔记。第二次单独教一篇，究竟应达到怎样的目的才切合学生的情况呢?

从学生和教材这二者的具体情况出发，我否定了原先的打算，而决定采用细线条梳理的方法，紧扣中心论点，用作者说理的思路来训练学生的思路，引导他们领悟：要使别人信服自己的观点，不仅要观点正确，而且要学会充分说理，一层一层说，一层一层推。为此，我以文章的论述层次为主线，串上两个观点：努力读书和关心政治必须紧密结合；以古论今，古为今用。前者是文章的中心论点，后者是对这篇文章中心论点的基本特色的阐述。只着眼于前一点，比较浮泛，会削弱文章论述的个性；将二者拧起来落实，分量沉，有一定深度。

教学方法是为教学目的服务的；而教学目的要想设置得当，首要的在于目中要有人，有具体的活生生的学生。对教材的处理、方法的设计，无不为教会学生服务。因此，最熟的教材也要当新教材教，要和教第一遍时同样花功夫。教学征途中充满变化，贪图轻车熟路，无视学生实际，其结果往往是徒劳而无功。

二、虽不完全改弦更张，也要注意因树为屋

课前的教学设计是否正确周到，要到教学实践中去检验；而在实施过程中遇到种种意外时，一定要从“学”的实际出发，不能执着于“教”，强行“通过”。

教《事事关心》，我原先的计划是：围绕教学目的，把文章阐释对联含义的写法、正反论述努力读书与关心政治必须紧密结合和激励今人胜古人作为教学的重点。以历史唯物主义的观点评析东林党人读书讲学的进步意义和历史局限这部分是课文的难点，但无须重点教，只要让学生理解对古人的主张必须采取历史唯物主义的态度，吸取精华、扬弃糟粕即可，不在具体材料、具体问题的是非上开展争论。原打算第一节课把引古、述古、论古的内容告一段落，引导学生在熟悉这部分课文的同时，训练他们思维的细密度和条理性，第二节课着重于论今、激今的内容，引导学生通过反复朗读理解文章的主要观点，并用 20 分钟左右的时间让学生就古为今用的观点和层层深入的说理层次进行反馈，再拓展一步，启发学生由“古为今用”联想到学过的有关古诗文中的名句，挑明可借鉴的精华，训练学生思维的准确性和灵敏度。

谁知，在实践的过程中，第一节课就碰到了障碍。一是学生质疑较多，有的又表达不清，只好请他们重说，这就占用了时间；二是学

生在理解文章阐释对联含义的写法时，只注意到了先分后总的粗杠杠，对上下联阐释方法的差别、语言运用的奥妙、补述的作用未加考虑。这样，按课前预计的速度就通不下去。二者皆是估计不足所致。教是为了学，学生的实际情况与计划发生了矛盾，必须及时更动，灵活调整。

面对学生学习课文时的具体情况，虽来不及将课前设计完全改弦更张，但也要相机行事，因树为屋。且不说让学生提出所发现的问题，就以学习“阐释对联含义”这一部分来说，我就在两个方面作了更改。一是增添了提问，如：我们把上下联一起读一读，上联文章是着眼于什么角度来解释的？下联又着眼于什么角度？文章对上联和下联的解释有什么不同？请注意关键词语。学生阅读理解后，回答得仍不周全，就再作提示。如：解释上联 11 个字时，哪几个词很重要？为什么要加“真的”这个词？加了以后起何作用？凡此种种，目的在于步步诱导，使学生学在细处，学到深处，填补未加思考的空白，培养细读深思的好习惯。二是增加反复，帮助学生加深理解，加深印象。学生的知识基础、思维能力、阅读水平、口头表达等不是一刀齐的，某个问题一两位学生能回答得不错，不等于大部分学生都已理解。因此，对于教学重点所在、学生不易发现的运用文字的精到之处，教师须多频率、多层次地提问，让处于各层次学习状态的学生都能得到锻炼的机会；学生在多层次的交流过程中，比较，鉴别，深化，得益的面就广，认识也会随之向纵深发展。

“教然后知困。”教师犹如指挥员，在课堂上要引导各种类型的学生主动积极地学习，课前必须制订比较周密的计划，切不能打无准备之仗；而实施计划时，课堂上会发生千变万化的情况，教师又必须头脑冷静，积极运筹，取得驾驭的主动权。对这些我虽略有认识，但实践起来却不易得心应手。天天教课，月月教课，年年教课，教训远远多于正面经验。每次课后稍思片刻，总会感到缺这少那，感到一种说不出的遗憾。

结论是：在遗憾中奋发，在教训中锐意进取。

如鱼饮水，冷暖自知
——谈谈怎样写“教后”

上完一节课或教完一篇课文，坐下来稍作反省回味，把教学过程像放电影一样在脑子里过一遍，撷取其中有启发的写下几笔，既有意义，又是乐事。

教学有其连续性，教过不是了结，不能边教边丢。教后清醒地回顾一下走过的脚步，可使下一个步子走得更稳，更扎实。教师课前写成的教案，不管怎样从教材实际和学生实际考虑，毕竟只是书面上的设计，将它拿到课堂上，付诸实施，师生共同活动，学生学习积极性发挥，教学中就会出现不少意想不到的情况。及时择要记一记，有助于知教知学，知自己知学生，有利于总结教训和积累经验。

记自己的一孔之见。一孔之见虽未必成大器，但来自实践，发自心胸，生动具体。点点滴滴记录下来，日积月累，对某一教学活动规律的探索就会从两眼漆黑进展到朦朦胧胧，再进展到曙光就在眼前。比如教记叙文，最早我总是用“平推”的方法，别说学生感到无味，就是自己也教得没劲。有一次，我试着先拎出其中表现主题思想的关键语句引导学生理解、咀嚼，然后紧扣这一点设计几个问题，要求学生通观全文，理清记叙的脉络，体会篇章结构的安排。实践证明，这样教比“平推”效果好，学生既有兴趣，又意识到读书要学会抓要

本文指出写“教后”的意义后，谈到自己写“教后”会记录的内容：“记自己的一孔之见”“记教学中的疏漏失误”“记学生学习中闪亮的光点”。作者强调目中有人，写“教后”也要“记学生学习中闪亮的光点”，这是以学生为本的体现。

点。教学实践给我以启发，我记下了自己的一孔之见："教"和"写"是两个不同的范畴。一篇文章从开头到结尾有其特有的逻辑顺序，这个顺序受作者的写作意图制约，为表达作者的写作意图服务。教文章，目的在以文章为依据，对学生进行听、读、说、写能力的训练。"教"有自己的目的要求，不能和作者"写"的意图混为一谈。"教"应该有自己的逻辑顺序，不能照搬"写"的逻辑顺序。善教者应该把两者有机地结合起来，使"写"的逻辑顺序为"教"的逻辑顺序服务，更有效地实现教学目的要求。

有了这点认识，自己有意识地进行多次试验，发现有的文章用"平推"的方法教效果也不错，有的文章教学时可对部分段落的顺序作适当的更动，有的文章甚至可在一个段落里将某个重要的句子作妥帖的安排。把这些零零星星的认识记录在案，翻阅，琢磨，领悟到：看问题不能形而上学，不能不加分析地判断"平推"的教法好或是不好，应从教材实际和学生实际出发，因文而异，因人而异。这个"异"不是标新立异，主观臆断，而是建筑在深入钻研教材和了解学生的基础之上。

记教学中的疏漏失误。教学能力、教学水平并非自天而降，能力在不断纠正差错中增长，水平在努力克服疏漏中提高。"吃一堑，长一智。"经常回顾教学中的弱点、缺点、过错，能使自己聪明起来，考虑问题周到一些。我常常不满意自己上的课，有时觉得少讲了点什么，有时又觉得似乎讲过了头，有时觉得师生活动板眼不十分合拍。这些自我感觉如果任凭它随时光流逝，不留一痕半迹，就无补于教学的改进。冷静下来，梳理教学过程，找"疏"、查"漏"、辨"差"、识"错"，透过现象捉住问题的症结所在，可使脑子开窍，少走"前车之覆"的道路。比如，课堂上怎样让学生的脑子"转"起来，其中学问很多。就以提问来说，有的能一石激起千层浪，有的只"吹皱一池春水"，有的却"扑通"一声，余波全无。起初，我责人多，责己少，常认为学生不愿动脑筋。平心静气分析解剖，才知自己颇应负疏漏失误之责，提问题常常欠深思熟虑：或失之于深，或失之于浅；或笼统难以捉摸，或枝蔓不中要害；或时机未掌握好，或顺序欠妥当。凡此种种，及时地记几笔，犹如盏盏红灯，提醒自己在教学道路上不要再去瞎撞。

记学生学习中闪亮的光点。课堂上，学生将注意力集中到特定的学习轨道上以后，潜心思考，阅读推敲，常会发表出人意料的见解，展开使课堂生色的争论。这些看来似乎是“神来之笔”的见解，闪发着年轻人智慧的火花；看来是尚为幼稚的争论，孕育着运用语言的能力、认识世界的能力。我珍惜这些光点，带着如获异宝般的心情记下它们。这些光点记录着一个个生气勃勃的学生的进步与成长，这些光点帮助我深入了解学生的思想、性格，学习的深度、广度，这些光点也开阔我的思路，让我能弥补自己教学的不足。“知之者不如好之者，好之者不如乐之者”，回味一个个闪亮的光点，简直是乐在其中。

语文教学活动是复杂的师生双方的活动，既是科学，又是艺术，其中甘苦如鱼饮水，冷暖自知。教后提笔书写“冷”与“暖”，不仅别有一番风味，而且更是为了孜孜以求，积极进取，做不畏劳苦的语文教学规律的探索者。

附：“教后”二则

“日暮里”引起的争论

这次教《藤野先生》，好几个学生问了这样的问题：文章既然是写藤野先生，为什么好多笔墨不是写他？前几段文字好像与藤野先生联系不起来，似乎不搭界，是不是废笔？文章到底是写鲁迅自己还是写藤野先生？简直弄不清楚。学生的质疑已经突破词句的局限，进入对选材、谋篇的探索，思考问题的能力提高了。

原打算该课文两课时授完，但课堂上小周同学提出的关于“日暮里”的问题引起了争论，于是临时改变计划放手让学生开展讨论，授课延长一课时。小周认为“思考和练习”的第二个题目欠妥。“为什么一直记得‘日暮里’‘水户’两个地名”，后者可以解释，是出于鲁迅强烈的爱国主义思想感情，而前者难以解释，拉扯不到爱国主义思想感情上。有的学生认为，文中的话不一定每个句子都包含什么意思；有的学生表示异议，认为长篇小说尚可这样说，短篇小说，篇幅短的散文，如果是好文章，就不应如此。小章说：鲁迅先生自己说“不知怎地，我到现在还记得这名目”，可见他“还记得”并没有什么理由，不应该妄加揣测。这时，小曾用期待的眼光看着我，我立刻请他发言。他说：“‘日暮’象征着国家的衰败。鲁迅东渡日本为的是寻求救国救民的道理，可是到了东京看到‘清国留学生’如此醉生梦死，感到前途茫茫然。旅途中一看到‘日暮里’这个地名，他就触景生情，故而印象很深。因此，鲁迅先生能记得这个地名同样是出于他爱国主义的感情。”他一口气讲得那么流畅，同学们用惊异的眼光看着他，我也有些愕然。这个不轻易发言、话音常嗫在喉咙里的学生不是不会发言，不是不会响亮地发表自己的意见，只要能真正拨动他的心弦，他心中的话就会顺畅地流淌出来。我对他的了解更深了一层，也为他口头表达的进步而高兴。

抓住这个有争议的问题，就势对做学问的方法进行了指导。向学生指出：考证事物应注意本证，不能牵强附会。鲁迅先生自己说的“不知怎地”是最可靠的证明。推论要有根据，不能主观臆断。

过去教《藤野先生》，一开头就讲“东京也无非是这样”，总讲不好，“无非”这个词的意味出不来。这次先引导学生弄清东京“清国留学生”精神空虚、堕落腐败的情况，回过来再教这一句，“无非”就有了着落，学生能比较具体地领会其中饱含的厌恶之情。同时，能更为顺妥地过渡到下文：“东京也无非是这样”，“到别的地方去看看，如何呢”。由中国到日本，由东京到仙台，其间贯串了鲁迅先生对救国救民真理的寻求，厌倦的心情与追求的愿望跃然纸上。

《果树园》教后琐记

长文短教的方法须进一步探索。

划分段落的效果与课前预期吻合。把语法知识融合于各部分主要内容的概括之中，由单音词而双音词，而偏正短语，而动宾结构，继而扩展为完整的句子。如此概括，既能使学生巩固旧知，启发学生学习兴趣，又节约课堂教学时间。学生反应快，未及指名提问，已齐声回答。

第一部分“农民的快乐”，第二部分“地主的仇恨”，两相比较，前者教得活，时间又节约，后者有些琐碎。究其原因，前一部分问题设计得较好，紧紧扣住“笑”字作了取舍详略的处理，引导学生理解作品怎样从一个“笑”字引出了下面一连串的“笑”。由于重点突出，课堂上也欢声笑语此起彼落。后一部分毛病出在舍不得割爱，再加上学生的生活实际与作品中反映的生活距离很远，学生一下子不容易有真切的体会。

学生对景物描写部分发表了自己的看法，认为景物虽描绘得细腻，但“肃穆”“蠕动”用得不够恰当。经过讨论、点拨，学生觉得："蠕动"尚可以理解，其能绘出"浓密的树叶"在晨风吹拂下"在伸展开去的枝条上"的动态，比喻含寓其中；而"肃穆"难以理解，不及"宁静"好。学生的看法不无道理。

学生对描写景物的"细"，既理解又不完全理解：对诉诸视觉、听觉的景与物看得出来，而对这些景物的静与动的安排、光感与质感的描绘缺乏认识。课上着重进行指导。为了让学生增添一些感性认识，课外指导学生看了一幅油画，带他们领会"林子中回映出一缕一缕的透明的淡紫色的、浅黄色的薄光"。学生兴趣甚浓，对油画所绘的景色展开争论，有的说是早晨的树林，有的说是夕阳西下的时候。

为了训练学生描写景物的能力，出了几个题目供学生练笔时作参考，如："晨读""夕照""秋色"。学生很欢迎。

让课堂充满生命活力

让课堂充满生命活力，一直是我从事语文教学孜孜矻矻追求的目标。课堂教学不是简单的知识传授、机械训练，而是师生互动、思想碰撞、心灵交流、共同成长的生命历程。

学生进学校求知，日复一日，月复一月，年复一年，大量的时间是在课堂里度过的。课的质量，课的内涵，课的吸引力、感染力、辐射力，直接影响学生的知识积累、潜能开发、情操陶冶和价值观的形成，影响他们今日的健康成长，明日的长足发展。教育的基本特点是细水长流，春风化雨。一堂堂质地优良的课如涓涓泉水滋润禾苗，对学生提升文化积淀的功能，对学生心灵世界的熏陶感染的功能，是任何急功近利的做法都无法代替的。“逝者如斯夫，不舍昼夜。”一堂课 45 分钟不会停留，流过去的时间不能复还。因此，竭尽全力上好每一堂课，就成为我从教工作的第一要义；学生学有兴趣，学有所得，学有提高，学有创意，学有追求，就是我无限的快乐。为了能让学生在求知的海洋中充分发挥主动性、积极性，发挥聪明才智，我挑灯夜读，潜心钻研，精心设计，反复琢磨，研究学生，我执着追求着这样的课堂——

课上得一清如水。课切不可“糊”，一堂课教什么，怎么教，为什么这样教，心中须一清二楚。跟着教材转，跟着教学参考书飘，必“糊”无疑。教材里有什么，就要学生学什么，一股脑儿搬出来，目

本文发表于《人民教育》2004 年第 7 期。什么是“目中有人”？什么是“以学生为本”？用这篇文章中的话来说，就是“让课堂充满生命活力”。当一堂课上到“以能者为师”时，这堂课就是一堂真正充满生命活力的课，就是一堂让每个学生成为“发光体”的课。

的不明，内容多而杂，学生学起来就会如堕五里雾中。

课上得清清楚楚，首先，教师要沉到教材里，从表达形式到思想内容，从思想内容到表达形式，反反复复推敲，跨越时空和作者对话、与编者交流，洞悉其中的来龙去脉，体会它运用语言表达情意的独特个性。对教材洞若观火，方能心中透亮。

其次，把握住教材独特的个性，自己要有真切的感受，还要根据学生的学习实际，确定明确的教学目的——这堂课究竟要让学生学到什么。学习目的明确了，就要根据教学目的，对教学内容精心剪裁，处理详略，突出重点。根是根，枝是枝，叶是叶，千万不能搅和在一起，一搅和，面目必不清。

再者，教学思路要清晰，教学线索要分明。抓一把芝麻满地撒，东一榔头西一棒子，学生会丈二和尚摸不着头脑。应围绕教学目的，拎起教学线索，逐步展开教学思路：或层层推进，或步步深入，或由具体到一般，或由一般到具体，或浅者深之，或深者浅之，轨迹清楚，轮廓分明。思路清晰是教课的基本要求，教学流程清晰，学生学起来心中才明白。

当然，教师的教学语言也要清楚明白，不颠三倒四，不拖泥带水，不语病丛生。要在要言不烦、一语中的上下功夫。教师语言规范、准确，不含糊其词，学生听起来才声声入耳，清晰可辨。有的课“糊”就“糊”在目的不明，这个知识点一点，那个问题碰一碰，说几句不着边际的话，浮泛，肤浅。对问题的认识与理解，教师和学生在一个平面上移动，学生怎能留下深刻的印象？又能获得多少教益？课由“糊”到“清”，看似是教学技能技巧的问题，深思一番，才可知晓其中蕴含的丰富。

课上得情趣横溢。课切不可干瘪无味，冷若冰霜。学生课业负担重，碰到干瘪无味的课，厌学情绪就会勃然而生。厌学是求知历程中的大敌，而情趣横溢的课是抵御这个敌人的最有效的武器。

课堂饱含情意，充满人文关怀。文章不是“无情物”，师生之间更是情意绵绵。教师上课热情洋溢，激情似火，才能点燃学生心中求知的火焰。“我见青山多妩媚，料青山见我应如是。情与貌，略相似。”（辛弃疾《贺新郎》）课堂教学达到这样的境界，师生对文本的深入探讨、心灵之间的沟通，就会畅通无阻。

“情”忌外加，忌矫揉造作，忌滥。“情”是文章内在的、固有的。读文章贵在咀嚼语言文字，对它们所传递的情和意深有领悟。教师只有自己真正动情，才能传之以情，以情激情，感染学生。这种情是真挚的、高尚的，学生耳濡目染，就会受到熏陶。教师将学生带入与教学内容相应的情景之中，就可激发学生相应的情感。如教学生学习《最后一课》的最后一个场景时，不是一般性地朗读、讲述，而是声像并举，将学生引入课文的高潮。“啊！这最后一课，我真永远忘不了！”就在一位学生充满感情的朗读刚停，寂静笼罩课堂的刹那，录音机里骤然响起“当、当、当……”的 12 响沉重而悠远的钟声，学生既怔又诧，全神贯注。趁学生惊诧之际，我出示一张韩麦尔先生写完“法兰西万岁”后的彩色图片，要求学生图文对照，仔细观察，仔细阅读，在认真品读的基础上用自己饱含感情的语言描述当时课堂上庄严肃穆的场景，描述韩麦尔的神情、语言、动作，以及他内心的痛楚和期待，描述此时此刻小弗郎士的心情和感受，说明这个场景在《最后一课》中的地位和作用。学生观察，阅读，情不自禁地朗读，沉醉于文本之中，极其精心地寻找“惊人”的语言来表述自己的看法——

> “这是一个令人心碎的场景，真的，令人心碎！”
>
> “教堂的钟声，祈祷的钟声，普鲁士兵的号声，是驱赶韩麦尔出课堂、出学校的最后信号，所以他难过到极点，脸色惨白……”
>
> “他心里乱极了，他要和同学们作最后的告别，但痛苦使他的喉咙哽住，不能用语言表达。‘我的朋友们啊’，说明他对学生、对镇上的人爱极了，留恋极了。”
>
> “他只向学生做了一个手势，话也不说，其

实，坐在课堂上的人心里都明白，韩麦尔被迫离开学生、离开家乡，痛苦极了，我觉得这里是‘此时无声胜有声’。”

“写‘法兰西万岁’的情景激动人心。这是韩麦尔使出全身的力量写的。他把丧失故土的痛楚、把对侵略者的仇恨、对祖国的热爱、对收复失地的向往和信念，都凝聚在里面了。”

“韩麦尔的神情、写的字使小弗郎士更加震动了，他一下子长大了，他从没有这样敬仰他的老师，老师对祖国故土一往情深的热爱使他感动不已。”

“这个场景是《最后一课》的高潮，我要是小弗郎士，这一课我真的永远忘不了。”

“我不是小弗郎士，我也忘不了。”

……

学生畅所欲言。我大加赞扬，并参与其中，谈了自己的一段亲身经历——日本侵略者的铁蹄长驱直入，家乡的小学即将解散，音乐老师教我们唱《苏武牧羊》：“苏武留胡节不辱，雪地又冰天，苦忍十九年……”教师用“心”在唱歌，唤起我们幼小心灵的觉醒。从此，这首歌不断在我胸中激荡，构成了我生命的一部分。学生屏息凝神，在心中弹奏出爱国主义最强音。思想升华，情感浓烈，师生在共同学习中成长。

激发兴趣是引导学生学习入门的金钥匙。兴趣往往是学习的先导。“知之者不如好之者，好之者不如乐之者”，教师在教学全过程中须着力启发学生“好之”“乐之”，初则萌发热爱的感情，继则使求知的欲望在胸中激荡，进而徜徉美文佳作之境，咀嚼品味，乐在其中。那种汪洋大海般的“题、题、题”，让学生做“苦行僧”是绝对要不得的。

教学要有趣味性，要充分发挥祖国语言文字的魅力，引导学生体会到文章的“味”，从而步入胜境。这里所说的“趣味”，不是庸俗低级或故弄玄虚的，而是与知识性、科学性、人文性紧密相连。课的起始要着力让学生思维兴奋起来，迅速进入学习轨道；课中要张弛结合，让学生学得愉快；课末力求余音缭绕，激发学生继续学习的兴趣。可采取直观演示、开拓想象、抓点拎线、形成悬念、展现意境、激发情感、讨论答辩等方式，利用学生的逆反心理等，积极诱导学生学习一篇篇课文，也可充分运用现代化的教学手段，与文字相互映衬，让学生入目入耳，最终达到入心的目的。

例如，组织学生学习《聪明人和傻子和奴才》一课时，一开始用奇峰突兀的方法拎出课文鲜明的写作特点，用学生的生活经验和学习经验铺垫，激励学生振奋起来。“京戏，很讲究脸谱，而脸谱中的颜色、线条与人物性格很有关系。关公是红脸，表示什么？忠，赤胆忠心。包公呢？黑脸，表示铁面无私。小时候看戏，一看舞台上的脸谱往往就能猜得出这个人是好人还是坏人，是忠还是奸。如果是白脸，这个人八成奸刁或阴险。由此可见，外形描写为什么服务？为表现人物性格服务。学习《孔乙己》时，我们已有这样的经验：小说对孔乙己两次出场时的肖像描写勾勒出了一个下层知识分子受欺负受摧残的苦人儿形象。肖像的描写为表现人物的思想性格服务，在人物形象的塑造中起着十分重要的作用。但是艺术高手不用肖像描写，只用人物语言，就能起到揭示人物性格的作用。刻画人物时，不写他穿什么衣服、戴什么帽子，不写他人高人矮、人胖人瘦，只用对话就能揭示人物的思想性格。这首散文诗通过三场对话写了三个有典型意义的人物。哪三场对话？写了三个怎样的人物？看谁读得认真，把握得正确。”学生潜心阅读，煞有兴味。

又如学习《明湖居听书》，要让学生懂得白妞唱是绝唱，没有刘鹗的绝妙佳笔，绝唱就不可能留世。因此，要启发学生展开想象，既从整体感知入门，感受明湖居这个大戏园子里的氛围，又要通过视觉器官感受音乐形象。对文中以比喻具体描绘声音入耳的妙境，要组织学生朗读、品味、联想，以他们自己的生活经验加以补充。如文中以通感手法具体描写声音的千变万化，就让学生根据语言描写用线条把表现白妞唱腔的“千回百折”之处画出来：如何如“攀登泰山”，“节节高起”，“接连有三四叠”；又如何“陡然一落”，如“飞蛇在黄山三十六峰半中腰里盘旋穿插”，“周匝数遍”；又如何“声音”“愈低愈细”，“渐渐”“听不见”；又如何“有一点声音从地底下发出”，“忽又扬起”，像放“东洋烟火”，“千百道五色火光，纵横散乱”……学生仔细画线，用视觉形象的展现描摹声音的形象，使其“看”得见、“摸”得着，从而领悟到声音的无穷魅力。

教学是通过语言进行的，有时，一个贴切的比喻，一段富有哲理的话，甚至一个眼神、一个无声的手势，都会像童话中的魔棒一样，使学生全神贯注，饶有兴趣。教师语言要有味，除了规范、鲜明外，要有色彩，要有文化含量，要有较强的形象性，有时还可以有点幽默，能吸引住学生的注意力，开启学生的心窍。

求知是辛苦的，要想真正获得知识、提高能力，须付出艰苦的脑力劳动。如果课堂情趣横溢，学生能在乐中求知，上课对他们而言又何尝不是一种艺术享受？

课上得“能者为师”。切不可教师“一言堂”，课堂上只有教师一人是“发光体”。教学过程是师生共同参与的脑力劳动过程，教师与每个学生之间、学生与学生之间平等对话，共同琢磨讨论，学生的发现能力、质疑能力、思考探究能力、口语交际能力才会得到有效的锻炼。要积极创造让学生生疑、质疑、辨疑的条件，营造探究问题的气氛，让学生有思考问题的时间与空间。课堂气氛宽松、和谐，学生身心解放，无拘无束，无心理负担，才能勇于求知，寻根究底，对文本的阅读与学习才不会浮在表面，而会纵向深入，横向扩展，形成发自内心的独特体验与感受。师生之间，学生之间，思想碰撞，迸发火花，可以让学生从不同层面、不同角度受到启迪。

例如，学习《跨越百年的美丽》的过程中，一位学生突然提出：“初读课文，我为‘她那美丽庄重的形象也就从此定格在历史上，定格在每个人的心里’所感动，‘定格’用得多好啊！但越读越觉得‘美丽庄重’分量不够，这怎么‘定格’呢？”我立即鼓励：“这个问题提得好！‘定格’用得绝妙，瞬间凝固成永恒。‘永恒’与‘美丽庄重’究竟是怎样的关系?”有些学生迅速翻书，阅读、思考，探究问题的帷幕拉开。

“居里夫人的美丽非同凡响。法国科学院原本‘人声鼎沸’，她一‘走上讲台，全场立即肃然无声’。从‘鼎沸’一下子变为‘无声’，是大家被她的‘年轻漂亮、神色庄重’吸引了。这是她外表的‘美丽’。还有更‘美丽’的就是她宣布的她和居里的惊人发现，将物理学带入了一个新时代。外在美和内在美的结合‘使全场震惊’，震惊的瞬间也就凝固成永恒，这样的‘定格’当然可以。”

“在人们的印象中，居里夫人这样伟大的科学家，形象是极其严肃的。她具有严肃的外貌，很容易使人发生误解，这种严肃性是少见的，无法用任何艺术气质来解说。”

“那是由于当时社会的严酷和对她的不平等，严肃和美丽不矛盾。”

“伟人也是人，也有美与丑。文章一开头就写居里夫人的美丽，很有人情味。美人往往为‘美丽’所累。文章说得多精彩：‘千百年来，漂亮就是一个女人的最高荣誉，最大资本’，‘她的战胜自我也恰恰就是从这一点开始的’。这叫拒绝外界诱惑。当我想到她‘给那些追寻的目光一个无情的后脑勺’的场景，真想笑出来。作品中这样来写美丽，不多见。作者这个角度选得好，有生活气息。”

“我认为居里夫人的美丽应‘定格’在更高的层次上。关于放射性的发现，她不是第一人，可贵在她那‘寻藤’‘问根’的精神，可贵在她一千多个日日夜夜在曾停放解剖用尸体的破棚子里冶炼矿渣。这是燃烧青春，燃烧美丽，这是何等的毅力，何等的追求真理的科学精神！这些才是永开不败的‘美丽’。记得列夫·托尔斯泰说过：‘人不是因为美丽而可爱，而是因为可爱而美丽。’居里夫人这样高尚的人，当然十分可爱，也就当然非常美丽。”

“我再补充一点，居里夫人的美丽还在于她对待美誉的清醒、淡泊。有的人有了一点荣誉就自以为了不起，而居里夫人追求的是‘永葆一种理性的美丽’。正如爱因斯坦所说，‘在所有的世界著名人物当中，玛丽·居里是唯一没有被盛名宠坏的人’。”

“‘美丽’是一个很平常的词，在文中却有如此丰富的内容，不深入思考，就领会不周全。看来，‘美丽庄重’分量极重，从外表到气质、到精神、到人格，这样的形象‘定格’在历史上当然散发光彩。”

“其实，我们中国也有这样的人。我读过一本书《吴健雄：物理科学的第一夫人》。吴健雄是世界最杰出的女性实验物理学家之一，她因率先用实验证明了让杨振宁、李政道荣获诺贝尔物理学奖的‘在弱相互作用中的宇宙不守恒原理’而轰动物理学界，她获得了除诺贝尔奖以外的几乎所有大奖，她也是‘美丽庄重’的，定格在人们心里。”

……

探究的气氛一形成，课堂上就会出现思想、情感、知识、能力、态度、价值观等交流的网络，学生各抒己见，畅所欲言。由于学生思维处于高度兴奋状态，有时会出现惊人之语、“神来之笔”，令人欣喜，令人振奋。合作、探究，个性化学习，课堂上就不是只有一个“发光体”——教师，而是“能者为师”，每个学生都可以发光。

学生自主学习积极性高，有时会超水平发挥，直接指出教师教学的不足、缺陷，乃至错误。例如，学习《变色龙》时，课将结束，一位学生突然站起来对我说：“老师，你讲错了。”我吓了一跳（听课的有一百多人），还反应不过来，不知错在哪儿。我立即请这位学生到讲台前讲述。她指着板书说：“这时警官奥楚蔑洛夫已吃准了这条小狗是将军哥哥家的狗，巴结拍马的心情更急切了，你用和前面一样的线条来表示，不符合实际情况，应该是心跳的频率更快，波峰和波谷之间的距离更短，波峰更高更陡。”一石激起千层浪，许多学生七嘴八舌表示赞成。学生是可爱的，我请他们用红粉笔修正我白粉笔线条的错误，并诚恳地告诉他们：我在习惯的轨道上走多了，课前只考虑到主人公变的现象和不变的本质之间的关系，用两条线条表示，而忽略了现象本身也在变化。我是单向思维，学生是多向思维。就这一点而言，学生是我的老师。

学生是可爱的，他们只要真正进入学习境地，进行语文实践，不仅能使自己的语文能力、语文素养获得提高，而且能弥补教学的不足，促进教师能力、素养的提高。课堂教学，师生互动，教学相长，充满了生命的活力。

强调“能者为师”，不是放弃教师的责任，让学生随意讨论，随口说说，远离文本，不沾语言文字的边。语文课就是语文课，教师是教学的组织者、参与者，是启发、引导、点拨学生学习的指导者，如果不将自主与自流、讨论与放羊严格加以区分，学生又怎能学有所得，深受其益？

教学原本就是即席创作。教了一辈子的课，尽管遗憾累累，但为了学生的花样年华不被耽误，我还是矢志不渝，执着追求。

关键在有所发现、善于发现

课堂里出现生命的涌动，一个个学生或争相发表意见，或侧耳倾听，或小声嘟囔；发亮的目光，专注的神情，伴随着抑扬顿挫的语言，简直就是充满诗意的求知交响曲。这种语文教学境界令人神往，也是教师梦寐以求的。

这种生命涌动境界的出现，自然有众多因素的影响，但有一点不可否认，那就是与课文有关的某个问题或某些问题叩开了学生的心扉，学生的思维迅速转动，收到了一石激起千层浪的效果。问题从何而来？有教师设计的，有学生质疑时提出的，而后者更鲜活，更切合学生身心发展的需求。

要提高阅读质量，学生必须发挥主动性、创造性。阅读是生命的活动，是收集与处理信息、认识世界、发展思维、获得审美体验的重要途径，靠灌输和机械训练难以实现。学生必须是真正的阅读主体，教师是学生阅读的组织者和引导者。早在 2 000 多年前孔子就说过："学而不思则罔，思而不学则殆。"20 世纪 60 年代，叶圣陶先生就指出："教师要善于引导学生自己多动脑筋，适当地多动脑筋，脑筋是不会受伤的。学生自己动脑筋，得到的东西格外深刻，光听教师讲，自己不思考，得到的东西就不太深刻。"当今社会，信息量大，新知识层出不穷，学生在学校学习，如果不学会自己动脑筋求知，不学会发现问题、探究疑难，不学着去分析问题、解决问题，在求知的基本

本文发表于《中学语文教学参考》2005 年第 5 期。

能力方面就会有极大的缺陷，对日后适应社会、长足发展就会形成很大的制约。语文学习与生活相伴，与人的终身相伴。在学生求学时代培养他们的发现能力、质疑能力、思维能力至关重要，千万不能掉以轻心。

发现问题是质疑能力的基础

学源于思，思源于疑。“疑是思之始，学之端。”要学得知识，就得思考，而对所学的内容产生疑问则是思考的开端。“疑”是刺激学生积极思维的诱因，激发学习的动力。求知欲从某种意义上来说，就是解疑欲、解惑欲。教学中我们常遇到两类情况：一是有些学生课内课外总会有不少问题找教师探讨，不仅有本学科的，而且会延伸到其他学科，乃至生活上的、社会上的，林林总总。他们思维活跃，思路开阔，学习质量比较高。二是学习比较困难的学生不是不想提问题，而是提不出问题。教师关心地问他们：“有什么地方不懂?”他们摇摇头。“有困难吗?”“没有。”在求知过程中怎么可能没有困难，没有问题？不过是不去思考，不会思考，不知道怎么思考，懒于动脑筋罢了。两相对照，可知语文教学必须激发学生在求知过程中产生疑问，并提出来由大家一起探讨解决，或在探究的过程中自己有所领悟，自己作出解答。质疑能力的强弱关键在于有无发现问题的本领，发现问题是质疑能力的基础。

有些课文难度不大，如果浅阅读的话，语言文字方面似乎畅通无阻，无疑难可言。然而，正因为浅读似流水，未停下来思考、斟酌、品味，雁过无踪影，随着视线的收缩也就未留下思想的痕迹，最多只有个朦胧的印象。如果动脑筋推敲一下，情况就迥然不同。如契诃夫的《变色龙》，一上课学生就提出了一连串的问题，经过认真梳理，探究推敲，阅读的深度和广度就大大加强，学生在学习语言文字、认识社会生活、培养审美情趣等方面的收益就大为提高。这些问题是：

（1）文章第1段写一片萧索的景象，既然“萧索”，应该说“有乞丐”，怎么说“门口连一个乞丐也没有”，是不是有些矛盾?

（2）奥楚蔑洛夫为什么老是脱下大衣，又穿上大衣呢？

（3）整篇文章没有一处提到“变色龙”，为什么要用“变色龙”作标题呢？

（4）这篇文章写了沙俄统治下人不如狗的悲惨状况，但在第5段中作者描写这条狗时却把它写得非常可怜。既然人不如狗，为什么要把这条狗写得可怜？他这样写有什么意图？

（5）这篇文章的注释对“变色龙”做了解释，然而词典里除此之外，还将“变色龙”解释为：比喻在政治上善于变化和伪装的人。这篇文章里“变色龙”的意思是第二种，编者为什么不把它写进去？

（6）奥楚蔑洛夫不是在真空中变来变去，为什么周围的人对此没有反应？

（7）第6段写这个警官明明知道谁在大声叫嚷，他为什么还要问“谁在嚷”？

（8）本文从人玩狗和狗咬人引出后面的故事，为什么作者只写了狗咬人，而人玩狗却一笔带过？

（9）第12段中赫留金在最后说了一句话：“不瞒您说，我的兄弟就在当宪兵……”为什么他要加上这一句呢？

（10）第3段最后一句话“仿佛一下子从地底下钻出来的”，为什么要这样写？在文中起什么作用？

（11）文章揭露这个警官奥楚蔑洛夫对上级阿谀奉承，谄上压下，如今作为范文选入我们的课本，是否有现实意义？如果有的话，是什么呢？

（12）老师说过，如果一个剧本第一场出现了一个道具，那它后面就要发挥作用，否则就是多余的了。文章第1段奥楚蔑洛夫出场时“提着小包”，最后回去的时候没有提小包。这是什么道理？

能提出上述种种问题，关键在有所发现。有的问题与注释有关，有的关于细节描写，有的关于主人公形象，有的关于小人物群，有的关于环境描写，有的关于谋篇布局，有的关于作品的意义，等等。尽管有的问题比较幼稚，未能将前后串联起来思考，有的问题枝枝节节，略作思考，就可解答，但它们可贵在都是学生动脑筋发现的结果。只有发现问题，有了疑难，才可能读得深入；解了疑难，才可能与作者心灵交流，享受豁然开朗的快乐。

阅读是一种心力劳动，要能发现所学课文中的疑难问题，就须指导学生在以下几个方面努力。

一是课前认真预习，自学课文。学生初步自学课文时，应做到通读全文，看注释，看文前编者的导读与文后设计的“思考和练习”，查阅字典、词典，边读边做记号，圈、点、批、画。有条件的可在网上查找作者的有关资料及有关作品的信息。在三看一查（或二查）一记的基础上，就可发现学习中不清楚、不了解、不能解答的问题。先让学生学会在字、词、句方面找问题，即使有注释，也可查阅字典、词典对照。上述对于“变色龙”含义的理解过程即如此。然后鼓励学生把文章的各个部分联系起来思考，这样就可以发现文章在材料的选择与剪裁、谋篇布局等方面的特点与问题。学生学会把局部放到整体中去理解，又在初步整体感知的基础上看局部，阅读就深入了一步。还要鼓励学生在文章的精彩部分以及容易被人忽略的地方发现问题，因而有关“军大衣”的细节描写，装腔作势的明知故嚷，“小包”的出现与隐没，自壮胆量的“宪兵”说等疑问，均由此而来。课前预习，不是摆样子，走过场，眼睛扫视而过，而是要学生自己动脑筋，注意力集中，困惑、思索、理解、探求，经过这样的心理历程，被激发出阅读的兴趣，品尝到阅读的快乐。

二是密切联系生活来思考。任何体裁的课文都是写生活，反映生活，有些反映得直接，有些是间接反映。紧密联系生活来思索、咀嚼，就可以发现许多有趣的乃至寓意深邃的问题。带领学生学《记一辆纺车》时，为了让城市的孩子对纺车有具体的感性的认识，我就绘制了一幅纺车图。谁知图一挂上黑板，就有学生举手发言，说哪里哪里缺了一个钉子，问她何以知道，她说在乡下外婆家里看到过一辆旧纺车，而且试着转动过，所以对纺车的结构一清二楚。学生很可爱，常有意想不到之处让你惊喜。尽管这一问题与学好课文关系不大，但一下子增添了同学们学习的兴趣，起了催化作用。至于《变色龙》在今日有无现实意义，显然要联系现实生活进行思考。大家脑中有许多具体形象，人和事，也有许多潜台词。组织学生开展讨论，正确认识与判断，使学生在对作品的价值与意义增强理解的同时，也增添了对社会、人生的认识。

三是充分运用个人储存的知识。经过好些年的学习，每个学生头脑里都有自己的知识库。不用时，束之高阁；常用，使其运转，就能产生价值与效益。“温故而知新”，“求新”时“温故”，就能辨异，就能拓展，就能让学习充满活力。如学《白杨礼赞》时，学生有个问题一直在心中攒着，不说不快，欲罢不能。什么问题呢？她说：“茅盾先生说白杨树怎么怎么好，对白杨树赞不绝口，说楠木怎么怎么不好。我认为白杨树是不成材的，楠木是贵重木材。这样写，言过其实。”接着，她摆出论据作为支撑：“我是一名学生，人微言轻，可大作家屠格涅夫也是这样认为的。他在《猎人笔记》中说，白杨树的叶子像金属一般，枝条也不美，为什么茅盾先生要这样说呢？”不仅提问题，亮观点，摆论据，而且把《猎人笔记》翻到相应的地方给大家看。这就是求知。她运用了自己的生活常识和书本知识，发现了一个令自己不解的问题，那么认真，那么执着，祈求取得令她信服的解答。学生对用象征手法、景随情移的特点不了解，问这样的问题也就不足为怪了。

要能发现问题，还须开展联想与想象，由一联想到二、三，由眼前的事物想象到似有关联的各种景、物、人、事，天上，地下，古今中外。前者以线性思维居多。如读《记一辆纺车》，有学生联想到朱自清的《春》，于是提出这样的问题：“既然是散文，就应该有文采，如《春》，眼前如见一幅幅画；《记一辆纺车》像说明文，没文采，到底是什么体裁的文章？”学生对散文往往只知其一，不知其二，对这类托物叙事见精神的写法见得少，因而有疑问。但能联系已经学过的知识，进行比较，发现问题，就值得鼓励。后者思维往往是发散性的、辐射性的，目注而神驰，眼睛看文字，思想已在天外遨游，以文本中某个信息为起点，把思维引向新的方向、新的对象和内容。

学生独立阅读，有所发现，把一个个问号装进脑子里，大大有助于阅读的深入。

善于发现孕育着独特的体验与感受

阅读是学生个性化的行为，阅读的过程应该伴随着主动积极的思维和情感活动。较长时期以来，我们的阅读教学重视和推行统一的标准，忽略也不尊重学生个体的独特看法、独特体会。其实，阅读就是读者和作品对话，和作者交流，总会仁者见仁，智者见智，深浅不一，褒贬有异。对于求学者而言，理解作品中的某些语言、某些结构、某些文意，往往是学习的基本要求。阅读是座长廊，中外文化尽在其中，阅读者根据自身的经历、文化积淀、思维品质、兴趣爱好，完全可以有自己的独特体验，有超越同龄人的理解与想象。当一名学生在阅读中发现别人未能发现的精彩，并胸有成竹，向同窗侃侃而谈时，课堂里就会升起思维的明灯，闪烁出智慧的光芒。

要培养学生在语文学习中善于发现，不人云亦云，须注意以下几点。

鼓励他们在阅读时追根究底。学生学语文经常处于半懂不懂的状态，眼睛一扫就是十行，似乎没有什么不认识的字、不理解的词句。但如果问他们几个为什么，问文章蕴含了哪些思想，是在什么背景下写的，有何佳妙，他们又常常答非所问，不着边际，甚至茫然无所知。读书不能在字面上飘，要走进作品，有进深山探究宝藏的精神。例如，学习荀子的《劝学》，“学不可以已”，“学”是指学习什么？受思维定式的影响，许多学生总觉得只要提学习，就是学科学文化知识。有的学生通篇阅读后，将前后联系起来思考，发现文章的“宝藏”在“君子博学而日参省乎己，则知明而行无过矣”，故而《劝学》首先劝人们学习做人，学习能够改造人恶的本性，提高人的品德修养。“人”应该是这篇文章反复咏唱的主旋律。文章写了“君子”，又写了“吾”，进行比较，阐明通过学习，可使人向“善”。德国教育家第斯多惠说过：“课堂教学艺术不是传授艺术，课堂教学艺术是激发、启迪和活跃。”阅读教学中唤醒学生的求知欲，激励他们努力发现，鼓励他们有独特的体验，他们的阅读能力才可获得切实的提高。

坚持不懈地培养他们良好的阅读习惯。阅读是一种复杂、艰苦的智力活动，要有良好习惯的支撑。须和粗疏、漫不经心做斗争，否则面对书，只是劳倦眼睛而已。习惯是从实践中养成的，不认识的字要查字典，不理解的问题要反复推敲，查阅有关资料，这是基本的要求，而善于发现作品的生花妙笔，同样也是良好阅读习惯的重要内容。要能够发现，善于发现，阅读时注意力就须高度集中。阅读时全神贯注，不受外界干扰，才能逐步养成用探究的眼光看问题的习惯，从而能够灵活地、随机地、举一反三地进行联想，在阅读实践中积累发现问题的经验，才能逐步脱离肤浅，脱离大而化之，有自己独特的看法与感受。阅读，说到底是文化之旅。阅读中面对大师先贤圣者智者，“诗云”“子曰”，就如瞻仰一座座丰碑，不凝神屏息，不深入探究，怎可能领悟思想的深邃精辟、文字的隽永精湛？又怎可能品尝到阅读中饮琼浆玉液的快乐？良好习惯的培养比读几本书重要千百倍。有人说得好，未来的文盲不再是不识字的人，而是没有学会学习的人。培养学生的学习能力，引导学生通过自己的主动发现来学习，把学习知识的过程和探索知识的过程统一起来，形成良好的学习习惯，会使学生终身受益。习惯的培养来不得突击，要细水长流，持之以恒。习惯成了自然，阅读就获得了自由。

引导学生广泛阅读，开阔视野，积淀文化底蕴。一个人思维活跃的程度与他的文化底蕴、知识构成关系甚为密切。脑子里知识储存丰厚，知识面宽，有底气，阅读思考时，可参照的人、事、景、物、思想、语言就会滔滔滚滚奔涌而至，经过比较、对照、分析、判断、推理、创新，独特的体验、个性化的见解就会自然而然地形成。这时，阅读就是进入作品的深层，与作者进行对等的讨论：或请教，吮吸养料；或质疑，探讨原委。此时此刻，学生真正成为阅读的主人，作品的价值也得到了极大的发挥。举例来说，长篇叙事诗《孔雀东南飞》是乐府的双璧之一，焦仲卿的母亲反对儿子与刘兰芝的美好的爱情，以致夫妻二人双双殉情，化为鸳鸯鸟。此诗历来被认为是反映了封建礼教对女性的压迫。学生阅读时被文中流淌的真情所感动，有的提出，导致悲剧的原因不一定要用“封建礼教压迫”来套，焦母如此这般地蛮横无理，也可能是出于“恋子情结”的病态心理。酿成这场令人感伤的悲剧绝非只有单一的原因。支撑这个看法的论据有二：一是根据弗洛伊德发现的“俄狄浦斯情结”，“恋子情结”也可能存在；二是自己的邻家有类似情况——三十出头的儿子娶不到媳妇，不是儿子不满意，而是母亲一概不满意，不是一个个女朋友不好，而是母亲“恋子”情深，害怕儿子结了婚就失去了儿子。应该说，这名学生知识视野开阔，思维有独到之处，所提出的见解是大胆的、独特的，还佐以生活实例为据。如果这名学生对弗洛伊德一无所知，当然也就不可能有这样的发现。

又如《荷塘月色》，长期以来被认为是反映了作者对当时白色恐怖的严酷现实的不满，反映了作者希望在一个幽静的环境中寻求精神上的解脱而又无法解脱的苦闷与彷徨。但有的学生在阅读过程中有新的发现，说：“朱自清先生宁可饿死也不吃美国救济粮是了不起的，但他曾借胡适的话说过，‘国学是我的职业，文学是我的娱乐。这便是我现在走的路’。我认为这篇文章的基本色彩是静谧与洁净，而这正是当年作者性情和人格的写照，体现了他超然物外的情怀。我认为这篇文章与其他游记作品一样，是愉悦自然、钟情飞鸟流云的文学。”如果这名学生对朱自清的生平不了解、对他的作品未认真阅读过，就不可能有这样的看法。

多元解读，求异思维用得恰当，学生阅读的深度与广度确实就大有长进。教学中，不能企求学生的发现与认识都是正确的、无懈可击的，只要言之成理、持之有据，均可以鼓励。不完美的，片面的，乃至有差错的，只要积极引导学生思考、完善、改正就可以，千万不能挫伤学生的积极性。

语言能力、思维能力双发展

把握语言的本质属性，对语言和思维之间不可分离的关系才有深刻的认识。思维是对外界事物的概括的、间接的反映。语言是思维的工具，思维是语言的内容，没有思维就不可能有语言，语言和思维分不开。只有想清楚了才能说清楚；说话、写文章没有条理，就是由于没有养成良好的思维习惯。学生要学好语文，提高语文能力，在思维方面应与语言一样进行扎扎实实的训练。

在现代社会从事语文教学，当然不能采用嚼烂了知识喂给学生的陈腐办法，要学生死记硬背；不能用“零售”的办法把“散装”的字、词、句、篇送给学生，使他们难以捉摸。一篇篇课文都是作者动了脑筋写出来的，一定要引导学生动脑筋学习。如果忽略这一点，学生不注意将语言与思维结合起来的训练：读，就有口无心；看，就浮光掠影；说，就不得要领；写，就内容干瘪，词不达意。思想上懒惰，思维不主动积极，对语言文字的理解与使用必然难以到位。在教学过程中，教师要根据教学目的要求善于选用恰当的扳手，不断拧紧学生思维的“发条”，使它转动起来——“为什么?”“怎么样?”“有何根据?”“理由何在?”引导学生对课文的内容、形式、语言等思考、辨别、分析、归纳，懂得形成结论的过程以及怎样去掌握结论。把对语言和思维的训练放在同等重要的位置，使语言能力和思维能力双促进、双发展、双提高。

思维形态是多样的，我们常用的是形象思维和逻辑思维、发散思维和聚合思维、再现思维和创造思维等，在教学中均要培养，要在不同的学年段，因教材的不同而确定不同的培养重点。训练的方式、途径多种多样，只要收到双发展的效果，教师可根据实际需要择善进行。

在无疑处生疑。课文有些词句，学生阅读时往往一晃而过，不觉得有问题，而这些地方往往又是理解课文的关键所在，或者是容易出现理解偏差的。此时教师应故意设疑，激发学生思考。学《孔乙己》

时，我故意问："作品的主人公姓甚名谁?"学生一愣，有的笑了，说："不知道，绰号叫孔乙己。"有的说："文中说，'因为他姓孔，别人便从描红纸上的"上大人孔乙己"这半懂不懂的话里，替他取下一个绰号，叫作孔乙己'。"学生这一愣很有好处，想一想，再谈一谈，就不会误以为"孔乙己"是主人公的真实姓名。"不塞不流，不止不行"，用问题堵一堵，塞一塞，学生的思维就活跃起来。他们联想到阿Q、小D，并判断出一个人活在世上，别人遗忘了他的真实姓名，只知他的绰号，这就预示了他悲惨的命运。

抓住矛盾加以展示。对立的事物互相排斥，容易引起思考。无论是文章主旨、结构安排，还是细节描写等，只要抓住课文本身的矛盾，抓住学生理解课文的过程中产生的种种矛盾，就可激发学生积极思考。聂华苓的《人，又少了一个》中，"骨瘦如柴的女人"明明活着，还"回过头来，冷笑了一声"，还"漠然望了我一眼"，标题怎么说"又少了一个"呢?挑起矛盾，让学生思想上产生碰撞，学生就能全神贯注地阅读课文，咀嚼词句，弄清楚究竟"少"了什么，人之为人，最为重要的是什么，它又怎么会淡化了，消失了。纵横交错地思考，探讨文章蕴含的深意，对作者复杂的感情和内心深处的痛楚才能有所领悟。

创设辨疑、析疑的条件与气氛。思维从发现问题开始，但要不断深入进行，却有赖于分析问题、解决问题的逐步展开。引导学生围绕问题谈看法，摆见解，相互启发，寻找答案。教师不应越俎代庖，急于解答，丧失启迪学生思维的良机；也不能放任自流，说到哪里是哪里。任何问题，即使可多元解答，也总有一个"谱"。一时下不了结论的，可存疑，挂在那儿，继续探讨。教育是有计划、有目的的活动，学生在探究的过程中须收到实际的效果。

辨疑、析疑可训练思维的敏捷性，培养学生的发散性思维。如《藤野先生》一文在描写"清国留学生"的丑态时，有"实在标致极了"的句子。为了让学生理解句子的含义，要求学生列举"标致"的同义词、近义词、反义词，学生积极性高涨，举出"美丽、漂亮、俊俏、婀娜、妩媚、潇洒、姣好、亮丽"，北方的"帅"、上海的

“嗲”、广东的“靓”，以及“丑陋、难看、俗不可耐”等词语。发散以后再聚合。讨论对句中的“标致”该怎样理解时，有的学生说：这里是说反话，“丑陋”“难看”不足以表达作者的感情，应该是“恶心”，而且前面还要附加“实在”，后面还要加个“极”，即“实在恶心到极点”，要吐出来了，表达了作者对醉生梦死的清朝留学生极端厌恶的感情。学生在辨疑的过程中，不仅思维得到锻炼，而且对语言的识别能力大大加强。

辨疑、析疑时可往纵深发展，培养思维的深度，发展逻辑思维的能力。学习《记念刘和珍君》时，学生提出：“作者说‘我向来是不惮以最坏的恶意，来推测中国人的’，后面又说，‘有限的几个生命，在中国是不算什么的，至多，不过供无恶意的闲人以饭后的谈资，或者给有恶意的闲人作“流言”的种子’，用了三个‘恶意’，似乎太多了。显然，它们的含义不一样，容易混淆，反倒不好。再说，‘以最坏的恶意，来推测中国人’也不应该，中国人不都是坏的。”问题是在把文章前后联系起来思考的基础上提出来的，有一定质量。学生首先就三个“恶意”发表意见，认为“无恶意”“有恶意”的“恶意”是指坏心思、坏心眼，而“以最坏的恶意”的“恶意”是指最坏的设想、最坏的估计，并不是对中国人有恶意。“俯首甘为孺子牛”的人怎可能对所有中国人有恶意呢？显然，作者“推测”的“中国人”是指那些“下劣”“凶残”到使他难以预料的反动派及其走狗，这样写是要以此来揭露他们远比自己推测的还要坏得多的嘴脸。如果改成“来推测有些中国人”似乎更准确，但文章味道就大不一样。这是作者气愤到极点、悲愤到极点时“喷”出来的话，读者能看懂，能领会。教师鼓励这一独特的看法，又引发了其他学生的思考。有学生认为，“向来不惮以最坏的恶意，来推测中国人”，是鲁迅思想的真实表露。他生活在旧营垒中，看到的丑恶现象、愚昧状况太多，推测包括妇女在内的人民群众落后、软弱、冷漠、无知。而今，三一八惨案使他觉醒——“中国的女性临难竟能如是之从容”，从这一点说，他有自责的意思；从另一角度看，他也在歌颂中国女子的勇毅和伟大。学生在艰巨的、不轻松的，有时是异常复杂甚至痛苦的思维过程中，概括，分析，判断，推理，思维得到了锻炼，语言能力得到了强化，能感觉到自己的智慧力量，体验到创造的快乐，产生一种可以驾驭知识的自豪感。

在辨疑、析疑的过程中，要鼓励学生创新思维，培养思维的逆向性、创造性。求异思维能冲破习惯定式。经常有推测、假设、联想、想象等活动参与，创造出新颖的、不寻常的、耐人寻味的种种看法，有利于创造意识的培养。当然，在培养求异思维能力时，并不能忽视求同思维的锻炼。

语言、思维双发展，总要以语言文字为抓手、为依据，而不能拎空来讲思维。教师应是教会学生思考的人，课堂应是学生学习语言、使用语言文字、积极思考的王国。

让课堂精彩起来

学习动机是推动学生学习的主观动力，学生有了强烈的学习动机，就会产生迫切的学习愿望，就能积极主动、想方设法克服学习中的困难，取得良好的学习效果。兴趣和动机密不可分。学习兴趣是学习动机的一个重要的心理成分，它是推动学生探求知识和获得能力的一种强烈的欲望。

两千多年前孔子就说过："知之者不如好之者，好之者不如乐之者。"国外的许多教育家、心理学家对此也有专门的研究和论述。现代心理学之父皮亚杰指出："所有智力方面的工作都要依赖于兴趣。"俄国教育家乌申斯基也认为："没有任何兴趣被迫进行的学习会遏制学生掌握知识的意图。"生物学家达尔文在自传中也曾这样说："就我所能回忆的我在学校时期中的性格来说，其间对我后来发生好影响的就是，我有强烈的和多样的兴趣，非常热爱使我感到兴趣的东西，并且深喜理解任何复杂的问题和事物。"显然，人是有情感的动物，钟情于某个事物，就会有力量勇往直前，克服困难。学语文也是如此，注情于学习之中，学习当然也能生辉。

当下，对学习语文的态度与感情，大部分学生是"爱你真是不容易"，淡漠，无所谓，乃至厌倦，已是见怪不怪。形成这种状况的原因错综复杂，有教育内部的，也有教育外部的，而语文教学本身似乎也应"反躬自省"。语文教学是母语教学，母语教学的困难大大超过理科和非母语教学。比如理科，每一章节的知识都是新的，各种数学公式、物理定理、化学分子式对学生而言都有陌生感；再如英语，

本文发表于《中学语文教学参考》2005年第6期。

新的句式，各种语法规律，既有常态又有变态，不是学生能够一目了然的。因此，这些学科的教学过程是让学生从不懂到懂、从未知到知的过程，这个过程本身就会成为学习的动机，刺激学生的求知欲。学母语呢？即使是从未见过的新课文，看一遍似乎就全懂了，认知上没有障碍，似乎教与不教、学和不学一个样，因而学生较难产生学习母语的内驱动力，对母语学习持无动于衷的冷漠态度也就不难理解了。

要改变这种状况，当然要讲道理，增强学生学习语文的责任感，但仅仅晓之以理远远不够，还要动之以情，激发他们学习的主动性和积极性。晓之以理也好，动之以情也好，须聚焦在抓住学生的心理，把一堂堂课上得精彩纷呈。学生有求知的欲望、好奇的心理，置身于精彩的氛围之中，才会“知之”“好之”“乐之”，品评字词，鉴赏作品，遨游于祖国语言文字的海洋，升腾起热爱语文的感情。

怎样让课堂精彩起来？不同的视角可以有不同的做法、不同的论述，本文仅就课的起点、难点、重点讲述一二。

起点要亮

一堂课并不是混沌一片的，而是由若干教学环节组成的。教师要善于从学生的学习实际出发，调动教材内容，安排讲练环节，有起有伏，有鲜明的教学节奏，促使学生大脑皮层产生兴奋。此时再进行学习投入，效果就比较理想。

课千万不能“温”，不能“嘎巴”，起始阶段就要精心设计，亮闪闪，吸引学生的注意力。俗话说，文章开头好就成功了一半。课也是如此。古人谈写诗作文的起句之妙处，均可移植过来。如明代谢榛说的“凡起句当如爆竹，骤响易彻”，清代沈德潜说的“歌行起步，宜高唱而入，有‘黄河落天走东海’之势”，清代方东树说的“起句须庄重，峰势镇压含盖，得一篇体势”等，均可为教课所用。课的起点设计方法甚多，关键在着力激发学生学习某篇课文的兴趣，引发他们求知的欲望。常用的方法有以下几种。

1.
以旧引新

学生的生活经验、学习所得就是他们学习新知、锻炼能力的宝贵财富。课堂上有意识地经常让学生展示自己掌握的知识，学生就会有一种自豪感。在这个基础上引入新的学习课题、新的学习内容，他们就非常容易接受。如学《雨中登泰山》时这样安排：

> “你们游览过祖国的名山大川吗？那奔腾咆哮、一泻千里的长江、黄河，那千姿百态、气势雄伟的三山五岳，孕育了我们中华民族的古老文明，一想到它们，民族自豪感就会涌上心头。请同学们说一说，自己游览过哪些山？又有谁游览过名山？”（学生纷纷举手述说：江西庐山，安徽九华山，山西五台山，江西井冈山，福建鼓山，青岛崂山，无锡锡山，苏州灵岩山，四川峨眉山……）“在所有的名山中，五岳为最。谁能准确地说出五岳是哪五座山？‘五岳之长’又是哪座山？”（有学生答：东岳泰山，南岳衡山，西岳华山，北岳恒山，中岳嵩山。‘五岳之长’学生说不准确，教师点明：‘五岳之长’是巍巍泰山。泰山有拔地通天之势、擎天捧日之姿，历代多少文人墨客写诗撰文对其讴歌、赞美，杜甫的五言古诗《望岳》就是其中之一。学生学过这首诗，立刻高声背诵：“岱宗夫如何？齐鲁青未了。……会当凌绝顶，一览众山小。”）“‘一览众山小’的境界是令人神往的，只有登攀到‘绝顶’，才能领略那无限风光。今天我们学《雨中登泰山》，就请作者做向导，跟随他‘攀登游览’高耸雄奇的泰山。”

课起始，学生调动自己的知识和经历积极投入，为课堂抹上了亮色。

2.
以新知激趣

求知是青年学生的天性，课的起始用学生不熟悉、不掌握、不了解的知识作为导入新课的引子，学生就会兴味盎然。当然，新知可以由教师引入，也可由学生在课外阅读中或网上查找。学生寻求新知，积极性高涨，易立即步入学习境地。如介绍《变色龙》作者契诃夫的小说创作特色时，可用生动、形象的语言描述。

> 他创作的小说，主题挖掘得很深，而这些深刻的主题思想是通过对人物形象的塑造来表现的。他将主人公的典型性格特征作为整篇作品的焦点，以此为核心安排场景、情节、细节，配置必不可少的其他人物，形成了生动的形象体系。用他自己的话来说，“人在写小说的时候总是不由自主地先忙着搭好它的架子：从一群人物和半人物里只取出一个人物——妻子或者丈夫，把这人物放在背景上，专门描写他，使他突出，把其余人物随便撒在那背景上，像小铜币一样，结果就成了一种像是天空的东西：中间是一个大月亮，四周是一群很小的星星”。这就概括了他短篇小说创作的一大特色。
>
> 他的创作技巧十分高超，高尔基赞扬他：只需一个词就创造一个形象，只需一句话就可以创作一个短篇故事，而且是绝妙的短篇故事，它像螺钻钻入地下一样深入到生活的深处和实质中去。

创作的形象体系，“大月亮”“小星星”“一个词就创造一个形象”“一句话就可以创作一个短篇故事”等知识，学生从未接触过，有眼前一亮之感，因此，以新知引入，一下子就抓住了学生的心，学生沉入阅读之中，探究在《变色龙》中“大月亮”是何等样人，“小星星”又有哪些，起何作用。

3.
以直观演示吸引

数理化教学中有实物演示，以强化学生对事物的认识；语文教学同样也可采用这种方法，使用图画、实物、模型、录音、录像、多媒体课件等教学手段，目的是通过调动学生的视觉、听觉、触觉等让他们对课文中相关的事物、场景等有较好的感知。课的起始恰当地运用，学生有新奇感，注意力就被吸引了。

如《藤野先生》，据鲁迅先生自己说是“从记忆中抄出来”的，那么，是什么时候“抄”的，又是“抄”什么时候的？课一开始，教师就出示了两张照片请学生辨认。一张是周树人东渡日本，在日本留学时的照片，一张是鲁迅先生1926年在厦门大学任教时的照片。学生感到新鲜，注意力立即集中。课本注释这篇文章选自散文集《朝花夕拾》，学生结合书名积极地对文章的特点和内容加以诠释：早上开的花，傍晚捡起来，因而该文是回忆性散文，是鲁迅先生在厦门大学任教时写的青年时代东渡日本留学的生活片断。

又如教《花儿为什么这样红》这篇说明文时，为了激发学生对说明文的重视，认识说明事物的重要性，课起始教师不作任何解释，先请学生做一个小实验。讲台上放好试管、溶液、添加剂和不同颜色的花，让学生搓揉出花汁，放在不同试管的溶液里，添加不同的试剂，使溶液呈现出不同的颜色。操作的学生兴味盎然，观察的学生全神贯注，有的还不断提醒，不断出主意。在做小实验的基础上，学生对照课文中相关的说明文字阅读思考，印象就深刻。

课的起点要亮，要激发学生学习语文的愿望，远不止上述几种方法。还可以检查预习，导入新课；开宗明义，明确学习目标；开拓想象，创设意境；激发感情，褒善贬恶；抓点拎线，条分缕析；紧扣课文个性，形成悬念；创设质疑的条件，让学生发现问题；引出矛盾，触发学生解疑的积极性；等等。不管采用何种方法，目的只有一个，就是让学生迅速转变在课间休息时涣散的状态，精神振奋、兴味盎然地进入学习轨道。

亮点的“亮”，不是摆噱头，搞低级趣味，搞轰动效应，而是要紧扣课文特征展开，离开了课文的内涵与外延，就是赘疣，对学习无促进与引领作用。

亮点的设计要从学生的实际出发。高中学生对浅表的、司空见惯的东西无兴趣；初中学生对艰深、偏僻的知识，就有丈二和尚摸不着头脑的感觉。不注意这些差别，效果很可能适得其反，因而设计亮点要讲究适用性。

起点的亮，关键在有妙言妙语、妙人妙事，聚焦在点燃学生心中求知的火焰，如果拖拖拉拉，絮絮叨叨，占用较多教学时间，那就犯了本末倒置的毛病。亮点成了黑点，效果可想而知。

难点要清

由于学生在生活经验和阅读经验上存在局限，知识和能力有差异，学习课文时必然会碰到这样那样的难题，教师要善于根据课文的实际和学生的实际来确定教学的难点。

指导学生阅读，相当程度是帮助他们化解难点，真正弄懂文章的语言，理解文章的含意，领悟写作的技能技巧，提高阅读能力，受到启发与感染。难点在不同的课文中呈现的方式不一样，有的偏重于文字的艰深，有的偏重于内容的复杂与深奥，有的偏重于表达的曲折与多变，有的来源于对文章写作的具体背景鲜有了解。凡此种种，教师应根据教学目标的要求，确定教学的难点。

课千万不能“糊”。对于阅读中的难点，既不能绕道走，也不能马虎从事，要在清楚、清晰上下功夫。

如《“友邦惊诧”论》距离学生的生活实际、思想实际比较远，文中有些语句难以理解，教师就要遵循认识规律和课文内容与形式相统一的特点，从形式到内容，从内容到形式，由表及里，带领学生逐层认识，化解难点，提高阅读理解的能力。

文章第1段难度较大，不理清层次，就难以理解作者驳论的妙笔。最表层是识字辨词：“束手无策”的“束”和“策”，前者读shù，后者竹字头下面是“朿”，读cè；“攒”，聚集，读cuán，不能与表“储蓄”义时zǎn的读音混淆。第二层是明晰多层次的内容，明确：(1)学生请愿是爱国行动，反侵略，反卖国；(2)学生请愿是迫不得已；(3)国民党政府掩盖血写的事实与罪行，极其卑劣地制造墨写的谎言。

在理解基本事实的基础上，再深入一层让学生理解文章的遣词造句在表达思想感情上的功能。可抓住以下几点咀嚼推敲：(1)文章开篇摆学生请愿的事实即可，为何说“只要略有知觉的人就都知道”？“略有知觉”寓含什么深意？起什么作用？改为“略有知识”行不行？（说明无须慧眼、无须深入思考就能知道，以此来强调学生的爱国行动是不容歪曲的事实，清清楚楚，明明白白；这里的“略有知觉的人”，指稍有人性、稍有爱国心的人，与有无“知识”无关；作者下笔带愤激之情，侧击大人老爷们知觉全无，爱国心丧尽。）(2)在揭露反动政府刽子手面目和卖国事实的同时，为什么要夹入对“读书”的议论？是不是有点扯开？在语言表达上有何特点？（貌似扯开，实质上是更深刻的揭露，战斗锋芒直指欺骗学生“安心读书”的卖国政府。学生在国土沦丧、生命无保障的情况下，“放下书包来请愿”是不得已，这样赤手空拳地来请求抗日已是“可怜之至”，而反动政府竟对学生疯狂镇压，横加罪名，其险恶用心可想而知。这儿插一段议论，戳穿了“安心读书”的骗术，伸张了正义，反衬出国民党政府的反动性，再加上用模拟的口吻写，使反动政府降敌卖国的本质昭然若揭。在理解语言与内容的基础上，引导学生比较直接端出反动论点和从以事实和说理为基础的反驳中引出反动论点的写法的区别，认识到作者用后一种方法树批驳的靶子，使论敌从一开始就处于被动挨打的境地。)

对语言含量十分丰富的文句、段落，用一个个能够激发思考的小问题指导学生深入阅读，理清相关方面的人和事，把握语言表达的思想和感情，能锻炼学生的思维能力，尤其是辨析能力，帮助他们提高阅读质量。如若只是扫视一下，蜻蜓点水，对阅读水平的提高无济于事。

有些难点需用分解的方法，有的需前前后后综合起来思考。有些问题表面看来十分矛盾，难以理解，启发学生从整体上考虑，难点就迎刃而解。例如《装在套子里的人》是契诃夫最杰出的短篇小说之一，作者用讽刺手法塑造了一个保守、反动、扼杀一切新思想的“装在套子里的人”的典型形象。学生不解的是：别里科夫只是一名在中学里教希腊文的教员，怎么可能“全城都受着他辖制”？似乎言过其实。既然别里科夫能“辖制”全城，为什么他又那么胆小、怕事，一副可怜相呢？岂不矛盾？指导学生把文章放在特定的沙皇统治的背景下，将前后联系起来思考，咀嚼语言的意味，就可深入理解其中的内涵。反复阅读领会，就可明白：别里科夫把他的思想极力藏进一个“套子”里，而这“思想”的“套子”实际上是指沙皇统治阶级的思想和落后、保守、顽固的势力。他对政府法令心领神会，忠诚信奉。他的思想来自统治阶级，所以“辖制”着“全城”，这实际上正说明沙皇思想统治的严密——全城都受到“辖制”。别里科夫这个典型人物与奥楚蔑洛夫不同：后者是19世纪80年代沙皇警察统治的奴仆，蛮横残暴，不可一世；前者受到的是沙皇的精神禁锢——“像害怕瘟疫一样，害怕一切新事物，害怕一切超出平凡庸俗的生活常轨以外的东西”，说到底是害怕不能符合沙皇统治的要求，因而终日一副可怜相。事物的本质只有一个，不过是从不同侧面加以反映罢了。

有些课文从字面上看几乎没什么困难，但要真正理解还有难处，教师适当指点，或组织讨论，学生会有豁然开朗的感觉。如《醉翁亭记》写欧阳修寄情山水的宴游之乐，文中竟然用了十个“乐”字，游玩乐，宴酣乐，禽鸟乐，山林乐，与民乐，著文乐，等等。作者到底在“乐”些什么呢？真是无忧无虑、忘情山水吗？推敲“然而禽鸟知山林之乐，而不知人之乐；人知从太守游而乐，而不知太守之乐其乐也”，联系作者情况、写作背景，就可知由朝廷重臣被贬为滁州太守的欧阳修，怎么乐得起来呢？欧阳修励精图治，憧憬“乐民之乐”的政治理想，遭到诬陷排挤，确实不可能有忘情的欢乐，只是寄情山水，借酒寻乐，抒发不为世人理解的情怀。

课文的难点不一定是教学的重点。关系课文紧要处的难点须指导学生认真阅读，深入理解；有些难点根据教学目的要求，学生不一定需掌握，也可暂时放一放，略去不作指导。如《游褒禅山记》与一般游记比，有很多不同之处。一般的游记中，记叙、描写、抒情最常见，而这篇文章记游的部分轻描淡写、一掠而过，议论的话语却说得很多，把记游与论学结合起来，可谓之游记“变格”。而这种“变格”的写法又与作者所处的时代紧密相连。这篇课文的这一个性特点是教学的难点，但由于高一年级学生无须探究游记的变格，只要能理解文章的内容、结构、语言特色就行，因此这一难点可舍弃不教。

重点要热

教课要一清如水，必须有明确的目标。教学目标是驾驭课堂的主宰。然而，在教学实践过程中，繁杂的教学内容往往淹没了教学目标，使得教者事无巨细，完全被教材牵着鼻子走，或者被课堂上突如其来的问题所左右。

教学目标制订后，如何通过教学过程来实现，须周密考虑，精心设计。年级要求，整册教材，须心中有数；每一篇课文、每一堂课重点该突出什么，应有全面的安排，并且要由浅入深，循序渐进。教课最忌不分主次，面面俱到，学生好像学了，又好像没学，飘飘忽忽。要让学生学得扎实，学有成效，教师对教材必须做到“减头绪，削枝强干”。怎么削？怎么强？又要根据学生的实际情况。同一篇课文，不同的年级可确定不同的教学重点。如《谁是最可爱的人》可有三个重点：围绕主题选择典型事例，串联三个故事的语句在全文结构中所起的作用，记叙、议论、抒情等几种表达方法的综合运用。作为初中二年级教材，可确定第一个为教学重点，因为大多数学生写作时不会选材，不是空洞无物，就是堆砌材料。作为初三教材，放在新闻报道单元中，教学重点可确定为第三个，因学生已基本掌握围绕主题选材，而对几种表达方式的综合运用还有不少欠缺。至于第二个重点——过渡句在全文结构中的重要性，学生有基础，一点就明，不必作为教学重点。

学习课文中的重点部分时，课堂上要热气腾腾，高潮迭起。在课堂教学进程中，出于对教材深入理解的需要，教与学双方全身心投入，尤其是学生积极主动地进行脑力劳动，产生火花，产生智慧，学习能力就可得到充分的表现。

如《明湖居听书》，显然，白妞绝唱是教学的重点。白妞是怎么走到前台来的呢？一个问题吊起学生的浓郁兴趣，于是，有学生拿腔拿调，模仿观众的一席话："他的调门儿都是白妞教的，若比白妞，还不晓得差多远呢！""好顽耍的谁不学他们的调儿呢？只是顶多有一两句到黑妞的地步，若白妞的好处，从没有一个人能及他十分里的一分的。"

"这是蓄势！""这是衬托！""告诉大家'此曲只应天上有'！""对观众是极大的诱惑……"学生被文中的推崇、评价感染了，不少学生脱口而出，说了上面一些话。

白妞的绝唱究竟"绝"到什么程度？我们怎么来感受？有学生出主意：一个人读，别人闭目想象。有学生认为：唱腔的"千回百折"应该在黑板上用线条来表现，边看边想。于是，朗读，品味，联想，想象，以自己的生活经验作补充。唱腔如何像"攀登泰山"，"节节高起"，"接连有三四叠"；又如何"陡然一落"，如"飞蛇在黄山三十六峰半中腰里盘旋穿插"，"周匝数遍"；又如何声音"愈低愈细"，"渐渐""听不见"；又如何"有一点声音从地底下发出"，"忽又扬起"，像放"东洋烟火"，"千百道五色火光，纵横散乱"……学生边读边用高高低低、粗粗细细的线条来表现，用视觉形象的展现描摹声音的形象，使其"看"得见、"摸"得着，从而领略到声音的无限魅力。

“白妞唱是绝唱，但没有刘鹗的绝妙佳笔，绝唱就不可能留世。”“妙在先以比喻具体描绘声音入耳的妙境，‘像熨斗熨过’‘像吃了人参果’‘无一处不伏贴’‘无一个毛孔不畅快’，夸张得可以，神了。”“最妙在用通感手法具体描绘声音的千变万化，把抽象的声音通过视觉器官、心理感受写得具体、写得形象。不仅在明湖居听书的人能享受到，我们读文章的人也能感受到白妞说唱的美妙。”“你们注意到没有？作者描写白妞的眼睛就和描写绝唱一样，也特别传神。”有学生拿起书来大声朗读：“那双眼睛，如秋水，如寒星，如宝珠，如白水银里头养着两丸黑水银，左右一顾一看，连那坐在远远墙角子里的人，都觉得王小玉看见我了。”为什么要用这么多的比喻？“从不同角度刻画眼睛的美，眼睛的楚楚动人。‘秋水’状其清澈，‘寒星’状其闪光，‘宝珠’状其晶莹，黑白‘水银’状其明亮，顾盼有神。这个博喻用得好，美寓其中，令人有不尽的遐想。”……学生沉浸在美文、美音、美形之中，情不自禁地吐露自己的看法、自己的感受，有的甚至自失起来，手不自觉地画线条，陶醉其中。

课堂上热气腾腾之时，也就是师生思想碰撞、语言交流的最佳境界，学生之间交流促进的最佳境界，课文内容和表达形式交融的最佳境界。评析、讨论、提问、解答，难以分清你与我，而是我中有你，你中有我；兴奋、追逐、欣喜、顿悟，求知中的欢乐、入宝库赏宝的情怀难以言表。

重点部分的教学要能热起来，有几点不可少：一是要注意铺垫，情感的激越是一步步推上去的。例如学生积极投入欣赏白妞的说唱，首先就要感受一下明湖居这个大戏园子里的氛围。座无虚席，人满为患，这种期盼，这种氛围，学生能有所感觉，必然预想到台上出现的人物一定非比寻常，有迫切想了解的愿望。谁知台上出现的一个男人“甚为丑陋”，然而人丑艺高，弹奏“抑扬顿挫，入耳动心”，这就进一步引发了学生探求的愿望。黑妞上场，其歌喉似已到了令人叹为观止的地步，谁知又被观众的一席话比下去了。文中环境的烘托，弹弦艺人的烘托，黑妞歌喉的烘托，观众评说的烘托，层层铺垫，形成了王小玉“千呼万唤始出来”的气势。教学时把握住作者布局的匠心，顺文章脉络一层层推进，提升学生要洞悉底细的情绪，热气腾腾的求知局面的形成就顺理成章。二是教师要学会倾听，耐心听学生发表的看法，保护他们求知的积极性。最忌讳的是随意打断他们的话，充当越俎代庖的角色。三是善于引导。要善于把学生看法中哪怕只有一丁点儿正确的部分都毫不遗漏地聚集起来、提炼出来，增强发言学生的自信心；善于适时适度地鼓励、表扬；善于你中有我、我中有你地激励。气氛宽松、和谐，学习气氛就升温，学生学习就处于十分兴奋的状态。

重点部分的教学，根据教材的不同特点和学生的学习愿望，可采用多种多样的方法。如：可抓住关键词语重锤敲打，溅出耀眼的火花；可带领学生深情诵读，读出意味，读出气势，读出与作者融为一体的吐露心声的感情；可紧扣语言和写作技巧，请学生谈个人阅读的独特感悟，交流碰撞，互促互补，呈现集体智慧；可请学生用生动流畅的语言进行描述，开展联想与想象，让文中刻画的人、事、景、物栩栩如生地展现在眼前，享受文学的魅力；等等。总之，要调动感觉器官和思维器官，用心想，用心说，用心看，用心听，用心写，达到有我又忘我的境地。重点部分学习质量的高低与能否调动学生的已有知识与生活经验关系密切，与能否拓开视野，恰当地联系文学、艺术、历史、地理、哲学等有关知识也关系密切。因此，不断激励学生运用旧知、获取新知，激励学生课外广泛阅读、积累文化，也是教学中应有之事，平时要坚持不懈地做好。

课堂上要精彩起来，当然远不止抓课的起点、难点、重点，但抓好这三个环节，学生学习语文的积极性和主动性必有提高，学习的主人翁意识也会大大加强，锻炼语文能力也就乐在其中。

课要追求“三动”的境界

一名今年夏天考入复旦大学中文系的学生在谈及中学语文课时说了这样一番发人深省的话：“语文课至少不能让学生厌烦，不能让学生一无所获。同一个作者的文章，不同的教师教，对我的影响真可说是天壤之别。初中时学史铁生的《秋天的怀念》，这样一篇能感动学生的文章，老师只做了一点客观的叙述，说：‘这是怀念母亲的记叙文，读后要弄清楚叙事要完整，有头有尾。’课就这样流失了，心中未留下半点痕迹。她是作为一个旁观者轻描淡写地讲一讲与己无关的事。高中学史铁生的《合欢树》，老师教得激动万分，甚至把自己的坎坷遭遇袒露在学生面前，用自己刻骨铭心的体验剖析史铁生的心灵倾诉——在大难临头、精神濒于崩溃的情况下，母亲是最无私、最有力的支撑和抚慰。两年过去了，老师唏嘘的神情和文中一个个形象仍然镌刻在我心里，我第一次认识了邻居的真挚情谊，我第一次感受到了亲情的无私无价。‘悲伤也成享受’，那无言的悲痛常在我脑中萦绕。后来，我自己也去读了史铁生的《我与地坛》，只有一种平面的感觉，缺少了老师教《合欢树》的震撼。老师教课总要有点打动学生心灵的话啊！”

学生的语言很具体，也很实在，是对语文课的评价，是对语文课的怀念，也是对语文课的期盼，无个人好恶感情的纠缠，无丝毫功利色彩的阴影，是纯朴的，真诚的。这名学生在谈到自己在语文课上受

本文发表于《中学语文教学参考》2005年第12期。

到的教育与感动时，对老师充满了感激之情。由此，我联想到我们的语文课究竟应该追求怎样的境界，是雁过无声，还是感情搅动，留下不尽的思考？显然是后者。这究竟是怎样的一种境界呢？凸显语文课程工具性与人文性统一的基本特点，把语文教学的任务落到实处，把课教得有情有义，有声有色。

动听：愉悦，快乐

教师授课常忽略“听”的环节。学生求知十分重要的是打开认识的窗户，善于用自己的眼睛摄入种种物象，提高观察的准确度、精密度；与此同时还要用耳听，听真切，无差错，抓要点，梳条理，既储存，又舍弃。在求知过程中，学生锻炼和提高“听”的能力，与锻炼和提高“视”的能力同等重要。语文课上学生看文本，看黑板上的书写，看画面，听教师的讲述、引导，听多媒体中播放的种种音响，实现特定的求知目的。许多事例说明，“听”的能力强的学生，会听课的学生，求知的质量比不善听的要好得多。于是就有“听什么”“怎么让学生听”的问题须研究。与“看”一样，首先是教学内容的确定与选择，其次是怎样输送这些内容，怎样把它们传送到学生的耳中，使学生有愉悦、快乐的感觉。学生有了这种感觉，对“听”产生了兴趣，“听”的能力也会随着专心致志而日益提高。

教师怎样传递信息、诠释文本，怎样激发兴趣、引人入胜，都与教师的语言息息相关。语文课常见到这样的情况：有的是情趣横生，课堂气氛活跃，学生兴趣盎然；有的是平板乏味，课堂沉闷窒息，学生昏昏欲睡。课堂效果的好坏虽然受多种因素的影响，但教师的语言修养，运用语言的艺术，往往会起到特别重要的作用。语言“不是蜜，但是可以粘东西”。教师的语言应该有有磁性的魔力，对学生有吸引力，能牢牢吸住学生的思维，启发他们动脑动心，在求知的海洋中搏浪前进。

教师语言的底线是必须：清楚明白，不含糊其词；通俗易懂，不佶屈聱牙。真正做到这一点，并非易事。课堂上就某个问题开展讨论，学生或各执一词，或正误纠缠，教师要立即判断，不能含含糊糊，闪闪烁烁。语言是否清楚明白，很大程度取决于思路是否清晰，是否符合逻辑。心里清楚，说出来才明白。对问题的认识、分析，要洞若观火，否则，就会东一榔头西一棒子，枝叶蔓生。说，就有“序”的问题：先说什么，后说什么；怎样开头，怎样过渡，怎样结尾；从哪些方面，哪些角度，按怎样的顺序排列。凡此种种，均须认真琢磨，训练自己思维的条理性。心明，言才明；思路井然有序，讲述就条分缕析。锻炼“心明”，可以促使“言明”。

要教学生学懂、学会、会学，再深奥的知识教师也要善于用通俗的话讲出来。口头语言和书面语言有区别：前者作用于人的听觉，瞬息即逝；后者作用于人的视觉，读的人遇有艰深之处，可反复阅读，仔细咀嚼，思索理解。因此，口头语言较之书面语言来说，做到通俗易懂更为重要。教师的诠释性语言很有讲究，如果只是照本宣科，照搬课本中的书面语言，从概念到概念，从抽象到抽象，就会失去口头讲析、评论的意义。语言要做到通俗易懂，一是在“透”上下功夫，对教学内容的重点、难点了如指掌，懂得抓住哪个节骨眼儿一点就通。透彻理解，融会贯通，才能深入浅出，讲到精要处，说到点子上。二是有赖于遣词造句的能力。要善于用最常见、最鲜明、最易听懂的有关词语表达情意，深者浅之，难者易之，生僻的、易有歧义、易引起误解的词语少用或不用。长句要化短，繁句要化简，多用短句，少用复句。有人习惯于使用外来语的句式，听起来佶屈聱牙，让人苦不堪言。

语言要清楚明白，通俗易懂，还得注意清除语言中的杂质。要坚持讲普通话，力戒羼杂方言土语，更不能加不三不四的时尚语、网络语，夹两句外语卖弄；要避免啰唆、重复，避免使用“这个”“那个”等口头禅。语言芜杂，拖泥带水，犹如良莠齐生，会把该表达的思维感情淹没在莠草之中，大大降低表达效果。清除口语中的杂质，净化语言，努力做到吐字准确，声音响亮，语句完整，语言精练，“丰而不余一言，约而不失一辞”，学生听起来才愉快，接受起来才比较方便。

当前，教师语言要动听，要能激发学生求知的热情与愉悦，有两点很重要：一是语言的文化含量，二是语言的人文关怀。

教师讲课所用的语言应该是经过加工的口头语言，炼字炼句，有文化含量。如若说来说去就那几句话，用来用去就那些可怜的有限词语，语言干瘪枯燥，学生听了真是如同嚼蜡，提不起精神，感到厌烦。语文课应让学生沉浸在语言美的氛围之中，感受到语言表达情意的魅力。典范、优雅、深邃、隽永的文字固然是学生学习的楷模，而教师的语言，不仅是教学用语，在课堂上与学生交流思想、剖析作品、启发思考、撞击心灵的语言，同样要讲究生动、优美，有文化含量，有文化品位，能对学生起到潜移默化的作用。

要使语言有文化含量，有几点须努力。

一是注意积累词语，掌握大量的词汇。汉语的词汇丰富如海洋，它反映了中华民族数千年的悠久的文化，吸收了我国各民族语言与外来语中的精华。它反映客观事物、表现思想感情的精密度，同义词、近义词之间的细微差别，在世界上是罕见的。平时广为采撷、认真储存，教课时一旦需要就会源源涌入脑际。善于用同义词、近义词转换，善于运用成语、俗语、专业术语，信手拈来，脱口而出，语言的风采就会大增。

二是掌握和运用各种修辞手法，注意句式的变化，增强语言的形象性。教师的语言戒单调重复，可根据文本内容和教学情景需要，绘声绘色，增强可听性。贴切的比喻能启发学生的联想与想象；精当的设问、反问能造成悬念，启发学生深究底里；气势流畅的排比能激发学生感情的波澜；适时的反复、强调能加深学生的印象。句式参差有致，听起来就自然和谐。

三是用心提炼，能抓住课文的精髓、要害、关键，抓住文句、段落中的关节，切中肯綮，要言不烦，一语中的，挤去水分，显露语言的要义。语言有无文化含量是语言修养问题。苏霍姆林斯基曾这样说：“教师的语言修养在极大的程度上决定着学生在课堂上的脑力劳动的效率。我们深信，高度的语言修养是合理地利用时间的重要条件。”三尺讲台方寸地，教师语言发挥的作用往往能超越时空，在学生心中弹奏出经久不衰的乐音。语言的闪光来自思想的深邃，语言的激昂慷慨来自感情的激荡。不断地锻炼自己敏锐的目光和洞察事物的能力，不断地陶冶自己的道德情操，是提高语言修养、克服语言平淡无光的缺点的有效途径。

语言的人文关怀并不能只是在“好”“很好”的表扬层面上打转。首先，要从思想深处真正承认学生是人，尊重每一个学生，尊重他们学习的权利，平等相待。“以学生为本”不是口号，每个教学行为都须体现。这一点真正做到了，那种教学中的冷淡，用语中的“这么简单，你怎么还不会”等挫伤学生自尊心、积极性的话，就会烟消云散。其次，要转换位置，经常设身处地为学生着想。语文能力的提高确实不易，它与学习者的认识水平、文化基础、生活经历、周围环境、悟性等紧密相连。不良的读写习惯已经形成，要改变，更是需要水磨工夫。从理解、指点、帮助的角度与学生交流沟通，学生就会感到亲切、温暖，增强学习的信心。再次是坚持正面疏导，既不可劈头盖脸地批评，也不可冷嘲热讽。即使学生在阅读或写作中出现这样那样的毛病，也要满腔热忱地分析、指导，让学生分清正误、辨别利弊，端正学习态度，掌握学习方法。师生之间要有情有义，有共同的目标。春风化雨，才能真正暖学生的心。语言的人文关怀不是是非不分，更不是夸大其词地捧学生，而是实事求是地培养与提高学生的语文能力、语文素养，心贴心地呵护学生，让语言的溪流滋润学生的心田，让他们喜爱语文、学好语文的愿望不断增强。

有一种误解是认为现在的语文教学主要是学生阅读、感悟、讨论，教师课上不说几句话，有什么值得考究的？提倡学生自主学习，不是不要或限制教师发挥作用。学生都能无师自通，还要教师干什么？课堂上教师当讲则讲，不当讲当然不必赘言。教师的讲述不仅是专业知识、文化底蕴、人格素质的表露，也是语言素养的反映。教师应该是语言运用的行家里手，课上得悦耳动听，能让学生遨游于母语的韵律之中，他们才会感到学习母语的快乐与幸福。

动情：涟漪，波澜

白居易在《与元九书》中说“感人心者莫先乎情”“《诗》者，根情，苗言，华声，实义”。写诗作文，无非是以情感人，以理服人，而文学作品尤重以情感人。“情动于中而形于言。”在诗文中，有的直抒胸臆，有的借景借物抒情。但不管怎样，总是“有必不可解之情，而后有必不可朽之诗”。教学生学语文，离不开“情”和“理”，而要以理服人，其中必渗有情感，以情为基础。

学生学习一篇篇课文，如果能在自己情感的世界里泛起涟漪，或在动情之处于心底掀起波澜，必已深入作品，与作者心灵感应，必能对语言的魅力体悟到一二。学生学习要达到这个程度，教师的积极引导、相机启发要起到相当大的作用。

作者写作是“情动而辞发”，教师读作品，自然应“披文以入情”。要进入作品，读懂作品，真正领悟作品中作者要表达的情和意，教师先要会读课文，读懂课文，身历课文描绘之境，倾听作者的心声，才不至于拿到课文就思想却步、情感枯竭。否则，教师就成了课文的“文外汉”，冷漠旁观，无半点热情。读课文，要像小说家尤里·邦达列夫说的那样：“一个人打开一本书，就是在仔细观察第二生活，就像在镜子深处，寻找着自己的主角，寻找着自己思想的答案，不由自主地把别人的命运、别人的勇敢精神与自己个人的性格特点相比较，感到遗憾、怀疑、懊恼，他会哭、会笑，会同情和参与，——这里就开始了书的影响。所有这些，按照托尔斯泰的说法就是‘感情的传染’。”“不曾醉心于一本严肃书的人，——他抛弃了第二现实和第二经验，因而最终就缩短了自己生命的时日。”显然，阅读是心灵的浅唱低吟，是一种心力劳动。读课文，备课，走进去，进入角色，才会有情感的激荡，才会有独特的认识与体验。只有自己感动，才能感动别人。自己未从书中获得“感情的传染”，又如何能“传染”给学生，让学生动情，受到感染？

总观各类课文，稍加思考，就可辨识出与感受到它们呈现出或隐含着各种各样的感情。文章不是“无情物”，不是有小情，就是有大情，有个人之间的情谊——亲情、友情、景情、物情、乡土情，有祖国情、民族情、天下情（悲天悯人即爱满天下的情）。只要是发自肺腑的真情，总能扣人心弦，给人以感染。而这些“情”又是通过语言文字，尤其是一些饱含深情的文字传送的，因此，对文字的推敲、咀嚼、感受就至关重要。

前面提到的《秋天的怀念》是史铁生在母亲离世后写成的，通篇浸满了怀念母亲的悲情。然而，仅是“怀念”，又怎能装载得下作者钻心的痛苦？母亲离他而去了，“生死两茫茫”，他才真正体会到母亲对自己博大无私的爱，体会到母亲在灾难降临到儿子身上，自己却无法抗争、无力拯救时的揪心痛楚。“母亲扑过来抓住我的手，忍住哭声说：‘咱娘儿俩在一块儿，好好儿活，好好儿活……’”这哪里仅仅是安慰、排解，制止儿子“狠命地锤打”腿的动作？这是以生命相许，以炽热的慈母心给予儿子能支撑他活下去的勇气。“她昏迷前的最后一句话是：‘我那个有病的儿子和我那个还未成年的女儿……’”生命的全部是为儿女付出，生命即将结束时，未了的心愿、永远的遗憾仍然是未为儿女尽责。母爱的光辉永照人寰，读到这些文字，怎能不潸然泪下？作者写对母亲的怀念，不仅追忆母亲对自己的慈爱、宽容、体贴入微，笔端还处处流露自责的感情：愧疚、愧恨自己永远无法补偿与回报母亲对自己的深情。亲情无价，以教师之情激发学生之情，学生怎会不受到“感情的传染”？

有些课文不是直抒胸臆，而是采用了比较隐晦的表达思想感情的手法。尽管如此，稍加探究，仍然可以触摸到作者的动情之处，并通过默读、朗读、品味、鉴赏等不同的教学手段，将感情传送到学生心中，让学生有所体验。如散文诗《雪》，有一定的深度、难度，阅读时不可能对其主旨一眼见底。当时北京处于北洋军阀统治之下，鲁迅“总还想对于根深蒂固的所谓旧文明，施行袭击，令其动摇”（《两地书》），然而“因为那时难于直说，所以有时措辞就很含糊了”（《野草》英文译本序）。“难于直说”的是什么思想感情呢？不少作家、文人对此从不同角度作了种种评说，确实是“横看成岭侧成峰，远近高低各不同”。教师可引导学生思考、借鉴这些评说，开阔思路，学会探究。有些基本的思路、情感学生如果能有所体会，他们的感情世界也会受影响，起变化。

这首散文诗脉络十分清晰，从哪儿下笔，怎样收笔，中间怎样转换，一条线索清清楚楚：“暖国的雨”$\overset{\text{引出}}{—}$“江南的雪”—“朔方的雪”—“死掉的雨”，“雨的精魂”。简言之：雨—雪—雨。作者身处寒冷的北平，由朔方落雪的自然现象，回想到江南的温暖，一近一远，一实一虚，构成了鲜明的对比。江南的雪“滋润美艳”，笔调已饱含赞美的感情，从触觉和视觉角度描绘，精确传神。这样写还不足以表达心中的冲动，于是作者在“滋润美艳”的后面加上“之至”——似乎是尽善尽美，到了极点。紧接着揭示这种至美形象蕴藏的令人振奋、令人向往的丰富内涵——“那是还在隐约着的青春的消息，是极壮健的处子的皮肤”，给人以追求美好、感受美好的无限希望。由“江南的雪”引出“冬花开在雪野中”的美景，色彩斑斓，景物错落有致，不仅调动了视觉，也调动了听觉——仿佛听到了“蜜蜂们”“嗡嗡地闹着”。一切景语皆情语，作者笔下这番山花烂漫、生机盎然的美景，饱含着甜美的怀念，透露了向往春天的情意。“冬花”“雪野”已经够动人了，更动人的是孩子们“塑雪罗汉”的情景，七手八脚，共同创造，这种纯真无邪的欢乐双手可掬。美丽的江南雪景犹如一幅引人入胜的画，是作者倾注深情一笔笔勾画而成的。从“滋润美艳”到“色彩斑斓”，从“色彩斑斓”到“欢乐有趣”，每添一彩笔，对美好理想的追求和向往就加深一些。追求美好理想的感情是高格调的情感，是人生奋然前行的重要支撑。学生进入饱含情感的文字之中，身历江南雪野的情境，会情不自禁地感受到春天的温暖与生活的快乐，胸中升腾起对美好事物的向往和追求。文中描绘的“朔方的雪”是另一番景象，这番景象同样是作者驰骋思想、以感情浇铸而成的。尽管有“孤独”之感，但要“奋飞”，要战斗，雨的活泼流动的“精魂”不散。整首诗托义于物，用象征手法成功地表达了复杂的、“难于直说”的思想感情。把握了“物”的特征，了解了写作的背景，对作者“情”的踪迹就能体会，从而能让这份

“情”扣动自己的心弦。

情多种多样：有的诗文的感情激昂慷慨，如岩浆喷发；有的如潺潺流水，叮叮咚咚。或悲，或喜，或憎，或爱，或同情，或怜悯，等等。教学时均要把握作品的本意，体会作者的感情，千万不能添油加醋，使作品走样。教学时不能为情而情，更不能用虚情、浮情，否则就是做戏给学生看，教学效果适得其反。《庄子·渔父》中早就说过，“不精不诚，不能动人，故强哭者虽悲不哀，强怒者虽严不威”。只有真情实感才能感动人。比如学杜甫的《茅屋为秋风所破歌》时，读到“安得广厦千万间，大庇天下寒士俱欢颜！风雨不动安如山。呜呼！何时眼前突兀见此屋，吾庐独破受冻死亦足！”，怎能不心灵震撼，动情动颜！诗人已处于生存绝境，想的却不是自己，而是“天下寒士”，只要“天下寒士”得以安居、受到庇护，自己被“冻死”也心甘情愿，无比满足。这种舍己忘私、关心他人安危的仁爱之心、博大胸怀，令利己者汗颜，更是对当今学生的精神哺育。教师自己真正为此而动情，就能以情激情，以情传情，丝丝缕缕牵动学生的情怀。

动心：思考，抉择

语文课既要善于让学生动情，感情激荡，又要善于让学生动心，在思想深处留下难以磨灭的印象。怎样才能让学生留下深刻的印象？关键要千方百计地引导学生学会思考。理想的阅读过程，应该是阅读的人将自己的全部智力，包括注意力、记忆力、思考力、想象力、创造力等组合在一起，同书本内容化合，产生增长知识、开阔视野、认识世界、感悟人生、完善人格的奇妙作用。其中，“思”最为重要。《孟子·告子上》说：“思则得之，不思则不得也。”黑格尔曾在《美学》一书中指出：“构成心灵的最内在的本质的东西正是思考。”其实，想象也是思考的产物，奇特的想象源于不落俗套的思考。不会思考的大脑是一片沙漠，只有荒凉，没有花朵，没有美感；善于思考的大脑是一片汪洋，浪花翻滚，船只穿行，珍珠，珊瑚，异彩纷呈，美不胜收。

教与学均需要激情，但激情并不等于真理，它需要积淀，需要净化、深化、浓化、凝化，需要深入事物的本质，因而理性思维的锻炼必不可少。理性思维并不是什么神秘玄妙的东西，它是一种依据客观事物之间的内在联系，把事物加以整理、分析和概括，从而能让人更深刻地认识事物的能力。语文课就其本质而言，就是要让学生看到、悟到、感受到他自己个体阅读时看不到、悟不到、感受不到的东西，包括文与质两个方面。如果教师的“教”和学生个人的“学”在一个平面上移动，课必然让学生感到寡然无味，课上不上没有什么区别。因而，课须在启发学生“发现”上下功夫，让学生的思考围绕着问题而发生。要让学生在看似无疑处产生疑问，学就深入了一步。学生脑中问题萦绕时，要引导学生分析、比较、讨论、交流，做到“疑义相与析”。读课文，分析是不可少的能力。正如朱熹所说：“学者初看文字，只见得个浑沦物事，久久看作三两片，以至于十数片，方是长进。”混沌一片是学不好语文的，整体感悟应建立在对每个部分、部分与部分之间的联系与区别了如指掌的基础之上。对局部的个性特征认识得准确、深入，整体感悟才能上层次、上台阶，才能有独特的见解与体会，这也是综合能力的体现和对综合能力的检验。

要引导学生对文本有所发现，经过分析、综合，解开问题的奥秘，在心中留下痕迹，教师自己就要善于发现，善于分析综合，有解读和挖掘文本的本领。课扎扎实实，还是浮游无根，与教师的业务功底、解读本领紧密相连。也就是说，要动学生的心，首先自己在阅读文本时要真正动心，在思考上下一番功夫。比如周国平的《生命本来没有名字》，从一名来自“穷城僻镇的女孩”写给他的一封信说起，阐明了一个须直面正视的十分严峻的问题——生命的本色是什么？身居尘世，终日喧嚣，我们有时连对最基本的道理都糊涂了，懵懂得非常可笑而不自知。读了此文，突然心惊，有醍醐灌顶的感觉。别的且不说，就说下面这段文字：

“生命本来没有名字”——这话说得多么好！

> 我们降生到世上，有谁是带着名字来的？又有谁是带着头衔、职位、身份、财产等等来的？可是，随着我们长大，越来越深地沉溺于俗务琐事，已经很少有人能记起这个最单纯的事实了。我们彼此以名字相见，名字又与头衔、身份、财产之类相连，结果，在这些寄生物的缠绕之下，生命本身隐匿了，甚至萎缩了。无论对己对人，生命的感觉都日趋麻痹。多数时候，我们只是作为一个称谓活在世上。即使是朝夕相处的伴侣，也难得以生命的本来状态相待，更多的是一种伦常和习惯。浩瀚宇宙间，也许只有我们的星球开出了生命的花朵，可是，在这个幸运的星球上，比比皆是利益的交换、身份的较量、财产的争夺，最罕见的偏偏是生命与生命的相遇。仔细想想，我们是怎样地本末倒置，因小失大，辜负了造化的宠爱。

这是何等精彩、深刻的生命教育篇章！令人振聋发聩。这段文字探讨的内容，与每个人——不论年龄、性别，不论职业、职务——均息息相关，无一人能回避、逃脱。仅从这一段中就可发现不少大大小小从观点到文字均须凝神深思的问题。为什么“很少有人能记起这个最单纯的事实”？“生命的本来状态”是怎样的？“比比皆是”的“交换”“较量”“争夺”和生命是怎样的关系？“生命与生命的相遇”应是怎样的状态？怎样才能不“辜负了造化的宠爱”？可以提出一连串问题激发学生思考的热情，促使他们寻根究底地觅求解答。在觅求解答的过程中，咬文嚼字，联系实际，分析判断，作出抉择。珍爱生命，尊重生命，平等相待，认清生命的价值与意义，这些有关做人的根本性的问题绝不是空洞的口号，而是要靠学生在求知中、在生活中领悟。读书可以明智，学生学语文，读课文，思考、抉择，就是明智的有效举措。在学习语文知识、提高语文能力的同时，学生的价值取向也受到教育。

有些课文的内容切中时弊、锋芒毕露，引导学生学习，思辨的能力就非常重要。正误、褒贬、现象本质、整体局部、主流非主流等，均要通过对语言文字的推敲、理解，才能准确地把握。只有仔细辨别、准确把握，思维才能得到锻炼，作出正确的抉择。例如《如果优美的文字离我们而去》这首诗，情感浓烈，给人以强烈的冲击。对于文学大师们优美的文字——屈原的恣肆、李白的潇洒、杜甫的沉郁、但丁的深邃、列夫·托尔斯泰的浩瀚、雨果的雄奇……正遭受没有灵魂的时尚文笔的冲击、渐渐远离我们的现象，作者痛心疾首，针砭时下的浮华，呼唤文学应有的真诚和诗意，运用多种修辞手法、艺术技巧和繁复凝重的意象抒发忧心如焚的沉重忧思。读此诗，在受到强烈感染的同时，须沉思，须判断，须抉择。“优美的文字”曾带给我们怎样的影响？“优美的文字”“渐渐离我们而去”的原因何在？是作者的责任吗？是读者的责任吗？只是简单的谁之错吗？谁应该负责任？还是问题背后有众多的复杂因素？你能说出哪些因素？面对这种现象，你应该怎样做？为什么要这样做？在做的过程中会碰到哪些困难，哪些障碍？打算怎样解决？……举出这一连串问题不在于要学生做书面答卷，而是要让他们脑海里翻腾，择其要思考、判断，做决断，在心中留下深深的痕迹。有些痕迹甚至会刻骨铭心，影响自己一辈子。

动听、动情、动心并不是教师唱独角戏，师生互动，各尽其责，才能实现“三动”的境界。这种境界不可能一蹴而就，而要有一个逐渐攀登的过程，需要的是热情，是毅力，是不懈的追求。

点评是手段
目的是提高

如今，中小幼教师全员培训的方式之一是观课、评课，这是聚焦课堂教学，培养教师队伍的一种有效方式。通过网络视频观课、评课，每名教师既是观者，又是评者，只要认真对待，处理得当，必能从中受到启迪，获得提高。

一、对评课的建议

评课须详。评课不是简单地下判断——好、中、差，更不是拘泥于在表格上打多少分。评课是一种学习，一种导向，一种培养，一种激励。它不是就事论事，用线性思维来论是论非，而是要站在理论和实践相结合的高度，从教育学、心理学、学科专业理论、学生发展水平等不同角度审视教学理念、教学行为、教学效果，把握整体，推敲局部，品评细部。评论要探讨底细，形成浓郁的研究气氛。评者对所听之课持肯定态度，说“好”“比较好”，那就须分析好在哪里，为什么好，言之有理，言之有据。对于指出的不足、缺陷乃至错误，须说明原因，剖析影响，更重要的是阐明改进的方向、内容和方法。评

本文发表于《现代教学》2007 年第 C1 期。客观、公正、科学地评价课堂教学，对探讨课堂教学规律、提高课堂教学效率、促进学生全面发展、促进教师专业成长、深化课程改革有着十分重要的意义。作者在本文中提出——“评课是手段，目的是促进执教教师和评课教师双提高”的观点。

者说，授课者说，其他观课的教师也说，在众说纷纭中可“择其善者而从之”。

评课，坚持一个带几个。几名教师观完一节课后，共同参与点评、讨论。评，要讲究质量。平平淡淡，无独特看法，无精彩发现，就是走过场，起不到培养、激励的作用。评，就要评得执教教师心里热乎乎，眼睛发亮，心中升腾起提高课堂教学质量、追求理想教学境界的强烈愿望，要评得参与观课与评论的教师有茅塞顿开、豁然开朗、举一反三的快乐。这样的评课，教师觉得有劲、有味、有提高、有奔头，能让自己在心中留下或高兴或得意或震动或遗憾的痕迹，在教学实践中不知不觉地获得发展，一步步走向成熟。

对评课者而言，评课也是一种学问。校长不可能精通所有学科业务，但必须对一两个学科比较通晓，有一定的发言权。另外，学科教学有许多共性，只要肯钻研，对课程论、教学论、学生求知规律具备一定的认识基础，也就能具备一定的发言权。评课组织教师评论，就是组织教师进行有关教育理念、教学内容与方法的学习，就是锻炼教师分析、综合、判断的能力，以及形象思维、逻辑思维、创新思维的能力，是具体可行的、扎扎实实的教学研究。这种研究，不是用专业术语炫人耳目，不是贴标签，而是活的对教育学的学习与运用，是站在教书育人的高度，奉行理论联系实际的原则。

评课不一定要面面俱到，可突出重点，兼顾一般。对当前教学中一些倾向性的问题可多作一点探讨。就教学目标而言，常见的倾向性问题是：目标或多而杂，或高而空，实践时与教学内容脱节，难以达成；三维目标的融合，或勉强，或残缺。要让学生在课堂上真正学有所得，合适的教学目标的制订最为重要。它必须从教材的个性特点出发，从学生的实际水平与身心需要出发，离开了胸中有书、目中有人，目标就会浮游无根，成为纸上谈兵。对教学内容取舍详略的处理往往影响教学目标的实现。根据教学目标取舍教学内容，重点突出，难点化解，详略得当，线条清晰，教学目标就比较容易达成。

比如教学内容的问题，最常见的是糊成一片。这也重要，那也重要，执教教师舍不得割爱，或者是轻重不分，乃至轻重倒置。究其原因，是教师对教材中写了什么、怎么写停留在浅层次上的理解，知识钻研得不准、不深，因而教学时就会出现胡子眉毛一把抓的状况。只有把握内容框架结构，精心剪裁，重点才能凸显。

再如教学行为问题，它贯穿于教学的全过程。常见的毛病是重方法轻内涵，为讨论而讨论，为多媒体而多媒体，看似热热闹闹，实则空洞不到位。在课程教材教法改革中做种种探索，是教学热情高涨的表现，无可非议；在探索中出现这样那样的不足，也是可以理解的。但必须牢记：崇尚本色，反对包装。课堂教学最为重要的是充分调动学生学习的主动性、积极性，指导学生学会，进而会学，使学生学有兴趣，学有所得，学有方向，学有方法。这是课堂教学的本色、本质。教学方法毕竟是第二位的，方法为达成目的服务。在课堂教学实践中，对学生学习习惯、学习方法的培养仍是薄弱环节，对情感态度价值观培育与知识能力培养的有机整合意识还不强，典型的精彩例子还不多。这些问题均须深入研究。教学行为表现于一个个教学环节之中，是教学目标达成、教学内容落实的必然途径，是需要师生共同努力可作的以教材为依据的生动活泼、多姿多彩的大文章，可探讨研究的方面很多。评论一堂课，应举其要，深入开掘，执教教师才会真正获得启迪。

二、具体的评课方法

以下是我们名师培养基地观课、评课的要求：

1. 仔细观看录像课，心中有整体印象。

2. 评课不是跟着自己的感觉走，心中须有标尺。评语文课，标尺就是《上海市中小学语文课程标准（试行稿）》（2004年10月版）。

3. 评课不是只就教师的“教”论高低，而是要综合思考教师对自身（执教者）、学生、教材三要素在特定教学环境中的科学把握和艺术处理。

4. 可以从教学目标、教学内容、教学行为、教学效果以及教师素养等多个角度评析。教学行为在教学全过程中体现，包括从启发引导到师生互动，到信息技术整合、三维目标的融合落实等诸多方面。分角度是为了深入思考，不是评价维度支离破碎、各不相干。一堂课是一个整体，应重视实事求是的总体评价。评价打分是一种做法，但更重要的是质的分析，对数字的崇拜是社会科学中的一条险途。对于教育的功能及其对人的影响，除了用量的指标来衡量，更需要进行深刻的质的分析。真正地对课的质作分析，才能步入探索教学规律、求知规律的深处，让教师认识提升，思想开窍，领悟到育人的真谛。

根据我们听课、评课的实践，对所评的课要有所选择，数量不等于质量。一般化的平平的课，评课教师不易通过评课有较大提高。选几节有代表性、有倾向性的课，请教师加以评论，从教育理念的明确、教学内容的确定，到教学过程的安排、教学效果的测定以及教师素养的提升，组织教师展开较为深入的研究，才能切切实实地提高教师的水平。

总之，评课是手段，目的是促进执教教师和评课教师双提高。

珍视教学语言的价值

当前，探讨语文课堂教学质量与效率的诸多问题时，常见于语文报刊的有涉及文本解读、学生的内在需求、教学内容的预设与生成、教学方法的传承与创新、教学效果的测试与评价等的文章，林林总总，不一而足。这些文章唯独对教师的语言修养、教师教学语言的讨论涉及甚少，虽不能说完全缺失，但这些方面确实未受到应有的重视。

它们不被重视的原因有很多，教师的认识进入误区恐为原因之一。有些教师认为，课程改革后，学生是学习的主体，教师讲授已在课堂上“退位”，以教师为中心的课堂教学已成为历史。既然讲授不重要，教学语言也就不必考究。还有的认为，课堂上主要是学生讨论、交流，教师不过提提问题，过渡过渡、衔接衔接，怎么表达，关系不大。也有的认为，多媒体已能解决问题，真要说大段的话，制作幻灯片即可，既便捷，又省心。教师的“说”被信息工具代替是发展的必然趋势，运用先进技术是进步的表现，又何必拘泥于教学语言的使用？诸如此类似是而非的看法对认识与探讨教师教学语言的价值有所障碍。

众所周知，教师对学生的教育离不开言教与身教。身教具有榜样的力量，言教具有感人的魅力。且不说前者对学生成长的重要作用，

本文发表于《中学语文教学参考》2009年第5期。有感于教师教学语言贫乏而这一问题又没有引起足够的重视，作者于2009年在《中学语文教学参考》上连续刊发七篇文章，呼吁教师“珍视教学语言的价值”，提升教学效果。在作者看来，“教学语言”具有“教育性、情感性、审美性、和谐性、榜样性、启发性”等诸多价值。“珍视教学语言的功能与价值”是“提高教师语言修养的必须，提高语文课堂教学质量与效率的必须，帮助学生全面提高语文素养的必须”。

仅是言教，无论是晓之以理，动之以情，还是导之以行，在课堂教学中，在学生成长中，都发挥着任何工具也不能替代的特殊作用。一名教师在课堂上要想开启学生的智慧，打动学生的心灵，点燃学生求知的火焰，主要手段是语言，是清新的、优美的、火热的、丰腴的语言。语言“不是蜜，但是可以粘东西”。优秀的教学语言能激发学生旺盛的求知欲，牢牢粘住学生的注意力，引导他们在求知的海洋中扬帆远航，获得学习的快乐。

无数教育先贤在这方面为我们做出了榜样。

那是1942年早春，昏暗的灯光下，一座破饭厅翻改成的大教室里坐满了人。闻一多飘着美髯，披着灰旧的长衫，走上讲坛。人声鼎沸的教室顿时完全安静下来，静得连门外最轻的脚步声也能清晰听到。闻一多的声音响起，听的人全神贯注，不知不觉被引到一个富于遐想的情境：

> 黄昏时分。从四面八方辐辏而来的鼓声，近了，更近了，十分近了。
>
> “神光”照得天边通亮。满坛香烟缭绕。
>
> 男女群巫，和他们所役使的飞禽走兽以及各种水族，侍立在两旁。
>
> 楚王左带玉珥剑，右带环佩，率领着文武百官，在庄严肃穆的乐声中，鱼贯而出，排列在祭坛下。
>
> 坛右角上，歌声从以屈大夫为领班的歌队中泛起。
>
> ……

讲坛上好像歌唱一样的声音在大教室里回荡，听者在昏暗的灯光下几乎很难分辨讲者是闻一多还是屈原大夫，讲者与听者的心似乎融成一片。两千多年前的屈原的《九歌》，由于教者用诗意的语言创造了神奇诗境而活跃在现代人的心中。课终止了，可情境未消失，音乐般的语言还在听者的脑海里激荡。这是何等令人神往的课堂教学情境！美妙的语言轻轻地、轻轻地拨动听者的心弦，激发听者神思飞越，沉醉于求知的欢乐之中。课堂教学进入如此的忘我境界，正是我们今日的课程改革所追求的。学生真正进入自主学习状态，想学，爱学，乐学，语文素养必能有效提升。要使课堂教学精彩纷呈，授课者的文化修养、学术修养当然是必备基础，但教学语言的作用同样功不可没。

早在17世纪，捷克教育家夸美纽斯在《大教学论》中就提到了教师语言的重要。他认为教师语言应是一种教学艺术，并提醒人们可以注意格累哥利·那齐恩曾所说的“教育人是艺术中的艺术，因为人是一切生物之中最复杂和最神秘的”。教育人使用的语言，应当是艺术的语言。在学校里，课堂是教育学生的主阵地，教学语言是实施教学工作最基本、最直接的手段，理应讲究质量，讲究品位，讲究艺术，应言之有物，言之有理，言之有序，言之有情，言之有文，悦耳动听，如潺潺溪流、叮咚泉水，伴随着知识传授、能力培养、情感熏陶渗入学生心田，滋养学生成长。

教学语言犹如万能钥匙，功能齐全。只要执教者珍视它，有效地使用它，课堂里学生就会聚精会神，思维活跃，听到精辟精妙处，会情不自禁欢呼雀跃。这种浓郁的求知气氛，单凭无生命的信息工具是无法创造的。

且不说教学语言创造的教育性价值、情感性价值、审美性价值、和谐性价值、榜样性价值等，仅是启发性价值就够认真研究的。施教之功在于启发引导，点拨开窍。教学过程是个脑力劳动过程，师生共同参与，相互作用，教师启发引导的优劣直接影响着教学质量的高下。启发引导相当程度要依靠教师的教学语言。教育家苏霍姆林斯基曾十分明确地指出：“教师的语言修养在极大的程度上决定着学生在课堂上的脑力劳动的效率。”“决定着”，而且是“极大程度”“决定着”，可见教师教学语言在促动学生动脑学习中的重要性。比如，在启发学生学习课文的愿望方面，不同的教学语言，效果就迥然有异。

教学语言之一：

> 今天学习鲁迅的作品《孔乙己》。这篇小说写于 1918 年冬，发表于 1919 年 4 月的《新青年》，后收入短篇小说集《呐喊》，同学们要认真学。

教学语言之二：

> 今天我们学习课文《孔乙己》。鲁迅写这篇小说是在 1918 年冬。它 1919 年 4 月发表于《新青年》杂志，后被收入短篇小说集《呐喊》。
>
> 据我所知，凡读过鲁迅小说的人，几乎没有不知道《孔乙己》的。凡读过《孔乙己》的人，无不在心中留下这个遭受社会凉薄的苦人儿的形象。鲁迅先生自己也说过，在他创作的短篇小说中，他最喜欢《孔乙己》。他为什么最喜欢《孔乙己》呢？孔乙己究竟是一个怎样的艺术形象？鲁迅先生是怎样运用鬼斧神工之笔来精心塑造这个形象的？学习本文之后就可得到明确的回答。
>
> 有人说，古希腊索福克勒斯的悲剧是命运的悲剧，莎士比亚悲剧是主人公性格的悲剧，而易卜生的悲剧是社会问题的悲剧。这些看法从某种意义上讲，是有道理的。那么，孔乙己的悲剧是什么样的悲剧呢？悲剧，往往令人泪下，然而，读了孔乙己的悲剧，眼泪往往向肚里流，心里隐隐作痛。这又是为什么呢？学习之后我们可得到答案。
>
> 这篇短篇小说情深、意深，含蓄、深沉。我们认真阅读，积极思索，方能领会。

二者比较，可以清晰地看到：前者用简明的教学语言传授知识，但启发性不及后者强。后者在传授与课文有关知识的同时，开阔了学生的视野，更重要的是激起了他们思维的浪花，增强了他们学习的愿望：制造的第一个悬念是启发学生要将学习聚焦在文章对孔乙己艺术形象的塑造上，第二个悬念是启发学生要探究作品的意义。学生带着想要寻求解答的问题去学习，积极性就会被充分调动。

整节课的过程应是循循善诱的过程，师生心灵沟通依靠的是教学语言这个桥梁。教学语言大多数收到的是教学的即时效应，但不少言简意赅、言简意深的精辟语言常常会产生长期效应，影响学生人生的走向、处世的准则、学识的追求，乃至影响学生终生。

珍视教学语言的功能与价值，精心锤炼教学语言，不是权宜之计，而是提高教师语言修养的必须，提高语文课堂教学质量与效率的必须，帮助学生全面提高语文素养的必须，应认真对待，不可小视。

正确规范是底线

教师的教学语言不同于其他行业的职业语言，它是教师从事课堂教学的工作用语，有其特殊性。教师的工作对象是朝气蓬勃的学生，面对渴望求知、善于吸收的他们，教师语言的质量有意无意都会起到潜移默化的作用。无论是传授知识、启发引导，还是组织讨论、解答疑难，教师在课堂上呈现的都往往是声、义、情、形相结合的整体形象，不仅发挥着“言教”的功能，实质上也在“身教”，影响着学生，熏陶感染着学生。因此，教学语言必须正确、规范，这是应该牢牢把握的底线。

现实状况是课堂教学语言的随意性并不少见，包括在一些公开课、观摩课、示范课中。如：

“你真的非常非常不了起，大家为他鼓掌。”

“哇塞，太棒了，哇塞！”

“OK，对，OK。”

“现在第一小组与第二小组 PK 一下。”

“庄子的文章有趣，庄子是古代八大笑星之一。”

“你们阅读后，说说看《背影》中父亲的‘招牌’动作是什么，‘招牌’表情是什么。”

“娘以指叩门扉曰：‘儿寒乎？欲食乎？……余泣，妪亦泣。’体会一下母对儿的感情……哦，

本文发表于《中学语文教学参考》2009 年第 6 期。

回答不出，同学们没有丧母的体会……”

凡此种种，不胜枚举。

这类随意的教学用语的出现有多种多样的原因，而社会上语言的失范折射到学校中，是重要原因之一。

社会上语言失范的一种表现是语言的膨胀症：说大话，夸大其词，以求博得轰动效应。学生回答问题，发表看法，正确的应该肯定，应该鼓励。如果是学习能力强的学生回答的，肯定即可；如果是学习有困难的学生作出了正确解答，可鼓励、可表扬，但也要实事求是。合适的肯定才最有教育性，脱离实际的夸大，效果适得其反。如果学生听这些话习以为常，小事用大词，平常事用高端词，下笔也就大话连篇。

上课不是嘉年华，不是狂欢节。课堂是学生求知的场所，是认真严肃的地方，不能让娱乐圈里的语言畅行无阻地进入课堂，成为教学用语。尽管它们有时会赢得学生的粲然一笑，使气氛活跃，但这种语言的夹杂、情调的低俗与教育学生正确理解和使用祖国语言文字的宗旨相左，会给学生学习语言带来负面影响。

课堂教学应该有时代活水，应能激发学生的学习兴趣，使学生感奋，从而更主动积极地投入语文学习之中。追求时尚，把不恰当的时尚语言贴到教学用语里，并不能与时代活水等同起来。“笑星”也罢，“招牌”也罢，原本可能想幽默一下，调侃一下，吸引学生注意，但忘却了求知的场合，忽略了教学语言的规范要求，不伦不类，反而会陷入令人啼笑皆非的滑稽境地。

能做到教学用语正确规范还在于目中有学生。出口的语言时时处处都要从学生的实际出发，设身处地从学生的角度着想，千万不能对学生有丝毫的伤害。解读课文时要求学生从文句的表达中体会文句寓含的情和意，应该是很平常的事，但怎样引导学生体会，从什么角度引导，如果引导不当，该怎样扭转，用什么语言，都须认真考虑，而不是随口说说。十六七岁的学生，要他们具体体验母亲对子女的关爱浓情是有难度的，但如果让他们回想一下自己幼时啼哭时，母亲对自己的关心疼爱，他们解读文本的效果就会不一样。绝不该出现这样的话："同学们没有丧母的体会。"如此教学语言是极大的荒谬。归有光有丧母之痛，表达得情真意切，不等于这种痛只有丧母之人才能读懂，才能领会。未经思考信口说来，无意间就伤害了学生，这是万万不行的。

不正确、不规范的教学用语仅此就可见一斑。

教师必须用标准或比较标准的普通话表达。《中华人民共和国宪法》第十九条明文规定"国家推广全国通用的普通话"。中小学是推广普通话的重要阵地，普通话应是中小学的校园语言。承担基础教育重任的中小学教师理应以讲普通话为己任，语文教师更是责无旁贷。因而，课堂教学用语须为规范的普通话，教师应力戒夹杂外语和某些时髦的词语、流行的句子，或是夹杂方言土语，以提高语言的纯净度。

教学语言传授知识，沟通信息，要真实、准确、简明、规范。语言学家罗常培、吕叔湘在《现代汉语规范问题》中指出："语言的'规范'指的是某一语言在语音、词汇、语法各方面的标准。""共同的语言和规范化的语言是不可分割的，没有一定的规范就不可能做到真正的共同。"课堂教学中，师生频繁地交流，教师的语言要能拨动学生的心弦，启发他们思维，就必须有"真正的共同"，在"规范"上下功夫。

教学语言的规范一是受到教学内容的制约。比如教学生学议论文，那就离不开论点、论据、论证。教师对文中呈现的概念、判断、推理的过程要深入钻研，准确把握，这是口头表达的基础。如果对文本书面语言理解得肤浅，若明若暗，教师的教学语言必深受影响。二是教师讲授这些知识时，须用普通话规范自己的表达，力求做到声音清晰响亮，用词准确、贴切，语句符合语法规则，推理符合逻辑，修辞恰到好处，能对学生的认知起到积极引领的作用。吐字含糊不清，说话模棱两可，词句混乱，东拉西扯，杂乱无章，学生听课就会云里雾里，教学效果可想而知。

教学语言的规范来自思想的清晰和词语积累的丰富、对语法及逻辑规则的熟练把握。言为心声，“语言是思想的直接现实”。对文本中涉及的人、事、景、物认识不清，判断不准，思维纠缠，表达必然东一榔头西一棒子，漏洞百出。词汇的贫乏，不仅使语言干瘪无味，而且容易乱贴标签，用词不当。对词语表达情意的细微之处缺少辨别，就会出现褒贬不分、大词小用或小词大用等状况。教师讲教学语言，要一句一句地说清楚，语句须完整，不能没头没脑，也不能缺胳膊少腿。不该省略处乱省，则会语言残缺，不能达意。讲述的教学内容比较复杂，那就要一层一层把意思说清楚，不能胡子连着辫子，让学生脑子里一片混乱。不良的口头禅，如“呶”“这个，这个”“嗯”“唉”等，也是语言规范的障碍，须大力清除。此外，训练思维的敏捷性，也有利于语病的纠正。

正确、规范的教师语言，是学生学习语言的鲜活榜样。长时间耳濡目染，学生必深受其益。

清晰动听易入耳

教师的语言如钥匙，能打开学生的心灵之门，把知识的种子、做人的“规矩”播撒入内，让他们品尝求知的快乐。教学语言如果清晰响亮，动听入耳，情趣横生，学生就精神振奋，学习愉悦，印象深刻；如果模糊不清，语调呆板，干瘪无味，学生就会昏昏欲睡，教学有效性将大打折扣。

教学语言清晰动听应该是教师进行课堂教学的基本要求，然而，真正做到这一点并非易事。要把特定的教学内容通过一句句话传递到课堂的每个角落，传送到每个学生的耳中，并产生良好的反应，激起师生的心灵共振，那就不仅是语言的技能技巧问题，而且牵涉文本解读的深度、广度和教师的文化积淀、思维品质。教学语言的质量实质上是教师专业水平、语言素养和教学能力的综合反映。

语言表达的清晰在语音、语速、语调等方面均有要求。说出来的话，声音稍纵即逝，因而，一说出来就是最终的形式，不像书面语那样可以字斟句酌，反复推敲，错了划掉重来。它要求一次就准确。语言的音调高低要适度。尽管每个人声带的长短、厚薄、松紧度不同，形成声音的频率有差别，但教师要善于控制：频率太高，形成刺耳的噪声，学生就会如芒刺在背；反之，频率太低，嗡嗡闷声，学生听不清楚。语音的强弱要适度。发出的音波振幅大，语音就强；振幅小，语音就弱。“高八度”的吼叫，有气无力的细说，都是教学语言的大忌。说话前半句响亮，后半句吃进去了，学生竖起耳朵也听不清楚，也是一忌。

本文发表于《中学语文教学参考》2009 年第 7 期。

语速指说话的速度、节奏。日常生活中人与人之间的口头交流，语速的快慢往往不大讲究。语速快慢与人的性格、心情或特殊语境的需要有关。宋元话本中的“快嘴李翠莲”说话口齿伶俐，泼辣明快，敢于抗争，和她倔强的性格有关。课堂教学的语速不能凭个人的性情来决定，须目中有学生，以句句能让他们入耳入心为标准来确定。学生的知识基础、智力水平是有差异的，要面向全体学生教学，不能只考虑反应敏捷、学业优良的学生。语速是单位时间里吐字的多少。一般地说，教学语速应略慢于日常语速。考虑到年龄与接受能力的差异，给初中学生上课，语速可略慢于给高中生上课。语速根据教学内容的难易、深浅和学生理解的实际情况而有所变化，有时可加快，有时要放慢。如果整堂课一个语速，那就成了催眠曲，听觉上的疲劳会导致思维的懈怠，使教学效果大为下降。

教学语言的语调也不可忽视。语调不仅包括语言的节奏、重音与停顿的使用，也包括话语的情调。同样一句话，用高扬的或低抑的、平直的或曲折的语调来表达，对听者而言，效果可能迥然有异。有的教师认为，教学内容的重点与难点要提高嗓门用高亢的语言来讲述，这样能吸引学生的注意力，其实不然。美国耶鲁大学卡鲁博士曾做实验以多种语调向学生讲授，实验结果显示，使用低沉、稳健的语调比运用亢奋、热情、煽动性的言辞更能让学生记得牢固。

和谐的节奏使人愉悦。语调本身就应讲究节奏，给学生以愉悦感、舒服感。“一张一弛，文武之道”，根据教学内容与具体的教学情境，有时语调高亢，有时语调平缓，有时激烈，有时舒缓，把握好轻重强弱，张弛有韵，高低适度，使其适应学生的认知心态，学生学习情绪才会持续饱满。那种不注意停顿，重音叠加，不断强调“这儿重要”“这一点重要”的讲述，貌似提升教学效率、教学效果，实则事与愿违。就像画画要讲究“留白”，课堂学习如果没有留给学生恰当的思维时间与空间，是不可能让教学内容在学生脑海中留下深刻印象的。重音有时是加重音量、加强语势，有时是“轻说”，即故意减轻某个字词或短语的音量与气势，目的是更好地表情达意，让学生听得清楚明白。强调“重要”无可非议，但如果“重要”众多，也就谈不上“重要”了，因而要慎用，把它作为教学中的口头禅就更不妥当了。

教学用语是口头语言，往往带有较多的剩余信息和模糊信息。语句里常有重复、脱节、颠倒、插说，以及各种各样的赘语，如“这个，这个”“嗯，嗯”“哦，哦”“但是，但是”等，这些都影响语言的准确、流畅。语流疙疙瘩瘩，断断续续，学生听课的思维就会时断时续，他们就难以享受到悦耳动听的教学语言能为他们带来的求知的快乐。书面语言简洁、严密、精练，教学用语要与之靠拢，取其优点，切实清除语病，并在通俗易懂、清晰动听上下功夫。

语言的清晰还包括语义清楚、准确。选择恰当的词语与句式表达讲述的内容，不含糊，不错位，一语中的，要言不烦，学生听了才会有豁然开朗之感。选择词句的准确，源于对讲述内容的深刻理解、正确把握。知之深才能言之准。“言不逮意”，多半是“意”还没有想清楚，“言”不过是达意的形式而已，“语言是思想的直接现实”(《马克思恩格斯全集》第3卷)。思想是通过语言表达的，想清楚了才可能说清楚，想不清楚就会在词句的运用上纠缠。思想上没有特定的那一个，当然就不可能找到那个最准确的词，最合适的句式。史学大师陈寅恪先生在西南联大讲授隋唐史时，开讲前说明：“前人讲过的，我不讲；近人讲过的，我不讲；外国人讲过的，我不讲；我自己过去讲过的，也不讲。现在只讲未曾有人讲过的。”(《云南文史资料选辑》第三十四辑）四个“讲过”，四个“不讲”，掷地有声，连“自己过去讲过的”也排除，最后一句“只讲未曾有人讲过的”，简直如异军突起，旌旗招展，能使听众一下子聚集起注意力，入耳入心，求知渴望激增。这种遣词造句的功力来自深厚的学术功底、执着的追求精神和非凡的创造勇气，是我们教师学习的高标。

锤炼语言的清晰度，能促进思维的清晰有序；在思维的清晰、井然有序上下功夫，语言才能表达得日益清晰。二者相辅相成。教学语言循此向前，天长日久，必有成效。

情真意切增温暖

有青年教师对我说："我追求的语文课堂是饱含情意、富有诗意、体现创意的课堂。学生在浓浓的情意氛围中学习，就无如坐针毡之苦。"想法甚好。如能经过诸多努力，使其在教学实践中具体实现，对学习语文的学生而言，是美好的熏陶、情感的滋养，可让思想长上翅膀。

这种教学境界的出现，要受到众多教学要素的制约，但教师的教学语言在其中起相当重要的作用。

语言有温度，字词知冷暖。

同样对文本作解读，有的激情洋溢，有的情思绵绵，词句散发热量，学生在不知不觉中被引入文本创设的人、事、物、理之中，身历其境，识别、感受、体验，受到"感情的传染"。有的客观地剖析，有的平板地图解，语言里的情感被拧挤掉了，只剩下了骨骼与外壳。学生在认知上可能有所进展，但由于"情"的失落，学生与文本之间、与教师之间出现了看不见摸不着的"隔"，而这种"隔"大大降低了学生学习语文的兴趣，降低了教学的有效性，那种品尝语言的快乐、吮吸文本中的养料的情形几乎难以见到。

究其原因，有两点值得探讨。

一是把文本解读只定位在"教"上，忽略了教师首先要学文本，真正进入其中，领悟文本寓含的真谛。教得好，首先是学得深入，悟得深刻；要感动学生，首先感动自己。自己未被文本中的思想见解、情感操守、语言智慧所感动，又怎能以思激思，以情传情，感动学

本文发表于《中学语文教学参考》2009年第8期。

生？教学用语平淡干枯，只是字面上简单地排列组合，教学效果不佳就不足为怪。只有自己感动，而又有与学生共享学习所得的迫切愿望，能站在激发学生自主提升、学习的高度，教师才会精心选择词语，精心组织句式，精心运用修辞手法，情真真，意切切，叩击学生的心弦。

我听过两位青年教师教牛汉的《滹沱河和我》，两人都很认真。一位老师的课从教学过程的设计来看，按照文章组织材料的特点，层层推进，无可非议。但咆哮的滹沱河的气势总出不来，学生也感动不起来。“你们看，作者是怎样描写的?”“它是怎样的一条河？用了哪些比喻来形容?”“是什么比喻？用什么比什么?”……站在文外，在写作方法、修辞手法上兜来兜去，教学语言中出现得最多的是“它”“作者”，缺乏自己的情意投入，当然也就缺乏经过深思熟虑、反复体验后提炼出来的饱含感情的精彩语言。另一位老师课一起始，就情溢课堂，搅动了学生的心。他以自己的阅读体会导入：“从未谋面的一条河流居然因为一篇小小的散文而时常翻腾在我的记忆里，一个我原本并不熟悉的诗人居然会因为一条河流牢牢地占据我的思维。我知道，那人、那河征服了我。于是，我的生命里少了畏惧，多了勇敢；少了委琐，多了豪气；少了屈辱，多了荣耀。那条河流叫滹沱河，那个诗人叫牛汉。”这段导入语包含了执教老师独特的阅读体会，是从心底里流淌出来的独具个性的语言，充满了他对这条河流、这位诗人的深厚感情。“翻腾”“占据”“征服”等词语闪耀着鲜明的感情色彩。这样的导语自然贴切，学生迅速对课文产生了阅读期待。

学生有了阅读期待，教师仍然要用有温度的语言来引领。“认识一条河流就如同认识一个生命，从来不是一蹴而就的。本文讲述的就是牛汉对故乡的河流——滹沱河的认识过程，其中贯串了作者情感的变化。请同学们梳理这条情感线索。”引领的语言有认识的高度，能散发热量，给学生以阅读的温暖。经过朗读、品析、思考、想象，滹沱河的咆哮如在眼前。读到文末“滹沱河是我的本命河”时，教师又满含感情地指出：“本”者根本，“命”者命运，一条河决定了作者一生的根本命运。牛汉把滹沱河的惊天气势藏在了心中，这不是简单的借景抒情，而是在用自己真实的生命真诚地抒写。一条河流的形象与一个人的命运叠加在一起，是生命的呼唤。整堂课，学生沉浸在文本创设的情境之中，咀嚼、推敲、诉说，激奋不已。那条河伴随着语言文字和作者、教者的情感激流渗入到学生心中。学生不能自已，要寻找属于自己的生命之河。

语言是心灵的镜子，一个人只要说话，话语就会映照出他的心灵。这位教师之所以能在教学中有如此情真意切的语言，是由于他在备课时读了诗人的许多诗文，了解了诗人苦难的人生经历，心灵受到了震撼，受到了洗礼，深切体会到了河的勇猛不驯、执着不懈正是诗人一生的写照；而这种奋勇向前、敢于粉碎一切障碍的气势正是我们民族所拥有的精神与力量，要赞美，要歌颂。“情动于中”而言溢于外，就那么简单，却那么不易做到。

二是专注于对教学设计的实施，忽略了对课堂和谐气氛的营造。教学不能总是剑拔弩张，紧张得让学生透不过气来，须有张有弛，有起有伏，有“理”的教化，有“情”的感化。这不仅关系到对教学内容的把握、对教学重点难点的处理，而且关系到教学语言对气氛的营造。教师的语言要有形象性、情感性、制约性和调控性，在传播知识、培养学生能力的过程中，要从学生求知的内心需求出发，让学生感受到关心、体贴、谅解、尊重、真挚、友好、诚恳、信任，感受到学习环境的温馨。

教学语言的大忌是对学生缺情少意。那些挑拨式的、消极预言式的、挖苦式的语言对学生的心灵是很大的伤害。学生活泼好动，年少气盛，知识储存有限，认知水平有差异，学习中出现这样那样的问题本属平常事，教师不能动肝火，不能以言坑害。我国台湾作家三毛曾叙述过自己中学时代因为数学成绩不好在课堂上受老师奚落之事。她说：“我情愿这个老师打我一顿，但是她给我的却是我这一生从没有受过的屈辱。晚上，我躺在床上拼命地流泪。这件事的后遗症直到第三天才显现出来。那天早晨我去上学，走到走廊看到自己的教室时，立刻就昏倒了。接着，我的心理出现了严重的障碍，而且一天比一天严重。到后来，早上一想到自己是要去上学，便立刻昏倒失去知觉。”这段话烙在我脑子里的印痕久久挥之不去。青少年学生的心灵是稚嫩的、柔弱的，教师在教学中有意或“无意”说出来的一句恶语，很可能会刺伤那一颗颗稚弱的心，损伤学生的自尊心和自信心，甚至会给学生造成可怕的创伤，以致影响他们的一生。

眼下，有些学生情感的“荒漠化”已引起教育者的焦虑。情感世界是人类独有的。一个人如果对亲情、友情、师情、乡情、赤子情淡漠，则不可能热爱生活，事业有成。语文教学是说理的艺术，也是情感的艺术，语文课堂教学应该是以情育情、以情激情的教育。教师要以仁爱之心、宽容的胸怀、诚挚的感情铸造情意浓郁的教学语言，使其温暖学生的心田，催生情感的绿苗，驱散荒漠的侵蚀。

启发思考激智慧

“学而不思则罔，思而不学则殆。”这句学思结合的名言，教师不仅耳熟能详，且能清晰地体会到学而不思的学生，学习必然如蜻蜓点水，停留在浅表层面，模模糊糊，乃至迷茫无方向。要引导学生学有进步，学有成效，须在启发学生思考上下功夫，想方设法让不爱思考的学生爱思、会思，让爱思考的学生多思、深思。

语文教学培养学生思维能力、思维习惯有其独特的优势。语言是思维的外壳，思维是语言的内核，思维的存在凭借语言，而语言又是思维的工具。语言表达的过程实际上就是把思维的结果表述出来的过程。这是传统的共识。而今，认识更进一层。郑敏曾说过，“20 世纪世界人文科学的一次最大的革新就是语言科学的突破：语言不再是单纯的载体，反之，语言是意识、思维、心灵、情感、人格的形成者”。基于此，我们或许可以这样理解：思想、情感、语言同时发生。教学过程中，应把对思维的培养及发展与对语言文字的学习品味放在同等重要的位置。

综观我们的语文课堂教学，教师在带领学生解读文本时，多重视内容及语言的表述，而对思维训练的准确度、广度、深度、强度等常常忽略，未将其放到应有的位置，有时用嚼烂的知识喂给学生，有时在“散装”的词句上兜来兜去，要学生圈一圈，画一画，记一记，鸡零狗碎，把思维方面应有的训练“转嫁”到其他方面或使其消失于琐碎之中。学生头脑中思维的发条未拧紧，头脑未转动起来，读、说往往有口无心，对语言文字的学习犹如打水漂，不能深究底里。

本文发表于《中学语文教学参考》2009 年第 9 期。

要改变这种状况，教师语言要多加锤炼，富于启发性。教师要根据教学规律与学生发展的特点与需要，运用恰当的、适时的、巧妙的语言给学生以启迪，激发他们在求知过程中主动思考，积极思考。而教师锤炼语言要取得效果，在思维水平、思维能力、思维的敏捷性、思维的活跃程度等方面应做积极的锻炼。教师由于职业的需要和培养对象的特殊性，具有其他专业领域的人所不具备的特点。这个特点就是其思维有双重性：一是自向性，二是他向性，二者紧密结合。

自向性指教师作为一个自我主体，其思维必须用来解决和处理自身所面临的问题，大到对宇宙人生的看法，小到对于如何备一节课、提一个问题，都须认真思考，对于课的教学方案更是要周密设计。比如对一篇课文教学目标的制订与表述，看似是文字的使用具体、贴切还是大而无当、空泛无边，实为是否把握了文本的个性，是否分析深入，推理严密，判断正确。教师不仅要运用逻辑思维能力，而且要有直觉思维、聚合思维的本领。

教师思维的他向性，是指教师运用自己的思维去引导学生如何运用自己的思维去认识世界，如何理解和掌握知识和能力，去发现、分析与解决学习过程中遇到的种种问题，也就是指导、激励学生学会思维。孟子说："心之官则思。"学生学会思考是学会学习的关键。教师教学语言有启发性对学生思维能力的培养起着十分重要的作用。

教师讲述新知，不一定要竹筒倒豆子，噼里啪啦，点滴不漏。语言有时要含蓄一些，留点空白，给学生以思考的时间和余地。比如带领学生学《出师表》，对作者及作品特色不必平铺直叙一一道来，可从学生的已知出发，让学生在不断思考中求得新知。如先引入杜甫《蜀相》中的名句"三顾频烦天下计，两朝开济老臣心"让学生品读，学生回顾思考学过的《隆中对》，对前一诗句的含义了然于胸，获得一种快感。后一诗句学生理解起来有点障碍，教师在"两朝开济"上点拨推敲，学生能够悟到诸葛亮辅佐先主刘备、后主刘禅两朝，开创大业，匡济危时，兢兢业业，一片忠贞，而《出师表》正是对"两朝开济老臣心"的具体而深刻的生动写照。然后，简介"表"属于奏章一类的文体，古时臣子对君主有所陈请，就使用这种上行的公文。请学生考虑：写此类文章时应怀着怎样的心情、使用怎样的语言？学生有看电视剧等的经验，立即会想到“诚惶诚恐”“言多自卑”。在学生思考的基础上指出该文不同于一般的“表”，而是谆谆规劝，诚挚恳切，无虚饰之辞，无自卑之言，亦无傲慢之气。为何有此特点？学生立即回应：切合他“两朝开济”的身份——他既是先帝托孤的老臣，又是后主的丞相。他的一句句话从肺腑中流出，老臣之心光照日月。而后再指出《文心雕龙·章表》称赞说：“孔明之辞后主，志尽文畅；虽华实异旨，并表之英也。”苏轼也说《出师表》写得“简而尽”。让学生抓住“志尽文畅”“简而尽”的特点阅读全文，较为深入地理解、体会。作这类介绍时也可以发点材料给学生阅读，但远不如让学生开动脑筋想一想、想“几”想印象深刻。

在教学过程中适时恰当地运用提问语、设问语和反问语，可调动学生积极思维，开动脑筋去求知、求疑、求解。学源于思，思源于疑，“疑”是刺激学生积极思维的诱因，激发学习的动力。因此，教学过程中要鼓励学生发现问题，在学生不易产生疑问处设疑，抓住矛盾加以展示，激发学生思考。教学用语中常用“为什么?”“怎么样?”“有何根据?”“理由何在?”，让学生通过运用多种思维，不仅理解和掌握现成的结论，而且懂得形成结论的过程以及怎样去掌握结论。如《一件小事》中有这样一个精彩段落：“我这时突然感到一种异样的感觉，觉得他满身灰尘的后影，刹时高大了，而且愈走愈大，须仰视才见。而且他对于我，渐渐的又几乎变成一种威压，甚而至于要榨出皮袍下面藏着的‘小’来。”这一段既是教学的重点，又是教学的难点。作品与学生相距大半个世纪，要学生深入理解作品中“我”内心的感动与觉醒，理解“我”在车夫高尚灵魂的感召下自惭形秽的思想感情，困难是大的，单靠读几遍难以奏效。设几个思维点，给学生创造思维的条件，效果就不一样。请学生思考：车夫常规的视觉形象是怎样的？与文中的有何区别？把描绘车夫高大形象的“而且愈走愈大，须仰视才见”换成比喻句该怎样表述？效果如何？“榨”是传神之笔，妙在何处？是否有更合适的词来表述？学生积极思维，用心推敲文字，领悟到：这一描写一反常规的视觉形象，不是

“愈走愈小”，而是“愈走愈大”，“感觉”的“异样”凸显；换用高山、青松、高山上的青松作喻，均不合适，会使车夫的形象被束缚住、限制住，显示不出本质的光华，而“愈走愈大，须仰视才见”运用了连续摇动的特写镜头，留给读者丰富的想象余地，感染力极强；“榨”开口韵，不仅极言外力之大，而且音调铿锵。学生抓住关键处思考、表述，语言与思维均获得训练，也使难点化解，理解加深。

教师备课不仅要胸中有书，目中有人，而且须精心设计书与人之间的“桥梁”——足以启发思考的问题，激发学生学有兴趣，学有所得，增长智慧。

生动幽默添情趣

捷克教育理论家夸美纽斯在《大教学论》中提醒我们可以注意格累哥利·那齐恩曾的一个说法：“教育人是艺术中的艺术，因为人是一切生物之中最复杂和最神秘的。”教育人使用的语言应当是艺术的语言。

许多研究教育的专家，谈到教师的语言艺术时，常提出这样的要求：“语音悦耳，词汇丰富，语调清晰而富有表现力”“讲述生动、具体、有趣味，其中有许多比喻、修饰语、谚语、格言等。这些富于表现力的手段会使教师的语言色调鲜明，趣味无穷，有力地影响学生的情绪”“教师的幽默和笑谑同样对学生有影响力，它能使课堂活跃起来，带来富有朝气的乐观情绪”。凡此种种，举不胜举。概而言之，教学语言要讲究点艺术，要力求生动，有情趣。

确实如此，同样的教学内容，用不同的教学语言，教学效果会迥然有异。就以遣词来说，语句中对动词的选择、锤炼就很重要。动词是语言中活的灵魂，动词选得准、用得妙，表达的准确性、鲜明性、生动性就能凸显，可使学生印象深刻。李健吾的《雨中登泰山》写作者雨中攀登泰山的“独得之乐”。泰山有拔地通天之势、擎天捧日之姿，既奇美又壮观，自岱宗坊至南天门长约十千米的中轴线上，飞瀑、祠庙、古柏、洞天、翠松、云海，美景如画。学生读到文章结尾，要深入领悟“格外感到意兴盎然”这句话的意味时，势必回忆途中众多景物。“你们想想看，途中‘看’到过哪些景物，观感怎样？”教师做这样的引导未尝不可，但意浅味薄。如果此时教师用语

本文发表于《中学语文教学参考》2009年第10期。

言助学生回忆的一臂之力，学生脑中会自然而然地呈现出种种形象，让他们增添兴致，感到另有一番滋味在心头。“雨中登山，另有情趣。冒‘斜风细雨’，躲‘倾盆大雨’，观‘飞瀑’，赏松石，攀十八盘，登天街，‘有雨趣而无淋漓之苦’……”学生脱口而出：“当然‘意兴盎然’。”教师上述语言中对“冒”“躲”“观”“赏”“攀”“登”一系列动词的选用，既表现意趣之浓，又避免语言之干瘪无味，再佐以重音、小停顿，学生就有身临其境之感。

教学语言中叠音词的恰当运用，可增强语言的音乐性。将其与灵活的句式——长句短句、整句散句或与一定的修辞手法，如比喻、对偶、排比等结合起来运用，就更增添教学的趣味。哪怕是课的起始阶段对文章概貌简介时，也要斟酌语言，挥洒色彩。“全文紧扣一个‘雨’字，细描细绘。雨中的山岚烟云，水墨画似的‘层峦叠嶂’，声喧势急的飞泉瀑布，‘挨挨挤挤，芊芊莽莽’的野花野草，扎根悬崖峭壁‘和狂风’‘争夺天日’的倔强松树，‘灰蒙蒙’，雾茫茫，水淋淋，湿漉漉，滴滴答答，游览者饱尝了‘雨中登泰山’的‘独得之乐’。”这样的遣词造句活现了泰山的烟雨意韵，给学生营造了雨中泰山“灰蒙蒙”的色彩，为他们深入学习课文做了必要的铺垫。

教学语言生动形象，语言的表现力就会增强，能诱发学生的联想、想象，启发学生深究底里，激起学生情感的波澜，使学生受到语言美的强烈感染。语言活泼、形象、鲜明，学生如身临其境，见其人，闻其声，注意力会高度集中，学习效率自会提高。语言的生动性还表现在把抽象的道理具体化，把深奥的道理浅显化。进行论说文教学、语文知识教学、概念术语讲述时，尤须注意，不能凌空，要举实例，善分解。如修辞手法“移觉”，也叫“通感”。直接讲述概念，学生不易理解，例子一举，学生就一清二楚了。“微风过处，送来缕缕清香，仿佛远处高楼上渺茫的歌声似的。”告诉学生这里作者把“渺茫的歌声”移来描写“缕缕清香”，使听觉和嗅觉打通，学生就有感觉了。

在教学中，教师语言诙谐幽默能活跃课堂气氛，激发学生学习兴趣，启迪学生智慧。苏联作家斯维洛夫曾说：“教育家最主要的，也是第一位的助手是幽默。”同样的教学内容，讲授有无幽默感，产生的教学效果不尽相同。有些字，学生常写错、读错，一般性的提醒难以奏效，纠正时幽默一下，学生往往一下子就能记住。如学生将“感染”“染色”的“染”写成“柒”，我就对他们说：“‘染’原本是用各种颜色的染料着色的意思，现在改变了，着色用丸药，是不是丸药的功能现在扩展了？有谁知道？”聪明的学生笑了，嚷着：“没有！错啦！”学了柳宗元的《黔之驴》，学生默写时，“慭慭然，莫相知”的“慭”错得千奇百怪，有左右换位的，有上下颠倒的，有把“来”写成“木”的、写成“采”的，把“犬”写成“大”的、写成“史”的。于是，我边板书边说：“记住啊，来狗了，要小心！”学生不约而同地重复一遍，边说边用手比画，记住了。有的学生总把“澎湃”的“湃”读成“bài”，b、p 未分清，只要一句诙谐的话，就可有所改变——“真了不起，拜访朋友要入水晶宫，那不沉下去了吗？”“不是 bài，是 pài。”有学生大声说。

幽默的语言不是无聊的乱侃、逗笑，不是庸俗的、有低级趣味的语言，而是寓教于乐，寓庄于谐，有情趣、理趣和谐趣。幽默的语言多运用妙语警句、双关语，描述生动有趣，想象夸张。旧语换新义，特别须注意具体的场景和听者的心理状态。过去在艺术界有一段幽默的语言曾广为流传——国画大师张大千的弟子为老师举行送别酒宴，社会名流应邀参加。宴会开始，大家有些紧张。张大千举杯来到京剧大师梅兰芳面前敬酒，说：“梅先生，您是君子，我是小人，我先敬您一杯。”听者无不惊愕，梅先生也不解地问：“此话怎讲？”张大千笑答：“您唱戏，动口，您是君子；我画画，动手，我是小人！”满堂宾客大笑不止，拘谨消解，欢笑声此起彼伏。“君子”“小人”的词义延续多年已成定论，张大千在特定场景中对其作出别样的新解，令人耳目一新。

教师板着面孔上课，满口严肃的话，学生就会如芒刺在背，学习效果大打折扣。笑是感情激流的浪花。课堂里有笑的细流在潜动，师生感情融洽，课堂气氛就活跃。要善于营造这种和谐、愉悦的气氛，即使遇到不愉快的事，教师也要冷静思考，用风趣的语言对学生进行开导，把情趣和理趣结合起来，让学生在无思想压力的情况下受到温馨的教育。一次做单元综合练习，批改时发现有些学生抄袭。怎么教育呢？课起始，我说了这样一段话："天工造物真是无比奇妙，即使是同一种同一类的物也会有千差万别。人们不是说，天底下绝对没有完全相同的两片叶子吗？可这一次我们班却出现了一个奇怪的现象，批改作业时，我发现不少人的"面孔"一模一样，比如这个"嘴角"往下"歪"，那个"嘴角"也往下"歪"，孪生姐妹也没有像到这个程度的呀。请你们帮助我解答解答这个问题。"学生先是煞有兴趣地听，接着表情有点紧张，最后大声笑着说："抄。"毛病由学生自己诊断，教师只要顺势而下，指点迷津就行。风趣、幽默，不可滥用，在恰当的场合与时机运用，可催化感情，深化理智，达到教育的目的，与油嘴滑舌截然不同。

闪耀教学语言的光辉

人们听了一堂好课以后，常会发出这样的慨叹："这简直是艺术享受！犹如聆听一首名曲，余音缭绕，在耳畔回旋；又犹如观赏一幅名画，心醉神迷，流连忘返。"课上到这样的境地，学生绝无如坐针毡或昏昏欲睡之苦，而是身心愉悦，享受求知的欢乐，教师执教的幸福更是难以言表。课能上到如此境地，当然有诸多因素，如剖析鞭辟入里，判断准确深刻，点拨切中肯綮，描述别有洞天等，而这些均离不开教师的语言表达。教师教学语言的运用直接影响教学的质量与有效性。

我国古代教育名著《学记》对此有极为精彩的论述："善歌者，使人继其声；善教者，使人继其志。其言也约而达，微而臧，罕譬而喻，可谓继志矣。"今天看来，要做到教学语言"约而达，微而臧，罕譬而喻"也是很高的要求，对所授学科的知识不通透、不彻悟，对教育对象、教学规律不了然于胸，是难以实现的。教学语言是一种专业语言，它既不是纯粹的书面语言，也不是日常白话，它须有文化含量，浅显中有内涵，通俗中有端庄，是科学性、教育性、艺术性的融合，具有独特的传递信息、开启心智、交流情感的巨大魅力。

优秀的教学语言总带有磁性，对学生有吸引力、感染力，在课堂上能辐射到每个学生心中，激发他们的求知欲望，佐助他们提升求知质量。教师须注意语言艺术的研究，加强自身的语言修养。有些教学语言的基本功更是不可忽视。

口头解说在教学语言中占据十分重要的地位。语文知识的传授、

本文发表于《中学语文教学参考》2009 年第 11 期。

文本内容与形式的剖析，语言的推敲、赏析等，均离不开教师的口头讲解。学生自主学习，师生互动，不等于淡化教师的指导作用。有些课讨论得十分热烈，但结论往往似是而非，知识打水漂，教学目标未落实，原因之一是教师解说不到位，含糊其词。口头解说有很强的针对性，总是针对特定文本中的某些人、事、景、物，某些概念、事理，进行阐释与说明。最为重要的是准确、科学地反映内容、形式与规律。只有对文本的钻研深入底里，对解说的概念、事理有真切的了解，才能真正做到根据教学目标的要求选择合适的解说方式，确定讲述的重点，用明确、清晰、准确的语言加以表达。语言的明白无误、条分缕析，反映了思想的严密、正确、有序。思想纯正，思路清晰，语言就有了内在的功底。课能否教得一清如水、晶莹透彻，与教师讲解功力的高低密不可分。

学点演讲的本领也是让教学语言闪发光彩的必由之路。演讲不同于讲课，讲课是按照学科本身内在的逻辑体系，循序渐进地传授知识，讲解问题；演讲则是按某些问题本身的逻辑，深入浅出地讲解其中的某些道理。讲课中适时适度地运用演讲技巧，可增强感染力，提升教学效果。文本中总有些深邃的思想、精辟的见解、激越的感情、博大的胸怀、石破天惊的语言，美妙绝伦，震撼人心。教学中如果对它们轻描淡写、平铺直叙，蜻蜓点水般地一掠而过，课堂呈现出的状态就“温”，活气甚少，更可悲的是未在学生心中留下半点痕迹，空负精神的哺育。演讲是把口头语言经过严密组织后进行的表达。表达时运用语调的抑扬顿挫、音量的强弱大小、语音的长短粗细、语速的快慢缓急表述重要观点、重要内容，以达到吸引、打动听众的目的。讲课中的演讲绝不是长篇大论，而是在关键之处插入，醒学生耳目，在学生思想深处留痕。要语意鲜明，不晦涩；采用有生命的词汇，不干瘪，不枯燥；语势通畅，有情有味。根据内容与学情，选用不同的语言风格来表达。有的可慷慨激昂，音调铿锵；有的可娓娓而谈，泉水叮咚；有的可循循善诱，破薪析理。方式可多样，但均须内容翔实，语脉清晰，感情真挚，重点突出，富于吸引力。课堂上如能适时运用演讲技巧，发挥语言的魅力，可收满堂生辉之良效。

增添教学语言的文化含量，遣词造句丰富多彩，是教学生辉的重要因素。语言贫乏，干瘪无味，是教师教学语言的大忌。整堂课翻来覆去那几个词，说来说去那几个句式，听者味同嚼蜡，教者苦于找不到恰当的言辞把意思充分表达出来。这种情况貌似是语言问题，实质是教师受到学识与文化水平的制约，对文本中所涉及的诸多问题虽有所认识、有所了解，但往往局囿于表层，知之不深不透，缺乏自己的见解与领悟，所以往往只能照本宣科，人云亦云，无自己鲜活的语言，更谈不上旁征博引。例如，指导学生作文，阐述观察的重要性，三次五次，总是说，要仔细观察，观察要仔细，学生耳朵听出老茧，产生厌倦感。但如果每次能有些变化，情况就不同了。比如这次指导说："眼睛是通向心灵的窗户。扑入眼帘的东西要看仔细，要在脑子里转一转，刻下痕迹，切不可浮光掠影，视而不见。"下次可以说："要看仔细，识得事物独有的特征。要体察入微，辨毫析厘；要深入底里，识得神气。"再下次可以说："反复观察，巨细不漏，细微处尤其要看真切；多角度观察，看出层次，看出多种形态；边观察、边联想，使静物'活化'。"还可以说："画家、书法家董其昌曾说绘画、写字要'识得真，勘得破'，我们记人、写景、状物同样要练出好眼力，'识得真，勘得破'。"与学生谈的是同一个问题，但在不同的场合又有些细微的变化。尽管语言平实，但不重复同一句式、同一词语，学生就有新鲜感，易于接受。

教师是人类精神财富的传播者，理应广泛地学习，以知识的清泉滋养自己，不断地积累词汇，丰富语言，做到描述事物，流光溢彩，阐述道理，透辟深刻，让学生置身于高文化含量的语言环境之中，深受启发与熏陶。每个人都有自己的"语言库"，里面存放着自己的全部语言材料，如所识之字，所掌握的词汇与句式，常运用的语法与修辞，以及熟记的中外名篇名言。细水长流地输入、添加，仓廪充实，库存丰富，运用时信手拈来，不仅无搜索枯肠之苦，而且能得心应手，左右逢源。哲学家冯友兰说的一段话很值得我们语文教师常思常新，他说："一个教师讲一本教科书，最好的教师对这门课的知识，定须比教科书多许多倍，才能讲得头头是道，津津有味，信手拈来，皆成妙趣。如果他的知识，只和教科书一样多，讲来就难免结结巴巴，吞吞吐吐，看来好像是不能畅所欲言，实际上他是没有什么可以言。如果他的知识还少于教科书，他就只好照本宣科，在学生面前唱催眠曲了。”教学语言的高低优劣、精粗文野、丰腴贫乏，反映了教师的学识修养、内在素质，此言不假。内在素质提高，语言才能闪耀光辉。

每一节课都会影响学生的生命质量

“师者，人之模范也。”什么叫老师，老师就是榜样，是模范。老师是非常特殊的职业，要做老师，你的智慧就要像泉水一样喷涌而出，你的思想言行要能够做别人的榜样。这个分量很重。用现在的话说就是：德才兼备。

我想，做老师，首先是传承优秀的中华文化，不管教什么学科，这是非常重要的。中华优秀文化有很多方面，但基本精神是“人文精神”。中华文化的第一个特点是“尊重人”。但现在大家受“急功近利”“立竿见影”思潮的影响，对技能技巧非常重视，对“人”这个本体，缺乏深刻的领会。

以“人”为本体、核心，是我们中华文化十分重要的特点，这也就是“人文精神”。

我当了一辈子教师，最忧心的是只看到技能技巧，育分不育人，求学不读书。这是对孩子的坑害。

中华文化的第二个特征是对人的修养的重视。人成为“君子”是需要“修炼”的。中国的优秀文化就是要重视人的修养。传授知识是教师的应有之义，但是，在传授知识的同时，一定要融入做人的道理，这是中国教育的特点，也体现着中国文化的特点。

作为教师，必须清醒地意识到，要传承中国优秀文化。传承中国优秀文化，我们首先要思考怎样能成为一个不辜负国家期望、不辜负

本文发表于《黄浦教育》2009 年第 11 期，是作者在上海市双名工程徐崇文“教心”基地“提升人文素养，促进专业成长”研讨会上的发言。

人民嘱托的人民教师。《易经》中有两句话很重要。第一句是“天行健，君子以自强不息”。天道运行刚劲雄健，君子应自觉奋发向上，永不松懈。第二句是“地势坤，君子以厚德载物”。人要有宽广的胸怀，厚德才能载物。

21 世纪的教育变了没有？不管是什么样的市场经济，教育任务还是没有变。教育是什么，教育就是培养人。有时候我们就是把“人”忘掉了，只看到分数，只看到技术技能。知识、技能技巧只是攀登精神世界的阶梯，不是终结的目的，终结的目的是人。当前首先是要培养有一颗中国心的人，现代文明人。我们对中华文化有所认识，对事业的价值和意义才会有很深刻的领会，才会被激发出对事业热爱的感情。

我是语文教师，语文与志士仁人联系在一起，我要感动学生，先要感动自己，只有发自肺腑的感情才能感染学生。教课文《文天祥传》，深深感到爱国主义是中华民族精神的支柱，民族气节是民族魂。人没有脊梁骨就不能站立行走，如同动物，没有精神支柱就不能成为真正的人。人最重要的是要有一口气，那就是志气，浩然正气。

三尺讲台联系着学生的生命，你讲什么，教什么，传授什么知识，培养怎样的能力，给予怎样的思想熏陶，给予什么价值观，将来都会反馈给你。它们会影响学生一辈子的生活。所以，我一刻不敢懈怠，因为我的每一节课都会影响学生的生命质量。在知识的传授和能力的培养中，融合了情感和价值观，培养他学会学习，懂得怎样求知，这是一种立体思维。

什么是成长？教师必须与学生一起成长。教育的生命力就在于教师的成长和发展；教师的真正成长与发展，在于教师内心的深度觉醒。内驱力来自哪里？只有当自己把平凡的日常工作与国家、民族的命运紧密联系在一起的时候，才会站得高、看得远，才会看到自己的工作是多么有意义，有价值。休戚与共，血肉相连。今日的教育质量，就是明日的国民素质。

还是要循循善诱

课堂教学中学生思维进入高度兴奋状态时往往会语出惊人，闪现思维的火花。每忆及当时的情景，那种执教的幸福感就会充盈我的胸际。

那是《白杨礼赞》一课的起始——

师：今天学习茅盾先生的《白杨礼赞》。“赞”，我们很熟悉，“礼赞”该怎么理解呢？（生举手。指第一排的小女孩）请你先说。

生：我已经读了两遍，作者把白杨树写得怎么美怎么好，其实白杨树没有那么美那么好，是不成材的，怎能和楠木比？作者这样写言过其实了。我是名初中生，人微言轻，说了人家也不信，可大田园作家屠格涅夫也是这样认为的。（说着，从课桌里拿出一本《猎人笔记》在大家面前扬了扬。）

师：××同学勇于发表自己的看法，而且能运用课外阅读所得作为自己看法的支撑，这种将课内外阅读联系起来思考问题的方法是我们提倡的，应受到表扬。现在请你把《猎人笔记》里相关的描述朗读一下，让大家都了解了解田园作家屠格涅夫笔下的白杨树。

本文发表于《中学语文教学》2013 年 3 期。

（生高兴地朗读“我不很喜欢这种树——白杨树——及其淡紫色的树桩和尽量往上升的、像颤抖的扇子一般展开在空中的灰绿色的金属性叶子”。）

师：白杨树在两位作家笔下有不同的形象。《白杨礼赞》这篇散文用的是象征手法，景随情移，仔细阅读，联系文章写作背景思考，就会有新的发现。

生：注释太简单，老师能不能把写作背景说得具体些？

师：可以。这篇散文写于1941年，当时正处于全面抗战的相持阶段。日本帝国主义对华北解放区进行疯狂“扫荡”，华北人民在极其艰苦的环境下，坚持敌后作战，同心同德，团结一致，巩固和发展了敌后的抗日根据地。作者原在新疆学院执教，1940年离开新疆，经兰州到西安，在西安遇见朱德总司令。搭朱总司令的车到延安，他在西北高原走了一趟，深为北方人民正直朴质、坚强不屈的优秀品质所感动。作者离开延安到重庆后写下了本文。

作者笔下的白杨树是在西北高原见到的让他印象极深的风景，非取材于一地或一时。作者当时身处国民党统治区的白色恐怖之中，无发表言论的自由，所以采用了含蓄的象征手法。1978年有人写信问茅盾先生，“贵族化的楠木”象征什么，他回信说：“贵族化的楠木象征国民党反动派，我写此散文时也是这样想的。”（一男生举手）请讲。

生：这样一说就清楚了。文章内容我大致能理解，但有个句子，我想来想去想不通。文中说白杨树不是“树中的好女子”，而是“树中的伟丈夫”，说它“伟岸，正直，朴质，严肃，也不缺乏温和，更不用提它的坚强不屈与挺拔”，但根据我的生活经验，严肃的人使人敬而远之，温和的人使人容易接近，在一个形象身上，既严肃，又温和，这是什么样子啊，想不出来。是不是茅盾先生疏忽，用词矛盾了？

生：是啊，什么样子啊？用词不当，用词不当！

生：人有时严肃，有时温和，这也是可以的。

生：这是树，不是人。

生：作者展现的是树整体的形象，不是说树会“变脸”，一会儿这样，一会儿那样。

师：××同学读书读得很认真，不仅考虑并列运用的词语合不合适，而且能联系自己生活中的所见展开想象，很好！“学”一定要“思”。

问题提得很有意思，一般说来，在一个形象身上，同时用“严肃”“温和”不多见，但在有的形象身上，就可并用。《论语·述而》说孔子是怎样的人呢？“子温而厉，威而不猛，恭而安。”孔子温和而严厉，有威仪而不凶猛，庄严而安静。

生：文中说“也不缺乏温和”，说明白杨树是以“严肃”为主。

没想到上课伊始学生会提出文章“言过其实”的问题，而且显然是“有备而来”，以否定的看法与老师在课堂上“较劲”，以期决出胜负，取得求知的快乐。

当时，出于培养优秀青年教师的需要，我被调到初中插班任教。开始我和学生都不太适应。我语速快，总是往深里教，学生常会提出各种各样的问题。有的问题有质量，能醒人耳目，推动教学发展；有的比较幼稚；有的不着边际，乃至有差错……不管是怎样的问题，我始终持热情鼓励的态度，保护他们质疑的主动性、积极性。经过一年多的培养、训练，课堂中逐步形成了大胆质疑、表达主见的风气。外校外地的老师随堂听课已是家常便饭，故而学生也能旁若无人，大胆发表自己的看法。然而，课起始学生就如此“语出惊人”还是让我始料未及。当时听课的老师有二三百人，他们听到学生的质疑，一愣，看我怎么来处理。

我仍然坚持我一贯的做法。首先，肯定这位女生质疑的主动性。质疑能力与质疑主动性的培养非一朝一夕之事，能让学生从辨别简单的字音、字形、字义到提出有思考价值的问题，虽说尚不是水磨工夫，但其中的艰辛、曲折是冷暖自知的。为此，对学生质疑的表现要倍加珍惜，由衷爱护。其次，这种肯定不是拎空地泛泛而谈，而是要紧扣其质疑的特点，让该生真正感受到对她的鼓励。因此，我表扬她能将课内外阅读的内容联系起来思考，并以课外阅读所得作为对自己观点的支撑。语文学习中怎么强调课外阅读的重要性都不过分，而这位学生重视课外阅读，喜欢读书。我的处理既是对她的表扬，又是对其他学生的倡导。

请这位学生朗读《猎人笔记》中描述白杨树的有关语句，既满足了她的表现欲，又让其他学生共享了她的阅读所得，得以拓宽视野。教学不能纠缠于此，所以我立即拎出这篇散文的写作特征，启发她进一步深入阅读，并推动教学的进程。

没有想到课堂上又生成了另一个问题，一位男生提出作者“用词矛盾了”。霎时，课堂里掀起大波，学生七嘴八舌地讲开了。这一是由于这位学生平时寡言少语，这天竟然侃侃而谈，并以自己的生活经验来佐证，大家有点惊讶；二是说课文“用词矛盾”触动了大家的兴奋点。我未放手让大家讨论，因为无多大价值，只是引述了经典著作中的一句话作为解答。因学生对穿越时空的经典著作心怀崇敬，对其中以一当十的语言十分信服，故而我采用引述的方法。记得教《雨中登泰山》描绘水势水声的“喑噁叱咤”时，学生由于对“叱咤”接触较多，读时少有差错，读“喑噁”，总读不准。便告知学生，司马贞《史记索隐》曰："喑於鸩反，噁乌路反。""喑"乃於禁切，"喑噁"应读作 yìn wù。"喑噁叱咤"出自《史记·淮阴侯列传》："项王喑噁叱咤，千人皆废。"（"噁"原写作"噁"，"噁"现已不用。）一经阐释，学生音就读准了。高中生如此。初中生又何尝不是这样呢？

课起始环节，在短短几分钟内就一而再地遇到教学设计时未预料到的问题，真是教海无涯。尽管已经应对，但留下的是无尽的思考：为什么常始料不及？备课时的换位思考显然不够，再加上自己习惯性思维拘囿，求异思维薄弱。怎样才能应对得左右逢源，游刃有余？靠文化积淀，靠持之以恒的读书、学习。要不是当时我脑子里跳出一个读高中时背诵的《论语》中的句子，还不知道要怎样折腾呢。

课堂教学琐议
——以语文学科为例

促进教师专业成长的途径很多，我觉得最重要的是课堂教学实践。

一、课堂教学的价值和意义

从学生角度讲，学生每天上学读书，他生命中的大部分时间都是在课堂里度过的，因此课堂是学生求知成长的主阵地。而各学科的学习是学生求知成长的主渠道。学生的求知来源于课内，也来源于课外，但是课内的求知可以辐射课外，也可以引领课外。课堂教学的质量将直接影响学生求知的质量，影响学生生命的质量。基础教育可以影响人的终身，它的价值和意义是难以用语言来形容的。

从教师角度讲，教师需要专业化，需要高素质。"专业"不同于"科学"。科学研究的对象是"物"，研究的结论是"是和非"的问题。比如我国的杂交水稻育种专家袁隆平，他研究水稻杂交"行不行"，采用的是实证的方法。教师这个专业研究的是人，解决的是培养什么样的人的问题。不同的时代，培养的是具有不同价值观的人。因此，教师的专业要得到发展，先要弄清发展的目标，然后通过不断的努力来实现目标。

本文发表于《教育研究与评论·中学教育教学》2013 年第 10 期。

如何实现教师的专业发展呢？教师的素质包含这几个方面：专业知识、专业能力和专业态度。简言之，就是师德高尚、专业精湛。美国教育家舒尔曼曾经提出，教师要把握学科内容知识，要掌握传授知识的方法，要知晓设置这个课程的意义，也要研究学生的内心需求，要重视教学环境，要懂得教育的价值。教师专业发展的核心部分就是课堂，是教师对课程的理解和把握、对学生的理解和把握的一个综合体现。任何一名合格的教师、优秀的教师都是在课堂教学中修炼出来的。课堂教学是教师成长的大熔炉。教师在课堂上培养学生成长的同时，也能增长自己的才干，成就自己的专业发展。

二、扫描语文课堂的乱象和产生的原因

（一）乱象

1. 强势的考试指挥棒。

虽然语文课堂教学在二期课改理念的指导下有了不少新气象，很多展示课、公开课都出现了师生互动、生生互动、思维活跃的良好状态。但是一回到上“家常课”的时候，很多教师依然在就课文教课文，依教参画瓢，其中最为严重的就是以考定教，反复地进行机械操练。我曾在一个学习不错的班级做过调查：班里一共 35 个学生，我询问他们，背作文应试的人有多少？居然有 31 个学生举起手来。这个结果让人震惊。背作文能叫写作吗？等而下之的教育把学生的灵性和思维硬生生地搞垮了。当前，在考试指挥棒的作用下，很多教师都在研究题型，研究得极为透彻。他们研究得分率比研究教材还要深入，比研究学生的需求还要多。考试原本是检测学情、选拔学生的手段，而现在却常常被错当成目标。一份调查显示，很多教师一周备课的时间只有 7—8 个小时。如此稀少的备课时间，能上得好课吗？备

课的质量决定了上课的质量。因此，公开课为何和“家常课”有着相当大的距离就可想而知了。

2.“时尚”的公开课。

当前，有些公开课、展示课不尽如人意，花花草草太多，乱人耳目。曾听过一节公开课《皇帝的新装》，当时有几百个教师听课。课上，执教教师创设了这样一个情境：把讲台边的一个角落当作酒吧，请两位男生扮演故事中的两个骗子，让他们在“酒吧”里演一演骗子是如何商量欺骗国王的。听到这里，我大惊：“糟糕啊！”居然叫学生做骗子，商量怎样骗国王！这位执教教师连最根本的教育原则也缺失了。还曾听过一位爱卖弄学问的教师上《三打白骨精》，她讲得头头是道，滔滔不绝地把自己的阅读心得统统说了出来，让听课的教师佩服不已。但是她忘记了学生，忘记了教育的适切性。更有甚者，学生交流时，这位教师竟然用“OK”“哇塞”这类不合适的词语来评价学生的发言，以此博得学生的掌声。怎么可以这样做呢？课堂是学生成长的神圣殿堂，是求知的场所，是十分庄严的。我觉得，有的公开课形式主义的东西太多，不合时宜地追求时尚，是在炒作课堂，失去了课堂的本色。

3. 痴迷于教参。

过去，我们上课是没有教参的，只有一本教科书，所以就逼着教师多读书、多思考、多钻研，否则是无法走上讲台的。然而，自从有了教参，有些教师就被教参左右，不再独立思考。我认为，教参是不得已而为之的产物，是为了保证教学质量的底线而存在的，教师绝不能照本宣科。对于优秀教师和骨干教师而言，更不能受它的限制。迷恋教参会使教师失去独立思考的能力。

4. 走形的评课。

如今，评课的形式多种多样，有的用数据评，有的用表格评。我曾经去大学参与博士生论文答辩，论文中有一张课堂评价表格，上面竟然有三十多个指标，分为一级指标、二级指标，对教师笑了几次、学生举了几次手等都有反映。如果听课教师一直关注这些表现，还怎么听课呢？有的教师评课时，常常说：“如果我来教这篇课文，会怎样怎样。”这是在评课吗？我认为，评课的目的是研究一堂课，评课应该站在教育理论和语文实践相结合的高度，分析这堂课好在哪里、为什么好，这堂课又不足在哪里、为什么不足、可以怎么改进等。评课的目的在于使执教教师明白怎样教才能把课上得“更上一层楼”，使执教教师通过听评课，有豁然开朗、醍醐灌顶之感。评课的目的是培养教师，并不是给他打个分而已。

5. 纷繁的口号。

如今，大大小小的教育专家满天飞，各种各样的口号也层出不穷，让人眼花缭乱。

当前很流行“以学定教”这个说法。我认为，“以学定教”和“因材施教”是两种完全不同的思考。“因材施教”是从学生的实际出发进行教学。如果改成“以学定教”这个口号的话，中小学课程标准还要不要？教师的作用是什么呢？学校与学校之间、班级与班级之间、学生与学生之间都是有差异的，那怎么“定教”呢？对任何一个口号我们都必须站在教育理论的高度、站在哲学理论的高度去思考它的是与非，不能随随便便。

综上所述，这么多的干扰，造成很多教师越来越不相信自己的教学能力，越来越缺乏独立思考的能力，令人担忧。教师要有自信心，要增长自信力，要发挥自己的优势，千万不要随波逐流。

（二）原因

1.“圈内”不重视。

其一，关于高中语文课。我们的高中差一点没有语文课。记得当时听闻正在制订的语文课程标准，高中学段是没有语文基础课程的，要把它放在拓展型课程里。我很着急，这样跟负责课改的领导谈语文：“关于语文三年过关的说法，我之前已经听过了两次。第一次是1958年，大跃进的路线是‘多快好省’。他们说语文是无法‘多快好省’的，而是‘少慢差费’，应该靠边站。第二次是20世纪80年代初，洋风刚吹来，中国的语文教学开始动摇。第三次是全国中语会在福州开年会，当时张志公先生因故无法出席，任副会长的我在赶往福州的火车上整整写了 5 个小时的文章，谈‘中国语文一定要走中国自己的道路’。在这个上千人的会上，有来自东北的教师提出：语文只要学到初中就可以了，高中不需要学了，三年可以过关。他的发言引起了一场大辩论。我走上台询问：‘这“关”，是山海关，还是嘉峪关？“关”的标准是什么？仅仅是识多少个字吗？’语文这个学科是无法多快好省的。语文和人有着密切的关系，初中的孩子还没有真正地懂事。尤其是男孩子，往往要到高中二年级才真正地懂事。语文的水平是和学生认知水平的深浅、知识面的广窄密切相关的，是和文化积淀、生活阅历紧密相关的，所以语文教学无法立竿见影，不可能急于求成，它需要生活的积累、思想的积累、语言文字的积累。回想当初，从提出这些看法到今天，已经过去了近 30 年，有哪个省市、哪所学校，做到了三年过关？如果高中毕业了，学生还不能做到文从字顺的话，学生的语言便承载不了他复杂的思想。过去有一位高中物理教师，是华东师范大学五年制物理系毕业的，但学生对他的物理课意见很大。他很着急，请我去听他的课。我去听了，发现了问题。虽然这位教师物理知识很丰富，但是他逻辑思维弱，很难用有条理的语言把知识表述清楚，上课常常是东拉西扯，学生怎么能听得懂？因此，高中阶段，必须要把语文课排入基础课。”在一些有识之士的据理力争下，课标保留了高中三年的语文基础课。

其二，关于拼音教学。我不反对部首教学，但是识字工具是多一个好一个。《中华人民共和国宪法》第十九条规定“国家推广全国通用的普通话”。语言的问题涉及国家统一的问题。我曾经提出：“小学一年级能不能不学外语？世界各国除了以往的‘殖民地’，没有一个国家的孩子在小学一年级就学外语的。学外语对汉语拼音的学习干扰很大。军事上的殖民看得见，思想上的殖民往往看不见。”有的幼儿园门口竖起这样的广告——“从小要做国际人”，来招揽家长，意思似乎是不要做中国人。我弄不明白，我们的教育是为谁辛苦为谁忙？这样的创新违背育人规律。普通话的推广对祖国语言文字的统一起到了不可估量的作用。我们是从事母语教学的，要有清醒的头脑，要站在国家的高度来思考问题，千万不要自己对自己不尊重。

2.“圈外”在干扰。

其一，西方语言过于强势。从小学一年级开始一直到高校，学生花了相当多的时间学英语，而不是母语。在课程标准里，中学学习语文的课时和学习英语的课时是一样的。学生的生命是有限的，学生不堪负担。

其二，误把肢解的方法用于人文学科。科学研究是不断地分析、分析、再分析，而我们的《一课一练》是在分解、分解、再分解。人文学科是需要才气、灵气的，它不仅需要逻辑思维，而且需要直觉思维——感悟、领悟、顿悟……记得 20 世纪 80 年代中期的高考曾引入标准化试题，语文试题有选择题、是非题，不少是文字排列组合的游戏，有的甚至连北京大学中文系教授也做不出来。这样的考试导向很差。

母语教学如此困难，难怪作家白先勇讲“百年中文，内忧外患”。面对这些现状，语文教学“任重而道远”。

三、憧憬理想的语文课堂

理想的语文课堂是怎样的？我以为它应有以下几个方面的体现。

（一）学生学有兴趣、学有所得、学有追求、学有方向

学有兴趣就不会昏昏欲睡。英语、数学学得累极了，语文课就成了休息课，这怎么得了？我们的语文课要使学生学有兴趣。

学有所得就是学生每学一课都有收获。有些语文课太求全，样样都讲，样样都要，到头来只能是蜻蜓点水。我们要牢记：语文课必须

要有所为，有所不为。

学生学习一定要有追求，有想法，这样才能产生强大的学习动力。例如，学生参加作文比赛，无论他写得怎样，只要他有追求，总是应当鼓励的。可是现在很多学生只对分数有追求，这样的学习必然是索然寡味的。

学有方向，即全面提高学生的语文素养——听说，阅读，写作。比如现在求职，口头表达十分重要。有的研究生就是因为口头表达能力太弱而找不到工作。

当我们在进行课程建设的时候，在研究课堂教学的时候，一定要时时刻刻想到学生。如果我们的语文课堂具有这“四有”，那么学生的主体性、积极性一定能得到发挥。

（二）
教师思路清晰、语言生动、目标明确、指导有方

教师要思路清晰，能把课上得一清如水。语文教学是形象思维和逻辑思维的结合体。学生的思维是在教师逻辑思维的一步步推进中得到训练、得到发展的，所以语文教师的思路要清晰，语言要生动，要有自己的特色。一味地照本宣科，是无法感染学生的。更何况现在的网络四通八达，教师如果没有高招，就难以吸引学生，难以激发学生的兴趣。

我在听课中发现，很多教师上课存在目标不清晰的问题。也许在他们的教案上目标制订得很明确，但到了课堂上，教学目标就消失了。因为教师只想着既定的教学环节，在实施教学环节的过程中忘记了自己制订的目标。教学过程好比是一条路，是专门为实现教学目标而铺设的，所有的教学行为、教学环节也是为实现教学目标服务的，因此，教师上课的时候一定要目标明确、指导有方，采用启发、点拨等方式，让学生开窍。

做到这些，我们的课堂才会出现师生互动、生生互动这样生机勃

勃的场面。在教师的指导下，每个学生都有机会绽放智慧的火花，这样的课堂是最理想的。大家都沉浸在对祖国语言文字的理解、品味、鉴赏、运用的浓郁氛围中，学生的语文素养才能切实得到提高。

（三）
教师精神振奋，具有“气场”

练气功有气场，上课也要有“气场”。何为“气场”？“气场”就是一种氛围：教师全身心地投入，精神振奋地教；学生浸润其中，全神贯注地学，受到语言文字、高尚情操的感染和熏陶。

我的高中语文老师是赵继武老师——国学大师黄侃的弟子，他上课就具有强大的“气场”。记得他在教《南乡子·登京口北固亭有怀》的时候慷慨悲歌，班里五十几个学生深受感动，爱国主义的情感充盈胸际。听完他的课，我们都不约而同地把课文背了出来，他讲述的内容成为我们永远的文化积淀。他的这种“气场”使学生深入其中，让学生的语言素养得到了真正的提高。

（四）
课型多样，个性鲜明

每位教师都应该形成自己的教学风格。离开自己的个性，要想创造独树一帜的教学风格是很难的，因为我们都处在共性之中。为何要课型多样呢？别的不说，单就文体而言，课本选文的文体是各不相同的；哪怕是同一种文体，作者不同，写作思路也不相同，所以应该用不同的方法教。如果用一个固定的教学模式来教的话，那一定是一潭死水。比如教记叙文，可以从头教到尾，也可以选取文中最好的一段或一句，先拿出来教，拎起全文。记得我教茅盾先生的《雷雨前》，文章最后一句话是“让大雷雨冲洗出个干净清凉的世界”，这句话是文章的主旋律，是作者的呐喊，所以我先让学生挑出来学，倒过来教。

语文课可以生动活泼地教，一清如水地教，花团锦簇地教，高屋建瓴地教，娓娓而谈地教。无论怎么教，都是为了达到最好的教学效果，把课教到学生身上，教到学生心中，激发他们的求知欲，激发他们学习的积极性和自主性，留给他们无尽的思考、快乐和回味。这样教，学生学得快乐，教师教得有滋有味，师生共享幸福。

这样理想的课堂教学境界绝不是海市蜃楼，也不是空中楼阁，它是一种目标、一种方向，是一种专业追求。怎样才能实现这样的目标？它需要长期的教学实践，认真积累，不断反思，不断改进。

四、理想课堂的实现路径：理念引领、业务支撑

（一）先进的教学理念的引领

语文教学的理念有许多，但有两个理念一定要牢记。第一个是课改的核心理念——以学生为本，以促进学生的发展为本。这不是口号，也不是标语。第二个是语文课程的基本特点是工具性与人文性的统一。

1. 核心理念——以学生为本，以促进学生的发展为本。

（1）定位在教育的本质。促进学生的发展是教育的本质。古希腊著名的哲学家柏拉图在《理想国》一书中谈到教育，引用了自己的老师苏格拉底的话来阐述教育的本质——教育是提升人的“灵魂”，使其不断往上升，达到“真”的境界。人无知的时候犹如一个“囚徒”，教育能把“囚徒”带出黑洞，使他的灵魂不断往上升，达到“真实之境”。中国的古圣人也是这样谈论教育的本质的。翻开《大学》，第一句就是：“大学之道，在明明德，在亲民，在止于至善。”“大学之道”，就是求学的这条道路。“在明明德”中的第一个“明”是动词，意思是彰显，第二个“明”是光明的意思，就是善。这句

话的意思是彰显人内心的美德。人生下来内心就是有美德的，教育就是要彰显他内在的美德。“止于至善”就是不断修炼达到至善的目的。

我国著名的教育家陶行知先生早年就提倡“千教万教，教人求真；千学万学，学做真人”。英国历史学家汤因比与日本哲人池田大作谈论21世纪的教育时，说教育不能停留在功利阶段，要讲人的心灵的丰富、心灵的交流。这一切都表明，古今中外的圣贤之人都认为教育就是育人，育人能提升人的精神世界，也就是我们常说的价值观和人生观。这是核心理念，我们要牢牢地树立育人的观念。

（2）对全面质量观的呼唤。当前，我们的学生德智体美的发展很不均衡。我们的学生解题技能天下第一，但求知欲、动手能力、视野却难以与人抗衡，因此，我们提倡必须要以人为本，德智体美全面发展。当前提出的三个维度——知识与技能、过程与方法、情感态度与价值观，就是为了把“以人为本”落实到课堂教学。只有将这三个维度融合在一起，才能教育出真正的人。

（3）珍视每个学生的生命价值。如今的高等教育已经从精英教育走向大众教育，我们的基础教育当然必须是大众教育。我们可以培养精英，但不能采用“陪读”的办法，即通过牺牲大多数的学生来培养少数的“精英”。

21世纪的教育起点是关怀每个学生，这个观点来源于两个可以支撑的理论。首先是脑科学。最新研究表明，除了极个别的天才和智力障碍者以外，人的潜能都是差不多的，因此，人人的潜能都可以被开发。教育就是把潜能开发为发展的现实。其次是加德纳提出的多元智能理论。在每一个学生的身上，一定都有他强势的智能和弱势的智能，不可能样样都强或样样都弱，因此教师要发挥学生身上强势的智能，不断地弥补他的不足。教育是重要的，但不是万能的。每个人都有与生俱来的素质，后天的教育能使他的素质变得越来越好。

（4）具备可持续发展的素质。今天的教师在教育学生的时候就应该想到他的明天，使学生具备可持续发展的素质。我们的传统教育是学“答”的教育，就是让学生不断地回答。而要让学生可持续发展，不仅要让他们学“答”，还要让他们学“问”，因为21世纪的文盲不是不识字的人，而是不会学习的人，学“问”非常重要。学生会发现问题，才会寻找解决问题的途径，才能持续发展，最后找到解决问题的方法。任何一个高明的教师都不可能把学生在将来社会生活中需要的所有的知识和能力都一一教给他。科技的进步是飞速的，19世纪科技的总量是50年翻一番，到20世纪中叶是10年翻一番，到20世纪的末叶是3到5年翻一番。因此，让学生学会学习是让他们得以可持续发展的关键。

（5）一定要让学生确立服务祖国、服务人民的志向。我们的教育是为谁辛苦为谁忙呢？之所以在学科里安排情感态度与价值观培育的目标，就是要培养学生确立服务祖国、服务人民的志向，让学生知道自己身为中国公民，要怀有责任感。

因此，“以学生为本，以促进学生的发展为本”不是一个空洞的口号和概念，要认真落实，在我们的教育教学中不断地渗透。

2. 语文课程的基本特点是工具性与人文性的统一。

这个理念非常重要，但教师在实践中对它存在许多模糊的认识。这一是因为西方强势语言的干扰，二是因为用对待自然科学学科的方法来对待人文学科，分析再分析，量化再量化，嘴上说的是创新，动手做的是标准化。记得我在担任上海市第二师范学校校长的时候，就有人上门向我推荐用管理工厂的方法来管理学校，被我婉言谢绝了。这是为什么呢？因为工厂是人对物，学校是人培养人，学校的管理必须要人性化，不能把教师和学生当作物来管理。我们的公开课存在很多问题，常常只关注知识点，却淡化了、虚化了人。马克思、恩格斯曾经说过，“语言是思想的直接现实”，“精神”会“受到物质的‘纠缠’”，“语言和意识具有同样长久的历史；语言是一种实践的、既为别人存在因而也为我自身而存在的、现实的意识”。俄国语言学家维果茨基说：“思维不是在言语中表现出来的，而是在言语中实现出来的。”美学大师朱光潜说：“思想和语言是同时发生的同一件事情。”这些理论都十分清楚地告诉我们：“人之所以为人者，言也。人而不能言，何以为人？”朱熹说：“道者文之根本，文者道之枝叶。”所以说，语言是一种符号，是用来认识世界、阐释世界的意义体系的，它是因意义而存在的。语言文字是表情达意的，情和意是思想，离开了情和意，表达就空掉了，就成了僵死的符号。语言不仅是自然代码，还是意义代码，因此语文不但具有鲜明的人文属性，而且具有鲜明的工具性，所以语文课程的基本特点是工具性与人文性的统一。工具性和人文性是一个同一体不可割裂的两个侧面：没有人文，就没有语言这个工具；舍弃人文，也就无法掌握语言这个工具。现如今，我们的学生的语言文字能力在退化。我曾经看到一名研究生的论文，文中竟然把“夏丏尊”写成了“夏丏尊”，我想，出现这种错误的主要原因是他对汉语言文字不认真、不尊重、不敬畏。语言文字是民族文化的根，如果我们不尊重自己的语言，那还怎么提升民族素养呢？

（二）
精湛的教学业务的支撑

1. 要深入钻研，独立思考。

（1）要有整体思考。语文教育要有整体性的思考，要明确各个学段、各个学年的任务，拾级而上，前后照应。而我们的现状是零打碎敲，进行的是碎片化的教学，教师看到这篇文章有什么内容，就教什么内容，其实，这篇文章含有的一些内容并不需要现在就教。

（2）要精读、细读文本。教师要在“读懂”这两个字上下功夫。但是“细读”不等于“细教”，这是两个完全不同的概念。要真正地读懂课文，必须要做到这样几个方面：首先，要了解文章到底写了什么。一篇文章，往往是表象容易看，深层次的内容不容易读懂。其次，要了解作者是怎么写的。最后，要弄明白作者为什么要这样写，而不是那样写。这体现着教师的阅读能力。我有这样的体会：如果教师能把文章读到书本上“躺”着的文字都能“站”起来和你对话了，那么说明自己已经读透教材了。清代诗人袁枚曾强调：写文章，字要“立”在纸上，而不是“躺”在纸面上。只有读到这种程度，你才能和作者对话，才能理解作者遣词造句的苦心，理解作者写这篇文章的用意。高中有篇课文《跨越百年的美丽》，作者梁衡写这篇文章的时候非常用心。他这样写道：

> 1898 年 12 月 26 日，法国科学院人声鼎沸。一位年轻漂亮、神色庄重又略显疲倦的妇人走上讲台，全场立即肃然无声。她叫玛丽·居里，她今天要和她的丈夫皮埃尔·居里一起在这里宣布一项惊人发现，他们发现了天然放射性元素镭。本来这场报告，她想让丈夫来作，但皮埃尔·居里坚持让她来讲，因为在此之前还没有一个女子登上过法国科学院的讲台。玛丽·居里穿着一袭黑色长裙，白净端庄的脸庞显出坚定又略带淡泊的神情，而那双微微内陷的大眼睛，则让你觉得能看透一切，看透未来。她的报告使全场震惊，物理学进入了一个新时代，而她那美丽庄重的形象也就从此定格在历史上，定格在每个人的心里。

这段话中，作者用上了“人声鼎沸”“肃然无声”“全场震惊”“定格”这些词，为什么他要用这些词？反复推敲场景的变化，就可体会作者选用这些词是想告诉读者什么叫“美丽”，表现人们对居里夫人心灵美的震惊，即对她为人类科学做出贡献的精神的震惊。作者真是用心良苦！如果教师能这样读，这些词就“站”在了纸上，这些词就有了生命，教师就能揭示它们在特定情形下的意义和生命力。这样，学生的学习领悟也就完全不一样了。

（3）要研究学情。什么才是学生内心的需要？教师重复、啰唆的语言是学生最厌烦的。教师可以从不同的角度，运用不同的语言来讲述文章独一无二的特点。比如：朱自清的《春》，在作者的笔下，春风、春雨、春花、春草都是水灵灵的，好像一幅水彩画；鲁迅的《故乡》，农村凋敝，家破旧，从船上看过去满眼萧条，几笔勾勒，就像一幅枯笔水墨画；丁玲的《果树园》，光从树林缝里照到地上是金色的，是紫色的，果子在树上是毛茸茸的，这样的描述使景物具有了光感和质感，好比一幅油画——教的时候就要抓住这些特征，教出每篇文章的个性，教出它独一无二的东西，学生才能学有兴趣、学有所得。

（4）要寻找最佳切入口。语文教学的切入口一定要小。比如，教吴晗同志的《谈骨气》这篇课文，教师可以抓住直指教学核心价值的问题发问：什么是骨气？什么是中国人的骨气？哪些论据可以证明这一切？

（5）要注重取舍、剪裁。教语文一定要舍得割爱，要树立明确的教学目的，要有所为，有所不为。

2. 创造生命涌动的课堂。

课堂教学就是教师的生命涌动激发学生的生命涌动。

（1）要将语言训练和思维训练放在同等的位置上。“学而不思则罔，思而不学则殆”，一堂课如果思维不流动、不碰撞的话，是不可能上得生机勃勃的。所以，要将语言训练和思维训练放在同等的位置上。

（2）杜绝包办代替与旁观放羊。首先是杜绝包办代替、越俎代庖，千万不能教师动脑子、学生动手脚。每个人都是一个完整的人，必须手脑并用。汤显祖在《牡丹亭》中借杜丽娘之口道出的名句“不到园林，怎知春色如许”，就是告诉我们这样的道理。因此我们的课堂不仅是教师发挥智慧和才能的舞台，而且要激发学生的思维，使学生增长语文能力。课堂教学必须要做到师生互动、生生互动。其次是杜绝旁观放羊。放羊是不负责任的做法。过去的语文课常常是“满堂灌”，后来是“满堂问”，如今似乎成了“满堂闹”。放羊的教法是不可取的，教师必须要起到主导作用。陈景润就是在老师的点拨下走上了研究哥德巴赫猜想的数学之路的。如果教师让学生上完了一堂课，仍处于学而无所得的状态，就是在浪费学生的光阴和青春，这是对课堂教学的一种亵渎。

（3）课堂教学结构要网络化。简单地说，就是要达到课堂教学预定的三个维度的目标。一堂语文课应该是多功能的，以智育为核心，融合德育和美育。比如，教学范仲淹《岳阳楼记》中的“先天下之忧而忧，后天下之乐而乐”时，教师应挖掘这句话包含的思想精髓——这句话的思想境界超过了孟子的“与民同乐”，是民族文化的精华，具有育人功能，让学生终身受用。以往的教师教学生听、教师问学生答的课堂教学是直线形的，呈线形来回往复。而我们现在的课堂教学应面向每一个学生，教师的教要作用于每一个学生，每一个学生学的状况要反馈给教师。学生之间也要相互切磋、相互作用。这样的相互作用，使课堂不再是以教师一人为师，而是学生在教师的指导下，都有机会为师。课堂上，教师是“发光体”，在教师的组织引领下，每个学生都可能成为“发光体”，作用到其他人的身上，进而实现教学相长。

在我的课上，常常会发生我备课时预料不到的问题。比如，我在教学《白杨礼赞》时，一上课，坐在第一排的小女生举手发言：“老师，茅盾一直说白杨树如何如何好，我觉得他的话有些言过其实。”我说：“何以见得呢?”接着这个女孩子从课桌里拿出了屠格涅夫的《猎人笔记》，继续发表她的观点。她说：“书中写白杨树的叶子像金属一般，枝条也不美，只在夕阳西下的时候，才有点美。”我先称赞她以课外阅读的内容支撑她的观点，然后告诉她：“作者是用象征手法来写的，景随情移（客观的景是随着作者主观的情而变化的），你学下去就知道了。”原以为我可以继续讲课了，想不到学生之间发生了激烈的讨论，他们问了好多问题。其中一个问题令我印象十分深刻。学生问：“文中有句话我读不懂。文中说‘白杨树不是‘树中的好女子’，而是‘树中的伟丈夫’，说它‘伟岸，正直，朴质，严肃，也不缺乏温和。’老师，一个人怎么会既‘严肃’又‘温和’呢?”他的问题逼着我积极思考。突然，我的脑海里出现了《论语·述而》中的句子：“子温而厉，威而不猛，恭而安。”这是谈论孔子为人的句子。这个案例告诉我们，学生是能积极思维的。教师必须尊重与爱护学生思维的积极性，教到学生心中，对学生学习产生良好的影响。

我教了一辈子的语文，上了一辈子遗憾的课，没有一节课是十全十美的。能达成我憧憬的理想课堂，是我这位老教师对年轻一代教师的期望。我希望我们的中青年教师能创造佳绩，使我们的母语教学能在我们的教育当中，在我们的人民心中，有它应有的重要位置。我们的教学要对得起中华民族的文化，对得起子孙后代。因为选择做教师，就是选择了高尚！

学科教学须坚持育人为本

新世纪课程改革的核心理念是以学生为本，坚持全体学生的全面发展。《上海市中长期教育改革和发展规划纲要（2010—2020 年）》开宗明义，将“为了每一个学生的终身发展”作为贯穿该纲要的核心理念，并倡导以这一核心理念引领上海教育实现现代化。

当前，教育领域任务繁重，教育功能多元。服务社会、知识创新、文化引领与交流等均为教育的重要功能，但在认识到教育多元功能的同时，切不可忽略其本原的核心价值——育人。立德树人是教育的根本任务，是新时期教育的基点，全面深化教育改革、全面深化课程改革，最后要落实到“人”上面。立什么德？树什么人？如何树人？树人过程中有哪些难题？怎样才能破解？这些问题不仅要面对，而且要深思、勤思，要不断寻求破解它们的最佳途径与方法，认真践行。

树什么样的人，定位很明确：全面发展的建设者和可靠的接班人，即德智体美全面发展，具有高尚的道德品质、扎实的科学文化素养、健康的身体和良好的审美情趣的人。这种定位在新时期更须体现方向性，即培养的人要具有中国特色社会主义理想，有中华文化底蕴，有时代精神与国际视野，对要建设什么样的国家认识清晰，对中

本文发表于《上海课程教学研究》2015 年第 1 期。本文从当前教育领域任务繁重、教育功能多元、教育的核心价值迷失的现状出发，强调“学科教学须坚持育人为本”，教育要落实到立德树人的根本上来。文章从历史经验、教育本质、时代发展三个层面对此进行分析与思考，最后指出育人为本的难题是教师队伍的建设，呼唤加强教师育德意识，提高教师育德能力。

华民族精神和中华优秀文化由衷认同，心向往之。

培养什么样的人，向来是事关一个国家、一个民族能否生存、能否持续发展、能否富强的全局性和战略性的大事，我国对此一直高度重视。而今，我们育人的目标清楚、定位明确，按常理说，只要心往一处想，劲往一处使，育人质量必然不断提升，取得良好效果。然而，现实状况并不理想，与培养目标有相当距离，有的方面的培养甚为薄弱，有的几乎缺失。原因当然多种多样，但最艰难之处还在于认识不到位、干扰因素多，特别是某些有形无形的力量使人难以动弹。育人为本乃正道，且不说如何全面育人，单是学科教学怎样发挥育人功能就值得进行切实可行的研究。

一、历史经验的启迪

回顾中华文化长河，无数对国家、对民族有贡献的人之所以能够做出贡献，无不与他们从小受到的良好的学做人的教育密切相关。到近现代，尤其是文史学科教学中的忧国忧民意识、爱国爱民情操、为国为民情怀，数理学科教学中的科学梦想、求真追求、奉献精神，对莘莘学子心灵的滋养、人生的启迪，常常一辈子起作用。

我自己就有切身体会。1937 年 7 月，日寇全面侵略，我的家乡即将沦陷。读小学三年级的我，最后上的一节课是音乐课，年轻的男老师教唱《苏武牧羊》。“苏武留胡节不辱，雪地又冰天，苦忍十九年，渴饮雪，饥吞毡，牧羊北海边……”曲调温柔敦厚，但老师教得非常激动，他说：“学校解散了，关门了，明天大家都去逃难了，要记住你们是中国人，永远不做亡国奴。”他一遍一遍地唱“苏武留胡节不辱”，给我们幼小的心灵以极大的感染。我们从来没有听到过那么多大字眼，也从未看到过老师如此激动地噙着泪水上课，心的最柔软处被震动。从此，这爱国的激情伴随着歌的旋律在我的脑海里萦绕了几十年，催我清醒，催我奋进。我高中的语文老师赵继武是国学大师黄侃的弟子，有时哪怕只教一个字，也会使你顿悟，乃至刻骨铭心。他教《陈情表》的“外无期功强近之亲，内无应门五尺之僮，茕茕孑立，形影相吊”时，右手食指摇晃着，大声说：“茕，茕，不能读错，也不能写错。”接着，在黑板上写了个大大的“茕”，并叮嘱：“和‘贫穷’的‘穷’一个读音，但字的下面不是一撇，是竖，笔直的，‘穷’也要站得笔直。”说着，做了个笔直的姿势。好生动啊！教的是字形、字音，撒播的是做人的道理。德行和智性本是不可分割的整体，是人们用二元对立的思维方式硬性地将它们分裂开来，显得二者似乎不相容。教学本应具有教育性，没有教育性的教学丢掉了灵性，必然苍白无力，沦落为知识的排列组合、重复叠加，难以在学生的情感世界里激起浪花，掀起波澜。教学，是直指人心的事，绝不是做知识堆积的搬运工。

二、
教育本质的回归

教育的本质究竟是什么？古今中外教育家论述教育，无不聚焦于人的培养和人之完成。例如中国典籍《大学》一开篇就是“大学之道，在明明德，在亲民，在止于至善”，又如《中庸》开章便说“天命之谓性，率性之谓道，修道之谓教”。要使受教育者自善其身，进而仁爱他人，简言之，就是要“修己以善群”。我国台湾教育学家贾馥茗教授在《教育的本质——什么是真正的教育》一书的“简体版出版记言”中说：“自从教育的事实与理论出现之后，唯有周代大司徒所施行的教育，是‘全民’的教育（见《周礼》）。其教育重在实行的效果，不务空言。后世教育空言无实，离开了教育的本质，不以‘教人’为务，而以‘虚华’为装饰，因而‘善不见长’而‘恶行充斥’。”又指出：“晚近世界物欲横流，人已沦落到不知自己为何物的境地，更无从谈‘万物之灵’。”

显然，教育以“教人”“成人”为务，建立价值生命。生而为人，我们自然地具备生物性或生理的生命，与其他有生之物一样。而要具备“人之为人”的特征，超越生理的生命，须受到教育的导引，滋养心灵，培养德行，学习如何做人，开发潜能，发展生存能力。以人为本，这个“本”也就是教育的大计，应该因人并就人长远的进步而筹划，不能只看眼前近效，而忘却立德的根本。教育活动有本有术，本固则人立，切不可舍本逐末。

西方学者对教育的论述也有许多共同之处。德国教育家雅斯贝尔斯在《什么是教育》中说：“真正的教育应先获得自身的本质。教育须有信仰，没有信仰就不成其为教育，而只是教学的技术而已。教育的目的在于让自己清楚当下的教育本质和自己的意志，除此以外，是找不到教育的宗旨的。因此我们常听到的一些教育口号并没能把握到教育的真正本质。”又指出：“教育是极其严肃的伟大事业，通过培养不断地将新的一代带入人类优秀文化精神之中，让他们在完整的精神中生活、工作和交往”，教师“全身心地投入其中，为人的生成——一个稳定而且持续不断的工作而服务”。确实如此，为什么要执着于人的生成和人的培养？源于教育的本质，源于对教育的信仰。我们一再探讨我们的培养目标，一再研究培养什么样的人，一再强调立德树人的重要性、必要性，并采取诸多措施以求目标的实现，就是因为我们心怀虔诚，有坚定的信仰，深知培养什么样的人与国家未来、人民幸福息息相关，与中华民族伟大复兴的中国梦血肉相连。由此可知，学科教学中坚持育人为本乃对教育本质的回归。

三、
时代发展的呼唤

当前学生所处的是一个特殊的时空环境，世界和中国都发生着深刻的变化。政治多极、价值多元、文化多样、经济全球化、信息网络化，对缺少人生经历、文化积淀与文化判断力的中小学生会产生多种多样的影响。尤其是金钱至上、自我中心、功利迷漫等负面的思想与言行在各种场合、通过不同渠道作用于他们的耳目，侵蚀他们的心灵，对他们良好的思想道德素质与正确的价值观的形成提出了严峻的挑战。

中小学生进学校求学，学习科学文化知识，提高学科学习能力，不仅无可非议，而且须扎扎实实培养。然而，学习动机、学习目的的教育常被忽视，甚至错位为学习就是为了考试，为了升学。在教育实施过程中，重术轻人、重智轻德的现象屡见不鲜：重知识、技能的传授，轻人的全面培养；重智育轻德育，轻学生做人的思想道德的培养。更有甚者，到初、高中毕业年级，教师连对知识点的摆布都已觉得不解渴，而是专教“得分点”，花大量时间与精力让学生反反复复操练，把提高分数作为教学目标。这是一种教学的扭曲，根本谈不上是智育。智育绝不只是传授知识、训练能力，它还发展思维力、想象力、意志力，培养情感，激发求知欲，开发创造意识。“育分”的教学丢失了教育“育人”的真谛，无法应对时代的挑战，也不可能破解学生成长中出现的种种难题。

第斯多惠在《德国教师培养指南》中提出：“一切真正的课堂教学决不是传授知识，而是如何培养学生。”赫尔巴特在《教育学讲授纲要》中也有类似的阐述。他说：“教学的最终目的虽然存在于德行这个概念之中，但是为了达到这个最终目的，教学必须特别包含较近的目的，这个较近的目的可以表达为‘多方面的兴趣’。”可见，教育寓于教学之中。一门学科的教学不但要反映知识本身的性质，而且要反映学习者的素质和知识获得过程的性质。

新世纪课程改革迎接挑战，应该说在许多方面——从教育理念到课程设置——作了深层次的思考，为学生今日的成长与明日的发展打下了扎实的基础。单说知识与能力、过程与方法、情感态度与价值观三个维度的提出，就旨在将以学生为本的核心教育理念在课堂教学中落到实处。三个维度不是1+1+1，而是相互渗透，融为一体。学科教学中如此明确地提出三个维度是首创，也是时代育人的呼唤，关键在于如何认真地实施。

第一，要有育人的意识。如果只是为分数而教，那对情感态度与价值观培育就会置若罔闻，只会在不得已时在教学设计的目标上列一条，摆个样子。这不仅是对教育的误解，也是教育信仰的动摇。有立德树人刚性责任的担当，才会深入钻研教材，寻觅其中的育人资源。

第二，要有扎实的学科素养。学科本体知识过硬，对学科的性质、功能、结构体系、来龙去脉清晰，有一双慧眼能洞悉教学内容中涉及情感态度与价值观的育人资源，并在恰当的时机，采用恰当的方法，将它们与传授的知识、训练的能力融为一体，撒播到学生心中，或激发情感，或启迪深思，或激励学生立志前行，使学生心灵受到滋养，精神获得增长。这样使学科教学中有根有魂，绝不是脱离学科本体知识，外加一套培养德行的名词术语，再加一些概念说教，而是深入学科教材底里，挖掘其固有的育人价值，使其放射光彩。

第三，要对情感态度与价值观有较深入的理解。情感，既包含学习兴趣、学习动机、学习热情，还包含亲情、友情、乡情、赤子情，更包含内心体验和心灵世界的丰富、高尚的道德情操和审美的情趣与追求等。态度，不仅指学习的态度、认识到学习的责任，而且更指乐观的生活态度、求实的科学态度、宽容的人生态度。正确的价值观，是一个国家、一个民族最深层次的力量，指个人价值与社会价值的统一、科学价值与人文价值的统一、人类价值与自然价值的统一，可使学生在内心确立对真善美的价值追求。价值观的内涵极其丰富，对不同学年段学生的价值观培育各有不同的要求。情感态度与价值观：从横向角度看，三者有相对独立性；从纵向角度看，三者有层次性，构成一个心灵连续体，由情至理，由直觉反映至本质认知，由低级至高级。当下，学科教学融入情感态度与价值观的培育，最为重要的是培育和弘扬社会主义核心价值观。中华优秀传统文化是社会主义核心价值观的源头，五千年血脉相承，“富强、民主、文明、和谐，自由、平等、公正、法治，爱国、敬业、诚信、友善”24 个字就是其中基因，不是说在嘴上、贴在墙上就可以了，而是要将它们渗透到学生心中，使它们成为学生思想言行的准则。

第四，要认识到学生的精神成长与课堂教学质量紧密相关。学生入校求学，绝大部分时间在课堂里度过，在各学科的学习中度过。课堂教学是只重视发挥知识传授的单一实用功能，还是既结合学科实用功能，又发挥教育功能、审美功能、发展功能，学生受到的益处是大相径庭的。线性的教育思维已不符合时代需要，应立体多维思考，在学生综合素养的培养上着力。由此，学生不仅智性提升，而且情感、意志、品质等也会受到熏陶感染，获益更多。

四、教师特质的提升

学科教学要坚持育人为本，难题是教师队伍的建设、教师育德意识的增强和育德能力的锻炼与提高。我们的青年教师基本上都是一课一练、标准化试题磨砺出来的，碎片化教学已耳濡目染成为惯性。中年教师也绑在这辆战车上逐渐成为识途的老马。因此，对于如何在学科教学中融德育、美育于智育之中缺少思考与研究，不足为怪。

较长时间以来，我们从事教育教学最可悲的是缺少自己的独立思考，被各种各样的“教育理论”“教学案例”以及蛊惑人心的名词、术语所左右，脑子里如马蹄杂沓，一会儿这样，一会儿那样，跟风追风，忘掉了自己，乃至丢失了自己。学习外国，无可非议，中华文明的形成与发展就是与其他文明不断交流、碰撞、冲突、融合的过程。之所以能心态开放，海纳百川，是由于有“以我为主”的主心骨，对自己的“根”和“魂”，也就是核心价值不动摇，把别人好的、先进的东西拿来本土化，化为养料，完善、丰富自己，对自己落后的、阻碍发展的部分加以改造。思考不是表面文章，以现象代本质、以局部代整体，只说“利”隐晦“弊”，而是对此时此地此人与彼时彼地彼人有清醒的认识与判断，对林林总总的理念与做法的核心价值能洞察、能辨别，择其善者而吸收、融合。要做到这一点，教师须：具备才、学、识；对教育本质、学科的性质和功能，有自己独立的见解，不人云亦云，鹦鹉学舌；不照搬别人现成的结论，做二传手；不甘心做思想的矮子，以学徒身份仰视老板。

至于为考而教，为考而学，其弊端日益显现——先标准化了学生，再标准化了教师。工厂大生产标准化模式的迁移，会使师生的灵性、个性、创造性在不知不觉中被消解。知识的记忆与堆积，无休止的对解题能力的训练，形成笼罩基础教育的强气流。说的和做的距离很大，真正想做点以学生发展为本的改革步履维艰，一些正确的教育理念与做法想要实施难而又难。把教育与功名利禄紧密挂钩时，教育神圣的性质改变了，目标偏离了，对人的培养、人之完成必然会留下种种隐患。因此，要下功夫进行教育综合改革，要坚持立德树人，学科教学要坚持育人为本，课堂教学要充分发挥育人的功能，使学生在学习知识、训练能力的同时，价值取向、思想道德情操也受到良好的熏陶与感染，从而能立志做有道德、有文化的好人。

学科有丰富的德育资源，关键在教师要有一双慧眼识别知识中的育人因素，深入钻研课程标准，深入钻研教材，把握学科特点，因学情不同施以针对性教育，使课程改革三个维度的教育，尤其是使情感态度与价值观的培育与智育整合，落地生根开花。教学中要探究知识体系和价值体系的有机统一、学科内容和科学方法的有机统一，教师就不仅要学科本体知识扎实，有一定的学术素养和较为开阔的视野，而且要有追求真理、以心育人、以情育人的境界，对学生的成长怀有敬畏之心、仁爱之情。习近平主席在 2014 年教师节时情真意切地对教师提出期望，要求教师“有理想信念、有道德情操、有扎实学识、有仁爱之心”，做党和人民满意的好教师。教师教学可以各有千秋，但这“四有”是须具备的共同特质。探索学科的育人功能，培养育德意识，增强育德能力，可促使教师自身特质的提升。要研究和增强教学实践与教学规律的契合度，研究和增强教学与学生心灵的共鸣度、与学生立体认知的匹配度，转变教育理念，提升专业能力。党和人民需要这样用心专一、有远见卓识、甘为学生全面发展做人梯的好教师。

坚持育人为本是学科教学深层次的自我突破，需要勇气、公心、自信和锲而不舍的毅力。

图书在版编目（CIP）数据

于漪全集. 4, 课堂教学 / 于漪著. —修订版. —上海：上海教育出版社，2023.8
ISBN 978-7-5720-2206-7

Ⅰ. ①于… Ⅱ. ①于… Ⅲ. ①课堂教学－教学研究－文集 Ⅳ. ①G4-53

中国国家版本馆CIP数据核字(2023)第154484号

上海教育出版社
官方微信平台

官方网站：
www.seph.com.cn

总 策 划　缪宏才
执行策划　何　勇
统　　筹　易英华
责任编辑　高铭婉　易英华
书籍设计　张国樑　董　伟

YUYI QUANJI
于漪全集　4　课堂教学（修订版）
于　漪　著

出版发行　上海教育出版社有限公司
官　　网　www.seph.com.cn
地　　址　上海市闵行区号景路159弄C座
邮　　编　201101
印　　刷　上海雅昌艺术印刷有限公司
开　　本　640×965　1/16　印张 51.75　插页 4
字　　数　745 千字
版　　次　2023年8月第1版
印　　次　2023年8月第1次印刷
书　　号　ISBN 978-7-5720-2206-7/G·1965
定　　价　220.00 元